HOMMAGES
À
MAARTEN J. VERMASEREN

VOLUME II

ÉDITION SPÉCIALE DES

ÉTUDES PRÉLIMINAIRES AUX RELIGIONS ORIENTALES DANS L'EMPIRE ROMAIN

PUBLIÉE PAR MARGREET B. DE BOER et T. A. EDRIDGE

TOME SOIXANTE-HUITIÈME

HOMMAGES
À
MAARTEN J. VERMASEREN

VOLUME II

LEIDEN
E. J. BRILL
1978

HOMMAGES
À
MAARTEN J. VERMASEREN

Recueil d'études offert par les auteurs de la Série
Études préliminaires aux religions orientales dans l'Empire romain
à Maarten J. Vermaseren
à l'occasion de son soixantième anniversaire le 7 Avril 1978
édité par Margreet B. de Boer et T. A. Edridge

VOLUME II
Avec planches XCVII à **CXCVIII**

LEIDEN
E. J. BRILL
1978

ISBN   90 04 05668 8
90 04 05671 8

TABLE DES MATIÈRES

LISTE DES PRINCIPALES ABRÉVIATIONS

AA   Archäologischer Anzeiger.

AAS   Les Annales Archéologiques de Syrie.

AbhBerlin   Abhandlungen der Deutschen (Preussischen) Akademie der Wissenschaften zu Berlin. Phil.-hist. Klasse.

AbhMainz   Akademie der Wissenschaften und der Literatur in Mainz. Abhandlungen der geistes- und sozialwissenschaftlichen Klasse.

ABSA   Annual of the British School at Athens.

ACMIT   Anuarul Comisiunii Monumentelor Istorice, secția pentru Transilvania.

ActaArch   Acta Archaeologica.

ActaArchHung   Acta Archaeologica Academiae Scientiarum Hungaricae.

AD   Ἀρχαιολογικὸν Δελτίον.

AE   L'Année Épigraphique.

AEA   Archivo Español de Arqueología.

AEMO   Archäologisch-Epigraphische Mitteilungen aus Oesterreich.

AIPhOr   Annuaire de l'Institut de Philologie et d'Histoire Orientales et Slaves.

AISC   Anuarul Institutului de Studii Clasice.

AJA   American Journal of Archaeology.

AM   Mitteilungen des Deutschen Archäologischen Instituts. Athenische Abteilung.

AMN   Acta Musei Napocensis.

Annales E.S.C.   Annales, Économies Sociétés Civilisations.

AntAfr   Antiquités Africaines.

AntCl   L'Antiquité Classique.

AnnIst   Annali dell' Istituto di corrispondenza Archeologica

ANRW   *Aufstieg und Niedergang der Römischen Welt*, herausgegeben von Hildegard Temporini und Wolfgang Haase.

AOF   Archiv für Orientforschung.

APF   Archiv für Papyrusforschung.

Apulum   Apulum. Acta Musei Apulensis.

ArchCl   Archeologia Classica.

ArchErt   Archaeologiai Ertesitö.

ARDAC   Annual Report of the Director of the Department of Antiquities, Cyprus.

ARW	Archiv für Religionswissenschaft.
ASAE	Annales du Service des Antiquités de l'Égypte.
ASAtene	Annuario della (Reale) Scuola Archeologica di Atene e delle Missioni Italiane in Oriente.
ATE	Az Alsófehérmegyei történelmi, régészeti és természettudomány társulat évkönyve, Alba Iulia (Annuaire de la Société d'histoire, d'archéologie et des sciences naturelles du Département Alba Inférieure).
AttiTorino	Atti della R. Accademia delle Scienze di Torino.
AZ	Archäologische Zeitung.
BAcBelge	Académie Royale de Belgique. Bulletin de la Classe des Lettres.
BABesch	Bulletin van de Vereeniging tot Bevordering der Kennis van de Antieke Beschaving.
BASOR	Bulletin of the American School of Oriental Research.
BCH	Bulletin de Correspondance Hellénique.
BCR	Bullettino della Commissione Archeologica Comunale di Roma.
BCTH	Bulletin Archéologique du Comité des Travaux Historiques et Scientifiques.
Bd'A	Bollettino d'Arte.
Belleten	Belleten Türk Tarih Kurumu.
BGU	*Aegyptische Urkunden aus den Königlichen (Staatlichen) Museen zu Berlin - Griechische Urkunden*, Berlin 1895.
BIBulg	Bulletin de l'Institut Archéologique Bulgare.
BIFAO	Bulletin de l'Institut Français d'Archéologie Orientale.
BiOr	Bibliotheca Orientalis.
BJb	Bonner Jahrbücher.
BMC	*A Catalogue of the Greek Coins in the British Museum.*
BMC Bronzes	H. B. Walters, *Catalogue of the Bronzes, Greek, Roman and Etruscan in the British Museum*, London 1899.
BMC Finger Rings	F. H. Marshall, *Catalogue of the Finger Rings, Greek, Etruscan, and Roman in the Department of Antiquities, British Museum*, London 1907.
BMC Gems	H. B. Walters, *Catalogue of the Engraved Gems and Cameos, Greek, Etruscan, and Roman in the British Museum*, London 1926.
BMC Jewellery	F. H. Marshall, *Catalogue of the Jewellery, Greek, Etruscan, and Roman in the British Museum*, London 1911.

BMC Sculpture	A. H. Smith, *A Catalogue of Sculpture in the Department of Greek and Roman Antiquities, British Museum* I-III, London 1892-1904.
BMC Vases	*Catalogue of the Greek and Etruscan Vases in the British Museum.*
BMQ	The British Museum Quarterly.
BMusHong	Bulletin du Musée Hongrois des Beaux-Arts.
Bonnet, *RÄRG*	H. Bonnet, *Reallexikon der ägyptischen Religionsgeschichte*, Berlin 1952.
BSA	Annual of the British School at Athens.
BSAA	Bulletin de la Société (Royale) d'Archéologie d'Alexandrie.
BSBulg	Bulletin de la Société Archéologique Bulgare.
BSOAS	Bulletin of the School of Oriental and African Studies, University of London.
BullEp	Bulletin Épigraphique.
BulMI	Buletinul Comisiunii Monumentelor Istorice.
CAH	The Cambridge Ancient History.
Car. I	Carinthia I.
CE	*Carmina latina epigraphica* I-III (*ed.* Fr. Bücheler), Lipsiae 1894-1926.
ChrEg	Chronique d'Égypte.
Chrest.	L. Mitteis - U. Wilcken, *Grundzüge und Chrestomathie der Papyruskunde*, Leipzig-Berlin 1912.
CIA	Corpus Inscriptionum Atticarum.
CIG	Corpus Inscriptionum Graecarum.
CIL	Corpus Inscriptionum Latinarum.
CIMRM	voir Vermaseren, *CIMRM*.
CIS	Corpus Inscriptionum Semiticarum.
CJ	The Classical Journal.
CP	Classical Philology.
CPR	*Corpus Papyrorum Raineri* I-II (*ed.* C. Wessely - J. Krall), Wien 1895.
CQ	The Classical Quarterly.
CR	The Classical Review.
CRAI	Comptes-Rendus de l'Académie des Inscriptions et Belles Lettres.
CRPétersbourg	Compte-Rendu de la Commission Impériale Archéologique de St. Pétersbourg.
CSEL	Corpus Scriptorum Ecclesiasticorum Latinorum.
CTh	Codex Theodosianus.
Cumont, *MMM*	Fr. Cumont, *Textes et monuments figurés relatifs aux mystères de Mithra* I-II, Bruxelles 1896-1898.

DACL	F. Cabrol - H. Leclercq - H. Marrou, *Dictionnaire d'Archéologie Chrétienne et de Liturgie*, Paris 1907-1953.
DAFA	Mémoires de la Délégation Archéologique Française en Afghanistan.
DenkschrWien	Denkschriften der (Kaiserlichen) Akademie der Wissenschaften in Wien. Phil.-hist. Klasse.
DS	C. Daremberg - E. Saglio, *Dictionnaire des antiquités grecques et romaines*, Paris 1877-1919.
EAA	Enciclopedia dell'Arte Antica Classica e Orientale.
EDR	Ephemeris Dacoromana.
EPRO	Études préliminaires aux religions orientales dans l'Empire romain.
EtCl	Les Études Classiques.
FA	Fasti Archaeologici.
FGrH	F. Jacoby, *Die Fragmente der griechischen Historiker*.
FHG	C. Müller, *Fragmenta Historicorum Graecorum*.
FuB	Forschungen und Berichte der Staatlichen Museen zu Berlin.
GazBA	Gazette des Beaux-Arts.
Helbig, *Führer*	W. Helbig, *Führer durch die öffentlichen Sammlungen klassischer Altertümer in Rom* I-IV, Tübingen 1963-1972[4].
HSCPh	Harvard Studies in Classical Philology.
HThR	Harvard Theological Review.
ИАИ	Известия на Българския Археологически Институт.
ИАК = *IAK*	Известия Археопогической Комиссии = Izvestiya Arkheologicheskoy komissii.
ИБИЛ	Известия на Българското Историческо Дружество.
ICUR	Inscriptiones Christianae Urbis Romae septimo saeculo antiquiores.
IEJ	Israel Exploration Journal.
IG	Inscriptiones Graecae.
IIt	Inscriptiones Italiae.
IGB	G. Mihailov, *Inscriptiones graecae in Bulgaria repertae* I-IV, Serdica 1956-1966; vol. I, 1970[2].
IGLS	L. Jalabert - R. Mouterde, *Inscriptions grecques et latines de la Syrie* I-V, Paris 1929-1959.

IGRR R. Cagnat, *Inscriptiones graecae ad res romanas pertinentes* I-IV, Paris 1901-1927.

ILCV E. Diehl, *Inscriptiones latinae christianae veteres*.

ILLRP A. Degrassi, *Inscriptiones latinae liberae rei publicae* I-II, Firenze 1957/63 et Göttingen 1958; vol. I, 1965².

ILN The Illustrated London News.

ILS H. Dessau, *Inscriptiones latinae selectae* I-III, Berlin 1892-1917.

ILTG P. Wuilleumier, *Inscriptions latines des trois Gaules (France)*, Paris 1963.

IOSPE Inscriptiones antiquae orae septentrionalis Ponti Euxini.

IstMitt Istanbuler Mitteilungen.

JAC Jahrbuch für Antike und Christentum.
JARCE Journal of the American Research Center in Egypt.
JAsiat Journal Asiatique.
JbBernHistMus Jahrbuch des Bernischen Historischen Museums.
JdI Jahrbuch des Deutschen Archäologischen Instituts.
JEA The Journal of Egyptian Archaeology.
JHS The Journal of Hellenic Studies.
JJP Journal of Juristic Papyrology.
JNES Journal of Near Eastern Studies.
JRS The Journal of Roman Studies.
JSAN Journal of the Society for Ancient Numismatics.

LSJ H. G. Liddell - R. Scott - H. Stuart Jones - R. McKenzie, *A Greek - English Lexicon*.

MAAR Memoirs of the American Academy in Rome.
MAI Mémoires présentés par divers Savants à l'Académie des Inscriptions et Belles-Lettres.
MAL Monumenti Antichi pubblicati per Cura della Accademia Nazionale dei Lincei.
MAMA Monumenta Asiae Minoris Antiqua. Publications of the American Society for Archaeological Research in Asia Minor.
MarbWPr Marburger Winckelmann-Programm.
MCA Materiale şi Cercetări Arheologice.
MdI Mitteilungen des Deutschen Archäologischen Instituts.
MDIK Mitteilungen des Deutschen Archäologischen Instituts. Abteilung Kairo.

Med.Kon.Ned.Ak. Wet.,Lett.	Mededelingen der Koninklijke Nederlandse Akademie van Wetenschappen, Afdeling Letterkunde.
MedLeiden	Oudheidkundige Mededelingen uit het Rijksmuseum van Oudheden te Leiden.
MEFR	Mélanges d'Archéologie et d'Histoire de l'École Française de Rome.
MemPont	Atti della Pontificia Accademia Romana di Archeologia. Memorie.
MJBK	Münchener Jahrbuch der Bildenden Kunst.
MMABull	Metropolitan Museum of Art Bulletin.
MMM	voir Cumont, *MMM*.
MonPiot	Fondation Eugène Piot. Monuments et Mémoires.
MusHelv	Museum Helveticum.
MUSJ	Mélanges de l'Université Saint-Joseph, Beyrouth.
Nachr.Göttingen	Nachrichten von der Gesellschaft der Wissenschaften zu Göttingen.
NAWG	Nachrichten der Akademie der Wissenschaften in Göttingen.
NB	F. Preisigke, *Namenbuch*, Heidelberg 1922.
NClio	La Nouvelle Clio.
Nilsson, *GGR*	M. P. Nilsson, *Geschichte der Griechischen Religion* I-II, München 1955-1961²; 1967-1974³ (= Handbuch der Altertums-Wissenschaft V, 2).
NSc	Notizie degli Scavi di Antichità.
OGIS	W. Dittenberger, *Orientis graeci inscriptiones selectae* I-III, Leipzig 1903-1905 = Hildesheim 1960.
ÖJh	Jahreshefte des Oesterreichischen Archäologischen Instituts in Wien.
OLZ	Orientalistische Literaturzeitung.
OpArch	Skrifter utgivna av Svenska Institutet i Rom. Opuscula Archaeologica.
OpAth	Opuscula Atheniensia.
P.Amh.	B. P. Grenfell - A. S. Hunt, *The Amherst Papyri* I-II, London 1900-1901.
PAR	Pro Austria Romana.
P.Lond.	*Greek Papyri in the British Museum* I-V (*ed.* F. G. Kenyon and H. I. Bell), London 1893-1917.
P.Oslo	*Papyri Osloenses* I-III (*ed.* S. Eitrem and L. Amundsen), Oslo 1925-1936.
P. Oxy	*The Oxyrhynchus Papyri* (*ed.* B. P. Grenfell, A. S. Hunt *et alii*), London 1898-1972.

PSI	*Pubblicazioni della Società Italiana per la Ricerca dei Papiri greci e latini in Egitto, Papiri greci e latini (ed.* G. Vitelli, M. Norsae *et alii),* Firenze 1912 sq.
P.Strasb.	F. Preisigke, *Griechische Papyrus der Kaiserlichen Universitäts- und Landesbibliothek zu Strassburg,* Leipzig 1912-1920.
P.Teb.	*The Tebtunis Papyri (ed.* B. P. Grenfell, A. S. Hunt, J. G. Smyly *et alii),* London 1902-1938.
PSBA	Proceedings of the Society of Biblical Archaeology.
PWRE	A. Pauly - G. Wissowa, *Realencyclopädie der Classischen Altertumswissenschaft* Isq., Stuttgart 1893sq.

RA	Revue Archéologique.
RAC	Reallexikon für Antike und Christentum Isq., Stuttgart 1950sq.
RACentre	Revue Archéologique du Centre.
RAEst	Revue Archéologique de l'Est et du Centre-Est.
RAfr	Revue Africaine.
RB	Revue Biblique.
RBPhH	Revue Belge de Philologie et d'Histoire.
RDAC	Report of the Department of Antiquities Cyprus.
REA	Revue des Études Anciennes.
REG	Revue des Études Grecques.
REgypt	Revue d'Égyptologie.
Reinach, *Rép.Rel.*	S. Reinach, *Répertoire des Reliefs, grecs et romains* I-III, Paris 1909-1912.
Reinach, *Rép.Stat.*	S. Reinach, *Répertoire de la Statuaire, grecque et romaine* I-V, Paris 1897-1930.
REL	Revue des Études Latines.
RendIstLomb	Istituto Lombardo di Scienze e Lettere. Rendiconti.
RendLinc	Atti della Accademia Nazionale dei Lincei. Rendiconti.
RendNapoli	Rendiconti della (Reale) Accademia di Archeologia, Lettere e Belle Arti di Napoli.
RendPont	Atti della Pontificia Accademia Romana di Archeologia. Rendiconti.
RES	Répertoire d'Épigraphie Sémitique.
RGVV	Religionsgeschichtliche Versuche und Vorarbeiten.
RH	Revue Historique.
RheinMus	Rheinisches Museum für Philologie.
RHR	Revue de l'Histoire des Religions.
RM	Mitteilungen des Deutschen Archäologischen Instituts. Römische Abteilung.

Roscher, *Myth.Lex.* W. H. Roscher, *Ausführliches Lexikon der griechischen und römischen Mythologie*, Leipzig 1884-1937.
RPh   Revue de Philologie, de Littérature et d'Histoire Anciennes.
RScRel   Revue des Sciences Religieuses.
RSO   Rivista degli Studi Orientali.

CA = SA   Советская Археопогия = Sovetskaya arkheologiya.
SB   F. Preisigke *et alii, Sammelbuch griechischer Urkunden aus Aegypten*, Strasbourg 1915sq.
SBMünchen   Sitzungsberichte der (K.) Bayerischen Akademie der Wissenschaften zu München. Phil.-hist. Klasse.
SCIV (A)   Studii şi Cercetări de Istorie Veche (şi Arheologie).
SDB   Supplément au Dictionnaire de la Bible.
SDHI   Studia et Documenta Historiae et Iuris.
SEG   Supplementum Epigraphicum Graecum.
SIG   W. Dittenberger, *Sylloge Inscriptionum Graecarum* I-IV, Leipzig 1915-1924³.
СГЭ = SGE   Сообщения Государственного Эрмитажа=Soobscheniya Gos. Ermitazha, Leningrad.
SHAW   Sitzungsberichte der Heidelberger Akademie der Wissenschaften. Phil.-hist. Klasse.
SIFC   Studi Italiani di Filologia Classica.
SOsl   Symbolae Osloenses.
StCl   Studii Clasice.
StCom   Studii şi Comunicări, Sibiu.
SteMat   Studi e Materiali di Storia delle Religioni.
StEtr   Studi Etruschi.
StRom   Studi Romani.
Stud.Pal.   *Studien zur Paläographie und Papyruskunde* I-XXIII (*ed.* C. Wessely), Leipzig 1901-1924.

TAM   *Tituli Asiae Minoris*, Vindobonae 1901sq.
TAPhA   Transactions and Proceedings of the American Philosophical Association.
ThLG   Thesaurus Linguae Graecae.
ThLL   Thesaurus Linguae Latinae.

UPZ   *Urkunden der Ptolemäerzeit (ältere Funde)* I-II (*ed.* U. Wilcken), Berlin-Leipzig 1922-1957.

VAHD   Vjesnik za Arheologiju i Historiju Dalmatinsku.

ВДИ = VDI   Вестник Древней Истории = Vestnik Drevnej Istorii.

Vermaseren, *CIMRM*   M. J. Vermaseren, *Corpus Inscriptionum et Monumentorum Religionis Mithriacae* I-II, Hagae Comitis 1956-1960.

Vidman, *SIRIS*   L. Vidman, *Sylloge Inscriptionum Religionis Isiacae et Sarapiacae* (= *RGVV* 28), Berlin 1969.

VigChrist   Vigiliae Christianae.

WB   F. Preisigke, *Wörterbuch der griechischen Papyrusurkunden* I-III, Berlin 1926-1931 mit *Supplement* von E. Kiessling.

WSt   Wiener Studien.

YCS   Yale Classical Studies.

ZÄS   Zeitschrift für Ägyptische Sprache und Altertumskunde.

ZPE   Zeitschrift für Papyrologie und Epigraphik.

SARAPIACA I

WILHELM HORNBOSTEL
(Hamburg)

Tafeln XCVII-CXV

Ungeachtet zahlreicher grundlegender Beiträge zum Thema Sarapis aus archäologischer, historischer, religionsgeschichtlicher, philologischer, epigraphischer und papyrologischer Sicht wird dieser εἷς θεός vermutlich noch lange die verschiedenen Zweige der Altertumsforschung beschäftigen. Nicht zuletzt deshalb, weil der unablässige Materialzuwachs in allen Denkmälergattungen zu einer ständigen Überprüfung alter und neuer Thesen auf ihre Richtigkeit hin zwingt und notwendigerweise immer neue Aspekte an den Gott und sein Erscheinungsbild, dessen Genese, Entwicklung und Metamorphose an anderer Stelle geschildert worden ist [1], herangetragen werden. Manche Fragen sind noch offen, manche müssen erst noch gestellt werden.

Der vorliegende Beitrag ist der erste in einer Reihe, in der in lockerer Folge jeweils der aktuelle Stand der Sarapisforschung — ausgehend von den archäologischen Denkmälern — resümiert werden soll. Daß dieser erste Bericht Maarten J. Vermaseren, diesem Philosarapis par excellence, gewidmet werden kann, ist eine besondere Freude. Wie nur wenige ist er mit der ägyptisch-griechischen und -römischen Götterwelt und ihren Problemen vertraut. So gab es bei der Wahl des Themas kein Zögern. Denn: wie sagt schon Ailios Aristeides in seiner *laus Sarapidis*: ,,Dich ruft ja wahrlich ein jeder in jeder Lage als Helfer an, Dich Sarapis: verleihe uns gnädig diesen Hymnus zu sprechen — gar nichts ist Dir ja unmöglich — und den Anfang laß uns finden, der Dir gefällt, und wie Du das Erste gegeben hast, so gib auch jetzt der zweiten

---

[1] W. Hornbostel, *Sarapis. Studien zur Überlieferungsgeschichte, den Erscheinungsformen und Wandlungen der Gestalt eines Gottes* (= EPRO 32; 1973). Im folgenden abgekürzt: *Sarapis*. Vgl. die Rezensionen von P. M. Fraser in *JHS*, 96 (1976), 213ff. und W. Beltz in *OLZ*, 72 (1977), 25f.

Bitte Erhöhrung! Denn alles wird ja in jeglicher Lage uns zuteil durch Dich und Deinetwegen, was nur immer wir sonst uns wünschen" [2]. Möge Sarapis sich als θεὸς ἐπήκοος erweisen!

Aus kunst- und religionsgeschichtlichen Gründen muß die Erschaffung der bekannten großen alexandrinischen Sarapisstatue in die Zeit kurz nach der Eroberung Ägyptens durch Ptolemaios I. Soter fallen. Das heißt: Sarapis oder besser die sich an das alexandrinische Vorbild anschließende vielfältige reproduzierende Überlieferung seines Bildes ist von vornherein in Problemkreise mit eingebunden, die sich mit Kurzformeln wie ,,die Konfrontation und Auseinandersetzung der ägyptischen Kultur mit der griechischen, später mit der griechisch-römischen Welt", ,,Kontamination griechischer und ägyptischer Elemente", ,,ägyptisierende Tendenzen", ,,verschiedene Stilströmumgen" u.ä. umschreiben lassen [3]. Diese durch das Zusammentreffen verschiedener Kulturen und künstlerischer Strömungen verursachte Zweigleisigkeit läßt sich bekanntlich in der Porträtplastik und anderen Denkmälergattungen des Nillandes deutlich beobachten, auch in der Idealplastik (so im Falle des Sarapis) ist das Phänomen greifbar. Neben den Wiederholungen, die sich mehr oder weniger eng an den durch und durch griechischen Charakter des Urbildes halten, begegnet eine Reihe von Reproduktionen, die eindeutig nach einheimisch-ägyptischen Formtraditionen gearbeitet sind. Was in solchen Fällen — u.U. durch die Wahl des Materials bedingt — entsteht, ist ein Mischwerk mit einem griechischen bzw. römisch variierten ikonographischen Unterbau, überlagert von ägyptischen Form- und Stilelementen oder möglicherweise auch dasselbe mit umgekehrter Gewichtsverteilung. Es gibt Extremfälle, in denen der griechische und der ägyptische Anteil weit auseinanderklaffen (das sind dann meistens nach heutigem Empfinden grobe Machwerke, die — oft zu Unrecht — nur noch ein Dasein für die Statistik führen), dagegen aber

---

[2] Die Übersetzung nach A. Höfler, *Der Sarapishymnus des Ailios Aristeides* (= Tübinger Beiträge zur Altertumswissenschaft H. XXVII; 1935), 15 § 14.

[3] Die Zitate nach G. Grimm, *Kunst der Ptolemäer- und Römerzeit im Ägyptischen Museum Kairo* (1975). Vgl. dazu die Rezension von Th. Kraus in *Gymnasium*, 83 (1976), 449ff. — Auch H. Jucker hat zu Recht ,,von dem sphinxhaften Wesen der Kunst des römischen Nillandes" gesprochen in *JbBernHistMus*, 41/42 (1961/1962), 289.

finden wir auch höchst kunstvolle Kontaminationen, bei denen die griechischen und ägyptischen Komponenten nur schwer zu trennen sind.

Zu dieser letzten Gruppe ist ungeachtet eines stark provinziellen Einschlags das Götterpaar bzw. deren allein erhaltene Köpfe zu rechnen, die sich seit einigen Jahren in der Staatlichen Sammlung ägyptischer Kunst in München befinden [4]. Ihre Zusammengehörigkeit ist aufgrund des Materials, der gleichartigen Erhaltung und Höhe und der übereinstimmenden Zeitstellung gesichert. Sarapis — nur von ihm soll hier die Rede sein — zählt zum Anastole-Typus (Taf. XCVII-XCVIII), in dem sich neben der Frisur im gedrehten und geneigten Kopf, den eingezogenen Schläfen, in den geöffneten Lippen und den großen, tiefliegenden Augen als besonderen ausdruckstragenden Partien ein Rest von hellenistischem Pathos mühsam behauptet. Bei aller Bescheidenheit der handwerklichen Ausführung liegt in dem Bemühen, mit Hilfe naturalistischer Formen momentane Anspannung sichtbar zu machen, ein bewußtes Anknüpfen an das griechische Erbgut vor. Das Retrospektive, das Absetzen von der konventionellen hieratischen Darstellungsweise, der Sarapis in dieser Zeit unterworfen ist, wird zum Programm, zum Ausdruck einer geistigen Haltung. Der Kopf nimmt dadurch in seiner Umgebung fraglos eine Sonderstellung ein [5]. Der Bart ist tief zerfurcht, die einzelnen Bartlocken in kompakter Form gegliedert. Der Kalathos ist vorderseitig mit einem mehrreihigen Blattmuster (die Mittelrippe jeweils deutlich erkennbar) dekoriert. Die Halsfalten sind in geritzten Linien angedeutet. Die provinzielle Machart des Kopfes ist nicht zu übersehen. Dies hat wohl auch zu seiner vergleichsweise späten Datierung ins 3.-4. Jh. n. Chr. beigetragen (richtiger: 2.-3. Jh. n. Chr.?). Der zeitliche Ansatz ist bei

---

[4] *The Burlington Magazine* (July 1970), XXIX; *Staatliche Sammlung ägyptischer Kunst, München* (1972), 153 Nr. 130; G. J. F. Kater-Sibbes, *Preliminary Catalogue of Sarapis Monuments* (= EPRO 36; 1973), 205 Nr. 148a; H. W. Müller - D. Wildung in *MJBK*, 27 (1976), 235 mit Abb. 15.

[5] Die Nackenstütze auf der Rückseite wird von H. W. Müller und D. Wildung auf dem Konto *ägyptischer* Elemente verbucht. Hier sind Zweifel angebracht, zumal in dem großen Heer der Sarapiswiederholungen aus Ägypten diese Bildung die Ausnahme bleibt. Vgl. dazu eine Statuette im Allard Pierson Museum in Amsterdam: *Sarapis*, Abb. 56; *Allard Pierson Museum, Amsterdam* (1976), 37 Abb. 31.

vielen derartigen Werken zugegebenermaßen nur unpräzise zu fixieren, wobei freilich die Gleichung provinziell = spät nicht immer aufgeht.

Bemerkenswert ist, daß sich die skizzierten Mischwerke zeitlich nicht auf die erste Phase massiver Berührung von griechischer und ägyptischer Kunst und Kultur beschränken, sondern bis in die Spätantike — dann unter Einfluß römischer Tendenzen — greifbar bleiben [6]. Daß sich das auf verschiedene künstlerische und geistige Traditionen berufende Kunstschaffen des Nillandes mit ihrer verschiedenen Figurentypik — letztlich bis in die späteste Antike — in getrennten Bahnen vollzogen hat, offenbart in eindrücklicher Weise ein Bericht des Zacharias Scholastikos in der Biographie des antiochenischen Patriarchen Severus (gestorben 538 n. Chr.) mit dem dazugehörigen Scholion, das W. Weber ins rechte Licht gerückt hat [7]: „Zacharias, Schol. vit. Severi p. 9, 1 (bei Schwartz, Joh. Rufus, Sitzber. Heidelb. Akad. 1912, 16, S. 27 aus dem Syrischen ins Griechische übertragen) erzählt, wie in Menuthis eine Menge ägyptischer Götterstatuen in einem Versteck gefunden, nach Alexandrien gebracht, vor dem Tychaion in Gegenwart der Behör-

---

[6] Um die Bewältigung des Problems der Verschmelzung von ägyptischer und griechisch-römischer Kunst haben sich in jüngerer Zeit neben anderen besonders Th. Kraus, H. Jucker, L. Castiglione, G. Grimm, K. Parlasca und A. Adriani verdient gemacht. Ihre Forschungen haben tragfähige Grundlagen geschaffen, die auch für den Problemkreis, der mit den Stichworten Provinzial- und Reichskunst umschrieben werden kann, von Belang sind. Vgl. Th. Kraus in *JdI*, 75 (1960), 88ff.; ders., *Koptische Kunst, Christentum am Nil*, Ausstellung Villa Hügel, Essen 3.5.-15.8.1963, 17ff. 23ff. — H. Jucker in *JbBernHistMus*, 41/42 (1961/62), 289ff.; ders. in *Schweizer Münzblätter*, 19 (1969), 78ff. — L. Castiglione in *Acta Antiqua*, 9 (1961), 209ff.; ders. in *Acta Antiqua*, 15 (1967), 107ff.; ders. in *ZÄS*, 96 (1970), 90ff. — G. Grimm in *JdI*, 85 (1970), 158ff.; ders. in *MDIK*, 28 (1972), 141ff.; ders., *Die römischen Mumienmasken aus Ägypten* (1974); ders., *Kunst der Ptolemäer- und Römerzeit im Ägyptischen Museum Kairo* (1975); ders. in *Festschrift für G. Kleiner zu seinem 65. Geburtstag am 7. Februar 1973* (1976), 101ff. — K. Parlasca, *Mumienporträts und verwandte Denkmäler* (1966); ders., *Repertorio d'arte dell'Egitto greco-romano*, Ser. B I (1969); ders. in *FuB*, 14 (1972), 72ff. — A. Adriani, *Repertorio d'arte dell'Egitto greco-romano*, Ser. A I-II (1961); ders., *Lezioni sull'arte alessandrina* (1972).

[7] W. Weber, *Die ägyptisch-griechischen Terrakotten. Königliche Museen zu Berlin* (= Mitteilungen aus der ägyptischen Sammlung II; 1914), 11 Anm. 4.

den verbrannt wurden. Der Pöbel begleitet das Autodafé mit
Hohnrufen auf die heidnischen Götzen; ein Witzbold ruft da-
zwischen: ὅτι κηρωματίτης οὐκ ἔστιν αὐτοῖς. Das Randscholion
erklärt das so: ὅτι οὐκ ἔστιν αὐτοῖς ἐν χερσὶν καὶ ποσὶν ἄρθρα ὥστε
κάμπτειν αὐτὰς διδασκομένους τὸ κήρωμα. Schwartz weist wohl auf
die Bedeutung ‚Turnlehrer' für κηρωματίτης hin, denkt aber selbst
an den ‚Feldscher', der die gebrochenen Arme und Beine nicht
heilen könne. Bleiben wir bei jener, der nächstliegenden Bedeutung,
so ist der Witz beißend wie selten: Die Statuen brauchen den
Turnlehrer, denn sie haben keine Gelenke. Darin offenbart sich das
Griechische Gymnasion! Ägyptische Kunst konnten die, denen das
griechische γυμνάσιον Ideal war, nie begreifen. Nicht aber allein
dies. Es offenbart sich darin auch das Prinzip, nach dem die griechische Kunst die ägyptische Religion, religiöse Kunsttypik, Typik
überhaupt den Griechen erschlossen und besiegt hat. Im Augenblick, wo der Grieche des frischen Hellenismus die ägyptische Isis
in ihrer Starrheit sah, mußte er sie zum Leben erwecken. Erstaun-
lich ist, daß dieser Grundgegensatz so krass noch bis in die späte
Zeit lebt."

Daß die Sarapisstatue ein Werk des bekannten griechischen
Bildhauers Bryaxis ist, wurde anderenorts deutlich ausgesprochen [8].
Die Argumente brauchen hier nicht wiederholt zu werden, jedenfalls
ist es unverständlich, daß immer wieder versucht wird, das *opus
nobile* einem *jüngeren* Bryaxis zuzuweisen, dessen Existenz in vagen
Vermutungen untertaucht [9]. An einer solchen Annahme bleibt alles
unsicher, so daß besser auf jegliche Spekulation in dieser Richtung
verzichtet wird. Ebenso scheinen mir im Gegensatz zu K. Zimmer-

---

[8] Unverständlich ist die Feststellung von G. Schwarz (*The J. P. Getty
Museum Journal*, 2 [1975], 77): „Seit der Auffindung einer hellenistischen
Nachbildung des Sarapis kann ihm sein Platz im 4. Jh. v. Chr. wohl nicht
mehr streitig gemacht werden, womit der eigentliche Grund gegen eine
sichere Zuweisung an Bryaxis wegfällt." Da der „Kronzeuge" in die Jahre
vor 166 v. Chr. datiert ist, wird für die Entstehung des Urbildes so gut wie
nichts ausgesagt, denn für ein Werk des 2. Jhs. v. Chr. ist der Sarapis des
Bryaxis bislang nicht erklärt worden.
[9] Vgl. zuletzt wieder Text zu: *Sonderliste P*, Münzen und Medaillen AG.
(Febr. 1976), Nr. 99 und C. Vermeule in *The J. P. Getty Museum Journal*, 2
(1975), 101.

mann [10] Zweifel an der Herkunftsüberlieferung, die die Statue aus Sinope nach Alexandria kommen läßt, berechtigt [11].

Als Einzelmonument bietet die große Statuenwiederholung Alexandria 3916 nach wie vor die vergleichsweise beste Anschauung vom Aussehen des Vorbildes [12] (Taf. CXXXII). Daneben sind seit Erscheinen der Monographie des Verf. einige Monumente bekannt geworden, die geeignet sind, die dort auf den alexandrinischen Prototypus zurückgeführten ikonographischen Details zu bestätigen. Man vergleiche z.B. die in ihrer Detailpräzision prächtige Bronzebüste im Berner Kunsthandel, ein Werk aus der Mitte des 2. Jhs. n. Chr. mit angeblich kleinasiatischer Provenienz [13] (Taf. XCIX). Nicht minder erwähnenswert die marmorne Sarapisbüste auf dem Globus aus dem späteren 2. Jh. n. Chr., die nach längerer Odyssee durch den internationalen Kunsthandel dank der hilfreichen Vermittlung von M. J. Vermaseren den Weg in das Museum für Kunst und Gewerbe in Hamburg gefunden hat [14] (Taf. C-CIII).

Hier ist erstmals die Gelegenheit, die ursprünglich für eine Nischenaufstellung bestimmte Skulptur in adäquaten Aufnahmen von allen Seiten vorzustellen. Die Bedeutung des Stückes wird durch die Reduktion auf den Büstenausschnitt, die gegenüber dem Urbild starke Verkleinerung und künstliche, spannungsmindernde Symmetrie der Gesichtshälften nicht beeinträchtigt. Von Bedeutung ist als Ausdruck einer Idee der Globus zwischen Büste und runder, gewulsteter Basis (im unteren Teil ist ein Segment zur Erhöhung der Standfestigkeit abgeschnitten). Er macht die Büste im bisher

---

[10] K. Zimmermann in *Hellenische Poleis* III, hrsg. von E. Ch. Welskopf (1974), 1255. — Zu korrigieren ist ferner die ebendort 1256 vertretene Vorstellung, als hätten auf der Rückenlehne zwei Niken geschwebt, wie es kaiserzeitlich-alexandrinische Münzen zeigen. Vgl. *Sarapis*, 63ff.

[11] *Sarapis*, 127ff.

[12] *Sarapis*, 117. 217f. Abb. 60; G. Grimm in *MDIK*, 28 (1972), 142 Taf. 35. Vgl. dazu P. M. Fraser in *JHS*, 96 (1976), 214.

[13] *Weltkunst*, 47 (1975), 521 (obere Abb.); E. Bloch-Diener, *Antike Kunst* (1977), Nr. 259 mit Abb. E. Bloch-Diener gestattete freundlicherweise die Veröffentlichung.

[14] Inv.-Nr. 1974.81. Weißer, feinkristalliner Marmor, Höhe einschließlich der Basis 48,5 cm. Auktion Sotheby & Co., London 11.11.1963, Nr. 155 mit Abb.; Auktion Sotheby & Co., London 9.7.1973, Nr. 171 Taf. 56; *Sarapis*, 260ff. Abb. 248; W. Hornbostel in *Jahrbuch der Hamburger Kunstsammlungen*, 20 (1975), 152f. mit Abb.

bekannten freiplastischen Überlieferungsbestand des Gottes zu einer Besonderheit [15]. Der Globus weist den Gott als Kosmokrator, als Herrscher über den bewohnten Erdkreis und das Weltall aus. Das Attribut ist kein beliebig-austauschbares Versatzstück, sondern demonstriert — für antike Betrachter leicht assoziierbar — den höchsten Herrschaftsanspruch des Gottes in der religionspolitischen Auseinandersetzung mit seinen Konkurrenten: Sarapis als θεὸς ὕψιστος. Der Globus als Kopistenzutat ist das vergleichsweise späte Ergebnis schon frühzeitig dynamisch einsetzender, von den Interessen einer einflußreichen Priesterschaft gelenkter Bestrebungen, den Gott entsprechend den Wünschen und Bedürfnissen einer großen Anhängerschaft mit einem möglichst breitgefächerten und weitreichend-universalen Wirkungs- und Kompetenzbereich auszustatten. Daß diese Bestrebungen zu gravierenden Verschiebungen der inhaltlichen Aussage, die im Urbild intendiert war, führen müssen, liegt auf der Hand. Neben die Zuständigkeiten für die kleinen Dinge des Lebens treten „globale" Aufgaben. Als „Gott aus der Retorte" war Sarapis gegenüber diesen vielfältigen, von außen an ihn herangetragenen Veränderungs- und Verformungsprozessen besonders anfällig. Wie nur wenige andere Gottheiten war Sarapis deshalb Wandlungen unterworfen.

Als Ausdruck einer expansiven Religionspolitik und zugleich als Vehikel für weitreichende priesterliche Ambitionen erhält der Globus, der im kaiserlichen Darstellungs- und Schlagwortrepertoire seine Parallele findet, seine religiös-ideologische Stoßkraft. Die Frage nach der künstlerischen Originalität und Leistung ist dabei von zweitrangiger Bedeutung. In erster Linie geht es den auftraggebenden Kreisen bei der Büste nicht um die Vermittlung bildhauerischer Subtilitäten an Kunstkenner (das nur geringfügig verletzte Werk ist als Kopistenleistung für seine Zeit von hohem Rang), sondern um Religionspropaganda, um religionspolitische Repräsentation. Der konzentrierte, majestätisch-ernste Ausdruck des Gesichtes schafft eine neuartige Distanz zum Betrachter, wie wir sie von den frühen Wiederholungen, die stärker dem Urbild verhaftet sind, nicht kennen.

---

[15] Der folgende Text zur Hamburger Globusbüste hält sich weitgehend an Hornbostel, a.O.

Die nächste Entsprechung zur Marmorbüste auf dem Globus [16] bietet das Reversbild einer alexandrinischen Drachme ehemals in der Sammlung Dattari aus dem zweiten Jahr des Antoninus Pius = 138/9 n. Chr. [17]. Dargestellt ist eine pantheistische Sarapisbüste im Profil, umgeben im Freiraum u.a. von einem Dreizack und einem Füllhorn. Im 15. Jahr des Trajan = 111/2 n. Chr. wird die Globusbüste des Gottes von zwei Niken getragen [18], wobei die Göttinnen einen zusätzlichen Hinweis auf die Interpretationsrichtung des Globustypus geben. Eine Bronze-Drachme aus der leider — ebenso wie die Sammlung Dattari [19] — im Kunsthandel zerstreuten Sammlung von M. Jungfleisch tradiert den Typus auf alexandrinischen Prägungen vorläufig bis in das 19. Jahr des Hadrian = 134/5 n. Chr. [20].

Am Rande sei der kleinen Gruppe kaiserzeitlich-ägyptischer Lampengriffe mit Sarapis-Globusbüste ein Exemplar in der Sammlung Pamminger in Hamburg hinzugefügt [21] (Taf. CIV).

Die Kosmokratorvorstellung wird nicht ausschließlich durch den Globus vermittelt, sondern auch mit Hilfe von Sternen als Astralsymbole, die den Gott umgeben und ihn als Beherrscher des Kosmos ausweisen. Die einschlägigen Beispiele — primär unter den geschnittenen Steinen zu finden — sind an anderer Stelle zusammengestellt worden [22]. Anzufügen ist ein Karneol im Kestner-Museum in Hannover, auf dem dem Gott drei Sterne beigegeben sind und über dessen ausgestrecktem Arm der Buchstabe Φ zu lesen ist [23]. Nach der ansprechenden Vermutung der Herausgeberinnen könnte

---

[16] Zur Globusbüste in der Sammlung Schwarzkopf in Hamburg vgl. jetzt: W. Hornbostel und Mitarbeiter, *Kunst der Antike. Schätze aus norddeutschem Privatbesitz*, Ausstellung Hamburg, Museum für Kunst und Gewerbe 21.1.-6.3.1977, Nr. 150.

[17] *Sarapis*, 260f. Abb. 249; Dr. B. Peus Nachfolger, Münzhandlung Frankfurt, *Lagerliste* 31 (Okt. 1972), Nr. 52 Taf. 1.

[18] *Sarapis*, 262 Anm. 4.

[19] Vgl. z.B. R. Postel in *Jahrbuch der Hamburger Kunstsammlungen*, 17 (1972), 174ff.; Dr. B. Peus Nachfolger, Münzhandlung Frankfurt, *Lagerliste* 15 (Mai 1970); *Lagerliste* 30 (Sept. 1972) und *Lagerliste* 31 (Okt. 1972); Bayrische Vereinsbank, *Münzschätze* 5ff. (1973ff.).

[20] Auktion Sotheby & Co., London 9.3.1972, Nr. 68 mit Abb.

[21] Der Besitzer hat die Veröffentlichung an dieser Stelle freundlicherweise genehmigt. Vgl. *Sarapis*, 261 mit Abb. 251-253.

[22] Vgl. *Sarapis*, 147 Anm. 1 und S. 272 Anm. 2.

[23] *Antike Gemmen in deutschen Sammlungen* IV (1975), 309 Nr. 1703 Taf. 224. Vgl. auch ebendort Nr. 1704 Taf. 224 (hinter Sarapis liegende Mondsichel mit zwei Sternen).

das Φ zu ΦΩΣ ergänzt werden. Trifft diese Vermutung zu, so wäre vielleicht ein Schlüssel für das Verständnis jedenfalls eines Teiles der zahlreichen Lampen mit Sarapisdarstellungen gewonnen. In vielen Fällen ist es freilich müßig, Sarapis als schlichtes Lampenbild ohne interpretationsfördernde Attribute oder Fundortangaben als „Lichtgott" anzusprechen, andererseits wird man bei Prachtstücken wie einer sechsflammigen Lampe des 1.-2. Jhs. n. Chr. in rheinischem Privatbesitz mit einer Sarapisstatuette zur Henkelkaschierung und dem Epitheton ΤΡΙΣ ΜΕΓΙΣΤΟΣ diese Interpretation gerne zugrunde legen [24]. Ob diese bzw. die Astralthese auf eine kleine Sarapisbüste aus Bronze im Bremer Kunsthandel (relativ frühes Beispiel des Fransen-Typus) [25] übertragbar ist, die anstelle des Olivenzweiges als Kalathosdekor einen siebenstrahligen Stern zeigt, steht freilich dahin (Taf. CV, 1). Eher wird man den Stern in diesem Fall dem Abwechslungsbedürfnis des Handwerkers zuschreiben als willkürlichen Kopisteneingriff, ähnlich wie Isishörner, Sonnenscheibe, Rosette, Feder und Sonnenscheibe, Zweig und Ähren, Zweig und Schilf etc.[26].

Globus und Stern sind Zeichen aus der symbolischen Bildsprache, die dem Betrachter prägnant und plakativ wesentliche Merkmale und Eigenschaften — in diesem Fall von Sarapis — vermitteln sollen. Der Blätterkelch darf in diesem Zusammenhang nicht unerwähnt bleiben, weil die Denkmälervermehrung bei diesem Typus besonders bemerkenswert ist. Bekanntlich stehen sich bei der Bewertung der Aussage über den Blätterkelch zwei Positionen schroff gegenüber. Die eine Seite mißt dem Blätterkelch einen speziellen, wenn auch variablen Aussagegehalt zu, während die Gegenposition dem floralen Element lediglich eine dekorative Funktion, d.h. die Verschleierung der Nahtstelle zwischen Büste

---

[24] *Sarapis*, 26 mit Anm. 5 Abb. 4; *Antiken aus rheinischem Privatbesitz* (1973), Nr. 196 Taf. 87. — Zur Lampe als Lichtträgerin im Totenbereich, die symbolhaft das Dunkel des Grabes erhellt, und zum Licht im Kult der Mysteriengemeinden: H. Menzel in *Festschrift des RGZM. zur Feier seines hundertjährigen Bestehens 1952* III (1953), 131ff.

[25] A. de Robertis, Frankfurt, *Lagerliste* II (Herbst 1975), Nr. 87; I. und W. Kube v. Koppenfels, Bremen, *Münzen und Kunst der Antike* 1 (1977), Nr. K 4.

[26] *Sarapis*, 84f. — Vgl. dazu auch eine kleine, mit Steinen besetzte Goldbüste (Höhe 6,3 cm) aus Ägypten in Privatbesitz (hier Taf. CV, 2). Dem Besitzer ist für die Erlaubnis zur Bekanntgabe sehr zu danken.

und Büstenfuß, zugesteht [27]. Die beiden hier vorzustellenden Sarapisbüsten im Blätterkelch können die Kontroverse natürlich nicht entscheiden, sie können aber dabei helfen, ein generelles Argument zu entkräften, nämlich die geringe Denkmälerzahl der Blätterkelch-Büsten. Hier ist für Sarapis noch einiges zu erhoffen. Die kleine aus Ägypten stammende Büste in Eutiner Privatbesitz [28] (Taf. CVI) war ursprünglich ein beweglich-transportables Kultbildchen, das den frommen Gläubigen bei Ortswechseln bequem begleiten konnte, ganz ähnlich wie die zerlegbaren sogenannten Reisekultbilder, von denen noch kurz zu sprechen sein wird.

Ein kleines transportables Götterbildchen war auch die zweite Sarapisbüste im Blätterkelch, ehemals im Hamburger Kunsthandel [29] (Taf. CVII). Sie gehört dem Fransen-Typus an und unterscheidet sich bis auf eine Kuriosität nicht vom Üblichen. Zum Unikum wird das akkurat modellierte Bronzebüstchen nämlich durch die mächtige Atefkrone, die vor dem Kalathos auf dem Kopfe sitzt. Bei dieser hybriden Bildung handelt es sich nicht etwa um eine moderne Manipulation, beide Attribute sind original und machen in ihrer Kombination deutlich, daß der inhaltlich-religiöse „Osirisanteil", der dem neuen Gott Sarapis bei seiner Genesis mitgegeben worden ist, durchaus noch in der mittleren Kaiserzeit lebendig war [30]. Das Gedankliche in dieser typologischen Variation ist nicht zu verkennen.

Für die beiden letztgenannten Büsten ist Ägypten als Herkunftsland gesichert, unklar ist dagegen die Provenienz der Büste Turin 32512 [31]. Denkt man auf den ersten Blick auch hier an Ägypten, so lassen die kleinteilige, ornamentale Stilisierung in den

---

[27] H. Jucker, *Das Bildnis im Blätterkelch* (1961), 185ff.; *Sarapis*, 266f. Anm. 6.

[28] W. Hornbostel und Mitarbeiter, *a.O.* (oben Anm. 16), Nr. 80.

[29] Kurz erwähnt bei W. Hornbostel und Mitarbeiter, *a.O.*, zu Nr. 80.

[30] Sarapis mit Atefkrone (aber ohne Kalathos!) auf einem Reliefgefäß des 2. Jhs. n. Chr. im Ägyptischen Museum in Berlin-West: *Ägyptisches Museum Berlin, Staatliche Museen Preussischer Kulturbesitz* (1967), Nr. 1015 mit Abb. Weitere Beispiele bei V. Tran Tam Tinh in *RA* (1972), 321ff. — Zu den Tetradrachmen des Ptolemaios IV. Philopator mit Sarapis und Isis im Typus des gestaffelten Doppelbildnisses, wobei Sarapis mit der Atefkrone ausgestattet ist, s. *Sarapis*, 141ff.

[31] N. Genaille in *RA* (1975), 241 Abb. 19/20.

Gewandpartien und Haar- und Bartlocken zögern. Die Ober-
flächenmodellierung ist versteift und verhärtet, leblos und un-
organisch. Ist die Annahme zutreffend, daß sich in der Summe der
Wiederholungen die örtliche Nähe eines Kopisten zum alexandrinischen Ur- und Vorbild in besonders getreuen Reproduktionen
niederschlägt, so wird man beim Turiner Büstchen eher an ein
italisches Atelier denken [32].

Ganz sicher in Italien, und zwar im späten 2. Jh. n. Chr., ist der
„Iuppiter Westmacott" im J. P. Getty Museum in Malibu gearbeitet, der ungeachtet seines Rufnamens in die Rubrik „Sarapis"
einzuordnen ist [33] (Taf. CIX). Dies hat schon A. Michaelis richtig
gesehen. Daran ändert auch nichts, daß der Kopf, wie D. Rinne
und J. Frel festgestellt haben, zwar alt, aber nicht zugehörig ist.
Entscheidender ist die zweiteilige Gewandung, die auch den Ober-
körper bedeckt. Die Vermutung von C. Vermeule, das Himation
sei über den Kopf gezogen gewesen und die Statuette dadurch als
Jupiter zweifelsfrei ausgewiesen, trifft nicht zu. Umgekehrt steht
der Adler einer Benennung auf Sarapis nicht im Wege [34].

Während die Statuette in Malibu ihren original zugehörigen
Kopf durch die Entrestaurierung eingebüßt hat, hat eine Statue aus
Perge in der Zeit zwischen ihrer Erstveröffentlichung und Neu-

---

[32] Damit soll nicht behauptet werden, daß alle ägyptischen Sarapiden
den außerägyptischen eo ipso überlegen sind. Zu viele Denkmäler würden
einer solchen These widersprechen. Vgl. den Abbildungsteil zu *Sarapis*.
Vgl. dazu ein ägyptisches Sarapisköpfchen des Fransentypus in der Galerie
Nefer in Zürich und das Stuckköpfchen aus Tell Atrib in Warschau: M.
Rodziewicz in *Rocznik Muzeum Narodowego w Warszawie*, 14 (1970), 8off.
Nr. 1 Abb. 1. — Ein Kalksteinkopf aus Ägypten (Höhe 29,5 cm) in Privatbesitz (der Besitzer erlaubte freundlicherweise die Publikation) ist leider
zu schlecht erhalten, um ihn — ohne Autopsie — sicher der einen (ver-
läßlichen) oder anderen (nur summarisch gearbeiteten) Gruppe zuzuweisen
(hier Taf. CVIII).

[33] A. Michaelis, *Ancient Marbles in Great Britain* (1882), 486; Reinach,
Rép.Stat. I, 193, 1; Auktion Sotheby & Co, London 28.6.1965, Nr. 152 mit
Abb.; *Sarapis*, Abb. 241; C. Vermeule in *The J. P. Getty Museum Journal*, 2
(1975), 99ff. — Die Publikation der Neuaufnahme hat J. Frel dankens-
werterweise gestattet. Die Statuette ist inzwischen von ihren Ergänzungen
befreit worden.

[34] Die weitgespannten Überlegungen, die Vermeule *a.O.* an die Statuette
in Malibu knüpft, entziehen sich aufgrund der wohl nicht zu umgehenden
Umbenennung der Kontrolle.

aufstellung im Museum von Antalya ihren Kopf wieder erhalten [35]. Die von J. J. V. M. Derksen angefertigten Neuaufnahmen lassen erstmals eine angemessene Beurteilung der Statue aus der Zeit um 200 n. Chr. zu (Taf. CX-CXI). Nur unwesentlich früher ist eine kleine Alabasterbüste aus Ägypten ehemals im Münchner Kunsthandel entstanden [36] (Taf. CXII), die zur interessanten, sich ständig erweiternden Gruppe der in Einzelteile zerlegbaren Reisegötterbildchen gehört [37], offenbar eine Spezialität des Nillandes [38].

Die nachseverische Sarapisüberlieferung ist gekennzeichnet von einem starken Denkmälerrückgang. Die Köpfe und Büsten sind in besonderem Maße dem jeweils herrschenden Zeitstil verpflichtet. Spätantike Gestaltungsprinzipien dringen unaufhaltsam in die Wiederholungen ein. Die plastische Substanz wird angegriffen und auf eine blockhafte Geschlossenheit reduziert. Der Ausdruck „versteinert" sich. Organische Formen werden zu Gunsten einer fast ornamentalen Oberflächenglättung geopfert. Selbst „oberflächlich" bleibt häufig wenig Verbindendes zum Ausgangspunkt. Die Formen erstarren bis zur Ausdruckslosigkeit. Individuelle Details, die aufzeigen, daß hier ein bestimmtes, unverwechselbares Vorbild festgehalten wird, werden z.T. bis zur Unkenntlichkeit zerdrückt. Weniger gewaltsam sind die Kopisteneingriffe bei den spätantiken Sarapiswiederholungen, wenn es sich um die Gewandpartien handelt. Hier wirkt das Vorbild in der Regel länger als in

---

[35] *Türk Arkeologi Dergisi*, 8 (1958), Taf. 14, 11; *Sarapis*, 69 Anm. 3. Wie erst auf den neuen Aufnahmen zu erkennen ist, ist die Statue vom Verf. hinsichtlich des Thronkastens in den falschen Zusammenhang gerückt worden.

[36] *Sarapis*, Abb. 225; *Kunst und Antiquitäten*, III (1976), 49 Abb. — Die Büste wird jüngst in einem grellen Werbeproskekt des „Very-Important-Person-Service" der Firma Bücher-Büchner (Hannover) präsentiert. Die ungewöhnliche Aufmachung garantiert offenbar den Verkaufserfolg in pseudo-elitären Kreisen. Der Stil der Vermarktung von Kunst kennt, wie man sieht, keine Zwänge und Hemmungen. Vgl. auch *Artis*, Juni 1977, 6.

[37] S. *Sarapis*, 112f. 183. 240f.

[38] Zu der *Sarapis*, 240f. Abb. 197 a-c veröffentlichten Reisekultbüste in der Sammlung Vermaseren vgl. jetzt auch G. J. F. Kater-Sibbes, *Preliminary Catalogue of Sarapis Monuments* (1973), Nr. 108 Taf. 4; *Klassieke Kunst uit particulier bezit*, Ausstellung Rijksmuseum van Oudheden, Leiden 15.5.-13.7.1975, Nr. 73 Abb. 40. — Eine Alabasterbüste in der Sammlung H. Vogel, Luzern (Höhe 16,6 cm) bereichert die Gruppe der Reisekultbilder (hier Taf. CXIII). Dem Besitzer ist für die Publikationserlaubnis zu danken.

der Kopfbildung nach. Die Zahl der plastischen Sarapisdenkmäler des 3. und 4. Jhs. n. Chr. ist nach der Blüte im 2. Jh. — wie gesagt — gering [39]. Dies paßt gut zum Rückgang der Sarapisverehrung im allgemeinen und zu der Feststellung, daß spätantike Kopien von Idealplastiken ganz allgemein hinter den Nachbildungen etwa von griechischen Philosophen- und Dichterporträts zurückbleiben [40].

An den Abschluß der spätantiken Sarapisüberlieferung ist mit der gebotenen Vorsicht eine Gruppe von kleinen Schälchen gesetzt worden, die auf den Innenseiten die Büsten von Sarapis und Isis zeigen [41]. Die Spätdatierung in die Zeit des Iulianus Apostata kann wohl nicht aufrecht erhalten werden. Ein qualitätvolles, neu bekanntgewordenes Steatitschälchen in München macht deutlich [42], daß die ganze Serie eher in der frühen Kaiserzeit anzusiedeln ist [43].

Iulianus Apostata als heidnischer Reaktionär in einer christlichen Umwelt hat seit jeher die Altertumsforschung in seinen Bann gezogen. Dem Reiz seines Namens ist nicht nur diese Fehldatierung zuzuschreiben. Folgenreicher noch ist die Fehl*interpretation* eines Lampenbildes als Iulianus-Helios-Sarapis und Helena-Isis durch L. Budde [44]. Hier werden von einer vorgefaßten Meinung aus die Denkmäler dem schon vorher feststehenden Endziel untergeordnet. Von einer ,,hohen ikonographischen Bedeutung" des Lampenbildes kann keine Rede sein. Es handelt sich schlicht um Sarapis und Isis. Die Fülle gleichartiger, man kann schon sagen identischer und z.T. früherer, Büsten auf Lampenspiegeln spricht zu deutlich gegen die Iulianus-Helena-These. Damit wird auch das vermeintlich präzise Datum, nämlich die Zeit ,,zwischen dem 1. Januar 362 und Anfang März 363", für die Lampe hinfällig [45].

---

[39] Zur Bronzebüste Boston 60. 1450 (*Sarapis*, 285 Abb. 303) s. jetzt auch *Romans & barbarians*, Department of Classical Art, Museum of Fine Arts Boston, Exhibition 17.12.1976-27.2.1977, Nr. 25.

[40] P. Noelke in *RM*, 75 (1968), 185f.

[41] *Sarapis*, 286ff.

[42] Auktion Sotheby & Co., London 10.7.1972, Nr. 186 A Taf. 50; H. W. Müller in *MJBK*, 25 (1974), 221 Abb. 14/15.

[43] Müller *a.O.* denkt an das 1. Jh. n. Chr. und Alexandria als Entstehungsort.

[44] *AA* (1972), 630ff

[45] Für die Lampen genügt der Hinweis auf J. Deneauve, *Lampes de Carthage* (1969) und V. Tran Tam Tinh in *RA* (1970), 55ff. bes. 63ff., um die Haltlosigkeit der Identifizierung zu erweisen. Vgl. auch die Lampe:

Anders verhält es sich im Falle einer Gruppe in Statuettenformat aus Ägypten in Liverpool, Merseyside County Museums (ehemals City of Liverpool Museums) [46] (Taf. CXIV). Denn daß in der bärtigen Hauptperson ein römischer Kaiser dargestellt ist, daran wird man schon im Hinblick auf die Binde nicht zweifeln. Dieser Herrscher trägt auf der Vorderseite seines Lederpanzers zwei (wohl aus Bronze getrieben zu denkende) Metallscheiben, die mehr den Charakter von Amuletten als von militärischem Schmuck, einem *donum militarium*, haben. Vergleichbar der Iuppiter-Ammon-Scheibe aus dem Lauersforter Fund ist das obere Medaillon mit einer Sarapis-, das untere mit einer Harpokratesbüste dekoriert [47]. Unter dem Panzer ist ein kurzes, aber langärmeliges Gewand zu erkennen, die Beine sind durch Schienen geschützt. Die Herrscherbinde im kurzgelockten Haar wird über der Stirnmitte durch eine aufgerichtete Uräusschlange betont. In der gesenkten Rechten hält die Hauptfigur ein gezücktes Schwert, mit der Linken faßt sie in das Haar eines bärtigen, gefangenen Barbaren, der hilflos zusammengekauert vor seinen Füßen hockt [48]. Der spezielle Darstellungstypus vom Triumph des Siegers über einen Besiegten hat Tradition und

---

Das Fenster in der Halle der Kreissparkasse Köln, Thema 80, *Götter und Geld Ägyptens* (Mai 1971), Frontispiz. — Die Benutzung der Arbeit von A. Alföldi, *A Festival of Isis in Rome under the Christian Emperors of the IVth Century* (= Dissertationes Pannonicae Ser. II, Fasc. 7; 1937) hätte viel der entstandenen Verwirrung verhindert. Dort ist auch die Lösung für das Problem der Bärtigkeit und Unbärtigkeit zu finden. — Der Altar zwischen den Büsten auf dem Lampenbild besagt nichts. — Von dem beschriebenen Juweldiadem ist nichts zu erkennen. — Daß Sarapis in der Spätzeit in soldatischer Manier mit Panzer und Paludamentum ausgestattet wird, ist ganz geläufig. Vgl. zuletzt z.B. eine Lampe aus Elis: *BCH*, 94 (1970), 1010 Abb. 249. — Am Ende der pseudo-suggestiven Argumentation werden die Büsten des großen Kameo Marlborough (,,Iulian-Sarapis" und ,,Helena-Isis") mit in die Beweisführung eingeschlossen. Vgl. dazu die Bonner Diss. von W.-R. Megow, in der der Kameo nach sorgfältiger Analyse als caliguläische Arbeit angesprochen wird. Der Verf. hat freundlicherweise die Durchsicht dieses Teiles seiner noch ungedruckten Arbeit gestattet.

[46] C. Vermeule - D. v. Bothmer in *AJA*, 63 (1959), 163 Nr. 29 Taf. 36, 10; *Sarapis*, 241 Anm. 2, S. 380 Anm. 4 Abb. 364; G. J. F. Kater-Sibbes, *Preliminary Catalogue of Sarapis Monuments* (= EPRO 36; 1973), Nr. 87 Taf. 3.

[47] Zu den Phalerae s. A. Büttner in *BJb*, 157 (1957), 145ff.

[48] Dieser langbärtige Kopf hat wenig mit Sarapis zu tun, wie verschiedentlich angenommen worden ist.

geht in der vorliegenden Form zweifellos auf einen „sehr alten, bereits in der frühdynastischen Zeit ausgebildeten, beliebten altägyptischen königlichen Bildtypus" zurück. „In einer der häufigsten Szenen der die Siege der Pharaonen des Neuen Reiches verewigenden Tempelreliefs hält der König die die feindlichen Völker verkörpernden Barbaren mit der einen Hand — beim Haar gepackt — fest und steht im Begriffe sie mit einer Streitkeule niederzuschmettern" [49]. Der Zitatcharakter der kleinen kaiserzeitlichen Statuette ist bei aller künstlerischen Bescheidenheit nicht zu übersehen. Wie präzise der Handwerker an das altägyptische Vorbild anknüpft, offenbart sich u.a. darin, daß die Beine ins Profil gedreht sind, während der Körper frontal ausgerichtet ist [50]. Hier wird in vollem Bewußtsein ein bestimmter Typus tradiert, der den dargestellten römischen Herrscher geradlinig in eine Reihe mit seinen altägyptischen Vorgängern stellt und zu einem legitimen Nachfolger macht.

Die Frage, welcher römischer Princeps hier gemeint ist, bedarf noch der Klärung. C. Vermeule und D. v. Bothmer haben mit Vorsicht an Lucius Verus gedacht [51], was selbst bei einer großzügigen Konzedierung ikonographischer Freiheiten bei einem solchen Werk der späteren Kaiserzeit als unmöglich erscheint. Der Verf. selbst hat mit äußerster Zurückhaltung — allein gestützt auf die Seitenansicht des Kopfes — Hadrian vorgeschlagen [52]. Nachdem freundlicherweise D. Downes eine Aufnahme der Vorderseite zur Verfügung gestellt hat (Taf. CXV), muß wohl auch dieser Vorschlag revidiert werden. Ist nicht Hadrian dargestellt, kann es sich nur um Caracalla handeln [53]. Eine dritte Möglichkeit kommt kaum in Betracht. Zugegebenermaßen sind die Abweichungen bei diesem Werk der römischen Repräsentationskunst zum gut bezeugten Caracalla-Porträt gravierend. Man wird aber gut daran tun, nicht mit an stadtrömischen Maßstäben geschulten Augen an die pro-

---

[49] Die Zitate nach L. Castiglione in *ZÄS*, 96 (1970), 90.
[50] Vgl. Castiglione, *a.O.*, 92.
[51] *AJA*, 63 (1959), 163.
[52] *Sarapis*, 380 Anm. 4.
[53] Die erste Anregung zu dieser Identifikation hat H. P. Laubscher gegeben.

vinzielle Statuette heranzugehen [54]. Die Kopfform und die Gesichts-
züge in ihren allgemeinen Proportionen widersprechen der Identifizierung nicht. Die Tendenzen zur Idealisierung, die Milderung des
brutalen Ausdrucks und die Fülle des Kinnbartes gehen auf das
Konto des Bildhauers, der den Kaiser vermutlich betont von dem
struppig-ungepflegten Kopf des Barbaren abheben wollte. Hat der
Kopist den Kaiser wohl nie mit eigenen Augen gesehen, so muß
ihm bzw. seinem Auftraggeber doch etwas von der besonderen
Beziehung des Caracalla zu Sarapis bzw. der ägyptischen Götterwelt bewußt gewesen sein [55]. So ist es durchaus zulässig, speziell
das Sarapismedaillon bei der Identifizierungsfrage Entscheidungs-
hilfe leisten zu lassen. Berücksichtigt man die vielfältigen Verbindungen des Kaisers zu Sarapis, so verliert der neue Benennungs-
vorschlag viel von seiner Extravaganz.

215 n. Chr. hat Caracalla Alexandria besucht. Bei dieser Gelegenheit wird eine kleine Terrakottabüste entstanden sein, die das
Bildnis des Kaisers in enger Anlehnung an den von ihm verehrten
Gott zeigt [56]. Zur richtigen Bewertung dieses bislang singulären
Büstchens mag es erlaubt sein, die Worte von L. Castiglione zu
einem Parallelfall zu wiederholen, die indirekt zum Ausgangspunkt
dieser Überlegungen — zur Statuette in Liverpool — zurück-
führen [57]: ,,Wir müssen nämlich voraussetzen, daß der Hersteller

---

[54] Vgl. z.B. den Kopf aus Koptos in Philadelphia, The University Museum
E 976: *Romans & barbarians*, a.O. (s. oben Anm. 39), Nr. 31 mit Abb. s.
auch die Kolossalstatue in Kairo Inv.-Nr. 1210, die von H. Jucker — wie
mir scheint mit Recht — als Caracalla angesprochen worden ist in *JbBern-
HistMus*, 41/42 (1961/62), 312 mit Abb. 31. Die Ablehnungsgründe von
H. B. Wiggers in H. B. Wiggers - M. Wegner, *Caracalla bis Balbinus* (1971),
35 und 64 s.v. [Kairo] überzeugen nicht. ,,Die Tatsache, daß Oberlippen-
und Kinnbart offensichtlich ineinander übergehen'', ist nicht ausschlagge-
bend. Stadtrömische Präzision in der Wiedergabe physiognomischer
Details ist hier nicht zu suchen. Die Aussage liegt wie bei der Statuette
in Liverpool auf einer anderen Ebene. — Zu den Darstellungen römischer
Kaiser im traditionell ägyptischen Schema vgl.: Z. Kiss in *MDIK*, 31
(1975), 299ff.; speziell zu Caracalla 301f. Taf. 91a/b.
[55] Zu Caracalla und den ägyptischen Gottheiten zuletzt: M. Malaise, *Les
conditions de pénétration et de diffusion des cultes égyptiens en Italie* (=
EPRO 22; 1972), 439ff. und *Sarapis*, 256 Anm. 4. S. 258. 294. 301. — Zur
Stellung des Sarapiskultes in der Zeit des Caracalla s. *Sarapis*, 284.
[56] *Sarapis*, 251 Anm. 4 Abb. 221. — Zu Caracalla und den Sarapislöckchen
vgl. *Sarapis*, 25f. Anm. 1.
[57] Die Terrakotta-Statuette, ehemals in Berlin, entspricht dem Stück

der Statuette von einem aktuellen, ja einmaligen historischen Ereignis „inspiriert" worden ist. Diese Annahme wird durch die Tatsache vorgeschrieben, daß die Terrakotte ein alleinstehendes Stück ist, von welcher uns — zumindest bisher — in dem mehrere Tausend Typen zählenden Bestand der römerzeitlichen ägyptischen Terrakotta-Plastik kein einziges Pendant bekannt ist" [58].

Caracalla hat seine Vorliebe für Sarapis geradezu zur Schau gestellt [59]. Mit dem durchaus nicht häufigen Epitheton Philosarapis [60] wird der Kaiser in einer Inschrift des Jahres 216 n. Chr. charakterisiert [61]. Auf alexandrinischen Bronze-Drachmen aus dem Jahre 213/4 n. Chr. schwebt vor der kaiserlichen Quadriga eine Sarapisbüste [62]. Besonders die Münzbilder — sowohl der Provinzial- als auch der Reichsprägungen — bieten ein reiches Material zur Dokumentation, welche Bedeutung Caracalla dem obersten Stadtgott von Alexandria eingeräumt hat [63]. Anläßlich seines Alexandriabesuches war Gelegenheit, den Gott selbst in seinem Heiligtum aufzusuchen. Zwar wird dies nicht *expressis verbis* von der literarischen Überlieferung bezeugt, man wird aber davon ausgehen dürfen, daß er das Schwert, durch das er zum Brudermörder wurde, *eigenhändig* in das alexandrinische Sarapeum geweiht hat: ταῦτά τε οὖν οὕτως ἔσχε, καὶ ὀλίγον πρὸ τοῦ θανάτου αὐτοῦ ἔν τε τῇ Ἀλεξανδρείᾳ πῦρ ἐξαίφνης πολύ, ὥς γε καὶ ἤκουσα, πάντα τὸν τοῦ Σαράπιδος ναὸν ἔνδοθεν κατασχὸν ἄλλο μὲν οὐδὲν τὸ παράπαν ἐλυμήνατο, τὸ δὲ δὴ ξίφος ἐκεῖνο ᾧ τὸν ἀδελφὸν ἀπεσφάκει μόνον ἔφθειρεν, καὶ μετὰ τοῦτο παυσαμένου αὐτοῦ ἀστέρες πολλοῖ ἐφάνησαν [64].

---

in Liverpool auf das engste: Castiglione, *a.O.*, 91 Abb. 1. Castiglione identifiziert in seinen höchst geistreichen Überlegungen den Herrscher als Diocletian, den Barbaren als Angehörigen der Blemmyes und bezieht die Darstellung auf ein bestimmtes historisches Ereignis.

[58] Castiglione, *a.O.*, 91.

[59] *Sarapis*, 294.

[60] Vgl. dazu zuletzt: M. Malaise, *Inventaire préliminaire des documents égyptiens découverts en Italie* (= EPRO 21; 1972), 166 Nr. 298/299; ders., *Les conditions de pénétration et de diffusion des cultes égyptiens en Italie* (= EPRO 22; 1972), 44.

[61] Vgl. *Sarapis*, 29. 250 Anm. 8, S. 251 Anm. 4, S. 283; Malaise, *Les conditions*, 442.

[62] *Sarapis*, 301 Abb. 315b.

[63] Vgl. *Sarapis*, 282ff. 308. 319f.

[64] So Cass. Dio LXXIX, 7, 3-4. S. Handler in *AJA*, 75 (1971), 65. 68 datiert den Neuaufbau des alexandrinischen Sarapeum in die Zeit des Caracalla.

An dieses Schwert fühlt man sich unwillkürlich beim Anblick der Statuette in Liverpool erinnert. Nichts spricht natürlich dafür, daß dieses gemeint ist, denn der kauernde, am Haar gepackte Barbar muß die Interpretation in eine andere Richtung lenken [65]. Dabei soll hier wohl kein Vorweghinweis auf den erhofften Ausgang des Partherfeldzuges gegeben werden [66]. Eher ist es angezeigt, den Darstellungstypus losgelöst von dem einmaligen historischen Augenblick, von einem bestimmten aktuellen Anlaß zu verstehen [67]. Nicht Schilderung geschichtlicher Einmaligkeit ist die Devise, sondern ,,Allgemeinpropaganda'', sowohl für den Kaiser als auch den ihn beschützenden und ihm helfenden Gott. Das Verhältnis von Kaiser und Gott ist ambivalent. Hat sich der Herrscher auf der einen Seite unter den Schutz der ägyptischen Götter gestellt, so profitieren diese andererseits von dessen Machtstellung. Gemeint ist — wie die Tracht zeigt — die militärische Macht: das Heer wird zum Träger von Religion und Kultur. Der Darstellungstypus ist bestens geeignet, den permanenten Herrschaftsanspruch und die *virtus* des Kaisers zu dokumentieren. Caracalla als *rector orbis* ist *victoriosus semper* [68], er wird als ständiger Überwinder und Strafer des Barbarentums schlechthin glorifiziert. Wie Sarapis ist er ,,ewiger Sieger'': *invictus* (ἀνίκητος). Es scheint geradezu, als sei dieses Epitheton von Caracalla auf Sarapis übertragen worden [69].

So steht die gedankliche Aussage, das politische bzw. religionspolitische Konzept bei der Statuette in Liverpool ganz im Vordergrund. Die künstlerische Form ist dabei erst in zweiter Linie von Belang, was freilich nicht besagt, daß mit dem propagandistischen Inhalt nur untere soziale Schichten des Nillandes angesprochen werden sollten.

---

[65] Zum Typus vgl. A. C. Zevi, *Barbarians on Roman Imperial Coins and Sculpture* (1952); H. P. Laubscher, *Der Reliefschmuck des Galeriusbogens in Thessaloniki* (1975), 35 mit Anm. 168, S. 91.

[66] Eine sichere Identifizierung des Barbaren, wie sie Castiglione für die Terrakotte versucht hat, ist nicht zu geben. Die ethnische Charakterisierung ist nicht speziell genug.

[67] T. Hölscher, *Victoria Romana* (1967), 167 spricht von der ,,Loslösung der Siegespropaganda vom tatsächlich errungenen Sieg''.

[68] S. Hölscher, *a.O.*, 167 Anm. 1066.

[69] *Sarapis*, 29. 138. 283 Anm. 3. — Zu Sarapis Kosmokrator vgl. auch A. El-Mohsen El Khachab in *JEA*, 47 (1961), 119ff.

A NEW INTERPRETATION OF THE
BULL-SLAYING MOTIF *

S. INSLER
(Yale)

It is perhaps commonplace by now to say that the major mysteries
of Western Mithraism consist in how little we truly know about
the origins, practices and beliefs of this cult in the world of Imperial
Rome. Yet it is nonetheless true. Moreover, many would agree that
the fundamental cause of our ignorance arises from the lack of
internal information, such as an extensive liturgical collection or
theological treatise stemming from within the cult, which could aid
us to interpret the abundance of surviving sacred objects and
images. Admittedly we possess numerous votive and dedicatory
inscriptions which accompany the rich archeological heritage of
Mithraism. But a close examination of these reveals far more, in
sociological and political terms, about the dedicators [1] than the
deities to whom the votive announcements are directed or their
place and meaning within the framework of the cult.

Confronted thus with a silence within the temple, so to speak,
scholars have turned to the outside to find some clues to unravel
the mysteries. Such a move, however, always entails several dimensions of uncertainty which are inevitable in the attempt to forge
an interpretation from sources separated by time or place, different
in outlook or purpose. Such an approach also entails the danger
that the external evidence adduced to explain the problems en-
countered within the primary materials may frequently lead to a
false analysis of just these.

In the attempt to avoid these shortcomings, I shall try to offer in
the following pages a unified explanation of the central cult

---

* Expanded version of a paper first read at the 2nd International Congress
of Mithraic Studies, Tehran 1975.

[1] Cf. J. Toutain, *Les cultes païens dans l'empire romain* I:2 (Paris, 1911),
pp. 144-77; C. M. Daniels in *Mithraic Studies = MS* (Manchester, 1975),
pp. 249-74; E. D. Francis, *ibid.*, pp. 429-37.

image of Mithraism, the portrayal of the god Mithra slaying the
bull, framed entirely in terms of the attested iconographic data
from within the cult, and I shall try to show that this important
scene, upon which so much of our understanding of the cult depends,
has no connections with the later Zoroastrian legend concerning
the slaughter of the primordial bull by the Evil Spirit (Ahriman),
a view which has been often invoked to interpret the tauroctony
ever since Cumont's first identification of this chief icon of the cult
with the later Iranian creation myth.[2] The elements of birth and
death visible in the tauroctony clearly do point to the theme of
creation or re-creation, but the question remains, as in all examples
of iconographic representation, as to whether the symbols of the
scene require a literal or a metaphoric interpretation. Cumont's
mistake, I believe, was to emphasize the literal value of the symbols
of the bull-slaying motif, which led him to choose the Zoroastrian
myth as the basis of the Mithraic icon. However, this choice forced
him to explain away the many contradictory difficulties inherent
in his identification, and left his final interpretation of the
tauroctony with few traces in common with the known Iranian
materials.[3] If Cumont's procedure ended in such divergent results,

---

[2] *MMM* I, pp. 185-88; etc.

[3] J. Hinnells in his study of the tauroctony in *MS*, pp. 290-312, pointed
out the inconsistencies in Cumont's analysis of the bull-slaying scene, but
his own interpretation (p. 317) that "Mithraic art thus preserves ancient
Iranian ideas of sacrifice and salvation but not expressed through Iranian
motifs" seems unfounded. Hinnells begins by noting a connection between
the tauroctony and the ritual meal scenes which show a bull under the
banquet table or a bull's skin covering the table, from which he concludes
that the bull-slaying scene is a cultic or ritual scene (p. 304f.). In order to
understand what rituals may be involved and their meaning, he then in-
vestigates (pp. 305-09) the Iranian forms of ritual known from later sources
essentially (*yasna*, animal sacrifice, Mithragān), for which he attempts to
find parallels in the tauroctony and the ritual meal scenes, and further
suggests that the significance of the tauroctony (now identified as a ritual)
belong with the Middle Pers. legend relating that at the time of the resurrection the Savior will slay the bull Haδayans in order to bring immortality
to the world. By transferring this act to Mithra (which Cumont, *MMM* I,
p. 188, had already done), H. arrives at his conclusions (p. 310f.).

First, I do not deny a relationship between the tauroctony and the ritual
meal, but this can have a very different basis. If the cult image partly
expresses the chief holiday of Mithraism, as I will argue below, then it is

then it is altogether possible that a very different creation theme lies at the basis of the tauroctony, and in fact one which harmonizes with the other iconographic data of the cult. The purpose of this study is to reveal that theme.

Anyone, even casually surveying the numerous depictions of the bull-slaying, is immediately struck by the orthodoxy of the image portrayed. Whether represented in relief or free-standing sculpture or painting in the various centers where the cult is attested, the depiction of this scene is of a fundamentally invariant design. From the viewpoint of the observer, Mithra slays the bull from the left, and under the bull there appear, from left to right, a scorpion, an extended snake and a leaping dog. This is the well known image and the one I consider to be standard.

It is true that in some half-dozen monuments only Mithra and the bull are present, but these should be regarded, as Campbell partly suggested, as a simplification of the basic image of the bull-slaying in view of the dominant testimony of the fuller depictions.[4] More interesting, however, are those examples of the tauroctony which are augmented by the addition of a lion and a krater in the

---

only natural that the most important celebration of the cult took place on that day. The bull (skin) points to such an identification. However, there need not be any connection between the act depicted in the chief icon of a cult and the way its major holiday is celebrated. One has only to ask whether the celebration of Easter Sunday requires a yearly crucifixion. Secondly, in identifying Mithra's divine act of the slaughter of the bull with the later Zoroastrian legend concerning the Savior, Hinnell's commits the same type of error for which he blames Cumont in the latter's identification of the bull-slaying scene with the legend involving the Evil Spirit.

[4] *Mithraic Iconography and Ideology* (Leiden, 1968), p. 12. However, his conclusion that the early tauroctonies must have depicted only Mithra and the bull because the very late ones reveal an increased complexity of detail is based on fallacious reasoning. Although one may be able to chart the successive elaboration of detail in the tauroctony, one cannot merely reverse the process, in the absence of evidence, to arrive at the blue lotus of origins.— *MMM* I, p. 189f., considered only Mithra, the bull, the dog and the scorpion to belong to the original scene. While admitting that the snake was almost always present as well, he excluded it because it does not always take an "active" part in the death of the bull. But the "passive" position of the snake on the ground or coiled around the krater may stem from the fact that these are equally natural positions for the snake beside its frequent portrayal shown springing towards the wound of the bull.

central picture. These, stemming from various Germanic finds,[5] all place the additional figures between the snake and the dog, with the result that there is a configuration of scorpion, serpent, krater, lion and dog running from left to right beneath the bull.[6] Again the positioning of all these figures remains iconographically fixed.

This rigidity of representation found in both the standard bull-slaying scene and in the expanded one contrasts with the frequently changing positions of the surrounding figures of Sol and Luna, of Cautes and Cautopates, even with that of the raven, and its orthodox form strongly suggests that it represents a syntagma, a definite and well ordered iconographic statement. We might even call it an iconographic litany. But the question remains as to what this fixed statement can mean.

As in matters of philology, we can only proceed further by trying to define the context of this poorly understood statement, and here it is necessary to point to the well known fact that the dominant decoration surrounding the bull-slaying scene is astral in design. There are the ever present figures of the sun and moon. The seven planets are often depicted in the surrounding borders, either in the bottom register, as at Sarmizegetusa (*CIMRM* II, no 2052), or more commonly in the vaulted arch over the scene, as at Bononia (*CIMRM* I, no 693) and Stockstadt I (*CIMRM* II, no 1206). These planets, symbolized as seven stars, also appear in Mithra's cloak at Capua (*CIMRM* I, no 181), Quadraro (*CIMRM* I, no 321) and in the Barberini fresco at Rome (*CIMRM* I, no 390), or are present in the field of the bull-slaying scene in the Esquilene relief at Rome (*CIMRM* I, no 368) and Tavalicavo (*CIMRM* II, no 2244). I also believe that they are represented by the seven small altars seen at the bottom of the larger relief of Dura (*CIMRM*

---

[5] Cf. Heddernheim I (*CIMRM* II, no 1083), Heddernheim III (*CIMRM* II, no 1118), Stockstadt I (*CIMRM* II, no 1206), Osterburken (*CIMRM* II, no.1292), Fellbach (*CIMRM* II, no 1306), etc.

[6] The bronze plate from Brigetio (*CIMRM* II, no 1727), in Pannonia, also depicts the full sequence of the five figures below the dying bull. — In the monuments of Dacia, such as Apulum (*CIMRM* II, nos 1935, 1972), Sarmizegetusa (*CIMRM* II, nos 2034, 2036, etc.), the lion and the krater also appear, but are placed on the right side of the tauroctony. I consider this to be a stylistic feature of the area. This is also seen in the relief from Neuenheim (*CIMRM* II, no 1283).

I, no 40) and again in the Esquilene relief of Rome (*CIMRM* I, no 368).[7] In addition, there appear representations of the winds and the seasons,[8] and also the signs of the Zodiac, which either encircle the scene, as in the London relief (*CIMRM* I, no 810), or are placed in a vaulted arch above the bull-slaying image, as at Heddernheim I (*CIMRM* II, no 1083) and Rückingen (*CIMRM* II, no 1137), or most revealingly incorporate the scorpion of the central bull-slaying picture into the overall zodiacal pattern, a technique appearing in the Sidon relief (*CIMRM* I, no 75).

In more general terms, the basic structure of the Mithraeum and that of the cult niche has been compared to a replica of the cosmos in accord with the statements of Porphyry.[9] But, more specifically, I would say that the vaulted ceilings of both, star-painted at Dura and Capua, and pierced with seven small holes in the S. Clemente Mithraeum (*CIMRM* I, no 338), point more towards an interpretation of the expanse of the night sky,[10] and this view is supported by the fact that the vaulted arch present in many tauroctonies is filled with either the planets (Bononia: *CIMRM* I, no 693, Stockstadt: *CIMRM* II, no 1206) or with the signs of the Zodiac (Dura: *CIMRM* I, no 40, Rome: *CIMRM* I, no 635, Heddernheim I: *CIMRM* II, no 1083, Rückingen: *CIMRM* II, no 1137, etc.), or that the Rome fresco (*CIMRM* I, no 390) contains two arches placed above one another, the lower one marked with the signs of the Zodiac, the higher one with seven altars symbolizing the planets again. Placed thus so distinctly in an astral context, it would appear possible that the iconographically rigid statement of the bull-slaying motif might also require an astral interpretation.

To decipher its exact meaning, however, some characteristic mark is first required to define and narrow the purpose of the tauroctone scene amid these cosmological symbols. This is indeed provided by the Ostia Mithraeum (*CIMRM* I, nos 239-44), which places the first 6 signs of the Zodiac (Aries through Virgo) on the

[7] So *MMM* I, p. 115; F. Saxl, *Lectures* I (London, 1957), p. 33; Campbell, *op. cit.*, p. 102.

[8] For details, cf. Campbell, *op. cit.*, pp. 162ff.

[9] *De antro nymph.* 6.

[10] So F. Saxl, *op. cit.*, p. 30; Vermaseren, *Mithras, the Secret God* (London, 1963), p. 37.

left side benches and the latter 6 (Libra through Pisces) on the
right side benches, thus clearly dividing the year into an opposition
between the summer months and winter ones. Similarly, the signs
of the Zodiac appearing in the tauroctone arches in the larger Dura
relief (*CIMRM* I, no 40) and in the Barberini fresco (*CIMRM* I,
no 390) are divided down the center, at the point of the autumnal
equinox, by an unidentified bust in the former instance and by a
serpent-entwined figure in the latter. This, of course, recalls
Porphyry's description of the Mithraeum he saw which equally
separated the zodiacal signs according to the equinoxes and placed
them on opposite sides of the Mithraic cult image.[11]

But are we perhaps dealing merely with an attempt at sym-
metric arrangement in these last examples? This seems unlikely in
view of three monuments. First, the larger Dura relief (*CIMRM* I,
no 40) clearly contains additional symbols, such as the sun and
the moon, within the boxes which depict the first 6 signs of the
Zodiac (Aries through Virgo), whereas the last 6, those of the winter
months, remain without any further marks. Secondly, the Treves
relief (*CIMRM* I, no 985) portraying the rock birth of Mithra
shows the young god encircled by a ring decorated with only the
spring and summer zodiacal signs. Thirdly, the statue of the so-
called Deus aeternus from the Villa Albani (*CIMRM* I, no 545)
appears with only the four zodiacal signs marking the equinoxes
and the solstices, and these are grouped in a distinct manner.
Aries and Libra oppose one another on his chest, Cancer and
Capricornus are set against one another on his thighs. In view of
the iconography of these monuments, we may say that the signs
of Aries through Virgo are considered to be positive terms and that
the division of the Zodiac at the autumnal equinox appearing in
the earlier mentioned monuments represents a deliberate separation. It does not appear to arise from considerations of symmetry.

This division of the year set around the point of the autumnal
equinox is significant, because it was exactly at that time in the
centuries around the era of Christ that the constellation Taurus
(the bull) first appeared on the eastern horizon in its evening

---

[11] *De antro nymph.* 24.

(acronical) risings in the night sky. Furthermore, all of the other figures which play a major role in the iconography of the bull-slaying scene—scorpion, snake, raven, krater, lion and dog—like-wise correspond to the constellations Scorpio, Hydra, Corvus, Krater, Leo major and Canis minor, which arose (and still arise)

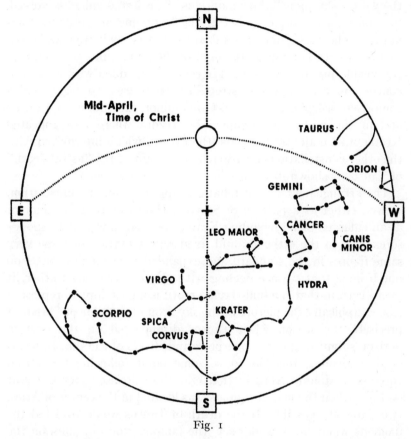

Fig. 1

after the appearance of Taurus in a fixed pattern during the fol-lowing months. Thus, if the tauroctony is to reveal its astral meaning ultimately, it is necessary to describe the progression of Taurus from its first rising to its final setting on the western horizon, and to illustrate the relationship of this constellation with regard to those others represented in the tauroctony at the point of its western heliacal setting, which can be considered to be the "cosmic" death of the bull.

Briefly stated, once Taurus had arisen at the time of the autumnal equinox, this constellation was visible all through the winter months of October through March. After it had thus dominated the winter sky month after month as the celestial sphere revolved, the constellation began to set at the beginning of April. Further-more, at the very point of its death—that is, as it was swallowed on the western horizon by the light of the rising sun—the complete sky visible just on and below the ecliptic was filled with a band of continuous constellations, stretching from east to west, which comprised Scorpio, Hydra and Canis minor, all leading to Taurus; and in the mid-range occupied by Hydra, there also appeared Krater, Leo major and Corvus (the raven), which interlocked with the other constellations mentioned. The point of the "astral death" of Taurus is shown in the accompanying illustration.

The arrangement of constellations appearing in the illustration, viewed either as a pattern of Scorpio, Hydra and Canis minor or as an enlarged chain including Krater and Leo as well, corresponds so exactly to the orthodox and fixed representation of these very same figures in the standard and expanded tauroctonies that I do not believe that we are dealing with chance accident. Rather, it seems certain that the bull-slaying motif is an attempt to represent iconographically the picture of the sky around the time of Christ, at precisely the season when Taurus disappeared on the western horizon submitting to the overpowering effects of the sun. In terms of the calendar, this has to be some point following the vernal equinox, a time in April in that era. More precisely, for the year 60 B.C., when the vernal equinox was located in the center of Aries, two dates are possible. If the death of Taurus was considered the moment when the Pleiades set (the famous group of stars on the back of Taurus), then it is a question of 6-8 April. If, on the other hand, the death of the bull meant the total disappearance of its head, then the time intended was around 17-19 April. It is also possible that some date between these two extremes counted as the setting of the constellation.[12]

[12] I am indebted to Dr. Kenneth Franklin of the New York Hayden Planetarium for help in determining these dates.

The one iconographic detail which remains problematic is why Corvus the raven has been dislodged from its expected sidereal position and usually appears in the tauroctony above on Mithra's right. Here there are two possible explanations. Since the raven is not an earth-bound creature like its remaining companions in the scene, it was possible for the artists of the tauroctonies to place the iconographic representation of Corvus in an upper position in order not to crowd the scene below the bull. Alternatively, the well known ancient role of the raven as messenger of the gods may have been exploited in choosing the particular placement of the bird. However, I would not agree with Cumont's belief that the raven announces to Mithra the divine commandment to slay the bull,[13] but rather I would ascribe to the bird the function of a harbinger of springtime, in agreement with this typical role which birds often play.

What, then, does the bull-slaying image represent? On one level, this central cult picture expresses the final death of winter, symbolized by the bull, and the approach of summer, symbolized by those constellations of spring and summer which participate in its death. We may designate these last constellations Canis, Leo, etc. in this way because each of them rising in turn, in a succession of intervals of roughly one month, consequently sets one month later than its predecessor, thus forming a string of constellations visible throughout the months of spring and summer. To our explanation also belongs the ears of corn sprouting from the dying bull's tail, which represent the ensuing period of growth and which appear to me to be an artistic interpretation of Spica, the chief star in the constellation of Virgo, the last of the traditional summer signs of the Zodiac. Furthermore, this view of the tauroctony expressing the death of winter and the birth of spring accords well with the previously mentioned opposition seen in the separation of the signs of the Zodiac into the winter and summer halves, with the latter half being the favorably marked member of the two. It also explains why a bull's head hangs from a barren tree but a scorpion is attached to a blossoming tree in the lost Rome relief (*CIMRM* I, no 335)

---

[13] *MMM* I, p. 192.

and in the Bononia relief (*CIMRM* I, no 693). For just as Taurus
dominated the winter sky as the constellation moved from horizon
to horizon with the turning dome of the heavens, so too the constellation Scorpio, which first arose at the time of the death of Taurus,
traveled throughout the spring and summer, to dominate the night
sky in its own turn. Taurus and Scorpio thus function as emblems
of winter and summer respectively [14] and belong to the conceptual
basis of the tauroctony which expresses the fundamental dualism
seen in the passage of the year and formulated in the contrasting
polarity between summer and winter.

This dualistic view immediately calls to mind the typical Old
Iranian outlook, and we should inquire therefore to what extent
the Old Iranian texts confirm the proposed interpretation concerning
summer and winter. As always, the problem of the very fragmentary
nature of the Avesta comes into play, but I believe that there is
evidence enough therein to assume that the Old Iranians understood an inherent opposition between summer and winter, and
attributed to it a theological interpretation. First of all, *Vend.* 7. 27
describes winter (*zyam*) as "cattle-killing, of deep snow, stealthy,
cruel, full of evil and maleficent" (*gaojan, jaiwi.vafra, upasrvant,
xrūta, aγavant, duždāh*), which points to a familiarity with severe
winters in the northern Iranian climes.[15] Furthermore, winter is
consistently called *daēvō.dāta* "created by the daēvas" (e.g. *Vend.*
I. 2, 19; 7. 27; 19. 43) in conformity with many of the previously
mentioned adjectives usually employed to designate entities
belonging to the evil creation. Similarly, winter appears among a
list of the chief daēvic beings at *Vend.* 19. 43, including Angrō
Mainyuš (the Evil Spirit), Aēšmō (Fury), Zaurva (Old Age), and
this corresponds to the later practice seen in *GrBund.* V. 1, which
enumerates the dualistic contrasts of the world to embrace the
opposition of Ahriman to Ohrmazd, Akōman to Vohuman, decep-

---

[14] So correctly, Cumont, *MMM* I, p. 211.

[15] The Pahlavi texts usually speak of seven months of summer and five
months of winter, e.g. *GrBund.* XXV. 7 (I cite the ed. of B. T. Anklesaria,
Bombay, 1956) = Nyberg, *Texte zum Mazdayasnischen Kalendar* (Uppsala, 1934), p. 12, lines 5-8, but this undoubtedly reflects writings issuing
from a more southerly climate. The passage in *Vend.* I. 2-3 states that the
Evil Spirit brought ten months of winter upon Ērān-Vēj.

tion and falsity to truthfulness, darkness to light, winter to summer. In fact, *Vend.* I. 2 specifically relates that the Evil Spirit created the daēvic winter to plague Ērān-Vēj, the original seat of the Iranian folk, which Ahura Mazdā had initially fashioned as the best place on earth. Sparse though this information be, I see the emphasis on the destructive effects of winter and on its daēvic origins to contain all the elements necessary for the later development of a dualistic theology centering upon the eternal change between summer and winter to embody the struggle between good and evil in the world. This I consider to be the basic Iranian element hidden in the mysteries of Mithraism.

Furthermore, I would endorse the identification of the lion-headed god of the cult with Arimanius (Ahriman) [16] in light of the daēvic nature of winter found in the Iranian texts. It is possible to envision his theological place within Mithraism to be that of the god of winter, the unfavorable or dark side of the year. There had to be some divinity in power when winter set upon the land, and with the possibility of viewing the alternation of summer and winter to represent microscopically the several thousand year sovereignty over creation which changes hands between Ohrmazd and Ahriman,[17] Ahriman could easily assume the role of god of

---

[16] Cf. J. Duchesne-Guillemin in *Numen* II (1955), pp. 190-95; R. C. Zaehner, *Zūrvan, a Zoroastrian Dilemma* (Oxford, 1955), pp. vii-ix; etc.; A. D. H. Bivar in *MS*, pp. 277ff.—J. Hinnells recent attempt in *Monumentum H. S. Nyberg* I (Téhéran-Liège, 1975), pp. 333-67, to explain the lion-headed god as "a being who presided over the soul's ascent of the planetary ladder; a cosmic power which ruled over man's passage through the gates to a higher spiritual life" (p. 364) appears wrong to me, since it is based upon several false assumptions. There is no evidence that the Mithraic grade system was spiritual in outlook; it could have merely represented a status system within the cult based upon service and knowledge (as in the military). Secondly, the identification of the lion-headed god with the grade of lion results only from H.'s emphasis on the lion head as the chief characteristic of the divinity, but this is not his only important sign. Thirdly, to determine the meaning of the symbols associated with the lion-headed god, he is forced to turn outside the cult, whereas he insists that all explanations should be formulated within the attestations of the cult. Since the grade of Corax corresponds to Corvus in the tauroctony, is it not more consistent to identify the grade of Lion with Leo within the bull-slaying scene in keeping with the strict methodology which H. proposes to adopt?

[17] As expressed in *GrBund*. I. 28.

winter and find a significant, if fearsome, place within the cult. This
perhaps explains why the god's role is underemphasized in most
shrines.

To return again to the purpose of the bull-slaying scene, it must
be stated as well that the precise juxtaposition of its fixed elements
is intended to mark a specific astral situation on another level. Since
the exact configuration of constellations appearing in the tauroctony
can exist in the night sky for only a brief period of time, the second
and equally important purpose of the bull-slaying image is meant
to signal a special seasonal event or holiday. This particular employment of the position of stars or constellations is the basic
technique known in antiquity to fix a date, and its use is attested
frequently in old literatures. Hesiod has many such examples in
Works and Days, and we might cite as an instance lines 609ff.:
"When Orion and Sirius have reached mid-heaven and rosy-
fingered Dawn sees Arcturus, then cut off all the grape clusters,
Perses, and bring them home." This particular star description
points to a date of September 14, and we shall have occasion to
return to it again. Likewise, Sophocles, *Oedipus Tyrannus* 1137,
speaks of summer (the time when the flocks are at pasture) in
terms of six lunations stretching from spring to (the fall rising of)
Arcturus,[18] and Virgil, *Georgics* I, 204ff., describes the agricultural
calendar in terms of the rising and setting of various stars and constellations. Therefore, in itself, the astral dating technique by the
position of stars etc. conforms to a widespread pattern in the
ancient world. But what is truly remarkable is its iconographic
adaptation in the bull-slaying scene, whereby the idealized forms
and positions of the constellations have been translated into an
iconic language.[19]

---

[18] Cf. E. J. Bickerman, *Chronology of the Ancient World* (Ithaca, 1969),
p. 54. A similar designation for the onset of fall is found in Thucydides II. 78
περὶ ἀρκτούρου ἐπιτολάς. For a good discussion of the rising and setting of
stars to denote the seasons in Greek literature, cf. R. C. Jebb's ed. of
Sophocles, *The Oedipus Tyrannus* (reprint Amsterdam, 1963), pp. 231-33.

[19] This exact technique reemerges in the Renaissance, where the mythic
figures of the constellations are painted on the ceiling of the Old Sacristy
of San Lorenzo, Florence, to indicate the date of consecration (9 July 1422).
Similarly, a ceiling of the Palazzo Farnese, Rome, depicts in this same
fashion the date of birth of Agostino Chigi (1 December 1466). Cf. J. Seznec,
The Survival of the Pagan Gods (Princeton, 1972), pp. 76-79.

With regard to the developments of exacting astronomy, we note that Hipparchus already in c. 129 B.C. had catalogued some 850 stars and some 40 constellations, including all those in the tauroctony, and these were increased by Ptolemy around 135 A.D. to 1022 stars and 48 constellations.[20] Ptolemy's catalogue in fact remained unchanged until the development of the telescope in the Renaissance. Although some form of the Zodiac dates back to at least the 8th Century B.C. in Babylonia,[21] it was Hipparchus again who placed the first sign Aries to coincide with the vernal equinox.[22] His work on the constellations and on the Zodiac indicates that the standard iconography of the tauroctony cannot be older than the First Century B.C. This indeed is the era when horoscopes begin to be pictured iconographically, for in this epoch we find the figurative representation of the horoscope of Antiochus I of Commagene at Nimrud Dagh, in an area close to Iran, and the date of the horoscope points to 7 July 61 B.C.[23]

We must ask, of course, what seasonal event in April the bull-slaying scene many possibly mark? In the context of Mithraism, one thinks immediately of the Mithragān, the great festival dedicated to Mithra in Old Iran, known from the Pahlavi texts such as *Dēnkart* 3, where it is described as "ancient and stemming from the (time of the) creation" (*kahvan ... i hač bundahišn*).[24] Now this festival is known to have been celebrated on the day Mihr of the month Mihr in the traditional Zoroastrian calendar, which places it therefore on the 16th day of the 7th month according to this calendaric scheme.[25] Since the Zoroastrian calendar is extremely well attested in documents from Parthian Nisa dating from 148 B.C.

---

[20] Cf. E. Zinner, *Die Geschichte der Sternkunde* (Berlin, 1931), pp. 124-28.
[21] In the famous ^{mul}APIN text; cf. B. L. van der Waerden in *AOF* 16 (1952-53), p. 216.
[22] *Ibid.*, p. 222; Zinner, *op. cit.*, pp. 92-94.
[23] Cf. O. Neugebauer and H. B. van Hoesen, *Greek Horoscopes* (Philadelphia, 1959), pp. 13-15.
[24] Cf. Nyberg, *op. cit.*, p. 32, lines 6-8.—The appearance of Μιθραχάνος in the inscription from Amorium (*CIMRM* I, no 22) attests to the antiquity of the festival, as probably does the description of a festival in honor Mithra found in the Duris fragment (*MMM* II, p. 10).
[25] Cf. A. Christensen, *L'Iran sous les Sassanides*[2] (Copenhague, 1944), p. 173f.

and onwards (see below), there is no reason not to assume that the Mithragān did not appear already in the seventh month in that epoch, and in fact the dedication of the seventh month to Mithra seems to be an ancient practice because the name of the seventh month in the Achaemenid Old Persian calendar is Bāgayādi "(Time for) worshipping Baga", where Baga is an old designation of Mithra.[26] Yet, if the assumption about the Mithragān is correct, we must further determine the beginning of the Iranian year in order to fix a Julian equivalent, since we are searching for a correspondence between the date indicated by the constellations in the tauroctony and the place of this festival in the traditional calendar.

When did the Iranian New Year begin? New Year's day (Nō Rūz) was celebrated as the first day of the first month Fravardīn, but because the Old Iranians followed a solar calendar of 365 days (12 months of 30 days, plus 5 epagomenae),[27] the year wandered through the seasons, retreating one day every four years with regard to the Julian calendar.[28] This means that the New Year could begin at any season in the course of the centuries. Can we, however, determine its beginning during the First Century B.C., the time to which we ascribe the creation of the Mithraic icon? This, I believe, is possible.

The first concrete testimony of the so-called Zoroastrian calendar stems from the Parthian city of Nisa, where some 2500 ostraca were discovered by Soviet archeologists in 1957-61.[29] These date

---

[26] Cf. S. H. Taqizadeh, *The Old Iranian Calendars* (London, 1938), pp. 38-41, with literature. The same substitution takes place in the Sogdian calendar, where βγγrwc is the same day as *YWM Z mtr* (day Mihr).

[27] Cf. *Dēnkart* 3 (Nyberg, p. 30, lines 5-8).

[28] Cf. E. J. Bickerman in *Archiv Orientálni* 35 (1967), p. 197, who notes that there is no evidence for a program of intercalary months to correct this deficiency before late Sassanian times (pp. 202-03, 207).—*GrBund*. XXV. 7 (Nyberg, p. 20, lines 2f.) equates spring with the first 3 months Fravardīn, Urdvahišt and Hōrdāδ, but this clearly shows the attempt to regulate the calendar according to a scientific definition of spring appearing in *Dēnkart* 3 (Nyberg, p. 34, lines 15f.), which states "Spring is the fundamental season, when the sun comes into the first (chief?) star of Aries" (*sāl hangām bun vahār, hān i kā xoršēt ō fratom xōrtak i varrak ... rasēt*).

[29] Cf. I. M. Diakonov and V. A. Lifshitz in *Peredneaziatski Sbornik* II (1966), pp. 134-57. The following information stems from this important article.

from 100-208 of the Arsacid era (148-40 B.C.) and were discovered
in nine wine storage depots and some pits behind them. Their chief
importance lies in the fact that they mention 6 month names and
12 day names which are directly equatable with the month and
day names known in the later Sasanian and Zoroastrian calendar,
e.g. months *prwrtyn* = Fravardīn, *'rtywhšt* = Urdvahišt; days
hmrtt = Amurdāδ, *hw'r* = Xvar, etc. More importantly, in *Doc.*
No. 280 [30] there appears a sequence of days *'trw, 'phwny, hw'r,
m'h, tyry, gwryh*, which exactly corresponds to the order of the
9th through 14th days of the Zoroastrian calendar (*Ādur, Ābān*, etc.).
This direct equivalence excludes the possibility of mere similarity
between the two calendar systems, from which we may conclude
that a fully developed "Zoroastrian" calendar lies at the basis of
the Nisa dating technique.

The six months attested are *prwtyn, 'rtywhšt, hrwtt, ḥštrywr,*
'trw, whwmn, which correspond to the later 1st, 2nd, 3rd, 6th, 9th
and 11th months, and there is every reason to suppose that the
month *prwrtyn* (= Fravardīn) marked the beginning of the New
Year as in younger times. Furthermore, one document offers
excellent evidence for determining the season when Fravardīn
occurred in the First Century B.C. This text (= *Doc.* No. 100 + 91)
runs: [31] *ŠNT I C XX XX XX X III III YRḤ prwrtyn YWM'*
srwš SK' ḤMR ḤDT ZY HN'Lt 'L GNZ' MLK' ... "Year 176
(= 72 B.C.), Month Fravardīn (1st month), Day Srōš (17th day),
the new wine which was brought to the royal treasury..." Here
the expression *ḤMR ḤDT* "new wine" must have a special significance because it contrasts with *ḤMR ZNH 'TYQ* "old wine"
appearing in *Doc.* No. 164,[32] and I take it literally to mean the
newly made wine. In fact, since it is described as being sent to the
royal treasury, it should be truly the first batch produced from the
new vintage.

Now, if we recall that Iran and Greece are climatically similar,
and that Hesiod's indication for picking the grapes points to
September 14, we can now reconstruct a probable schedule for

[30] *Ibid.*, p. 148.
[31] *Ibid.*, p. 147.
[32] *Ibid.*, p. 147.

producing new wine: first grape gathering, 3 to 4 days; pressing and fermentation, 21 to 28 days; delivery to depot, 1 to 2 days. This yields a range of 25 to 34 days which ends with a date corresponding to the 17th day of the first month of the Nisa calendar in 72 B.C. That is to say, 1 Fravardīn fell between 22 September and 1 October, or just after the autumnal equinox.[33] Consequently, the Mithragān which occurs 195 days after New Year's day fell between 5 and 14 April in the next year, or almost precisely in the period covered by the two possible settings of Taurus described. This correspondence between the astral date and the calendar date proves, in my view, that the seasonal festival indicated by the tauroctony originally was the Mithragān indeed. Moreover, if the correspondence is correct, it shows that the bull-slaying icon must have been created around the first quarter of the First Century B.C., because any later time for its creation would mean that 1 Fravardīn and subsequently the Mithragān would have occurred at an earlier Julian date owing to the retreating nature of the Iranian calendar. This would place the Mithragān closer towards March every four years.

Yet there remains the question: If the theological interpretation of the tauroctony expresses the death of winter, why was this time celebrated in April rather than at the point of the vernal equinox? Here the answer seems simple. The tauroctony certainly expresses a creation scene based upon the interrelated cycle of birth and death. However, although spring may be linked astronomically with the vernal equinox at the end of March, there is no evidence

---

[33] Hinnells in *MS*, p. 307 n. 116, reports that Mary Boyce believes that when the Arsacids adopted the Seleucid era, they placed 1 Fravartīn at the autumnal equinox in agreement with the Seleucid New Year, and this was its position from 150 B.C. to 300 A.D. But the real position of the Seleucid New Year was March/April, since their calendar was only an adaptation of the Babylonian one; cf. E. Bikerman (= E. J. Bickerman), *Institutions des Séleucides* (Paris, 1938), p. 205; A. E. Samuel, *Greek and Roman Chronology* (München, 1972), p. 142. How the *official* Arsacid calendar functioned is still difficult to determine because of poor attestation, and how and when the Iranian calendar (i.e. calendar of Nisa documents) was introduced is a similar puzzle. Only at Antioch, with its Julian calendar (in Greek garb), is there real evidence that the New Year began in October, but Antioch was never under Arsacid domination; cf. E. J. Bickerman, *Chronology*, p. 25.

that the cycle of rebirth (out of the death which winter brings) has begun until the earth is ready to bring forth its first plants, and this latter date may not coincide at all with the strict scientific (= astronomic) definition of spring. This, I believe, is the reason for the emphasis on the ears of corn in the dying bull's tail: they point to a visible resurgence of spring, the reaffirmation that the creative period of nature has begun again.

In fact, it was April which was considered the beginning of spring in Rome, and Ovid, *Fasti* IV, 87ff., describes spring to occur in this month when the fertile earth opens itself (with its first growth): *nam quia ver aperit tunc omnia, densaque cedit frigoris asperitas, fetaque terra patet, Aprilem memorant ab aperto tempore dictum.* Furthermore, Virgil, *Georgics* I, 215ff., describes this season of spring to occur under Taurus, when Sirius disappears (around 17 April), and refers to it as the opening of the year: *vere fabis satio ... candidus auratis aperit cum cornibus annum Taurus et adverso cedens Canis occidit astro.* For the Romans, therefore, even in their Mediterranean climate, the real advent of spring was connected to the first signs of growth and to the ensuing death of Taurus, the two significant features appearing in the tauroctony.

This leads to the further notion concerning what meaning the Mithragān might have represented to the Romans who were members of the cult. In this context it is important to cite the liturgical line found at Santa Prisca: *Fecunda Tellus cuncta qua generat Pales* "O Fertile Land, through which Pales begets everything". About this line Vermaseren writes: [34]

> It is remarkable that the feast of Tellus as the goddess of sowing of the fields is on April 15, that is four days before the feast of Ceres, which is celebrated on April 19. Two days after that begins the feast of Pales ... The goddess could not be more Roman ... Pales, as well as Tellus, is the procreating force.

Although not expressed as clearly as it might be, Vermaseren intends to signal that the three holidays involving fertility occurred in Rome in the course of the single week of 15-21 April, to which

---

[34] *The Excavations in the Mithraeum of the Church of Santa Prisca in Rome = EMSP* (Leiden, 1965), p. 191.

we may add that this very week was the one considered by the
Romans as leading to the onset of spring (22 April) in their culture.
The first two, however, are the most important in our context,
since the Fordicidia (15 April) dedicated to Tellus, the goddess of
the fertile earth, and the ludi Cereales (19 April) dedicated to Ceres,
the goddess of agriculture, were celebrated to procure the fertility
of the corn growing in the womb of the earth.[35] This theme is
surely linked to the appearance of the corn in the tauroctony, and
it is easy to envision that among the astral dates indicated by the
star calendar of the tauroctony (6-19 April), the one coinciding with
the feast of Tellus would have been chosen to celebrate as the Roman
equivalent of the Mithragān. The death or setting of Taurus marked
the beginning of spring for the Romans and this event was intimately connected with the disappearance of winter and the commencement of of a new cycle of rebirth for nature and the world.
Therefore, both messages of the tauroctony, the death of winter at
the hands of spring and the holiday to celebrate this, were possible
to translate from one cultural system into another, and in significant terms. The mention of Tellus at Santa Prisca leaves no
doubts that the Mithraists understood the fundamental meanings
of their central cult icon.

In more general terms, I wish to say that this new interpretation
of the bull-slaying scene fits extremely well with Prof. Lentz's
suggestion that many Mithraea were in fact used and perhaps built
as astronomical observatories.[36] It also accords with the occasional
inscriptional evidence in which a cult member refers to his grandfather as *caelo devotus et astris* (*CIMRM* I, no 406) or himself as
sacerdos dei Solis invicti Mithrae studiosus astrologiae (*CIMRM* I,
no 708), and with the beginnings of a zodiacal litany *Primus et hic
Aries astrictius ordine currit* found at Santa Prisca.[37] It also accords
with the general political, cultural and religious developments in
the Imperial epoch of Rome, when astronomy and astrology—the

---

[35] Cf. W. W. Fowler, *The Roman Festivals* (London, 1899), pp. 71ff.

[36] Cf. *MS*, pp. 358-77.

[37] Vermaseren, *EMSP*, pp. 213-17, gives a very different interpretation
of this line. But the appearance of Aries and ordine can only be interpreted
in an astronomic/astrologic fashion. Cf. Virgil, *Georgics* I, 236f.: *et via* (=
ecliptic) *secta per ambas, obliquus qua se signorum* (= Zodiac) *vertet ordo*!

distinction often is difficult to find—became a powerful force,[38] not only behind the throne but also in the life of most men, to the extent that the hippodrome was described as a place where the course was the year, the twelve starting gates the months or the Zodiac, the four teams the seasons, the colors of the teams the planets.[39] Thus, whatever the Iranian origins of Western Mithraism were, and however it spread within the Empire, it appears altogether possible that, with the ever increasing importance of astrology and the fascination with stars among the Romans, the cult was restructured as basically an astral cult, with its theology founded upon the mysteries seen in the sky and their effects upon the course of time. Moreover, it was cult in which the knowledge of such astral observations became so exacting that its central image was expressed in a remarkable iconographic form which mirrored both the fundamental dualism seen in the cycle of the year and the time to celebrate the chief holiday of their chief god.

In conclusion I wish to remark that an astral interpretation of the bull-slaying motif is not entirely new. Cumont himself realized that all the central figures of the tauroctony corresponded to constellations and even admitted that the image might have some astronomical or astrological significance on one level for some cult members,[40] but he never pursued these ideas to any definite conclusions, preferring to explain the "fundamental" message of the tauroctony in terms of his version of later Iranian theology. Similarly, R. Merkelbach [41] pointed out that the winds, seasons and Zodiac in the monuments indicate an outlook concerned with the annual cycle of the year, but he chose to identify this with the conceptions of time and creation appearing in Platonic doctrines. More recently, R. Beck presented a lecture [42] in which he attempted

---

[38] Cf. F. H. Cramer, *Astrology in Roman Law and Politics* (Philadelphia, 1954), which deals with this whole subject; R. MacMullen, *Enemies of the Roman Order* (Cambridge, Mass., 1966), pp. 128-162.

[39] Reference from MacMullen, *op. cit.*, p. 138.

[40] *MMM* I, pp. 198-202.

[41] *Form als Aufgabe des Geistes* in *Eranos-Jahrbuch*, 34 (Zürich, 1965), pp. 219-57.

[42] Annual Meeting of the American Philological Association, December 28-30, 1973. Prof. Beck was kind enough to send me a copy of his lecture, which was unknown to me before attending the Conference in Tehran.

to correlate the figures in the tauroctony with certain stars in the same constellations which I employ, but his identifications and interpretation are very different than mine. Since his work is not available publicly, it would be unfair to criticize it at this time.[43]

---

[43] Dr. S. A. Hakim, of Bombay, also read a paper at the Congress in which he attempted to link Mithra-Mitra with astral phenomena, but his conclusions are based on arbitrary assumptions frequently and free borrowings between Indian and Iranian materials. (1) Noting that the Vedic texts divide the year into two parts, namely the uttarāyaṇa and dakṣiṇāyana, which correspond to the northerly and southerly course of the sun between solstices, Hakim arbitrarily places Mitra at the point of the summer solstice, for which there is no Vedic testimony. (2) *TS.* IV. 4. 10. 2 only says that Mitra is the divinity presiding over the nakṣatra Anūrādhās (β, δ, π Scorpionis); it does not identify the constellation with the god. (3) The separation of the constellations into two sets at *TBr.* I. 5. 2. 7 is meant to correspond to the waxing and waning halves of the lunar month, not to the dual course of the sun in its annual ascent and descent. Therefore, although Anūrādhās may begin one half of the set of constellations (in their lunar reference), there is no basis to assume with Hakim that this means that at one time δ-Scorpionis and the summer solstice were significantly coincident, since the reference system of sun course and moon course are different, Mitra is not the summer solstice, nor are Mitra and Anūrādhās really identical. (4) Hakim's assumption that δ-Scorpionis was also Mithra in Iran is merely a conjecture based on the Indian texts and in fact on a false understanding of them (see above). Thus, all his other assertions, including his likewise arbitrary identifications of Iranian yazatas with asterisms in a row near Scorpio, have no foundation, even though his identifications are correctly placed in the chain of Hydra, Leo, Canis, etc.

ISIS OU LA TYCHÉ D'ALEXANDRIE?

MARIE-ODILE JENTEL
(Québec)

Planches CXVI-CXXVII

Au Professeur M. J. Vermaseren, «Pater mithriacus», ami au grand cœur toujours prêt à accueillir ses collègues, à partager avec eux son savoir, à les aider pour la publication de leurs travaux, je dédie cet article avec autant de reconnaissance que d'amitié.

Parmi les nombreuses œuvres hellénistiques et romaines qui représentent — ou représenteraient — des divinités égyptiennes, une petite série de monuments pose un problème iconographique épineux [1]. Tous représentent un personnage imberbe, coiffé d'un modius, allongé vers la gauche sur une kliné et tenant de la main droite un gouvernail. Le sexe et l'identité de ce personnage sont incertains, semble-t-il, puisque les savants l'appellent selon le cas, Sérapis, Osiris, Hadès, Isis, Fortuna ou Tyché, Déméter ou Isis-Cléopâtre.

Quelques auteurs ont rapproché à juste titre ce personnage des nombreuses séries monétaires frappées à Alexandrie, à l'époque impériale romaine, au type de la femme couchée sur une kliné, femme en laquelle on a voulu voir tantôt Isis, tantôt la Tyché

---

[1] Je remercie ici tout spécialement le Dr. Youssef Hanna Chehata, Directeur du Musée gréco-romain d'Alexandrie et le Dr. Youssef El-Gheriani, Conservateur, qui m'ont ouvert, avec une générosité rare et une gentillesse constante, leurs collections et leurs inventaires selon les antiques traditions d'hospitalité d'Alexandrie et m'ont permis de reproduire plusieurs objets inédits. Je remercie aussi le Dr. Abd el Qader Selim, qui m'a autorisée aimablement à photographier quelques objets au Musée du Caire. Au professeur Silvio Curto va ma très grande reconnaissance pour la magnifique photographie qu'il m'a autorisée à publier. Enfin à mes amis de l'équipe DISHA à Québec, le professeur Tran Tam Tinh et Gisèle Deschênes, je suis redevable de plusieurs références et photographies. Le présent article est une étude préliminaire sur la Tyché couchée d'Alexandrie; d'autres monuments inédits, en particulier les deux lampes de la collection Benaki, dont nous n'avons pas encore reçu ces photographies, seront publiés ultérieurement.

d'Alexandrie, tantôt Isis-Tyché. Nous donnons d'abord ici un bref catalogue des monuments figurés qui, en dehors des monnaies, représentent cette divinité mystérieuse.

A) *Monuments du type «classique»*

Le personnage a la tête soutenue par sa main gauche et tient un gouvernail de la droite.

1-2. Musée gréco-romain, Alexandrie, inv. 7872 et 7873 (pl. CXVI, 1).

Deux plaquettes rectangulaires à reliefs, en terre cuite brune micacée.

Provenance: Fayoum.

État actuel: détails flous (moule usé). Deux trous de suspension irréguliers (antiques) dans les angles supérieurs.

Ht.: 0,055; Lg.: 0,065.

> *Bibl.*: G. Botti, *Catalogue des monuments exposés au Musée gréco-romain d'Alexandrie*, Alexandrie 1901, nos 1179 et 1180 p. 55; E. Breccia, *Terrecotte greche e greco-egizie del Museo di Alessandria, Monuments de l'Égypte gréco-romaine* II, 2, Bergame 1934, no 33 p. 19; pl. V, 16 et 17.

3. Musée gréco-romain, Alexandrie, inv. 7874.

Plaquette rectangulaire en terre cuite brune micacée.

Provenance: Fayoum.

Ht.: 0,06; Lg.: 0,07.

> *Bibl.*: G. Botti, *op. cit.*, Alexandrie 1901, salle 1 no 1178 p. 55.

4. Musée égyptien, Le Caire, 26901 (pl. CXVI, 2).

Plaquette rectangulaire à reliefs, en terre cuite rougeâtre légèrement micacée.

Provenance: inconnue.

État actuel: deux trous de suspension (antiques) dans les angles supérieurs.

> *Bibl.*: F. Dunand, *Le culte d'Isis dans le bassin oriental de la Méditerranée, II, Le Culte d'Isis en Grèce* (EPRO 26), Leyde 1973, p. 65 n. 3; G. J. F. Kater-Sibbes, *Preliminary catalogue of Sarapis monuments* (EPRO 36), Leyde 1973, no. 218 p. 37.

5. Autrefois au château de Goluchow (Pologne), Cat. Froehner no. 44 (pl. CXVI, 3). Les collections furent pillées pendant la dernière guerre.

«Emblema d'une patère» en argent avec des traces de dorure.

Provenance: «trouvé en Égypte».

État: d'après le dessin publié par Froehner, le bord supérieur du médaillon était incomplet. Traces de dorure sur les balustres du lit.

Diam.: 0,092.

> *Bibl.*: W. Froehner, *Collections du château de Goluchow, L'orfèvrerie*, Paris 1897, no. 44 p. 20-21; pl. VI, no. 24; Reinach, *Rép.Rel.*, II, p. 126, 2; O. Kurz, dans J. Hackin, *Nouvelles recherches archéologiques à Begram* (DAFA XI), Paris 1954, p. 128; fig. 424; A. Adriani, *Divagazioni intorno ad una coppa paesistica*, Rome 1959, p. 66 n. 88, B, a.

6. Musée de Kabul, inv. 57. 153. (pl. CXVII, 1).

Médaillon rond en plâtre. Découvert le 29 juin 1939 par la mission française à Begram (Afghanistan).

État actuel: surface érodée.

Diam.: 0,172; Ep. 0,012.

> *Bibl.*: O. Kurz, dans J. Hackin, *Nouvelles recherches archéologiques à Begram, 1939-1940* (DAFA XI), Paris 1954, no. 140, p. 127-128; 271; fig. 303 et 422; A. Adriani dans *ArchCl* 1955, 124 ss, pl. LVI; A. Adriani, *Documenti e ricerche d'arte alessandrina* III-IV, *Divagazioni intorno ad una coppa paesistica del museo di Alessandria*, Rome 1959, p. 66 n. 88a; pl. XXII, fig. 60; G. Gullini dans *L'Afghanistan dalla Preistoria all'Islam, Capolavori del Museo di Kabul, Torino, Galleria civica d'arte moderna, luglio-agosto 1961*, no. 12 p. 97-98, pl. V; Kater-Sibbes, *op. cit.*, no. 458 p. 80; pl. XV.

7. Staatliche Münzsammlung, Munich, A. 2045. (pl. CXVII, 2).

Intaille ovale en cornaline rouge-orangé.

Provenance: inconnue. Autrefois, dans la collection Rhusopoulos à Athènes.

État actuel: le bord est ébréché.

Dim.: 0,011 × 0,01 × 0,035.

> *Bibl.*: Elfriede Brandt dans *Antike Gemmon in deutschen Sammlungen*, I, *Staatliche Münzsammlung München*, 3, *Gemmen und Glaspasten der römischen Kaiserzeit sowie Nachträge*, Munich 1972, no. 2660 p. 85; pl. 247.

8. Museo Egizio, Turin, Cat. 7148 (pl. CXVIII).

Stèle votive biface en calcaire blanc, avec quelques traces de peinture rouge, décorée en bas-relief.

Provenance: Égypte.

État actuel: l'angle inférieur gauche est brisé.

Ht.: 0,79; Lg.: 0,40; Ep.: 0,13.

> *Bibl.*: A. Fabretti, F. Rossi, R. Lanzone, *Regio museo di Torino*, Turin 1888, p. 313 no. 7148; Lumbroso dans *AttiTorino*. IV, p. 688; H. Dutschke, *Antike Bildwerke in Turin, Brescia und Mantua*, Leipzig 1880, p. 66 no. 102; Th. A. Brady, *Repertory of Statuary and Figures Monuments relating to the Culte of the Egyptian Gods*, University of Missouri, 1938, no. 115; Kater-Sibbes, *op. cit.*, no. 610 p. 113; W. Hornbostel, *Sarapis* (*EPRO* 32), Leiden 1973, p. 309 no. 1, fig. 33; G. Deschênes, *Isis Thermouthis* (thèse dactylographiée, Université Laval), Québec, janvier 1975, C. 67 p. 128-129, pl. LIX fig. 121.

9. Musée gréco-romain, Alexandrie, inv. 18530 (pl. CXIX, 1).

Bas-relief décorant la base d'une statue en marbre blanc.

Provenance: Canope. Don du prince Omar Pacha Toussoun.

État actuel: seuls subsistent les deux pieds de la statue (une semelle semble visible sous les pieds). Au-dessous, sur la base ronde, la figure est sculptée en bas-relief dans un rectangle évidé, qui ne semble pas centré par rapport à la statue.

Ht. max. cons.: 0,14; Lg.: 0,39.

> *Bibl.*: E. Breccia, *Monuments de l'Égypte gréco-romaine*, I, Bergamo 1926, p. 64; pl. XXXL, fig. 7.

10. Collection du Dr. Heinrich Scheufelen à Oberlenningen (en 1958), cat. Hafner 251 (pl. CXIX, 2).

Statuette en bronze.

Provenance: inconnue. Autrefois dans la collection du prince Christian August von Waldeck à Arolsen.

État actuel: manquent le bras droit (et les pieds?).

> *Bibl.*: G. Hafner, *Die Bronzen des Sammlung Dr. Heinrich Scheufelen in Oberlenningen, ehemalige Sammlung des Prinzen Christian August von Waldeck in Arolsen*, Mainz 1958, no. 251 p. 32; pl. XII, 251.

11. Collection privée, Espagne (pl. CXX, 1-2).

Statuette en bronze découverte à la Cruz del Santo, à la limite de Soto del Burgo (Soria), «trouvée entre des restes de constructions romaines, avec de la céramique ibérique tardive, des cendres et de nombreux résidus de bovidés et de petits ruminants ... on a trouvé à côté de la figure une petite roue, également en bronze».

Ht.: 0,45; Lg.: 0,85; Diam.: 0,40.

État actuel: le modius sur la tête est brisé.

Bibl.: T. Ortega dans *AEA*, 22, 1949, p. 416-418; fig. 1-5; A. Garcia y Bellido, *Les religions orientales dans l'Espagne romaine* (EPRO 5), Leyde 1967, no. 26 p. 119.

12. Collection Cades (pl. CXIX, 3).

Empreinte d'une intaille ovale.

Bibl.: *Album Collezione Cades, Impronte gemmarie* I, Cades 21a (à Rome, Istituto Archeologico Germanico).

13. Collection Benaki, Musée National, Athènes, Mπ 1081.

Lampe en terre-cuite rouge brique, vernis rouge.

Provenance: inconnue (acquise en Égypte).

Ht.: 4,1; Lg.: 9,2; Diam.: 6,9.

Sous le fond, inscription   EYTY

Bibl.: Inédite.   XOY

14. Collection Benaki, Musée National, Athènes, Mπ 1094.

Lampe à poignée plastique en forme de figurine en terre-cuite rougeâtre micacée, non vernie.

Provenance: inconnue (Acquise en Égypte).

Ht.: 6,3; Lg.: 8,1; Diam.: 6,6.

Bibl.: Inédite.

Les trois plaquettes rectangulaires en terre cuite, conservées au Musée gréco-romain d'Alexandrie (Cat. 1-3, pl. CXVI, 1) et sortant, semble-t-il, de moules analogues, sont ornées d'une composition en relief identique. Malgré l'usure de la matrice, on reconnaît un personnage imberbe allongé vers la gauche sur une kliné à haut dossier; du matelas retombe une draperie qui forme un large feston avec deux pans verticaux, entre les balustres ornés de carrés incisés. La figure est vêtue d'une longue tunique et d'un manteau drapé autour des hanches et des jambes. La tête, dont les traits sont indistincts, est surmontée d'une protubérance et entourée, semble-t-il, d'une

zone circulaire; elle est inclinée vers l'épaule gauche et soutenue par
le bras gauche dont le coude repose sur un coussin. Le bras droit
passe devant les cuisses et la main tient un objet indistinct. Au
second plan, derrière la kliné, on aperçoit un motif rectangulaire.

Dans l'ancien catalogue de G. Botti, ce sujet est identifié comme
«Sérapis assis de droite à gauche sur un lit d'honneur» mais E.
Breccia proposera plus tard de l'interpréter comme «Isis-Aphro-
dite?»[2].

Une plaquette du même type (Cat. 4; pl. CXVI, 2) mais portant
un motif moins usé et légèrement différent dans certains détails,
permet de mieux comprendre la représentation: la silhouette du
personnage est plus nette. On distingue la jambe droite croisée sur
la jambe gauche et la main droite qui tient une rame ou un gouvernail. Le visage imberbe aux traits indistincts est surmonté d'un
modius et entouré d'un nimbe. Au second plan, au-dessus de l'angle
gauche de la kliné, s'élève un cadran solaire, avec son style. F.
Dunand et G. Kater-Sibbes[3] pensent qu'il s'agit d'une représentation de Sérapis sur la kliné.

Une composition tout à fait analogue décorait un disque d'argent
doré (Cat. 5; pl. CXVI, 3) autrefois conservé au château de Goluchow. Les détails des reliefs sont très clairs. Sur la reproduction
donnée par W. Froehner, on distingue très nettement le cadran
solaire au style incliné en avant, posé sur un chapiteau, le gouvernail avec la barre, et les balustres de la kliné dont les trois
dossiers sont décorés d'un revêtement de pierres ou de dalles
rectangulaires et dont le devant est caché par une draperie. Le
personnage allongé est une femme vêtue d'une tunique serrée sous
la poitrine par une ceinture nouée et d'un manteau qui couvre
l'épaule et le flanc gauches, les hanches, les jambes et dont un pan
retombe sur le bras droit. Le visage est levé en direction du cadran
solaire; les cheveux en bandeaux ondulés sont surmontés du
modius décoré d'un disque mais la tête n'est pas nimbée. Cette
femme est, selon Froehner, la Tyché d'Alexandrie[4].

---

[2] G. Botti, *Catalogue*, p. 55; E. Breccia, *Monuments de l'Égypte gréco-
romaine* II, 2, p. 19.

[3] F. Dunand, *Le culte d'Isis*, II, p. 65 no. 3; Kater-Sibbes, *Catalogue*,
p. 37.

[4] Froehner, *Goluchow*, p. 20-21.

Un médaillon rond en plâtre (Cat. 6; pl. CXVII, 1), découvert
à Begram, montre la même scène dans un cadre différent: la femme
est coiffée d'un modius et vêtue d'une tunique et d'un manteau
dont un pan tombe de l'épaule gauche au matelas. Elle est étendue
vers la gauche sur une kliné à dossier, à l'intérieur d'un petit temple
évoqué par deux colonnes et un fronton surbaissé orné d'un médaillon avec un buste de Sérapis surmonté du modius. Devant la
kliné est un autel bas (ou une table?) posé sur une ligne de sol.
La kliné repose sur des pieds en balustre analogue à ceux du disque
de Goluchow. Le regard de la divinité est dirigé vers le sol. Comme
le fait justement remarquer O. Kurz, la même divinité est représentée, à l'intérieur d'un naïskos, sur des monnaies de l'an 10 d'Antonin
le Pieux en 146-147 de notre ère (pl. CXVII, 3) frappées à Alexandrie, ce qui permet de l'identifier comme la Tyché de cette
ville [5].

A ces représentations de la déesse dans un naïskos nous pouvons
ajouter une intaille ovale en cornaline (Cat. 7; pl. CXVII, 2) conservée à Munich: les minces colonnes supportent un fronton trian-
gulaire dont les corniches sont décorées de motifs stylisés en lan-
guettes; le centre est orné d'un croissant surmonté d'une étoile à
quatre rayons. La déesse, le buste redressé, appuie son coude sur
un coussin. Sa coiffure et son vêtement sont indistincts. Seul le
matelas de la kliné est figuré. Une draperie est accrochée dans un
angle du sanctuaire dont le fond est occupé par un grand buste de
Sérapis, barbu et coiffé du modius. E. Brandt pense que la déesse
serait peut-être Isis [6].

Sur une face d'une stèle en calcaire du Museo Egizio de Turin
(Cat. 8; pl. CXVIII), la même divinité apparaît, allongée sur une
kliné à dossier dont les pieds se prolongent en forme de moulures
plates pour encadrer une autre stèle. Dans celle-ci est représentée
Isis Thermouthis [7] sous la forme d'un uraeus coiffé de l'emblème
isiaque, un sistre dans les replis de sa queue; au-dessus du serpent,
dans un fronton cintré, est un buste de l'Harpocrate d'Hérakléopolis

---

[5] O. Kurz dans *Begram*, p. 127 128.

[6] E. Brandt, *Antike Gemmen*, p. 85.

[7] Cette face de la stèle de Turin sera publiée par Gisèle Deschênes dans
son étude «Isis Thermouthis».

Magna [8], coiffé du nemes surmonté d'un emblème, et tenant une massue. La déesse sur la kliné est abritée, elle aussi, dans une niche cintrée flanquée d'yeux *oudja*, ce qui donne au spectateur l'impression de deux petits sanctuaires inscrits l'un dans l'autre. Sur l'autre face de la stèle, Sérapis est debout dans un petit temple [9]. La disposition de la kliné sous une arcade nous fait penser à une monnaie de bronze de Marc-Aurèle, frappée à Alexandrie et datable de 167 de notre ère, où la même déesse sur sa kliné apparaît dans une niche creusée dans le socle d'une grande kliné où banquettent Sérapis, le petit Harpocrate, Isis, Déméter et Hermanubis. Il faut noter que, sur la minuscule représentation de la monnaie, le gouvernail est bien visible tandis que, sur la grande stèle de Turin, la main entrouverte de la divinité tient un court objet indistinct, peut-être seulement un pli de son manteau. Le bras gauche, dont le coude s'appuie sur deux coussins, est en partie caché par un pan du manteau terminé par un gland.

Sur la base d'une statue provenant de Canope, (Cat. 9; pl. CXIX, 1) dont seuls subsistent les pieds, la déesse est représentée en bas-relief. Elle est allongée sur une kliné à dossier dont les pieds n'ont, semble-t-il, pu trouver place dans cet espace trop restreint. La divinité a été identifiée par Breccia comme Isis [10]. Son manteau est drapé de l'épaule gauche aux hanches en un large mouvement, sans pan retombant. La tunique serrée sous la poitrine et le modius sont identiques à ceux des autres figurations mais la main droite ne semble tenir aucun attribut.

Une statuette en bronze, (Cat. 10; pl. CXIX, 2) qui se trouvait en 1958 dans la collection du Dr. Heinrich Scheufelen à Ober-lenningen montre, à notre avis, une étonnante ressemblance avec les œuvres précédentes. Elle représente une femme allongée vers la gauche, vêtue d'une tunique ceinturée sous la poitrine, avec un manteau drapé exactement comme sur la base de Canope, la tête

---

[8] L'Harpocrate d'Héracléopolis Magna (Ehnasya) armé de la massue apparaît sur des monnaies du Nome Héracléopolite, (cf. *ibid.*, p. LXIV-LXV). Sur l'assimilation Harpocrate-Héraklès cf. Bonnet, *RÄRG* (Berlin, 1952), p. 274.

[9] Le professeur Tran Tam Tinh publiera dans *Sérapis debout* cette face de la stèle, dont il m'a aimablement communiqué la bibliographie.

[10] Breccia, *Monuments de l'Égypte gréco-romaine*, I, p. 64.

surmontée du modius. Elle soutient sa tête de sa main gauche mais l'objet qui supportait son coude gauche a disparu, ainsi que son bras droit et, semble-t-il, ses pieds. G. Hafner pense qu'il s'agit d'une représentation de Déméter [11].

Une petite statue en bronze, découverte en Espagne, (Cat. 11, pl. CXX, 1-2) représente une femme allongée sur un matelas décoré de rayures verticales, dans une attitude identique. Elle porte une tunique sans manches, resserrée sous la poitrine par une ceinture ornée d'un double nœud ou d'une boucle. Le manteau est drapé autour des hanches et des jambes; un long pan tombe de l'épaule gauche au matelas. Les cheveux relevés en bandeaux autour de la tête retombent sur les épaules en deux longues mèches ondulées. La tête est ceinte d'un diadème orné de rosaces, derrière lequel s'élève un cylindre dont le haut a disparu. Cette coiffure est manifestement un modius et non, comme le pensait Garcia y Bellido, «les attributs isiaques connus, dont il ne reste que l'amorce». La main droite de la divinité tient le gouvernail. T. Ortega [12] a identifié cette figure comme Fortuna tandis que Garcia y Bellido la considère comme Isis-Tyché en ajoutant que «Le fait qu'on a trouvé à côté de la figure une petite roue, également en bronze, pourrait suggérer l'identification de cette déesse avec Némésis» [13].

L'empreinte, dans la collection Cades, d'une intaille ovale (Cat. 12, pl. CXIX, 3), montre la même femme, allongée vers la droite sur l'empreinte, donc vers la gauche sur la gemme originale. Elle porte le modius et la tunique resserrée sous la poitrine. Le gouvernail semble passer derrière la kliné, chose impossible car le dossier du lit est représenté. Les pieds du meuble sont sculptés en forme de fleurons.

Sur les quatorze objets catalogués ici, un médaillon a été trouvé à Begram en Afghanistan au cours de fouilles régulières [14], une statue de bronze découverte en Espagne près de Soto del Burgo [15]. La base de marbre, don du prince Omar Toussoun, vient de

---

[11] Hafner, *Bronzen Scheufelen*, p. 32.
[12] Ortega dans *AEA* (1949), p. 416-418.
[13] Garcia y Bellido, *Religions orientales*, p. 119.
[14] Catalogue no. 6, pl. CXVII, 1.
[15] Cat. 11; pl. CXX, 1-2.

Canope [16]; trois plaquettes de terre cuite proviendraient du Fayoum [17]. La plaquette du Caire [18], l'emblème de Goluchow [19], la stèle de Turin [20], les lampes de la collection Benaki viendraient d'Égypte, sans qu'il soit possible de certifier leur origine [21]. On peut toutefois assurer, en raison de la fréquence de ce motif sur les monnaies d'Alexandrie, qu'il fut créé dans l'Égypte hellénistique et romaine.

Lorsqu'on compare les monuments de cette série, et en particulier lorsqu'on met en parallèle la plaquette d'Alexandrie (pl. CXVI, 1), celle du Caire (pl. CXVI, 2) et l'emblème de Goluchow (pl. CXVI, 3) on doit constater que les formes du personnage sont bien féminines. L'interprétation comme Sérapis, pour les plaquettes, doit donc être éliminée quoique ce dieu, coiffé lui aussi du modius mais toujours barbu, soit parfois, lui aussi, représenté étendu sur une kliné: par exemple sur des monnaies de Sinope [22], sur un moule d'Alexandrie [23] ou, en compagnie d'autres divinités, sur la large kliné d'un lectisternium [24].

Il s'agit bien ici d'une personnalité féminine et, qui plus est, d'une divinité: le nimbe qui entoure sa tête sur les plaquettes

---

[16] Cat. 9; pl. CXIX, 1.
[17] Cat. 1 à 3; pl. CXVI, 1.
[18] Cat. 4; pl. CXVI, 2.
[19] Cat. 5; pl. CXVI, 3.
[20] Cat. 8; pl. CXVIII.
[21] Les autres objets (Cat. 7, 10, 12) sont de provenance inconnue.
[22] Sérapis couché sur une kliné, p. ex. sur les monnaies de Sinope: W. H. Waddington, E. Babelon, Th. Reinach, *Recueil général des monnaies grecques d'Asie Mineure*, I, 1 (Paris, 1925), pl. XXVIII, 1, 15 et 17; suppl. p. 15.
[23] Moule en terre cuite à Alexandrie, Musée gréco-romain, inv. 8996 découvert en 1892 dans la nécropole de Kom es Schukafa: Fr. Dunand dans *BIFAO*, 67 (1969), p. 34, pl. IV, A. Cf. aussi une plaque d'or repoussée, achetée à Mossul, Irak (Paris, Louvre, Département des Antiquités Égyptiennes, no. E 14268): Tran Tam Tinh, *Isis lactans* (EPRO 37; Leyde, 1973), pl. XXVII-A-20.
[24] Sur Sérapis sur le lectisternium, en compagnie d'autres divinités, cf. par exemple Ph. Lederer, *Aegyptisches Theoxenion des Jahres 167*, dans *Deutsche Münzblätter* (Dezember 1936), h. 201-211, pl. 165-168; L. Castiglione, *Zur Frage des Sarapis-Kline*, dans *Acta Antiqua Academiae Scientiarum Hungaricae*, IX (1961), p. 287-303.

d'Alexandrie et du Caire (pl. CXVI, 1-2) n'a été, jusqu'à la fin de l'Antiquité, accordé qu'aux personnages divins [25].

Le costume de la déesse se compose d'un manteau et d'une longue tunique serrée sous la poitrine par une ceinture; sur deux des représentations (pl. CXVI, 3, Cat. 5 et pl. CXX, 1-2, Cat. 11) on voit que la ceinture était ornée au centre d'une boucle ou d'un double nœud; ce type de ceinture placée très haut, sur une tunique sans repli, qui apparaît à partir du début du IIIe siècle avant J.-C.[26], était en usage à Alexandrie à l'époque hellénistique [27] et a continué à être représenté, semble-t-il, jusqu'à une époque assez tardive [28].

Les cheveux de la divinité semblent toujours relevés en bandeaux de chaque côté de la tête, sur laquelle repose le modius. Seule la statue trouvée en Espagne (pl. CXX, 1-2; Cat. 11) montre une coiffure plus élaborée: du rouleau de cheveux partent deux longues mèches ondulées qui descendent sur les épaules. La base du modius brisé est cachée par un haut diadème décoré de rosaces, de forme analogue à celui qui couronne la tête cornue d'Isis-Io sur les bustes conservés à Paris [29], à Genève [30] et à Alexandrie [31]. Une tête d'Isis

---

[25] Sur le nimbe, voir G. Lafaye, s.v. *Nimbus* dans *DS*, p. 84-85; M. Collinet-Guérin, s.v. *Nimbo* dans *EAA*, Col. 493-497. Parmi les divinités représentées sur les terres cuites gréco-égyptiennes, on peut citer par exemple un personnage identifié comme Suchos (Weber, *Aeg. Gr. Terrakotten* (Berlin, 1914), pl. 21, 213) et Isis Thermouthis (voir ici l'article de Gisèle Deschênes: *Isis Thermouthis, à propos d'une statuette dans la collection du professeur Vermaseren*, supra, pl. LIII, I.

[26] Ce type de vêtement apparaît déjà sur la Thémis de Rhammonte au musée National d'Athènes, no. 231, datée du début du IIIe siècle avant Jésus-Christ. Cf. M. Bieber, *The Sculpture of the Hellenistic Age*, éd. revisée (New-York, 1961), p. 65, fig. 516.

[27] Cf. par exemple les effigies de reines ptolémaïques sur les oenochoés de faïence: D. B. Thompson, *Ptolemaic Oinochoai and Portraits in Faience* (Oxford, 1973), pl. XXIII.

[28] Par exemple la statue de Tyché debout, Alexandrie, Musée gréco-romain, inv. 3870, provenant d'Alexandrie et datant du IIe siècle de notre ère: A. Adriani, *Repertorio d'arte dell'Egitto Greco-romano*, A-II (Palermo, 1961), no. 148 p. 38-39; pl. 72.

[29] Paris, Louvre, inv. MA 223, provenance inconnue, autrefois dans la collection du marquis de Drée: Cf. A. Adriani, *Testimonianze e monumenti di scultura alessandrina*, Documenti e ricerche d'arte alessandrina, II (Rome, 1948), p. 22-23, note 79 p. 42-43; pl. XVI, 1 et 2 (avec la bibliographie

36

au Louvre porte aussi une stéphané du même type [32], mais la coiffure de type archaïsant est tout à fait différente.

Les seuls attributs caractéristiques, qui apparaissent sur toutes les représentations de la déesse, sont le gouvernail et le modius qui seulement sur le relief de Goluchow (pl. CXVI, 3; Cat. 5) est décoré d'un cercle incisé.

Il faut d'ailleurs remarquer l'attitude extraordinaire de la déesse qui, allongée vers la gauche sur une kliné à dossier, est obligée de passer son bras gauche devant son corps pour maintenir, bien en vue, le lourd gouvernail [33].

Si la coiffure en forme de modius est l'apanage de plusieurs dieux comme Sérapis [34], le Mégas Théos [35], Agathodaimon [36] ou

antérieure); J. Charbonneaux, *La sculpture grecque et romaine au Musée du Louvre* (Paris, 1963), p. 146. Cette tête est datée par Charbonneaux de l'époque des Antonins.

[30] Genève, Musée d'art et d'histoire, inv. 15203, provenant d'Égypte. W. Deonna dans *Genava* (1938), p. 72ss.; Adriani, *op. cit.*, p. 22; n. 82 p. 43; pl. XVII, 1. Selon Deonna, cette tête serait un original du IVe-IIIe s. av. J.C. tandis qu'Adriani pense qu'il s'agit d'une sculpture romaine du Ier s.

[31] Alexandrie, Musée gréco-romain, inv. 17838: Breccia, *Alexandrea ad Aegyptum*, éd. française (Bergamo, 1914), p. 219 no. 12; fig. 81; A. Adriani, *op. cit.*, p. 21-22; n. 81 p. 43; pl. XVII, 2: identifiée comme un buste de Déméter - Io de l'époque romaine.

[32] Paris, Louvre, inv. MA 3448. Provenance inconnue. Don Abdy. Charbonneaux, *op. cit.*, p. 54-55. Datée par Charbonneaux du Ier s. av. J.C.

[33] Sur certaines représentations (pl. CXIX, 3) le gouvernail semble en partie caché par le corps, malgré la présence du dossier du lit. La longueur de la barre du gouvernail explique les différentes positions occupées par le gouvernail sur les diverses représentations sur les pl. CXVI, 1-2, le bras de la déesse, en travers des cuisses, maintient le gouvernail posé sur le sol. Sur la pl. CXVI, 3 et la pl. CXVII, 1, le gouvernail appuyé contre la kliné est négligemment maintenu à l'aide de la barre. Sur la monnaie de la pl. CXVII, 3, qui date d'Antonin le Pieux, le gouvernail muni d'une barre transversale repose sur le dessus de la kliné, contre le matelas. Sur la pl. CXX, 1, le gouvernail n'est pas dans sa position originale.

[34] Le modius peut parfois, représenté seul, symboliser ce dieu: cf. par exemple les monnaies frappées à Rome vers 70 av. J.C.: A. Alföldi, *Isiskult und Umsturzbewegung in letzten Jahrhundert der römischen Republik*, dans *Schweizer Münzblätter*, 5 (1954), p. 25-31.

[35] Head, *Historia Numorum*, p. 276-277, fig. 167 (Odessus).

[36] Cf. par exemple Agathodaimon en forme de serpent, Dunand, *op. cit.*, 3, pl. XV.

Hermanubis [37] ou de déesses comme Déméter [38], Fortuna [39] et,
parfois, Isis [40], le modius, ancienne mesure à grain, associé au
gouvernail — pièce maîtresse du navire — n'est attribué qu'à peu
de divinités. On peut citer quelques représentations de Sérapis
comme protecteur de la navigation [41], mais il s'agit d'un dieu barbu.
Parmi les divinités féminines, seule Tyché ou Fortuna et parfois
Isis lorsqu'elle est assimilée à Fortuna en déesse panthée, sont
coiffées du modius et tiennent un gouvernail, tandis que les Tychés
des villes, ou même la personnification de certaines villes «en
Tyché», comme Alexandrie, sont coiffées généralement d'une
couronne tourelée. Un certain nombre de représentations de Tyché
sont caractérisées par le modius et le gouvernail, accompagnés, la
plupart du temps, de la corne d'abondance.

Des monnaies de bronze, frappées à Alexandrie l'an 11 de Domitien représentent Tyché debout, coiffée du modius, vêtue du chiton
et du manteau, la main droite tenant un gouvernail, la gauche une

---

[37] Pour les représentations d'Hermanubis, cf. par exemple la statue en
marbre découverte à Ras el Soda, Musée gréco-romain, Alexandrie, inv.
25785: H. Riad, Y. Hanna Chehata, Y. El-Gheriani, *Alexandrie, Guide
archéologique de la ville et du Musée gréco-romain* (Alexandrie, s.d.), fig. 52.
Dunand, *op. cit.*, I, pl. XC; A. Adriani dans *Annuaire du Musée gréco-romain
d'Alexandrie* (1935-1939), pl. LV, 2 et pl. I, fig. 3 (bronze).

[38] Pour les représentations de Déméter portant le modius, cf. par exemple
une série de terres cuites gréco-égyptiennes au Musée de Berlin, inv. 15927
trouvée à Batn Herit et 16151, de provenance comme: Weber, *Terrakotten*
(Berlin, 1914), nos 299 et 300 pl. 28 et au Musée gréco-romain d'Alexandrie:
Breccia, *Monuments de l'Égypte gréco-romaine*, II, 2 (Bergamo, 1934),
pl. XLVII nos 231-233; pl. XLVIII nos 236-238.

[39] Sur les représentations de Tyché et Fortuna, voir G. Herzog-Hauser,
s.v. *Tyche* dans *PWRE*, 14, col. 1677-1689.

[40] Parmi les exemples d'Isis coiffée du modius, on peut citer une tête
d'Isis-Io, cornue et voilée, au Kunsthistorisches Museum de Vienne, cat.
Wien I 652 (*AEMO* I, p. 14 no. 17; pl. III, 1).

[41] Par exemple Sérapis debout, la tête coiffée du modius et entourée de
feuilles rayonnantes, sur une lampe en terre cuite en forme de navire découverte au large de Pouzzoles. Londres, British Museum, inv. 100. (Tran Tam
Tinh, *Le culte des divinités orientales en Campanie* (= EPRO 27; Leyde,
1972), p. 20; 52-54, Cat. 154; fig. 31, avec bibliographie); sur une intaille
ovale en aigue-marine représentant Sérapis trônant entre Isis Pharia et
Fortuna sur un navire: Paris, Cabinet des Médailles de la Bibliothèque
Nationale, Cat. Chabouillet 2027 bis (Hornbostel, *Sarapis*, pl. CXCV,
fig. 322).

cornucopia. L'inscription «ΤΥΧΗ ΣΕΒΑΣΤΗ» identifie la déesse dont c'est, semble-t-il, la première apparition sur les monnaies [42]. On doit remarquer que l'Isis-Tyché, dont les représentations étaient déjà nombreuses au Ier siècle de notre ère, en particulier dans la petite statuaire en bronze [43], n'apparaît guère, semble-t-il, dans la numismatique alexandrine qu'à partir d'Antonin le Pieux [44].

La déesse allongée — toujours vers la gauche — sur une kliné est représentée sur les monnaies d'Alexandrie pour la première fois, semble-t-il, vers 113-114 de notre ère, en l'an 17 de Trajan et elle figure encore sur des monnaies de l'an 1 de Dioclétien, vers 284-285 de notre ère [45]. Contrairement à des allégories comme Eiréné, Omonoia ou même Euthénia, dont le nom est souvent indiqué sur les monnaies, la Tyché couchée devrait être, pour les Alexandrins, une figure très bien connue, car son nom n'apparaît sur aucune des monnaies d'Alexandrie que nous avons pu recenser.

Trois types de représentations apparaissent presque simultanément. La Tyché est toujours dans la même attitude, coiffée du modius et vêtue d'une tunique à ceinture haute. Cependant, des détails diffèrent: la longueur des manches, la disposition du manteau. Elle tient toujours le gouvernail de la main droite mais parfois celui-ci semble en partie dissimulé par le corps, peut-être parce que le graveur a mal traduit son modèle (pl. CXXIII-CXXIV). La main gauche soutient la tête, le coude gauche repose généralement sur des coussins; toutefois, deux séries de monnaies de l'an 20 d'Hadrien

----

[42] G. Dattari, *Numi Augg. Alexandrini, Catalogo della collezione G. Dattari* (Le Caire, 1901), nos 530-533; J. G. Milne, *University of Oxford, Ashmolean Museum, Catalogue of Alexandrian Coins* (Oxford, 1971), nos 502 et 503.

[43] Cf. par exemple les statuettes découvertes à Herculanum et donc antérieures à 79 de notre ère: Tran Tam Tinh, *Le culte des divinités orientales à Herculanum* (= EPRO 17; Leyde 1971), p. VII fig. 9 et 10, pl. VIII fig. 11 et 12.

[44] Cf. par exemple: Milne 2141, 2156.

[45] Nous n'avons retenu ici que les représentations indiscutables, soit parce qu'elles sont reproduites, soit parce qu'elles ont été décrites avec soin. Nous ne tenons pas compte, dans le cadre du présent article, des monnaies dont la seule description connue est «femme étendue sur le lectisternium» ou «Tyché sur la kliné». Ces monnaies, que nous avons recensées, seront étudiées dans notre étude à paraître sur la Tyché couchée d'Alexandrie.

font exception [46] : le bras gauche replié de la déesse est complètement dissimulé par le manteau (pl. CXXI, 6).

Milne a fort justement divisé les monnaies en trois séries. Sur la première série, la Tyché est allongée sur une kliné ornée de draperies (pl. CXXI, 1-2, 4) comme sur certains des monuments que nous avons étudiés (pl. CXVI, 1-3). La monnaie la plus ancienne daterait de l'an 17 de Trajan; la plus récente représentation certaine semblerait être de l'an 3 d'Héliogabale [47].

Une seconde série, où Tyché figure sur un lit sans draperie (pl. CXXI, 3) commence, semble-t-il, vers la même époque en l'an 19 de Trajan. Une monnaie de l'an 21 de Commode est la dernière pièce de ce type parmi celles qui sont actuellement identifiables avec sécurité [48].

Sur la troisième série, la kliné est décorée de guirlandes. Ce type, qui apparait lui aussi en l'an 17 de Trajan, est encore à la mode en l'an 1 de Dioclétien [49] (pl. CXXI, 5-6; CXXII; CXXIII et CXXIV).

---

[46] Sur une monnaie: Milne, *Oxford, Cat. Alexandrian coins*, no. 1486, Tyché est allongée sur une kliné drapée. Sur les autres (Milne 1499 et 1501) sur une kliné décorée de guirlandes.

[47] Milne type ⟨a¹⟩:
Monnaies de Trajan: an 17 (Milne, 704, 705; *Münzen und Medaillen. Auktion* 46, no. 180) ici pl. CXXI, 1; an 18 (Milne 736 a); an 19 (Milne 749 a); (Collection Hoang, inédite) ici pl. CXXI, 2; an 20 (Milne 802).
Monnaies d'Hadrien: an 2 (Milne 890); an 16 (Milne 1327; *BMC Alexandria* 728, pl. XI, ici pl. CXXI, 4; 729); an 19 (Milne 1468; *BMC* 730); an 20 (Milne 1486, 1487); an 21 (Milne 1549; *BMC* 731, 733).
Monnaie d'Héliogabale, an 3 (Milne 2779).

[48] Milne type ⟨a²⟩:
Trajan: an 19 (Milne 765); an 20 (Milne 805).
Hadrien: an 2 (Milne 839; 840 pl. V, ici pl. CXXI, 3; 858); an 3 (Milne 931 a); an 7 (Milne 1037); an 21 (Milne 1548).
Commode: an 21 (Milne 2620).

[49] Milne type ⟨a³⟩:
Trajan: an 17 (Milne 1052); an 18 (Milne 1053) an 19 (Milne 1054); an 20 (Milne 1057).
Hadrien: an 20 (Milne 1498, 1499, pl. V, ici pl. CXXI, 6; 1500; *BMC* 605 pl. XI, ici pl. CXXI, 5).
Antonin le Pieux: an 2 (Milne 1605, 1606; collection Hoang, inédite, ici pl. CXXII, 1); an 7 (Milne 1762-63); an 15 (Milne 2145-2151; 2201-2203; *BMC* 1337; *Münzon und Medaillen Auktion* 46, no. 197, ici pl. CXXII, 2).
Marc-Aurèle: an 3 (Milne 2457-58, 2462; Dattari 3396 pl. XXIV, 3397); an 7 (*BMC* 1348); an 8 (Milne 2586, 2587; ex. coll. Marcel Jungfleisch,

Une petite série de monnaies, frappées en l'an 10 d'Antonin le
Pieux [50], représentent la déesse, couchée sur une kliné ornée de
guirlandes, à l'intérieur d'un naïskos à colonnes corinthiennes
(pl. CXVII, 3). Ce sanctuaire semble assez proche de ceux qui sont
représentés sur le médaillon de Begram (pl. CXVII, 1; Cat. 6) et
l'intaille de Munich (pl. CXVII, 2; Cat. 7). On a voulu voir dans
cet édifice le naos de Tyché du fameux Tychaion d'Alexandrie [51].

Une monnaie conservée à Berlin, frappée à Alexandrie sous Marc
Aurèle en 167 de notre ère [52] montre Sérapis, Harpocrate, Isis,
Déméter et Hermanubis allongés sur une large kliné, sous laquelle
on aperçoit, dans une petite niche, une minuscule Tyché, elle aussi
sur une kliné. Or, sur le médaillon de Begram (pl. CXVII, 1) et sur

---

Cat. vente Sotheby, 9 mars 1972, no. 134, ici pl. CXXII, 3); an 10 (Milne
2598-2600, 2605; Dattari 3398-99. *Mc Lean coll.* 9881, pl. 372. 4); an 17
(Milne 2611; Dattari 3400).

Commode: an 31 de Marc-Aurèle (Milne 2697).

Caracalla: an 21 (Milne 2731).

Sévère Alexandre: an 1 (Milne 2879; *BMC* 1643, pl. XI, ici pl. CXXII, 4);
an 3 (Milne 2904, 2911; *BMC* 1644); an 4 (Milne 2930-35; *BMC* 1645;
Mc Lean coll. 9885, pl. 372. 8 ici pl. CXXII, 5); an 5 (Milne 2962; *BMC*
1646); an 6 (Milne 2994; *BMC* 1647).

Maximinus: an 3 (Milne 3242-3243).

Gordien III: an 7 (Milne 3480-82; *BMC* 1893; *Mc Lean coll.* 9892, pl.
372. 15, ici pl. CXXII, 6).

Philippus I, an 1 (Milne 3512, 3513); an 3 (Milne 3608 à 3612); an 5 (Milne
3713, 3720, 3743).

Gallien: an 11 (Milne 4094; *BMC* 2203); an 14 (Milne 4140; Musée d'Alexandrie P 2710, ici pl. CXXIII).

Claude II: an 1 (Milne 4200 et 4201; Musée d'Alexandrie P 2836, ici
pl. CXXIV, photographie du Musée).

Aurélien: an 5 (Milne 4414).

Dioclétien: an 1 (Milne 4756-58, *BMC* 2527).

[50] Antonin le Pieux, an 10 (Milne 1924, 1925; Dattari 3062 p. XXX,
3062 bis; *BMC* 1198, pl. XXVIII, ici pl. CXVII, 3; Berlin (Fox), *Deutsche
Münzblätter* 1936, pl. 165, 5).

[51] R. S. Poole, *BMC Alexandria*, p. LVI. Sur le Tychaion voir A. Calderini,
Dizionario dei nomi geografici e topografici dell'Egitto greco-romano I, 1935,
p. 155. A. Bernand, *Alexandrie la Grande* (Paris, 1966), p. 137. Selon les
auteurs antiques, ce temple aurait été situé près du Musée mais rien ne
nous permet d'affirmer que le Tychaion contenait bien le petit temple
représenté ici. Nous discuterons ce problème dans notre étude.

[52] Ph. Lederer, *Aegyptisches Theoxenion des Jahres 167*, dans *Deutsche
Münzblätter* (Dezember, 1936), p. 201-211; pl. 165, 1. Voir *supra* note 24.

l'intaille de Munich (pl. CXVII, 2), un buste de Sérapis apparaît dans le naïskos, au-dessus de la Tyché.

Si la déesse couchée peut être identifiée comme Tyché, la présence — ou plutôt l'absence — de deux attributs sur les monnaies nous permet, dans la plupart des cas, d'éliminer l'hypothèse de l'identification de cette Tyché à Isis. Quoique deux auteurs aient mentionné la présence, dans la main gauche de Tyché, d'une corne d'abondance [53] il nous semble qu'il s'agit seulement d'un effet d'optique provoqué par le mauvais état de certaines monnaies (pl. CXXII, 6). R. S. Poole voyait un «nœud isiaque» sur la poitrine de Tyché, sur une monnaie des années 1, 3, 5 de Philippe I et sur une monnaie de l'an 14 de Gallien, portant sur l'avers l'effigie de Salonina [54]; ces deux monnaies ne sont pas reproduites mais sur une monnaie de Salonina du même type et de la même année conservée au Musée d'Alexandrie [55] (pl. CXXIII) la présence — ou l'absence — du nœud isiaque nous semble peu claire. Si ce nœud était vraiment représenté, on pourrait supposer qu'à partir du milieu du IIIe siècle, sur quelques monnaies, la Tyché couchée était peut-être assimilée à Isis. L'évolution du type de la Tyché dans les trois séries, lorsque nous aurons pu compléter le dépouillement des monnaies, pourra sans doute nous aider à fixer la chronologie des autres monuments.

Actuellement, nous pouvons seulement entrevoir quelques similitudes, par exemple la forme presque trapézoïdale de la kliné sur les monnaies de Sévère-Alexandre (pl. CXXII, 4-5), sur les plaquettes de terre cuite (pl. CXVI, 1, Cat. 2 et pl. CXVI, 2, Cat. 4) et l'emblema de Goluchow (pl. CXVI, 3; Cat. 5). La présence du cadran solaire sur ces trois derniers monuments et sur une lampe inédite de la collection Benaki (Cat. 13), monuments qui ont été tous acquis en Égypte et y furent très vraisemblablement découverts, nous permet d'envisager qu'il existait des rapports entre le

---

[53] W. W. Groose, *Fitzwilliam Museum, Catalogue of the Mc Lean collection of Greek Coins* (Cambridge, 1929), no. 9892, pl. 372. 15 (monnaie de Tranquillina) et J. W. Curtis, *The Tetradrachms of Roman Egypt* (Chicago, 1959), p. 44.

[54] *BMC Alexandria*, 1976, 1977, 1978 et 2266.

[55] Inv. P 2710. Photographie du Musée.

cadran solaire et la Tyché, rapports vraisemblablement liés au calendrier liturgique [56].

B) *Variantes du type «classique»*

Quelques monuments paraissent être des variantes du type originel: la figure féminine est toujours allongée sur une kliné mais la position de ses bras, ses vêtements, ses attributs sont différents.

V. 1.   Dans la collection Southesk en Grande-Bretagne (en 1908), cat. K 7 (pl. CXXV, 1). Intaille ovale en sardoine brune (dans une monture en or).

Provenance: inconnue (acquise en 1878 de M. F. Whelan, agent à Londres de Rollin et Feuardent).

Ht.: 0,02; Lg.: 0,025.

Inscription rétrograde (dans l'intaille):

ΜΕΓΑΛΗ Η ΝΕΩΤΕΡΑ Η ΑΝΕΙΚΗΤΟΣ

> *Bibl.*: Helena Carnegie, *Catalogue of the Collection of Antiques Gems formed by James, ninth Earl of Southesk K.T.*, I, Londres 1908, K 7 p. 122; pl. XI.

V. 2.   Intaille ovale double-face, en jaspe jaune. Kassel, cat. no. 80 (pl. CXXV, 2-3).

Provenance: inconnue. Autrefois dans la collection Capello.

État actuel: bord ébréché. Craquelé (ou brisé en plusieurs morceaux?). Monture moderne.

Dim.: 0,029 × 0,025 × 0,0032.

> *Bibl.*: Antonio Capello, *Prodromus Iconicus sculptilium gemmarum Basilidiani amulectici atque talismani generis*, Venise 1702, fig. 8; Bernard de Montfaucon, *L'Antiquité expliquée*, II, Paris 1719², p. 178, pl. 175, 1 et 2; V. Scherf, P. Gercke, P. Zazoff, *Antike Gemmen in deutschem Sammlungen, III, Braunschweig, Göttingen, Kassel*, Wiesbaden 1970, no. 80 p. 216; pl. 95.

---

[56] Nous étudierons ce problème dans la publication ultérieure. Sur le cadran solaire: art. *Horologium solarium* dans *DS*, p. 256-260; J. Rohr, *Sundials, History, theory and practice* (Toronto, 1970), p. 9-10; S. L. Gibbs, *Greek and Roman Sundials* (Yale Studies in the History of Science and Medicine, 11; Yale, 1976). Les cadrans des fig. 2 et 3 semblent être une stylisation du type conique; un cadran solaire du même type est représenté sur la mosaïque de «l'Académie de Platon» à Naples, Musée National, no. 124545.

V. 3. Musée gréco-romain, Alexandrie, inv. 7918 (pl. CXXVI, 1). Fragment de relief en terre cuite brun-rouge, avec des traces de blanc et peut-être de dorure.

Provenance: Fayoum.

Ht.: 0,09.

Bibl.: Inédit.

V. 4. Andriake (Lycie), in situ (pl. CXXVI, 2). Bas-relief en marbre trouvé sur place, à l'emplacement du port l'ancienne Myra, sur un grenier de l'époque d'Hadrien.

État actuel: la surface est fortement érodée. Les traits du visage des personnages ont disparu.

Ht.: 0,157; Lg.: 1,49.

Bibl.: Michaelis dans *JHS* 6, 1885, p. 287s., p. 307; O.Benndorf, *Reisen in Kleinasien*, II, Vienne 1889, p. 42; E. Petersen - F. von Luschan, *Reisen in Lykien, Milyas und Kibyratis*, Vienne 1889, p. 41-42, fig. 3; Reinach, *Rép.Rel.*, II, p. 107, 4; Brady, *Repertory*, no. 333; Magie dans *AJA*, 57, 1953, p. 177; Vidman, *SIRIS*, p. 176 no. 348; Fr. Dunand, *Le culte d'Isis*, III, p. 5 n. 6; p. 274 no. 5; pl. II; Kater-Sibbes, *op. cit.*, p. 72 no. 416.

V. 5. Römisch-Germanisches Museum, Cologne, inv. 26. 649. Statuette en bronze.

Provenance: inconnue.

État actuel: très érodée.

Bibl.: Inédite?

Une sardoine ovale (pl. CXXV, 1; Cat. V 1) qui se trouvait en 1908 dans la collection Southesk, montre une femme allongée mais le buste redressé, appuyée fièrement sur un sceptre (ou une torche?), tenant un gouvernail qui semble, comme sur l'empreinte Cades (pl. CXIX, 3; Cat. 12), passer entre le lit et le dossier. De la kliné aux pieds en balustre pend en trois festons une draperie ou une guirlande; le lit repose sur une ligne de sol. Autour de la scène est gravée une inscription:

ΜΕΓΑΛΗ Η ΝΕΩΤΕΡΑ Η ΑΝΕΙΚΗΤΟΣ

A cause du terme ΝΕΩΤΕΡΑ épithète de Cléopâtre VII, H. Carnegie considérait cette figure comme «Isis-Cleopatra, reclining

on a boat-shaped couch» [57]. La même figure apparaît encore sur
une face d'une intaille ovale connue depuis le XVIIIe siècle, conservée au Musée de Kassel (pl. CXXV, 2-3; Cat. V 2). Elle est
allongée sur une kliné à quatre pieds tournés, dont le dossier n'est,
semble-t-il, pas représenté. Elle tient de la main droite un objet
peu distinct, peut-être un gouvernail; son bras gauche replié repose
sur un coussin, abandonnant ainsi son attitude traditionnelle. Elle
est vêtue de la longue tunique ceinturée sous la poitrine, mais ne
semble pas porter le modius. Au-dessous sont gravés les bustes de
trois divinités planétaires: Mars, Vénus, Saturne. Au bas de la
gemme, deux signes du Zodiaque, la Balance et le Capricorne se
font face. Au revers les bustes du Soleil, de la Lune, de Jupiter et
de Mercure sont associés à quatre signes zodiacaux, le Lion, le
Taureau, la Vierge et le Verseau. L'attitude de la déesse, avec le
bras gauche replié, rappelle une monnaie de l'an 20 d'Hadrien [58]
(pl. CXXI, 6).

Un fragment de relief en terre cuite, au Musée d'Alexandrie
(pl. CXXVI, 1; Cat. V 3), montre la tête et le torse d'une déesse
couchée. Elle soutient sa tête de la main droite; son bras droit
semble tendu dans la même attitude que celui de la Tyché d'Alexandrie. La tête de la déesse est surmontée du modius d'où tombe,
semble-t-il, un long voile. Les traits du visage sont presque indistincts; les cheveux tombent sur les épaules en quatre boucles,
évoquant la chevelure calamistrée d'Isis. Un collier à pendeloques
orne son cou. Le costume se compose d'une tunica laticlavia à
longues manches, dont les bandes sont ornées de motifs végétaux
stylisés, et d'un manteau. Ce type de costume, très différent du
type «classique» et le style du relief font songer à une date tardive,
probablement le IIIe siècle après Jésus-Christ. Un relief à Andriake
(pl. CXXVI, 2; Cat. V 4), dédié à la suite d'un songe par le gardien
des greniers représente à droite, Sérapis debout sur une base,
flanqué d'un griffon et d'un serpent et, à gauche, un personnage

---

[57] Sur l'épithète «thea Neotera» de Cléopâtre VII, voir Julien L. Tondriau,
*Princesses ptolémaïques comparées ou identifiées à des déesses (IIIe-Ier s. av.
J.-C.)* dans *BSAA*, 37 (1948), p. 30.
[58] L'intaille est datée du Ier siècle après J.-C., dans *Antike Gemmen* III,
p. 216.

étendu sur un lit, coiffé d'un modius et ayant à sa gauche une cornucopia. Le mauvais état de la surface du relief (le visage a disparu) permet cependant de discerner qu'un manteau cache le bras gauche, les hanches et les jambes et qu'une ceinture resserre la tunique sous la poitrine. Un ornement semble passer en diagonale sur celle-ci. Une protubérance, sur la partie horizontale de la kliné, pourrait correspondre à un objet disparu, peut-être un gouvernail. Quoique plusieurs auteurs aient voulu l'interpréter comme un dieu: Pluton selon Peterson-Luschan, Hadès selon S. Reinach, Osiris selon Salač, il nous semble qu'il s'agit d'une divinité féminine. Vidman pense à Isis Pharia ou Pélagia [59] tandis que Tran Tam Tinh la rapproche, à juste titre, de la Tyché des monnaies d'Alexandrie en notant fort justement que celle-ci, lorsqu'elle est couchée, ne porte pas la cornucopia. Ce relief semble dater du Ie siècle de notre ère.

Enfin, une petite statuette de bronze conservée à Cologne (Cat. V 5) représente une femme couchée aux traits indistincts, enveloppée dans un manteau et portant sur la tête une protubérance pointue. Elle tient une cornucopia au creux du bras gauche. Elle est identifiée comme Isis Fortuna.

Il nous semble qu'une monnaie de bronze de Gordien III, frappée à Éphèse au moment de l'alliance entre Éphèse et Alexandrie [60] (pl. CXXVII, 2), porte une figure très proche de celle du relief d'Andriake: une divinité féminine, coiffée du modius, vêtue d'une tunique à taille haute et d'un manteau, est allongée sur un support indistinct. Elle tient de la main droite un gouvernail et soutient sa tête de sa main gauche; au coussin sur lequel elle s'appuie est fixée une cornucopia. Cette monnaie présente un double intérêt: c'est un monument datable du règne de Gordien III, donc entre 238 et 243 de notre ère, frappé pour célébrer l'alliance entre Éphèse et Alexandrie. L'inscription ΕΦΕΣΙΩΝ ΤΥΧΗ ΑΛΕΞΑΝΔΡΕΩΝ permet d'identifier avec certitude la figure couchée comme une Tyché, peut-être la Tyché commune des Éphésiens et des Alexandrins, représentée dans l'attitude de la Tyché d'Alexandrie. Cette monnaie

---

[59] Voir catalogue V. 4.
[60] Barclay Head, *BMC Ionia*, no. 424, p. 114; pl. XXXVIII, 8. Nous étudierons ultérieurement les autres monnaies d'alliance avec Alexandrie.

est d'autant plus précieuse pour nous que les nombreuses monnaies frappées à Alexandrie, à partir de Trajan, au type de la déesse sur la kliné, ne portent aucune inscription permettant de l'identifier [61].

Il semble que la Tyché d'Alexandrie, si bien connue à la fin de l'époque romaine, fut rapidement oubliée et confondue avec d'autres divinités. En 1571, V. Cartari [62] publiait une gravure (pl. CXXVII, 1) sur laquelle on peut reconnaître une représentation de la Tyché d'Alexandrie, probablement inspirée d'une monnaie; coiffée d'un petit bonnet à deux pointes, la déesse était considérée comme la «Fortuna degli Scithi». Depuis cette époque, bien d'autres identifications furent proposées et on crut souvent voir Isis là où elle n'était pas.

Puisse la Tyché retrouvée d'Alexandrie, répondant à nos vœux, dire à son tour au savant que nous fêtons: EYTYXEI!

N.B. Origine de la documentation photographique: Musée d'Alexandrie, pl. CXVI, 1, pl. CXIX, 1, pl. CXXIII-CXXIV, pl. CXXVI, 1. Museo Egizio, Turin: pl. CXVIII. Les autres figures sont reproduites d'après les publications citées.

---

[61] Voir *supra*, p. 552.
[62] V. Cartari, *Imagini delli dei degl'antichi* (Venise, 1571), fig. p. 250; le sens de la gravure est inversé par rapport au modèle original.

LA GRENOUILLE D'ÉTERNITÉ
DES PAYS DU NIL AU MONDE MÉDITERRANÉEN

JEAN LECLANT
(Paris)

Planches CXXVIII-CXXIX

Bien souvent, dans ses travaux si riches, le Prof. M. J. Vermaseren a été amené à souligner les nombreux impacts que l'Orient ancien a eus sur l'antiquité classique. En hommage à son œuvre et en témoignage de fidèle amitié, nous voudrions présenter ici un thème emprunté à ces pays du Nil vers lesquels s'est tournée souvent sa curiosité et montrer la pérennité d'un symbole qui, ancré dans notre Moyen-Age occidental, remonte à l'Égypte pharaonique par l'intermédiaire de la culture gréco-romaine.

Sur un bol en bronze [1] en forme de calotte hémisphérique [2], découvert avec trois autres vases de métal et un lot d'objets d'importance capitale dans une cachette à Hawilé-Assaraw (district de Sénafé), dans le Nord de l'Éthiopie [3], on remarque un décor finement gravé (pl. CXXVIII) : dix-neuf tiges de lotus, séparées par des boutons, épanouissent leurs corolles sous une frise de dix-neuf grenouilles assises, précédées chacune d'une petite flamme. La forme du vase rappelle les bols de la civilisation méroïtique [4]. C'est

---

[1] Il est conservé au Musée d'Addis Ababa.

[2] Diamètre à l'ouverture: 9 cm 2; hauteur: 6 cm.

[3] Sur le site et les circonstances de la découverte, cf. Admassou Shiferaou dans *Annales d'Éthiopie*, I (1955), p. 11-15. — Sur le document lui-même, cf. J. Doresse dans *Atti del Convegno Intern. di Studi Etiopici, 1959* (= Acc. Naz. dei Lincei, Quaderno, n° 48, 1960), p. 425-434, fig. 10-15; J. Leclant, *Le Musée des antiquités d'Addis-Ababa*, dans *Bulletin de la Société d'Archéologie Copte*, XVI (Le Caire, 1962), p. 297-298, pl. IX, B et X, B; Id., *Frühäthiopische Kultur*, dans *Christentum am Nil* (= Internationale Arbeitstagung zur Ausstellung «Koptische Kunst», Essen, Villa Hügel, 23.-25. Juli 1963), p. 17-18, fig. p. 17.

[4] Une autre des coupes métalliques de Hawilé-Assaraw, malheureusement fragmentaire, est ornée au repoussé d'un défilé de bovidés (voir J. Leclant, dans *Bulletin de la Société d'Archéologie Copte*, XVI, 1962, p. 298, pl. IX, A

la même direction que semble indiquer également le décor. Les fleurs de lotus épanouies, alternant avec des boutons, sont en effet un motif égyptien repris par les Méroïtes pour décorer de nombreuses poteries [5].

Quant à la grenouille qui nous retiendra surtout ici, elle est attestée également dans la poterie méroïtique. Elle figure parmi les thèmes zoomorphes, qui sont certes assez peu répandus, mais qui constituent une des plus grandes réussites de la poterie méroïtique de style «classique», selon W. Y. Adams [6]. Ce n'est pas seulement au titre d'animal aquatique que la grenouille est représentée sur des récipients méroïtiques destinés souvent à contenir de l'eau. Le fait qu'elle y soit souvent associée à des signes de vie (*ankh*) [7] montre qu'elle avait surtout une valeur religieuse. On trouve aussi des amulettes en forme de batracien dans des tombes méroïtiques [8]. Des grenouilles flanquant un autel sont gravées sur une table d'offrandes du cimetière de Shablul. Bien d'autres exemples attesteraient le symbolisme religieux de la grenouille dans l'empire

---

et X, A), thème que l'on retrouve sur de nombreux bols méroïtiques; cf. par exemple deux bols de faïence de la nécropole d'El-Kurru: Dows Dunham, *El Kurru, Royal Cemeteries of Kush*, I (1950), n° 19. 3. 666 et 19. 3. 667, p. 93, fig. 31 et pl. LXIV A et B.

[5] Voir W. Y. Adams, *An introductory Classification of Meroitic Pottery*, dans *Kush*, 12 (1964), p. 144 et fig. 10, p. 148.

[6] Voir W. Y. Adams, *ibid.*, p. 144 et fig. 12, n° 56. — Pour d'autres grenouilles ornant des poteries méroïtiques, cf. par exemple C. L. Woolley et D. Randall-Maciver, *Karanog. The Romano-nubian Cemetery*, IV (Philadelphie, 1910), pl. 41, n° 8257; pl. 45, n° 8221; pl. 54, n° 8163; pl. 57, n° 8188; pl. 60, n° 8205; pl. 66, n° 8238. Pour un fragment de poterie à décor de grenouille dans un cimetière méroïtique proche de Serra-Ouest, cf. G.-J. Verwers dans *Kush*, 10 (1962), p. 26 et pl. VIa. Pour deux vases de la nécropole méroïtique de Nag Gamus en Nubie, cf. M. Almagro, *La necrópolis meroítica de Nag Gamus (Masmas)*, (Madrid, 1965), p. 46, fig. 29 et pl. XXIV, 2 et p. 50-51.

[7] La grenouille de l'un des vases de Nag Gamus tient dans une patte un végétal terminé par un signe *ankh* et deux autres signes de vie sont figurés à hauteur de sa tête (*ibid.*, p. 50-51).

[8] Cf. Dows Dunham, *The West and South Cemeteries at Meroë, Royal Cemeteries of Kush*, V (1963), p. 55, fig. 40 e, p. 105, fig. 79 i, et p. 170, fig. 122 e, ainsi que les références données par Jadwiga Sciegienny-Duda, *La symbolique de la grenouille à Meroe* dans *Meroitic Newsletter* (Paris), 15 (Octobre 1974), p. 5, n. 6-7.

méroïtique [9]. Comme la plupart des thèmes culturels méroïtiques, celui-ci est un emprunt à la civilisation égyptienne.

C'est l'Égypte qui a donné son symbolisme à la grenouille [10]. Il était naturel que cet animal chthonien, paraissant surgir spontanément du limon chauffé par le soleil à la décrue du Nil, soit devenu le symbole de la création, de la vie qui renaît sans cesse. Dans une des cosmogonies les plus célèbres de l'Égypte ancienne, celle d'Hermopolis, quatre des divinités de l'ogdoade qui président à la création du monde sur la butte primitive et émergent de l'eau primordiale (le *noun*) ont des têtes de grenouilles [11]. La grenouille est l'animal d'Héqet, déesse des naissances. A la Basse Époque, la grenouille est un symbole constant de résurrection. Cependant, le rôle des batraciens dans les conceptions religieuses de l'Égypte ancienne reste encore assez mal connu [12].

La grenouille apparaît surtout sous forme d'amulette dans les tombes [13], de la préhistoire jusqu'à la fin de l'antiquité, où elle reste un thème du répertoire de symboles des amulettes dites

---

[9] Voir J. Sciegienny-Duda, *op. cit.*

[10] Sur le symbolisme de la grenouille dans l'Égypte ancienne, cf. W. Spiegelberg et A. Jacoby, *Der Frosch als Symbol der Auferstehung bei den Ägyptern*, dans *Sphinx*, 7 (1903), p. 215-228 et 8 (1904), p. 78; F. Egger, *Frosch und Kröte bei den alten Ägyptern*, dans *Mitt. d. Geogr. Ethnogr. Gesellschaft in Basel*, IV (1936), p. 1 sq.; H. Kees, *Der Götterglaube im alten Aegypten*² (Berlin, 1956), p. 61-63; Bonnet, *RÄRG*, article *Frosch*, p. 198-199; D. Bonneau, *La crue du Nil, divinité égyptienne, à travers mille ans d'histoire (332 av.-641 ap. J.-C.), d'après les auteurs grecs et latins et les documents des époques ptolémaïque, romaine et byzantine* (Paris, 1964), p. 297; M. Weber dans *RAC*, article *Frosch*, col. 524-538; L. Kákosy dans *Lexikon der Ägyptologie*, Bd II, Lieferung 3 (1976), article *Frosch*, p. 334-335.

[11] S. Sauneron et J. Yoyotte, *La naissance du monde selon l'Égypte ancienne*, dans *La naissance du monde* (= Sources Orientales, I, 1959), p. 53.

[12] L. Keimer dans *BiOr*, XI (1954), p. 166, notait que les égyptologues auraient besoin d'une étude détaillée sur la grenouille et le crapaud, qui semblent avoir joué dans la religion égyptienne un rôle plus important qu'on ne l'imagine généralement. On remarquera que, dans l'Égypte ancienne, on ne faisait apparemment pas de distinction entre le crapaud et la grenouille, du moins en ce qui concerne leur symbolisme.

[13] G. Reisner, *Amulets* (= Catalogue général des antiquités égyptiennes du Musée du Caire, 35; 1907), F. Petrie, *Amulets* (Londres, 1914), pl. 2, 18 a-p; G. Roeder, *Ägyptische Bronzefiguren* (= Staatliche Museen zu Berlin. Mitteilungen aus der ägyptischen Sammlung, Bd VI; Berlin, 1956), § 558.

«magiques»[14]. La grenouille figure sur des couteaux magiques du Moyen Empire[15], sur des tables d'offrandes[16].

Elle est surtout représentée sur des récipients, sans doute parce que ceux-ci étaient destinés à contenir de l'eau, force dispensatrice de vie. Elle figure sur les reliefs et les peintures du Nouvel Empire[17]. Un batracien est assis dans une coupe que Thoutmosis II consacre à Amon sur un relief de la salle des Annales de Karnak. Le plus souvent, les grenouilles, assises l'une derrière l'autre, forment une frise à la bordure des coupes, comme sur notre bol d'Hawilé-Assaraw. On connaît aussi d'authentiques récipients, exhumés généralement dans des tombes[18]. L'un d'eux est pourvu d'un couvercle orné d'une représentation plastique de grenouille. Mais le plus intéressant est un bol de terre cuite émaillée bleue, découvert dans une sépulture de la XXIIe dynastie à Tell er Retābeh, dans le Delta oriental[19]. Une grosse grenouille est accroupie sur une tige dressée au centre du vase; dix-neuf batraciens en ronde-bosse sont accroupis l'un derrière l'autre sur le rebord, tandis que d'autres grimpent contre les parois intérieures. Le bec verseur est en forme de mufle de lion (pl. CXXIX). F. Petrie pensait que le récipient avait pu servir à contenir un breuvage magique destiné à apporter la fertilité.

Comme on le notera, ce sont également dix-neuf grenouilles qui ornent la frise du rebord de la coupe d'Hawilé-Assaraw. Cette coïncidence ne saurait être fortuite. Pourtant, le chiffre dix-neuf ne

---

[14] Cf. Campbell Bonner, *Studies in magic Amulets* (Ann Arbor, 1950), p. 243, addenda p. 326 et n° 370, pl. XX; Id. dans *Hesperia*, XX (1951), p. 332, n° 46; D. Wortmann, *Kosmogonie und Nilflut*, dans *BJb*, 166 (1966), p. 72, n. 55-58; El-Khachab dans *JEA*, 57 (1971), p. 136, n. 6 et pl. XXXVI, 8. — Autre valeur magique et apotropaïque: certaines statuettes de pygmées de l'Égypte gréco-romaine sont pourvues d'un énorme phallus sur lequel repose une grenouille. Le pygmée est un symbole de fécondité et de fertilité, ce qui explique la présence de la grenouille; voir par exemple B. de Rachewiltz, *Eros Noir* (Milan, 1963), p. 39.

[15] Voir M. Weber, *op. cit.*

[16] Bonnet, *RÄRG*, p. 199.

[17] Cf. références dans M. Weber, *op. cit.*, col. 528.

[18] M. Weber, *op. cit.*

[19] Voir F. Petrie, *Hyksos and Israelite Cities* (Londres, 1906), p. 31-32 et pl. XXXII; W. Deonna, *La grenouille et le lion*, dans *BCH*, LXXIV (1950), p. 8.

fait pas partie des nombres sacrés égyptiens [20]; un essai de décomposition ne donne pas grand résultat, encore que 9 [21] et 10 soient associés en magie [22].

A propos du bec verseur en forme de mufle de lion du bol de Tell er Retābeh, W. Deonna [23] avait montré la parenté entre la grenouille et le lion. La grenouille, animal aquatique, symbole de création et de fécondité, est en rapport avec le soleil, l'eau et le soleil étant les deux éléments primordiaux indispensables à la vie. Quant au lion, il était dans tous les pays antiques l'animal du feu céleste et du soleil; ses rapports avec l'eau en Égypte viendraient du fait que l'inondation du Nil se produisait lorsque le soleil était dans le signe du lion. Cette même association entre le lion et la grenouille existe dans le monde gréco-romain, mais également dans l'empire méroïtique. Une grenouille figure sur un bloc provenant de l'enceinte du temple d'Apedemak, le dieu-lion, à Méroé [24]. Deux statues de grenouilles alternaient avec des statues de lions autour d'une réserve d'eau (hafir) à Basa [25].

L'association entre la grenouille et le soleil, le feu céleste, pourrait expliquer pourquoi la grenouille a été choisie comme décor de lampes dans l'Égypte romaine [26]. Les «frog-lamps» apparaissent au IIe siècle de notre ère en Haute-Égypte [27] et constituent au IIIe

---

[20] Voir K. Sethe, *Von Zahlen und Zahlworten bei den alten Ägyptern und was für andere Völker und Sprachen daraus zu lernen ist. Ein Beitrag zur Geschichte von Rechenkunst und Sprache* (= Schriften der Wissenschaftlichen Gesellschaft in Strassburg, 25. Heft; Strasbourg, 1916), plus particulièrement p. 31-42.

[21] 9 est le chiffre de l'énnéade d'Héliopolis qui s'employa à la création du monde.

[22] *Ibid.*, p. 39.

[23] W. Deonna, *op. cit.*, p. 4.

[24] J. Garstang, *Meroe* (1911), p. 21, n. 3.

[25] Cf. J. Sciegienny-Duda, *op. cit.*, p. 3.

[26] Citons pour mémoire la suggestion de G. Maspero dans *Revue critique d'Histoire et de Littérature* (N.S.), 7 (1879), p. 199: il remarquait qu'en Égypte la grenouille était souvent figurée assise dans une sorte de corbeille, dont la forme rappelle celle du corps d'une lampe. Cela a pu inciter plus tard les Égyptiens à faire des lampes en forme de grenouilles et à y voir le symbole de la résurrection comme en témoignent les inscriptions.

[27] Sur les conditions et les raisons du développement de ces lampes en Égypte, cf. M. Rostovtzeff, *Social and Economic History of the Roman Empire* (Oxford, 1926), p. 163 et Louise A. Shier dans *Medieval and Middle Eastern Studies in Honor of Aziz Suryal Atiya* (Leiden, 1972), p. 350, n. 1.

siècle le type le plus populaire des lampes de terre cuite dans tout le pays[28]. Selon H. Wrede[29], ces «frog-lamps» étaient placées auprès des défunts comme symboles de l'immortalité, mais elles servaient aussi aux vivants pour conjurer les démons et provoquer l'aide de la déesse Héqet lors des accouchements.

A la fin du IIIe siècle et au début du IVe siècle de notre ère, on trouve le motif de la croix sur une variété tardive de ces «frog-lamps». La grenouille fut alors reprise par les Chrétiens d'Égypte comme symbole de la résurrection et de la renaissance à la vie éternelle[30], à l'instar de nombreux autres thèmes pharaoniques. Dans les royaumes chrétiens de Nubie et du Soudan, érigés sur les ruines de l'empire méroïtique, on trouve les mêmes lampes, en forme de grenouille ou ornées de l'image d'un batracien, que dans l'Égypte copte[31].

Si le symbolisme égyptien de la grenouille s'est maintenu durant plus de deux millénaires au Sud de l'Égypte, en Nubie et au Soudan, il a connu une vogue encore bien plus grande dans le monde gréco-romain[32]. Certes, on ne peut voir une influence égyptienne dans

---

[28] Fl. Petrie, *Roman Ehnasya (Herakleopolis Magna) 1904* (Londres, 1905), p. 4-14, pl. LIII-LXIX a, LXXII-LXXIV; F. W. Robins, *Graeco-roman Lamps from Egypt*, dans *JEA*, 25 (1939), p. 48-51; L. A. Shier, *The Frog Lamps of Roman Egypt*, dans *AJA*, 54 (1950), p. 255; M. L. Bernhard, *Lampki starożytne* (Varsovie, 1955), pl. 132 sq.; T. Szentléleky, *Ancient Lamps* (Amsterdam, 1969), p. 121-124; L. A. Shier, *The Frog on Lamps from Karanis*, dans *Medieval and Middle Eastern Studies in Honor of Aziz Suryal Atiya* (Leiden, 1972), p. 349-358, 4 pl.; M. Kunze, *Aegyptische «Froschlampen»*, dans *Die Tonlämpen im ägyptischen Museum* (= *FuB*, 14; 1972), p. 97-100.

[29] H. Wrede, *Ägyptische Lichtbräuche bei Geburten. Zur Deutung der Frosch Lampen*, dans *JAC*, 11/12 (1968/9), p. 83-93.

[30] Voir C.-M. Kaufmann, *Archäologische Miszellen aus Ägypten II*, dans *Oriens Christianus*, 3 (1913), p. 300, fig. 1; H. Leclercq, dans F. Cabrol et H. Leclercq, *Dictionnaire d'Archéologie chrétienne et de Liturgie*, VI, 2e partie (Paris, 1925), article *grenouille*, col. 1810-1814; G. Ristow, *Das Frosch- und Krötenmotiv auf koptischen Tonlampen*, dans *FuB*, 3/4 (1961), p. 60 sq.; L. A. Shier, *op. cit.*, (1972), p. 357-358. Sur une stèle funéraire en calcaire provenant de la vallée du Nil (Abegg-Stiftung à Berne), une grenouille accompagne la représentation de la petite défunte tenant une grappe de reaisin.

[31] Cf. par exemple le catalogue de l'exposition *Koptische Kunst. Christentum am Nil* (Villa Hügel, Essen, 3 Mai-15 Août 1963), no 217, p. 287 avec fig.; no 218, p. 287, avec fig.; no 608, p. 444; no 609, p. 445. — Pour une grenouille sur un pendentif de bronze, cf. *ibid.*, no 190, p. 278.

[32] Bien avant cette époque, plusieurs amulettes en forme de grenouilles

toutes les représentations de batraciens trouvées dans les pays grecs et romains [33]. Indépendamment de toute influence égyptienne, la grenouille était dans la civilisation classique un attribut des nymphes et des divinités des sources, un animal savant — elle prédit le temps —, apparenté à Apollon comme le corbeau. Elle garantissait la pureté de l'eau et du vin, ce qui lui conférait un caractère apotropaïque. Tous ces attributs font d'elle un motif de prédilection pour les bassins ou les dégorgeoirs de fontaines [34]. Elle avait aussi une valeur magique [35], due principalement à sa grande fécondité. Mais, outre ces fonctions liées à sa nature d'animal aquatique, le thème de la grenouille dans la civilisation gréco-romaine a incontestablement emprunté une partie de la symbolique égyptienne [36], dont le sens devait être bien connu. Les importations égyptiennes furent vite imitées ou interprétées localement.

Près de Mersin, en Anatolie, on a trouvé une boîte ronde en faïence à glaçure verte, qui pourrait dater de la XXVIe dynastie égyptienne; son couvercle s'orne d'une grenouille en ronde bosse [37]. A Chypre, des perles en forme de grenouilles du Chypro-Archaïque I-II rappellent des séries égyptiennes bien connues [38]. De Chypre encore provient un manche de miroir archaïque constitué d'une femme nue, crotales en mains, debout sur un diphros, que supporte une grenouille; deux lions forment sa jonction avec le disque

---

ont été déposées dans des tombes du domaine créto-mycénien (cf. R. Lullies, *BATPAXOI* dans ΘΕΩΡΙΑ, *Festschrift W.-H. Schuchhardt*, 1960, p. 144); étant donnés les rapports entre l'Égypte et la Crète, qui se traduisirent par des échanges commerciaux et l'importation d'*Aegyptiaca* dans l'île, on pourrait éventuellement voir là une influence égyptienne.

[33] Cf. par exemple trois grenouilles en pierre verte polie exhumées en 1963 dans des niveaux du Néolithique ancien à Nea Nicomedia en Macédoine (G. Daux, dans *BCH*, 88 (1964), p. 790, fig. 2, p. 789.

[34] Voir B. Kapossy, *Brunnenfrösche*, dans *Pro Aventico*, XIX (1967), p. 93-98.

[35] M. Wellmann dans *PWRE*, 13. Halbband (1910), article *Frosch*, col. 113-119.

[36] Voir W. Deonna, *Sauriens et batraciens*, dans *REG*, XXXII (1919), p. 145; Id., *La grenouille et le lion* dans *BCH*, 74 (1950), p. 1-9.

[37] W. K. Simpson, *Acquisitions in Egyptian and Ancient Near Eastern Art in the Boston Museum of Fine Arts 1970-71*, dans *The Connoisseur* (Février 1972), fig. 7 et 7 a.

[38] Cf. E. Gjerstad, *The Swedish Cyprus Expedition*, IV, part 2, *The Cypro-geometric, Cypro-archaic and Cypro-classical Periods* (Stockholm, 1948), p. 396.

disparu [39]. Au Musée National d'Athènes est conservé un petit groupe de bronze représentant Bès assis sur les épaules d'une femme, debout sur une grenouille et flanquée d'un enfant [40]. L'Heraion de Samos a livré deux représentations de grenouilles décorant des récipients [41]. Un batracien de bronze porte en alphabet corinthien du Ve siècle avant J.-C. une dédicace à Boâson, déesse-grenouille égyptienne comme Héqet, émanant d'un certain Amon, sans doute un Grec d'Égypte [42]. Des fioles en «faïence» en forme de femme agenouillée portent une haute coiffure de palmes et tiennent devant elle un récipient, sur l'orifice duquel peut être placée une grenouille [43]; l'animal est ici en liaison avec le symbolisme de l'eau vivifiante du Nil [44]. Plusieurs représentations de grenouilles ont été exhumées dans des tombes grecques. Une grenouille de bronze figurée sur une petite branche de rosier était déposée près d'un défunt à Hermione, en Argolide [45]. Une autre, en terre cuite, faisait partie du matériel funéraire d'une tombe du Ve siècle avant J.-C. à Rhitsona, en Béotie [46]. On a aussi mis au jour des grenouilles émaillées et d'autres en améthyste dans des sépultures de la Russie méridionale [47].

Avant de quitter le domaine grec, rappelons que le thème de la *Batrachomyomachia*, ou guerre des grenouilles et des souris, a été

---

[39] W. Deonna dans *BCH*, 74 (1950), p. 2.

[40] K. Parlasca, *Zwei ägyptische Bronzen aus dem Heraion von Samos*, dans *AM*, 68 (1953; éd. 1956), p. 133, n° 16, Beilage 46.

[41] Cf. W. Deonna dans *BCH*, 74 (1950), p. 1.

[42] *Ibid.*

[43] Cf. F. W. von Bissing, *Zeit und Herkunft der in Cerveteri gefundenen Gefässe aus ägyptischer Fayence und glasiertem Ton*, dans *SBMünchen*, vol. II, fasc. 7 (1941), p. 36-47, qui voit dans cette série une fabrication rhodienne du VIIe siècle av. J.-C.

[44] Sur cette série de vases plastiques et son symbolisme, on se reportera à la publication de E. Lagarce et J. Leclant, *Vase plastique en faïence Kit. 1747: une fiole pour eau de jouvence*, dans G. Clerc, V. Karageorghis, E. Lagarce, J. Leclant, *Fouilles de Kition, II. Objets égyptiens et égyptisants* (Nicosie, 1976), p. 183-290.

[45] Voir R. Lullies, *op. cit.*, p. 139 sq., fig. 1-3.

[46] *Ibid.*, p. 144-145.

[47] *Ibid.*, p. 145. — Pour R. Lullies, cette offrande funéraire symbolisait la fécondité et les forces vitales, mais grâce à son pouvoir apotropaïque la grenouille était aussi destinée à préserver le repos du défunt.

emprunté aux fables d'animaux de l'Égypte pharaonique [48]. Mais nous sommes loin ici du symbolisme religieux de la grenouille.

Ce dernier est toujours connu dans le monde romain, probablement grâce à des témoignages littéraires. Dans l'ouvrage de Chérémon sur les symboles des anciens Égyptiens [49], la grenouille était signalée comme symbole de la résurrection [50]; ce philosophe stoïcien et hiérogrammate fut appelé à la cour impériale et devint le précepteur du jeune Néron.

La grenouille continue à figurer parmi les thèmes des *Aegyptiaca* de l'Empire romain, qu'il s'agisse d'imitations ou d'authentiques importations égyptiennes, souvent difficiles à discerner les unes des autres. Si l'origine des deux célèbres récipients d'Égyed, en Pannonie, n'est pas contestée — il s'agit de chefs d'œuvre égyptiens en bronze et en cuivre incrustés d'or et d'argent, leur date (ptolémaïque ou romaine) continue à être discutée; sur l'élégante hydrie, on voit en tous cas, entre les représentations d'Isis et de Thot à tête d'ibis, une grenouille juchée sur un lotus épanoui [51]. En 1936 ou 1937, une statuette de batracien en pierre calcaire blanche fut mise au jour dans un champ à Mannersdorf (Leithagebirge) en Basse-Autriche; elle porte sous la base une légende hiéroglyphique qui semble former le prénom d'Aménophis III [52], mais dans laquelle il est possible aussi de lire le prénom de Ramsès II [53].

On peut également penser que certaines représentations de grenouilles exhumées dans des tombes sont liées à la signification égyptienne de cet animal, symbole de vie et de résurrection. C'est

---

[48] S. Morenz, *Aegyptische Tierkriege und die Batrachomyomachie*, dans *Festschrift für B. Schweizer* (Stuttgart, 1954); J. Gwyn Griffiths, *The Tradition of Allegory in Egypt*, dans *Religions en Égypte hellénistique et romaine* (Paris, 1969), p. 45-57.

[49] C. Wendel, *Zum Hieroglyphen Buche Chairemons*, dans *Hermes*, 75 (1940), p. 227-230.

[50] Cf. M. Le Blant, *Communication à l'Académie des Inscriptions et Belles-Lettres en séance du 21 Février 1879*, intitulée «Note sur quelques lampes égyptiennes en forme de grenouille», dans *Revue Critique d'Histoire et de Littérature* (N.S.), 7 (1879), p. 175.

[51] Voir V. Wessetzky, *Die Ägyptischen Kulte zur Römerzeit in Ungarn*, (= EPRO 1; Leiden, 1961), p. 42-45 (avec bibliographie), fig. 10-12.

[52] E. Komorzynski, *Eine altägyptische Frosch- oder Krötenfigur*, dans *AOF*, XX (1963), p. 141-146, 4 fig.

[53] Cf. J. Leclant dans *Orientalia*, 33 (1964), p. 395.

peut-être le cas d'une amulette de bronze trouvée dans une sépulture de Cologne [54]. Une deuxième grenouille portant sur son dos une légende en cunéiformes aurait été trouvée dans une autre tombe de la ville, datant des environs de 300 ap. J.-C.[55]. A Vaison, dans le Vaucluse, une urne cinéraire de plomb est ornée en léger relief d'une ou même deux grenouilles placées dans un cercle [56].

Enfin, on trouve dans les provinces de l'Empire romain des lampes de terre cuite en forme de batracien ou décorées d'une grenouille stylisée. Elles appartiennent à la série égyptienne tardive bien connue, reprise par les Coptes. Malheureusement, ce type de documents est généralement négligé dans les répertoires d'*Aegyptiaca* des provinces de l'Empire. Pour l'Allemagne, les «frog-lamps» ont cependant été recensées par G. Grimm. Il en cite une à Winnekendonk (Kr. Gelden), dont le lieu de découverte n'est cependant pas assuré [57]; deux autres proviennent peut-être de Cologne [58]; on en a exhumé une près de Tüttlingen [59]; une à Quedlinburg [60], dans les déblais d'une église. Enfin, un autre exemplaire du Rheinisches Landesmuseum de Trèves est peut-être de provenance allemande [61]. Deux «frog-lamps» ont été exhumées en Pannonie [62]. On ne connaît pas l'origine d'une lampe de ce type ornée d'épis de blé conservée au Musée lapidaire de Carpentras dans le Vaucluse.

Cependant, on assiste bientôt à un revirement total: la grenouille devient un démon impur sortant de la bouche de Satan [63]. Elle acquiert un sens péjoratif qu'elle n'avait pas dans l'antiquité. Avec le crapaud elle devient dans notre Moyen Age le symbole de la

---

[54] Voir G. Ristow dans le catalogue de l'exposition *Römer am Rhein* (Kunsthalle Köln, 15 Avril-31 Juillet 1967), p. 250, n° C 224.

[55] G. Grimm, *Die Zeugnisse ägyptischer Religion und Kunstelemente im römischen Deutschland* (= EPRO 12; Leiden, 1969), p. 11.

[56] Cf. J. Sautel, *Vaison dans l'antiquité, Suppléments* (1942), t. II, p. 260, n° 3468; t. III, pl. XXXVIII, fig. 1.

[57] G. Grimm, *op. cit.*, n° 11, p. 45, 127-128 et pl. 14, 3.

[58] G. Grimm, *op. cit.*, n° 68-69, p. 21, 45, 173-174 et pl. 14, 2.

[59] G. Grimm, *op. cit.*, n° 127, p. 14, 45, 212 et pl. 14, 1.

[60] H. Menzel, *Antike Lampen im Römisch-germanischen Zentralmuseum zu Mainz* (= Römisch-germanisches Zentralmuseum zu Mainz, 15; Mayence, 1954), p. 89; G. Grimm, *op. cit.*, n° 162, p. 19, 45, 103, 244-245 et pl. 14, 4.

[61] G. Grimm, *op. cit.*, p. 19 et pl. 15, 1.

[62] Cf. bibliographie dans G. Grimm, *op. cit.*, p. 128.

[63] M. Weber dans *RAC*, col. 535 sq.

luxure, de l'envie, de la médisance et de l'avarice; ces batraciens passent pour les animaux des sorcières [64]. Pourquoi une réaction aussi violente? La grenouille fut-elle ressentie comme un thème originaire de l'Égypte ancienne? Or, le paganisme, contre lequel le christianisme a lutté farouchement à Rome sous le Bas-Empire, était alors lié aux cultes orientaux, ceux de Cybèle, d'Isis et de Mithra [65]. Même après sa victoire, le christianisme eut à combattre les superstitions païennes de tous ordres, où les survivances égyptiennes n'étaient pas les moins importantes. Au Moyen-Age certains mythes de l'Égypte ancienne subsistent dans la fiction et dans la fable. Puis ce sera à partir de la Renaissance le développement de l'égyptomanie, aux aspects très divers [66]. On a pu se gausser d'Alexandre Lenoir, chargé à partir de 1790 de la conservation des monuments historiques français: présentant [67] les figurations d'une femme qui allaite des serpents et d'une autre qui nourrit des crapauds, symbolisant toutes deux la luxure dans la chapelle octogonale de Montmorillon (Vienne), il faisait un rapprochement avec une statuette égyptienne aux seins de laquelle sont pendus deux crocodiles. Aujourd'hui pourtant, il ne paraît plus invraisemblable que la déesse Neith allaitant deux sauriens ait pu être à l'origine de ces représentations médiévales de la luxure [68]. Peut-on alors douter que le crapaud ou la grenouille, devenus avec le christianisme des symboles si détestables, soient les lointaines réminiscences de la grenouille de résurrection de l'Égypte ancienne, thème plus connu et plus populaire que celui de Neith aux crocodiles?

---

[64] Cf. W. Deonna, *La femme et la grenouille*, dans *GazBA*, 1952, p. 233-234.

[65] Voir par exemple H. Bloch, *A new Document of the last pagan Revival in the West, 393-394 A.D.* dans *HThR*, XXXVIII (1945), p. 199-244, 1 fig., 1 tableau; Id., *The pagan Revival in the West at the End of the Fourth Century*, dans A. Momigliano, *The Conflict between Paganism and Christianity in the ourth Century* (Oxford, 1963), p. 193-218.

[66] J. Baltrušaitis, *Essai sur la légende d'un mythe. La quête d'Isis. Introduction à l'égyptomanie*, éd. O. Perrin (Paris, 1967).

[67] A. Lenoir, *Nouvelle Explication des hiéroglyphes* (Paris, 1809); dessin reproduit dans J. Baltrušaitis, *op. cit.*, p. 42, fig. 9.

[68] Cf. J. Leclant, *En quête de l'égyptomanie*, dans *Revue de l'Art*, 5 (1969), p. 82.

De la préhistoire jusqu'à notre Moyen-Age occidental, de la lointaine Éthiopie jusqu'au cœur de l'Europe, la grenouille demeure un témoignage de la pérennité des thèmes égyptiens et de l'impact de la civilisation pharaonique.

UN «PIED DE SARAPIS» À TIMGAD, EN NUMIDIE

MARCEL LE GLAY
(Paris)

Planches CXXX-CXXXII

Parmi les sculptures découvertes à Timgad (*Thamugadi*) lors des fouilles du Fort byzantin, figure une série d'objets qui relèvent du culte de Sarapis, notamment deux têtes du dieu, une stèle ornée elle aussi de la tête du dieu et plusieurs éléments (fragments de jambes, un bras droit, une main) qui ont dû appartenir à une statue plus grande que nature. A cette série se rattache un pied colossal droit, en marbre blanc, exhumé en même temps que le reste en 1940 sur la face ouest du Fort. Il mesure dans sa hauteur 33 cm, dans sa longueur 49 cm et dans sa largeur 22 cm. Un goujon de fer attachait ce pied à un objet ... une jambe (qui n'a pas été retrouvée!). L'état de conservation est bon: seul manque le pouce (pl. CXXX, 1-2).

Il n'est naturellement pas exclu que ce pied appartienne, comme l'a pensé Louis Leschi, lorsqu'il a présenté à l'Académie des Inscriptions et Belles-Lettres les découvertes archéologiques du Fort byzantin [1], à une statue colossale de Sarapis. Toutefois la présence, parmi les éléments sculpturaux retrouvés, d'une jambe droite qui ne peut en aucun cas se raccorder au pied conduit à penser à l'existence de deux statues colossales du dieu dans le sanctuaire qui lui était dédié à côté de la *cella* centrale vouée à *dea Africa*. C'est possible, mais peu vraisemblable. D'autre part, une singularité incite à orienter la recherche dans une autre voie: sur le devant du pied se trouve, gravée sur deux lignes en lettres de 2,5 cm, une courte inscription:

PRO SALVTE
AVGG

---

[1] L. Leschi, *Découvertes récentes à Timgad; Aqua Septimiana Felix*, dans *CRAI* (1947), p. 93 (= *Études d'Épigraphie, d'Archéologie et d'Histoire africaines*; Paris, 1957, p. 242-243).

Après le deuxième G, une éraflure du marbre paraît représenter le martelage d'un troisième G. Dans le contexte architectural d'un temple dont on sait par une grande inscription [2] qu'il a été agrandi, embelli sous Caracalla, il s'agit naturellement des trois empereurs Septime Sévère, Caracalla et Géta. L'objet date donc de 209-211 et le texte a été retouché après l'assassinat du plus jeune fils de Septime Sévère par son frère aîné. Autant que les dimensions du pied, la gravure d'un texte de ce genre — rare sur une statue, plus courante, comme on va le voir, sur un type d'ex-voto qualifié plus ou moins exactement de «pied votif» — incline à se poser la question d'une insertion du document thamugadien dans cette catégorie d'articles de piété.

Le premier à avoir attiré l'attention sur les «pieds votifs» a été G. Lafaye en 1909 [3]. «Il faut mentionner encore — écrit-il — une série de bustes qui ont pour base un pied humain; c'est évidemment là une représentation symbolique; mais on n'en a pas jusqu'ici percé le mystère». Et il ajoute en note: «Le sujet vaudrait une étude particulière». Cette étude particulière, A. J. Reinach l'avait entreprise. Elle avait été annoncée en 1913 [4]. La mort de l'auteur, tué pendant la première guerre mondiale, en a empêché l'achèvement et la publication. En 1944, St. Dow et Fr. S. Upson ont présenté, sous le titre *The Foot of Sarapis* [5], un catalogue de cinq numéros, accompagné d'une description soignée, mais incomplet. Il n'est donc peut-être pas inutile de le dresser de nouveau, sans reprendre pour autant l'étude détaillée de chaque document.

On peut grouper les objets en trois catégories:

I. *Les pieds de Sarapis*

1. *Alexandrie.* Pied colossal droit (38 cm de long), en marbre, provenant du *Caesareum* [6]. Le pied est chaussé, et autour de lui

---

[2] *Loc. cit.,* p. 91 = *ouv. cit.,* p. 242. Ce texte est daté entre le mois d'octobre et le 9 décembre 213.

[3] Dans *DS,* IV, p. 1251, s.v. *Serapis.*

[4] Dans *RHR,* LXVIII (1913), p. 69, n. 1.

[5] *Hesperia,* 13 (1944), p. 58-77.

[6] Dow et Upson, *art. cit.,* p. 60-64, n° 1, figs. 1-3; A. Adriani, *Repertorio d'arte dell'Egitto greco-romano,* ser. A, II (1961), n° 187; tav. 87, 290-291. Cf. O. Weinreich dans *AM,* XXXVII (1912), p. 38, n. 2; III et IV (distingués par erreur) = *Ausgewählte Schriften,* I (1969), p. 166ss.

s'enroulent les plis d'un serpent. Il correspond au dessin publié jadis par S. Reinach [7], qui montrait un buste de Sarapis posé sur ce pied. La tête a aujourd'hui disparu; le buste est acéphale. Sur le talon est gravée une inscription de trois lignes: Σαραπίωνι ἐπ' ἀγα|θῷ Π(όπλιος) Ἀκείλι(ο)ς Ζώσιμος | σὺν Αἰλίῳ Δορυφόρῳ ἐποίει [8]. D'après la forme des lettres, ce texte est daté de l'époque antonine.

2. *Alexandrie.* Pied colossal droit, en marbre, provenant du *Caesareum* [9]; aujourd'hui disparu, après avoir appartenu à la collection Harris (Le Caire). Ce pied, chaussé, était surmonté de Sarapis trônant (du type de Bryaxis), accompagné de Cerbère.

3. *Alexandrie.* Pied colossal droit (38 cm de long), en marbre, qui ressemble beaucoup, avec quelques différences cependant, au document précédent [10]. Un trou d'encastrement, foré à la partie supérieure, était destiné à recevoir un tenon. Le pied, chaussé, était vraisemblablement surmonté d'un buste.

4. *Alexandrie.* Pied colossal droit (41 cm de long), en marbre, très proche du document précédent [11]. Bien que brisé sous la cheville, il porte encore la trace d'un trou d'encastrement. Un buste devait donc le surmonter. Le pied est chaussé.

5. *Alexandrie.* Pied droit, en marbre, chaussé, mais de petites dimensions [12].

6. *Turin* (Museo egizio), provenant d'Égypte. Pied colossal droit (70 cm de long), en marbre [13]. Ce pied est chaussé de sandale, comme les autres, mais l'ornementation sacrée le différencie des autres:

---

[7] *Rép. Stat.*, II, p. 20, 4.

[8] Adriani note que la lecture Αἰλίῳ est discutée; Dow et Upson lisent AIMOEI (sans commentaire).

[9] Dow et Upson, *art. cit.*, p. 70-72, n° 3, figs. 8 et 9. Cf. O. Weinreich, *art. cit.*, p. 38, n. 2, II.

[10] Adriani, *ouv. cit.*, p. 51, n° 189; tav. 88, 293.

[11] Adriani, *ouv. cit.*, p. 51, n° 191; tav. 88, 295.

[12] Adriani, *ouv. cit.*, p. 52, n° 192; tav. 88, 296. Au n° 193 (tav. 88, 297), l'auteur mentionne un pied en marbre, de petites dimensions, qui pourrait être aussi un «pied votif». Il ajoute: «Ne esistono altri analoghi al Museo di Alessandria».

[13] Dow et Upson, *art. cit.*, p. 74-76, figs. 11-12; Adriani, *ouv. cit.*, p. 50, n° 186; tav. 86, 287-289. Cf. O. Weinreich, *art. cit.*, p. 38-39, n. 2, V.

derrière le talon se dresse une statuette d'Harpocrate, tandis que sur les côtés du coup-de-pied, se dressent deux serpents terminés par les bustes de Sarapis et d'Isis.

7. *Florence* (Uffizi). Pied colossal droit, de provenance inconnue et qui semble avoir disparu [14]. A la différence des autres, le pied est nu. Il était surmonté d'un buste de Sarapis coiffé du *modius* (pl. CXXX, 3).

8. *Athènes* (Musée national). Pied colossal droit (64 cm de long), en marbre [15], provenant très probablement du Sarapieion de la ville. Le pied est chaussé d'une sandale. Le talon est rehaussé d'un crocodile, flanqué d'Anoubis et d'Harpocrate. Et à l'extrémité de la languette, sur le devant du pied, est figuré Cerbère. Un buste surmontait certainement l'ensemble.

9. *Beyrouth*, mais de provenance inconnue [16]. Pied droit, sur lequel est posé un aigle éployé. Il porte une inscription métrique: Ἴχνος ἔχων, | πόδ' ἂν ἴχνος | ἔχων, ἀνέθηκα | Σεράπει.

10. *Rome*. Petit autel de marbre [17]. De face, on lit l'inscription: *Deo Serapi* | *M(arcus) Vibius* | *Onesimus* | *ex uisu*. Ce texte est surmonté d'un pied entouré d'un serpent, que flanquent deux sphinx. Sur la face gauche, trône Sarapis coiffé du *modius*; sur la face droite, Isis debout tient un sistre et une situle.

---

[14] Dow et Upson, *art. cit.*, p. 72-73, fig. 10: dessin de G. B. Zannoni, *Reale Galleria di Firenze*, ser. IV, vol. I (1817), pl. 38. Cf. O. Weinreich, *art. cit.*, p. 38, n. 2, I.

[15] Dow et Upson, *art. cit.*, p. 65-70, figs. 5-7: première publication; le document avait jusque-là été simplement signalé dans *HThR*, XXX (1937), p. 225, fig. 3.

[16] Décrit pour la première fois par le R. P. Lammens dans *Musée belge*, IV (1900), p. 309, n° 52, puis par le R. P. Jalabert dans *MUSJ*, II (1907), p. 309-311, n. 7 (qui déchiffra l'inscription) = Bourguet et Reinach, *BullEp* dans *REG*, XXI (1908), p. 204; R. Wunsch dans *ARW*, XIV (1911), p. 519; O. Weinreich, Θεοὶ ἐπήκοοι dans *AM*, XXXVII (1912), p. 38 et n. 1; M. Guarducci dans *RendPont*, 19 (1942-1943), p. 326; L. Vidman, *SIRIS*, p. 184, n° 364.

[17] Amelung dans *RA* (1903), II, p. 160; Drexler dans Roscher, *Myth.Lex.*, II, *col.* 528; Svoronos, *Ath.Nat.Mus.*, Text, I, p. 490; Lafaye, *ouv. cit.*, p. 291-292, n° 98; M. Guarducci, *loc. cit.*, p. 325-326; M. Malaise, *Inventaire préliminaire des documents égyptiens découverts en Italie*, (= EPRO 21; Leiden, 1972), p. 120, n° 25. L'inscription figure au *CIL*, VI, 572 = *ILS*, 4385 = Vidman, p. 205, n° 415.

11. *Ostie*. Buste en marbre sur le corps lové d'un serpent. Selon Mme. Floriani Squarciapino [18], il devait être placé sur un «pied votif».

12. *Baltimore* (Walters Art Gallery); auparavant dans la collection Dattari, qui contenait beaucoup d'objets provenant d'Égypte. Lampe en bronze en forme de pied droit (17,5 cm de haut) [19]. Au-dessus de ce pied chaussé d'une sandale, un uraeus fixé sur une tige suggère une relation avec les pieds colossaux de Sarapis. Entre l'uraeus et le pied, un vide correspond sans doute à l'emplacement du buste du dieu.

13. Des monnaies, à partir d'Antonin le Pieux, et des gemmes (plus difficiles à dater!) montrent également des «pieds votifs» sur lesquels repose un buste de Sarapis [20].

II. *Pieds d'Isis*

14. *Alexandrie*. Fragment de pied en marbre (17,5 cm de long) [21]. Sur ce pied, chaussé, est gravée une dédicace à Isis: ῎Ισιδι ᾿Αμμώνιος ῎Απιτος ἀνέθηκε. Il provient de ed-Daba, près d'Alexandrie.

15. *Alexandrie*. Pied votif provenant du sanctuaire d'époque romaine de Ras el-Soda, entre Alexandrie et Aboukir. Ce pied droit, chaussé, est posé sur une plinthe, elle-même placée sur un pilier inscrit [22]: ῾Ριφθεὶς | ἐξ ἵππων | ἀπ᾿ ὀχήμα|τος ἔνθ᾿ | ᾿Ισίδωρος | σωθεὶς ἀν|τὶ ποδῶν | θῆκεν ἴχνος | μάκαρι. Sur la plinthe, la présence d'un tenon indique qu'un objet a disparu, sans doute le buste d'une divinité, ou une statuette (cf. le n° 6). Isidôros, que son nom plaçait sous la protection de la déesse Isis, a eu un accident. Ses chevaux se sont sans doute emballés, et il a été projeté hors de sa voiture.

---

[18] M. Floriani Squarciapino, *I culti orientali ad Ostia* (= EPRO 3; Leiden, 1962), p. 23, n. 1. Cf. Malaise, *ouv. cit.*, p. 79, n° 69.

[19] D. Kent Hill, *Material on the Cult of Sarapis*, dans *Hesperia*, XIV (1945), p. 69ss. et figs. 7-8.

[20] Voir O. Weinreich, *art. cit.*, p. 39, VII et VIII (nombreuses références).

[21] Adriani, *ouv. cit.*, p. 51, n° 190; tav. 88, 294 (IIe s. apr. J.-C.).

[22] Adriani, *ouv. cit.*, p. 51, n° 188; tav. 87, 292; en dernier lieu, E. Bernand, *Inscriptions métriques de l'Égypte gréco-romaine* (= Ann. Litt. Univ. Besançon, vol. 98; Paris, 1969), p. 428ss., n° 109 et pl. LXXVIII: IIe s. pour les uns; fin IIe-début IIIe s. pour les autres.

Sorti indemne de ce mauvais pas, il a, selon un usage fréquent, consacré à la divinité protectrice, l'image de la partie de son corps qui a été préservée. Il apparaît donc que, dans ce cas comme dans le cas précédent, il s'agit d'ex-voto offerts à la divinité en gages de reconnaissance pour un bienfait reçu.

III. *Autres pieds votifs*

D'autres divinités que Sarapis et Isis ont été honorées d'offrandes du même type. Sans prétendre en donner un catalogue exhaustif, en voici quelques exemples, bien connus d'ailleurs:

16. *Sommet du Mont Carmel* (Palestine), territoire de la cité phénicienne de *Ptolemais* (Accho). Partie antérieure d'un pied droit, en marbre, posé sur une plinthe (taille double de la normale). Sur la plinthe est gravée une inscription qui, d'après la forme des lettres, a été datée de la fin du IIe ou du début du IIIe s.[23]; il s'agit d'une dédicace en grec à Zeus Héliopolitain (dieu du) Carmel, offerte par G. Iulius Eutychas, colon de *Caesarea*.

M. Avi-Yonah, qui a publié ce document, pensait que ce pied avait appartenu à une statue colossale du dieu érigée à l'époque romaine, assez tard dans le courant du IIe s., puisque, à l'époque de Tacite, le dieu du Carmel n'avait ni temple, ni statue: *Est Iudaeam inter Suriamque Carmelus, ita uocant montem deumque; nec simula-crum deo aut templum (sic tradidere maiores), ara tantum et reuerentia* (*Hist.*, II, 78) [24]. Il est peu probable que la tradition d'un culte aniconique ait été bouleversée au IIe ou au IIIe s.[25]. Dans ces conditions, il y a tout lieu de penser que nous avons affaire à un pied votif, comparable aux cosidetti «pieds votifs» de Sarapis. Et sans doute est-ce le résultat de la pénétration d'un rite sarapiaste en Syrie?

---

[23] M. Avi-Yonah, *Mount Carmel and the God of Baalbek*, dans *IEJ*, II (1953), p. 116-124 = *AE* (1952), 206. Sur le dieu, voir O. Eissfeldt, *Der Gott Karmel*, dans *Sitz. Ber. Deutsch. Akad. Berlin.* (1953), p. 1-48, pls.

[24] Sur le lieu de culte et son oracle, consulté notamment par Vespasien, voir Suet., *Vesp.*, 5 (*apud Iudaeam Carmeli dei oraculum*); Jamblique, *Vita Pyth.*, III, 15.

[25] R. Dussaud dans *CRAI* (1952), p. 402-403 a insisté sur l'improbabilité d'une statue du dieu du Carmel.

17. Des *vestigia*. En maints endroits d'Orient et d'Occident ont été relevés, généralement en rapport avec des cultes à mystères, des *vestigia*, qui se présentent tantôt comme de riches offrandes, par exemple les quatre «empreintes de pas» en or, offertes à la déesse de Panamara pour se conformer à la volonté du dieu [26], tantôt comme d'humbles témoins archéologiques gravés dans la pierre ou dessinés sur une mosaïque, avec des significations qui varient selon les lieux: ex-voto offerts en remerciement pour une grâce obtenue, notamment une guérison; souhait de bon voyage et espoir de retour après une visite pieuse; signe durable laissé par un dévot à la fin d'un pèlerinage et ayant valeur d'engagement à marcher sur les traces du dieu; marques rituelles précisant l'endroit où doit se tenir l'initié, à l'entrée du sanctuaire, lors de sa présentation à la divinité [27]. De toute façon, on le voit, les *vestigia* ont toujours, qu'elle soit symbolique ou rituelle, une haute valeur sacrée.

De cette liste, sans doute incomplète, mais suffisamment représentative d'une réalité cultuelle, on peut tirer quelques enseignements. Il apparaît d'abord que dans cet ensemble de documents répartis en trois groupes, la première série se détache, parfaitement individualisée. Tandis que les pieds dédiés à Isis et les *vestigia* sont soit des ex-voto d'action de grâce, soit des marques symboliques ou rituelles, les «pieds de Sarapis» représentent — d'après leur décor, on dirait aujourd'hui leur environnement sculptural, d'après les textes qui les accompagnent — non à proprement parler des «pieds votifs», comme on a coutume de les appeler,

---

[26] *BCH* (1927), p. 105-106; A. Laumonier, *Les cultes indigènes en Carie* (Paris, 1958), p. 227 et 275, n. 3. A. Délos, des «empreintes de pieds» figurent parmi les offrandes, d'après les Inventaires des Serapieia, édités par P. Roussel, *Inscr. de Délos*, 1416 A I, ligne 69 = 1417 B I, *t.* 74 = 1442 A, l. 30 = 1452 A, l. 48 et réexaminés par L. Vidman dans les *Acta of the 5th Intern. Congr. of Gr. and Lat. Epigr. Cambridge 1967* (1971), p. 96-97, qui y reconnaît, non des parties du corps humain guéries par un dieu guérisseur, mais des témoignages du pèlerinage accompli dans le temple. Voir Ph. Bruneau, *Recherches sur les cultes de Délos à l'époque hellénistique et à l'époque romaine* (Paris, 1970), p. 457ss., 464.

[27] Sur ces *vestigia* ou *plantae pedum*, attestés dans des cultes aussi divers que ceux de Sarapis, Mithra, Liber, Héra de Panamara, Mâ et, en Afrique, Saturne et Caelestis, voir M. Le Glay, *Saturne africain. Histoire* (Paris, 1966), p. 387 et n. 5 (avec bibliographie), où sont analysées les différentes explications proposées.

mais bien des objets de culte ... dont il faudra préciser la signification et l'usage. Il apparaît clairement aussi que, si ce type de
sculpture n'est pas propre au culte de Sarapis, c'est tout de même
à cette divinité qu'il est de loin le plus souvent dédié. Et dans la
série des documents qui lui reviennent, on observe que trois au moins
d'entre eux portent ou ont porté un buste du dieu alexandrin. On
est très tenté, dans ces conditions, de rapprocher l'une des deux
têtes colossales trouvées dans le Fort de Timgad et signalées au
début de cette étude, du pied qui — comme à Alexandrie et à
Florence — dut dans son état originel être surmonté d'un buste.
On n'a pas manqué de remarquer que tous les «pieds de Sarapis»
sont des pieds droits et de grande taille. Celui de Timgad offre les
mêmes caractéristiques.

Il reste que dans la liste ci-dessus, les monuments qui sont
datables ont été, pour la plupart, attribués à la période antonine.
Et l'examen des monnaies [28] révèle à son tour que c'est à la même
époque antonine que le thème du «pied de Sarapis» fait son apparition en numismatique. A Timgad, la date est peut-être un peu
plus tardive. Ce qui n'est pas étonnant, si le modèle est venu,
comme il est probable, d'Alexandrie. L'ensemble monumental du
temple à trois *cellae* découvert sous les constructions militaires du
Fort byzantin doit, dans son premier état, remonter au règne de
Commode, tandis que son extension et son ornementation datent
de l'époque sévérienne [29]. A quoi il faut ajouter deux considérations
religieuses.

La première concerne les rapports partout établis entre le culte
de Sarapis et les empereurs. Sans pouvoir préciser si ces rapports
relèvent de la religion, de la politique, ou de la politique religieuse
des souverains, tentons du moins, à partir du recueil des inscriptions
publié par L. Vidman de dresser la liste des dédicaces à Sarapis
qui unissent le dieu et les souverains de Rome dans une même
adresse.

Deux leçons peuvent être tirées de cette liste. Il en ressort d'abord
très clairement que plus de la moitié des dédicaces à Sarapis (onze
explicitement datées et trois possibles) ont été gravées soit par les

[28] *BMC Alexandria*, 144, n° 1208-1210; pl. XIV (Antonin le Pieux).
[29] D'après les inscriptions découvertes: cf. L. Leschi (*supra*, n. 1).

Origine	Nature	Objet	Lien avec l'empereur	Réf. à Vidman, SIRIS
Rome	dédicace à S.	aedes	par Caracalla	374
Rome	id.	statue	ὑπὲρ σωτηρίας de Caracalla	375
Rome	id.		ὑπὲρ αἰωνίου διαμονῆς de Commode (182)	404
Rome	id.		ὑπὲρ σωτηρίας καὶ αἰωνίου [διαμονῆς τῶν κυρίων] ἡμῶν αὐτοκρατόρων καὶ τοῦ σύνπαντος αὐτῶν οἴκου. (fin IIe-debut IIIe s.)	405
Ostie	dédicace numini S.	autel	pro salute et reditu d'Antonin, de Faustine et leurs enfants (175)	534
Porto	dédicace d'une statue d'Adrastia (= Isis) dans le temple de S.	base votive	ὑπὲρ σωτηρίας καὶ ἐπανόδου καὶ αἰδίου διαμονῆς de Septime Sévère, Caracalla, Iulia Domna (201)	552
Porto	dédicace à S.	base	[ὑπὲρ] σωτηρίας [. . .] de Sévère Alexandre et Iulia Mamaea (222-226)	556
Pouzzoles	dédicace à S.	embellissement du temple	pro salute de Caracalla (ou de Marc Aurèle, ou d'Élagabal)	499
Vindobona	dédicace à S.		pro salute de Septime Sévère et Caracalla (198-209)	667
Crumerum	dédicace à S.		pro salute et victoria de Caracalla (214)	669
Csév	dédicace à S.	autel	pro salut[e et] victor[ia] et perpetuitate de Caracalla (214)	670
Bela Slatina	dédicace à S.	templum cum signis	pro sa[lute] de Marc Aurèle, L. Verus, Faustine et leurs enfants (164)	702
Hr Debbik (près de Carthage)	dédicace à S.	statue	pro salute de Commode (185-192)	779
Choud el Batel	dédicace à S.	temple	[pro salute] de Philippe l'Arabe, Philippe son fils et Marcia (244-247)	780

38

Origine	Nature	Objet	Lien avec l'empereur	Réf. à Vidman, SIRIS
Choud el Batel	*id.*		*pro* [*salute*] de Cornelia Salonina (258-268)	781
Zuccabar	dédicace à S.		*pro salute* [. . .] (IIe-IIIe s.)	792
Phoenix, en Crète	dédicace à S. et à Trajan		(102-114)	171
Hadrianeia (Balat, en Mysie)	dédicace aux et à Caracalla		(206)	322
Ancyra (Ankara, en Galatie)	dédicace à S.	autel	ὑπὲρ τῆς σωτηρίας καὶ νείκης καὶ αἰωνίου διαμονῆς de Marc Aurèle et Commode (176)	335
Ancyra	*id.*	autel	*id.* (176)	336
Adada (Karabaul, en Pisidie)	dédicace à S.	temple	par un ἀρχιερεὺς τῶν Σεβαστῶν (IIe-IIIe s.)	339

Sévères, soit pendant leur règne, *pro salute Augustorum*. En examinant les dates avec plus d'attention, on constate que sur les onze documents datés, neuf remontent plus précisément au règne de Caracalla. Mais on observe aussi qu'immédiatement après cet empereur, c'est Commode qui paraît avoir manifesté le plus grand intérêt ou bénéficié de l'intérêt de ses contemporains pour la religion alexandrine. M. Jean Beaujeu a bien montré [30] comment le dernier des Antonins avait conféré à Sarapis la fonction de protecteur de l'empereur, fonction que Trajan avait, pour sa part, dévolue à Jupiter. En lui donnant le titre de *conservator Augusti* qui jusque-là appartenait, sinon au domaine réservé du maître du panthéon romain, du moins proclamait une de ses attributions majeures, Commode a opéré un transfert de pouvoir d'une grande portée politico-religieuse. Il est donc très vraisemblable que, dès la première phase de sa construction, sous Commode précisément, le temple de Timgad fut dédié, non seulement à la *dea Africa*, mais

---

[30] J. Beaujeu, *La religion romaine à l'apogée de l'Empire*, I. *La politique religieuse des Antonins (96-192)*, (Paris, 1955), p. 386ss.

aussi à Sarapis [31]. Quant aux Sévères, on a plus d'une fois souligné leur attachement à Sarapis et insisté sur la dévotion particulière de Caracalla pour le dieu alexandrin. Inutile d'y revenir ici [32]. Rappelons seulement qu'appelé φιλοσάραπις à Alexandrie, il fut le premier à introduire son culte officiel à l'intérieur du *pomoerium* en lui élevant un temple sur le Quirinal. Sans faire intervenir une maladie qui aurait frappé la famille impériale sévérienne au cours de son séjour à Lambèse — suggestion tout à fait hypothétique, que ne justifient ni le silence des textes anciens, ni l'explication

---

[31] C'est d'ailleurs dans la *cella* occidentale, probablement dédiée, d'après les découvertes de fragments sculpturaux, à Sarapis, qu'ont été retrouvées, imprimées dans le béton qui couvrait la haute banquette du fond les traces de quelques lettres d'une inscription monumentale qui permettrait de remonter la date de construction du premier temple au règne de Commode.

[32] Sur Septime Sévère et Sarapis et notamment sur les portraits sarapidiens de l'empereur, voir H. P. L'Orange, *Apotheosis in ancient portraiture* (Oslo, 1947), p. 73-86; avec les remarques de Ch. Picard, *Chronique de la sculpture étrusco-latine (1940-1950): De l'époque des Sévères à la fin du IIIe s.*, dans *REL*, XXXII (1954), p. 299-300; cf. aussi J. Guey, *Lepcitana Septimiana*, dans *RAfr*, 94 (1950), p. 77; et récemment J. Balty, *Notes d'iconographie sévérienne*, dans *AntCl*, XLI (1972), p. 623-642, d'après D. Soechting, *Die Porträts des Septimius Severus* (Bonn, 1972). En intensifiant le culte de Sarapis, Septime Sévère ne faisait que suivre la politique de Commode, son frère adoptif: cf. J. Beaujeu, *ouv. cit.*, p. 377-381 et 386-388. Sur Caracalla φιλοσάραπις, voir les remarques de J. Gagé, *«Basileia». Les Césars, les rois d'Orient et les «mages»* (Paris, 1958), p. 132ss. et 272ss. On sait que, tombé malade pendant sa campagne contre les Alamans, à la fin de l'été 213, Caracalla eut recours successivement à tous les dieux guérisseurs. Dion Cassius, LXXVII, 15, 6-7, nomme Apollon Grannos (visité à la fin de 213 dans son sanctuaire de Rhétie, ou de Grand: cf. J. Le Gall dans *Mél. offerts à W. Seston* (1974), p. 272 et notes; des textes chrétiens du Ve s. font encore allusion à la réputation médicale d'Apollon Grannos: cf. P. M. Duval dans *Hommages à M. Renard*, II (Bruxelles, 1969), p. 256-261), puis Asklépios (visité à Pergame au cours de l'automne 214), puis Sarapis (visité à Alexandrie, en 215; la reconstruction du Sarapieion paraît d'ailleurs dater de cette époque, plutôt que du règne d'Hadrien, selon J. Beaujeu, *ouv. cit.*, p. 232 et S. Handler dans *JRS*, 75 (1971), p. 68). A ces divinités mentionnées par Dion Cassius, il faut ajouter l'Apollon de Claros, dont l'oracle fut interrogé sans doute à l'automne de 214, quand l'empereur se rendit à Pergame: sur les dédicaces érigées à cette occasion *secundum interpretationem oraculi Clari Apollinis*, voir en dernier lieu M. Euzennat, *Une dédicace volubilitaine à l'Apollon de Claros*, dans *AntAfr*, 10 (1976), p. 63-68. On voit par cette chronologie que les travaux d'extension du temple de Timgad, achevés en octobre-décembre 213 (*supra*, n. 2) sont probablement sans rapport avec la maladie de Caracalla.

nouvelle donnée à une inscription où l'on avait cru percevoir l'écho d'une telle maladie, alors qu'il s'agit d'une acclamation liant la *Felicitas imperii* à la *Salus Imperatoris* [33] — il suffit donc d'invoquer le philosarapisme des Sévères pour expliquer les grands travaux entrepris à Timgad pour l'agrandissement du temple et son ornementation. Ainsi ce ne sont pas tellement les vertus guérisseuses de Sarapis (jointes ici à celles de la *dea Africa*), ni les qualités de l'*Aqua Septimiana* qui sont à l'origine de ce très grand effort architectural, mais bien plutôt le goût du temps pour le monumental, les tendances religieuses générales de la dynastie et son souci de répondre à l'attrait naturel des Africains pour les divinités des eaux et pour les sanctuaires de pélerinage. Le temple aux trois *cellae* de Timgad, avec sa piscine et ses salles d'accueil et de repos, aménagées autour du vaste portique-*viridarium*, est avant tout un temple populaire de tourisme sacré.

Cela dit, pour revenir au pied de marbre et expliquer sa présence dans ce sanctuaire, il convient de rappeler la signification religieuse de ce type d'objet. C'est dans le culte d'Asklépios qu'on trouve, semble-t-il, les premiers témoignages d'une vertu thérapeutique s'exerçant par l'intermédiaire du pied. Évoquant les pouvoirs de thaumaturge de Pyrrhus, établi roi d'Épire, Plutarque rapporte que par le simple contact de son gros orteil droit, associé au sacrifice préalable d'un coq blanc offert à Asklépios, il guérissait les affections de la rate. C'est, paraît-il, une opinion courante — note Plutarque [34] — qui attache «quelque vertu divine» (δύναμιν θείαν) au gros orteil du pied droit, à telle enseigne, ajoute-t-il, qu'«après la mort (du roi), quand on brûla son corps, tout le reste ayant été consumé et réduit en cendres par le feu, on trouva ledit orteil intact, sans avoir été en rien offensé». Pline avait déjà, de son côté, signalé cette propriété merveilleuse de l'orteil royal, en précisant bien qu'il s'agissait du pied droit: *Quorundam corpori partes nascuntur ad aliqua mirabiles, sicut Pyrrho regi pollex in dextro pede, cuius tactu lienosis medebatur. Hunc cremari cum reliquo corpore*

---

[33] Sur ce sujet un mémoire est en préparation. Voir, en attendant, une communication au *Comité des Trav. Hist. et Scient.* (Commission de l'Afrique du Nord), séance du 18 oct. 1976.

[34] Plut., *Pyrrhus*, 6.

*non potuisse tradunt, conditumque loculo in templo (H.N., VII, 20).
Quorundam partes medicae sunt, sicuti diximus de Pyrrhi regis
pollice* (XXVIII, 34). Talisman doué de vertu médicale, l'orteil
royal est devenu une relique.

De son côté, Aelius Aristide, le miraculé de l'Asklépieion de
Pergame, parfaitement renseigné sur toutes les médications pré-
conisées et les guérisons obtenues dans le grand sanctuaire asiatique,
a vanté les bienfaits qui jaillissent des pieds d'Asklépios [35]. Il en
vient à recommander avec le plus grand sérieux, d'après une
indication des prêtres égyptiens, l'application pure et simple de
«chaussures égyptiennes» sur les parties souffrantes du corps [36].

Et qui ne connaît la célèbre mosaïque découverte, non loin de
Timgad, à *Lambiridi*, au nord de l'Aurès ? Au milieu d'un riche
décor polychrome, l'*emblema* central représente une étonnante
scène de consultation médicale : d'un côté, un homme barbu,
débordant de santé et de force ; en face de lui, un être squelettique,
dans un état pitoyable de faiblesse. Le premier scrute avec attention
le visage du malade, pendant qu'il lui tâte le pouls. Dans un mémoire
fameux, J. Carcopino a naguère voulu donner de cette scène,
apparemment de consultation, une interprétation religieuse et plus
précisément hermétique, en identifiant le personnage assis en face
du patient, non comme un quelconque praticien donnant une
banale consultation, mais comme le grand dieu médecin de l'Antiquité, à vrai dire, selon lui, plutôt que l'Asklépios médecin du
corps, l'Asklépios mystique qui apporte à son fidèle dévot l'espoir de
l'immortalité et du salut éternel [37]. Cette explication s'est heurtée
très vite, au moins dans ses implications hermétiques, à de sérieuses

---

[65] Εἰς τό φρέαρ 'Ασκληπιοῦ, XXIX, 6, éd. Keil, p. 321.

[36] Καὶ ἄλλα τε ἔδωκεν ἀλεξιφάρμακα καὶ ὑποδήματα Αἰγύπτια οἶσπερ οἱ
ἱερεῖς χρῆσθαι νομίζουσιν, 61 Keil; cf. O. Weinreich, *Antike Heilungswunder*,
p. 70 et n. 3. Sur l'importance du contact (*tactus*) direct, ou indirect (par
une baguette, ou des amulettes, par ex.) dans la magie, voir les remarques
de A. M. Tupet, *La magie dans la poésie latine* (Paris, 1976), p. X, 39, 41, 45.
Noter que pour les astrologues, les pieds sont régis par la planète Jupiter,
qui symbolise la délivrance des malheurs et assure le bonheur : cf. Vettius
Valens, *Anthologies*, I, 1.

[37] J. Carcopino, *Le tombeau de Lambiridi et l'hermétisme africain*, dans *RA*
(1922), I, p. 211-301, repris dans *Aspects mystiques de la Rome païenne*,
p. 207-314.

critiques [38]. Du moins l'identification du singulier médecin semblait-
elle pouvoir être conservée. Et voilà que récemment M. Fr. Chamoux
lui a porté un coup fatal. A partir d'une statuette en bronze,
conservée à Dumbarton Oaks, qui ressemble étonnamment au
patient de *Lambiridi*, il a reconnu en celui-ci le jeune Perdiccas,
héros d'une légende assez popularisée pour prendre place dans la
littérature du IIe s. jusqu'au Ve s. et dans l'art de la Gaule à
l'Afrique. D'après cette légende, Perdiccas, rongé par un tourment
secret — la passion incestueuse qu'il éprouvait pour sa mère — vit
son mal diagnostiqué par Hippocrate lors d'un examen pendant
lequel le fondateur de la médecine clinique observa une accélération
anormale du pouls à l'entrée de la mère du jeune prince macédonien.
Une explication culturelle, toute «littéraire», se trouve ainsi
substituée à l'explication mystique. Elle est très séduisante [39].
Ce qui ne veut pas dire que toute difficulté soit levée: on comprend
mal l'abondante poitrine du médecin, dont les seins, démesurément
gonflés, sortent de l'himation, son regard foudroyant, sa chevelure
foncée, alors que la plupart des portraits d'Hippocrate le montrent
complètement chauve, selon le type dit « des philosophes » [40]. Mais
le détail qu'on retiendra surtout ici, c'est la position des pieds.
Tandis que son pied droit avancé touche le pied gauche replié du
malade, celui-ci pose son pied droit sur le pied gauche du praticien
en léger retrait. Il y a là certainement une volonté d'établir un
double «contact» des pieds. Contact déjà assuré d'autre part par
les mains: de la main droite (dont ne subsistent, dans l'état actuel
de la mosaïque, que les extrémités) le médecin touche le menton
du patient; de sa main gauche il soutient le bras décharné de ce
dernier et paraît bien soit lui tâter le pouls, soit l'encourager à se
lever. Ce contact par les mains et les pieds est certainement inten-
tionnel. Comment ne pas penser aux vertus merveilleuses attribuées
particulièrement aux mains et aux pieds d'Asklépios? Dans un
mémoire déjà ancien, mais toujours indispensable, O. Weinreich a

---

[38] Voir M. Le Glay, *Jérôme Carcopino et la religion romaine*, dans *Hommage
à la mémoire de Jérôme Carcopino* (Paris, 1977), p. 195ss.

[39] Fr. Chamoux, *Perdiccas*, dans *Hommages à Albert Grenier*, I (Paris,
1962), p. 386-396.

[40] Ch. Picard, *Iconographie d'Hippocrate (portrait d'Ostie)*, dans *CRAI*
(1947), p. 317-336.

réuni tous les textes littéraires et épigraphiques, les récits et les légendes, les prières et les actions de grâces qui concernent les *Antike Heilungswunder* [41]. Les guérisons «miraculeuses» obtenues d'Asklépios, soit grâce à ses «mains divines qui sont elles-mêmes des remèdes», soit par l'attouchement de son pied, y occupent une place importante.

Si l'on se rappelle qu'Hippocrate, inventeur de la méthode clinique, est précisément celui qui a le plus contribué à dissocier la médecine scientifique de la médecine magique, si l'on se rappelle en outre qu'à propos de l'épilepsie par exemple, le fameux «mal sacré», don des dieux ou des démons, que seuls des mages purificateurs pouvaient guérir, c'est Hippocrate, ou du moins un savant de son école, qui parlant de ce mal dans un traité inclus dans le *Corpus Hippocraticum* [42], condamne avec force ceux qui prétendent le guérir par des charmes, des purifications et des tabous de toutes sortes: alimentaires, vestimentaires et gestuels — on notera précisément parmi ces derniers l'interdiction de poser un pied sur l'autre ou une main sur l'autre [43] — alors il n'y a plus de doute. Le médecin de la mosaïque de *Lambiridi* ne peut être Hippocrate. Si l'identification de Perdiccas reste très séduisante, celle d'Hippocrate ne l'est pas ... à moins d'admettre une déformation de la légende ... ou une surprenante contamination du personnage d'Hippocrate par celui d'Asklépios lui-même. Mais ceci est une autre affaire.

Il reste que la guérison par contact du pied droit (*cuius tactu ... medebatur*, disait Pline) est un des procédés favoris dont usait Asklépios et dont a hérité Sarapis. Comme le montre l'histoire,

---

[41] O. Weinreich, *Antike Heilungswunder. Untersuchungen zum Wunderglauben der Griechen und Römer* (= *RGVV* VIII; Giessen, 1909).

[42] Sur le traité Περὶ ἱρῆς νούσου du *Corpus Hippocraticum*, voir G. Lanata, *Medicina magica e religione popolare in Grecia fino all'età di Ippocrate* (= Filologia e Critica, 3; Roma, 1967): commentaire du début du *Mal sacré*, 2-4.

[43] Attitude qui risque de livrer le malade aux puissances du mal, en le liant et donc en l'empêchant de réagir contre les forces qui cherchent à le posséder: cf. les figurines d'envoûtement aux mains liées dans le dos, aux pieds chargés de liens; cf. aussi, dans les *tabellae defixionum*, les formules pour «lier les pieds, les mains, la langue et l'âme» d'une personne qu'on veut réduire à l'impuissance. Le pouvoir magique des liens et des nœuds est bien connu.

rapportée par Tacite [44], de la visite que Vespasien fit au dieu, dans
le Sarapieion d'Alexandrie, au cours de l'été de 69, immédiatement
après sa proclamation comme empereur. Alors que le nouvel
Auguste sortait du temple, un infirme souffrant de la main le
supplia de la guérir; Vespasien le guérit en foulant cette main de
son pied: *alius manum aeger ut pede ac vestigio Caesaris calcaretur
orabat.* Devenu la «créature» de Sarapis, Vespasien a exercé la
médication de Sarapis, c'est-à-dire le pouvoir magique contenu
dans le pied guérisseur du dieu. On sait par ailleurs que dans la
composition divine syncrétique qu'était Sarapis était entré Asklépios avec son pouvoir personnel ou qu'en tout cas entre les deux
dieux l'assimilation avait été vite et facilement reconnue par les
fidèles [45]. Récemment, M. A. Henrichs [46] a voulu, au terme d'une
analyse minutieuse des textes, établir une distinction entre les dons
surnaturels de Pyrrhus, qu'il aurait exercés en vertu d'un pouvoir
permanent, et ceux de Vespasien, qui ne se seraient manifestés
qu'occasionnellement, comme résultat immédiat de la visite rendue
au temple de Sarapis. Il est vrai qu'aucun texte, à ma connaissance,
ne relate d'autres miracles accomplis plus tard par Vespasien.
Faut-il induire de ce silence des textes que Vespasien a perdu
ensuite son pouvoir thaumaturgique? Je ne sais. La distinction
établie m'apparaît un peu formelle. Du moins M. Henrichs a-t-il
raison de souligner que Vespasien a agi en la circonstance comme
représentant, comme instrument humain du dieu. Il a également
raison quand il affirme la grande différence qu'il convient d'établir
entre les «pieds de Sarapis» et les ex-voto de parties du corps
offerts par des malades guéris. Il paraît évident que les «pieds de
Sarapis», surmontés de la tête du dieu étaient bien, quant à eux,

---

[44] *Hist.*, IV, 81, 1-3; cf. aussi Suét., *Vesp.*, VII, 2; Dion Cass., LXVI, 8, 1.

[45] Voir par ex. une inscription de *Lebena*, en Crète: Διὶ Σεράπιδι Ἀσκλη-
πιῷ (L. Vidman, *SIRIS*, p. 96, n⁰ 161. Sur cette assimilation, cf. W. Hornbostel, *Sarapis* (= EPRO 32; Leiden, 1973), qui par ailleurs ne semble pas
accorder une grande attention aux «pieds de Sarapis»; quelques lignes seulement leur sont consacrées, p. 90-91. Sur la signification de la combinaison
du pied et du buste du dieu, voir surtout J. Vogt, *Die alexandrinischen
Münzen-Grundlegung einer alexandrinischen Kaisergeschichte*, I (1924),
p. 119; M. Guarducci dans, *RendPont*, 19 (1942), 43, p. 305ss., en part.
p. 322ss.; L. Castiglione dans *Acta Orient.Hung.*, 20 (1967), p. 239ss.

[46] *Vespasian's Visit to Alexandria*, dans *ZPE*, 3 (1968), p. 65ss.

des parties du corps du dieu, c'est-à-dire des «représentations» symboliques du dieu lui-même.

Reste à se demander si, en dehors de l'explication religieuse ou, si l'on préfère, magique, d'autres considérations ne permettent pas de rendre compte du choix du pied droit pour symboliser le dieu et son pouvoir. Une raison, proposée par M. Henrichs, me paraît d'autant plus convaincante que je l'avais moi-même envisagée. C'est une raison de technique liturgique, en quelque sorte. Les statues de Sarapis trônant présentent, entre autres caractéristiques, deux particularités (pl. CXXXI-CXXXII). D'une part le pied droit du dieu, toujours chaussé de sandale, est porté en avant, tandis que le pied gauche est posé en retrait, tellement en retrait qu'il donne l'impression d'être presque caché. D'autre part, ces statues sont souvent de dimensions colossales, et naturellement dans ce cas présentées sur un socle de grandes et surtout de hautes dimensions. Il suit de là que, comme pour la statue de saint Pierre, dans la basilique du Vatican, seul le pied droit était accessible au contact des fidèles [47].

Il me semble donc, en conclusion, que dans le sanctuaire réservé à Sarapis dans le temple aux trois *cellae* de Timgad, il devait y avoir, en dehors de la statue de culte posée sur un *tribunal* au fond de la *cella*, et donc inaccessible à la foule des dévots, un pied du dieu, surmonté de son buste, qui représentait lui aussi le dieu alexandrin, au même titre que sa statue colossale, mais qui, offert «pour le salut des empereurs régnants», était, quant à lui, exposé à la vénération des fidèles et à leur toucher, quelque part à l'extérieur de la *cella*.

---

[47] Pendant la correction des épreuves, Margreet B. de Boer me signale (et je l'en remercie vivement) deux articles de L. Castiglione, *Zur Frage der Sarapis-Füsse*, dans *ZÄS*, 97 (1971), p. 30-43, qui donne un précieux catalogue des documents (p. 35-43) et, à propos du n° 11 de ce catalogue: *Das wichtigste Denkmal der Sarapis-Füsse im British Museum wiedergefunden*, dans *Studia Aegyptiaca* I (*Recueil d'études dédiées à Vilmos Wessetzky*), (Budapest, 1974), p. 75-81. Pour L.C., les «pieds de Sarapis» ne représentent pas, *pars pro toto*, le dieu lui-même, mais symbolisent l'épiphanie du dieu. Ses arguments ne me paraissent pas convaincants.

EIN GNOMON AUS EINEM
SÜDWEST-DEUTSCHEN MITHRÄUM *

WOLFGANG LENTZ UND WOLFHARD SCHLOSSER
(Marburg und Bochum)

Tafeln CXXXIII-CXXXV

Vorbemerkung

Die Diskussion über das hier behandelte Fundstück wurde im vorigen Jahr durch seinen Entdecker Bernhard Cämmerer eröffnet [1]. Wir erfuhren von der Veröffentlichung im Spätsommer durch die Tagespresse [2]. Wegen der Wichtigkeit des Gegenstands zog Lentz daraufhin das bereits vervielfältigte Resümee eines Vortrags vor dem VII. Internationalen Kongreß für Iranische Kunst und Archäologie (München) im September 1976 zurück und wählte als Thema seines Referats *A recently discovered Mithraic implement and its possible relationship to the Iranian cultural tradition* [3].

Da dem Vernehmen nach eine endgültige Beschreibung des Stücks und seiner Fundumstände geplant ist, beschränken wir uns hier auf allgemeine Angaben und zeichnerische Wiedergaben des Gegenstands nach der erwähnten Publikation (Abb. 1) und nach Photos von Schlosser (Abb. 3). Dem Badischen Landes-Museum in Karlsruhe haben wir für großzügige leihweise Überlassung einer Nachbildung des Geräts zu einem Experiment in Marburg vom März 1976 zu danken.

Wir sehen in dem Stück, wie im Titel dieses Beitrags angedeutet, einen Gnomon. Erweist sich unsere Deutung als richtig, so handelt

---

* Die Abschnitte 5 und Anhang II stammen von Schlosser, die übrigen von Lentz.

[1] In: Philipp Filtzinger et al., *Die Römer in Baden-Württemberg* (Stuttgart und Aalen, 1976), 464f. mit 2 Abb., zitiert als Filtzinger.

[2] Eberhard Schulz, *Der niederbrechende Limes*, in *Wochenendbeilage der Frankfurter Allgemeinen Zeitung* (1976), Nr. 185 vom 21.8.

[3] Zusammenfassung in den Akten des genannten Kongresses (in Teheran) im Druck.

es sich unseres Wissens um das erste bekannt gewordene Exemplar seiner Art. Darüber hinaus wird die Erörterung einmal mehr zeigen, wieviele Meinungsverschiedenheiten in der Mithraismus-Forschung noch auf der untersten Stufe der Verständigung — in Beschreibung dessen, was wir vor uns sehen — anzutreffen sind.

Niemand aus unserer Generation hat mehr darin geleistet, solche Unklarheiten auf dem weiten Feld der spätantiken Religionsgeschichte zu beseitigen, als der verehrte Jubilar und seine beiden Mitarbeiterinnen, die Gattin sowie Margreet B. de Boer. Ihnen danken zu dürfen, wird jedem Mitarbeiter dieses Bandes eine Ehre sein. Nicht Unbescheidenheit, sondern Vertrauen in ihre immense Arbeitskraft läßt uns damit die Hoffnung auf baldiges Erscheinen des 3. Bandes des *CIMRM* verbinden, auf dessen Beschreibungen in Vermaserens Neunumerierung im folgenden laufend Bezug genommen wird.

Die Bemerkungen zu den Fackelträgern in den Abschnitten **3** und **6** sind Teil einer seit Jahren geplanten Fortsetzung der Mitteilungen von Lentz 1975 (unten Anm. 11); nach Erscheinen von Hinnells 1976 (unten Anm. 6) wurden sie auf das in unserm Zusammenhang Nötigste verkürzt, um der dort angekündigten Funktionsanalyse nicht vorzugreifen.

1. *Die Fundstätte*

Gebäuderest in Riegel am Fuß des Michelsberges (NW-Ausläufer des Kaiserstuhls, Filtzinger p. 462b), dessen Charakter als Mithräum [Ri] von Cämmerer (*ib.* p. 464; vgl. *ib.* p. 264b) erhärtet wird. Lage des Bauwerks gemäß Grundriß *ib.* Abb. 245: SO-NW. Ein Eingang zur Vorhalle im SO nicht eingezeichnet. Der Hauptraum mit Öffnung in der Mitte der südöstlichen Schmalseite (zf. *ib.* p. 464b Eingang in der O-Wand, zf. 465a S-Portal); s. Nachtrag.

2. *Der Fund*

Kleinfunde „in solcher Häufung, daß die Ausgräber an ein Kultgeschirrdepot dachten". Lokalisiert: „zwei kleinere Altäre mit Kalkstucküberzug und Resten roter Malerei" auf dem Boden des Mittelgangs im Hauptraum vor dem Eingang „zwar umgestürzt, aber wohl an ihrem ursprünglichen Standort".

Offenbar nahebei der Gegenstand unserer Untersuchung [Ri a]:
ein „merkwürdiger Einzelfund, ein eisernes Schwert, dessen
Schneide in der Mitte durch einen halbkreisförmigen Bügel unter-
brochen wird [dazu *ib*. Abb. 246 und hier Abb. 1] und wohl nur als
kultisches Zeremonialgerät, eine Art ‚Theaterschwert' betrachtet
werden kann".

Eine Begründung dieser Deutung wird nicht gegeben. Sie beruht
offenbar auf zeitgenössischen Berichten über „liturgische Dramen"
der Mithraisten mit „Spuren ihrer ursprünglichen Barbarei",
nämlich Ritualmorden, die Cumont [4] aus zeitgenössischen Berichten
zusammengestellt und mit seinen Schlüssen auf hohe Ethik und
Gefühlstiefe [5] nicht recht in Einklang gebracht hat.

Abb. 1   Ri a. Zeichnung Schlosser.

Formal ist jedoch einmal zu bedenken, daß nur die unmittelbar
an den mittleren „Bügel" — einen kräftigen Rundstab — anschließenden, in der Richtung des Durchmessers stehenden Teile,
zusammen etwa ein Drittel der Gesamtlänge, flach wie eine Schwert-
schneide sind. Der eine davon (auf unserm Bild rechts) hat Blatt-
form, die sich zu einer Spitze verjüngt. Der andere ist ein kurzes
Rechteck, das in einen längeren dünnen, spitz endenden Stab
übergeht.

Sodann fehlt ein Knauf, wie ihn vergleichbare „daggers" (so
CIMRM) haben. Ich gebe davon auf Taf. CXXXIII, 1 als Beispiel
die lange schmale Waffe des Reliefs auf dem Sockel des Steinaltars
von Treves (Mon. 987) mit Endknopf und Wulst für den Handgriff.

Ähnlich, aber breiter ist die Waffe, die sich auf dem Mosaikfußboden des Mitreo delle sette sfere in Ostia (Mon. 240) abgebildet

---

[4] *Die Mysterien des Mithra*, deutsch v. Georg Gehrich, 3. A. v. Kurt Latte,
Nachdr. (als 4. A.) (1963), 147-9.

[5] *Ib.* 133-5 gegenüber 162; zum Thema Ritualmorde vgl. Vermaseren,
Mithras (1959; deutsche Ausg. 1965), 136-8.

findet; dort geben breiterer Knauf und Wulst sowie Riffelung des Handgriffs zum Führen noch besseren Halt.

Demgegenüber deutet bei Ri a die dünne Spitze (auf dem Bild links) eher darauf, daß der Gegenstand in einen nachgebenden Untergrund oder eine schmale Vertiefung hineingesteckt wurde.

3. Weitere vergleichbare Gegenstände

Ein Stück der gleichen Form wie Ri a ist mir nicht bekannt.

Einen Stab mit rechtwinkliger Einbuchtung in der Mitte und doppelt gebogener Spitze hält Cautopates auf dem Relief der Sandsteinstele aus Stockstadt I (Mon. 1163, hier Taf. CXXXIII, 2) nahezu senkrecht nach oben in der l. Hd.

Die gleiche Grundform, nur gedrungener und im oberen Teil stärker gerundet, zeigt das Gerät, des Cautopates auf einem Sandstein-Relief aus Heddernheim II (Mon. 1110), schräg nach oben gerichtet, in der leicht gehobenen l. Hd. trägt.

Ist die Zusammensetzung des Wiesbadener Kalksteinaltars (Mon. 1231/2; hier Taf. CXXXIV) korrekt, so besitzen wir nicht nur die Inschrift vollständig, sondern auch einen Beleg für eine einfachere Form (langen Stab mit kurz rechtwinklig ansetzendem Halbrund, das in einer Verdickung endigt), senkrecht im locker angewinkelten Arm von Cautes ruhend.

CIMRM beschreibt 1163 als ,,hooky object (key)'', 1110 als ,,hooked stick (key?)'' und verweist auf beide im Index unter ,,key'' ohne Einschränkung. Hinnells 1976 [6], 60f. läßt die Frage der Funktion offen und spricht von ,,hooked stick''; dabei folgt er lt. p. 44 Vermaseren im Gebrauch von ,,stick'' für ,,a vague long, thin object''. Die Wiederherstellung von 1231/2 lag offenbar beiden Autoren noch nicht vor.

Es bestehen danach Abstufungen in der Zuversicht, mit der die Krummstäbe als Schlüssel angesprochen werden. Ich bin technologisch nicht versiert genug, hier eine Entscheidung herbeizuführen. Mit aller Zurückhaltung würde ich in Ri a die nächstverwandte Form für diese Geräte sehen.

---

[6] John R. Hinnells, *The iconography of Cautes and Cautopates I: The data*, in *Journal of Mithraic Studies* 1, 1 (1976), 36-67 m. Taf. II-XI, zitiert als Hinnells 1976.

Hinnells 1976, 61 teilt nur einmal einem der beiden Fackelträger einen Schlüssel zu: auf der Sandstein-Stele (Mon. 1164) aus Stockstadt I, offenbar aus einer mir nicht zugänglichen Quelle; nach der Beschreibung des *CIMRM* ist nur der untere Teil der Figur erhalten.

Zwei eiserne Schlüssel aus einem germanischen Mithräum — Heddernheim II (Mon. 1115, unsre Tafel CXXXV, 2) — wurden schon vor langer Zeit bekannt gemacht [7]. Sie haben die heute noch bei uns vorkommende Grundform: Stiel mit rechtwinklig angesetztem profilierten Bart.

Allgemein als Schlüssel angesehen werden die Geräte, welche die viel diskutierte löwenhäuptige Gestalt — nach einer Zählung von Hinnells [8] bei der größeren Hälfte der sicheren Belege — in den Händen zu halten pflegt. Einzelbeschreibungen stehen noch aus. Zu der *ib.* p. 365 erneut erwogenen Identifikation dieser Figur mit Aion darf im Vorbeigehen daran erinnert werden, daß spätantike Darstellungen sehr anderen Aussehens mit eben diesem Namen als Beischrift nachgewiesen worden sind [9].

In unserm Zusammenhang erwähnenswert ist die Tatsache, daß die Geräte in den Händen des Löwenköpfigen, was das Verhältnis zur Körpergröße ihres Trägers betrifft, durchweg erheblich kleiner sind als die Krummstäbe der Fackelträger, von denen wir ausgingen.

Anderseits besitzen wir, wie aus den Tabellen bei Hinnells 1976 hervorgeht, gerundete und gerade Stäbe auch sonst in einer Hand von Fackelträgern oder neben der Figur. Nur bestehen auch hier geringere oder größere Abweichungen in Beschreibung und Funktionsbestimmung, teilweise gewiß infolge der bei einer Übersicht wie der von Hinnells gebotenen Kürze.

Beispiele: Mon. 994, kleine Platte mit Tauroktonie von Treves,

---

[7] F. G. Habel, *Die Mithrastempel in den römischen Ruinen von Heddernheim*, in *Annalen des Vereins für Nassauische Alterthumskunde und Geschichtsforschung* I 2-3 (1830), 161-96, dort Taf. VII 5; danach in Cumonts *MMM* II, p. 372 i und p. 371 Abb. 279.

[8] *The lion-headed figure in Mithraism*, in *Acta Iranica*, 4 (1975), 333-69 m. Taf. 37-46 (zitiert als Hinnells 1975); dort p. 344 m. Anm. 44.

[9] Frank Brommer, *Aion*, in *MarbWPr* (1967), 1-5 mit 3 Tafeln. Freundlicher Hinweis des Verfassers.

darauf Cautes mit „a sickleshaped object in his hand" (*CIMRM*), bei Hinnells 1976, 59 als „sickle" katalogisiert; dies sachlich passend zu:

Mon. 532, Tauroktonie auf Marmorrelief der römischen Villa Doria mit „a sheaf of corn and a sickle" (*CIMRM*, danach verkürzt Hinnells 1976, 57), neben Cautopates.

Mon. 853, Tauroktonie des Kalksteinreliefs aus Borcovicium: Cautes lehnt gegen „a stick with an arch-shaped handle" (*CIMRM*), bei Hinnells 1976, 58 versuchsweise gedeutet als „stick (*caduceus?*)".

Mon. 1512, Marmorrelief mit Tauroktonie von Poetovio II: Cautopates in der l. Hd. ein „staff" haltend — ich erkenne nur mit *CIMRM* „an oblong, thin, arched object (sling?)".

Mon. 2338, Tauroktonie auf dem Marmorrelief von Kurtowo-Konare: Cautes (r.) lehnt ein *pedum* mit der l. Hd. gegen die l. Schulter. Hier ist ein leicht gekrümmter Stab mit aufgesetzter Dreiecksspitze gut zu erkennen. Ein *pedum* in der l. Hd. und entsprechender Haltung gegenüber bei Cautopates betrachtet das *CIMRM* als wahrscheinlich; Hinnells 1976, 66 als gesichert.

Mon. 183, Wandmalerei des Cautopates im Mithräum des römischen Vico Caserma; er hat in der erhobenen l. Hd., worauf Hinnells 1976, 55 hinweist, eine „*harpè* oder *falx*".

Die Fackelträger halten, wie diese wenigen Beispiele deutlich machen, Stäbe ohne und mit Krümmungen in verschiedener Form und Kombination beim gleichen Gerät.

Unser letztes Beispiel führt uns zu dem Symbol für Perses-Luna auf dem Mosaikfußboden des Mitreo di Felicissimo in Ostia (Mon. 299, 9, hier Taf. CXXXV, 1), wo *CIMRM* zwei verschiedene Typen von *falces* registriert. Davon ist die kleinere unter dem Stern im Halbmond ein dünner Stab. Er hat an einem (dem oberen) Ende ein kurzes rechtwinklig angesetztes Querstück und dicht daneben einen nach oben gerichteten Sporn; am anderen Ende eine geschwungen verlaufende, nahezu rechtwinklige Umbiegung, die sich zu einem dreiecksähnlichen, leicht gebogenen Blatt verbreitert. In dessen Ansatz ragt von oben ein Nagel mit breitem Kopf, den Stab schräg kreuzend.

Ist das Stück eine Sichel oder Sense, bedürften wir einer Darlegung, was und wie damit geschnitten worden wäre, oder wir

müßten es als Zeremonialgerät auffassen und verschöben damit die
Frage, warum es dann so und nicht anders aussieht.

Zusammenfassung. Der notwendigerweise kursorische Überblick [10]
über einige mit unserm Stück verwandte Geräte hat gezeigt:

  1) Die Zahl der Formen ist verhältnismäßig groß.

  2) Die funktionelle Zuteilung schwankt verschiedentlich.

  3) Problematisch infolge relativer Kompliziertheit der Form
     sind:

     a) das ,,Kultschwert'' aus Riegel (Ri a);

     b) die kleinere sog. *falx* Mon. 299 Nr. 9;

     c) die Krummstäbe in der Hand von Cautopates auf Mon.
        1163 bzw. Cautes auf Mon. 1231/2.

Diese Gegenstände werden uns weiter beschäftigen, a) in Abschnitt **4**, die unter b) und c) in **6**.

4. Mit der *Deutung* zunächst von Ri a befinden wir uns in einer
ähnlichen Lage wie bei Löchern in Decke oder Wand von tatsächlich hergerichteten oder abgebildeten mithräischen Innenräumen.
Sie lassen sich, wie ich vor kurzem zu zeigen versuchte [11], teilweise
verstehen als korrespondierend mit auf- oder dargestellten Gegenständen im Innern des Raumes, und zwar so, daß zu bestimmten
Tages- oder — etwa bei Mondschein — Nachtzeiten Licht auf diese
fällt und Teile der Inneneinrichtung zum Leuchten bringt. Dadurch
konnte ich bisher vage Vermutungen erhärten und konkretisieren,
daß Mithraisten den Lauf von Himmelskörpern beobachteten.

So läßt sich das Nebeneinander ähnlicher Muster auf dem Boden
oder einer Wand als Darstellung einer Sequenz von Lichteinfällen
am gleichen oder einer Folge von Tagen erklären auch, wo die
sekundäre Lichtquelle nicht mehr erhalten oder bisher nicht
beachtet worden ist. Zur Erinnerung bringe ich noch einmal (als
Abb. 2) das mehrfarbige Marmorornament auf dem Fußboden des
Mitreo Aldobrandini in Ostia (Mon. 232). In der Mitte ein Rhombus

---

[10] Weitere Darstellungen von Ri a ähnlichen Gegenständen hat Roger
Beck gefunden, wie er mir brieflich mitteilte.

[11] *Some pecularities not hitherto fully understood of ,,Roman'' Mithraic
sanctuaries and representations*, in *Mithraic Studies*, (ed. Hinnells; 1975),
358-77.

mit leicht abgeplatteten Ecken, umrahmt von zwei schmalen Rhomben, bei denen eine entsprechende Abplattung jedenfalls r. und l. zu erkennen ist. Dieser scheinbar nebensächliche Zug unterstreicht die Möglichkeit der Beziehung auf eine entsprechende Form, die dem Lichtstrahl durch eine Öffnung darüber gegeben wurde. Der volle Lichteinfall würde auf den großen Rhombus erfolgen; den schmalen Rhomben entsprechen Lichtstrahlen vorher und nachher, entweder zu verschiedener Zeit am gleichen oder zur gleichen an verschiedenen Tagen.

Abb. 2   Fußboden von Mon. 232. Ausschnitt.

Noch auffallender ist die Raumverteilung auf dem Mosaikfußboden (Mon. 288, s. Taf. CXXXV, 3) des Mitreo delle sette porte in Ostia (Mon. 287) mit seiner Symmetrie in der Darstellung eben jener 7 ,,Türen'' auf der Schwelle des Heiligtums (288, 1), der ein zentral stehender Jupiter und darüber eine Saturnsbüste entsprechen (288, 3). Dagegen weicht die Placierung eines runden Ritualbeckens und davor eines *krater* (288, 2) nach l. von der Raumachse ab, die durch doppelte, nahezu rechteckig verlaufende Umrahmung des ganzen Mittelfelds unterstrichen wird. L. und r. neben dem Becken befinden sich ,,two square marble slabs which each had a hole from which a lead-pipe emerged'' (*CIMRM*). Diese Platten sind einerseits in verschiedener Größe, anderseits

39

sowohl gegenüber der Vertikalen wie auch der Horizontalen und endlich im Verhältnis zueinander verschoben.

Bei dem Verismus der mithräischen Darstellungen im allgemeinen und der minutiösen Ausführung von Details in einem Ensemble wie dem vorliegenden empfiehlt es sich nicht, die erwähnten Abweichungen als Zufall abzutun — ein Einwand, der mir mit monotoner Stereotypie jeweils als erster begegnet, wenn ich mich als Außenseiter in archaeologicis um Deskription bemühe. Bis zum Vorliegen einer besseren Erklärung nehme ich an, daß hier die Reflexe von zwei Lichtstrahlen unter verschiedenem Einfallswinkel umgrenzt und damit zwei Beobachtungszeiten markiert wurden. Um welche absoluten Zeiten es sich handelt, ist eine Frage, die von dem Befund getrennt gehalten werden muß und für uns nur in Glücksfällen beantwortet werden könnte.

Ein solches Verfahren der räumlichen Sichtbarmachung von Stichdaten wird um so genauer funktionieren, je

1) stärker die Lichtquelle und je
2) enger oder doch profilierter die Öffnung ist, durch die Licht eindringt;
3) je genauer die Form eines spezifischen Lichtstrahls auf der Auffangfläche markiert wird und je
4) mehr entsprechend geformte Markierungen für vorausgehende oder nachfolgende Kontrollbeobachtungen zur Verfügung stehen.

Die Meßweise habe ich abkürzend „Gnomonprinzip" genannt, weil es auf das Gleiche herauskommt, ob ich einen lichtundurchlässigen Gegenstand als Gnomon benutze — also dem Licht aussetze und seinen Schatten verfolge —, oder ob ich Licht in einen verdunkelten Raum leite und beobachte, wohin der Strahl wandert, wenn die Stellung der primären Lichtquelle sich ändert. Grundsätzlich sind bei beiden Verfahren nur Helligkeit und Dunkelheit vertauscht.

Technisch erfordert das zweite immer einen Innenraum, während das erste auch im Freien funktioniert. Von den oben genannten optimierenden Bedingungen gilt die erste uneingeschränkt auch hier (Stärke der Lichtquelle). Der Enge einer Lichtöffnung entsprechen Schmalheit und nicht zu geringe Länge des Schattenwerfers. Eine Markierung auf der Auffangfläche wird hilfreich sein, ist aber nur erforderlich, wenn der Gnomon einfache Stabform hat und beispielsweise senkrecht steht. Verlagerungen der Lichtquelle in die Höhe oder nach der Seite bieten dann nämlich dem Auge keinen unmittelbaren Anhaltspunkt für die Lokalisierung des Schattens.

Weist dagegen ein solcher Stab eine Krümmung auf, so geht der Schatten in die Gerade über, sobald die konvexe Seite der Biegung in Richtung auf die Lichtquelle steht. Der Gegensatz gebogen/ nicht gebogen ist für das Auge ohne weitere technische Hilfsmittel wahrnehmbar und läßt sich daher besonders gut zur Zeitbestimmung verwenden, sei es mit der Sonne, sei es mit dem Mond als Lichtquelle.

Eben diese Überlegung brachte mich zu der Deutung von Ri a als Gnomon. Damit wird dessen mittlerer „Bügel" konstitutiv und die Spitze des oberen Blatts zum Richtungsweiser, der die Auffindung der Senkrechten erleichtert. Für den Genauigkeitsgrad, mit dem das Gerät einen bestimmten Zeitpunkt anzeigt, vergleiche man den folgenden Bericht Schlossers über die von ihm geleiteten Versuche.

5. *Experimentelle Nachprüfung*

Am 23. März 1976 wurden gegen 8^{00} in Marburg Versuche zur Nutzung des „Kultschwertes" als Gnomon durchgeführt. Zu diesem Zweck wurde das „Schwert" senkrecht mit der „Schneide" nach oben gestellt und so orientiert, daß die Sonne leicht östlich der durch den Halbkreis des Gerätes definierten Ebene stand. Der Schatten des Fundstücks fiel auf eine Perlleinwand. Bei der gewählten Orientierung projizierten sich Fuß, Spitze und Halbkreis des „Kultschwertes" gemäß Abb. 1. Durch die Wanderung der Sonne veränderte sich der Schatten. Namentlich der Halbkreis änderte — als Schattenbild — seine Krümmung. In Übereinstimmung mit Abb. 3 wurden folgende Eigentümlichkeiten des Schattenbildes zeitlich festgehalten:

$8^h29^m40^s$ Schattenbild des Halbkreises noch merklich links von der Verbindungslinie Spitze-Fuß.

8ʰ31ᵐ20ˢ Schattenbild des Halbkreises zeigt keine Krümmung
    mehr.
8ʰ33ᵐ40ˢ Leichte Krümmung nach rechts zu erahnen.
8ʰ35ᵐ20ˢ Schattenbild des Halbkreises schon merklich rechts der
    Verbindungslinie Spitze-Fuß.

Das Schattenbild lieferte also vier Zeiten, die sich symmetrisch
um die Zeit „Sonne in Halbkreisebene" anordnen. Der Mittelwert
liegt bei 8ʰ32ᵐ30ˢ. Der Fehler dürfte 15-25 sec nicht überschreiten.

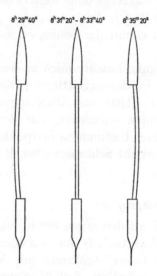

Abb. 3   Ri a als Gnomon. Aufnahmen und Zeichnung Schlosser.

Zusammenfassend kann festgestellt werden, daß sich ein Gnomon
der beschriebenen Art gut zur Bestimmung von Durchgangszeiten
der Sonne (etwa dem wahren Ortsmittag) eignet.

6. *Bemerkungen zu nächstverwandten Formen*

Gnomon-Charakter schlage ich vor, bei den weiteren, am Schluß
von Abschnitt **3** erwähnten Geräten in Erwägung zu ziehen.

Ad b) Mon. 299, 9. Ohne in den Symbolgehalt des Ensembles
tiefer einzudringen, fällt vom technischen Standpunkt auf:

1. Die Stellung der kleinen *falx* unter Halbmond und Stern. Die Anordnung mag ästhetisch-kompositorische Gründe haben. Besteht ein Sachzusammenhang, so kann die ikonographische „Botschaft" sowohl lauten: „Gerät *nur*" wie „Gerät wird *auch* bei Nacht benutzt".

2. Die beiden Sporen am l. oberen Ende können einen einfachen Griff darstellen, wie ihn die große *falx* daneben mit symmetrischer Begrenzung durch kurze Querleisten am unteren Ende aufweist. Nimmt man jedoch die Stellung der kleinen *falx* als beabsichtigt an, so war das Gerät vielleicht in der abgebildeten Lage über dem Boden aufgehängt. Bei Lichteinfall von oben würde durch die beiden Sporen, den Kopf des Nagels und die beiden Spitzen des unteren Dreiecks eine geometrische Schattenfigur entstehen, möglicherweise eine Gerade, die unter den vielen denkbaren Positionen der Schattenpunkte zu einander eine ganz bestimmte selektierte und damit einen Termin eindeutig fixierte. Vgl. dazu noch Anhang I.

3. Die Verbindung mit Perses könnte darauf deuten, daß diesem Grad der Hierarchie Beobachtungsfunktionen oblagen, vielleicht auch, daß man solche mit Persien als Herkunftsland in Verbindung brachte.

Ad c) Technisch ermöglichen die doppelten Krümmungen von Geräten nach der Art von Mon. 1163 (hier Taf. CXXXIII, 2) und Mon. 1231/2 (Taf. CXXXIV) eine noch genauere und dabei leichtere Fixierung der Geraden, wenn sie in der Weise gehalten werden, wie sich das bei Ri a als zweckmäßig erwiesen hat.

Wie weit sonstige gebogene oder gerade Stäbe in der Hand von Cautes und Cautopates der gleichen Funktion dienen oder mit dienen, muß vorläufig offen bleiben.

Allgemein gesprochen, bieten die Stäbe gegenüber der Fackel eine zusätzliche Information. Es liegt nahe, diese auf die Fackeln selbst zu beziehen.

Von den Fackelhaltungen ist die Senkung die eindeutigere, wenn wir den Namen des Cautopates mit Hans Schmeja 1975 [12] als **kauto-pa(tē)tēs*, den „Brand-Auslöser" (mit griech. *pateō* „mit

---

[12] *Iranisches und Griechisches in den Mithrasmysterien*, in *Innsbrucker Beiträge zur Sprachwissenschaft. Vorträge*, 13 (1975), 22.

Füssen treten") auffassen gegenüber Cautes als dem „Brenner",
beide von griech. *kaiō* „anzünden", Med. „brennen"; denn mit
„brennen" kann sowohl das volle wie das aufblitzende Licht
gemeint sein.

Sind die Stäbe — oder ein Teil von ihnen — Gnomone, so ist
ihre Kombination mit einer Fackel bei der gleichen Person eine
scriptio plena gegenüber der *scriptio defectiva* der Darstellungen
ohne Gnomon.

Die „vollere" wäre ähnlich wie die von Sonne und Mond auf
den Tauroktonien mit einem verlängerten Strahl des Himmelskörpers eine Einschränkung, die wir 1975, 372 wahrscheinlich zu
machen suchten: „Sonne bzw. Mond müssen die oder die Stelle am
Körper des Stierreiters treffen, *damit* das oder das geschieht".

Bei Fackelträgern könnte dagegen der Gnomon die allgemeine
Aussage machen: „es wird beobachtet"; die Einschränkung läge
in der Fackelhaltung: „*wenn* Licht scheint bzw. noch nicht/nicht
mehr da ist". In der üblichen paarweisen Repräsentation beider
Träger ist dann ein Sowohl-als-auch zu sehen. Die Tatsache, dass
in der überwiegenden Zahl der Fälle die Fackelträger ohne Gnomon
erscheinen, liesse sich daraus erklären, dass durch das „Wann" das
„Dass" der Beobachtung impliziert wird.

Hinnells 1976, 44f. macht mit Recht darauf aufmerksam, dass
beide Fackelträger auch mit zwei Fackeln vorkommen; weitere
Abwandlungen werden *ib.* 48f. aufgezählt. Doch finde ich dort
keinen Hinweis darauf, dass die gleiche Person in einer Hand eine
erhobene und in der andern eine gesenkte Fackel halten kann.
Das ist zf. *CIMRM* bei der r. Figur im Mittelfeld der Vorderseite
des Dieburger Reliefs der Fall (Mon. 1247), das Hinnells 1976 nicht
bespricht; entgegengesetzte Lichtverhältnisse am gleichen Standort
würden auf zwei Beobachtungstermine oder auch auf zwei verschiedene Lichtquellen weisen können.

Auch auf dem Marmorrelief von Stix-Neusiedl (Mon. 1656) —
bei dem zf. Hinnells 1976, 62 die Identität der Dadophoren unklar
ist — hält der r. kreuzbeinige Fackelträger doch wohl mit *CIMRM*
eine Fackel in der erhobenen r. und eine andere gesenkt in der
l. Hd., als entsprechende, noch zu präzisierende „Botschaft".

Gegenüber dieser Aussage ist eine von Fackeln in jeder Hand

mit gleicher Richtung vielleicht spezieller. Man könnte sie interpretieren als „bei gleicher Bewegungsrichtung des Himmelskörpers
werden zwei Stadien beachtet". Hält die gleiche Person beide
Fackeln nach unten, so hiesse das: „beachtet wird einmal das
Stadium, in welchem der Himmelskörper noch voll sichtbar ist,
und ausserdem der letzte Strahl". Zwei erhobene Fackeln signali-
sierten dann zwei entsprechende Stadien bei Aufgang: „erstes
Aufblitzen und volle Sichtbarkeit über dem Horizont".

Als Beobachtungsgegenstand dürfte in erster Linie die Sonne
infrage kommen. Doch weist eindeutig bei dem Fackelträger auf
dem Relief der römischen Galleria S. Giorgi (Mon. 541) die Luna-
büste in seiner Hand auf nächtliche Beobachtung. Die Frage, wer
der Fackelträger ist — Hinnells 1976, 57 entscheidet sich gegen
CIMRM für Cautopates — muss ich offen lassen.

Auf den Tauroktonien treten die Fackelträger und die beiden
grossen Himmelslichter bekanntlich paarweise und sehr häufig
alle zusammen auf, die letzteren gewöhnlich in den oberen, die
ersteren in den unteren Ecken des Bildes. So wie auf dem eben besprochenen Monument die Büste als Attribut determiniert, um
welchen Himmelskörper es sich handelt, scheint auf den Tauroktonien ein Dadophore jeweils die Position des Himmelslichts über
ihm zu verdeutlichen; s. Nachtrag.

Vielleicht kann man noch einen Schritt weitergehen. Wird
nämlich die Tauroktonie von Nebenszenen umrahmt, so sind diese
nach allgemeiner Auffassung von l. nach r. zu „lesen" und beinhalten
eine zeitliche Folge, allerdings in der Richtung l. hinauf und rechts
herunter. In ähnlicher Weise könnte die l. Kombination Fackel-
träger/Himmelskörper andeuten, dass die damit signalisierte Beobachtung der auf dem r. Bildrand dargestellten vorangeht — sei
es am gleichen Tag, sei es an auf einander folgenden Tagen, je nach
den örtlichen Bedingungen. Die Verschiedenheite dieser Bedingungen würde erklären, dass sowohl Sol und Luna wie auch Cautes und
Cautopates ihre „normale" Stellung auf dem Bild jeweils unter
einander tauschen können.

Nicht ausgedrückt wird durch diese „Syntax", ob damit nur die
allgemeine Voraussetzung für das in der Bildmitte dargestellte
Geschehen umrissen werden soll oder ob dieses auch zeitlich zwischen

die Termine fällt, die l. und r. festgelegt werden. Erst der vorhin erwähnte Strahl, der von einem der Himmelskörper auf das Haupt des Stierreiters fällt, würde dann den Augenblick fixieren, an welchem man sich Mithras in Aktion dachte und diese Aktion etwa kultisch nachvollzog. Die von mir 1975, 372f. unter V angeführten unsicheren Fälle mit Strahlen, die von beiden Himmelskörpern ausgehen, würden die „Botschaft" formulieren: „beim ersten Aufblitzen der Sonne, während der Mond noch sichtbar ist".

Folgt man dieser Linie, so heben sich aus der Masse der Attribute der Fackelträger — die wir durch Hinnells jetzt schön bei einander haben — diejenigen heraus, die entweder unmittelbaren oder mittelbaren Bezug auf jahreszeitliches Geschehen haben wie vegetatives Wachstum und Vergehen einerseits, Tierkreiszeichen anderseits. Damit würde die Aussage „beobachtet werden Auf- und Untergang" weiter eingeschränkt auf bestimmte Zeiten des Jahres.

Ich halte es nicht für einen Schaden, dass der Neufund mehr Probleme aufwirft, als er löst. Doch dürfte aus unsrer Darlegung deutlich geworden sein: was uns bei Fragen wie diesen weiterhilft, sind nicht historische Verknüpfungen von Einzelheiten — auch wenn sie nächstverwandten Kulturkreisen entstammen wie dem Gnostizismus —, sondern Tests, wieweit sich Erfahrungen auf gut erforschten Gebieten mit unseren Befunden zur Deckung bringen lassen. Uns beschäftigte hier ein Teilaspekt von „observational astronomy", einem Feld, auf dem es eine Fülle von Möglichkeiten und Formen im einzelnen gibt, aber nur wenige, klar umgrenzbare Grundtypen. Dabei gilt es, die Ergebnisse unsrer Disziplinen daraufhin abzuklopfen, wo und wie sie mit naturwissenschaftlichen Methoden verifizierbar sind. Ist dieser Arbeitsgang bewältigt, wird man sich Detailfragen wie geographischer und zeitlicher Verteilung zuwenden können.

Dass ein Gerät wie Ri a, durch welches Zeit mit der nachgewiesenen Genauigkeit angezeigt wird, auch tatsächlich zu diesem Zweck benutzt wurde, lässt sich mit dem in den Naturwissenschaften üblichen Grad an Sicherheit vorerst nicht beweisen. Die Feststellung bildet jedoch ein Glied in einer Kette von Indizien für Gepflogenheiten, die zunächst allgemein von der Forschung als astrologisches Interesse erahnt wurden. Sie fallen in der Tat in diese Kategorie, wenn wir den Begriff *astrologia* im antiken Sinn verstehen, der Beobachtung von Himmelskörpern als Grundlage von deren Deutung einschliesst.

ANHANG

Typologische Verwandte

I. Sonnenuhr und Jahreszeitenuhr

Ein Gnomon als Zeitanzeiger ist uns von der Sonnenuhr her geläufig: eine der Grundform nach gleichbleibende Schattenfigur trifft je nach dem Stand des Gestirns verschiedene Punkte einer kreisförmig angeordneten Skala. Die Konstruktion ist ausreichend selbst für einen langen Sommertag.

Stellt man dagegen den Gnomon auf eine bestimmte Stunde am Tage ein, etwa den mittäglichen Höchststand der Sonne, so kann er als Jahreszeitenuhr verwendet werden. Voraussetzung dafür ist, man findet dafür eine Form, deren Schattenwurf differenziert genug ist, Teile des Jahres — etwa Monate — zu markieren, aber doch nicht zu kompliziert, so daß die grundsätzliche Identität eines solchen Monatszeichens gewahrt bleibt. Ein solches System habe ich vor Jahren besprochen und typologische Parallelen dazu beigebracht [13].

Es handelt sich um die Monatsrechnung der Gebirgslandschaften Hunza und Nagir hoch im Norden des indischen Subkontinents nahe der Südwestgrenze von Sinkiang. Von dorther sind uns Figuren vom Schatten eines Gnomons überliefert, der auf dem Dach des Palastes des Fürsten von Nagir angebracht war (Abb. 5). Grundsätzlich entsprechen einander die Figuren je zweier Monate eines Jahres, das durch die Sonnenwenden in zwei Hälften geteilt wird (Kolumne 3). Die zugehörigen Monatsnamen weisen auf Berggipfel, über denen die Sonne in den entsprechenden Monaten untergeht (Kolumne 1). Eine plötzliche Veränderung der Form der Schattenfigur in der Jahresmitte ließ sich leicht als Irrtum des Aufzeichners

---

[13] *Zeitrechnung in Nuristan und am Pamir* (= *AbhBerlin* 1938, Nr. 7; 1939, 2. Aufl. im Druck) 22f., 65-7 und Tafel d; vgl. dort Gruppe D und p. 155-8.

oder seines Gewährsmannes erkennen. Dagegen nahm ich un-
richtigerweise an, das Gerät erzeuge diese Schatten zur Zeit des
Sonnenuntergangs.

Schlosser hat nun als Lichtquelle die Sonne zur Mittagshöhe
ermittelt, den Gnomon rekonstruiert (Abb. 4), Feinheiten in den
überlieferten Formen der Monatsschatten berichtigt (Abb. 5 Kol. 2)
und die kalendarische Mitte für deren Gültigkeit — den Beginn der
Monate des Tierkreiszeichenkalenders (Kolumne 4) — bestimmt.

Bevor Schlosser dazu das Wort ergreift, sei bemerkt, daß ich erst
durch die hängende Lage dieses Gnomons und dessen „Quersprosse"
angeregt wurde, zu entsprechenden Eigentümlichkeiten der kleinen
falx auf Mon. 299, 9 Vermutungen zu äußern.

II. *Deutung der Monatszeichen des Alten Hunza-Nagir-Kalenders*

Die auffallende Regelmäßigkeit der Monatszeichen des Alten
Hunza-Nagir-Kalenders legt eine astronomische Interpretation
nahe. Die Monatszeichen können als Schattenfiguren eines Stabes
mit Ring und Quersprosse gedeutet werden, der an der Südseite

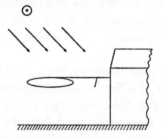

Abb. 4   Gnomon für Monats-Schattenfiguren des Hunza-Nagir-Kalenders.
Rekonstruktion Schlosser.

eines Gebäudes parallel zur Erdoberfläche angebracht ist. Abb. 4
zeigt eine maßstäbliche Zeichnung. Abgelesen wird jeweils zur
Mittagszeit (Höchststand der Sonne), wobei dann der Schatten auf
dem Boden vor der Wand das Monatszeichen ergibt. Steht die
Sonne tief (Winterhalbjahr), so projiziert sich nur ein kleiner Teil
des Ringes auf den Boden vor der Südwand. Bei hohem Sonnen-
stand wird hingegen die ganze Figur (bis über den Querstab hinaus)

einen Schatten auf den Boden werden. In Abb. 5 sind Schattenform (Kolumne 2) und Monatszeichen (Kolumne 3) nebeneinandergestellt. Man erkennt eine befriedigende Übereinstimmung. Lediglich das Junizeichen fällt völlig heraus (vgl. oben in Abschnitt I). Die leichte Abweichung zwischen Schattenform und Monatszeichen zur Zeit

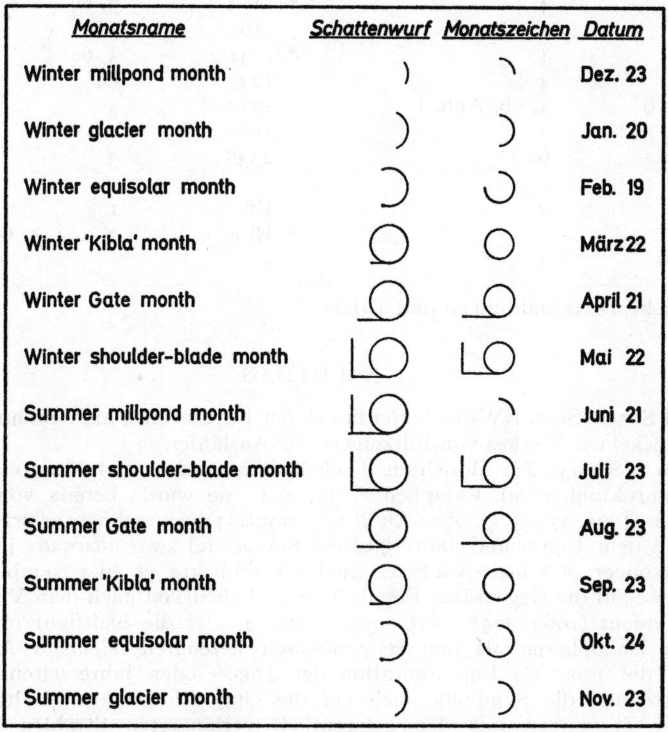

Monatsname	Schattenwurf	Monatszeichen	Datum
Winter millpond month	)	⌐	Dez. 23
Winter glacier month	)	)	Jan. 20
Winter equisolar month	⊃	◡	Feb. 19
Winter 'Kibla' month	○	○	März 22
Winter Gate month	○	○	April 21
Winter shoulder-blade month	⌐○	⌐○	Mai 22
Summer millpond month	⌐○	⌐	Juni 21
Summer shoulder-blade month	⌐○	⌐○	Juli 23
Summer Gate month	○	○	Aug. 23
Summer 'Kibla' month	○	○	Sep. 23
Summer equisolar month	⊃	◡	Okt. 24
Summer glacier month	)	)	Nov. 23

Abb. 5 Hunza-Nagir-Kalender mit korrigierten Monats-Schattenfiguren. Rekonstruktion Schlosser.

der Tag- und Nachtgleichen (Winter/Summer „Kibla" Month) kann dagegen zwanglos dadurch erklärt werden, daß das entsprechende Kürzel auf die ins Auge springende Tatsache aufmerksam macht, daß erstmalig/letztmalig der Kreis voll zu erkennen ist. Das Datum in der letzten Spalte gibt den mittleren Zeitpunkt für die Sichtbarkeit der entsprechenden Schattenform an. Bis zu zwei Wochen vor und nach diesem Termin ändert sich der Schatten nicht wesentlich, so daß jedes Schattenzeichen etwa einen Monat lang seine Form wahrt.

Besprochene Monumente

183	3	* 1115	3	
* 232	4	* 1163	3, 6c	
240	2	1164	3	
287	4	* 1231/2	3, 6c	
* 288	4	1247	6c	
* 299, 9	3, 6b, Anh. I	1512	3	
532	3	1656	6c	
541	6c	2338	3	
853	3			
* 987	2	Ri	1	
994	3	* Ri a	2, 3, 4, 5, 6c	
1110	3			

* Siehe Textabbildungen und Tafeln.

NACHTRAG

Zu 1 S. 591. Statt NW-Ausläufer lies zf. der Kartenskizze auf dem hinteren Buchdeckel des Werkes von Filtzinger: NO-Ausläufer.

Zu 6 c S. 603f. Zur Beziehung Fackelträger/Sonnen- und Mondbildnisse auf Tauroktonien vgl. Campbell [14], 35; 141. Sie wurde bereits von Vermaseren (1965, 57-9; vgl. oben Anm. 5) vermutet; doch rechnete er praktisch nur mit dem Tages- und Jahreslauf der Sonne und zwar *alternativ* je nach dem ikonographischen Kontext. Zugleich erblickte er hier symbolische Hinweise auf die Gegensätze Freude/Trauer, Leben/Tod nach dem Vorgang von Cumont (1963, 117f.; vgl. unsre Anm. 4), der die Kultfigur mit den beiden Dadophoren als den zeitgenössisch bezeugten *triplasios Mithrēs* nahm, die Trias als Repräsentation der Tages- oder Jahreszeiten interpretierte und die Symbolik auch auf die Opposition Wärme/Kälte ausdehnte. Zusammen mit den gelegentlich verlängerten Strahlen beider Himmelskörper sowie mit der vereinzelten Doppelung von Fackeln beim gleichen Träger gesehen, scheint sich aber zunächst das Bestreben herauszuschälen, die Aktion des Stierreiters in der Mitte *additiv* nach Monat, Tag bzw. Nacht und Tages- bzw. Nachtzeit terminierbar zu machen. Hinnells 1976, 45-7 verzeichnet ,,side scenes'' von ,,complex reliefs'', neben oder auf denen ein Fackelträger bzw. beide erscheinen, bezieht aber die Placierung der letzteren unter Sonne- und Monddarstellungen auf dem Hauptbild nicht mit in die Beschreibung ein. Die angekündigte Fortsetzung dieser Studie lag bis Ende 1977 hier noch nicht vor.

---

[14] Leroy A. Campbell, *Mithraic iconography and ideology* (= EPRO 11; 1968).

STRABO AND THE MEMPHITE TAUROMACHY *

ALAN B. LLOYD

(Swansea)

In his account of the Temple of Hephaestus/Ptaḥ at Memphis Strabo provides the following intriguing information:

> "And there is, then, the Temple of Apis, adjacent to the Temple of Hephaestus, and the Temple of Hephaestus itself, expensively constructed in respect of the size of the shrine and all other things. Also there stands in front in the *dromos* a monolithic statue. In this *dromos* it is the custom to organize contests between bulls which are bred by certain individuals for that specific purpose, after the fashion of horse-breeders; for they let them loose and get them to fight and the one considered the stronger wins a prize".
>
> XVII, 1, 31 (C807)

The custom described has attracted the passing attention of several commentators [1] but has never been subjected to the detailed discussion which it deserves. The present study is an attempt to identify its context and elucidate its significance.

Several preliminary points can be made. In the first place, since

---

* At various stages in the preparation of this study I benefited greatly from discussion with Mr. V. A. Donohue, Professor H. S. Smith, Professor J. Gwyn Griffiths and, in particular, Mr. W. V. Davies of the British Museum. The views expressed are, however, my own.

Abbreviations: *MH* = H. H. Nelson et al., *Medinet Habu*, VIII Vols., Chicago, 1930-70; *RI* = K. Kitchen, *Ramesside Inscriptions*, Oxford, 1968ff.; *Wb* = A. Erman and H. Grapow, *Wörterbuch der ägyptischen Sprache*, VII Vols., Leipzig-Berlin, 1926-63. See for other abbreviations the *Liste des principales abréviations*.

[1] Sir J. Gardner Wilkinson (rev. S. Birch), *The Manners and Customs of the Ancient Egyptians*, II (London, 1878), p. 77; T. Hopfner, *Der Tierkult der alten Ägypter* (Vienna, 1913), p. 82; E. Drioton, *Rapport sur les Fouilles de Médamoud (1926). Les Inscriptions* (Cairo, 1927), p. 10ff.; E. Otto, *Beiträge zur Geschichte der Stierkulte in Aegypten (Untersuchungen 13)*, (Leipzig, 1938), p. 45; P. Montet, *Géographie de l'Égypte Ancienne*, I (Paris, 1957), p. 34; E. Kühnert-Eggebrecht, *Die Axt als Waffe und Werkzeug im alten Ägypten* (= Münch. Äg. Studien; Berlin, 1969), p. 82; A. F. Shore, *A Soldier's Archery Case from Ancient Egypt*, in *BMQ*, 37 (1973), p. 8.

Strabo speaks of the contests as taking place in his own time and in a city which was well known and easily accessible to the Greeks, we are justified in reposing considerable confidence in the reliability of his report. Secondly, the fact that the contests were held in the *dromos* of the temple proves that they must have had religious affinities. Thirdly, Strabo makes it quite clear that the contests were not haphazard, accidental affairs but well-organized, recurrent events. Finally, the passage states that the contests were enacted in the *dromos* of Hephaestus and says nothing, *pace* Hopfner,[2] of any connection with the Apis Bull. In sum, therefore, it may be said that we are confronted with a reliable classical report that religiously orientated bull-fights were frequently held in the immediate vicinity of the Temple of Ptaḥ at Memphis at the very beginning of the Roman Period. There are, however, no indications either of the antiquity of the custom or of the conceptual framework within which it fell. If we are to achieve enlightenment on these questions, we must first turn our attention to possible parallels in classical and Egyptian sources and must then consider all these data against the background of the symbolic significance both of conflicts and bulls in Ancient Egyptian religion.

Classical References

The *De Natura Animalium* of Aelian (c. 170-235 A.D.) contains two passages which have been related to Egyptian bull-fights:

I "... they ferry him (sc. the new Apis) to Memphis[3] where he has available to him most pleasant abodes, delightful resorts, places of amusement, *dromoi*, arenas (*konistrai*), gymnasia, dwellings for beautiful cows, a well and a spring of drinkable water".

XI, 10

Since this text purports to describe the amenities available to the Apis, Drioton regarded the "arenas" as being associated with bull-fights similar to those described by Strabo.[4] This seems highly

---

[2] *Op. cit.*, p. 82: cf. Montet, *l.c.*
[3] Cf. Diodorus Siculus, I, 85, 1-2.
[4] *Op. cit.*, p. 10.

questionable. First, *konistra* normally means "wrestling-ground".[5] In the second place, the juxtaposition of *dromos* and *konistra* is paralleled at VI, 15 and in Aristotle (*De Caelo*, 292a 26) and in both cases the point of reference is athletics. Furthermore, the *gymnasia* mentioned immediately afterwards can hardly have been relevant to a bull. We are, therefore, justified in suspecting that some, at least, of the elements in the complex were inspired by Greek ideas and were intended for human use and that Aelian, or his source, has simply lumped together all the installations connected with the sacred complex, whether or not they had any affinity to the cult of Apis. At all events, there is too much doubt here for the description to be of any use for our purposes.

II "I wish to tell the Egyptian story which I heard concerning the testing of this bull (sc. the Mnevis) to establish whether it be of superior birth or not. Bocchoris, the King of Egypt, who has acquired, for some inexplicable reason, a false glory and a reputation which is quite unfounded, was regarded as being both just in his judgements and endowed with a soul set on righteousness; he was quite the opposite in nature. The majority of things I now leave aside but (I will mention) at least what sort of things he did to the Mnevis Bull through a desire to distress the Egyptians. He confronted him with a wild bull. At this, the Mnevis let out a bellow and the stranger bellowed in response. Then, in an access of wrath, the newcomer rushed forward to attack the sacred bull and tripped. He fell against the trunk of a *persea*-tree and was there held fast by his horns. The Mnevis then slew him by smiting him in the side. Bocchoris was afflicted with shame and hated by the Egyptians".

XI, 11

If this narrative is to be of any value for present purposes, we must establish at least the probability that it enshrines, at some level, a genuine reflection of Ancient Egyptian practices. Confidence on this score can, fortunately, be justified without any difficulty. Not only is there no internal reason for suspecting a late novelistic fabrication but the resemblance between the broad outlines of Aelian's account and the indubitably Egyptian custom described by Strabo is too close to be ignored. Admittedly, the anti-Bocchoris

---

[5] *LSJ*, p. 978, a, *s.v.*, 2.

colouring is distinctly atypical [6] but parallels are easily found which provide no reason to suspect that the pejorative *Tendenz* is any less Egyptian than the standard view. [7]

Having allayed, if not removed such doubts as may subsist on the tale's pedigree we can proceed to make several observations. To begin with, although Bocchoris' action differs from Strabo's contests in being envisaged as a unique event, the similarities are sufficient to justify our accepting the working hypothesis that Aelian's tale is based on contests of a similar kind—it might even be an aetiological legend intended to explain them. [8] We should further note that Aelian is describing a deliberately created conflict with religious overtones involving two bulls and that he also regarded the contest as a means by which divinity could be revealed. On the other hand, since Bocchoris' behaviour in subjecting a recognized Mnevis to such treatment is depicted as an act of impiety, it is evident that, to the purveyors of the tradition, a sacred animal of the rank of a Mnevis would not be expected to appear in a situation of that kind. It should finally be emphasized that the description of the defeated opponent as a wild bull is highly significant in view of the symbolic rôle of the latter in Egyptian religion where it frequently functions, in the form of the *ng3*, as the noblest of all sacrifices. [9] Since, under the influence of the mythologizing of sacrificial rites, the victim became Seth and/or his Confederates,

---

[6] The classical accounts are generally favourable (see A. Moret, *De Bocchori Rege* (Paris, 1903); J. M. A. Janssen, *Over Farao Bocchoris*, in *Varia Historica. Festschrift A. W. Byvanck* (Assen, 1954), p. 17ff.; J. D. Ray, *Pharaoh Nechepso*, in *JEA*, 60 (1974), p. 255ff.).

[7] It was common coin as early as Diodorus who describes B. in his catalogue of Egyptian law-givers as "avaricious" (I, 94, 5). This notion presumably derives from the tradition that B.'s renowned legislation included laws on debt (cf. I, 79). Subsequently, the pejorative view is developed to the point where B. can even figure as the Pharaoh of the Exodus (Lysimachus, *FGrH* 621, F. 1; Tacitus, *Histories*, V, 3). In general one may wonder whether his dismal end may not have contributed something to sullying his name; for it might have been claimed that his fate must have been the punishment for signal iniquities.

[8] Hopfner (*op. cit.*, p. 87) describes it as *Märchen*.

[9] H. Junker, *Die Schlacht- und Brandopfer und ihre Symbolik im Tempelkult der Spätzeit*, in *ZÄS*, 48 (1910), p. 69ff.; H. Kees, *Bemerkungen zum Tieropfer der Ägypter und seiner Symbolik*, in *NAWG* (1942), 2, p. 71ff.; Bonnet, *RÄRG*, p. 752.

the sacrificer Ḥorus and the recipient Osiris, the *ng̱* inevitably assumed the character of a Typhonic animal and Seth himself came to figure as a bull in a wide range of contexts.[10]

Egyptian References

Both linguistic and iconographic data are available.

Linguistic Data

Pyramid Texts

Two spells contain references, direct or indirect, to bulls in conflict:

I 284 (§ 425) *ḏd mdw psḥ(w)·n ('I)tm mḥ·n·f r n Wnis ᶜnn·f ᶜnnt ḥ(w) spꜣ in Ḥwt(y) ḥ(w) Ḥwt(y) in spꜣ pf rw m-ḫnw pn rw ᶜḥꜣ kꜣwy m-ḫnw tḥn*
   "Recitation. He whom Atum has bitten has filled the mouth of Unas, coiling himself. The centipede has been smitten by Him of the Mansion but He of the Mansion has been smitten by the centipede. That lion is within this lion. The two bulls have fought within the ibis".

II 394 (§ 690) *ḏd mdw rw ḥꜣ rw n ᶜnḥ kꜣwy m tḥn*
   "Recitation. The lion is behind the lion of life. The two bulls are in the ibis".

Both texts provide considerable linguistic and interpretive problems which make definitive exegesis impossible. It is, however, clear that they are both serpent charms[11] and with that point established an attempt can be made to unravel their significance.

In the first section of I (*psḥ(w)·n ('I)tm ... ᶜnnt*) Atum is envisaged in his mongoose aspect[12] biting the serpent and feeding it,

---

[10] Bonnet, *l.c.*; J. Gwyn Griffiths, *The Conflict of Horus and Seth* (Liverpool, 1960), pp. 2, 33, 35.

[11] This is proved for the first by two facts: it immediately precedes a series of serpent-charms and the rubric of its descendant in the Coffin Texts (717a-b) specifically states that it was intended to prevent attacks by snakes. What holds true of I must hold true of its filial II.

[12] R. T. Rundle Clark, *Myth and Symbol in Ancient Egypt* (London, 1959), p. 241; E. Brunner-Traut, *Spitzmaus und Ichneumon als Tiere des Sonnegottes*, in *NAWG* (1965), 7, p. 157ff.; A. Piankoff, *The Pyramid of Unas* (1968), *ad loc.* In general see Alan B. Lloyd, *Herodotus Book II. Commentary 1-98* (Leiden, 1976), p. 302ff.

writhing in agony, to Unas whom it had intended to attack. It is
evident that this act is seen in terms of the mythological prototype
in which Atum overcame Neḥebkau, the primeval serpent of
Hermopolis. Therefore, the slaying of the serpent in the charm is
coterminous with the most important single cosmogonic act, viz.
the victory of Order over Chaos. The next section ($h(w)$ $sp3$ ... in
$sp3$) is more opaque. Since the $sp3$ "centipede" always seems to
function as a champion of Order,[13] $Ḥwty$ must be a malignant or
Typhonic entity. His identity is a problem [14] but for our purpose
it is enough to establish his character. If we now interpret the words
in the light of what precedes, the sequence of thought will be: the
centipede, i.e. champion of Order, and $Ḥwty$, i.e. embodiment of
Chaos, have engaged in combat; $Ḥwty$ has smitten his opponent
and the centipede has replied in kind (and defeated him). Again,
therefore, the semantics of the symbols can be related to the triumph
of Order. What of the sentence pf rw ... pn rw and the related
rw $h3$ rw n $ʿnḫ$ of II? Both can easily be interpreted to fit the
pattern already suggested. The lion can be associated in Egypt
either with the forces of Order or Chaos.[15] Surely it is this ambivalence which is at issue here. Pf rw, i.e. the Typhonic power,[16]
has been overcome and devoured by pn rw, i.e. champion or embodiment of Order. Order has assimilated Chaos and reigns supreme.
II is more explicit; for there rw n $ʿnḫ$ "lion of life" is clearly stated
to have established precedence over his opponent who is, by im-
plication, the lion of death and its homonyms. The final sentences
of both I and II, which are clearly synonymous, are couched in
peculiarly oblique terms. They can, however, be made to yield a
satisfactory sense if they are considered in relation to the preceding
analysis. The first step is to grasp that the bull, like the lion, is

---

[13] Kees, *Anubis "Herr von Sepa" und der 18. oberägyptische Gau*, in
ZÄS, 58 (1923), p. 79ff.; Bonnet, *RÄRG*, p. 698ff.

[14] We must be confronted with a lost myth. Is there a connection with
the *Ḥwt* *sp3* "Mansion of the Centipede" (for which see Kees, *op. cit.*, p.
84ff.)? If so the myth may have referred to a conflict between its ancient
inhabitant, possibly a serpent, who was expelled and supplanted by the *sp3*.

[15] C. de Wit, *Le Rôle et le Sens du Lion dans l'Égypte Ancienne* (Leiden,
1951); Bonnet, *op. cit.*, p. 427ff.

[16] Cf. *Pyramid Texts*, 287 (§ 428).

ambivalent in religious contexts.[17] It can be identified with the forces of Order or Chaos. Given the context, we are justified in assuming that each of the two embodies one of these forces. Their conflict is, therefore, a cosmic conflict. What of the ibis? Clearly it is Thoth who functions in the Conflict of Ḥorus and Seth, the classic mythical projection of cosmogonic strife, as the impartial adjudicator, separating, calming and reconciling the contenders. As such he becomes the protector of the cosmic order. The *tḥn* could, therefore, be functioning here as the symbol of Order achieved after Chaos. The image of the two bulls within the ibis will then express the notion that the two antithetical principles which form the substance of the universe have been subsumed into a unified and integrated cosmos.[18]

Both Pyramid Texts, therefore, apparently consist of a series of symbolic representations of the defeat of Chaos and the establishment of an ordered universe. One of the images for this appears to be a conflict between two bulls one of whom embodies Order, the other Chaos. The existence of such a metaphor may reflect the existence of a ritual in that form but is not enough, in itself, to prove the point. It does, however, provide a perfect theoretical basis for such a rite.

---

[17] *Pyramid Texts*, 289 (§ 430). See further below, p. 624.

[18] There is an initial temptation to connect the two bulls and the two lions with the *ḥns*-hieroglyph which consists of the front portions of two bulls or lions joined together at the waist to create a composite animal with a head and two front legs at either end (*Wb* III, pp. 299, 10-20; 300, 5-8). It is used to determine several *ḥns*-words, in particular the *ḥns*-gate which figures as a barrier in the Pyramid Texts (275 (§ 416)). It is quite clear that the symbolism of the double bull/lion differs here from that in our bull-fight texts. The name of the *ḥns*-gate derives from *ḥns* "traverse" (*Wb* III, p. 299, 5ff.) and means "(Gate of) Traversing" (*pace* Sir Alan H. Gardiner, *A Unique Funerary Liturgy*, in *JEA*, 41 (1955), p. 13 and R. O. Faulkner, *The Ancient Egyptian Pyramid Texts* (Oxford, 1969), p. 202, n. 5, who offer "to move in opposite directions *vel sim.*") and reveals, what we should, in any case, have guessed, that the *ḥns*-gate is a threshold-symbol denoting the point at which the deceased passed from the earthly mode or dimension of being to the After-life (on such symbols see M. Eliade, *The Sacred and the Profane* (New York, 1959), pp. 25ff., 181). Its association with the bull/lion simply projects the terrors which invest all points or processes of ontological mutation whilst the doubling of the animal reflects the fact that the *ḥns* was regarded as a double door.

Bulls and Arenas

Egyptian texts frequently mention a bull in connection with what are alleged to be arenas. *A priori* some relationship to the activities described by Strabo and Aelian would seem probable [19] but if the matter is to be demonstrated we need to do two things. First, we must confirm that the relevant words do, in fact, mean "arena" *in the literal sense*. This we should define as "a demarcated area set aside for artificially created contests". Secondly, we must determine that more than one bull is involved; for in principle an opponent of some other species or even a human antagonist would be conceivable.

The words needing discussion are *mtwn/mtwn* (*Wb* II, p. 175, 12-13), *b3wy* (*op. cit.*, I, p. 415, 1-3) and *ptr/ptrt* (*op. cit.*, I, p. 565, 6).[20]

Mtwn is first exemplified in the Fourth Dynasty as a place-name [21] and is subsequently of frequent occurrence. The following examples are typical:

---

[19] When discussing such texts at Medamud Drioton argued that they do not describe combats between bulls but a drama re-enacting the triumph of Montju in taking over the site. He suggested that this involved taking Typhonic animals, making them harmless and then dispatching them (*Rapport sur les Fouilles de Médamoud (1926). Les Inscriptions*, p. 11). This seems a desperate solution!

[20] The translation "arena" is also given for *pg3* by Faulkner (*A Concise Dictionary of Middle Egyptian* (Oxford, 1972), p. 96, s.v.). He refers to a passage from Tomb III at Der Rifeh (Herakleopolitan Period) . . . ʿḥʿ(w) ḥr pg3 n ḫ3rt r dr·f ḏ3r(w)·s . . . ". . . he who stood on the *pg3* for the widow until he had repelled her needs . . ." (F. Ll. Griffith, *The Inscriptions of Siût and Dêr Rîfeh* (London, 1889), pl. 11, 5; H. Brunner, *Die Texte aus den Gräbern der Herakleopolitenzeit von Siut* (= Äg. Forschungen 5; Glückstadt-Hamburg-New York, 1937), p. 17ff.). If we examine the use of *pg3* and its cognates (*Wb* I, p. 562, 1ff.), it will become clear that the root's basic meaning is "unfold, open up, reveal". Its employment for a place of fighting probably, therefore, develops from the notion "place of unfolding, place of deployment" or simply "open space". The translation "battlefield" is apposite in all such cases known to me whereas there is no indication that an arena *in the strict sense* is ever involved. Consequently, it seems advisable to regard the metaphorical use of *pg3* in the Rifeh-text as taking a *battlefield* rather than an arena as its starting-point. Clère also suggests that *ḥnty* (*Wb* III, p. 307, 10) can mean "arena" (*BiOr*, 8 (1951), p. 175ff.) but the evidence is far from conclusive.

[21] W. M. F. Petrie, *Medum* (London, 1892), pl. XIX.

I   Bentresh Stele. A string of epithets extolling the martial prowess of Ramesses II includes: *k3 mn(w) ib ḥb·f mtwn* [22] "... the bull, steadfast of heart, when he treads the *mtwn* ..."

II   Bab el-Abd. Montju in his bull form is described as: *mn(w) ḥr mtwn·f* [23] "... who stands fast on his *mtwn* ..."

The creature's aggressive vigour and fiery nature are further emphasized by the application of such epithets as *spd ʿbwy* "sharp of horns", *irty·fy m ʿbwy·f* "whose eyes are in his horns",[24] *ḥr·f m sḏt* "whose face is aflame".

III Medinet Habu. Ramesses III's valour is compared to that of: *Ḥr Mnw ḥr mtwnw hd·f ḫpr(w) hmw ʿb(wy)·f* [25] "... Ḥor-Min on the *mtwnw*, his successful assault having taken place, he who drives his horns (into the Chiefs)".

Etymologically *mṭwn* is clearly an *m*-formation from *ṭwn/twn* [26] whose root-meaning is debatable [27] but which developed in many contexts the nuance "attack, smite". *Mṭwn*-texts make it quite clear that it is the secondary meaning that is at issue and that *mṭwn* must mean "place of attacking/smiting". This picture is confirmed by subject-matter, which always relates to a bull victoriously assaulting its foes, and by *mṭwn*'s determinatives (the bull, sometimes in violent action, and the land-signs). We can, therefore, accept, without reservation, that the *mṭwn* was a specific place which featured a bull in violent conflict, i.e. an arena in the literal sense. It should also be observed that, since the texts almost invariably relate the bull directly or indirectly to a deity, the *mṭwn* must, in many instances, have had cultic associations. However,

---

[22] *RI* II, 285.

[23] K. Sethe and O. Firchow, *Thebanische Tempelinschriften aus griechisch-römischer Zeit (Urk VIII)*, (Berlin, 1957), p. 35, 48, 1.

[24] See below, n. 30.

[25] *MH* VI, pl. 393d.

[26] H. Schäfer, *Das Zeichen für ṭwn*, in *ZÄS*, 43 (1906), p. 76. On *m*-formations see H. Grapow, *Über die Wortbildungen mit einem Präfix m-*, in *AbhBerlin* (1914), 5; G. Lefebvre, *Grammaire de l'Égyptien Classique*, 2nd Ed. (Cairo, 1955), p. 87, § 160.

[27] K. Sethe, *Die Sprüche für das Kennen der Seelen der heiligen Orte (Totb. Kap. 107-109. 111-116)*, in *ZÄS*, 57 (1922), p. 28; B. Gunn in *JEA*, 12 (1926), p. 131.

it never emerges clearly from any text that the conflicts in question involved two bulls.

B3wy, a common New-Kingdom word, features regularly in such contexts as the following:

I   Medinet Habu. The text describes Ramesses III assaulting a Syrian fort as: *k3 rnpi pr(w)ᶜ smn(i) ḥr b3wy* [28] "... the young bull active when he is established on the *b3wy* ..."

II *Ibid*. Ramesses III's performance in the First Libyan War of Regnal Year 5: *sw mi k3 ᶜḥᶜ(w) ḥr b3wy irt·f ḥr ᶜbwy·f gr(g) ḥr(w) r thm pḥ(w) s(w) m tp·f* [29] "He is like a bull who stands upon the *b3wy*, his eye upon his horns,[30] equipped and ready to attack with his head one who approaches him".

III The scribe Anii attempts to convert his son Chonsuhotpe from his erstwhile iniquities by quoting a series of parallels in which the untamed have seen the error of their ways and reformed: *p3 k3 ᶜḥ3(w) sm3(w) ⟨m⟩ t3 mḏt ḥm·f h3ᶜ b3wy dḥ·f bi3t·f smn·f sb3yt·f sw m irw n wš3* [31] "The fighting bull who is murderous in the stall, not knowing how to forsake the *b3wy*, subdues his nature and confirms his instruction (i.e. by using it). He is ⟨then⟩ in the form of an ox".

In these and almost all other known instances the *b3wy* emerges as a place where a bull appears triumphant in violent and aggressive action.[32] We can, however, go a little further. *B3wy* is surely the dual of *b3* "manifestation" (sc. of power) (*vulgo* "soul") [33] and means "(the Place of) the Two Manifestations". Since the term *b3* often denotes the theriomorphic incarnation of a god, e.g. the Apis is the *b3* of Osiris and the Buchis the *b3* of Rēᶜ,[34] and since the

[28] *MH* II, pl. 90 = *RI* V, 2, 78, 10.

[29] *MH* I, pl. 28, 57 = *RI* V, 1, 25, 13.

[30] This strange idiom presumably expresses alertness, readiness to attack or the like (W. F. Edgerton and J. A. Wilson, *Historical Records of Ramses III* (Chicago, 1936), p. 32, 57a).

[31] A. Volten, *Studien zum Weisheitsbuch des Anii* (Copenhagen, 1937), IX, 19-X, 2.

[32] *P. Chester Beatty IV*, verso 5, 10 is an exception. It seems probable, however, that this usage is derived from that in bull-texts.

[33] For the meaning of *b3* see L. V. Žabkar, *A Study of the Ba Concept in Ancient Egyptian Texts* (Chicago, 1968).

[34] Žabkar, *op. cit.*, p. 13ff.

association of an animal with the *b3wy* is established fact, it is reasonable to accept that the term *b3wy* reflects a connection with two animals who enjoyed divine status. However, although one of these animals was undoubtedly a bull, the species of the other is an open question.

Ptr/ptrt is frequently used in late texts:

I   Bab el-Abd. Montju is described in his bull aspect as: *wr phty hb·n·f ptr* [35] "... great of power when he has traversed the *ptr* ..."

II Medamud. It is said of the complex of Montju in his bull aspect: *wnn ptrt hr r-ꜥ ht* [36] "... there is a *ptrt* with combats ..."

III *Ibid.* Montju is described as: *it(w) m shm·f hr ptr n ndm ꜥnh* [37] "... he who wins victories by his power on the *ptr(t)* of Him who Lives in Delight".

IV *Ibid.* Montju is described as: *nht hr ptrt* [38] "... victorious on the *ptrt* ..."

V   *Ibid.* Montju is described as: *ntr ꜥ3 m ptrt* [39] "... the great god in the *ptrt* ..."

VI Babel-Abd. Montju addresses Ptolemy III who slays a serpent before him: *di·n·(i) n·k šfyt·i hr ptr(t) m b3h ir(t) nb(t)* [40] "I give to you my majesty upon the *ptr(t)* in the presence of everyone".

VII Dendara. In a string of laudatory epithets Horus is described as: *dm3(w) nfr n psdt ntrw ꜥ3 tnr shm ꜥ3 phty hw(w) hftyw·f m hrw n p(t)rt is n(3)y n g3w ...* [41] "... he who slays the *nfr*-serpent for the Ennead of Gods, the great of power, the mighty one, the great of strength, he who smites his foes on the day of the *p(t)rt*, the breath of life for him in need ..."

Again we have the association of bulls and conflict with a specific place and in this case the bull-protagonist is consistently divine. Etymologically the word seems to be connected with *ptr* "to behold"

---

[35] Sethe and Firchow, *op. cit.*, p. 32, 38b.

[36] Drioton, *Rapport sur les Fouilles de Médamoud (1925). Les Inscriptions* (Cairo, 1926), p. 20, 27.

[37] *Op. cit.*, p. 44, 98.

[38] Id., *Rapport sur les Fouilles de Médamoud (1926). Les Inscriptions*, pp. 10; 31, 334.

[39] *Op. cit.*, p. 10, nn. 3-4.

[40] Sethe and Firchow, *op. cit.*, p. 5, 5e.

[41] E. Chassinat, *Dendara*, II (Cairo, 1934), p. 166.

and presumably means "place of seeing" or even "place of revelation".[42] Since it can be determined with the *pr*-hieroglyph (**VII**) it evidently refers to an edifice of some kind. Finally, in two instances (**VI, VII**), triumph in the *ptrt* is clearly associated with victory over the serpent, a classic Typhonic creature, and is also characterized as an assault on Ḥorus' *ḥftyw* "enemies", i.e. Seth and his henchmen.[43]

The twnw-bull

The *twnw*, i.e. "smiter-bull", is certainly mentioned once, possibly twice in extant literature:

I Kom Ombo. Sobk-rēˤ addresses Ptolemy VII: *ntk twnw hbhb·n·f pḥ(w) m꜄i m-s꜄ ḥftyw di·n·f wsr r ḥw ḥftyw·f npt·n·f ḥftyw m šˤt·f* [44] "You are the *twnw*-bull, having annihilated him who attacked, the lion in pursuit of foes, having shown forth power so as to smite his enemies, having slain foes with his sword".

Twnw is determined with one of the signs for divinity.

II Edfu. The astronomical frieze, which lists, amongst other things, the names of the thirty days of the lunar month, gives for the twenty-seventh day *Wšb Twn*(?). The divinity associated with the day is a goddess.[45]

The rendering of *wšb* [46] and construction of the *twn*-element [47] are problematic. In view of the aggressive implications of √*twn* it seems reasonable to assume a similar nuance for *wšb*. Since the

---

[42] *Wb* suggests (I, p. 565, 6) that *ptrt* is nothing but an erroneous spelling of *pri̯* "battlefield". This seems an unnecessary hypothesis, though confusion between *pri̯* and *ptrt* is evident.

[43] Cf. K. Piehl, *Inscriptions Hiéroglyphiques*, II (Leipzig, 1890), pl. CXI; J. de Morgan, *Kom Ombos*, II (Vienna, 1909), p. 218, 835.

[44] De Morgan, *op. cit.*, I (Vienna, 1895), p. 49, 51. The *Wb* (*Belegstellen* to V, p. 359, 13) also quotes for this word *Urk* IV, 1080 (better N. de Garis Davies, *The Tomb of Rekh-mi-rēˤ at Thebes*, II (New York, 1943), pl. XII). This is incorrect since the word there is *ḥwnw* (cf. *Wb* III, p. 247, 15).

[45] H. Brugsch, *Thesaurus*, I (Leipzig, 1883), p. 48; R. Parker, *The Calendars of Ancient Egypt* (Chicago, 1950), pl. V.

[46] Parker (*op. cit.*, p. 12) does not hazard a translation.

[47] *Wb* (s.v.), reading *twn ˤbwy*, tentatively renders "das Stossen der beiden Hörner". Brugsch (*op. cit.*, p. 51) offers "Feier des (Gottes) mit erhobenem Hörnerpaar".

latter can mean "to answer for, champion, protect", "Festival of Championing/Protection" *vel sim.* seems apposite. What of the *twn*-word? *Twn* "to smite" is normally determined by *one* horn. The doubling of the determinative is a common method of making a dual. We may, therefore, suggest the reading *twnwy* "the two smiters", a term which immediately recalls the designations ʿḥȝwy "the two fighters" applied to Ḥorus and Seth.[48] Such an analysis yields a completely homogeneous picture. The *wšb* is the day when Ḥorus in his aspect as Harendotes "answers for, champions" his father.[49] This could take the form of a festival celebrating and re-enacting Ḥorus' victory over Seth. Since Isis' participation became an inseparable element of all stages of the long-drawn-out conflict between the two, we also have the explanation of the fact that the day is placed under the protection of a goddess.

Iconographic Data

Representations of bulls fighting occur in tombs of Middle and Upper Egypt during the Old, Middle and New Kingdoms [50] and also figure as a decorative motif on such objects as axes [51] and archery cases.[52] These representations have sometimes been connected with our classical references to bull-fights.[53] Klebs, on the other hand, asserted of the instances in tombs that they depict contests organized for breeding purposes to establish the strongest

---

[48] *Wb* I, p. 216, 6.

[49] Such an interpretation is strengthened by the fact that a *wšb*-bull is exemplified in New-Kingdom and Ptolemaic texts (*Wb* I, p. 373, 4).

[50] P. Montet, *Les Scènes de la Vie Privée dans les Tombeaux Égyptiens de l'Ancien Empire* (Strasbourg-Paris, 1925), p. 97; L. Klebs, *Die Reliefs des alten Reiches* (Heidelberg, 1915), p. 59; id., *Die Reliefs und Malereien des mittleren Reiches* (Heidelberg, 1922), p. 88; id., *Die Reliefs und Malereien des neuen Reiches*, I (Heidelberg, 1934), p. 67; J. Vandier, *Manuel d'Archéologie Égyptienne. V. Bas-Reliefs et Peintures* (Paris, 1969), pp. 58ff., 219ff.; W. Guglielmi, *Reden, Rufe und Lieder auf altägyptischen Darstellungen der Landwirtschaft, Viehzucht, des Fisch- und Vogelfangs vom Mittleren Reich bis zur Spätzeit.* (= Tübinger Ägyptologische Beiträge, 1; Bonn, 1973), Index, *s.v.* Stierkampf.

[51] Kühnert-Eggebrecht, *op. cit.*, pl. XXVIII, p. 82.

[52] Shore, *op. cit.*, p. 4ff.

[53] E.g. Montet, *op. cit.*, I, p. 34 referring to A. M. Blackman, *The Rock Tombs of Meir*, I (London, 1914), pl. XI; Shore, *op. cit.*, p. 8.

and best bull,[54] whilst Blackman related an example at Meir to the cult of Ḥathor.[55] These interpretations, at least in so far as they concern the mortuary evidence, are almost certainly wrong.

A careful survey of the many examples on tomb walls reveals two points. First, they always relate either to the cattle-count, when farm animals were conducted before great officials, or to processions depicting the bringing of mortuary offerings to the deceased. Secondly, the scenes are usually headed by such rubrics as *sfḫ k3 nḫt* "Loosing (sc. from his opponent) the Champion Bull" or *wpt k3* "Separating the Bull". These data make the situation quite clear. In both contexts bulls were of necessity brought into proximity with one another. When such circumstances arose, fights would frequently ensue and the bulls would have to be separated.[56] At *no* period is there any reason to believe that anything more arcane than this is at issue. All the examples quoted by Klebs fit perfectly within such a pattern. As for Blackman's Ḥathorian bull-fight, if we study carefully the interrelationship of representations within the relevant chapel *as a whole*, it will immediately become clear that the bull-fighting episode has no narrative connection whatsoever with the Ḥathorian rites depicted above it. It forms part of a series of offering-scenes and, therefore, falls completely within the conventional scheme.

Axes and archery cases are a different matter. With them we move into the martial world to which the texts describing the bull on the arena frequently relate. It is, therefore, *a priori* likely enough, though undemonstrable, that the bull-fight motif on military artifacts recalls conflicts in arenas rather than accidental combats like those depicted in tombs.

Finally we cannot leave the subject of iconography without at least mentioning the most tantalizing datum of all. We are informed by Drioton that there has been observed somewhere in a house in Medamud a re-used block representing a charging bull.[57] Since the ancient cult-centre of Medamud is known to have been associated

---

[54] Klebs, *Die Reliefs und Malereien des mittleren Reiches*, p. 88.
[55] Blackman, *op. cit.*, II (London, 1915), p. 24ff., pl. XV.
[56] It is probably in just such a context that *Sinuhe*, B 118ff. belongs.
[57] *Op. cit.*, p. 11ff.

with ritual bull-fights (*vide supra*) it is in the highest degree probable
that this block formed part of a temple-relief depicting just such
a rite.

Summary of Data

Strabo and, indirectly, Aelian are referring to deliberately created
conflicts between two bulls which have clear religious overtones.
Strabo describes them as a regular feature of Memphite life whilst
Aelian informs us that a bull-fight could reveal divinity and involved the defeat and death of one of the participants who is
described as a wild bull. Since the latter is a classic embodiment of
Seth in defeat, it provides strong evidence that we are dealing with
a ritual reflecting the victory of Ḥorus over Seth. Aelian also
implies that, under normal circumstances, a divine animal of the
status of a Mnevis would not have participated in such contests.

Hieroglyphic texts are not so explicit. In two passages in the
Pyramid Texts the image of two bulls in conflict is probably used
to symbolize the cosmogonic victory of Order over Chaos. It also
emerges from a series of texts beginning as early as the Fourth
Dynasty (c. 2600 B.C.) and continuing into the Graeco-Roman
Period, that bulls, sometimes called *twnw*-bulls, appeared in arenas
in situations of conflict. The victor is often identified with a god,
Ḥorus, Pharaoh, Montju and Min-Ḥor all being specifically mentioned, but no arena-text speaks explicitly of conflict between two
bulls. Etymologically, the word *b3wy* "arena" implies the participation of two animals, but elsewhere the foe is simply associated with
Typhonic entities without being more precisely identified. There is,
however, some likelihood that this lacuna can be made up from a
Ptolemaic astronomical text which appears to mention a conflict
between two *twnw*-bulls who might be identified with Ḥorus and
Seth.

Iconographic material is not particularly helpful. Alleged points
of contact with representations in tomb-chapels of bulls fighting
have proved to be irrelevant but the bull-conflict motif which
occasionally decorates military equipment may well be apposite
and the same holds true of the charging-bull relief alleged to have
been seen at Medamud.

Interpretation

The points of contact between the classical texts and hieroglyphic references are close enough for us to accept that they are both talking about ritual fights between two bulls in which the victor was regarded as an embodiment of Ḥorus and the vanquished as an incarnation of Seth. As such they clearly exemplify one of the major Egyptian cultic formulae, the ritual *agôn*, in which the conflict was patently always assimilated to the mythological prototype of the Conflict of Ḥorus and Seth.[58] It is, therefore, to be compared with the battle enacted during the so-called Mysteries of Abydos (Festival of Khoiak),[59] the fight at the Raising of the Djed-Pillar,[60] the ceremonial games conducted before Pharaoh in the New Kingdom,[61] and a wide range of rituals of the chase such as the Spearing of the White Hippopotamus [62] and the hunting of lions [63] and wild bulls.[64]

The ambivalence in the rôle of the bull need occasion no surprise since it reflects an inconsistency of attitude characteristic of almost all animal-cults, particularly where the animals are powerful and dangerous.[65] The connection with Ḥorus and avatars, which antedates even the First Dynasty, exploits the daemonic power of the animal to convey the elemental and invincible strength of the god triumphant.[66] On the other hand, the wild bull's rôle in the

---

[58] E. Otto, *Das Verhältnis von Rite und Mythus im Ägyptischen*, in *SHAW* (1958), p. 21ff.; H. W. Fairman, *The Kingship Rituals of Egypt*, in S. H. Hooke (ed.), *Myth, Ritual and Kingship* (Oxford, 1958), p. 90ff.; W. Barta, *Untersuchungen zur Göttlichkeit des regierenden Königs*. (= Münch. Äg. Studien 32; Munich-Berlin, 1975), p. 105ff.

[59] Lloyd, *op. cit.*, p. 285.

[60] Lloyd, *l.c.*

[61] J. A. Wilson, *Ceremonial Games of the New Kingdom*, in *JEA*, 17 (1931), p. 211ff.

[62] T. Säve-Söderbergh, *On Egyptian Representations of Hippopotamus Hunting as a Religious Motive. Horae Soederblomianae*, III (Uppsala, 1953).

[63] W. Wreszinski, *Löwenjagd im Alten Aegypten* (= Morgenland 23; Leipzig, 1932); W. Decker, *Die physische Leistung Pharaos* (Diss. Cologne; Cologne, 1971), p. 38ff.; Barta, *op. cit.*, p. 105ff.

[64] Barta, *op. cit.*, p. 106ff.

[65] Lloyd, *op. cit.*, p. 292.

[66] The association with martial power is probably the bull's commonest symbolic application in Ancient Egypt (see H. Grapow, *Die bildlichen Ausdrücke des Aegyptischen* (Leipzig, 1924), p. 77ff.).

rituals of sacrifice has also made possible a connection with Ḥorus' arch-enemy Seth.[67] There is a striking parallel to the present situation in the *Contendings of Ḥorus and Seth* where we find both contestants assuming the form of a hippopotamus in order to pursue their struggle against each other.[68] Indeed, such an identity of form is rich in symbolic significance. By the very fact that Ḥorus and Seth are closely related in blood, yet engaged in continual strife, the Egyptian myth of their conflict expresses the concept of what Otto describes as "die Zusammengehörigkeit zweier in Spannung zueinander befindlichen Mächte" [69] which, at its deepest level of meaning, embodies the concept of a cosmic unity compounded of two inseparable but conflicting aspects. By postulating the same theriomorphic incarnation for the mythical embodiments of both these aspects the Egyptian has provided a striking ritual formula for expressing this concept of cosmic dualism in cosmic unity.

How were the contests organized in practical terms? The evidence is not explicit and only the most tentative answer can be given. According to Strabo, bulls were raised specifically for the purpose but it is conceivable that, in some cases, they were selected, like the Apis, on the basis of special markings. Once discovered, two bulls, both of which were regarded as the *b3* or manifestation of a divine power, would be introduced into a ritual arena. This would perhaps have taken place sometimes, if not always, on the day of the *twnwy*-festival. How did the Egyptians determine which was Ḥorus and which was Seth and how did they ensure that the right bull won? A similar difficulty arises with the ceremonial games between Egyptians and foreigners during the New Kingdom.[70] There the problem must have been solved by "rigging" the fights so that Egyptians always won. With bulls the situation is obviously trickier. It is possible that the Seth-bull was partially incapacitated by some such device as hobbling to ensure that Ḥorus won. Such subterfuges do have their anthropological parallels [71] and Aelian

---

[67] See above, p. 612ff.

[68] A. H. Gardiner, *Late-Egyptian Stories* (Brussels, 1932), p. 48: trans. G. Lefebvre, *Romans et Contes Égyptiens* (Paris, 1949), p. 193.

[69] Otto, *op. cit.*, p. 26, n. 52.

[70] Wilson, *op. cit.*, p. 219.

[71] H. J. Rose, *A Suggested Explanation of Ritual Combats*, in *Folk-Lore*, 36 (1925), p. 325ff.

does, after all, speak of the wild bull as getting its horns caught up in a tree and thereby being placed at the mercy of his opponent. There is, however, a more obvious solution. Why make any presumption at the beginning of the contest on which bull was which god? Ḥorus would then become manifest in the bull which won and Seth in the bull which was defeated. This would mean that the ritual was not simply a combat but also an epiphany of Ḥorus himself. At the end the victor will have been proclaimed with great pomp and circumstance—Strabo speaks, *more Graeco*, of the awarding of a prize—whilst the other, the *ng3*, will presumably have been killed, if that were still necessary, and sacrificed to the victorious divinity.

DOCUMENTS NOUVEAUX ET POINTS DE VUE RÉCENTS SUR LES CULTES ISIAQUES EN ITALIE *

MICHEL MALAISE

(Liège)

Voici déjà cinq ans, paraissaient dans cette même série nos deux volumes consacrés à la pénétration et à la diffusion des cultes

---

* Les abréviations utilisées dans cet article sont celles que nous avons employées dans nos deux volumes signalés dans la note suivante. On y ajoutera les abréviations nouvelles suivantes:

Inventaire: cfr note suivante.

Cultes ég. en Italie: cfr note suivante.

Dunand, *Isis*: F. Dunand, *Le culte d'Isis dans le bassin oriental de la Méditerranée*, 3 vols, Leyde, 1973 (= EPRO 26).

Grandjean, *Une nouvelle arétalogie*: Y. Grandjean, *Une nouvelle arétalogie d'Isis à Maronée*, Leyde, 1975 (= EPRO 49).

Griffiths, *De Iside*: J. G. Griffiths, *Plutarch's De Iside et Osiride*, University of Wales Press, 1970.

Griffith, *Isis-Book*: J. G. Griffiths, *Apuleius of Madauros. The Isis-Book (Metamorphoses, Book, XI,)*, Leyde, 1975 (= EPRO 39).

Heyob, *Isis among women*: S. K. Heyob, *The cult of Isis among women in the Graeco-Roman World*, Leyde, 1975 (= EPRO 51).

Hornbostel, *Sarapis*: W. Hornbostel, *Sarapis. Studien zur Überlieferungsgeschichte, den Erscheinungsformen und Wandlungen der Gestalt eines Gottes*, Leyde, 1973 (= EPRO 32).

Kater-Sibbes, *Sarapis*: G. J. F. Kater-Sibbes, *Preliminary Catalogue of Sarapis Cult*, Leyde, 1973 (= EPRO 36).

Kater-Sibbes, Vermaseren, *Apis*: G. J. F. Kater-Sibbes et M. J. Vermaseren, *Apis*, I-III, Leyde, 1975-1977 (= EPRO 48).

Leclant, *IBIS*: J. Leclant, *Inventaire bibliographique des Isiaca (IBIS). Répertoire analytique des travaux relatifs à la diffusion des cultes isiaques, 1940-1969*, I et II, Leyde, 1972, 1974 (= EPRO 18).

Manino, *Scavi*: L. Manino dans *Scavi nell'area dell'antica Industria = Memorie dell'Accad. delle Scienze di Torino, Cl. di Scienze Morali, Storiche e Filol.*, 4, 13, Turin, 1967.

Roullet, *Rome*: A. Roullet, *The Egyptian and Egyptianizing Monuments of Imperial Rome*, Leyde, 1972 (= EPRO 20).

Sfameni Gasparro, *Sicilia*: G. Sfameni Gasparro, *I culti orientali in Sicilia*, Leyde, 1973 (= EPRO 31).

Studia Aegyptiaca, I = *Recueil d'études dédiées à V. Wessetzky à l'occasion de son 65e anniversaire*, Budapest, 1974.

Tran tam Tinh, *Campanie*: V. Tran tam Tinh, *Le culte des divinités orientales en Campanie*, Leyde, 1972 (= EPRO 27).

égyptiens en Italie [1]. Depuis lors, de nouveaux *isiaca* ont vu le jour et plusieurs études intéressant notre sujet ont été publiées à un rythme accéléré, car nous vivons une période où l'analyse des cultes orientaux est à la mode. Si de nombreuses recherches en cours sont en train d'approfondir notre connaissance de ce phénomène religieux, c'est en bonne partie grâce à la présente collection des *Études Préliminaires aux Religions Orientales dans l'Empire Romain* dirigée par le Professeur M. J. Vermaseren, auquel ses collaborateurs rendent aujourd'hui un juste hommage. Pour notre part, nous voudrions lui offrir en témoignage de reconnaissance une mise à jour de nos deux volumes sur les cultes isiaques en Italie.

Dans une première partie, nous complèterons notre *Inventaire préliminaire* en recueillant les documents récents que nous présenterons suivant le schéma que nous avions déjà adopté. A l'occasion, nous corrigerons certaines inexactitudes ou fournirons des renseignements supplémentaires concernant des pièces déjà incluses dans notre précédent recueil. Ensuite, dans une deuxième partie, nous relèverons et commenterons l'apport de ces nouvelles sources pour mieux apprécier l'extension et la nature de la diffusion isiaque et afin de mieux cerner la nature des dieux et des faits cultuels égyptiens en terre italienne. Une troisième partie consacrée à la bibliographie récente s'attachera à dégager et à analyser les points de vue apparus ces dernières années. Enfin, dans une quatrième section, nous établirons pour les documents qui ont été republiés depuis notre travail une table de concordance entre notre *Inventaire* et les recueils ou études postérieures. Nous espérons ainsi fournir une vue à jour de la situation des cultes isiaques en Italie et faciliter l'approche bibliographique de ce mouvement religieux.

Tran tam Tinh, *Isis lactans*: V. Tran tam Tinh, *Isis lactans. Corpus des monuments gréco-romains d'Isis allaitant Harpocrate*, Leyde, 1973 (= EPRO 37).

Vidman, *Sylloge*: L. Vidman, *Sylloge inscriptionum religionis Isiacae et Sarapiacae*, Berlin, 1969.

[1] *Inventaire préliminaire des documents égyptiens découverts en Italie*, Leyde, 1972; *Les conditions de pénétration et de diffusion des cultes égyptiens en Italie*, Leyde, 1972. Nous avons eu le plaisir de voir nos efforts accueillis favorablement par la critique: R. Turcan dans *RHR* (1974), p. 81-88; R. I. Hicks dans *AJA*, 78 (1974), p. 315-316; L. Vidman dans *Eirene*, 13 (1975), 177-182.

I. COMPLÉMENTS À NOTRE INVENTAIRE PRÉLIMINAIRE DES DOCUMENTS ÉGYPTIENS DÉCOUVERTS EN ITALIE [2]

HISTRIE

POLA (Pula)

5. (Cfr p. 4) Statuette d'Isis-Fortuna.

Cfr *Pula, Forum. A Guide Book*, Pula, 1969, p. 10, nº 1.

VÉNÉTIE

ACELVM (Asolo)

1. (Cfr p. 6) Statuettes égyptiennes, dont une figurant Anubis.

Cfr W. Drexler, *Mythologische Beiträge. I. Der Cultus der ägyptischen Gottheiten*, Leipzig, 1890, p. 7 qui renvoie à L. Guerra, *Dilucidazione de' marmi etc. scoperti nella città di Asolo*, Venise, 1805, p. 94-95, 100 sq. et pl. II, fig. 12, 14.

ATESTE (Morlungo di Este)

1. (Cfr p. 13) Sceau égyptien se présentant sous la forme d'une plaquette rectangulaire en os percée d'un trou. Sur une face, un scarabée incisé est flanqué par un signe *nfr* et un second signe mutilé. L'autre face est décorée d'un cartouche avec l'inscription *rnrn* encadrée de deux uraeus. Pièce saïte ou plus tardive.

Cfr S. Donadoni dans C. Corrain, *Notizie di altri trovamenti, d'interesse archeologico in località Morlungo di Este*, Rovigo, 1962, p. 5-6 et fig. 4.

2. (Cfr p. 13) Statuette en terre cuite d'une déesse, sans doute Thouëris, d'époque assez tardive.

Cfr S. Donadoni, *op. cit.*, p. 7.

3. (Cfr p. 13) Statuette en bronze d'Osiris d'époque tardive.

Cfr S. Donadoni, *op. cit.*, p. 7-8.

---

[2] Après la numérotation des objets, nous avons indiqué entre parenthèses la page de notre *Inventaire* où doivent venir s'intercaler les nouveaux documents.

PATAVIVM (Padoue)

3. (Cfr p. 16) Fragment d'une tête de Sérapis.

Cfr Kater-Sibbes, *Sarapis*, p. 205, n° 579a.

TARVISIVM (Treviso)

2. (Cfr p. 17) Tête de Sérapis.

Cfr Kater-Sibbes, *Sarapis*, n° 580.

TRIDENTVM (Trento)

1. (Cfr p. 17) Statuette en bronze d'Apis, avec un trou entre les cornes.

Cfr Kater-Sibbes, Vermaseren, *Apis*, II, n° 322 et pl. LXXVII.

VERONA (Vérone)

14. (Cfr p. 20) Tête de sphinx royal coiffé du *némès* découverte dans le théâtre romain. La tête, en granit rose d'Assouan, doit probablement être identifiée à Caracalla. On a également retrouvé dans le théâtre un sphinx féminin en marbre de facture romaine.

Cfr S. Curto, *Antichità egittizzanti in Verona* dans «*Il territorio veronese in età romana*». *Atti del Convegno tenuto a Verona il 22-23-24 ottobre 1971*, p. 185-187, n° 1 et fig. 1, p. 193, n° 13.

15. (Cfr p. 20) Quatre petits fragments de statue en pierre verte (basanite) proviennent aussi du théâtre romain. Ce matériau a dû être choisi pour imiter les sculptures égyptiennes. L'un des fragments est d'ailleurs constitué par une base d'une statue debout dans la pose égyptienne, avec un pied avancé.

Cfr S. Curto, *op. cit.*, p. 187-189, n° 3-5 et fig. 3, 4, 6, 12.

16. (Cfr p. 20) Figure en haut relief d'une prêtresse isiaque à la chevelure bouclée, avec le nœud isiaque sur la poitrine et une situle dans la main gauche, la seule conservée. Ce document est probablement sorti du sol de Vérone.

Cfr S. Curto, *op. cit.*, p. 190-191, n° 8 et fig. 9.

17. (Cfr p. 20) Quatre colonnes en granit gris dans la crypte de S. Stefano et trois chapiteaux en calcaire de type hellénisticooriental retrouvés dans l'amphithéâtre ornaient peut-être le sanctuaire égyptien. Comme l'ensemble des trouvailles épigraphiques et archéologiques appartiennent à une même zone qui englobe l'église S. Stefano, le Ponte Pietra et le théâtre, il est à peu près assuré que le temple isiaque se dressait sur le site de S. Stefano. Nous avions d'abord supposé l'existence de deux temples égyptiens, mais la proximité du Ponte Pietra par rapport à S. Stefano ne nécessite pas cette hypothèse.

Cfr S. Curto, *op. cit.*, p. 192-193, n° 10-11 et fig. 11.

TRANSPADANE

AVGVSTA TAVRINORVM (Turin)

2. (Cfr p. 21) Le Musée de Turin conserve quatre petits bronzes d'Isis-Fortuna (n° 857, 32478, 867, 822), deux statuettes en bronze de Sérapis debout (n° 826 et sans n°) et une lampe bilychne, dont la poignée est décorée d'un buste de Sérapis (n° 32674), qui pourraient bien provenir d'un atelier fonctionnant en Italie du Nord.

Cfr N. Genaille, *Documents égyptisants au Musée des Antiquités de Turin* dans *RA*, 1975, II, p. 236-239 et fig. 12-15, p. 239-240 et fig. 16-18, p. 242 et fig. 21.

BIELLA (Vercelli)

1. (Cfr p. 21) Statuette en terre cuite d'Harpocrate, avec double corne d'abondance, découverte dans une nécropole et conservée au Musée de Turin (n° 3794).

Cfr N. Genaille, *op. cit.*, p. 243-244 et fig. 23-24.

MEDIOLANVM (Milan)

2. (Cfr p. 21) Tête de Sérapis en marbre blanc trouvée dans le monastère de S. Ambrogio Maggiore.

Cfr Kater-Sibbes, *Sarapis*, n° 534.

3. (Cfr p. 21) Tête de Sérapis sans calathos.

Cfr Kater-Sibbes, *Sarapis*, n° 535.

ÉMILIE

CASTELFRANCO

1. (Cfr p. 26) Statuette d'Isis-Fortuna.
Cfr *NS*, 1883, p. 418.

RAVENNA (Ravenne)

2a. (Cfr p. 31) La présence de noms égyptisants à Ravenne est à nouveau attestée par le cippe funéraire de deux personnes nommées *TALES CLEOPATRAE FILIVS* et *AMMONIVS HIERONIS F(ILIVS)*. Cette inscription a été découverte en 1966 dans une nécropole du Ier siècle de notre ère réservée aux gens de la flotte ravennate et à leurs familiers. La nécropole est située le long de la via Roma Vecchia, à Casa Minghetti, près de l'antique *Classis*, port de Ravenne.

Cfr G. Bermond Montanari dans *FA*, 21 (1966), n° 4430 et fig. 56, pl. XVIII; J. Leclant dans *Orientalia*, 1972, p. 286.

LIGURIE

INDVSTRIA (Monteu da Po)

3. (Cfr p. 37) Les fouilles italiennes exécutées de 1961 à 1963 ont amené les archéologues à revoir l'identification hâtive des ruines étudiées par B. Morra et considérées par lui comme celles d'un théâtre. L'absence des éléments architectoniques caractéristiques d'un tel édifice (murs de soutien de la *cauea* et gradins) conjuguée à la présence, dans le voisinage de ces ruines, d'un sitre et d'une dédicace isiaque (cfr *Industria*, 2 et 4), — sans compter d'autres documents isiaques provenant d'Industria, — ont conduit les fouilleurs à revoir cette hypothèse. En fait, il s'agit d'un temple isiaque dont l'aire sacrée, constituant un complexe monumental, est composée d'un péribole en forme d'hémicycle, sans doute un portique couvert, dont le mur sud jouxte une *cella*, flanquée de deux constructions, divisées en deux pièces, auxquelles on accède par un petit escalier extérieur. De part et d'autre de cet ensemble méridional se dressait un autel. La forme générale du sanctuaire est donc à rapprocher de celle du Sérapéum de la Villa Adriana (cfr *Inven-*

taire, p. 103) et du Sérapéum du Champ de Mars (cfr *Inventaire*, p. 210 et plan 3) à Rome. Dans l'angle sud-ouest se trouvaient les habitations des prêtres et un puits, d'abord séparés par un mur de l'*area sacra*, puis englobés dans celle-ci. Ce temple daté par les trouvailles numismatiques aurait fonctionné depuis le règne d'Adrien jusqu'à l'époque de Constantin. Il fut, semble-t-il, précédé par un sanctuaire composé de deux petits temples accolés construits dans la partie nord-ouest à l'époque d'Auguste-Tibère et remaniés sous Claude.

Cfr M. Barra Bagnasco, L. Bonaca Boccaccio, A. Gallinaro Bobbio, L. Manino, *Scavi nell'area dell'antica Industria* = *Memorie dell'Accad. delle Scienze di Torino, Cl. di Scienze Morali, Storiche e Filol.*, 4, 13, Turin, 1967 (abrégé dans la suite *Scavi*, 1967), p. 11-39 et pl. II et III.

4. (Cfr p. 37) Quatre statuettes d'Apis en bronze. Musée de Turin, n° 1077, 1078, 1079, 903.

Cfr L. Manino, *Scavi*, 1967, p. 83, 85, 101 et fig. 58; N. Genaille, *Documents égyptisants au Musée des Antiquités de Turin* dans *RA*, 1975, II, p. 230-232 et fig. 4-7; Kater-Sibbes, Vermaseren, *Apis*, II, n° 318-321 et pl. LXXIV-LXXVI.

5. (Cfr p. 37) Statuette en bronze d'Isis-Fortuna, Musée de Turin, n° 953.

Cfr L. Manino, *Scavi*, 1967, p. 24, 79 et fig. 36; N. Genaille, *op. cit.*, p. 229, 238.

6. (Cfr p. 37) Deux petites statuettes en bronze d'Harpocrate figuré dans la pose habituelle et pourvues d'un anneau de suspension dans le dos proviennent aussi probablement d'Industria.

Cfr L. Manino, *Scavi*, 1967, p. 91, 94 et fig. 39; N. Genaille, *op. cit.*, p. 229-230 et fig. 2-3.

7. (Cfr p. 37) Trépied en bronze dont l'extrémité des pieds figurerait, suivant L. Manino, des dieux Bès. Comme le note N. Genaille, l'influence égyptienne n'est pas claire. Si des trépieds étaient sûrement utilisés dans les temples égyptiens, on constate que le trépied en fer découvert dans l'Iséum de Pompéi (cfr *Inventaire*, p. 278; A. Ruesch, *Guida del Museo Nazionale di Napoli*, p. 360, n° 1542) et le trépied figuré au côté des dieux égyptiens sur un médaillon d'applique (cfr G. Grimm, *Die Zeugnisse ägyptischer*

Religion und Kunstelemente im römischen Deutschland, Leyde, 1969, p. 224-225, n° 139, 1 et fig. 39 et pl. 44) n'ont rien d'isiaque ou d'égyptisant. Par ailleurs, il existe des trépieds dont les extrémités supérieures se terminent par des uraeus dressés et disqués (cfr les trépieds d'Herculanum, de Pompéi et du trésor de Hildesheim: Tran tam Tinh, *Hercul.*, p. 80, n° 52 et fig. 29; Ruesch, *op. cit.*, p. 377, n° 1692; Grimm, *op. cit.*, p. 245, n° 163 et pl. 65), motif qui cependant peut témoigner d'une simple influence artistique.

> Cfr L. Manino, *Scavi*, 1967, p. 77, 101-104 et fig. 59, 60, 63; Idem, *Il tripode di Industria* dans *Boll. della Soc. Piemontese di Arch. e Belle Arti*, 20 (1966), p. 107-114; N. Genaille, *op. cit.*, p. 235-236.

8. (Cfr p. 37) Manino identifie encore la figure d'un «Putto danzante» avec celle d'Harpocrate et une tête en marbre avec celle d'Isis, mais ces interprétations sont incertaines.

> Cfr L. Manino, *Scavi*, 1967, p. 94 et fig. 40, p. 93 et fig. 37; N. Genaille, *op. cit.*, p. 229, n. 3 et 4.

SAVO (Savona)

1. (Cfr p. 37) Statuette en bronze d'Apis.

> Cfr Kater-Sibbes, Vermaseren, *Apis*, II, n° 317.

OMBRIE

SARSINA (Sarsina)

2. (Cfr p. 39) La statue vêtue d'un chiton et d'un himation repose sur une base décorée de faucons; elle porte une situle dans la main gauche. La divinité est debout et non assise, comme nous l'avions écrit par erreur. Les restaurateurs ont pourvu la statue d'une tête d'Anubis et considèrent qu'il s'agit d'un type tout à fait exceptionnel d'un Anubis habillé comme Isis.

> Cfr G. Mansuelli, *Monumenti dei culti orientali scoperti a Sarsina* dans *RM*, 73-74 (1966-67), p. 167-168 et pl. 59-60; G. Mansuelli, *Il restauro delle statue delle divinità orientali di Sarsina* dans *Studi Romagnoli*, 18 (1967), p. 280-282, 284 et fig. 23-24.

En réalité, la restitution d'une tête d'Anubis est douteuse, et la statue représente plutôt une véritable Isis.

> Cfr J. Cl. Grenier, *Anubis alexandrin et romain*, Leyde, 1977, p. 142, n° 217; M.-Ch. Budichovsky, *La diffusion des cultes isiaques autour*

de la mer Adriatique, I, *Inscriptions et monuments*, Leyde, 1977, p. 44, n⁰ VII, 2.

3. (Cfr p. 39) Base d'une statue avec la naissance d'un tronc d'arbre et deux pieds nus qui devaient appartenir à un Harpocrate.

Cfr G. Mansuelli dans *RM*, 73-74 (1966-67), p. 165.

ÉTRURIE

GRAVISCAE

1. (Cfr p. 48) A Graviscae, près de Tarquinia, sous un niveau un peu inférieur à celui de l'incendie des Goths de 48, on a découvert quatre grandes plaques de bronze dont deux portent l'inscription suivante:

ISI ET SERAPI / CAESANNIA L.F. PRISCA / VITELLIA SP.F. INGENVA / CAESENNII PRISCI / S(VA) P(ECVNIA) P(OSVERVNT).

La dédicace de cet autel émane d'une mère et de sa fille. Il s'agit d'une famille constituée vraisemblablement d'affranchis des puissants Caesennii de Tarquinia.

Cfr L. Mercando dans *NS*, 96 (1971), p. 209-210 et fig. 15; J. Leclant dans *Orientalia*, 1974, p. 224 et 1975, p. 241.

PISAE (Pise)

2. (Cfr p. 50) Le chapiteau décoré d'un buste d'Harpocrate comporte également sur les deux faces latérales un buste d'Isis et un buste de Cérès. Isis, coiffée d'un disque solaire surmonté de deux plumes et posé sur un croissant de lune ou sur des cornes, brandit un sistre. Cérès, coiffée du même emblème isiaque, porte une torche.

Il existe un second chapiteau orné des têtes de Jupiter, Minerve et Junon. C'est la présence de plusieurs bustes réunis sur un même chapiteau qui a conduit certains auteurs à considérer qu'il existait cinq chapiteaux au lieu de deux. Époque des Sévères.

Cfr A. Neppi Modona, *Forma Italiae, Regio VII*, vol. 1, *Pisae*, 1953, p. 19 sq., n⁰ 51 et pl. 6, fig. 16-18; E. von Mercklin, *Antike Figural-kapitelle*, Berlin, 1962, p. 171-173, n⁰ 413 et fig. 802-807; M. Cristofani dans *Studi Classici e Orientali*, 19-20 (1970-71), p. 346.

3. (Cfr p. 50) Tête de Sérapis en marbre découverte dans le mur extérieur du corridor nord du Campo Santo.

Cfr Hornbostel, *Sarapis*, p. 79, n. 1, 250 et fig. 217a-d; Kater-Sibbes, *Sarapis*, n° 528.

4. (Cfr p. 50) Relief votif en marbre découvert en 1970 à l'intérieur d'un mur de l'église de S. Zeno. La partie inférieure de la dalle est occupée par l'inscription grecque suivante: Θεοῖς ἐπηκόοις ἀνέθηκεν / Τ. Φλάουιους / Φαρνουτιάνους Ροὔφους.

La dédicace est surmontée de trois paires d'oreilles faisant allusion à l'épiclèse ἐπήκοος qui s'applique à des divinités «exauçantes». Chaque paire d'oreilles supporte une coiffure, de gauche à droite, le lotus d'Harpocrate, le modius de Sérapis, le croissant de lune et les plumes d'Isis. La paléographie indique probablement la Ière 1/2 du IIe s. p.C.

L'onomastique trahit l'identité du dédicant, un affranchi des Flauii originaire d'Égypte. En effet, le *cognomen* Pharnoutianus n'est pas, comme le suggère Cristofani, formé sur le nom grec d'un fleuve de Bithynie (Φαρνοῦτις), mais bien plutôt sur le toponyme égyptien *Pr-Rnn.t* («la maison d'Ermouthis»), c'est-à-dire Terenouthis dans le Fayoum, ou sur le nom théophore *P3-Rnnwt.t* («celui de la déesse Ermouthis»). Cette origine explique bien la présence des oreilles, trait iconographique issu d'Égypte. A Rome, deux femmes portent respectivement le nom de Thermuthis (*Roma*, 303) et de Thermutario (*Roma*, 304), deux *cognomina* formés à nouveau sur le nom égyptien de la déesse des moissons. Celle-ci est encore présente sur une stèle du sanctuaire oriental de la via Appia (cfr *infra*, *Roma*, 109a). Tous ces témoignages suggèrent la présence en Italie d'Égyptiens originaires du Fayoum.

Cfr M. Cristofani, *Un rilievo votivo da Pisa con dedica ai* ΘΕΟΙ ΕΠΗ-ΚΟΟΙ dans *Studi Classici e Orientali*, 19-20 (1970-71), p. 343-346, avec 2 fig.; W. Swinnen, *Un Égyptien à Pise: T. Flavius Pharnoutianus* dans *Orientalia Lovaniensia*, 6-7 (1975-76), p. 531-534. Sur les stèles égyptiennes à oreilles, cfr P. Tschudin, *Isis in Rom*, Aarau, 1962, p. 33-34 et p. 56, n. 179-180; G. Godron dans *Rivista degli Studi Orientali*, 43 (1968), p. 319-326; L. Habachi dans *BIFAO*, 71 (1972), p. 81-82; G. Wagner, J. Quaegebeur dans *BIFAO*, 73 (1973), p. 51-58. Sur les oreilles votives, cfr O. Weinreich, ΘΕΟΙ ΕΠΗΚΟΟΙ, dans *Athen. Mitteil.*, 37 (1912), p. 1-68; R. Haken, *Bronze Votive Ears Dedicated to Isis* dans *Studia Antiqua A. Salač septuagenario oblata*,

Prague, 1955, p. 170-172 et pl. XI-XII; J. Yoyotte, *Les pèlerinages* (*Sources Orientales*, 3), Paris, 1960, p. 60; Ph. Bruneau, *Recherches sur les cultes de Délos à l'époque hellénistique et à l'époque impériale*, (= *Bibl. Écoles d'Athènes et de Rome*, 217), Paris, 1970, p. 167-168, 347, 463 et pl. VII, 5; J. Stambaugh, *Sarapis under the early Ptolemies*, Leyde, 1972, p. 80; Hornbostel, *Sarapis*, p. 193-199; Grandjean, *Une nouvelle arétalogie d'Isis à Maronée*, Leyde, 1975, p. 29-30. On trouvera aussi une discussion sur la signification des oreilles votives dans: P. Lambrechts, Vanden Berghe, *La divinité-oreille dans les religions antiques* dans *Bull. Inst. historique Belge de Rome*, 29 (1955), p. 191-197.

Derrière le naos de l'Iséum de Pompéi, deux oreilles modelées en stuc étaient appliquées sur le mur (cfr Tran tam Tinh, *Isis à Pompéi*, p. 33), ce qui montre encore combien l'influence égyptienne était forte dans les cultes isiaques d'Italie.

RIGNANO

1. (Cfr p. 50) Statue égyptienne en granit noir poli d'un nao-phore agenouillé appelé Neshor (XXVIᵉ dynastie) et provenant d'Eléphantine.

Cfr Porter-Moss, V, p. 243-244 et VII, p. 408; Curto dans *Oriens Antiquus*, 6 (1967), p. 58.

PICENVM

ABRUZZI (Abruzzes)

1. (Cfr p. 51) Relief en os avec Déméter-Isis et Pluton-Sérapis debout à côté d'un autel supportant un uraeus.

Cfr Kater-Sibbes, *Sarapis*, n° 571.

HELVIA RICINA (Villa Potenza)

1. (Cfr p. 51) Parmi les découvertes exécutées sur ce site en 1963, non loin de Macerata, dans la propriété Agip, se trouve une horloge solaire en calcaire, haute de 0m37, dont la base porte une dédicace à une forme locale d'Isis:

ISIDI RICI(NENSI) HOROLOG(IVM) | ..Q AR-I[-]LEM ET FONT(EM).

Cfr L. Mercando dans *NS*, 96 (1971), p. 417, n° 62 et fig. 10. Leclant dans *Orientalia*, 1974, p. 224. Cfr *infra*, p. 684-686.

2. (Cfr p. 51) Fragment de lampe avec Harpocrate.

Cfr Mercando, *op. cit.*, p. 408, nᵒ 15 et fig. 14, 10.

TREA (Treia)

1. (Cfr p. 51) Un sanctuaire de divinités orientales, sans doute situé à l'emplacement de l'actuel «Santuario del Crocefisso», a livré des éléments sculpturaux parmi lesquels figurent, outre une jambe d'Attis, une tête de Sérapis en marbre blanc, des fragments de deux statues en marbre vert égyptien dont les particularités techniques indiqueraient un atelier égyptien.

Cfr G. Susini, *Il santuario orientale di Treia* dans *Studi Romagnoli*, 18 (1967), p. 294-295; Kater-Sibbes, *Sarapis*, nᵒ 572.

LATIVM

ALBANVM (Albano)

1. (Cfr p. 57) Petite plaque d'argent décorée d'un relief représentant un édicule avec les bustes de Sérapis et d'Isis.

Cfr Kater-Sibbes, *Sarapis*, nᵒ 537.

ANTIVM (Anzio)

3. (Cfr p. 57) Buste en marbre de Sérapis.

Cfr Kater-Sibbes, *Sarapis*, nᵒ 538.

NEMVS DIANAE (Nemi)

5. (Cfr p. 65) Buste de Zeus-Sérapis provenant du sanctuaire de Diane.

Cfr Kater-Sibbes, *Sarapis*, nᵒ 542.

OSTIA (Ostie)

124. (Cfr p. 87) Statue en marbre gris-bleu d'une femme drapée et penchée en avant; la jambe gauche relevée était posée sur un objet aujourd'hui disparu. La tête, les bras, l'extrémité des pieds manquent. La statue a été exhumée dans l'Isola sacra. Elle a été interprétée par F. Zevi comme l'image d'une Isis-Pélagia, mais cette hypothèse a été réfutée par Ph. Bruneau.

Cfr F. Zevi, *Una statua dall'Isola sacra e l'Iseo di Porto* dans *Atti della Pontificia Accad. Romana di Arch., Rendiconti*, 43 (1970-71), p. XXIV; Id. dans *Museo Ostiense. Nuove immissioni, Supplemento alla Guida*, Ostie, 1971, p. 7-8; Id. dans Helbig, *Führer*, 4ᵉ éd., IV, 1972, p. 363-364, nᵒ 3387; Ph. Bruneau, *Existe-t-il des statues d'Isis Pélagia?* dans *BCH*, 98 (1974), p. 370-372. Cfr *infra*, p. 690-691.

SVESSA AVRVNCA (Sessa Aurunca)

1. (Cfr p. 98) L'inscription gravée sur une colonne est conservée au palais épiscopal de Sessa Aurunca, mais elle a été retrouvée en réalité au hameau de Piedimonte, à 7 km de Carinola.

Cfr Tran tam Tinh, *Campanie*, p. 80, nᵒ 32.

TIBVR (Tivoli)

7-9. (Cfr p. 100) De la Villa di Cassio proviennent encore trois statues en granit gris, sans doute Osiris ou un roi assimilé à Osiris, coiffées d'un *némès* et de la triple couronne *atef*. Œuvres romaines de l'époque d'Adrien dans un style égyptisant.

Cfr Roullet, *Rome*, nᵒ 141-143 et fig. 160-162; S. Curto dans *Oriens Antiquus*, 6 (1967), p. 70 et pl. XXIX, 2.

10. (Cfr p. 100) Statue romaine de crocodile de même provenance.

Cfr Roullet, *Rome*, nᵒ 257 et fig. 261.

VILLA ADRIANA

30. (Cfr p. 111) Belle statue ptolémaïque en granit noir d'Isis vêtue d'une longue tunique collante. La tête manquante avait été remplacée par un tête en diorite d'un prêtre égyptien de la XXXᵉ dynastie.

Cfr Roullet, *Rome*, nᵒ 123 et fig. 140-142.

31. (Cfr p. 111) Statue d'Isis debout en marbre noir; œuvre romaine égyptisante.

Cfr Roullet, *Rome*, nᵒ 122 et fig. 139.

32. Statue d'Isis lactans en granit gris. Le monument est de style égyptien, mais certains traits, comme le naturalisme du corps et le modelé du visage, indiquent une copie d'époque romaine.

Cfr Roullet, *Rome*, nᵒ 124 et fig. 143; Tran tam Tinh, *Isis lactans*, p. 196, E 1.

33. (Cfr p. 111) Statue romaine d'Isis de style égyptisant. La déesse debout, nue, écrase une grenouille du pied droit.

Cfr Roullet, *Rome*, n° 134 et fig. 152.

34. (Cfr p. 111) Restes d'une effigie de Sérapis retrouvée avec les fragments d'une statuette du Nil et du Tibre dans les environs du *Canopos*.

Cfr Kater-Sibbes, *Sarapis*, n° 569.

35. (Cfr p. 111) Autel de marbre orné de Sérapis, d'Isis, d'un masque colossal d'Ammon et d'instruments cultuels.

Cfr Kater-Sibbes, *Sarapis*, n° 570.

36. (Cfr p. 111) Tête d'Osiris-Canope en «basalte» vert et tête d'Osiris-Canope d'époque romaine.

Cfr Roullet, *Rome*, n° 147, 315 et fig. 324.

37. (Cfr p. 111) Statue romaine en marbre noir du dieu Min dont l'empreinte efféminée nous éloigne totalement du puissant dieu ithyphallique égyptien.

Cfr Roullet, *Rome*, n° 139 et fig. 158.

38. (Cfr p. 111) Statuette de divinité agenouillée d'époque ptolémaïque.

Cfr Roullet, *Rome*, n° 232 et fig. 246.

39. (Cfr p. 111) Quatre statues d'Antinoüs de style égyptisant.

Cfr Roullet, *Rome*, n° 96, 97, 98, 99 et fig. 116-117.

40. (Cfr p. 111) Six statues de pharaons d'époque ptolémaïque ou de l'époque d'Adrien exécutées dans un style égyptisant et statue égyptisante d'une reine.

Cfr Roullet, *Rome*, n° 166, 168-172 et fig. 192-193, 196-200; n° 184 et fig. 207.

40bis. (Cfr p. 111) Torse d'Apis en granit figuré comme un homme à tête de taureau. Œuvre égyptienne de Basse Époque.

Cfr Roullet, *Rome*, n° 104 et fig. 121; Kater-Sibbes, Vermaseren, *Apis*, II, n° 294 et pl. XLVII.

41. (Cfr p. 111) Très belle tête en pierre vert foncé d'une reine de la XIIe dynastie traitée en sphinge et provenant sans doute de la Villa Adriana.

Cfr Roullet, *Rome*, n° 302 et fig. 318; J. Vandier, *Manuel d'archéologie égyptienne*, III, Paris, 1958, p. 224, n. 5; *Ägyptische Kunst aus dem Brooklyn Museum*, Berlin, 1976, n° 23 et pl.

42. (Cfr p. 111) Trois statues égyptiennes représentant respectivement deux naophores agenouillés (XXVIe dynastie) et un naophore debout (XXVIIe dynastie).

Cfr Roullet, *Rome*, n° 196-198 et fig. 225-228.

43. (Cfr p. 111) Statue d'un offrant debout en granit noir et d'un offrant agenouillé; œuvres de l'époque d'Adrien en style égyptisant.

Cfr Roullet, *Rome*, n° 204, 206 et fig. 232, 234.

44. (Cfr p. 111) Statue égyptienne en basalte vert d'un prêtre (*P3-šr-t3-iḥ*) de la XXXe dynastie.

Cfr Roullet, *Rome*, n° 214 et fig. 240.

45. (Cfr p. 111) Deux statues romaines de style égyptisant.

Cfr Roullet, *Rome*, n° 233-234.

46. (Cfr p. 111) Un sphinx en granit rouge de l'époque d'Adrien et deux sphinx en basalte d'époque saïte ou plus tardive.

Cfr Roullet, *Rome*, n° 300-301b et fig. 315-317.

47. (Cfr p. 111) Deux statues de faucon, l'une égyptienne en granit noir, l'autre romaine en «basalte» noir.

Cfr Roullet, *Rome*, n° 261-262 et fig. 264-265.

48. (Cfr p. 111) Statue romaine en marbre d'un crocodile servant de fontaine.

Cfr Roullet, *Rome*, n° 259.

49. (Cfr p. 111) Quatre supports de style égyptisant. Les trois premiers de forme rectangulaire sont respectivement décorés de pseudo-hiéroglyphes, d'une procession isiaque et d'un personnage égyptien assis face à un panier duquel émerge un serpent. La quatrième base fait penser à un trône posé sur une estrade à deux marches et pourvu d'un haut dossier surmonté d'un faucon. Contre la face antérieure de la base sont appuyées deux figures égyptiennes agenouillées tenant devant elle une stèle avec une inscription pseudo-hiéroglyphique.

Cfr Roullet, *Rome*, n° 322-323, 49-50 et fig. 330-331, 66-67.

50. (Cfr p. 111) Vase romain avec hiéroglyphes d'imitation.
Cfr Roullet, *Rome*, nᵒ 333 et fig. 346.

ROME

21a. (Cfr p. 119) Autel de marbre découvert en 1959, mais certainement pas *in situ*, lors de travaux exécutés à l'ancienne Monnaie du Vatican. La face antérieure présente l'inscription suivante:

> - - - *MI | THRAE SACERDOS DEAE | ISIDIS
> HIEROF(ANTA) HAECATAE | TAVROBOLIO
> CRIOBOLIOQ(VE) | PERCEPTO DIE ID(IBVS)
> AVG(VSTIS) DD NN | VALENTI V ET VALENTINIANO
> | AVG. COSS.*

Ligne 5: *DD NN = Dominis nostris*
Ligne 7: *AVG. COSS. = Augustis consulibus*
L'autel est daté du 13 août 376 p.C., exactement comme deux autres autels tauroboliques (*CIL*, VI, 510 et VI, 504 = notre *Roma*, 21). Ces trois monuments doivent provenir du *Phrygianum Vaticanum*, le sanctuaire métroaque érigé dans la zone vaticane. L'inscription témoigne à nouveau de cumul de divers sacerdoces orientaux entre les mains d'une même personne à la fin du IVᵉ siècle.

> Cfr F. Magi, *Iscrizione taurobolica scoperta in Vaticano* dans *Rend. Pont. Accad.*, 42 (1969-70), p. 195-199, avec 3 fig.; *AE*, 1971, nᵒ 35; M. J. Vermaseren, *CCCA*, III, Leyde, 1977 (= EPRO 50), p. 61, nᵒ 245a.

86a. (Cfr p. 136) Base de bronze, retrouvée près du Latran, portant l'inscription grecque suivante:

> Κατὰ κέ/λευσιν | 'Απόλλ/ωνος | τὴν πολύμο/ρφον καὶ μυ/ριώνυμον
> π/ανεπίσκοπο/ν θεὸν ΕΗ/ΜΑΙΑΝ | νεικαφό/ρον Σερβ(ιλιος) |
> 'Αγαθεῖν/ος προφ[ήτ/ης ἐποί/ησα.

Ligne 9: EHMAIAN: Kaibel propose ⟨Σ⟩ε⟨λ⟩η⟨ν⟩αῖαν et Moretti préfère 'Ε⟨ρ⟩μαῖαν.
Bien que l'inscription ne livre pas le nom d'Isis, les épithètes se rapportent manifestement à cette déesse.

> Cfr *IG*, XIV, 1032; *IGUR*, 176; E. Fascher, Προφήτης, Giessen, 1927, p. 49 sq.

109a. (Cfr p. 144) Relief en marbre découvert dans le sanctuaire oriental exhumé au 7ᵉ km de la *Via Appia*, en compagnie d'autres témoignages relatifs à différents cultes orientaux. Moretti, *IGUR*, 137 le décrit comme représentant la déesse Atargatis. En réalité, comme l'a signalé E. Bresciani, dans une communication présentée au Iᵉʳ Congrès International d'Égyptologie tenu au Caire en octobre 1976, il s'agit d'une image de la déesse égyptienne Renenoutet, appelée Ermouthis ou Thermouthis par les Grecs. La déesse est figurée, dans un style égyptisant, comme une femme dont le corps se termine en serpent, la tête coiffée du disque solaire entre les cornes de vache, et allaitant un petit crocodile. Le relief est accompagné d'une ligne d'inscription grecque fort effacée, où Moretti croit pouvoir lire [- -]μυ[- -] μιυεη [- -].

Le culte de Thermouthis était particulièrement florissant à Terenouthis et à Medinet Madi, dans le Fayoum, d'où provient un relief égyptien comparable à celui-ci et étudié par E. Bresciani, *La dea-cobra che allatta il coccodrillo a Medinet Madi* dans *Aegyptus*, 55 (1975), p. 3-9.

La présence de cette divinité égyptienne en Italie est certainement à mettre en liaison avec le séjour d'Égyptiens du Fayoum en Italie, fait assuré par une inscription de Pise (cfr *supra*, *Pisae*, 4) dédiée aux dieux égyptiens par T. Flavius Pharnoutianus, dont le cognomen est en rapport avec Ermouthis, et probablement par un autel de Turris Libisonis (cfr *infra*, p. 670-673).

Cfr *IGUR*, 137 et fig.

117a. (Cfr p. 146) *CIL*, VI, 15695.
M. CLODIVS AMMONIVS.

117b. (Cfr p. 146) *CIL*, VI, 34383.
AMMONIVS AMMONI F.

130bis. (Cfr p. 147) *CIL*, VI, 38169.
C. CESTIV[S] .. BESA.

130ter. (Cfr p. 147) *CIL*, VI, 26980.
BVBASTVS (nom de femme).

144a. (Cfr p. 149) *CIL*, VI, 24196.

HORVS IMP.

144b. (Cfr p. 149) *CIL*, VI, 35700.

HORVS MESSALIN(AE) AVG(VSTAE) SERVVS.

249a. (Cfr p. 161) *CIL*, VI, 33147.

VALERIA ISICLEA.

312a. (*Regio II*, cfr p. 171). Dans le nouveau mithréum de S. Stefano Rotondo a été découverte une tête en marbre d'Isis.

Cfr M. J. Vermaseren, *Nuove indagine nell'area della Basilica di Sa Prisca a Roma* dans *Mededelingen van het Nederlands Instituut te Rome*, 37 (1975), p. 13, n. 23 du tiré à part; *Arch. Anz.*, 88 (1973), col. 527.

318a. (*Regio III*, cfr p. 175) Deux lions romains proviennent peut-être également de l'*Iseum Campense*.

Cfr Roullet, *Rome*, n° 275-276 et fig. 284-288.

327a. (*Regio III*, cfr p. 177) Du laraire voisin de S. Martino provient encore une tête de Sérapis en marbre.

Cfr Kater-Sibbes, *Sarapis*, n° 629.

328a. (*Regio III*, cfr p. 177) Une tête en terre cuite de Sérapis a été trouvée dans la *Schola* des *Equites*.

Cfr Kater-Sibbes, *Sarapis*, n° 625.

333a. (*Regio V*, cfr p. 180) Buste de Sérapis en pierre exhumé en 1875 dans l'Auditorium de Mécène.

Cfr Kater-Sibbes, *Sarapis*, n° 630.

333b. (*Regio V*, cfr p. 180) Buste de Sérapis en terre cuite trouvé près de S. Vito.

Cfr Kater-Sibbes, *Sarapis*, n° 631.

333c. (*Regio V*, cfr p. 180) Bustes accolés d'Isis et de Sérapis en terre cuite provenant également des environs de S. Vito.

Cfr Kater-Sibbes, *Sarapis*, n° 632.

333d. (*Regio V*, cfr p. 180) Base en bronze découverte sur l'Esquilin et décorée probablement de Sérapis et Perséphone.

Cfr Kater-Sibbes, *Sarapis*, n° 635.

333e. (*Regio V*, cfr p. 180) Découverte également sur l'Esquilin, une lampe dont le disque est orné des bustes d'Isis et Harpocrate faisant face aux bustes de Sérapis et d'Hermanubis.

Cfr Kater-Sibbes, *Sarapis*, n⁰ 636.

333f. (*Regio V*, cfr p. 180) Lampe dont le disque est décoré d'un buste de Sérapis emporté par un aigle tenant un foudre, provenant de l'Esquilin ou du Viminal.

Cfr Kater-Sibbes, *Sarapis*, n⁰ 637.

336c. (*Regio VI*, cfr p. 182) Statue avec la tête d'Osiris-Canope trouvée sur le Quirinal.

Cfr Roullet, *Rome*, n⁰ 224.

336d. (*Regio VI*, cfr p. 182) Tête de Sérapis trouvée dans les jardins du Palazzo Barberini.

Cfr Kater-Sibbes, *Sarapis*, n⁰ 638.

338e. (*Regio VI*, cfr p. 183) Montfaucon signale qu'une cinquième statue égyptienne en «marbre» noir ornait les Jardins de Salluste.

Cfr Roullet, *Rome*, n⁰ 220.

341a. (*Regio VIII*, cfr p. 187) Disque de lampe avec buste de Sérapis radié découvert en 1940, Piazza Campidoglio.

Cfr Kater-Sibbes, *Sarapis*, n⁰ 645.

357a. (*Regio IX*, cfr p. 196) Cinq chapiteaux romains de style égyptisant et de type floral ont été retrouvés en 1959 près de la maison Tranquilli, via di S. Ignazio, sur le site de l'*Iseum Campense*.

Cfr Roullet, *Rome*, n⁰ 10-14.

361a. (*Regio IX*, cfr p. 197) Une copie romaine du sphinx égyptien (*Roma*, 361) de la XVIIIᵉ dynastie était sans doute destinée à lui faire pendant sur l'Iséum du Champ de Mars.

Cfr Roullet, *Rome*, n⁰ 277 et fig. 289.

383a. (*Regio IX*, cfr p. 202) Trois fragments de clepsydres ptolémaïques dont un, au moins, provient assurément de l'*Iseum Campense*.

Cfr Roullet, *Rome*, n⁰ 327-329 et fig. 337-343.

42

385a. (*Regio IX*, cfr p. 203) Tête colossale en diorite provenant de l'*Iseum Campense*. Il s'agit peut-être d'une tête d'Alexandre le Grand exécutée à l'époque d'Adrien.

Cfr Roullet, *Rome*, n° 154a et fig. 178.

385b. (*Regio IX*, cfr p. 203) Buste en granit gris d'une statue royale d'offrant de la XIIe dynastie (Amenemhat III) vue au XVIe siècle par Ligorio dans le Panthéon. Cette œuvre, souvent désignée sous le nom de torse Ludovisi, aurait pu décorer l'*Iseum Campense*. De telles statues d'offrants ont certainement été importées en Italie, comme le prouve une copie romaine de provenance incertaine (cfr Roullet, *Rome*, n° 207 et fig. 235).

Cfr Roullet, *Rome*, n° 154b et fig. 179-180; J. Vandier, *Manuel d'archéologie égyptienne*, III, Paris, 1958, p. 210-211; K. Parlasca dans Helbig, *Führer*, III, 4e ed., p. 242, n° 2323.

385c. (*Regio IX*, cfr p. 203) Statue de naophore signalée à Rome, dès le XVe siècle, au voisinage de l'Arco di Camillo et provenant sans doute aussi de l'Iséum du Champ de Mars.

Cfr Roullet, *Rome*, n° 192 et fig. 218-219.

385d. (*Regio IX*, cfr p. 203) Socle avec pieds d'une statue égyptienne en «basalte» noir (XXXe dynastie ou ptolémaïque) amenée du temple d'Isis de Behbeit el-Hagar sur l'*Iseum Campense*.

Cfr Roullet, *Rome*, n° 222 et fig. 243.

385e. (*Regio IX*, cfr p. 203) Statue d'Isis en albâtre découverte sur l'Iséum du Champ de Mars au milieu du XVIIIe siècle.

Cfr Roullet, *Rome*, n° 116.

390a. (*Regio IX*, cfr p. 208) Antéfixe orné de deux uraeus disqués encadrant un motif ornemental également surmonté d'un disque solaire. Cet élément a été découvert par Kircher au milieu du XVIIe siècle sur le site de l'*Iseum Campense*.

Cfr Roullet, *Rome*, n° 4 et fig. 30.

390b. (*Regio IX*, cfr p. 208) Frise en marbre italien d'uraeus disqués provenant de la via Campo Marzio et donc de l'Iséum du Champ de Mars.

Cfr Roullet, *Rome*, n° 21 et fig. 49.

390c. (*Regio IX*, cfr p. 208) Trois sculptures égyptisantes faisaient aussi partie de la décoration de l'*Iseum Campense*.

Cfr Roullet, *Rome*, n° 29, 30, 33.

394. (*Regio IX*, cfr p. 215) Le relief de Sérapis mentionné par Fuhrmann, qui en précise la description dans *Arch. Anz.*, 56 (1941), col. 498-499, est en fait identique à notre *Roma*, 420. Fuhrmann est le seul à mentionner la via della Consolazione comme lieu de trouvaille, tous les autres auteurs donnant la via della Conciliazione.

Quant à la statuette égypto-romaine, elle est mentionnée par Roullet, *Rome*, n° 218 et est différente de notre *Roma*, 407. Elle a été exhumée entre le Lungotevere dei Pierloni et la via Bocca della Verità, tout comme le chapiteau hathorique mentionné sous *Roma*, 393.

406a. (*Regio X*, cfr p. 222) Buste de Sérapis en marbre découvert dans le *Lacus Juturnae*, c'est-à-dire dans la source qui avoisine le petit sanctuaire dédié à Juturne, sur le forum.

Cfr Kater-Sibbes, *Sarapis*, n° 651.

406b. (*Regio X*, cfr p. 222) Tête de Dionysos-Osiris, avec couronne de lierre et uraeus, provenant du temple de Juturne. Le style indique l'époque d'Adrien.

Cfr K. Schauenburg dans *JdI*, 68 (1953), p. 71-72 et fig. 24.

406c. (*Regio X*, cfr p. 222) Buste de Sérapis trouvé dans le temple de Cybèle sur le Palatin.

Cfr Kater-Sibbes, *Sarapis*, n° 651 bis.

409a. (*Regio XII*, cfr p. 224) Les chapiteaux dont il était question sous *Roma*, 423 proviennent en réalité des Thermes de Caracalla. L'un d'eux a d'ailleurs été retrouvé en cet endroit, les sept autres chapiteaux ayant été réutilisés dans la construction de l'église S. Maria in Trastevere. Ces chapiteaux ioniques sont décorés sur le milieu de l'abaque d'une petite tête en haut relief de Sérapis ou d'Isis; en outre, certains présentent dans les deux volutes une tête d'Harpocrate.

Cfr E. von Mercklin, *Antike Figuralkapitelle*, Berlin, 1962, p. 123-125, n° 338 et fig. 623, 624, 626-634; Kater-Sibbes, *Sarapis*, n° 653, 655.

409b. (*Regio XII*, cfr p. 224) Un vase en pierre décoré de figures égyptiennes proviendrait aussi des Thermes de Caracalla.

Cfr Roullet, *Roma*, n° 325.

421a. (*Regio XIV*, cfr p. 230) Sphinx d'époque romaine découvert lors de la construction des escaliers devant la façade de saint Pierre. Roullet suppose qu'il pourrait appartenir à la décoration du *Circus Gai et Neronis*.

Cfr Roullet, *Rome*, n° 282.

421b. (*Regio XIV*, cfr p. 230) Torse égyptien découvert dans le Trastevere.

Cfr Roullet, *Rome*, n° 162 et fig. 188.

423. (*Regio XIV*, p. 231) A corriger à la lumière de *supra*, *Roma*, 409a.

428a. (Tibre, cfr p. 232) Statue avec pseudo-hiéroglyphes repêchée en 1562.

Cfr Roullet, *Rome*, n° 210 et fig. 237.

428b. (Tibre, cfr p. 232) Tête ptolémaïque de roi.

Cfr Roullet, *Rome*, n° 159 et fig. 184.

428c. (Tibre, cfr p. 232) Fragment d'une stèle d'Horus sur les crocodiles.

Cfr. Roullet, *Rome*, n° 318 et fig. 327.

432a. (*Via Appia Antica*, cfr p. 233) Tête de Sérapis.

Cfr. Kater-Sibbes, *Sarapis*, n° 541.

432b. (*Via Ardeatina*, cfr p. 233) Pied chaussé d'une sandale, un serpent s'enroulant sur la cheville, découvert en 1824 au lieu dit Tor Marancia, dans le sanctuaire de Liber. L'inscription est fort mutilée, mais Castiglione y lit notamment *SA(RAPIDI)*. Il s'agit sans doute d'un pied votif offert à Sérapis dans le temple de Liber, dieu avec lequel il présente des affinités, comme l'illustre particulièrement bien un autel de Zadar en Yougoslavie dédié à Isis, Sérapis, Liber et Libera (cfr Vidman, *Sylloge*, n° 676; Kater-Sibbes, *Sarapis*, n° 676).

Cfr M. Guarducci, *Le impronte del Quo Vadis e monumenti affini, figurati ed epigrafici* dans *Rend. Pont. Accad.*, 19 (1942-1943), p. 317 sq., 328 sq. et fig. 12; A. Bruhl, *Liber Pater*, Paris, 1953, p. 204-205; L. Castiglione, *Zur Frage der Sarapis-Füsse* dans *ZÄS*, 97 (1971), p. 36, n⁰ 9.

433a. (*Via la Spezia*, cfr p. 233) Fragment de cippe probablement d'époque saïte avec un lion supportant les pieds d'un personnage disparu, sans doute la déesse Qadesh ou le dieu Néfertoum. Roullet suppose, sans raison apparente, que la pièce provient de l'Iséum du Champ de Mars qui est cependant à l'autre extrémité de Rome.

Cfr Roullet, *Rome*, n⁰ 317 et fig. 326.

434a. (Cfr p. 234) Bloc d'un naos en granit noir de Séthi Ier.

Cfr Roullet, *Rome*, n⁰ 319.

434b. (Cfr p. 234) Haute stèle cintrée en granit décorée d'un relief figurant une divinité assise sur un trône, coiffée d'un mortier sommé du disque solaire et de deux hautes plumes. Travail d'époque romaine dans le style égyptien. Il est possible que cette stèle provienne de l'*Iseum Campense*.

Cfr Roullet, *Rome*, n⁰ 320 et fig. 102, 328-329.

434c. (Cfr p. 234) Statue en «basalte» vert du roi Shabaka (XXVe dynastie) représenté assis sur un siège. La tête a été restaurée.

Cfr Roullet, *Rome*, n⁰ 160 et fig. 185.

434d. (Cfr p. 234) Fragment d'une statue magique couverte d'inscriptions; XXXe dynastie ou ptolémaïque.

Cfr Roullet, *Rome*, n⁰ 226 et fig. 244-245.

434e. (Cfr p. 234) Sphinx en granit découvert à l'extérieur de la Porta del Popolo.

Cfr Roullet, *Rome*, n⁰ 281.

434f. (Cfr p. 234) Tête de Sérapis en jaspe rouge.

Cfr Kater-Sibbes, *Sarapis*, n⁰ 672.

434g. (Cfr p. 234) Quatre chapiteaux provenant de Rome intègrent à leur décoration une frise d'uraeus. Ils ont dû appartenir à un sanctuaire égyptien du IIe siècle p.C.

Cfr E. von Mercklin, *Antike Figuralkapitelle*, Berlin, 1962, p. 200-201, n⁰ 492 et fig. 937-941.

434h. (Cfr p. 234) Sur un fragment de chapiteau romain de l'époque d'Adrien, les volutes sont remplacées par deux uraeus opposés et reliés par leur queue nouée.

Cfr Id., *op. cit.*, p. 200-201, n° 493 et fig. 942.

434i. (Cfr p. 234) Une lampe trouvée probablement à Rome possède un disque décoré des images d'Anubis, Isis et Harpocrate.

Cfr Tran tam Tinh, *Campanie*, p. 24, 55, n. 3 et fig. 30.

434j. (Cfr p. 234) Tête masculine en «basalte» noir d'époque ptolémaïque.

Cfr Roullet, *Rome*, n° 41 et fig. 61.

434k. (Cfr p. 234) Relief de style égyptisant découvert près de S. Paolo fuori le Mura.

Cfr Roullet, *Rome*, n° 47.

434l. (Cfr p. 234) Grande statue d'Isis en «basalte» noir. La déesse debout vêtue d'une tunique plissée, les bras collés au corps, se tient raide contre un pilier dorsal. Œuvre de création hellénistique dans un style égyptisant.

Cfr Roullet, *Rome*, n° 119 et fig. 133.

434m. (Cfr p. 234) Relief de style égyptisant: partie d'un portique avec l'inscription ΠΟΛΕΙΤΗΣ et une couronne osiriaque. Découvert près du Colisée.

Cfr Roullet, *Rome*, n° 48.

453a. (Cfr p. 243) Plusieurs monnaies, notamment des émissions de Rome, nous montrent Valérien jeune, le crâne rasé, à l'exception d'une boucle réservée derrière l'oreille droite. Cl. Brenot croit y décerner la marque d'une consécration à Isis.

Cfr Cl. Brenot, *Valérien jeune était-il myste d'Isis?* dans *Revue Numismatique*, 1973, p. 157-165 et pl. XVII-XX.

453b. (Cfr p. 243) Monnaies de Julien l'Apostat.

R. / Le taureau Apis.

Cfr Carson, Hill, Kent, *Late Roman Bronze Coinage*, 2ᵉ éd., Londres, 1965, pl. IV, n° 2058; Kater-Sibbes, Vermaseren, *Apis*, III, n° 127.

453c. (Cfr p. 243) La série des monnaies avec bustes impériaux émises pour les *Vota Publica*, pendant la seconde tétrarchie, s'enri-

chit d'une monnaie de Galère Auguste, probablement du 3 janvier
306, dont le revers présente Isis debout avec sistre et situle.

Cfr P. Bastien, *Una moneta della serie «Vota Publica» con l'effigio
di Galerio Augusto* dans *Numismatica*, VI, 2 (1965), p. 97-98 et fig.

CAMPANIE

ABELLA (Avella Vecchia)

1. (Cfr p. 247) Statuette en terre cuite représentant Isis flanquée
d'Harpocrate et d'Anubis.

Cfr Tran tam Tinh, *Campanie*, p. 43, 81-82, n° 34 et fig. 26.

BAIAE (Baies)

1. (Cfr p. 248) Peintures du portique des Thermes de Baies
comportant des figures égyptisantes et des dieux égyptiens, comme
Apis et Harpocrate, ainsi que des emblèmes isiaques. Il s'agit d'une
frise du 3e style.

Cfr Tran tam Tinh, *Campanie*, p. 236-238 et fig. 95 sq.; Kater-Sibbes,
Vermaseren, *Apis*, II, n° 298 et pl. LV-LVI.

BOSCOREALE

2. (Cfr p. 248) Lampe dont le disque est décoré d'Isis flanquée
d'Harpocrate et d'Anubis.

Cfr H. Klumbach dans *Helvia Antiqua. Festschrift E. Vogt*, 1966,
p. 182, n° 10 et fig. VI, 1.

BOSCOTRECASE

2. (Cfr p. 248) La Villa d'Agrippa Postumus contient un autre
tableau égyptisant représentant cette fois Apis.

Cfr Kater-Sibbes, Vermaseren, *Apis*, II, n° 307 et pl. LXVII.

CVMAE (Cumes)

3. (Cfr p. 250) Il faut ajouter ici la statue d'Anubis que nous
avions cataloguée sous *Puteoli*, 24, car, comme le montre Tran tam
Tinh, l'attribution à Cumes est certaine.

Cfr Tran tam Tinh, *Campanie*, p. 74-75, n° 26 et fig. 21.

HERCVLANEVM (Ercolano)

18. (Cfr p. 257) La statuette d'Apis en bronze mentionnée à cet endroit provient en fait de Pompéi. La référence à Tran tam Tinh est donc à reporter à la notice suivante (*Herculaneum*, 23).

Cfr Kater-Sibbes, Vermaseren, *Apis*, II, n° 303 et pl. LXIV.

23. (Cfr p. 258) Statuette d'Apis en bronze avec croissant de lune entre les cornes.

Cfr Tran tam Tinh, *Herculanum*, p. 96, n° 71; Kater-Sibbes, Vermaseren, *Apis*, II, n° 305 et pl. LXV.

24. (Cfr p. 258) Trépied en bronze dont les pieds proprement dits sont surmontés d'un uraeus couronné sortant d'un «panier» flanqué de volutes.

Cfr Tram tan Tinh, *Herculanum*, p. 80, n° 52 et fig. 29.

NEAPOLIS (Naples)

6a. (Cfr p. 262) *I.D.*, 1755, 4.

Σαραπίων 'Αλεξάνδρου υἱὸς Νεαπολείτης.

Napolitain mentionné dans une inscription de Délos des années 100 a. C.

Cfr J. Pouilloux dans *BCH*, *Suppl.* I. *Études déliennes*, 1973, p. 407, n. 46.

13. (Cfr p. 263) Statuette en bronze d'Isis-Fortuna avec gouvernail et une corne d'abondance aujourd'hui disparue.

Cfr Tran tam Tinh, *Campanie*, p. 69, n° 20.

14. (Cfr p. 263) Lampe monolychne en terre cuite dont le disque est décoré d'une déesse panthée, sans doute Isis, assise de profil sur un siège.

Cfr Tran tam Tinh, *Campanie*, p. 69-70, n° 21 et fig. 40.

PIEDIMONTE

1. (Cfr p. 263) La dédicace isiaque nous avions inventoriée sous *Suessa Aurunca*, 1 (p. 98) provient en fait de Piedimonte, à 7 km de Carinola.

Cfr Tran tam Tinh, *Campanie*, p. 80, n° 32.

POMPEI (Pompéi)

1. (Cfr p. 271) Dans les fresques de la Casa del Menandro, on trouve un buste et une tête de Sérapis.

Cfr Kater-Sibbes, *Sarapis*, n° 515-516.

2. (Cfr p. 272) A la liste des statues, statuettes et bustes, il convient d'ajouter

— une tête en marbre d'un hermès de Sérapis

Cfr Kater-Sibbes, *Sarapis*, n° 508.

— une statuette en argent d'un taureau (Apis ?) découverte dans le laraire de la villa Rustica de Cn. Domitius Auctus

Cfr Tran tam Tinh, *Isis à Pompéi*, p. 52 ; Kater-Sibbes, Vermaseren, *Apis*, II, n° 304.

— une statuette d'Apis que nous avions erronément attribuée à Herculanum (cfr *supra, Herculaneum*, 23)

— un buste de Sérapis en relief ornant un couvercle en bronze

Cfr Kater-Sibbes, *Sarapis*, n° 511 ; Hornbostel, *Sarapis*, fig. 105.

— une statuette en terre cuite glacée de 50 cm de haut représentant un homme vêtu d'un pagne et coiffé du *némès*, retrouvée avec un Bès dans la maison de Loreius Tiburtinus.

Cfr K. Parlasca, *Osiris und Osirisglaube in der Kaiserzeit* dans *Les syncrétismes dans les religions grecque et romaine*, Paris, 1973, p. 97 et pl. IV, 4.

PVTEOLI (Pouzzoles)

21a. (Cfr p. 287) Epitaphe d'un enfant mort à quatre ans ; l'inscription n'est pas antérieure à la 2e 1/2 du IIe siècle p.C.

IVNIS SERAPIO.

Cfr J. H. d'Arns dans *AJA*, 77 (1973), p. 159, n° 9 et pl. 28, fig. 9 ; Leclant dans *Orientalia*, 1975, p. 242.
On notera aussi l'épitaphe d'un Alexandrin du début du IIe siècle p. C. ; cfr d'Arns, *op. cit.*, p. 154-155, n° 3 et pl. 27, fig. 3.

24. (Cfr p. 288) Cette belle statue d'Anubis provient en fait de Cumes, comme nous l'avons signalé *supra, Cumae*, 3.

29. (Cfr p. 289) Dans son étude sur la *Lex parieti*, Tran tam Tinh considère que l'*area* n'était pas séparée du temple par la route, car au cas contraire, les *antae ad marem vorsum* construits de part et d'autre de la porte, percée dans le mur longeant cette route, seraient à l'intérieur de l'*area*. Il conclut donc que l'*area* s'étendait directement devant le Sérapéum, ce qui expliquerait que la *Lex parieti* ne mentionne que trois murs enfermant l'*area*. L'interprétation est ingénieuse, mais si l'*area* était contigüe au temple, pourquoi ajouter, après *ante aedem Serapi*, la précision *trans viam* et un peu plus loin définir aussi le mur où l'on doit percer la porte comme étant *trans viam*? Si le texte avait voulu indiquer qu'un côté de l'*area* bordait une route extérieure au complexe sacré, il aurait alors employé une préposition autre que *trans*.

Cfr Tran tam Tinh, *Campanie*, p. 3-6, 58-62, nº 12 et fig. 37-38.

30. (Cfr p. 289) Tran tam Tinh identifie le grand temple distyle abritant une statue cultuelle représentée sur les vases à gravure d'Odemira et de Prague au Sérapéum. Il reconnaît dans le statue une image d'Hélios-Sérapis debout, tenant une *cornucopia* dans la main gauche, et faisant à l'aide d'une patère tenue à la main droite une libation sur un autel qui flambe. Quant à l'objet posé près du pied gauche, il y voit une ciste sur laquelle un serpent dresse la tête, ce qui nous paraît tout-à-fait improbable, surtout sur le vase d'Odemira. Suivant les cas, le fronton du sanctuaire est orné d'un emblème qu'il assimile au disque solaire, surmonté de deux plumes ou d'une étoile. Il reste néanmoins que la divinité est *uelato capite*, rite qui, à notre connaissance, est étranger à l'iconographie isiaque.

Sur le vase d'Odemira, à l'emplacement occupé par l'inscription *ISIV(M)* sur le vase de Prague, se dresse un second temple distyle dépourvu de statue, mais dont le fronton est aussi décoré du même emblème isiaque. L'identification de ce second sanctuaire avec l'Iséum est évidente.

Cfr Tran tam Tinh, *Campanie*, p. 6-20, 23-24 et fig. 32-36.

31. (Cfr p. 291) Deux lampes monolychnes en terre cuite décorées des figures d'Isis, Harpocrate et Anubis.

Cfr Tran tam Tinh, *Campanie*, p. 54-55, nº 5, 7 et fig. 27, 29.

32. (Cfr p. 291) Lampe monolychne en terre cuite décorée d'Harpocrate debout.

Cfr Tran tam Tinh, *Campanie*, p. 56, n° 8.

33. (Cfr p. 291) Statuette de Ptah-Tenen en granit noir, coiffé du disque solaire encadré de deux hautes plumes, posé sur deux cornes de bélier supportant deux uraeus. Le dieu est adossé contre un pilier.

Cfr Tran tam Tinh, *Campanie*, p. 56-57, n° 9 et fig. 24-25.

34. (Cfr p. 291) Tête en marbre de Sérapis provenant du *Macellum*.

Cfr Kater-Sibbes, *Sarapis*, n° 522; Hornbostel, *Sarapis*, p. 203 et fig. 144.

SVRRENTVM (Sorrente)

1. (Cfr p. 291) Il est possible qu'un temple égyptien se soit dressé au voisinage de la place du Sedil Dominova où a été découverte, au cours de travaux, la partie inférieure d'une statue égyptienne du prêtre-lecteur Padiamenopet (VIIe siècle).

Au XVIIe siècle, sur cette même place, étaient visibles la partie inférieure d'une statue de Séthi Ier et un sphinx en granit, utilisé comme ornement de la fontaine située près du palais Dominova.

Cfr Porter-Moss, I², 1, p. 56 et VII, p. 419; M. di Savoia-Aosta-Habsburg, *I monumenti faraonici di Sorrento: la statua di Seti I° e la recentemente ritrovata statua di Padimenemipet* dans *Studi Classici e Orientali*, 24 (1975), p. 211-215.

APULIE

ANDRIACE (Andria)

1. (Cfr p. 294) Stylet en bronze dont l'extrémité est ornée des figures d'Isis et Sérapis.

Cfr Kater-Sibbes, *Sarapis*, n° 506.

BARIVM (Bari)

1. (Cfr p. 294) Stèle funéraire présentant la forme d'un autel. La face principale est décorée en son centre du buste de la défunte, encadré par un sistre et une situle, surmontant l'inscription suivante:

*D(IS) M(ANIBVS) | FABIAE Q. F. STRATONICE |
OPTIMAE AC PIISSIMAE CONIVGI | L. PLVTIVS
HERMES.*

Les faces latérales portent en relief l'image d'Anubis et d'Osiris. Le
style et la coiffure de la dévote isiaque indiquent l'époque de
Trajan. On notera la qualité d'ingénue de cette isiaque du début
du IIe siècle. L'origine de la stèle n'est pas assurée.

Cfr J. Thimme, *Grabstein einer Isismystin* dans *Jhb der Staatlichen
Kunstsammlungen in Baden-Württenberg*, 5 (1968), p. 182-184 et fig. 9.

BENEVENTVM (Bénévent)

10-11. (Cfr p. 296 sq.) Certains passages du texte hiéroglyphi-
que des deux obélisques de Bénévent viennent d'être réétudiés par
E. Iversen, *The Inscriptions from the Obelisks of Benevento* dans
Acta Orientalia, 33 (1973), p. 15-28.

Il est surtout question dans cet article de l'expression *wḏ3 in* qui
précède à trois reprises (face II, III, IV) la mention de Domitien.
A la suite d'Erman, malgré l'absence de la préposition *n*, ce qui
n'a rien d'exceptionnel dans un texte aussi tardif, nous avions
compris «(pour) le salut et le retour» de l'empereur. Iversen croit
cette interprétation non fondée, puisque sur la face I, on précise
que Domitien est déjà «revenu» de sa campagne; il serait dès lors
inutile de formuler des vœux pour son retour. Iversen propose donc
de voir en *wḏ3 in* l'équivalent égyptien du titre du dédicant:
legatus («celui qui va et revient»), et propose de traduire *wḏ3 in*
suivi d'une désignation de l'empereur par *legatus Augusti*. Cette
hypothèse ingénieuse, mais hasardeuse, n'est pas indispensable. En
fait, la dédicace des obélisques à Isis peut exprimer la reconnaissance due à la déesse qui a permis l'heureuse issue de la campagne.
Enfin et surtout, sur la face IV de l'obélisque B, nous rencontrons
la variante *wḏ3 n ini*, où le *n* n'offre aucun sens si l'on accepte
l'interprétation d'Iversen, mais qui s'explique parfaitement dans la
cadre de notre traduction. La présence de la préposition «pour»
dans ce passage prouve que l'expression était bien partout comprise
«(pour) le salut et pour le retour» de Domitien.

Nous ne croyons également pas pouvoir suivre Iversen quand il propose de rattacher à Domitien les mots *rn nfr*, intercalés à deux reprises (faces II et IV) entre le nom de l'empereur et celui de Rutilius Lupus, et lorqu'il traduit «the legate of the augustus with the beautiful name of immortal Domitian». C'est plutôt à Rutilius Lupus que doit se rapporter cette expression pour les raisons que nous avons déjà évoquées dans notre *Inventaire*, p. 298, n. 2.

Iversen souligne, avec raison, que les souhaits de vie exprimés à la fin du texte des faces II et IV, bien qu'ils suivent la mention du dédicant, s'adressent en fait à l'empereur. Il est cependant difficile de l'exprimer clairement dans une traduction plus ou moins fidèle au texte dont les constructions grammaticales parfois confuses sont imputables à la traduction d'un original rédigé en grec, selon Erman, ou en latin, suivant Iversen.

Enfin, Iversen suggère (p. 21 et n. 29), à la fin de la face I, de rendre l'égyptien *t3.wj ḫ3š.wt m (n)ḏj.w* par «the commonwealth of the Empire, and the foreign countries in subjection», opposant ainsi l'ensemble des *socii* aux *nationes externae*. Il nous semble en effet que ce sont ces réalités romaines que l'égyptien tente ici d'exprimer au moyen de sa phraséologie.

15. (Cfr p. 300) Selon Ph. Bruneau, le pied posé sur un bateau n'appartient certainement pas à une Isis-Pélagia.

Cfr Ph. Bruneau, *Existe-t-il des statues d'Isis Pélagia?* dans *BCH*, 98 (1974), p. 365-370 et fig. 16-18.

55. (Cfr p. 305) Tête d'Hélios-Sérapis.

Cfr Kater-Sibbes, *Sarapis*, n° 573; Hornbostel, *Sarapis*, p. 188-189 et fig. 126.

56. (Cfr p. 305) Partie inférieure d'un faucon Horus en diorite.

Cfr S. Basile, *Il frammento N. 251a del Museo del Sannio* dans *Samnium*, 45, 3-4 (1972), p. 282-286, avec 4 fig.; Leclant dans *Orientalia*, 1974, p. 224-225.

LUCANIE

PAESTVM (Pesto)

2. (Cfr p. 310) Dédicace en marbre blanc découverte en 1965 à l'Ouest du temple de Cérès. Fin IIe-début IIIe siècle.

LAVREIA Q. F. POLLA AEDEM ISIDIS | CVM PORTI-CVS PECVNIA SVA RESTITVIT D(ECRETO) D(E-CVRIONVM).

Ligne 2: *porticus = porticibus.*

Cfr M. Mello, G. Voza, *Le iscrizioni latine di Paestum*, Naples, I, 1968, p. 234-235, n° 160 et II, 1969, pl. XXV.

BRVTTIVM

SYBARIS (Sibari)

1. (Cfr p. 312) Disque de lampe décoré d'Harpocrate avec *cornucopia* et palme, fleur de lotus sur la tête et main droite à la bouche. Ier siècle p.C.

Cfr P. Quiri dans *NS, Suppl.*, 26 (1972), p. 328, n° 71, p. 435 et fig. 366, 453.

SARDAIGNE

ASUNI

1. (Cfr p. 313) Statuette en bronze d'Isis.

Cfr *NS*, 1898, p. 128; R. J. Rowland, *Isis in Sardinia* (article sous presse).

TVRRIS LIBISONIS (Porto Torres)

1a. (Cfr p. 315) Bel autel circulaire en marbre, transformé dans l'antiquité en fontaine, découvert lors des fouilles exécutées dans les Grands Thermes. L'autel est décoré de quatre festons réunis par deux uraeus et deux flambeaux. A l'intérieur de trois de ces festons sont représentés une corbeille, un sistre et un symbole effacé, tandis que l'arc du quatrième feston accueille l'inscription suivante:

C. CVSPIVS FELIX | SACERD(OS) | BVBASTI(VM) | SACR(VM).

A la partie supérieure, on trouve l'indication des deux consuls ordinaires de l'an 35 p.C.: *M. SERVILIO NONIANO C. CESTIO COS.*

Sur la partie plate de l'autel est gravée une petite svastica. Notre inscription *Turris Libisonis*, 1 provenait, elle aussi, de la même zone des Thermes.

Cfr E. Contu dans *Boll. d'Arte*, 52 (1967), p. 205; R. J. Rowland, *op. cit.*; Leclant dans *Orientalia*, 1973, p. 438-439; *Bulletin Analytique d'Hist. Rom.*, 6 (1967), n° 241. Cfr *infra*, p. 669-670.

SICILE

ACRAE (Palazzola Acreide)

1. (Cfr p. 316) Statuette en bronze d'Harpocrate coiffé du pschent et portant une corne d'abondance. Époque hellénistico-romaine.

Cfr Sfameni Gasparro, *Sicilia*, p. 46 et n° 85.

2. (Cfr p. 316) Trois coupes en argile dont le disque est orné des bustes d'Isis et de Sérapis radié. IIIe-IIe siècle.

Cfr Sfameni Gasparro, *Sicilia*, p. 45 et n° 87-88.

3. (Cfr p. 316) Cornaline avec image de Sérapis et l'inscription Δωνάτου. Ier-IIe siècle.

Cfr Sfameni Gasparro, *Sicilia*, p. 46 et n° 89.

4. (Cfr p. 316) Lamelle avec inscription magique mentionnant à la ligne 21 ...ὁμοῦ 'Ωσίρι.... IVe-Ve siècle.

Cfr Sfameni Gasparro, *Sicilia*, p. 46 et n° 90.

AGRIGENTVM (Agrigente)

1. (Cfr p. 316) Lampe dont le disque est décoré de Sérapis trônant avec le cerbère. Ier-IIe siècle.

Cfr Sfameni Gasparro, *Sicilia*, p. 50 et n° 103, avec fig. 19.

CATANA (Catane)

11. (Cfr p. 318) Statuette hellénistico-romaine en bronze d'Anubis debout, les deux bras collés au corps et coiffé d'une couronne *atef*.

Cfr Sfameni Gasparro, *Sicilia*, p. 64 et n° 160, avec fig. 33.

CENTVRIPAE (Centuripe)

4. (Cfr p. 319) Buste en terre cuite d'Isis d'époque hellénistico-romaine. La déesse est coiffée d'un croissant de lune supportant deux épis.

Cfr Sfameni Gasparro, *Sicilia*, p. 68 et n° 186, avec fig. 41.

5. (Cfr p. 319) Buste hellénistique en terre cuite d'Isis coiffée d'un croissant lunaire supportant deux plumes posées sur un soleil.

Cfr Sfameni Gasparro, *Sicilia*, p. 67-68 et nº 187, avec fig. 42.

6-7. (Cfr p. 319) Deux coupes en terre cuite dont le fond est décoré des bustes accolés d'Isis et de Sérapis radié. IIe siècle a. C.

Cfr Sfameni Gasparro, *Sicilia*, p. 68 et nº 188-189, avec fig. 43.

HYCCARA (Hikkara)

1. (Cfr p. 319) Tête d'Apis en terre cuite avec trace d'attache entre les deux cornes du disque solaire.

Cfr Kater-Sibbes, Vermaseren, *Apis*, II, nº 315 et pl. LXXIII.

LEONTINI (Lentini)

1. (Cfr p. 319) Statuette romaine en bronze d'Isis-Fortuna avec corne d'abondance et gouvernail.

Cfr Sfameni Gasparro, *Sicilia*, p. 54-55 et nº 122, avec fig. 25.

LICODIA EUBEA

1. (Cfr p. 319) Coupe en terre cuite dont le disque est orné des bustes d'Isis et de Sérapis radié accolés. IIIe-IIe siècle.

Cfr Sfameni Gasparro, *Sicilia*, p. 53 et nº 117.

LILYBAEVM (Marsala)

1. (Cfr p. 319) Statuette en bronze d'Isis allaitant Harpocrate. Cette pièce provient peut-être de la nécropole punique, comme d'autres *aegyptiaca* (Id., *op. cit.*, nº 300-303) et échapperait alors au cadre chronologique de notre inventaire.

Cfr Sfameni Gasparro, *Sicilia*, p. 99 et nº 298, avec fig. 98.

LIPARA (Lipari)

1. (Cfr p. 319) Deux noms théophores isiaques sur deux cippes funéraires d'époque hellénistique:

'Ισιάς Εἰούλιας 'Ισιάς.

Cfr Sfameni Gasparro, *Sicilia*, p. 82 et nº 205a-b, avec fig. 57.

2. (Cfr p. 319) Vase plastique en forme de tête d'Isis. Ier siècle a. C.

Cfr Sfameni Gasparro, *Sicilia*, p. 82 et n⁰ 203, avec fig. 55.

3. (Cfr p. 319) Amulette égyptienne à tête de bélier.

Cfr Sfameni Gasparro, *Sicilia*, p. 82 et n⁰ 204, avec fig. 56.

MORGANTINA (Serra Orlando)

1. (Cfr p. 319) Fond de coupe en argile avec les bustes accolés d'Isis et de Sérapis radié. IIIe-IIe siècle.

Cfr Sfameni Gasparro, *Sicilia*, p. 53 et n⁰ 118.

MOTYCA (Modica)

1. (Cfr p. 319) Lampe décorée d'un buste d'Isis.

Cfr Sfameni Gasparro, *Sicilia*, p. 46 et n⁰ 91.

PALMA DI MONTECHIARO

1. (Cfr p. 319) Statuette en bronze d'Osiris momiforme d'époque romaine.

Cfr Sfameni Gasparro, *Sicilia*, p. 49 et n⁰ 99, avec fig. 24.

SYRACVSAE (Syracuse)

4a. (Cfr p. 321) Inscription mutilée gravée sur une pierre noire. IIe siècle a. C.?

--- ΟΥΤΟΥ / --- ΚΛΑΡΟΝΟΜΟΥ / --- ΤΡΑΤΙΠΠΟΥ / --- ΚΑΙΙΣΕΙ.

A la dernière ligne, on peut supposer Σαράπει] καὶ ᾽Ισει.

Cfr Sfameni Gasparro, *Sicilia*, p. 26-27 et n⁰ 3; *CIG*, 5418; *IG*, XIV, 6.

4b. (Cfr p. 321) *IG*, XIV, 8, p. 5.

᾽Αμμώνιο[ς].

Époque hellénistique.

Cfr Sfameni Gasparro, *Sicilia*, n⁰ 7a.

4c. (Cfr p. 321) Inscription chrétienne du Ve siècle.

FL. GELASIVS BVSIRIS.

Cfr Sfameni Gasparro, *Sicilia*, p. 44-45.

43

4d. (Cfr p. 321) Dédicace du Ier siècle p.C. de Théra avec mention d'un Syracusain :

'Ισίδωρος Θέωνος.

> Cfr Sfameni Gasparro, *Sicilia*, p. 45 et n⁰ 7b.

4e. (Cfr p. 321) Inscription chrétienne du IVe-Ve siècle.

Σεράπια.

> Cfr Sfameni Gasparro, *Sicilia*, p. 44 et n⁰ 7c.

11. (Cfr p. 322) Torse en marbre d'une statuette hellénistique(?) avec nœud isiaque sur la poitrine.

> Cfr Sfameni Gasparro, *Sicilia*, n⁰ 14 et fig. 8.

12. (Cfr p. 322) Deux petits sistres en bronze d'époque hellénistique.

> Cfr Sfameni Gasparro, *Sicilia*, p. 22 et n⁰ 26.

13. (Cfr p. 322) Lampes romaines avec buste de Sérapis.

> Cfr Sfameni Gasparro, *Sicilia*, p. 40 et n⁰ 28-31; Kater-Sibbes, *Sarapis*, n⁰ 585, 586.

14. (Cfr p. 322) Lampe romaine avec buste d'Isis.

> Cfr Sfameni Gasparro, p. 40-41 et n⁰ 32.

15. (Cfr p. 322) Lampes romaines avec bustes de deux divinités, peut-être Isis et Sérapis.

> Cfr Sfameni Gasparro, *Sicilia*, p. 40 et n⁰ 33-34.

16. (Cfr p. 322) Lampe romaine avec buste d'Hélios-Sérapis.

> Cfr Sfameni Gasparro, *Sicilia*, p. 40 et n⁰ 35.

17. (Cfr p. 322) Trois coupes en argile dont le disque est orné des bustes accolés de Sérapis radié et d'Isis. IIIe-IIe siècle.

> Cfr Sfameni Gasparro, *Sicilia*, p. 25-26 et n⁰ 37-39, avec fig. 14.

18. (Cfr p. 322) Amulette en terre cuite avec inscription magique de 14 lignes en grec et une représentation d'Artémis-Isis (?). IIe-IIIe siècle.

> Cfr Sfameni Gasparro, *Sicilia*, p. 42 et n⁰ 44.

19. (Cfr p. 322) Gemme en onyx avec tête de Sérapis radié et inscription magique en grec au revers. Ier-IIe siècle.

> Cfr Sfameni Gasparro, *Sicilia*, p. 43 et n⁰ 80.

TAVROMENIVM (Taomirna)

10. (Cfr p. 324) Cornaline avec Isis debout avec sistre et situle. Ier siècle p.C.

Cfr Sfameni Gasparro, *Sicilia*, n° 196 et fig. 170.

Territoire entre Piazza Armerina et Caltagirone

1. (Cfr p. 324) Six statuettes en bronze d'Osiris d'époque romaine, mais dont l'origine sicilienne n'est pas assurée.

Cfr Sfameni Gasparro, *Sicilia*, p. 52 et n° 111-115b.

II. ANALYSE DES NOUVEAUX DOCUMENTS

Pour juger l'apport de ces nouveaux documents au problème de l'implantation isiaque en Italie, il convient de voir comment ils se répartissent à travers les *regiones* de la péninsule. Ce seul classement géographique n'est toutefois pas suffisant, car toutes les trouvailles ne revêtent pas la même signification. Nous distribuerons donc les nouveaux sites en quatre catégories, comme nous l'avions fait dans nos *Cultes égyptiens en Italie* [3], et suivant les mêmes critères: les foyers isiaques assurés (I) et probables (II), qui ont respectivement livré des *isiaca* majeurs ou mineurs, les sites où l'on a exhumé des *aegyptiaca* (III) et les endroits où les dieux nilotiques ne sont attestés que par l'onomastique (IV). Nous y avons ajouté une catégorie où seront rangés les centres déjà connus comme isiaques par les trouvailles antérieures (V). Un tel classement conduit au tableau suivant.

	I	II	III	IV	V
HISTRIE					
Pola					+
VÉNÉTIE					
Acelum		+			
Ateste		+			
Patauium					+
Taruisium					+

---

[3] *Cultes ég. en Italie*, p. 335-342.

	I	II	III	IV	V
VÉNÉTIE					
Tridentum		+			
Verona					+
TRANSPADANE					
Augusta Taurinorum					+
Biella		+			
Mediolanum					+
ÉMILIE					
Castelfranco		+			
Rauenna [4]				+	
LIGURIE					
Industria					+
Sauo		+			
OMBRIE					
Sarsina					+
ÉTRURIE					
Grauiscae	+				
Pisae					+
Rignano			+		
PICENUM					
Abruzzi		+			
Heluia Ricina	+				
Trea	+				
LATIUM					
Albanum		+			
Antium					+
Nemus Dianae					+
Ostia					+
Tibur					+
Villa Adriana					+
ROME					+
CAMPANIE					
Abella		+			
Baiae			+		

[4] Ce site figurait déjà dans notre *Inventaire*, p. 29-32 pour des documents onomastiques et l'inscription d'un sarcophage.

	I	II	III	IV	V
CAMPANIE					
Boscoreale		+			
Boscotrecase [5]			+		
Cumae					+
Herculaneum					+
Neapolis					+
Piedimonte	+				
Pompei					+
Puteoli					+
Surrentum			+		
APULIE					
Andriacae		+			
Barium [6]	+				
Beneuentum					+
LUCANIE					
Paestum					+
BRUTTIUM					
Sybaris		+			
SARDAIGNE					
Asuni		+			
Turris Libisonis					+
SICILE					
Acrae	+				
Agrigentum		+			
Catana					+
Centuripae					+
Hyccara		+			
Leontini		+			
Licodia Eubea		+			
Lilybaeum		+			
Lipara		+			
Morgantina		+			
Motyca		+			
Palma					+
Syracusae					

[5] Ce site avait déjà livré une peinture égyptisante; cfr *Inventaire*, p. 248.
[6] L'attribution à Barium n'est pas totalement assurée.

Il ressort de ce classement que près de la moitié des localités (27 sur 58) avaient déjà été recensées comme isiaques [7]. Mais, on découvre 7 nouveaux sites isiaques assurés: un en Étrurie (*Grauiscae*: une inscription à Isis et Sérapis antérieure à 48 p. C.), deux dans le Picenum (*Heluia Ricina*: dédicace à Isis; *Trea*: statue de Sérapis), deux en Campanie (*Cumae* jusqu'ici site isiaque probable devient assuré grâce à la statue d'Anubis; *Piedimonte*: dédicace à Isis que nous avions erronément attribuée à *Suessa Aurunca*), un en Apulie (*Barium*: stèle funéraire d'une Isiaque du début du IIe s.) et un en Sicile (*Acrae* qui a livré divers *isiaca* mineurs). En outre, il convient à présent d'ajouter 22 nouveaux sites isiaques probables se répartissant de la sorte:

> VENETIE: 3 (*Acelum, Ateste, Tridentum*)
> TRANSPADANE: 1 (*Biella*)
> EMILIE: 1 (*Castelfranco*)
> LIGURIE: 1 (*Sauo*)
> PICENUM: 1 (*Abruzzi*)
> LATIUM: 1 (*Albanum*)
> CAMPANIE: 2 (*Abella, Boscoreale*)
> APULIE: 1 (*Andriacae*)
> BRUTTIUM: 1 (*Sybaris*)
> SARDAIGNE: 1 (*Asuni*)
> SICILE: 9 (*Agrigentum, Hyccara, Leontini, Licodia Eubea, Lilybaeum, Lipara, Morgantina, Motyca, Palma*)

Plusieurs de ces localités appartiennent à des zones de forte implantation des dieux alexandrins, soit le Nord-Est de la péninsule (Vénétie et Émilie), soit la côte occidentale de l'Italie centrale (Latium et Campanie). Les autres documents émanent de zones où l'intensité de la diffusion isiaque est moyenne (Apulie et Sicile) ou même discrète (Tranpadane, Ligurie et Bruttium). Le nombre élevé se rapportant à la Sicile s'explique par l'inventaire détaillé que lui a consacré G. Sfameni Gasparro.

L'adjonction de ces 29 nouveaux sites isiaques assurés ou probables ne change pas les rapports de densité d'une région à l'autre,

---

[7] A propos de la répartition géographique des *isiaca* en Italie, ctr *Cultes ég. en Italie*, p. 343-351.

sauf dans le cas de la Sicile qui rejoint les régions largement gagnées aux cultes isiaques, encore que 9 des 10 nouveaux sites la concernant n'aient livré que des *isiaca* mineurs.

La localisation des nouveaux sites est conforme, en général, aux conclusions que nous avions dégagées: les lieux d'implantation isiaque occupent une place de choix, au bord de la mer, à un carrefour routier, le long ou à proximité d'une voie importante. Sur un total porté à présent à 160 sites, seuls 17 échappent à cette règle [8].

Les deux divinités les mieux représentées sont évidemment Isis et Sérapis. Les nouvelles mentions épigraphiques d'Isis sont au nombre de 8. En Étrurie [9], un autel lui est dédié par une mère et sa fille, tandis que dans le Picenum [10], c'est un cadran solaire qui est offert à une forme locale de la déesse dite *Isis Ricinensis*. A Paestum [11], une fidèle «restitue» de ses propres deniers l'*aedes* et les portiques appartenant à l'épouse de Sérapis. Ce témoignage daté de la fin du IIe-début du IIIe s. est des plus intéressants puisqu'il nous assure de la présence d'un sanctuaire en Lucanie où les traces isiaques sont discrètes en dehors de quelques villes, comme Paestum, qui ont échappé au déclin économique [12]. A Rome [13], un autel de marbre de 376 nous a conservé la mention d'une *sacerdos deae Isidis*, exerçant en même temps des charges dans le clergé de Mithra et d'Hécate, tandis qu'une stèle funéraire de Barium [14] présente le portrait d'une dévote isiaque de l'époque de Trajan. En dehors de ces cinq inscriptions latines, nous retrouvons le nom d'Isis dans le domaine de l'épigraphie grecque, grâce à une dédicace syracusaine [15]. Sans être nommément désignée, Isis est encore citée comme déesse

---

[8] Font seulement exception parmi les nouveaux sites: Biella en Transpadane, Heluia Ricina et Trea dans le Picenum, Asuni en Sardaigne, Licodia Eubea et Motyca en Sicile. Pour les sites déjà recensés dans notre *Inventaire*, on trouvera les exceptions dans *Cultes ég. en Italie*, p. 350.

[9] Cfr *supra*, 635: *Grauiscae*, 1.

[10] Cfr *supra*, p. 637: *Heluia Ricina*, 1.

[11] Cfr *supra*, p. 657: *Paestum*, 2.

[12] Cfr *Cultes ég. en Italie*, p. 347.

[13] Cfr *supra*, p. 642: *Roma*, 21a.

[14] Cfr *supra*, p. 655: *Barium*, 1.

[15] Cfr *supra*, p. 661: *Syracusae*, 4a.

«exauçante», en compagnie de Sérapis et d'Harpocrate, sur un relief votif de Pise [16]; elle apparaît enfin sur une base romaine en bronze [17] où elle est dite: τὴν πολύμορφον καὶ μυριώνυμον πανεπίσκοπον θεὸν ... νεικαφόρον. Parmi les représentations figurées, on notera à nouveau [18] la vogue des statuettes d'Isis-Fortuna [19] soulignant sa maîtrise sur le destin et son rôle de dispensatrice de bienfaits. La protection qu'elle apporte aux mères et à leurs enfants est concrétisée par l'image d'*Isis lactans* attestée ici par une statue à l'égyptienne [20] et une statuette de bronze [21]. Sur un buste en terre cuite de Centuripae [22], la grande déesse porte une coiffure assez rare: un croissant de lune [23] supportant deux épis. Cette documentation iconographique apporte encore la preuve du goût des Romains, et particulièrement d'Adrien, pour les statues ptolémaïques d'Isis [24] ou pour les exécutions hellénistico-romaines dans le style égyptisant [25] ou égyptien [26].

L'origine d'une tête d'Isis retrouvée dans le Mithréum romain de S. Stefano [27] est spécialement digne d'attention. En effet, c'est le premier exemple, à notre connaissance, d'une introduction d'Isis dans un sanctuaire mithriaque, association cependant déjà relevée à diverses reprises pour Sérapis [28]. R. E. Witt [29] a rassemblé les indices de rapprochement entre Isis et Mithra et il conclut que ces deux divinités sont complémentaires, du moins sur le plan théolo-

---

[16] Cfr *supra*, p. 636: *Pisae*, 4.

[17] Cfr *supra*, p. 642: *Roma*, 86a.

[18] Cfr *Cultes ég. en Italie*, p. 179.

[19] Cfr *supra*, p. 629: *Pola*, 5; p. 631: *Augusta Taurinorum*, 2; p. 633: *Industria*, 5; p. 652: *Neapolis*, 13; p. 660: *Leontini*, 1.

[20] Cfr *supra*, p. 639: *Villa Adriana*, 32.

[21] Cfr *supra*, p. 660: *Lilybaeum*, 1.

[22] Cfr *supra*, p. 659: *Centuripae*, 4.

[23] Pour Isis et la lune, cfr *Cultes ég. en Italie*, p. 181; Tran tam Tinh, *Isis à Pompéi*, p. 72-73; Tran tam Tinh, *Campanie*, p. 218-219 et 231, n. 22; Hani, *La religion égyptienne dans la pensée de Plutarque*, p. 219-221.

[24] Cfr *supra*, p. 639: *Villa Adriana*, 30.

[25] Cfr *supra*, p. 639-640: *Villa Adriana*, 31, 33; p. 650: *Roma*, 434l.

[26] Cfr *supra*, p. 639: *Villa Adriana*, 32.

[27] Cfr *supra*, p. 644: *Roma*, 312a.

[28] Cfr *Cultes ég. en Italie*, p. 464-467; R. E. Witt, *Some Thoughts on Isis in relation to Mithras*, dans *Mithraic Studies*, II (1975), éd. J. R. Hinnells, p. 486-487.

[29] R. E. Witt, *op. cit.*, p. 479-493.

gique. Si l'antagonisme décelé par Diel et Cumont entre Isis et Mithra est certainement exagéré, les rapports établis entre la déesse égyptienne et le dieu perse reflètent, nous semble-t-il, moins une parenté théologique qu'une communauté cultuelle occasionnelle imputable aux croyances éclectiques de certains dévots qui s'adressaient aux membres de divers panthéons orientaux. Les liens unissant Sérapis à Mithra sont beaucoup plus évidents et expliquent certainement la présence de plusieurs statues du dieu alexandrin dans les Mithréums, face à un seul cas concernant Isis. On notera d'ailleurs que si Isis et Sérapis peuvent être introduits dans le cercle d'autres divinités orientales [30], ces dernières, elles, ne sont jamais invitées à siéger comme *sunnaoi theoi* au sein des temples isiaques. Peut-être faut-il verser à ce dossier d'associations cultuelles la dédicace d'un *signum pantheum* dans le sanctuaire de la Fortune de Posilippo [31], car, comme le suppose Tran tam Tinh [32], il est possible que cette statue ait revêtu les apparences d'une Isis panthée.

Proche d'Isis est la déesse BUBASTIS dont le culte est mentionné en Sardaigne à Turris Libisonis [33] grâce à un autel érigé en 35 p.C. par un *sacerdos Bubasti(um)* [34]. Le même titre est utilisé à Rome [35] par une femme, tandis que son équivalent grec ἱερῆ Ἴσιος καὶ Βουβάστιος se rencontre à Rhodes [36]. Cette nouvelle mention prouve encore qu'à côté des *Bubastiacae*, membres d'une association cultuelle [37], il existait un véritable clergé attaché à Bubastis. Le mot *Bubastium* ne désigne pas la fête des *Bubastia* [38], car on ne possède aucun exemple parallèle d'un titre formé sur le nom d'une

---

[30] Cfr *Cultes ég. en Italie*, p. 461-468 et *infra*, p. 673, 674, 682, 685, n. 187.

[31] *CIL*, X, 1557 = Tran tam Tinh, *Campanie*, p. 63, nº 15.

[32] Tran tam Tinh, *Campanie*, p. 24.

[33] Cfr *supra*, p. 658: *Turris Libisonis*, 1a.

[34] Ce titre étant déjà attesté à Rome (cfr *Inventaire*, p. 124, nº 36.), il nous semble préférable de lire *Bubasti(um)* plutôt que le datif *Bubasti*.

[35] *Inventaire*, p. 124, nº 36.

[36] Cfr Vidman, *Sylloge*, 173. Pour Vidman, étant donné l'époque hellénistique de l'inscription, il s'agirait d'un prêtre et non d'une prêtresse; voir aussi Dunand, *Isis*, III, p. 42 et 166, n. 2.

[37] *Cultes ég. en Italie*, p. 145, 189-190; Heyob, *Isis among women*, p. 71, 110.

[38] Sur cette fête, cfr Dunand, *Isis*, II, p. 172-173, III, p. 241-242.

fête isiaque. Le pluriel *Bubastium* se rapporte à deux déesses, à savoir Isis et Bubastis qui peuvent être associées ou assimilées [39]. Il est curieux de constater que le sacerdoce d'Isis-Bubastis, déesse typiquement féminine qui préside aux accouchements, soit confié à un homme. Cette attribution nous semble due à l'époque relativement haute de l'inscription. Il est en effet bien connu qu'il n'y a pas eu de prêtresse isiaque avant l'époque impériale [40] et, en Italie, la plus ancienne *sacerdos Isidis* date même de la fin du Ier siècle [41]. La présence d'Isiaques en Sardaigne dès le début du Ier siècle n'est certes pas étrangère à la mesure édictée en 19 par Tibère qui fit exiler sur cette île 4000 affranchis «infectés» par les superstitions égyptiennes et judaïques [42]. Le *cognomen* Bubastus porté à Rome [43] par une femme constitue peut-être un autre témoignage à verser au dossier du culte de Bubastis.

La déesse-serpent THERMUTHIS, en égyptien Renenet ou Renenoutet [44], fut également rapprochée d'Isis [45]. Elle nous était déjà connue en Italie grâce à deux *cognomina* de Rome [46] et surtout par deux reliefs. Sur le premier document [47], elle apparaît sous la forme d'un serpent décorant le siège d'une Isis courotrophe, tandis que sur un autel sarde [48], elle est figurée comme un serpent à tête humaine coiffée d'une fleur de lotus. Thermuthis avait pour parèdre, ainsi que l'indiquent les représentations figurées et les hymnes

---

[39] Cfr Vidman, *Sylloge*, p. 34 *sub* n° 67; Dunand, *Une interpretatio romana d'Isis. Isis, déesse des naissances*, dans *REL*, 41 (1962), p. 83-86; Id., *Isis*, I, p. 85, 118-119, III, p. 41-42, 263-264.

[40] *Cultes ég. en Italie*, p. 136-137; Heyob, *Isis among women*, p. 90-93.

[41] Cfr *Inventaire*, p. 294: *Aeclanum*, 1.

[42] Cfr Tacite, *Ann.*, II, 85, 5. Sur ce texte, cfr *Cultes ég. en Italie*, p. 390.

[43] Cfr *supra*, p. 643: *Roma*, 130 ter. Le *cognomen* Βούβαστους signalé à Rome (*IG*, XIV, 1453, cfr *Cultes ég. en Italie*, p. 46) pourrait lui aussi, selon Vidman dans *Eirene*, 13 (1975), p. 181-182, avoir été porté par un homme.

[44] Cfr J. Quaegebeur, *Le dieu égyptien Shaï dans la religion et l'iconographie* (Louvain, 1975), p. 152-153.

[45] Sur Isis-Thermuthis, cfr J. Broekhuis, *De Godin Renenwetet* (Assen, 1971), p. 105-109; V. Vanderlip, *The Four Greek Hymns of Isidorus and the Cult of Isis* (Toronto, 1972), p. 20; Tran tam Tinh, *Isis lactans*, p. 14-15; Dunand dans *BIFAO*, 67 (1969), p. 9-48; Id., *Isis*, I, p. 89-91, 134, III, 266; Quaegebeur, *op. cit.*, p. 85-88 et nos *Cultes ég. en Italie*, p. 185.

[46] Cfr *Inventaire*, p. 166, n° 303 et 304.

[47] Cfr *Inventaire*, p. 250: *Carinola*, 1.

[48] Cfr *Inventaire*, p. 315: *Turris Libisonis*, 1.

d'Isidore gravés à Medinet Madi, le crocodile Sokônopis ou Souchos, deux équivalents grecs de l'égyptien Sobek [49]. Nous trouvons d'ailleurs ce compagnon divin sur l'autel de Turris Libisonis où il revêt l'aspect d'un crocodile coiffé du lotus. Le troisième côté de cet autel est occupé par un chien, la tête pareillement surmontée d'une fleur de lotus. Mingazzini [50] voyait dans ce chien le symbole de l'étoile Sirius identifiée à Isis guide des navigateurs car, selon lui, l'autel aurait été dédié par un marin, suite à un vœu émis lors d'une tempête. Cette interprétation est fondée sur l'idée erronée que l'auteur se fait d'Isis-Thermuthis. Mingazzini, en effet, met Isis-Thermuthis en relation avec la navigation à cause de sa torche[51], où il voit une allusion évidente au Phare d'Alexandrie, et des vagues [52] sur lesquelles reposeraient certaines de ces images. En réalité, la torche [53] est empruntée à Déméter et les soi-disant vagues sont en fait une base drapée. Le chien figurant sur l'autel sarde est donc bien Anubis. Sa présence n'a rien d'étrange aux côtés des dieux de Medinet Madi, où il est attesté depuis le Moyen Empire [54] et où nous le retrouvons à l'époque ptolémaïque dans le sanctuaire qui l'abrite, en compagnie de Renenoutet et de Sobek [55], ou dans une dédicace grecque gravée sur la base d'un sphinx dressé sur le dromos menant au temple [56]. Nous serions même tenté de faire de

---

[49] Cfr Cl. Dolzani, *Il dio Sobek* (Rome, 1961); Broekhuis, *op. cit.*, p. 101-105. Pour les hymnes d'Isidore, cfr Vanderlip, *op. cit.*, avec la bibliographie, à laquelle on ajoutera encore: E. Bernand, *Inscriptions métriques de l'Égypte gréco-romaine* (Paris, 1969), p. 631-652; Broekhuis, *op. cit.*, p. 110-141; J. Bollók, *Du problème de la datation des hymnes d'Isidore*, dans *Studia Aegyptiaca*, I (1974), p. 27-37.

[50] P. Mingazzini dans *Studi Sardi*, 12-13 (1952-54), p. 495-497.

[51] Cfr Dunand, *Isis*, I, pl. XXV-XXVII; Id. dans *BIFAO*, 67 (1969), p. 18, fig. 3 et p. 19, fig. 4.

[52] Cfr Dunand, *Isis*, I, pl. XXVII et XXVIII, 2; Id. dans *BIFAO*, 67 (1969), p. 11, n° 4, p. 14, n° 9 et p. 18, c; Tran tam Tinh, *Campanie*, p. 230, n. 12.

[53] Cfr Dunand, *Isis*, I, p. 91.

[54] Cfr S. Donadoni dans *Orientalia* (1967), p. 338, 340.

[55] Cfr A. Vogliano, *Primo Rapporto degli scavi condotti dalla Missione Archeol. d'Egitto della R. Univ. di Milano nella zona di Medinet Madi* (Milan, 1936), pl. XXXVII.

[56] Cfr Vogliano, *op. cit.*, p. 55 = *SEG*, VIII, 545. Pour les témoignages relatifs à Anubis dans le Fayoum, cfr E. Bernand, *Recueil des inscriptions grecques du Fayoum*, I (Leyde, 1975), p. 202.

l'Anubis décorant l'autel sarde le fils d'Isis-Thermuthis. L'identité
de l'enfant issu du couple divin de Medinet Madi nous est révélée
par les hymnes d'Isidore qui le désignent sous le nom d'Anchoès
(= le vivant, ʿnḫj en égyptien) et le décrivent comme le soleil
levant [57]. Cet enfant divin, qui participe à la nature d'Horus-
Harpocrate, de Népri [58], dieu du grain, et de Sobek [59], est représenté
sous les traits d'un enfant ou d'un crocodile [60]. N'a-t-on pu aussi
lui prêter l'apparence d'Anubis, lequel selon une tradition récente,
est précisément considéré comme le fils d'Isis [61] ou d'Osiris [62],
divinité à laquelle s'identifiera parfois le dieu-crocodile [63] ? Par
ailleurs, Anubis peut très bien s'accommoder du caractère solaire
prêté à Anchoès puisque le dieu-chacal fusionna avec le dieu-
faucon sous le nom d'Horus-Anubis [64], et que, dans la documentation isiaque, Anubis est à l'occasion coiffé du disque solaire [65]. La
raison de l'érection de cet ex-voto italien à Isis-Thermuthis est
probablement à mettre en rapport, non avec le caractère nourricier
ou agricole de cette déesse, mais bien avec son rôle de génie personnel qui apporte la bonne fortune, trait qui en fit la parèdre de
Shaï [66] et qu'illustre son association avec le griffon de Némésis [67].
D'ailleurs Isis elle-même est déjà dans l'Egypte pharaonique la
maîtresse du destin [68]. De son côté, dans son temple de Medinet

[57] Cfr E. Bernand, *Inscriptions métriques de l'Égypte gréco-romaine*,
p. 644-645; Vanderlip, *op. cit.*, p. 41-42, 62.
[58] Cfr J. Bergman, *Isis-Seele und Osiris-Ei* (Uppsala, 1970), p. 87, n. 1;
J. G. Griffiths, *Isis-Book*, p. 324.
[59] Cfr E. Bresciani, *La dea cobra che allatta il coccodrillo a Medinet Madi*,
dans *Aegyptus*, 56 (1976), p. 4, 8.
[60] Cfr Bresciani, *op. cit.*, p. 8-9 et pl. I-IV.
[61] Vidman, *Sylloge*, 325; J. Vandier, *Le papyrus Jumilhac* (Paris, 1962),
p. 117 (VI, 3-4), p. 125, 155 (XIV, 2-3); Griffiths, *De Iside*, p. 318, 465.
[62] Vandier, *ibidem*; Griffiths, *De Iside*, p. 318; B. Altenmüller, *Anubis*,
dans *Lexicon der Ägyptologie*, I, 1 (1972), col. 327.
[63] Cfr Broekhuis, *De Godin Renenwetet*, p. 102-103.
[64] Cfr Vandier, *op. cit.*, p. 32; Altenmüller, *op. cit.*, col. 330.
[65] Cfr *Inventaire*, p. 57: *Antium*, 2; p. 236: *Roma*, 442a et pl. 26.
[66] Cfr Broekhuis, *op. cit.*, p. 90-95; Quaegebeur, *Le dieu égyptien Shaï*,
p. 125, 152-153.
[67] Cfr *Inventaire*, p. 250: *Carinola*, 1 et pl. 33; Dunand dans *BIFAO*, 67
(1969), p. 21-22 et fig. 6.
[68] Cfr Quaegebeur, *op. cit.*, p. 85-88; J. Bergman, «*I Overcome Fate,
Fate Harkens to Me*», dans *Fatalistic Beliefs in Religion, Folklore, and Literature*, éd. H. Ringgren (Stockholm, 1967), p. 35-51.

Madi, Sokônopis en tant que parèdre de Renenoutet-Thermuthis est assimilé à Shaï, sous le nom d'Agathos-Daimôn [69], lequel à son tour peut s'identifier à Sérapis [70]. Ainsi, à la suite de subtiles associations, Renenoutet et Sokônopis s'intègrent parfaitement à la sphère des cultes isiaques, ce qui explique que l'autel sarde porte une dédicace à Isis. Si le style des figures du serpent, du crocodile et du chien trahit une œuvre romaine, il est néanmoins probable que c'est en Egypte que le dédicant a appris à connaître des divinités dont le culte est si étroitement lié au Fayoum.

La stèle dédiée à Renenoutet [71] dans le sanctuaire oriental de la via Appia est un nouveau document attestant la présence de Thermuthis en terre italienne. Ici, il est clair que l'offrande émane d'un Égyptien venu du Fayoum.

En ce qui regarde SÉRAPIS, les mentions épigraphiques sont moins nombreuses puisque le parèdre d'Isis apparaît au maximum dans quatre inscriptions. Son culte est établi avec certitude à Grauiscae [72] et à Pise [73]; ce sont là les deux premières inscriptions relatives à Sérapis découvertes en Étrurie. Il est possible que le dieu alexandrin soit encore mentionné sur un pied votif trouvé à Rome [74] dans un temple de Liber et sur une dédicace grecque de Syracuse [75]. Les documents figurés, surtout des têtes et des bustes, sont beaucoup plus abondants, mais ils appartiennent principalement au Latium et à Rome, fait que nous avions déjà constaté [76]. Toutefois, certaines nouvelles représentations permettent de signaler Sérapis en Transpadane, en Étrurie, dans le Picenum et en Apulie, c'est-à-dire dans des régions demeurées jusqu'ici sans trace du culte sarapiaque. La documentation s'est surtout considérablement enrichie pour la Sicile, grâce au travail de G. Sfameni Gasparro. Enfin, les restes d'une effigie et le relief d'un autel [77] nous assurent

[69] Cfr Quaegebeur, *op. cit.*, p. 102 et n. 3, 173.
[70] Cfr Quaegebeur, *op. cit.*, p. 264; Dunand dans *BIFAO*, 67 (1969), p. 32-33, 41, 45-47.
[71] Cfr *supra*, p. 643: *Roma*, 109a.
[72] Cfr *supra*, p. 635: *Grauiscae*, 1.
[73] Cfr *supra*, p. 636: *Pisae*, 4.
[74] Cfr *supra*, p. 648: *Roma*, 132b.
[75] Cfr *supra*, p. 661: *Syracusae*, 4a.
[76] *Cultes ég. en Italie*, p. 163.
[77] Cfr *supra*, p. 640: *Villa Adriana*, 34 et 35.

maintenant de la présence de Sérapis dans la villa d'Adrien à Tivoli; cette présence est toutefois bien discrète face aux nombreuses images d'Isis [78].

On soulignera que plusieurs témoignages sont issus de sanctuaires consacrés à des divinités non-égyptiennes. Non seulement un buste de Sérapis était placé dans le temple de Cybèle sur le Palatin [79], mais deux autres documents analogues proviennent du temple de Diane à Nemi [80] et de la source voisine du petit sanctuaire dédié à Juturne sur le forum romain [81]. En outre, un pied votif peut-être inscrit au nom de Sérapis fut exhumé dans un sanctuaire de Liber [82], dieu avec lequel Sérapis offre des affinités [83].

Du point de vue iconographique, plusieurs documents comprenant une tête de marbre [84], deux lampes [85], une intaille [86] et des coupes siciliennes en argile [87] nous ont conservé l'image de Sérapis-Hélios, la tête entourée de rayons solaires. Il est généralement admis que le rapprochement, d'origine égyptienne aux yeux de certains auteurs [88], de Sérapis avec Hélios n'apparaît pas avant

---

[78] Cfr *Inventaire*, p. 104-105, n° 1-5, p. 108, n° 14 et *supra*, p. 639-640: *Villa Adriana*, 30-33.

[79] Cfr *supra*, p. 647: *Roma*, 406c. Sur Isis et Cybèle, cfr *Cultes ég. en Italie*, p. 467-468; Tran tam Tinh, *Campanie*, p. 218-219, 231, n. 19.

[80] Cfr *supra*, p. 638: *Nemus Dianae*, 5. Sur les rapports de Diane avec Isis, cfr *Cultes ég. en Italie*, p. 309; Tran tam Tinh, *Campanie*, p. 214-215, 229, n. 5; Heyob, *Isis among women*, p. 70, 72-73; Grandjean, *Une nouvelle arétalogie*, p. 58, n. 115 et 119; Griffiths, *De Iside*, p. 501.

[81] Cfr *supra*, p. 647: *Roma*, 406a.

[82] Cfr *supra*, p. 648: *Roma*, 432b.

[83] Cfr A. Bruhl, *Liber Pater* (Paris, 1953), p. 250-252.

[84] Cfr *supra*, p. 657: *Beneuentum*, 55.

[85] Cfr *supra*, p. 645 et 662: *Roma*, 341a et *Syracusae*, 16.

[86] Cfr *supra*, p. 662: *Syracusae*, 19.

[87] Cfr *supra*, p. 659-662: *Acrae*, 2; *Centuripae*, 6-7; *Licodia Eubea*, 1; *Morgantina*, 1; *Syracusae*, 17.

[88] Cfr J. Hani, *Sarapis dieu solaire*, dans *REG*, 83 (1970), p. 52-55; Hornbostel, *Sarapis*, p. 23-24, n. 3. Cette identification serait due à la nature solaire revêtue par Osiris à Basse Époque, à ce sujet, voir: Griffiths, *Isis-Book*, p. 315. Sur Hélios-Sérapis, voir aussi: W. Weber, *Drei Untersuchungen zur ägyptisch-griechischen Religion* (Heidelberg, 1911), p. 5-18; J. Stambaugh, *Sarapis under the early Ptolemies* (Leyde, 1972), p. 79-82; F. Thelaman, *Sérapis et le baiser du soleil*, dans *Aquileia e l'Africa. Antichità alto-adriatiche*, V (Udine, 1974), p. 227-250; Grandjean, *Une nouvelle arétaologie*, p. 57-60.

l'époque flavienne [89]. Or voici que cette question rebondit, notamment à cause des coupes siciliennes [90] datables de l'époque hellénistique [91] et décorée des bustes accolés d'Isis et Sérapis radié. La tête du dieu alexandrin est également pourvue de la couronne solaire sur une monnaie de Catane postérieure à 212 av. J.-C.[92] et la nouvelle arétalogie de Maronée, gravée, d'après les critères paléographiques, dans la 2e 1/2 du IIe s. ou dans la 1ere 1/2 du Ier s. av. J.-C.[93] exprime aussi un rapprochement entre Sérapis et Hélios en ces termes: «tu (sc. Isis) a pris Sérapis comme compagnon, et, après que vous eûtes institué le mariage, le monde a resplendi sous vos visages, placé sous les regards d'Hélios et de Séléné» [94]. Dans ces conditions, il faudrait admettre que l'identification de Sérapis avec le Soleil était déjà chose faite à l'époque hellénistique [95] et que celle-ci semble être née dans le monde grec plutôt qu'alexandrin.

Sur certaines coupes siciliennes [96] et monnaies [97] de Catane, Sérapis n'est pas seulement radié, mais il porte, en outre, la coiffure isiaque composée du disque solaire posé entre deux cornes de vache et surmonté de deux hautes plumes, emblème qui sert à l'identifier comme une divinité égyptienne. C'est à sa divine épouse que

---

[89] *Cultes ég. en Italie*, p. 195-196; Hornbostel, *ibidem*; Tran tam Tinh, *Isis et Sérapis se regardant*, dans *RA* (1970), I, p. 67-68. La plus ancienne représentation datée avec certitude est celle d'une monnaie alexandrine de Domitien de 86-87 (cfr Vogt, *Die alexandrinischen Münzen*, I, p. 49, 55 sq., II, p. 18), tandis que la plus ancienne inscription date de 142/3 (cfr Vidman, *Sylloge*, 366).

[90] Cfr *supra*, n. 87.

[91] Suivant Sfameni Gasparro, *Sicilia*, p. 22-26, 105, la datation la plus prudente est fin du IIIe-début du IIe siècle.

[92] Cfr Sfameni Gasparro, *Sicilia*, p. 205, nº 129. Tran tam Tinh, *Isis et Sérapis se regardant*, dans *RA* (1970), I, p. 67-68, n. 2 émet des doutes sur la présence d'une couronne radiée, mais celle-ci en tout cas apparaît clairement sur l'emplaire reproduit par P. Naster, *La collection Lucien de Hirsch* (Bruxelles, 1959), p. 83, nº 370 et pl. XIX.

[93] Cfr Grandjean, *Une nouvelle arétalogie*, p. 19.

[94] Cfr Grandjean, *op. cit.*, p. 17, l. 17-19, p. 20 (traduction) et p. 57-65 (commentaire).

[95] Tran tam Tinh, *Campanie*, p. 18, n. 2, revenant sur ses conclusions antérieures, écrit: «Il semble que Hélios-Sérapis était connu à Syracuse au IIIe siècle av. J.-C. Nous étudierons ailleurs ce problème extrêmement important de l'iconographie sérapidienne».

[96] Cfr *supra*, p. 659 sq.: *Centuripae*, 6-7; *Licodia Eubea*, 1; *Syracusae*, 17.

[97] Cfr Sfameni Gasparro, *Sicilia*, nº 129.

Sérapis a emprunté cette couronne, qui n'est autre que l'antique coiffe hathorique [98]. On se trouve donc devant un mélange d'éléments grec et égyptien combinés pour mettre en relief la nature solaire du grand dieu alexandrin.

Si le modius est l'attribut le plus répandu, et presque de rigueur à l'époque romaine, Sérapis est parfois coiffé de la couronne *atef* soulignant son rôle d'héritier d'Osiris. Cette coiffure est particulièrement fréquente sur les intailles et sceaux ptolémaïques avec bustes jumelés d'Isis et Sérapis [99], sur des reliefs décorant des vases isiaques provenant d'Égypte [100] et sur des tétradrachmes de Ptolémée IV Philopator [101]. A l'époque romaine, cette couronne *atef* a souvent été interprétée comme une fleur de lotus ainsi que l'illustrent, par exemple, de nombreuses représentations de Pompéi [102]. Le petit pschent d'Harpocrate subira le même sort [103]. L'effacement du *calathos* au profit de l'*atef* sur autant de documents hellénistiques pose le problème de la statue ou plutôt des statues de culte de Sérapis en Égypte. Nous croirions volontiers qu'au lieu du type canonique tout hellénisé, certains sanctuaires nilotiques ont abrité des statues où l'origine égyptienne du nouveau dieu était suggérée par sa coiffure.

Une lampe romaine [104] figurant Sérapis emporté par un aigle tenant un foudre nous rappelle un thème déjà connu en Italie par

---

[98] Cfr Malaise, *Histoire et signification de la coiffure hathorique à plumes*, dans *Studien zur altägyptischen Kultur*, 4 (1976), p. 215-236. Isis prêtera aussi cette coiffure occasionnellement à Osiris, comme l'illustre un petit Osiris-Canope en bronze du Louvre coiffé du *basileion* isiaque complété par un uraeus et deux épis, et non de l'*atef* comme le suppose A. Fouquet, *Quelques représentations d'Osiris-Canope au Musée du Louvre*, dans *BIFAO*, 73 (1973), p. 62, n° 2 et pl. III.

[99] Cfr Hornbostel, *Sarapis*, p. 139 et fig. 61, 62, 66; Tran tam Tinh, *Isis et Sérapis se regardant*, dans *RA* (1970), I, p. 59; Id., *A propos d'un vase isiaque inédit du Musée de Toronto*, dans *RA* (1972), II, p. 332-333.

[100] Cfr Tran tam Tinh, *A propos d'un vase isiaque . . .*, p. 324, 328-333, n° 1, 2, 3, 10, 13, 16-18, 22, 25 et fig. 6, 9, 10, 11.

[101] Cfr H. Seyrig dans *Annuaire de l'Inst. de Philol. et d'Hist. Orient. et Slave de l'Univ. de Bruxelles*, 13 (1953), p. 607 et pl. II, 1; Hornbostel, *Sarapis*, p. 141 et fig. 68; Tran tam Tinh, *A propos d'un vase isiaque . . .*, p. 332, n. 4 et fig. 21.

[102] Cfr Tran tam Tinh, *Isis à Pompéi*, p. 85 et pl. VIII, 1; IX, 1; XIX, 1.

[103] Cfr Tran tam Tinh, *Isis à Pompéi*, pl. V, 1; IX, 1; XII, 3.

[104] Cfr *supra*, p. 645: *Roma*, 333f.

l'anse d'une lampe découverte à Ostie [105] et un relief dolichénien [106]. Il s'agit non pas d'une manifestation de la parenté qui lie Sérapis à Zeus, puisque Isis est également emportée par l'aigle, mais d'un langage allégorique né en Asie Mineure et en Syrie pour symboliser la domination sur le cosmos [107].

HARPOCRATE, le fils d'Isis [108], est peut-être l'instigateur de l'offrande rapportée par une inscription grecque de Rome [109], si le nom d'Apollon cache bien, comme c'est souvent le cas [110], le jeune dieu alexandrin. Pour le reste, il apparaît, seul ou accompagné, soit sur des documents mineurs (statuettes [111], lampes [112]), soit comme motif décoratif sur des chapiteaux [113] ou dans des peintures égyptisantes [114]. Un monument mérite de retenir l'attention: la base d'une statue provenant du sanctuaire oriental de Sarsina [115], où le jeune dieu était appuyé contre un tronc d'arbre [116]. Souvent

---

[105] Cfr *Inventaire*, p. 84, n° 106 et pl. 7.

[106] Cfr *Inventaire*, p. 141, n° 101.

[107] Cfr Hornbostel, *Sarapis*, p. 220-228.

[108] Bien que complétant «la sainte famille», la présence de l'enfant divin aux côtés de ses parents est relativement rare sur les monuments et plus encore dans le domaine épigraphique, cfr *Cultes égyptiens en Italie*, p. 202-203; Tran tam Tinh, *A propos d'un vase isiaque inédit du Musée de Toronto*, dans *RA* (1972), II, p. 334-337.

[109] Cfr *supra*, p. 642: *Roma*, 86a.

[110] Cfr *Cultes ég. en Italie*, p. 200, 201, 309. Pour Délos, voir les exemples réunis par L. Vidman, *Quelques remarques sur les inventaires des Sérapées de Délos*, dans *Acts of the 5th Intern. Congress of Greek and Latin Epigraphy, 1967* (Oxford, 1971), p. 94 et 99, n. 14; Ph. Bruneau, *Recherches sur les cultes de Délos à l'époque hellénistique et impériale* (Paris, 1970), p. 168; J. Marcadé, *Au Musée de Délos. Étude sur la sculpture hellénistique en ronde-bosse découverte dans l'île* (Paris, 1969), p. 174-177. Que les *apolloniskoi* figurant dans les inventaires du temple égyptien sont bien des Harpocrate est évident puisque l'un d'eux portait un faucon à la main droite (cfr *ID*, 1417, B, I, 25).

[111] Seul, cfr *supra*, p. 631: *Biella*, 1; p. 633: *Industria*, 6; p. 659: *Acrae*, 1. Accompagné, cfr *supra*, p. 651: *Abella*, 1.

[112] Seul, cfr p. 637: *Heluia Ricina*, 2; p. 651: *Boscoreale*, 2; p. 655: *Puteoli*, 32; p. 658: *Sybaris*, 1. Accompagné: cfr *supra*, p. 645: *Roma*, 333e, p. 650: *Roma*, 434i; p. 654: *Puteoli*, 31.

[113] Cfr *supra*, p. 635: *Pisae*, 2; p. 647: *Roma*, 409a.

[114] Cfr *supra*, p. 651: *Baiae*, 1.

[115] Cfr *supra*, p. 635: *Sarsina*, 3.

[116] Il n'est cependant pas assuré qu'il s'agit bien du dieu Harpocrate; cfr par exemple une statue mithriaque dans A. Garcia y Bellido, *Les religions orientales dans l'Espagne romaine* (Leyde, 1967), p. 31 et pl. IV.

44

les statuettes, les figurines et les amulettes nous montrent Harpocrate debout et appuyant le bras porteur de la corne d'abondance sur un tronc étêté [117]. G. Ristow [118] y voit une évocation du tronc d'arbre qui avait enserré, en se développant, le coffre contenant le cadavre d'Osiris échoué sur le rivage de Byblos [119]. Cependant, ce tronc ne fut pas découvert par Harpocrate, comme l'écrit erronément G. Ristow, mais bien par Isis. Le même auteur songe aussi à un rapprochement avec Attis, dont la liaison avec le pin est bien connue [120], toutefois rien ne permet de conclure à l'existence d'un Harpocrate-Attis et rien n'indique que l'arbre d'Harpocrate fût bien un pin. Au contraire, le tronc, souvent mince et noueux, fait songer à un cep de vigne, autour duquel s'enroule parfois un serpent [121]. Sur d'autres documents, le fils d'Isis s'appuie de la même manière sur une massue [122]. Dans ces conditions, le tronc d'arbre, autour duquel s'enroule parfois aussi un serpent [123], n'est-il

---

[117] Il ne peut s'agir d'un simple appui supportant le bras gauche lourdement chargé, car nombre de représentations analogues en sont dépourvues.

[118] G. Ristow, *Zur Eschatologie auf Denkmälern synkretistisch-orientalischen Mysterienkulte in Köln*, dans *Kölner Jhb für Vor- und Frühgeschichte*, 9 (1967-68), p. 109.

[119] Cfr Plutarque, *De Iside*, 14. Sur l'identification de cet ἐρείκη, cfr J. G. Griffiths, *Plutarch's De Iside et Osiride*, 1970, p. 322-324.

[120] Cfr, par exemple, le relief d'un autel taurobolique de Rome où le jeune dieu est appuyé contre un pin (cfr *CIL*, VI, 505 et M. J. Vermaseren, *The Legend of Attis in Greek and Roman Art* (Leyde, 1966), p. 27 et pl. XVI) et surtout une statuette d'Attis, brandissant un tambourin et un *pedum*, debout à côté d'un tronc auquel sont suspendus des cymbales (cfr Id., *op. cit.*, pl. XXXV, 1 et F. Cumont, *Les religions orientales dans le paganisme romain* (Paris, 4e éd. ,1929), pl. IV, 3). Le tronc dans certains cas se réduit à une colonne, cfr Vermaseren, *op. cit.*, p. 14.

[121] Cfr Tran tam Tinh, *Herculanum*, p. 75, no 44 et fig. 20; Sfameni Gasparro, *Sicilia*, p. 213, no 158 et fig. 32; Ristow, *op. cit.*, pl. 31; Grimm, *Die Zeugnisse ägyptischer Religion und Kunstelemente im römischen Deutschland* (Leyde, 1969), p. 19, no 8 et pl. 38, 3; Tran tam Tinh, *Isis à Pompéi*, p. 162, no 104 et pl. XXI, 2; Reinach, *RSGR*, II, 481, 7 et 483, 9.

[122] Cfr Tran tam Tinh, *Herculanum*, p. 68, no 23 et fig. 16; Reinach, *RSGR*, II, 482, 1 et 3.

[123] Cfr Tran tam Tinh, *Isis à Pompéi*, p. 163, no 107, 109 et pl. XII, 1; p. 169, no 124; p. 170, no 129 et 129 ter, p. 173, no 136 et pl. IX, 1; Id., *Herculanum*, p. 70, no 25 et fig. 19; p. 71, no 27-30; p. 72, no 34; p. 73, no 35-36; p. 74, no 39-43; Id., *Campanie*, p. 74, no 25; Dunand, *Isis*, II, pl. XVI, 2 = R. Salditt-Trappmann, *Tempel der ägyptischen Götter in Griechenland und an der Westküste Kleinasiens* (Leyde, 1970), fig. 42 (ce dernier exemple est une statue); Reinach, *RSGR*, 481, 1, 7, 8, 9; 482, 4, 8; 483, 2.

pas une déformation du cep ou de la massue, tout comme le pilier [124] ou la colonne [125] qui se substitue parfois au tronc ? Cep et massue sont pour leur part des attributs normaux pour ce dieu alexandrin. Par son assimilation à Chonsou, correspondant d'Héraclès [126], Harpocrate pouvait se voir confier l'arme du héros grec. Quant au cep de vigne, il nous introduit dans l'ambiance dionysiaque où Harpocrate ne fait pas mauvaise mine. En effet, on a découvert en 1939 à Chalcis une arétalogie [127] de la fin du IIIe s.-début du IVe s.[128], adressée au fils d'Isis invoqué sous le nom de Karpocratès, résultat d'un jeu de mots sur Harpocrate et *karpos*, lequel, comme le prouvent les épithètes καρποτόκος et *frugifera* appliquées à Isis, est lui aussi issu de l'épouse de Sérapis [129]. Ce «maître des récoltes» présenté sous un jour fortement hellénisé se définit lui-même comme le compagnon des Bacchants et des Bacchantes et comme l'inventeur du vin coupé d'eau [130]. On notera au passage qu'Anubis est souvent figuré debout contre un tronc de palmier [131] ou face à un palmier [132]; parfois l'arbre est remplacé par une palme [133], symbole

---

[124] Cfr Grimm, *op. cit.*, p. 157, n° 41 et pl. 38, 4; Dunand, *Isis*, I, pl. XXXI.

[125] Cfr Dunand dans *BIFAO*, 67 (1969), p. 39, n. 1.

[126] Cfr Dunand dans *BIFAO*, 67 (1969), p. 38-40.

[127] Cfr R. Harder, *Karpocrates von Chalcis und die memphitische Isis-propaganda*, dans *Abh. der Preussichen Ak. der Wiss., Philos.-hist. Kl.*, 14 (1943); Vidman, *Sylloge*, 88; traduction de F. C. Grant, *Hellenistic Religions. The Age of Syncretism* (New York, 1953), p. 134-136.

[128] Cfr J. et L. Robert dans *Bull. Épigr.* (1946-47), n° 171.

[129] Cfr Dunand, *Isis*, II, p. 153, n. 4. En outre, comme le remarque J. Bergman, *Isis-Seele und Osiris-Ei* (Uppsala, 1970), p. 87, n. 1, Harpocrate en tant que fils de Renenoutet-Thermuthis-Isis pouvait être identifié à Népri («le grain»), rejeton de Renenoutet. La forme Karpocratès se retrouve en Égypte, cfr E. Bernand, *Inscriptions métriques*, n° 107. Clément d'Alexandrie dans ses *Stromata* signale l'existence de Karpocratiens constituant une petite secte gnostique, cfr H. Kraft, *Gab es einen Gnostiker Karpokrates?* dans *Theologische Zeitschrift*, 8 (1952), p. 434-443.

[130] Cfr Vidman, *Sylloge*, 88.

[131] Cfr *Inventaire*, p. 57: *Antium*, 2 et pl. 1; *supra*, p. 651: *Cumae*, 3 = Tran tam Tinh, *Campanie*, pl. XVIII. Voir aussi la statue d'Hermanubis de Ras es-Soda, cfr Dunand, *Isis*, I, pl. XI, 2.

[132] Cfr l'autel d'Acci en Espagne: Garcia y Bellido, *Les religions orientales dans l'Espagne romaine*, p. 110 et pl. XI = Leclant, *IBIS*, II, pl. XII.

[133] Voir les exemples suivants en Italie: *Inventaire*, p. 6: *Altinum*, 1; p. 84: *Ostia*, 106 et pl. 7; p. 86: *Ostia*, 113 et pl. 8, b; p. 113: *Roma*, 5; p. 236: *Roma*, 442a et pl. 26; p. 244-245: *Roma*, 459-462; p. 288: *Puteoli*, 26; et *supra*, p. 651: *Abella*, 1; p. 650: *Roma*, 434i; p. 654: *Puteoli*, 31 = Tran tam Tinh, *Campanie*, fig. 26-30.

de la victoire sur la mort [134]. Pour sa part, Isis sur quelques rares statuettes en bronze, appuie le bras gauche chargé de la *cornucopia* sur une colonnette, autour de laquelle peut s'enrouler un serpent [135]. Dans le cas d'Isis, on pourrait songer à une inspiration prise auprès d'une statue de marbre dont le bras lourdement chargé aurait dû reposer sur un support. Cette explication n'est d'ailleurs pas à écarter totalement pour Harpocrate, car il existe des statues de marbre où le jeune dieu, dans un style d'inspiration praxitélienne, est appuyé contre un pilastre [136].

Les nouveaux documents relatifs à ANUBIS sont des *isiaca* mineurs où nous voyons le dieu-chacal accompagner Isis et Harpocrate sur des lampes [137] ou sur une statuette en terre cuite [138]. L'autel funéraire d'une Isiaque de Bari [139] est également décoré d'une image du dieu psychopompe. On y ajoutera deux statuettes [140] dont une, provenant de Catane, représente, suivant l'iconographie égyptienne, le dieu debout, les deux bras collés au corps, coiffé d'une couronne *atef* et vêtu d'un pagne. Très intéressant est un vase canope exécuté sur une des colonnes ornées de reliefs de l'Iséum du Champ de Mars: il est surmonté d'une tête janiforme d'Isis et Anubis coiffés d'un emblème commun, la couronne hathorique emplumée [141]. C'est également le dieu-chacal qui doit être sculpté sur l'autel de Turris Libisonis mentionné plus haut [142].

Les trouvailles récentes sont rarement relatives à OSIRIS. Le premier époux d'Isis est mentionné dans une seule inscription, une

---

[134] Cfr J. G. Griffiths, *Isis-Book*, p. 135-137, 198-203, 219.

[135] Cfr G. Grimm, *Die Zeugnisse ägyptischer Religion und Kunstelemente im römischen Deutschland*, n° 29 et pl. 25, 5; Sfameni Gasparro, *Sicilia*, n° 152 et fig. 30; Tran tam Tinh, *Campanie*, p. 209-210 et fig. 17; Kl. Parlasca dans Helbig, *Führer*, I, 4e éd., p. 218, n° 269.

[136] Cfr A. Adriani, *Repertorio d'arte dell'Egitto greco-romano*, A, II, (Palerme, 1961), n° 150, 151 et pl. 73.

[137] Cfr *supra*, p. 645: *Roma*, 333e; p. 650: *Roma*, 434i; p. 651: *Boscoreale*, 2; p. 654: *Puteoli*, 31.

[138] Cfr *supra*, p. 651: *Abella*, 1.

[139] Cfr *supra*, p. 655: *Barium*, 1.

[140] Cfr *supra*, p. 629: *Acelum*, 1 et p. 659: *Catana*, 11.

[141] Cfr Roullet, *Rome*, fig. 45. Ces reliefs sont déjà mentionnés dans notre *Inventaire* (cfr p. 195, n° 352; p. 197, n° 363, p. 198, n° 368 et p. 203, n° 386), mais ce détail nous a été révélé grâce à une photo publiée par Roullet.

[142] Cfr *supra*, p. 671-673.

lamelle avec texte magique du IVe-Ve s. [143]. Ses images sont conformes à l'iconographie traditionnelle: il revêt l'apparence d'Osiris-Canope [144] ou se présente sous la forme de statuettes momiformes en bronze [145]. Osiris serait encore intégré à la décoration de la stèle de Bari [146].

Le taureau APIS, assimilé à Osiris, ancêtre de Sérapis sous son aspect d'Osiris-Apis, conçu aussi comme l'époux d'Isis-Hathor [147] et même comme le fils d'Osiris et Isis [148], escorta les divinités du cercle isiaque dans leur diffusion hors d'Égypte. Il est encore attesté par quelques statuettes [149], deux peintures égyptisantes [150], une monnaie de Julien l'Apostat [151] et enfin par une statue égyptienne de granit trouvée près du Canope de la villa d'Adrien à Tivoli [152], où il est cette fois figuré comme un être humain taurocéphale. Un taureau en marbre blanc dédié au IIe siècle de notre ère par Gaius Cartilius Euplus dans la sanctuaire d'Attis, à l'intérieur du *temenos* de la Magna Mater à Ostie [153], n'est probablement pas un Apis. Le disque solaire qu'il porte entre les cornes est frappé d'une étoile, ce qui ferait davantage songer au taureau du zodiaque [154].

En dehors de la famille isiaque, il faut citer quelques images divines qui sont plutôt à considérer comme des *aegyptiaca*: une figurine en terre cuite de la déesse hippopotame Thouëris [155], une statuette en granit noir de Path-Tenen [156] et le fragment d'une stèle d'Horus sur les crocodiles repêchée dans le Tibre [157]. On y ajoutera

---

[143] Cfr *supra*, p. 659: *Acrae*, 4.
[144] Cfr *supra*, p. 640: *Villa Adriana*, 36 et p. 645: *Roma*, 336c.
[145] Cfr *supra*, p. 629: *Ateste*, 1 et p. 661: *Palma di Montechiaro*, 1.
[146] Cfr *supra*, p. 655: *Barium*, 1.
[147] *Cules ég. en Italie*, p. 212-214.
[148] Cfr Malaise dans compte rendu sous presse de Kater-Sibbes, Vermaseren, *Apis* dans *CdE*, 52 (1977).
[149] Cfr *supra*, p. 630: *Tridentum*, 1; p. 633: *Industria*, 4; p. 634: *Sauo*, 1; p. 652: *Herculanum*, 23; p. 653: *Pompei*, 2; p. 660: *Hyccara*, 1.
[150] Cfr *supra*, p. 651: *Baiae*, 1 et p. 651: *Boscotrecase*, 2.
[151] Cfr *supra*, p. 650: *Roma*, 453b.
[152] Cfr *supra*, p. 640: *Villa Adriana*, 40bis.
[153] Cfr Kater-Sibbes, Vermaseren, *Apis*, II, n° 289.
[154] Cfr E. Simon dans Helbig, *Führer*, 4e éd., IV, p. 18, n° 3007c.
[155] Cfr *supra*, p. 629: *Ateste*, 2.
[156] Cfr *supra*, p. 655: *Puteoli*, 33.
[157] Cfr *supra*, p. 648: *Roma*, 428c.

la statue romaine de Min qui contribuait à créer une atmosphère égyptisante dans la Villa Adriana [158].

Ces nouveaux documents nous permettent également de compléter nos connaissances relatives aux TEMPLES qui abritaient les cultes égyptiens en terre italienne.

A Vérone, en Vénétie, le sanctuaire isiaque qui se dressait à l'emplacement occupé actuellement par l'église S. Stefano [159] devait être décoré à l'égyptienne, comme en témoignent des fragments de statues en pierre verte [160], une tête de sphinx en granit rose d'Assouan [161], ainsi que des colonnes de granit gris [162].

En Ligurie, les fouilles italiennes conduites à Industria ont permis de déceler un temple égyptien [163] dont le plan comprenant un hémicycle s'apparente au Sérapéum de la Villa Adriana et du Champ de Mars à Rome.

Dans le Picenum, à Trea [164], un sanctuaire consacré aux divinités orientales abritait notamment un Sérapis et des statues en pierre verte.

En ce qui concerne la vaste salle en hémicycle aménagée devant le Canope de la Villa Adriana, nous nous étions demandé si l'ensemble constituait un véritable lieu de culte réservé à Sérapis [165]. La découverte d'une image de Sérapis [166] et d'un autel [167] orné des figures d'Isis, Sérapis et Anubis prouve que Sérapis n'en était pas exclu et indiquerait que l'édifice n'était pas seulement construit sur le plan d'un Sérapéum, mais servait bien de bâtiment cultuel.

A Rome, grâce au travail de A. Roullet, nous avons pu ajouter plusieurs éléments ayant appartenu à la décoration de l'*Iseum Campense* et qui confirment encore, si besoin en était, combien les

---

[158] Cfr *supra*, p. 640: *Villa Adriana*, 37.
[159] Cfr *supra*, p. 630: *Verona*, 17.
[160] Cfr *supra*, p. 630: *Verona*, 15.
[161] Cfr *supra*, p. 630: *Verona*, 14.
[162] Cfr *supra*, p. 630: *Verona*, 17.
[163] Cfr *supra*, p. 632: *Industria*, 3.
[164] Cfr *supra*, p. 638: *Trea*, 1.
[165] *Inventaire*, p. 103-104.
[166] Cfr *supra*, p. 640: *Villa Adriana*, 34.
[167] Cfr *supra*, p. 640: *Villa Adriana*, 35.

Romains avaient voulu donner à ce temple une allure égyptienne [168], tant par les statues égyptisantes [169] ou égyptiennes [170] qu'il contenait que par ses éléments architectoniques [171]. Dans sa restitution de l'Iséum et du Sérapéum [172] de la *Regio* IX, A. Roullet propose un plan partiellement différent du nôtre [173], surtout en ce qui regarde l'emplacement de l'Iséum qu'elle situe à l'extrémité nord du complexe, alors que nous songions à l'accoler contre l'*area* précédant le Sérapéum. Cette divergence provient essentiellement du fait que nous considérons l'Iséum à fronton arrondi reproduit sur une monnaie de Vespasien [174] comme un temple à déambulatoire pourvu de deux entrées, l'une donnant sur l'*area* et l'autre sur le dromos, tandis que A. Roullet en fait un temple ordinaire avec un seul accès à partir du dromos. Il est en réalité assez difficile de se prononcer, car l'emplacement occupé par les vestiges architecturaux autorisent les deux solutions. L'idée directrice de A. Roullet est fonction de la comparaison qu'elle institue entre les sanctuaires égyptiens du Champ de Mars et le complexe du Sérapéum de Memphis. Ce rapprochement lui est suggéré par l'expression *templa memphitica* employée par Martial (II, 14, 7) pour désigner l'*Iseum Campense*. Toutefois, *memphitica*, ainsi que le souligne J. G. Griffiths [175], est simplement un synonyme plus recherché d'«égyptien», comme le montre l'emploi de ce terme chez Ovide (*Ars amat.*, I, 77) et Lucain (X, 5). En outre, dans le complexe de Memphis, il n'y a pas de temple consacré à Isis, une extrémité du dromos étant occupée par le temple de Nectanébo Ier dédié à Osiris-Apis et l'autre extrémité aboutissant au temple de Sérapis. L'hypothèse de A. Roullet n'est cependant point exclue et il est possible que le temple d'Isis érigé sur le Champ de Mars ait été séparé de l'*area* par le dromos. Cet auteur suppose également, avec raison, l'existence d'un portique entourant l'espace réservé à Isis et abritant des

---

[168] Cfr *Inventaire*, p. 211-212.
[169] Cfr *supra*, p. 647: *Roma*, 390c.
[170] Cfr *supra*, p. 646: *Roma*, 385b-d.
[171] Cfr *supra*, p. 645: *Roma*, 357a et p. 646: *Roma*, 390a-b.
[172] Roullet, *Rome*, p. 23-35 et plan, fig. 352.
[173] *Inventaire*, p. 210-212 et plan 3.
[174] Cfr *Inventaire*, p. 208, n° 391.
[175] Griffiths dans *The Classical Review*, 89 (1975), p. 294.

chapelles, reconstitution inspirée par les chapelles du dromos du Sérapéum de Memphis et la représentation de la dalle d'Aricia [176]. Enfin, toujours selon A. Roullet [177], l'*Arcus ad Isis* [178] n'aurait pas constitué une des entrées de l'aire sacrée isiaque, mais bien l'accès au proche sanctuaire de Minerve, déesse dont la statue est figurée sous l'arche centrale de l'*Arcus ad Isis*. Le *ad Isis* marquerait donc ici la proximité. Cette interprétation est loin d'être assurée car *ad* peut indiquer la direction et, comme l'a fait remarquer J. G. Griffiths [179], il signifie même parfois «in, and for the use of».

En Campanie, nous avons déjà eu l'occasion de signaler plus haut [180] les problèmes soulevés par la situation des sanctuaires isiaques de Pouzzoles. Il est en tout cas évident que la ville abritait, outre le Sérapéum, un Iséum distinct se présentant sous la forme d'un temple distyle. Dans cette ville, les dieux égyptiens étaient sans doute également abrités dans un petit sanctuaire oriental situé dans la région de la douane antique, au Nord-Ouest de l'amphi-théâtre flavien, d'où proviennent le fragment d'une statuette égyptienne de naophore [181], peut-être la statuette de Ptah-Tenen [182], et des inscriptions relatives aux divinités syriennes [183]. A Sorrente, la présence d'*aegyptiaca* majeurs, trois statues égyptiennes [184], à proximité de la place du Sedile Dominova, permet de supposer qu'il pourrait s'agir des vestiges de la décoration d'un sanctuaire isiaque.

Enfin, en Lucanie, une dédicace [185] mentionnant la *restitutio* d'une *aedes Isidis* et de ses portiques nous assure de l'existence à Paestum d'un Iséum comprenant sans doute une cour bordée d'une galerie à colonnes, dès au moins le IIe siècle p.C.

Dans notre *Inventaire*, nous avions déjà relevé la présence de

---

[176] Cfr *Inventaire*, p. 58-59 et pl. 2.
[177] Roullet, *Rome*, p. 25.
[178] Cfr *Inventaire*, p. 190-191, 211-212 et pl. 16.
[179] Griffiths dans *JEA*, 59 (1973), p. 234.
[180] Cfr *supra*, p. 654.
[181] Cfr *supra*, p. 653: *Puteoli*, 28.
[182] Cfr *supra*, p. 655: *Puteoli*, 33.
[183] Cfr Tran tam Tinh, *Campanie*, p. 24.
[184] Cfr *supra*, p. 655: *Surrentum*, 1.
[185] Cfr *supra*, p. 657: *Paestum*, 2.

deux clepsydres égyptiennes, l'une dans l'*Iseum Campense* [186] et l'autre dans les ruines du temple de Fortuna [187] érigé devant la Porta Portese. Nous n'en avions tiré aucune conclusion pensant qu'il s'agissait probablement d'objets simplement destinés à créer une ambiance égyptienne. Mais voici que nous sommes à présent en possession d'au moins un nouveau fragment de clepsydre provenant de l'Iséum du Champ de Mars [188] et surtout de la dédicace d'un cadran solaire à Isis [189], ce qui nous amène à reconsidérer la question. Il est bien connu qu'en Égypte le rituel devait se dérouler suivant un horaire liturgique strict fixé par les prêtres-horaires [190] (en égyptien, les *wnwtj.w* ou *imj.w-wnw.t*; en grec, les horologues ou horoscopes) qui déterminaient l'heure au moyen de divers instruments [191]: horloge solaire, gnomon, clepsydre et viseur stellaire. L'équivalent entre horoscope et *imj-wnw.t* est attesté par Horapollon [192], selon lequel les Égyptiens peignent un homme qui mange les heures pour représenter l'horoscope. Cette explication trouve certainement son origine dans une mauvaise lecture du titre de *imj-wnw.t*, où le premier signe (⸬) peut aussi se lire *wnm*, «manger», d'où la traduction «celui qui mange les heures» pour «celui qui est dans l'heure». Clément d'Alexandrie [193] fait de l'horoscope un membre du clergé supérieur et il nous apprend que ses attributs étaient l'horloge et la palme, symbolisant sans doute le viseur stellaire creusé dans la partie ligneuse de celle-ci [194]. Chérémon [195] parle lui

---

[186] Cfr *Inventaire*, p. 202, n° 383.

[187] Cfr *Inventaire*, p. 231, n° 425. Ce temple agrandi à l'époque d'Adrien abritait des dieux orientaux au rang desquels devait compter Isis, si proche de Fortuna, — comme l'attestent les nombreuses représentations d'Isis-Fortuna, cfr Roullet, *Rome*, p. 42.

[188] Cfr *supra*, p. 645: *Roma*, 383a.

[189] Cfr *supra*, p. 637: *Heluia Ricina*, 1.

[190] Cfr H. Wild dans *BIFAO*, 69 (1971), p. 121-125; A. Gardiner, *Ancient Egyptian Onomastica* (Oxford, I, 1947), p. 61*-62*.

[191] Cfr Wild dans *BIFAO*, 69 (1971), p. 122, n. 1. Sur ces instruments, cfr aussi: Bruins, *The Egyptian Shadowclock*, dans *Janus*, 52 (1965), p. 127-137; R. W. Sloley, *Ancient Clepsydrae*, dans *Ancient Egypt*, 1924, p. 43-50.

[192] I, 42; cfr B. van de Walle, J. Vergote dans *CdE*, 17 (1943), p. 74-75.

[193] *Strom.*, VI, 4, 35; cfr *Cultes ég. en Italie*, p. 120-121.

[194] Cfr Bosticco dans *Studi in onore di A. Calderini e R. Paribeni*, II, p. 36, n. 13 et 48.

[195] *Apud* Porphyre, *De Abst.*, 4, 8.

des horologues qu'il place également parmi le haut clergé. Les titres de ὡρολόγος et ὡροσκόπος ne sont pas cités hors d'Égypte. Toutefois, en Italie, deux reliefs [196] et une peinture [197] nous présentent un prêtre porteur d'une palme en qui il convient probablement de reconnaître des horologues ou horoscopes. L'existence de préposés à la fixation horaire du rituel est d'ailleurs confirmée indirectement à Délos où une double dédicace [198] commémore, entre autres, l'offrande d'une horloge à Isis, Sérapis, Harpocrate et Hydreios, et où l'inventaire de Métrophanès [199] conserve le souvenir du don d'une horloge au temple d'Isis. A bien lire Apulée (XI, 20), on note que le premier office du rituel journalier célébré pour Isis à Rome se déroulait exactement à la première heure du jour (*primam nuntiantes horam*). C'est dans cette même perspective qu'il convient d'expliquer la présence de clepsydres égyptiennes dans des temples d'Italie. Dans le Picenum, à Heluia Ricina, probablement faute d'instruments égyptiens, on s'est contenté de dédier à Isis un cadran solaire romain. Il est à nouveau symptomatique de constater que l'exigence égyptienne de respecter un horaire rituel précis est seulement attestée en Italie et à Délos [200], c'est-à-dire là où il apparaissait déjà clairement combien les cultes isiaques avaient été égyptiens.

III. POINTS DE VUE RÉCENTS SUR LES CULTES ISIAQUES

Plusieurs ouvrages, parus pour la plupart dans la présente série des *EPRO*, ont mis à notre disposition commentaires d'auteurs anciens et recueils d'*isiaca*. Le livre II d'Hérodote et le livre I de Diodore, sources précieuses pour l'étude des cultes égyptiens, ont

---

[196] Cfr *Inventaire*, p. 198: *Roma*, 368 = Roullet, *Rome*, pl. XXVIII; p. 203: *Roma*, 386 = Kater-Sibbes, Vermaseren, *Apis*, II, pl. XXIV.
[197] Cfr Tran tam Tinh, *Isis à Pompéi*, p. 93, 136, n⁰ 32 et pl. IV, 2.
[198] Cfr Roussel, *CE*, n⁰ 173a et b = *ID*, 2087-2088.
[199] Cfr Id., p. 235, l. 74 = *ID*, 1442 A 74.
[200] Pour Délos, L. Vidman, *Quelques remarques sur les inventaires des Sérapées de Délos*, dans *Acts of the 5th Intern. Congress of Greek and Latin Epigraphy, 1967* (Oxford, 1971), p. 93-99.

fait l'objet de deux travaux dus respectivement à A. B. Lloyd [201] et
A. Burton [202]. Le livre XI des *Métamorphoses* d'Apulée, si riche
pour notre connaissance de l'isiasme à l'époque romaine, a été
commenté de manière détaillée par J. G. Griffiths [203]. Le genre
arétalogique a également suscité des publications. H. Engelmann [204]
nous a procuré une édition revue de la chronique du Sérapéum A
de Délos, tandis que Y. Grandjean [205] a édité une nouvelle arétalogie
provenant de Maronée. Ce texte, le plus ancien du genre, contient
plusieurs traits originaux qui font tout son intérêt; la perspective
de l'auteur est résolument grecque, au point que son éditeur a pu
parler d'une «véritable *interpratatio graeca* du texte arétalogique de
base», ce qui «confirme, s'il en était besoin, la thèse de l'origine
égyptienne des arétalogies isiaques» [206]. La liaison de Sérapis avec
le Soleil dans une arétalogie de la 2e 1/2 du IIe s. ou de la Iere 1/2
du Ier s. avant notre ère est aussi un fait des plus notables. De
toutes les arétalogies connues, celle de Maronée est la seule à faire
intervenir Sérapis aux côtés d'Isis, mais elle précise que c'est la
déesse qui a choisi Sérapis comme époux [207], manière de traduire la
prééminence qu'Isis prend sur Sérapis et qui ira en s'accentuant.
Enfin Isis est presentée comme ayant fait don des écrits sacrés aux
mystes [208]. Comme Isis dans cette arétalogie est très étroitement

---

[201] A. B. Lloyd, *Herodotus, Book II*, 3 vols dont 2 déjà parus (Leyde, 1975).
[202] A. Burton, *Diodorus Siculus. Book I. A Commentary* (Leyde, 1972)
(cfr notre compte rendu dans *BiOr*, 30 (1973), p. 481-484).
[203] J. G. Griffiths, *Apuleius of Madauros. The Isis-Book* (Leyde, 1975).
On ajoutera à la riche bibliographie contenue dans cet ouvrage quelques
références récentes: J. H. Tatum, *The Tales in Apuleius' Metamorphoses*,
dans *TAPA*, 100 (1969), p. 487-527; W. S. Smith, *The Narrative Voice in
Apuleius' Metamorphoses*, dans *TAPA*, 103 (1972), p. 513-534; H. Kraemer,
*Die Isiformel des Apuleius (Met. XI, 23, 7). Eine Anmerkung zur Methode
der Mysterienforschung*, dans *Wort und Dienst*, 12 (1973), p. 91-104; M. C.
Marin Ceballos, *La religion de Isis en las Metamorfosis de Apuleyo*, dans
Habis, 4 (1973), p. 127-179; J. Hani, *L'âne d'or d'Apulée et l'Égypte*, dans
Rev. de Philol., 41 (1973), p. 274-280; R. K. Bohm, *The Isis episode in
Apuleius*, dans *Classical Journal*, 68 (1972-73), 228-231; F. E. Hoevels,
Wer ist die Regina Caeli des Apuleius?, dans *Hermes*, 102 (1974), 346-352.
[204] H. Engelmann, *The Delian Aretalogy of Sarapis* (Leyde, 1975).
[205] Y. Grandjean, *Une nouvelle arétalogie d'Isis à Maronée* (Leyde,
1975).
[206] Id., *op. cit.*, p. 111.
[207] Id., *op. cit.*, p. 54-55.
[208] Id., *op. cit.*, p. 77-79, 103-104.

identifiée à Déméter, il semble peu probable que l'arétalogie lui ait
prêté cette invention sans fondement; il se pourrait donc que des
mystères d'Isis [209] aient été célébrés en Grèce avant notre ère,
contrairement à la théorie généralement acceptée. Quant à l'arétalogie d'Isis et à la prière de Lucius [210] contenues dans les *Métamorphoses*, elles sont étudiées dans le commentaire d'Apulée établi
par J. G. Griffiths. Enfin, les hymnes rédigés par Isidore et gravés à
Medinet Madi ont été republiés par V. Vanderlip [211]. Dans le domaine des sources littéraires, on signalera encore un article de
G. L. Carver [212], soulignant la menace que les cultes isiaques
devaient représenter pour le Christianisme à la fin du IIe siècle,
ainsi qu'une étude de E. Castorina [213], — dont nous avons seulement
pu prendre connaissance maintenant, — où il est supposé que
Licinius Caluus, ami de Catulle, fut initié au culte isiaque. En réalité,
les arguments invoqués (Caluus auteur d'un poème sur Io, laquelle
fut assimilée à Isis, et pratique de la continence encouragée par le
port du cilice) nous semblent bien faibles. Il est possible qu'Isis ait
joué un rôle dans le *Satiricon* de Pétrone, car un passage [214] laisse
entendre qu'Isis était la *Tutela* du navire de Lichas. Tout récemment enfin, J. Hani a consacré une monographie à l'examen des
données religieuses égyptiennes contenues dans l'œuvre de
Plutarque [215].

Les documents archéologiques et épigraphiques ont également

---

[209] A propos des mystères, voir l'article récent de J. Bergman, *Zum
«Mythos von der Nation» in den sog. hellenistischen Mysterienreligionen*,
dans *Temenos*, 8 (1972), p. 7-28, où l'auteur analyse la couleur locale au
sein des cultes isiaques hors d'Égypte et où il montre que l'initié isiaque
devenait symboliquement un Égyptien. L'initiation décrite chez Apulée
est commentée par J. G. Griffiths.

[210] Apulée, XI, 5 et 25.

[211] V. Vanderlip, *The Four Greek Hymns of Isidorus and the Cult of Isis*
(Toronto, 1972).

[212] G. L. Carver, *Minucius Felix' Octavius and the Serapis Cult*, dans
The Classical Bulletin, 49 (1972), p. 25-27.

[213] E. Castorina, *Licinio Calvo e i misteri di Io-Iside*, dans *Giornale Italiano
di Filologia*, 5 (1952), p. 330-345.

[214] Pétrone, *Sat.*, 114, 5; cfr V. Ciaffi, *Petronio in Apuleio* (Turin, 1960),
p. 16; J. P. Sullivan, *The Satyricon of Petronius* (Londres, 1968), p. 77;
R. Turcan dans *RHR* (1974), p. 85-86.

[215] J. Hani, *La religion égyptienne dans la pensée de Plutarque* (Paris,
1976).

suscité des ouvrages réservés à une région déterminée [216] ou à une divinité [217]. En outre, les travaux de recherche bibliographique vont être grandement facilités grâce à la très riche bibliographie analytique mise au point par J. Leclant [218].

Le problème fondamental du syncrétisme isiaque a été envisagé par F. Dunand qui a d'abord examiné la question pour la fin de l'époque hellénistique [219]. L'auteur constate que ce syncrétisme isiaque s'enracine dans les tentatives effectuées durant la période pharaonique, surtout à Basse Époque, pour exprimer l'unicité du divin à travers les multiplicité des formes du panthéon. Cette tendance est particulièrement remarquable pour Isis [220] et c'est parce que celle-ci avait déjà été assimilée sur les bords du Nil à de nombreuses déesses égyptiennes qu'elle a pu, par la suite, être facilement rapprochée des divinités grecques. Si ce syncrétisme est d'origine égyptienne, les Grecs lui ont cependant donné une nouvelle signification. Le syncrétisme égyptien affirme l'unité du divin, sans réduire la pluralité des formes, tandis que le syncrétisme gréco-égyptien, s'il n'ignore pas les identifications, a souvent «quelque chose de beaucoup plus limité, qui peut se réduire parfois à une union de divinités purement circonstantielle, voire une simple

---

[216] Cfr A. Roullet, *The Egyptian and Egyptianizing Monuments of Imperial Rome* (Leyde, 1972), (cfr notre compte rendu dans *Latomus*, 33 (1974), p. 192-195); G. Sfameni Gasparro, *I culti orientali in Sicilia* (Leyde, 1973) (cfr notre compte rendu dans *Latomus*, 32 (1973), p. 655-657; V. Tran tam Tinh, *Le culte des divinités orientales en Campanie* (Leyde, 1972).

[217] Cfr V. Tran tam Tinh, Y. Labrecque, *Isis lactans. Corpus des monuments gréco-romains d'Isis allaitant Harpocrate* (Leyde, 1973) (cfr notre compte rendu dans *Latomus*, 34 (1975), p. 529-531); G. J. F. Kater-Sibbes, *Preliminary Catalogue of Sarapis Monuments* (Leyde, 1973) (cfr notre compte rendu dans *Latomus*, 34 (1975), p. 853-854); G. J. F. Kater-Sibbes, M. J. Vermaseren, *Apis*, 3 vols (Leyde, 1975-1977) (cfr notre compte rendu sous presse dans la *CdE*).

[218] J. Leclant, G. Clerc, *Inventaire bibliographique des Isiaca (IBIS). Répertoire des travaux relatifs à la diffusion des cultes isiaques. 1949-1969*, I, A-D (Leyde, 1972), II, E-K (Leyde, 1974) (cfr nos comptes rendus dans *CdE*, 47 (1972), p. 170-172 et 52 (1977), sous presse).

[219] F. Dunand, *Le syncrétisme isiaque à la fin de l'époque hellénistique*, dans *Les syncrétismes dans les religions grecques et romaines* (Paris, 1973), p. 79-93.

[220] Voir F. Dunand, *Isis*, I, p. 22-26.

équivalence» [221]. Le syncrétisme isiaque est donc un phénomène complexe où coexistent divers types de relations. La dynamique du mouvement syncrétique s'arrête avec l'occupation romaine en Égypte, comme l'a bien montré F. Dunand [222], et l'on ne trouve pas d'*interpretatio romana* des dieux égyptiens, car les deux moteurs essentiels de ce mouvement, le clergé et le pouvoir, ont respectivement perdu leur autonomie ou le désir de faire du syncrétisme un instrument politique. F. Dunand admet qu'en revanche le syncrétisme-hénothéisme connaît alors beaucoup plus d'ampleur que dans l'Égypte ptolémaïque. Nous en trouverons, par exemple, des manifestations incontestables chez Apulée, où Isis se présente comme la «puissance unique» [223], et dans l'inscription de Capoue [224], où la déesse est invoquée comme «*una quae es omnia*». Tran tam Tinh [225] s'est également penché sur Isis *myrionyma* et a réuni dans un tableau de nombreuses identifications et épithèthes d'Isis illustrant fort bien la doctrine syncrétiste. Il considère que si celle-ci «jaillit de l'Égypte pharaonique» [226], elle s'inspira «en grande partie de cet éclectisme philosophique et théologique élaboré dans la capitale des Ptolémées» [227], tendance que l'on retrouve dans les écrits hermétiques. En fait, cette littérature née en Égypte a dû aussi puiser dans la vieille pensée égyptienne.

Plusieurs études ont également abordé tel ou tel aspect de la déesse Isis. Un débat essentiel est celui ouvert par Ph. Bruneau [228] sur la question de savoir s'il existe bien des statues d'Isis à la voile. En réalité, à l'heure présente, seules quatre statues [229], dont trois proviennent d'Italie [230], ont été interprétées comme des Isis à la

---

[221] Id., *Le syncrétisme isiaque* . . ., p. 91.
[222] F. Dunand, *Les syncrétismes dans la religion de l'Égypte romaine*, dans *Les syncrétismes dans les religions de l'Antiquité* (Leyde, 1975), p. 152-185.
[223] Cfr Apulée, XI, 5.
[224] Cfr *Inventaire*, p. 249, n° 1.
[225] Tran tam Tinh, *Campanie*, p. 199-234.
[226] Id., *op. cit.*, p. 207. Voir aussi Grandjean, *Une nouvelle arétaologie*, p. 66-68.
[227] Tran tam Tinh, *op. cit.*, p. 200.
[228] Ph. Bruneau, *Existe-t-il des statues d'Isis Pélagia?* dans *BCH*, 98 (1974), p. 333-381.
[229] Cfr Id., *op. cit.*, p. 359-372.
[230] Cfr *Inventaire*, p. 327: *Neapolis*, 12, p. 300: *Beneuentum*, 15; *supra*, p. 638: *Ostia*, 124.

voile, alors que l'on possède de nombreuses représentations assurées d'Isis-Pélagia sur les reliefs, lampes et monnaies. Au terme d'une analyse serrée et méthodique, Ph. Bruneau [231] observe que le type d'Isis à la voile «inclut, d'une part, des «traits non distinctifs», c'est-à-dire des caractères morphologiques communs à d'autres types (mouvement en avant, position des pieds), et, d'autre part, un «trait pertinent» (la voile gonflée par le vent)». Seul ce dernier trait permet donc d'identifier Isis, or il n'apparaît sur aucune des statues. Cet attribut a peut-être disparu sur les statues de Mariemont et de Budapest, mais en tout cas celles de Bénévent et d'Ostie ne sont même pas conformes au type d'Isis à la voile. Il se peut que la statuaire ait reculé devant la réalisation en ronde bosse d'une voile gonflée par le vent et ait préféré suggérer le lien unissant Isis à la mer au moyen d'autres signes. Nous avions déjà supposé que le gouvernail accompagnant Isis-Fortuna était de nature à symboliser aussi bien la conduite du monde que le pilotage des navires[232]. Ph. Bruneau [233] est arrivé à la même opinion et montre que d'autres aspects prêtés à Isis ont pu remplir le même rôle, comme l'illustre fort bien une statuette en bronze d'Isis-Fortuna debout sur un bateau égyptien [234].

Dans son ouvrage relatif à Isis courotrophe, Tran tam Tinh [235] suppose que cette déesse veillant sur la famille et les enfants doit être identifiée à Isis-Bubastis, protectrice des accouchements, figurée à son tour en train d'allaiter Harpocrate. L'inventaire de Callistratos du Sérapéum C de Délos [236] mentionne en effet une Βούβαστιν ἔχουσαν ζωιδάριον ἐν τοῖς γόνασιν. On notera également que Bastet, prototype de Bubastis, est représentée sur une statuette en calcaire avec une tête de chatte, vêtue comme l'Isis hellénistique, portant un sistre dans la main droite et un enfant dans le bras

---

[231] Bruneau, *op. cit.*, p. 377-378.
[232] *Cultes ég. en Italie*, p. 181.
[233] Bruneau, *op. cit.*, p. 380.
[234] Id., *op. cit.*, p. 380, fig. 23.
[235] Tran tam Tinh, *Isis lactans*, p. 22.
[236] Cfr Roussel, *CE*, p. 219, l. 5-6. Pour ζωιδάριον désignant Harpocrate, cfr L. Vidman, *Quelques remarques sur les inventaires des Sérapées de Délos*, dans *Acts of the 5th Intern. Congress of Greek and Latin Epigraphy, 1967* (Oxford, 1971), p. 96.

gauche [237]. Néanmoins, Bubastis devait plus généralement se manifester sous les traits d'Isis-Aphrodite ἀνασυρμένη, relevant sa tunique dans un geste semblable à celui pratiqué par les femmes lors de la fête de Bastet [238], ou d'une Isis-Aphrodite, les jambes écartées, prête à s'accoucher [239].

En ce qui concerne l'iconographie générale d'Isis, on trouvera de nombreux renseignements dans le commentaire de J. G. Griffiths [240] à la description de la déesse faite par Apulée. On signalera aussi des remarques de Tran tam Tinh [241] dont deux [242] sont particulièrement utiles pour distinguer les statues des prêtresses ou fidèles isiaques de celles d'Isis: le nœud isiaque des premières est constitué par le croisement de deux extrémités de l'*himation*, tandis que celui de la déesse est formé avec une extrémité du manteau; en outre les Isiaques assurées, sauf peut-être une, ont la tête nue. Pour notre part, nous nous sommes penché sur l'origine de l'emblème hathorique à plumes qui coiffe si souvent Isis à l'époque gréco-romaine [243]. Cette couronne caractéristique des déesses passera cependant à l'occasion sur la tête de Sérapis ou d'Osiris [244].

Toujours dans le domaine de l'iconographie isiaque, Tran tam Tinh [245] a publié une très intéressante statuette égyptienne en schiste d'une divinité qu'il identifie comme Isis-Ourania. La déesse est vêtue d'une manière inhabituelle: elle porte une longue tunique serrée sur la poitrine par une large ceinture et un manteau agrafé sur les épaules. Tunique et manteau sont parsemés d'étoiles, la poitrine est ornée d'un relief figurant un buste de femme portant

---

[237] Cfr H. Kayser, *Das Pelizaeus-Museum in Hildesheim* (Hamburg, 1966), p. 33 et fig. 46.

[238] Cfr Dunand, *Isis*, I, pl. XXI-XXII.

[239] Cfr P. Vandebeek, *De interpretatio graeca van de Isisfiguur* (Louvain, 1946), p. 93-94; P. Graindor, *Terres cuites de l'Égypte gréco-romaine* (Anvers, 1939), p. 100 sq. et pl. XII-XIII.

[240] Griffiths, *Isis-Book*, p. 123-137.

[241] Tran tam Tinh, *Campanie*, p. 30-34, 209-213.

[242] Id., *op. cit.*, p. 30-31, n. 3 et p. 64-65, n. 2.

[243] Malaise, *Histoire et signification de la coiffure hathorique à plumes*, dans *Studien zur altägyptischen Kultur*, 4 (1976), p. 215-236.

[244] Cfr *supra*, p. 675-676. Sur la «croix isiaque» qui orne parfois le disque solaire, outre Malaise, *op. cit.*, p. 234-236, voir aussi N. Genaille dans *RA* (1975), II, p. 237, fig. 12-13; Leclant, *IBIS*, II, n° 672.

[245] Tran tam Tinh, *Une statuette d'Isis-Ourania*, dans *RA* (1970), 283-296.

un enfant, tandis que la ceinture est décorée de deux paires affrontées de faucons coiffés du pschent. Étoiles et faucons solaires font d'Isis la *regina siderum*, la souveraine du ciel. J. Bergman [246] pense également reconnaître Isis sur des terres cuites égyptiennes où une femme nue, coiffée d'un haut *calathos* auquel est fixé un manteau, est assise sur une truie. Il termine son étude [247] par quelques remarques sur le thème d'Isis-Sothis chevauchant le chien.

Certaines épiclèses et fonctions d'Isis ont encore retenu l'attention. L. Kákosy [248] a étudié l'origine égyptienne d'Isis *Regina*, aspect particulièrement bien accueilli dans les sources latines [249]. Si de tout temps les dieux égyptiens ont présenté des traits royaux, l'auteur montre bien que cette nature royale s'est amplifiée à l'époque gréco-romaine. Désormais, les dieux ne sont plus seulement les maîtres du ciel et de la terre, mais ce sont eux les vrais rois d'Égypte, tandis que les Ptolémées et les empereurs romains ne sont plus que leurs gouverneurs. Ainsi, sur les scènes décorant les temples, ce n'est plus le dieu qui remet les symboles de vie et de prospérité au souverain, mais au contraire celui-ci les accorde à la divinité. Il est cependant probable qu'en Italie le titre de *Regina* n'ait pas eu la même portée politico-théologique, car il existait bien d'autres motifs pour la nommer ainsi [250].

En examinant les antécédents égyptiens d'Isis en tant que déesse du destin, J. Bergman [251] suggère avec raison que les épithètes de *Victrix, Inuicta* et *Triumphalis* [252] ont probablement été attribuées à Isis parce que celle-ci dominait le destin considéré comme inflexible. Enfin, Isis et Sérapis dans leur rôle de dieux

---

[246] Bergman, *Isis auf der Sau*, dans *Boreas, Acta Univ. Upsalensis. Uppsala Studies in Ancient Mediterranean and Near Eastern Civilization*, 6 (1974), p. 81-107.

[247] Id., *op. cit.*, p. 102-104.

[248] L. Kákosy, *Isis Regina*, dans *Studia Aegyptiaca*, I (1974), p. 221-230; voir aussi Griffiths, *Isis-Book*, p. 156-157.

[249] *Cultes ég. en Italie*, p. 181-183.

[250] Cfr *Cultes ég. en Italie*, p. 183.

[251] J. Bergman, «*I Overcome Fate, Fate Harkens to Me*», dans *Fatalistic Beliefs in Religion, Folklore and Literature*, éd. H. Ringgren (Stockholm, 1967), p. 35-51, particulièrement p. 45-47; cfr aussi Quaegebeur, *Le dieu égyptien Shaï*, p. 85-88.

[252] Sur ces épithètes, cfr *Cultes ég. en Italie*, p. 182-183.

guérisseurs ont été examinés par I. Becher [253]. Ce dossier s'enrichit encore d'un passage de la nouvelle arétalogie de Maronée nous apprenant que ce texte a été composé en remerciement de la guérison d'une ophthalmie [254].

Les publications relatives à Sérapis sont moins nombreuses, mais les problèmes iconographiques le concernant sont à la mode. D'abord, W. Hornbostel [255] a consacré une très importante étude au type canonique de Sérapis trônant. Nous avons eu l'occasion de traiter ailleurs [256] des problèmes afférents à cette question. A côté du type canonique, il existe des statues de Sérapis debout, réparties par Tran tam Tinh [257] en quatre catégories, dont l'examen risque de renouveler considérablement le problème des statues cultuelles du grand dieu alexandrin. Tout aussi intéressantes pour l'iconographie de Sérapis sont les coiffures égyptiennes (*basileion* d'Isis ou couronne *atef*) attestées par des monnaies et des vases: elles nous conservent le souvenir d'images plus égyptiennes du dieu [258]. Enfin, comme nous l'avons signalé plus haut [259], il apparaît que la figure de Hélios-Sérapis doive remonter à l'époque hellénistique. C'est seulement après l'examen méthodique de toutes ces questions que l'on pourra espérer mieux saisir l'iconographie sérapidienne [260].

Il est bien connu [261] que Septime-Sévère renonçant à la nature jovienne ou herculéenne des images de ses prédécesseurs choisit de se faire portraiturer avec une abondante chevelure disposée suivant

[253] I. Becher, *Antike Heilgötter und die römische Staatsreligion*, dans *Philologus*, 114 (1970), p. 228-235.
[254] Grandjean, *Une nouvelle arétalogie*, p. 24-29.
[255] W. Hornbostel, *Sarapis. Studien zur Überlieferungsgeschichte, den Erscheinungsformen und Wandlungen der Gestalt eines Gottes* (Leyde, 1973).
[256] Malaise, *Problèmes soulevés par l'iconographie de Sérapis*, dans *Latomus*, 34 (1975), p. 383-391.
[257] Tran tam Tinh, *Campanie*, p. 11-20. Le même auteur prépare pour cette série des *EPRO* une étude de la typologie et de l'iconographie de Sérapis debout.
[258] Cfr *supra*, p. 676.
[258] Cfr *supra*, p. 674-675.
[260] Il existe aussi des statues de Sérapis assis qui ne suivent pas le type canonique, cfr Hornbostel, *Sarapis*, p. 333-356.
[261] Cfr *Cultes ég. en Italie*, p. 438-439; Foucher dans *Bull. Arch. du Comité des Travaux historiques*, 17 (1970), p. 161-189.

le modèle sérapéien. Retrouvant ces mèches frontales sur un buste privé de l'époque de Marc-Aurèle, K. Parlasca [262] croit se trouver devant un prêtre de Sérapis. Le lien établi est cependant bien fragile.

A l'époque gréco-romaine, Osiris se présente principalement sous deux formes, soit comme Osiris-Canope, soit sous son aspect habituel de dieu momiforme. Plusieurs Osiris-Canope de provenance incertaine ont été récemment publiés par A. Fouquet [263] et H. D. Schneider [264]. De son côté, J. Leclant [265] a entrepris une enquête sur les statuettes d'Osiris momiforme en Gaule, parmi lesquelles plusieurs pourraient être sorties d'ateliers locaux. Ces figurines assez nombreuses nous semblent aussi témoigner de l'osirianisation du culte isiaque en Gaule durant l'époque romaine, tandis que leur présence dans des tombes indiquerait, comme en Italie [266], qu'Osiris recouvrit son rôle de dieu funéraire. Par ailleurs, K. Parlasca [267] a attiré l'attention sur la présence dans les sanctuaires isiaques hors d'Égypte de statues et statuettes d'hommes vêtus d'un pagne et coiffés du *némès* qui passent pour des images de souverains anonymes, mais qui seraient en fait des représentations d'Osiris. Sur la dalle d'Aricia [268], le télamon qui supporte le registre supérieur constituerait une telle figure d'Osiris, car selon Parlasca, ni un empereur, ni Antinoüs ne jouerait ce rôle architectonique qui, par contre, est attribué en Égypte à Osiris. Cet argument n'est pas décisif puisqu'il existe en Égypte des piliers contre lesquels sont adossés des statues colossales du roi en costume des vivants. Une statuette en terre cuite d'un homme ainsi vêtu a été retrouvée à

---

[262] K. Parlasca, *Die sogenannte Marc-Arel Büste in Erbach*, dans *RM*, 78 (1971), p. 179.

[263] A. Fouquet, *Quelques représentations d'Osiris-Canope au Musée du Louvre*, dans *BIFAO*, 73 (1973), p. 61-69.

[264] H. D. Schneider, *Osiris-Canope from the Time of Hadrian*, dans *Bull. Antieke Beschaving*, 50 (1975), p. 8-9.

[265] J. Leclant, *Osiris en Gaule*, dans *Studia Aegyptiaca*, I (1974), p. 263-285.

[266] Cfr *Cultes ég. en Italie*, p. 206-207.

[267] K. Parlasca, *Osiris und Osirisglaube in der Kaiserzeit*, dans *Les syncrétismes dans les religions grecque et romaine* (Paris, 1973), p. 95-102.

[268] Cfr *Inventaire*, p. 58: *Aricia*, 1.

Pompéi dans la maison de Loreius Tiburtinus [269]. K. Parlasca relève également que le culte d'Osiris est beaucoup plus fréquent en dehors de l'Égypte durant l'époque impériale que pendant la période hellénistique, observation que nous avions déjà émise et invoquée comme preuve de l'égyptianisation des cultes isiaques [270].

Le problème de la pénétration des cultes égyptiens en Italie nous avait amené à tourner nos regards vers le monde grec. Ce dernier, peu de temps après notre étude, a fait l'objet d'une importante publication de F. Dunand [271] qui, après avoir examiné, dans un premier volume, le culte d'Isis dans l'Égypte ptolémaïque, aborde la question de sa diffusion en terre grecque. Nous avons longuement rendu compte [272] de cet ouvrage et nous nous bornerons ici à rappeler les conclusions que nous inspire cette publication. Les cultes isiaques dans la sphère grecque offrent en général un caractère beaucoup moins égyptisant qu'en Italie, ainsi que nous l'avions déjà pressenti. En réalité, les composantes égyptiennes ont dû être assez accentuées aux IVe-IIIe siècles, au moment de l'introduction des cultes isiaques par des Égyptiens, puis l'hellénisation s'est faite plus marquée, jusqu'à ce qu'au IIe siècle de notre ère une nouvelle vague égyptisante, particulièrement bien attestée en Italie, revitalise les traits égyptiens [273]. C'est ainsi que l'on rencontre des prêtres à vie à Délos et à Érétrie au IIIe siècle a.C. ou beaucoup plus tard au IIe-IIIe siècles p.C. Pareillement, les épithètes concernant la géographie de l'Égypte qui trahissent l'aspect fortement égyptien prêté à Isis n'apparaissent à l'époque hellénistique qu'à Délos, où l'influence égyptienne est très marquée; ailleurs, on les retrouvera seulement aux IIe-IIIe siècles, que ce soit à Athènes, à Chéronée, à Thessalonique ou encore à Corinthe. La mention de Nephthys à

---

[269] Cfr Parlasca, op. cit., p. 97 et pl. IV, 4.

[270] Cultes ég. en Italie, p. 208.

[271] F. Dunand, Le culte d'Isis dans le bassin oriental de la Méditerranée, 3 vols (Leyde, 1973).

[272] Cfr Malaise dans BiOr, 32 (1975), p. 32-39.

[273] Constation identique chez L. Vidman, Griechisches und Ägyptisches in den Isisreligion, dans Soziale Probleme im Hellenismus und im Römischen Reich. Akten der Konferenz (Liblice 10.-13. Oktober 1972), éd. par P. Oliva et J. Burian (Prague, 1973), p. 119-133.

Athènes, sous le règne d'Adrien, est tout aussi significative des tendances égyptisantes du IIe siècle. Les images d'Isis dans le monde grec sont très rarement empreintes d'un caractère égyptisant et l'on ne peut manquer d'être frappé de cette situation quand on la compare à celle de l'Italie, où la déesse revêt certes aussi des formes gréco-romaines, mais se manifeste également sous les traits d'une déesse bien égyptienne. De même, la documentation isiaque en Italie nous met en présence de prêtres et de scènes cultuelles bien égyptiennes, inconnues en Grèce. Par ailleurs, le clergé et le culte isiaques de Grèce comportent des éléments incontestablement helléniques, qu'ils s'agissent des associations cultuelles, des canéphores, des néocores ou de la pratique de la *klinè*. Tous ces faits montrent que le culte isiaque en Grèce ne porte pas toujours une empreinte égyptienne marquée ; celle-ci est fonction de l'époque et aussi des conditions d'implantation dans certains lieux ; elle ne fut cependant jamais aussi puissante qu'en Italie. L'égyptianisation des cultes isiaques dans le temple officiel de Délos commence dès la Iere 1/2 du IIe siècle avant notre ère, ainsi que l'a constaté L. Vidman [274] en étudiant les inventaires du Sérapéum C. Cette précision est utile si l'on se souvient que les plus anciennes traces des divinités égyptiennes en Italie remontent au milieu du IIe siècle av. J.-C. [275], époque où l'on trouve des commerçants italiens à Délos, lieu d'où proviendront très largement les dieux alexandrins implantés en Italie [276]. Quelques passages de la chronique du Sérapéum A racontant l'épisode de l'installation de Sérapis à Délos par un prêtre égyptien originaire de Memphis et de la fondation de son premier sanctuaire ont été réexaminés par Ph. Bruneau [277]. Le même auteur a consacré une monographie aux cultes isiaques à Érétrie [278]. De nombreuses inscriptions de Thessalonique publiées

---

[274] L. Vidman, *Quelques remarques sur les inventaires des Sérapées de Délos*, dans *Acts of the 5th Intern. Congress of Greek and Latin Epigraphy 1967* (Oxford, 1971), p. 93-99.

[275] Cfr *Cultes ég. en Italie*, p. 255.

[276] Cfr *Cultes ég. en Italie*, p. 268-311.

[277] Ph. Bruneau dans *BCH*, Suppl. I (1973), p. 130-136 et dans *BCH*, 99 (1975), p. 280-283.

[278] Ph. Bruneau, *Le sanctuaire et le culte des divinités égyptiennes à Érétrie* (Leyde, 1975).

par Ch. Edson [279] concernent les cultes isiaques; certaines ont déjà fait l'objet d'articles [280]. Particulièrement intéressant est le poème dédicatoire de Damaios [281] à Osiris où est mentionnée l'offrande d'un *larnax*, un coffre rappelant le cercueil flottant qui dans la légende emporta le corps du dieu jusqu'à Byblos. Le poème fait également allusion au *periplous* d'Osiris, cérémonie à rapprocher des rites de choiach, et, fait surprenant, le dieu égyptien y est décrit comme l'inventeur de la navigation: «En effet, toi-même, le premier de tous, tu as assemblé les planches d'un navire et tu t'es frayé une voie avec des rames soigneusement polies» [282]. Ce trait lui a probablement été prêté en tant qu'époux d'Isis, inventrice de la navigation.

La difficile évaluation du rôle joué par la Sicile dans la diffusion des divinités alexandrines dans la péninsule italienne [283] peut être à présent revue de manière détaillée grâce à l'étude de G. Sfameni Gasparro [284]. Dans une première phase, durant l'époque archaïque (VIIe-VIe s.), la répartition des témoignages égyptiens est homogène et l'on ne relève pas de différence entre la Sicile orientale et occidentale. Les documents sont constitués par des petits objets égyptiens ou égyptisants (scarabées, amulettes, oushebtis), produits éventuellement dans des ateliers grecs de Naucratis ou par des artisans puniques, qui satisfont les intérêts artistiques d'une clientèle séduite par l'Orient. Si ces «bibelots» amenés par les commerçants rhodiens, grecs ou puniques, ne sont pas les supports de croyances purement cultuelles, ils ont pu cependant alimenter les préoccupations magico-apotropaïques, surtout lorsqu'ils sont liés à des usages funéraires. Pour l'époque classique (Ve-IVe s.), les centres puniques de la Sicile occidentale livrent des documents analogues, tandis que le silence s'installe dans les cités sceliotes.

---

[279] Ch. Edson, *Inscriptiones Graecae*, X, 2, 1 (Berlin, 1972).

[280] Pour les n° 108 et 255, cfr R. Merkelbach, *Zwei Texte aus dem Serapeum zu Thessalonike*, dans *ZPE*, 10 (1973), p. 47-54; pour le n° 108; cfr J. Bingen, *Sur une dédicace osiriaque de Thessalonique*, dans *CdE*, 47 (1972), p. 288-291; J. G. Griffiths, *Isis-Book*, p. 349-350; Dunand, *Isis*, II, p. 58; pour le n° 259, cfr G. Daux dans *CRAI* (1972), p. 478-487.

[281] *IG*, X, 2, 1, n° 108. Cfr bibliographie à la note précédente.

[282] Traduction de J. Bingen, *op. cit.*, p. 290, l. 5.

[283] Cfr *Cultes ég. en Italie*, p. 261-263.

[284] G. Sfameni Gasparro, *I culti orientali in Sicilia* (Leyde, 1973). Voir notre compte rendu dans *Latomus*, 32 (1973), p. 655-657.

Au seuil de l'époque hellénistique, c'est-à-dire à la fin du IIIe-début du IIe s., à côté des objets dont il vient d'être question, apparaissent les premières traces incontestables des cultes isiaques, qu'il s'agisse d'inscriptions, de monnaies ou de documents moins importants dont le nombre est cependant significatif. Avec l'époque romaine impériale, ce mouvement s'accentue et les dieux issus d'Alexandrie gagnent de nouveaux sites. Cette introduction et cette propagation isiaque est particulèrement importante dans la zone de tradition grecque, mais n'est pas totalement absente dans la partie occidentale de l'île. Il y a donc rupture entre les contacts culturels de haute époque et l'apparition d'influences cultuelles à l'époque hellénistique. Reste à fixer les causes de cette diffusion qui commence aux alentours de 200 a.C. G. Sfameni Gasparro pense que la politique égyptophile de Hiéron II et les rapports économiques, politiques et culturels noués avec l'Égypte ptolémaïque pourraient être responsables de l'introduction des cultes égyptiens. Il est malheureusement très difficile de se prononcer, car les documents épigraphiques, archéologiques et numismatiques isiaques les plus anciens sont tous datés de la fin du IIIe-début IIe s., sans qu'il soit possible de leur attribuer une date plus précise. Il est en tout cas certain que le véritable épanouissement des cultes isiaques se produit en Sicile, au début du IIe s. avant notre ère, après que les centres sicéliotes aient perdu leur autonomie politique. Dans ces conditions, nous inclinerions à penser qu'en réalité ce phénomène est le résultat de facteurs nouveaux, sans doute les liens commerciaux établis avec Délos. G. Sfameni Gasparro ne nie d'ailleurs pas l'influence des négociants trafiquant dans le monde grec, mais, à notre avis, elle ne leur accorde pas assez d'importance. Il est en tout cas surprenant que les cultes isiaques fassent leur apparition sur les monnaies au plus tôt en 212, si leur épanouissement est le fait de la politique de Hiéron II, mort en 214.

Une fois implantés en Italie, les dieux égyptiens se sont répandus dans toutes les provinces de l'Empire romain. Le lecteur intéressé par cette dernière expansion se reportera au long article que nous lui avons consacré [285].

---

[285] Malaise, *La diffusion des cultes égyptiens dans les provinces européennes de l'Empire romain*, dans *Aufstieg und Niedergang der römischen Welt* (Berlin), II, 3 (sous presse).

Sur le plan de la diffusion sociale, S. K. Heyob [286] s'est attachée
à apprécier la part prise par les femmes au sein des cultes isiaques.
Ceux-ci devaient les toucher d'autant plus qu'Isis se présente elle-
même dans les arétalogies comme une déesse particulièrement
attentive aux problème de la condition féminine. Elle n'est pas
seulement l'incarnation de l'amour sensible et maternel, mais aussi
de l'harmonie conjugale [287]. La participation des femmes au culte
d'Isis est cependant moins importante que ce que l'on aurait pu
penser. En Italie, les dévotes constituent 26,8% du contingent
isiaque [288] attesté par l'épigraphie, mais la documentation archéologique laisse croire à une adhésion plus enthousiaste. Ainsi, à Pompéi,
les femmes représentent 14,3% des fidèles qui ont laissé une trace
épigraphique, alors que les documents iconographiques nous ont
conservé le souvenir de 12 femmes pour 17 hommes [289]. La répartition chronologique des inscriptions datées indique que pratiquement
tous les témoignages relatifs aux femmes sont d'époque impériale [290]; il est vrai que la majorité des inscriptions isiaques d'Italie
appartiennent à cette époque. Comme nous l'avions déjà noté [291],
les femmes ne revêtent pas la prêtrise avant la période impériale,
circonstance attribuable à l'égyptianisation des cultes et au succès
grandissant d'Isis qui relègue Sérapis au second rang. De même,
avec l'époque romaine, apparaissent des cas de prêtrises concédées
à vie [292]. Si peu de femmes occupent de hautes charges sacerdotales [293], elles accomplissent néanmoins, à en croire la documentation figurée, d'importantes fonctions dans les cérémonies et les
processions [294], tout comme elles s'enrôlent dans diverses associa-

---

[286] S. K. Heyob, *The Cult of Isis among women in the Graeco-Roman
World* (Leyde, 1975).

[287] Sur Isis protectrice de l'amour conjugal, cfr Tran tam Tinh, *Isis et
Sérapis se regardant*, dans *RA* (1970), I, p. 55-80 et le texte de la nouvelle
arétalogie de Maronée (cfr Grandjean, *Une nouvelle arétalogie*, p. 56-57).

[288] Cfr Heyob, *op. cit.*, p. 85.

[289] Cfr Id., *op. cit.*, p. 83.

[290] Cfr Id., *op. cit.*, p. 86-87. Font exception trois inscriptions: cfr *Inventaire*, p. 112: *Roma*, 2; p. 320: *Syracusae*, 2; p. 323: *Tauromenium*, 2.

[291] *Cultes ég. en Italie*, p. 136-137; Heyob, *op. cit.*, p. 88-89.

[292] Cfr Heyob, *op. cit.*, p. 91-93.

[293] Cfr Id., *op. cit.*, p. 95.

[294] Cfr Id., *op. cit.*, p. 97-100; voir *Inventaire*, p. 234-235: *Roma*, 441;
p. 251-253: *Herculaneum*, 3 et 4.

tions cultuelles [295]. Enfin, Heyob [296] réfute la thèse qui fait d'Isis une déesse du demi-monde et de ses temples, des lieux de rendez-vous galants, conception courante que nous avions déjà refusée [297] et qui repose sur une mauvaise appréciation des sources.

Egalement dans le domaine social, il convient de signaler une étude de H. Thylander [298] qui réfute la présence de membres de l'aristocratie municipale dans les rangs isiaques à Pompéi. Suite au tremblement de terre qui ruina le premier Iséum en 62 p.C., un nouveau temple fut consacré [299] à Isis par N. Popidius N. F. Celsi-nus, un enfant de six ans, qui pour cette raison fut admis dans l'ordre des décurions. Selon Tran tam Tinh [300], l'enfant appartient à la riche aristocratie municipale, assez influente pour obtenir l'autorisation d'agrandir le temple initial au détriment de la palestre. Pour Thylander, Tram tan Tinh néglige le fait que les esclaves lors de leur affranchissement recevaient *nomen* et *prae-nomen* de leur ancien patron, si bien que N. Popidius Celsinus, fils de N. Popidius Ampliatus [301], serait en fait issu d'un père affranchi par une famille pompéienne très en vue, car le *cognomen* Ampliatus est souvent utilisé comme nom d'esclave et ne quitta pas les classes populaires. Thylander en voit une preuve supplémentaire dans l'absence de traces politiques laissées par Ampliatus. D'autres Popidii [302] que Tran tam Tinh veut inclure dans l'aristocratie municipale portent également un *cognomen* habituel chez les esclaves et en tout cas évité par les familles importantes. Tous ces Popidii seraient donc des commerçants ou des artisans enrichis par un négoce florissant qui les mit en possession d'une fortune leur permettant de reconstruire le sanctuaire d'Isis ou de se faire bâtir de luxueuses villas. Il est bien difficile de déterminer la situation

---

[295] Cfr Heyob, *op. cit.*, p. 107-110.
[296] Id., *op. cit.*, p. 111-127.
[297] Cfr *Cultes ég. en Italie*, p. 138-139, n. 6, 248-249.
[298] H. Thylander, *Vilkere samhällsklass tillhörde Isis-anhängarna in Pompeji?* dans *Scritti C. M. Lerici* (Stockholm, 1970), p. 97-102.
[299] Cfr *Inventaire*, p. 267: *Pompei*, 30.
[300] Tran tam Tinh, *Isis à Pompéi*, p. 31-32, 41-43.
[301] Cfr *Inventaire*, p. 267: *Pompei*, 32.
[302] C'est le cas de N. Popidius Florus, L. Popidius Secundus et de Popi-dius Natalis qui prit la tête des Isiaques lors d'une campagne électorale, cfr *Inventaire*, p. 264: *Pompei*, 3.

exacte de ces Popidii: nouveaux riches ou descendants de l'aristocratie locale? On constate tout de même qu'un L. Popidius Ampliatus et un L. Popidius Secundus briguèrent l'édilité [303] et que le
second vit ses efforts couronnés de succès. Un autre Popidius se
présenta comme candidat au duumvirat [304]. Par ailleurs, la présence
d'Isis au sein de la noblesse municipale de Pompéi est prouvée par
un *sacellum* réservé à la déesse dans le *gymnasium* fréquenté par
les jeunes gens de la noblesse municipale [305]. A Vérone [306] et à
Suessa Aurunca [307], une inscription du Ier siècle témoigne de la
participation des magistrats municipaux aux cultes isiaques.
Néanmoins, il reste incontestable que la déesse égyptienne a dû
recruter peu de fidèles dans ces sphères durant le Ier siècle de
notre ère.

A propos de charges sacerdotales et cultuelles, il faut également
mentionner quelques remarques nouvelles. Si notre interprétation [308] du titre pastophore, dans lequel nous voyons à l'origine un
concierge chargé de tirer les rideaux masquant la *cella*, a trouvé un
écho chez C. Marin Ceballos [309] et L. Vidman [310], pour leur part,
J. G. Griffiths [311] et H.-B. Schönborn [312] se réfèrent toujours à
l'interprétation traditionnelle qui en fait, malgré l'étymologie, un
synonyme de naophore. Conscient de cette difficulté, Cl. Vatin [313]
les caractérise comme des prêtres de second rang portant le voile
brodé au-dessus des statues promenées en procession. Quant à

---

[303] Cfr Tran tam Tinh, *Isis à Pompéi*, p. 42.
[304] Cfr Id., *op. cit.*, p. 43.
[305] Cfr Id., *op. cit.*, p. 55-56.
[306] Cfr *Inventaire*, p. 19: *Verona*, 10.
[307] Cfr *Inventaire*, p. 98: *Suessa Aurunca*, 1.
[308] *Cultes ég. en Italie*, p. 128-130.
[309] C. Marin Ceballos, *La religion de Isis en «Las Metamorfosis» de Apuleyo*, dans *Habis*, 4 (1973), p. 176.
[310] L. Vidman dans *Eirene*, 13 (1975), p. 180.
[311] Griffiths, *Isis-Book*, p. 265-266.
[312] H.-B. Schönborn, *Die Pastophoren im Kult der ägyptischen Götter*
(Meisenheim am Glan, 1976); cfr notre compte rendu dans *L'Antiquité
Classique*, 45 (1976), p. 743-746.
[313] Cl. Vatin, *Recherches sur le mariage et la condition de la femme mariée
à l'époque hellénistique* (Paris, 1970), p. 215.

J. Vergote [314], il se demande si les pastophores ne tiraient pas leur nom d'un vêtement brodé qui les aurait distingués, tout comme les mélanéphores empruntaient leur nom à leur robe noire [315]. S'il était bien connu que les pastophores étaient groupés en collèges, L. Vidman [316] a montré qu'il en allait de même pour les néocores. La charge du navarchat relative dans le monde grec à la mise sur pied de la fête du *Nauigium Isidis* serait attestée aussi par deux inscriptions d'Italie [317] mentionnant un *bis nauarchus*. Tran tam Tinh [318] émet des doutes sur l'interprétation de ce terme car, écrit-il, «si l'on compare ces inscriptions avec celles de Constantinople et d'Erétrie, on est frappé par les précisions religieuses de celles-ci et le caractère trop militaire de celles-là». Récemment, Ph. Bruneau [319] a essayé de cerner la signification revêtue par ce titre. Il conclut que «les navarques devaient être ceux des fidèles qui participaient plus activement à la célébration de la fête, peut-être en figurant dans la procession ou plutôt en formant l'équipage du navire que l'on lançait à la mer». Enfin, à propos des ptérophores, le lecteur pourra compléter la bibliographie que nous avions fournie [320].

Dans le domaine des fêtes, nous avons déjà eu l'occasion [321] de rejeter l'hypothèse de R. Merkelbach [322], reprise par L. Castiglione[323],

---

[314] J. Vergote, *De godsdienst van de Egyptenaren* (Roermond, 1971), p. 52.

[315] Sur les mélanéphores, cfr Griffiths, *Isis-Book*, p. 128; Schönborn, *op. cit.*, p. 64-69; M.-F. Baslez, *Une association isiaque: les Mélanéphores*, dans *CdE*, 50 (1975), 297-303.

[316] L. Vidman, *Neocororum turba*, dans *Archiv für Papyrusforschung*, 19 (1969), p. 152-154.

[317] Cfr *Inventaire*, p. 132: *Roma*, 69 et p. 258: *Misenum*, 1; *Cultes ég. en Italie*, p. 149-150, 219.

[318] Tran tam Tinh, *Campanie*, p. 38-39.

[319] Ph. Bruneau, *Le sanctuaire et le culte des divinités égyptiennes à Erétrie* (Leyde, 1975), p. 137-141.

[320] Cfr J. Capart dans *CdE*, 18 (1943), fig. 26-28, 30, 32; A. Gardiner, *Ancient Egyptian Onomastica* (Oxford, I, 1947), p. 55*-58*; F. Daumas, *Les moyens d'expression du grec et de l'égyptien* (Le Caire, 1952), p. 183-185; S. Sauneron, dans *BIFAO*, 64 (1966), p. 185; H. Bakhry dans *ASAE*, 60 (1968), p. 15-25; G. Ronchi, ΠΤΕΡΟΦΟΡΑΣ (*Diodoro Siculo I, 87, 8*), dans *Parola del Passato*, 121 (1968), p. 291-295; A. Burton, *Diodorus Siculus. Book I*, (Leyde, 1972), p. 257.

[321] Cfr *Cultes ég. en Italie*, p. 219-220, n. 7.

[322] R. Merkelbach, *Isisfeste in griechisch-römischer Zeit. Daten und Riten* (Meisenheim am Glan, 1963), p. 36-39, 58.

[323] L. Castiglione, *Isis Pharia: Remarque sur la statue de Budapest*, dans *Bull. Musée Hongrois des Beaux-Arts*, 34-35 (1970), p. 41 sq.

suivant laquelle les Kikellia [324] constitueraient l'antécédent du
Nauigium Isidis [325]. Cette idée a de nouveau été écartée par
Griffiths [326] et Dunand [327]. La discordance des dates rend en effet
cette théorie impossible [328] : les Kikellia qui avaient lieu le 28/29
choiach selon le décret de Canope sont fixées au 25 décembre dans
le calendier julien, alors que le Nauigium Isidis est situé le 5 mars.
Par contre, il existe de bonnes raisons pour assimiler ces Kikellia
avec les cérémonies osiriaques de la fin du mois de choiak [329],
elles-mêmes identiques à la fête signalée par Plutarque du 17 au
20 hathyr, c'est-à-dire l'Inuentio Osiridis, jouée à Rome en novembre
selon le Ménologe Rustique, ou les Isia, commémorés du 28 octobre
au 1er novembre suivant Philocalus. La divergence entre ces dates
doit s'expliquer de la manière suivante [330]. La fête fut d'abord
célébrée le 17 hathyr du calendrier civil mobile, puis pour la fixer
elle fut placée à la fin du mois de choiach dans l'année lunaire
fondée sur Sothis et rendue stable par des intercalations. C'est cette
date de choiak que l'on trouve dès le Nouvel Empire et qui correspond au 14 novembre. A l'époque grecque, elle était néanmoins
encore célébrée suivant le calendrier mobile, c'est-à-dire le 17
hathyr, puisque Geminus de Rhodes [331] nous apprend que les Isia
changeaient avec l'année mobile et que de son temps (entre 50 et 70)
la fête était éloignée du solstice d'hiver par un mois. A l'époque
romaine, grâce à l'introduction de l'année alexandrine non mobile,
la fête ne fut plus seulement fixée de manière théorique au 29
choiak de l'ancienne année lunaire stabilisée, mais elle était aussi
exécutée le 29 choiak de l'année alexandrine. Ceci explique que les

---

[324] Sur le nom de cette fête, cfr Daumas, op. cit., p. 176, 278 ; E. Chassinat,
Les Mystères d'Osiris au mois de Khoiak (Le Caire) II, 1968, p. 614, n. 3.
La version démotique du Décret de Canope parle des «rites d'Isis», expression à rapprocher des Isia de Philocalus.
[325] Les éléments de cette fête décrite par Apulée sont longuement com-
mentés par Griffiths, Isis-Book.
[326] Griffiths, op. cit., p. 38-41.
[327] Dunand, Isis, I, p. 232-233 et III, p. 229-230.
[328] L'ingénieuse explication de Merkelbach est bien peu convaincante,
cfr Griffiths, op. cit., p. 40-41 ; Dunand, op. cit., III, p. 230.
[329] Cfr Griffiths, op. cit., p. 40 ; Dunand, op. cit., I, p. 233.
[330] A propos des dates de célébration de cette fête, voir nos Cultes ég. en
Italie, p. 221-228.
[331] Geminus de Rhodes, Elementa astron., VIII, 16.

Kikellia, au dire d'Épiphane [332], avaient lieu à Alexandrie le 25 décembre et rend compte du passage où Plutarque [333] relie la fête d'Osiris au solstice d'hiver. La célébration de la quête d'Osiris sous l'occupation romaine était probablement exécutée à deux reprises: d'abord, le 25 décembre (= 29 choiak alexandrin), ensuite à une date mobile (= 17 hathyr). C'est en effet cette dernière qui, intégrée à Rome dans le calendrier romain entre 40 et 43, détermina la date du 28 octobre comme début des *Isia* [334]. Quant à la mention du mois de novembre dans le Ménologe Rustique, elle provient probablement d'une conversion opérée à partir du 17 hathyr alexandrin au lieu du 17 hathyr civil. Il nous paraît exclu que la date du 17 hathyr fournie par Plutarque se rapporte au calendrier alexandrin pour des raisons déjà évoquées [335]. De surcroît, si le 17 hathyr appartenait au calendrier alexandrin, la fête célébrée dans l'année vague se rattacherait nécessairement au 29 choiak. Or à l'époque où écrivait Geminus de Rhodes le 29 choiak mobile tombait aux environs du milieu de décembre, ce qui ne représente pas le décalage d'un mois signalé par cet auteur, mais décalage exact si l'on prend comme départ le 17 hathyr mobile. Enfin, la date du 28 octobre de Philocalus serait aussi une transposition dans le calendrier julien du 29 choiak mobile; or, cette coïncidence se produisit sous le règne de Septime-Sévère, c'est-à-dire fort tard car les *Isia* sont bien connues à Rome longtemps avant cette date [336].

Suivant Merkelbach [337], la dernière initiation de Lucius, le héros du roman d'Apulée, se déroulerait à Rome dans la nuit du 24 au 25 décembre, au moment du solstice d'hiver, et elle coïnciderait volontairement avec la fête d'Osiris. La détermination de la date de cette initiation est loin d'être assurée [338] et d'ailleurs rien ne prouve que l'*Inuentio Osiridis* ait été célébrée une seconde fois à

---

[332] Epiphane, *Haer.*, 51, 22; cfr Merkelbach, *op. cit.*, p. 37.
[333] Plut., *De Iside*, 52.
[334] Cfr *Cultes ég. en Italie*, p. 226-227.
[335] Cfr *Cultes ég. en Italie*, p. 223.
[336] Cfr *Cultes ég. en Italie*, p. 249; Heyob, *Isis among women*, p. 55-57, 60.
[337] Merkelbach, *Das Osiris-Fest des 24./25. Dezember in Rom*, dans *Aegyptus*, 49 (1969), p. 89-91.
[338] Cfr Griffiths, *Isis-Book*, p. 328-329.

Rome, au moment du solstice d'hiver, date des *Kikellia* à Alexandrie.

Si la fête égyptienne des *Kikellia* ne constitue pas l'antécédent de la célébration isiaque du *Nauigium Isidis*, J. G. Griffiths [339] revient sur la question de l'existence de traits égyptiens qui seraient à l'origine d'Isis-Pélagia et du patronage qu'elle exerce sur la navigation dans la religion isiaque [340]. Il existe en effet de nombreuses représentations égyptiennes d'Isis en bateau, et notamment dans la barque de Rê, où elle joue un rôle assumé à l'origine par Hathor, la véritable patronne des navigateurs égyptiens. Toutefois, dans le cadre qui nous intéresse plus pertinente est la présence d'Isis dans le bateau funéraire et particulièrement dans la *nšm.t* d'Osiris, barque encore mentionnée à l'époque gréco-romaine. C'est également une embarcation qu'Isis utilisa pour rechercher dans le Delta le corps mutilé d'Osiris. Griffiths [341] conclut en ces termes: «In a general sense Alexandria is the probable source of a Ptolemaic development of the association of Isis or Hathor with the sea». Présenté sous cet éclairage, on peut parler de racines égyptiennes, mais il reste qu'Isis en tant que déesse marine est une nouveauté et revêt, comme l'écrit F. Dunand [342], «une fonction ... largement développée par les Grecs à partir de quelques données assez embryonnaires».

Notons encore certaines références concernant les accessoires cultuels. On a conservé quelques exemplaires authentiques de masques d'Anubis [343] dont s'affublaient les prêtres, ainsi que l'indiquent les illustrations du calendrier de Philocalus [344] et des

---

[339] Griffiths, *The Egyptian Antecedents of the Navigium Isidis*, dans *Studia Aegyptiaca*, I (1974), p. 129-136; Id., *Isis-Book*, p. 32-47.

[340] Sur ces antécédents égyptiens, cfr aussi *Cultes ég. en Italie*, p. 186, n. 6; L. Castiglione, *Isis Pharia: Remarque sur la statue de Budapest*, dans *Bull. Musée Hongrois des Beaux-Arts*, 34-35 (1970), p. 37-55; Dunand, *Isis*, I, p. 94-95, 98.

[341] Griffiths, *Isis-Book*, p. 43.

[342] Dunand, *Isis*, I, p. 98.

[343] Cfr F. Lexa, *La magie dans l'Égypte antique* (Paris, 1925), III, fig. 44 et 144; Griffiths, *Isis-Book*, p. 217-218.

[344] Cfr R. Hari, *Une image du culte égyptien à Rome en 354*, dans *Museum Helveticum*, 33 (1976), p. 114-118.

textes littéraires [345]. De nombreuses lampes portent l'image des membres du panthéon isiaque dont le caractère «lumineux» [346] est ainsi mis en évidence. Certaines de ces lampes étaient déposées dans des tombes [347], sans doute pour éclairer le défunt dans l'au-delà, tout en le plaçant sous la protection des divinités égyptiennes. Dans le domaine de la céramique, Tran tam Tinh [348] a étudié des vases dont la forme et le décor étonnent par leur nouveauté. Seule l'origine d'un fragment est connue : il provient d'un four de Memphis. Il s'agit de petites urnes à la panse décorée de figures divines égyptiennes qui ont pu être offertes comme cadeaux de Nouvel An, au même titre qu'une série de vases à médaillons isiaques [349]. L'iconographie des dieux égyptiens y est des plus intéressantes : Isis ne porte pas la coiffure hathorique à plumes mais l'emblème hathorique complété par des épis de blé, tandis que la tête de Sérapis est toujours coiffée de l'*atef* et que son front est une fois serré par un large bandeau. Enfin, J. G. Griffiths [350] a montré que certains récipients étaient destinés à être utilisés au cours de banquets célébrés entre Isiaques.

Pour terminer, nous signalerons deux articles sur la peinture romaine. H. Kenner [351] examine le décor égyptisant de la maison de M. Lucretius Fronto à Pompéi et une composition d'Herculanum qu'elle interprète comme l'expression d'une mode et non comme le

---

[345] Cfr *Cultes ég. en Italie*, p. 210-211. C'est par erreur que nous avons écrit p. 125 et 211 que Commode s'affublait du masque d'Anubis ; l'empereur en réalité portait une statue du dieu, comme nous l'expliquons d'ailleurs p. 433-434.

[346] Cfr Grandjean, *Une nouvelle arétalogie*, p. 61, n. 127.

[347] Cfr Tran tam Tinh, *Isis et Sérapis se regardant*, dans *RA* (1970), I, p. 55, n. 2 et 69 ; L. Budde, *Julian-Helios Sarapis und Helena-Isis*, dans *AA* (1972), p. 632.

[348] Tran tam Tinh, *A propos d'un vase isiaque inédit du Musée de Toronto*, dans *RA* (1972), II, p. 321-340.

[349] Cfr A. Alföldi, *Die alexandrinischen Götter und die Vota Publica*, dans *JAC*, 8-9 (1965-66), p. 69-74 ; H. Vertet, *Observations sur les vases à médaillons d'applique à sujets religieux des vallées du Rhône et de l'Allier*, dans *Gallia*, 30 (1972), p. 235-258. On a retrouvé en Italie (cfr *Inventaire*, p. 52 : *Alba Fucens*, 3) un médaillon découpé dès l'Antiquité dans la paroi d'un vase et représentant Anubis.

[350] Griffiths, *The Isiac Jug from Southwark*, dans *JEA*, 59 (1973), p. 233-236.

[351] Kenner, *Isiaca*, dans *Antidosis W. Kraus* (Vienne, 1972), p. 198-204.

reflet de croyances isiaques. Pour sa part, M.-Th. Picard-Schmitter[352] analysant deux peintures pariétales appartenant respectivement à la Maison de Livie et d'Auguste sur le Palatin croit y reconnaître une inspiration religieuse égyptienne, le centre des deux tableaux étant occupé par ce que l'auteur considère comme un bétyle symbolisant Osiris. La démonstration est très subtile, mais peu convaincante.

Toutes ces publications récentes témoignent de la vitalité des recherches en matière isiaque. Bien des problèmes cependant attendent une solution que seules des études systématiques futures et de nouvelles trouvailles pourront apporter. Un jour viendra où tous ces travaux préliminaires déboucheront sur une synthèse bien assise; celle-ci devra beaucoup au dynamisme du Professeur M. J. Vermaseren.

IV. CONCORDANCE ENTRE NOTRE INVENTAIRE ET LES RECUEILS RÉCENTS

HISTRIE

Tergeste, 3   Leclant dans *Orientalia*, 1963, p. 214, n. 2; Genaille dans *RA*, 1975, II, p. 238; B. Perč, *Beiträge zur Verbreitung ägyptischer Kulte auf dem Balkan und in den Donauländern zur Römerzeit*, Munich, 1968, p. 138-140, n⁰ L et pl. 1, 1.

VÉNÉTIE

Altinum, 3   Kater-Sibbes, *Sarapis*, n⁰ 576.
Aquileia, 32   Kater-Sibbes, *Sarapis*, n⁰ 577.
Verona, 12   Pour la statue de Sérapis: Kater-Sibbes, *Sarapis*, n⁰ 581; Curto, *Antichità egittizzanti in Verona* dans «*Il territorio veronese in età romana*», 1971, p. 190.

TRANSPADANE

Augusta Praetoria, 1   Leclant, *IBIS*, I, 197, pl. XII-XIII.

ÉMILIE

Bononia, 8   Kater-Sibbes, *Sarapis*, n⁰ 529.
Forum Cornelii, 1   Kater-Sibbes, *Sarapis*, n⁰ 531.
Guastalla, 1   Kater-Sibbes, *Sarapis*, n⁰ 532.
Rauenna, 1   Heyob, *Isis among Women*, p. 62-64.

---

[352] Picard-Schmitter, *Bétyles hellénistiques*, dans *Mon.Piot*, 57 (1971), p. 43-88.

LIGURIE

Industria, 1   Genaille dans *RA*, 1972, II, p. 228; Manino, *Scavi*, p. 77-78, fig. 33.
Industria, 2   Genaille, *op. cit.*, p. 228; Manino, *op. cit.*, p. 24, 31, 76 et fig. 35.
Industria, 3   Cfr *supra*, p. 632.
Industria, 4   Genaille, *op. cit.*, p. 228, 232-235 et fig. 8-10; Manino, *op. cit.*, p. 23, 24, 81, 92 et fig. 34.

OMBRIE

Fanum Fortunae, 1   Dunand, *Isis en Grèce*, III, p. 78, n. 3.
Fanum Fortunae, 5   Kater-Sibbes, *Sarapis*, n° 574.
Sarsina, 1   Mansuelli dans *RM*, 73-74 (1966-67), p. 159-164 et pl. 55-57; Mansuelli dans *Studi Romagnoli*, 18 (1967), p. 260 sq., 286-289 et fig. 3-19; Kater-Sibbes, *Sarapis*, n° 575; Hornbostel, *Sarapis*, p. 107, n. 2, p. 187, n. 5 et fig. 124a.
Sarsina, 2   Mansuelli dans *RM*, 73-74 (1966-67), p. 166-168 et pl. 59-60; Mansuelli dans *Studi Romagnoli*, 18 (1967), p. 280-282, 284 et fig. 23-34.

ÉTRURIE

Falerii, 5   Kater-Sibbes, *Sarapis*, n° 525.
Florentia, 14   Kater-Sibbes, *Sarapis*, n° 526.
Pisae, 2   Cfr *supra*, p. 635.

SAMNIUM

Alba Fucens, 2   Mertens dans *FA*, 24-25 (1969-70), p. 554 et fig. 77.
Alba Fucens, 3   Mertens dans *FA*, 24-25 (1969-70), p. 554 et fig. 76.

LATIUM

Aricia, 1   Roullet, *Rome*, p. 27-28 et fig. 20; Kater-Sibbes, Vermaseren, *Apis*, II, n° 293 et pl. XLV; Kater-Sibbes, *Sarapis*, n° 539.
Bouillae, 1   Kater-Sibbes, *Sarapis*, n° 540; Hornbostel, *Sarapis*, p. 274-275 et fig. 271.
Circei, 1   Roullet, *Rome*, n° 152 et fig. 176.
Circei, 2   Roullet, *Rome*, n° 144a et fig. 66, 163, 215; Parlasca dans Helbig, *Führer*, 4e ed., IV, p. 333, n° 3357.
Ostia, 9   Kater-Sibbes, Vermaseren, *Apis*, II, n° 292 et pl. XLV.
Ostia, 16   Kater-Sibbes, *Sarapis*, n° 543.
Ostia, 21   Vidman, «*Inscriptio mutila e Serapeo Ostiensi*» dans *Strahovská Knihovna*, 5-6 (1970-71), p. 29-35.
Ostia, 22   Kater-Sibbes, *Sarapis*, n° 550; Hornbostel, *Sarapis*, p. 75, n. 4 et fig. 14.
Ostia, 66   Kater-Sibbes, *Sarapis*, n° 543; Kater-Sibbes, Vermaseren, *Apis*, II, n° 286 et pl. XXXVIII.
Ostia, 67   Roullet, *Rome*, n° 217 et fig. 242.

Ostia, 68	Kater-Sibbes, *Sarapis*, n° 549; Hornbostel, *Sarapis*, fig. 11; Von Steuben dans Helbig, *Führer*, 4ᵉ ed., IV, p. 41, n° 3034.
Ostia, 69	Kater-Sibbes, *Sarapis*, n° 551, Hornbostel, *Sarapis*, fig. 38.
Ostia, 70	Kater-Sibbes, *Sarapis*, n° 562.
Ostia, 74	Roullet, *Rome*, n° 215.
Ostia, 76	Kater-Sibbes, Vermaseren, *Apis*, II, n° 287 et pl. XXXIX; Parlasca dans Helbig, *Führer*, 4ᵉ ed., IV, p. 130, n° 3159.
Ostia, 77	Kater-Sibbes, *Sarapis*, n° 545; Hornbostel, *Sarapis*, p. 252, n. 5*b*.
Ostia, 78	Kater-Sibbes, *Sarapis*, n° 547; Hornbostel, *Sarapis*, p. 277 et fig. 278a-b.
Ostia, 79	Kater-Sibbes, *Sarapis*, n° 552.
Ostia, 80	Kater-Sibbes, *Sarapis*, n° 564.
Ostia, 81	Kater-Sibbes, *Sarapis*, n° 563.
Ostia, 82	Kater-Sibbes, *Sarapis*, n° 548.
Ostia, 83	Kater-Sibbes, *Sarapis*, n° 558.
Ostia, 84	Kater-Sibbes, *Sarapis*, n° 559.
Ostia, 85	Kater-Sibbes, *Sarapis*, n° 546.
Ostia, 86	Kater-Sibbes, *Sarapis*, n° 561.
Ostia, 87	Kater-Sibbes, *Sarapis*, n° 556.
Ostia, 88	Kater-Sibbes, *Sarapis*, n° 553.
Ostia, 89	Kater-Sibbes, *Sarapis*, n° 555.
Ostia, 90	Kater-Sibbes, *Sarapis*, n° 554.
Ostia, 92b	Kater-Sibbes, *Sarapis*, n° 560; Hornbostel, *Sarapis*, p. 30 et n. 1; Parlasca dans Helbig, *Führer*, 4ᵉ ed., IV, p. 15, n° 3005.
Ostia, 92c	Kater-Sibbes, *Sarapis*, n° 543.
Ostia, 93	Roullet, *Rome*, n° 187.
Ostia, 96	Parlasca dans Helbig, *Führer*, 4ᵉ ed., IV, p. 20-21, n° 3010.
Ostia, 101	Kater-Sibbes, Vermaseren, *Apis*, II, n° 288 et pl. XL-XLIII; Parlasca dans Helbig, *Führer*, 4ᵉ éd., IV, p. 16, n° 3006.
Ostia, 105	Parlasca dans Helbig, *Führer*, 4ᵉ éd., IV, p. 122-123, n° 3149; Bruneau dans *BCH*, 98 (1974), p. 339 et fig. 2.
Ostia, 112	Kater-Sibbes, Vermaseren, *Apis*, II, n° 290 et pl. XLIV.
Ostia, 116	Roullet, *Rome*, n° 1 et fig. 27. Pour les antéfixes du Vatican (au nombre de deux et non de un), cfr Roullet, *Rome*, n° 2, 5 et fig. 28, 31.
Ostia, 117	Parlasca dans Helbig, *Führer*, 4ᵉ éd., IV, p. 119, n° 3144.
Portus Ostiae, 21	Roullet, *Rome*, n° 105 et fig. 122; Leclant, *IBIS*, II, pl. XXIII.
Sora, 1	Kater-Sibbes, *Sarapis*, n° 567.
Suessa Aurunca, 1	Cfr *supra*, p. 639.

Tibur, 4	Roullet, *Rome*, n° 163 et fig. 189.
Tibur, 5	Roullet, *Rome*, n° 164 et fig. 190.
Tibur, 6	Roullet, *Rome*, n° 165 et fig. 191.
Verulae, 1	Kater-Sibbes, *Sarapis*, n° 613.
Villa Adriana, 1	Roullet, *Rome*, n° 131 et fig. 151; Dunand, *Isis*, I, pl. XIII, 2.
Villa Adriana, 2	Roullet, *Rome*, n° 130 et fig. 150; Dunand, *Isis*, I, pl. XIII, 1.
Villa Adriana, 3	Roullet, *Rome*, n° 129 et fig. 149.
Villa Adriana, 4	Roullet, *Rome*, n° 128 et fig. 148; Dunand, *Isis*, I, pl. XII, 2.
Villa Adriana, 5	Roullet, *Rome*, n° 104, 126 et fig. 121, 146; Dunand, *Isis*, I, pl. XV.
Villa Adriana, 6	Roullet, *Rome*, n° 149 et fig. 166.
Villa Adriana, 7	Roullet, *Rome*, n° 213.
Villa Adriana, 8	Roullet, *Rome*, n° 205.
Villa Adriana, 9	Roullet, *Rome*, n° 252.
Villa Adriana, 10	Roullet, *Rome*, n° 258 et fig. 262; Parlasca dans Helbig, *Führer*, 4e éd., IV, p. 159-160, n° 3196.
Villa Adriana, 11	Roullet, *Rome*, n° 146 et fig. 164; Kater-Sibbes, Vermaseren, *Apis*, II, n° 296 et pl. LII.
Villa Adriana, 13	Roullet, *Rome*, n° 321 et fig. 330.
Villa Adriana, 15	Roullet, *Rome*, n° 332 et fig. 345.
Villa Adriana, 16	Roullet, *Rome*, n° 101-102 et fig. 119-120.
Villa Adriana, 18	Roullet, *Rome*, n° 100 et fig. 118.
Villa Adriana, 20	Roullet, *Rome*, n° 125 et fig. 144-145; Dunand, *Isis*, I, pl. IX.
Villa Adriana, 21	Roullet, *Rome*, n° 150 et fig. 167-170.
Villa Adriana, 22	Roullet, *Rome*, n° 132.
Villa Adriana, 23	Roullet, *Rome*, n° 305.
Villa Adriana, 24	Roullet, *Rome*, n° 306.
Villa Adriana, 25	Roullet, *Rome*, n° 307.
Villa Adriana, 26	Roullet, *Rome*, n° 308.
Villa Adriana, 27	Roullet, *Rome*, n° 304.
Villa Adriana, 29	Tran tam Tinh, *Campanie*, p. 31, n. 3 et 65, n. 2.
Villa Adriana, 32	Dunand, *Isis*, I, pl. XXXII.

ROME

Roma, 25	Kater-Sibbes, *Sarapis*, n° 673; Castiglione dans *ZÄS*, 97 (1971), p. 43, n° 48.
Roma, 32	Kater-Sibbes, *Sarapis*, n° 622.
Roma, 51	G. Pucci dans *BCR*, 81 (1968-69), p. 173-177.
Roma, 59	Dunand, *Isis*, III, p. 84.
Roma, 69	Tran tam Tinh, *Campanie*, p. 38-39 ne croit pas à une connexion isiaque du titre de *bis nauarchus*.
Roma, 79	= *IGUR*, 190 et non 79.
Roma, 88	Kater-Sibbes, *Sarapis*, n° 646. Le même collège est signalé dans *IG*, XIV, 1059 = *IGUR*, 35. La référence à Dow est à supprimer.

Roma, 101	Kater-Sibbes, *Sarapis*, n° 664; Hornbostel, *Sarapis*, p. 224, n. 3 et fig. 190.
Roma, 109	= *IGUR*, 138 et non 137.
Roma, 109bis	J. et L. Robert dans *REG*, 69 (1956), p. 189, n° 362; *SEG*, 15 (1958), n° 619.
Roma, 310	Kater-Sibbes, Vermaseren, *Apis*, II, n° 282, II et pl. XXXII-XXXV.
Roma, 311	Kater-Sibbes, Vermaseren, *Apis*, II, n° 282, I et pl. XXVIII-XXXI.
Roma, 315d	Roullet, *Rome*, n° 182 et fig. 205; Dunand, *Isis*, I, pl. XIV.
Roma, 315f	Kater-Sibbes, *Sarapis*, n° 623.
Roma, 316	Roullet, *Rome*, n° 155 et fig. 181.
Roma, 317	Roullet, *Rome*, n° 35-36 et fig. 55-56; Kater-Sibbes, Vermaseren, *Apis*, II, n° 280 et pl. XXVI.
Roma, 318	Roullet, *Rome*, n° 267; Kater-Sibbes, Vermaseren, *Apis*, II, n° 279 et pl. XXV.
Roma, 319	Roullet, *Rome*, n° 219.
Roma, 320	Roullet, *Rome*, n° 190 et fig. 216.
Roma, 321	Roullet, *Rome*, n° 114 et fig. 132.
Roma, 322	Kater-Sibbes, *Sarapis*, n° 634; Hornbostel, *Sarapis*, fig. 43.
Roma, 322b	Roullet, *Rome*, n° 144b.
Roma, 323	Kater-Sibbes, *Sarapis*, n° 626; Hornbostel, *Sarapis*, fig. 274.
Roma, 326	Kater-Sibbes, *Sarapis*, n° 627.
Roma, 327	Kater-Sibbes, *Sarapis*, n° 628.
Roma, 328	Roullet, *Rome*, n° 316 et fig. 325.
Roma, 329	Roullet, *Rome*, n° 40 et fig. 59.
Roma, 332	Kater-Sibbes, *Sarapis*, n° 633; Hornbostel, *Sarapis*, p. 86, n. 4 et fig. 19.
Roma, 334	Roullet, *Rome*, n° 158 et fig. 183.
Roma, 337	Roullet, *Rome*, n° 189.
Roma, 338	Roullet, *Rome*, n° 71 et fig. 84.
Roma, 338a	Roullet, *Rome*, n° 179 et fig. 202.
Roma, 338b	Roullet, *Rome*, n° 180 et fig. 203.
Roma, 338c	Roullet, *Rome*, n° 153 et fig. 177.
Roma, 338d	Roullet, *Rome*, n° 181 et fig. 204.
Roma, 339	Roullet, *Rome*, n° 42 et fig. 61.
Roma, 341	Roullet, *Rome*, n° 188.
Roma, p. 191	Picard-Schmitter dans *Mon.Piot*, 57 (1971), p. 52-53 et fig. 5.
Roma, 345	Roullet, *Rome*, n° 245 et fig. 251-253.
Roma, 347	Roullet, *Rome*, n° 271-272 et fig. 274-278.
Roma, 351	Castiglione dans *ZÄS*, 97 (1971), p. 36, n° 10.
Roma, 352	Roullet, *Rome*, n° 17-19 et fig. 39-47.
Roma, 354	Roullet, *Rome*, n° 221.
Roma, 356	Roullet, *Rome*, n° 15, 20 et fig. 36, 48.
Roma, 358	Roullet, *Rome*, n° 34.

Roma, 359	Roullet, *Rome*, n° 266 et fig. 269.
Roma, 360	Roullet, *Rome*, n° 191 et fig. 217.
Roma, 361	Roullet, *Rome*, n° 278 et fig. 290.
Roma, 362	Roullet, *Rome*, n° 280 et fig. 292.
Roma, 363	Roullet, *Rome*, n° 17-19 et fig. 39-47 (colonne); n° 9 et fig. 35 (chapiteau).
Roma, 364	Roullet, *Rome*, n° 279 et fig. 291.
Roma, 365	Roullet, *Rome*, n° 254 et fig. 260.
Roma, 366	Roullet, *Rome*, n° 243-244 et fig. 249-250.
Roma, 368	Roullet, *Rome*, n° 17-19 et fig. 39-47.
Roma, 369	Roullet, *Rome*, n° 76.
Roma, 370	Roullet, *Rome*, n° 75 et fig. 93.
Roma, 371	Roullet, *Rome*, n° 74 et fig. 91-92.
Roma, 372	Roullet, *Rome*, n° 73 et fig. 87-90.
Roma, 374	Roullet, *Rome*, n° 25, 31 (pavement); 115 (Isis).
Roma, 375	Roullet, *Rome*, n° 78.
Roma, 376	Roullet, *Rome*, n° 77.
Roma, 377	Roullet, *Rome*, n° 113 et fig. 130-131.
Roma, 378	Roullet, *Rome*, n° 242; Kater-Sibbes, Vermaseren, *Apis*, II, n° 277.
Roma, 379	Roullet, *Rome*, n° 273-274 et fig. 279-283.
Roma, 380	Roullet, *Rome*, n° 32.
Roma, 381	Roullet, *Rome*, n° 28 et fig. 54.
Roma, 382	Roullet, *Rome*, n° 268-270 et fig. 270-273.
Roma, 383	Roullet, *Rome*, n° 330 et fig. 344.
Roma, 384bis	Roullet, *Rome*, n° 27 et fig. 53.
Roma, 385	Roullet, *Rome*, n° 223.
Roma, 386	Roullet, *Rome*, n° 16 et fig. 37-38; Kater-Sibbes, Vermaseren, *Apis*, II, n° 278 et pl. XIX-XXIV.
Roma, 387	Roullet, *Rome*, n° 72 et fig. 85-86.
Roma, 388	Roullet, *Rome*, n° 79-80.
Roma, 390	Roullet, *Rome*, n° 22-23.
Roma, 392	Tran tam Tinh dans *RA*, 1970, p. 293 et fig. 8.
Roma, 393	Roullet, *Rome*, n° 6 et fig. 32.
Roma, 394	Cfr *supra*, p. 647.
Roma, 395	Pour la date, cfr G. Carettoni dans *NS*, 25 (1971), p. 323-326.
Roma, 396	Roullet, *Rome*, n° 37-39 et fig. 58.
Roma, 397	Roullet, *Rome*, n° 37-39.
Roma, 398	Roullet, *Rome*, n° 37-39 et fig. 57; Kater-Sibbes, Vermaseren, *Apis*, II, n° 281 et pl. XXVII.
Roma, 400	Roullet, *Rome*, n° 7 et fig. 33.
Roma, 406	Roullet, *Rome*, n° 157.
Roma, 407	Roullet, *Rome*, n° 209.
Roma, 409	Kater-Sibbes, *Sarapis*, n° 657.
Roma, 412	Kater-Sibbes, *Sarapis*, n° 665; Hornbostel, *Sarapis*, p. 224, n. 3 et fig. 190.
Roma, 413	Roullet, *Rome*, n° 3 et fig. 29.
Roma, 414	Roullet, *Rome*, n° 201-202 et fig. 231.
Roma, 415	Kater-Sibbes, *Sarapis*, n° 658; Hornbostel, *Sarapis*, p. 202, n. 1 et fig. 142.

Roma, 416	Kater-Sibbes, *Sarapis*, n° 659 et pl. XVIII.
Roma, 417	Kater-Sibbes, *Sarapis*, n° 660.
Roma, 418	Kater-Sibbes, *Sarapis*, n° 663 et pl. XVIII; Hornbostel, *Sarapis*, p. 251 et fig. 143.
Roma, 419	Vermaseren dans *Mededel. van het Nederlands Instituut te Rome*, 37 (1975), pl. 29, 3; Hornbostel, *Sarapis*, p. 87, n. 3 et fig. 32.
Roma, 419a	Roullet, *Rome*, n° 24 et fig. 52.
Roma, 420	Hornbostel, *Sarapis*, p. 229-230 et fig. 191; Kater-Sibbes, *Sarapis*, n° 644.
Roma, 421	Leclant, *IBIS*, II, n° 674.
Roma, 423	Cfr *supra*, p. 648.
Roma, 424	Roullet, *Rome*, n° 156 et fig. 182; von Graeve dans *JDAI*, 87 (1972), p. 339-340; Leclant, *IBIS*, II, pl. V.
Roma, 425	Roullet, *Rome*, n° 326 et fig. 334-336.
Roma, 426	Kater-Sibbes, *Sarapis*, n° 666; Hornbostel, *Sarapis*, p. 94-95 et fig. 34.
Roma, 428	Roullet, *Rome*, n° 117.
Roma, 434	Roullet, *Rome*, n° 87 et fig. 103.
Roma, 436	Roullet, *Rome*, n° 118.
Roma, 440	Roullet, *Rome*, n° 8 et fig. 34.
Roma, 441	Leclant, *IBIS*, I, pl. XIV.
Roma, 442	Roullet, *Rome*, n° 324 et fig. 333; Kater-Sibbes, Vermaseren, *Apis*, II, n° 276.
Roma, 442a	Roullet, *Rome*, n° 51.
Roma, 445	Hornbostel, *Sarapis*, p. 148 et fig. 81a-b.
Roma, 449a	Hornbostel, *Sarapis*, p. 152 et fig. 86.
Roma, 449d	Hornbostel, *Sarapis*, p. 149-150 et fig. 84-85.
Roma, 465	Pour le premier type de revers: Tran tam Tinh, *Isis lactans*, n° A 126, 143-144 et pl. LVI.
Roma, 466	Pour le premier type de revers; Tran tam Tinh, *Isis lactans*, n° A 127.
Roma, 467	Pour le premier type de revers: Tran tam Tinh, *Isis lactans*, n° A 128.
Roma, 468	Pour le premier type de revers: Tran tam Tinh, *Isis lactans*, n° A 129.
Roma, 470	Pour le premier type de revers: Tran tam Tinh, *Isis lactans*, n° A 130.
Roma, 471	Tran tam Tinh, *Isis lactans*, n° A 131-136.

CAMPANIE

Acerrae, 1	Tran tam Tinh, *Campanie*, p. 43-48, 82-84, n° 35 et fig. 44.
Ager Falernus, 1	Tran tam Tinh, *Campanie*, p. 81, n° 33 et fig. 42.
Boscotrecase, 1	Kater-Sibbes, Vermaseren, *Apis*, II, n° 307 et pl. LXVII.
Cappella, 1	Tran tam Tinh, *Campanie*, p. 39-40.
Capua, 1	Tran tam Tinh, *Campanie*, p. 77, n° 30 et fig. 39, p. 199 sq.

Capua, 3	Tran tam Tinh, *Campanie*, p. 40-41, 75-76, n° 27 et fig. 12-13.
Capua, 4	Tran tam Tinh, *Campanie*, p. 76-77, n° 29.
Carinola, 1	Tran tam Tinh, *Isis lactans*, n° A 5 et pl. XV-XVI; Id., *Campanie*, p. 78-80, n° 31 et fig. 4-7.
Cumae, 2	Tran tam Tinh, *Campanie*, p. 73-74, n° 25.
Herculaneum, 3	Griffiths, *Isis-Book*, p. 44-45.
Herculaneum, 9	Tran tam Tinh, *Isis lactans*, n° A 25.
Herculaneum, 18	Cfr *supra*, p. 652.
Misenum, 1	Tran tam Tinh, *Campanie*, p. 38.
Neapolis, 1	Tran tam Tinh, *Campanie*, p. 72-73, n° 23 et fig. 43.
Neapolis, 7	Tran tam Tinh, *Campanie*, p. 27, 70-71, n° 22 et fig. 22-23 (statue du Nil), p. 35-37 (temple).
Neapolis, 8	Tran tam Tinh, *Campanie*, p. 63-65, n° 16 et fig. 1-2.
Neapolis, 9	Tran tam Tinh, *Campanie*, p. 67, n° 18 et fig. 15.
Neapolis, 11	Tran tam Tinh, *Campanie*, p. 65-66, n° 17 et fig. 3.
Neapolis, 12	Tran tam Tinh, *Campanie*, p. 67-68, n° 19 et fig. 9-11; Ph. Bruneau dans *BCH*, 98 (1974), p. 361-365 et fig. 13-15.
Pompei, p. 271	Apis, n° 53: Kater-Sibbes, Vermaseren, *Apis*, II, n° 300 et pl. LXI.
	Apis, n° 65: Id., *Apis*, II, n° 299 et pl. LIV.
	Isis et Sérapis, n° 51: Kater-Sibbes, *Sarapis*, n° 514.
	Isis, Sérapis, Harpocrate, n° 13: Kater-Sibbes, *Sarapis*, n° 512.
	Isis, Sérapis, Harpocrate, Anubis, n° 17: Kater-Sibbes, *Sarapis*, n° 513.
Pompei, p. 273	Zeus-Sérapis (?), n° 112: Kater-Sibbes, *Sarapis*, n° 509.
	Isis, Sérapis, Harpocrate, n° 136: Kater-Sibbes, *Sarapis*, n° 410.
	Gobelets, n° 138: Kater-Sibbes, Vermaseren, *Apis*, II, n° 302 et pl. LXII-LXIII; Leclant, *IBIS*, II, n° 440; Fuhrmann dans *Arch. Anz.*, 1941, col. 595-599; Picard-Schmitter dans *Mon.Piot*, 57 (1971), p. 71-72 et fig. 19.
	Sérapis sur couvercle en bronze: Hornbostel, *Sarapis*, p. 172 et fig. 105; Kater-Sibbes, *Sarapis*, n° 511.
Pompei, p. 279	Découverte d'Osiris: cfr Griffiths, *Isis-Book*, p. 41-42; Id. dans *Studia Aegyptiaca*, I, p. 134-136.
	Apis: Kater-Sibbes, Vermaseren, *Apis*, II, n° 301 et pl. LVIII.
Puteoli, 1	Tran tam Tinh, *Campanie*, p. 62-63, n° 14 et fig. 41.
Puteoli, 2	Tran tam Tinh, *Campanie*, p. 62, n° 13.
Puteoli, 3	Tran tam Tinh, *Campanie*, p. 3-6, 58-62, n° 12 et fig. 37-38; Kater-Sibbes, *Sarapis*, n° 519.
Puteoli, 4	Tran tam Tinh, *Campanie*, p. 52-54, n° 4 et fig. 31; Kater-Sibbes, *Sarapis*, n° 523; Bruneau dans *BCH*, 98 (1974), p. 338 et fig. 1.
Puteoli, 5	Tran tam Tinh, *Campanie*, p. 51, n° 3.

Puteoli, 23	Tran tam Tinh, *Campanie*, p. 49-50, n° 1 et fig. 20; Kater-Sibbes, *Sarapis*, n° 520; Hornbostel, *Sarapis*, p. 94, n. 3, 250, n. 1 et fig. 146. Sur le *Macellum*: Degrassi dans *Epigraphica*, 8 (1946), p. 40-44.
Puteoli, 24	Cfr *supra*, p. 653.
Puteoli, 25	Tran tam Tinh, *Campanie*, p. 51, n° 2; Kater-Sibbes, *Sarapis*, n° 521.
Puteoli, 26	Tran tam Tinh, *Campanie*, p. 55, n° 6 et fig. 28.
Puteoli, 29	Tran tam Tinh, *Campanie*, p. 3-6, 58-62, n° 12 et fig. 37-38.
Puteoli, 30	Tran tam Tinh, *Campanie*, p. 6-11, 23-24; Leclant, *IBIS*, II, n° 428, 429, 452.
Salernum, 1	Kater-Sibbes, *Sarapis*, n° 524.
Scafati, 1	Kater-Sibbes, Vermaseren, *Apis*, II, n° 306 et pl. LXVI.
Stabiae, 3	Kater-Sibbes, Vermaseren, *Apis*, II, n° 308 et pl. LIX-LX.

APULIE

Beneuentum, 10-11	Cfr *supra*, p. 656-657.
Beneuentum, 15	Cfr *supra*, p. 657.
Beneuentum, 17	Kater-Sibbes, Vermaseren, *Apis*, II, n° 309 et pl. LXVIII.
Beneuentum, 18	Kater-Sibbes, Vermaseren, *Apis*, II, n° 300 et pl. LXIX.
Beneuentum, 19	Kater-Sibbes, Vermaseren, *Apis*, II, n° 313 et pl. LXXVII.
Beneuentum, 50	Hornbostel, *Sarapis*, p. 375-376 et fig. 363.

CALABRE

Tarentum, 2	Kater-Sibbes, *Sarapis*, n° 505.

SARDAIGNE

Turris Libisonis, 1	Cfr *supra*, p. 658.

SICILE

Catana, 1	Sfameni Gasparro, *Sicilia*, n° 139.
Catana, 2	Sfameni Gasparro, *Sicilia*, n° 125-130.
Catana, 3	Sfameni Gasparro, *Sicilia*, n° 135 et fig. 21.
Catana, 5	Sfameni Gasparro, *Sicilia*, n° 138.
Catana, 6	Sfameni Gasparro, *Sicilia*, n° 136 et fig. 22.
Catana, 7	Sfameni Gasparro, *Sicilia*, n° 137 et fig. 23.
Catana, 8	Sfameni Gasparro, *Sicilia*, n° 164.
Catana, 9	Sfameni Gasparro, *Sicilia*, n° 166 et fig. 36.
Catana, 10	Sfameni Gasparro, *Sicilia*, n° 167 et fig. 37.
Centuripae, 1	Sfameni Gasparro, *Sicilia*, n° 181.
Centuripae, 2	Sfameni Gasparro, *Sicilia*, n° 183.
Centuripae, 3	Sfameni Gasparro, *Sicilia*, n° 185 et fig. 40.
Menae, 1	Sfameni Gasparro, *Sicilia*, n° 123.

Messana, 2	Sfameni Gasparro, *Sicilia*, n° 200 et fig. 52.
Phintia Geloorum, 1	Sfameni Gasparro, *Sicilia*, n° 98.
Syracusae, 1	Sfameni Gasparro, *Sicilia*, n° 5 et fig. 2.
Syracusae, 2	Sfameni Gasparro, *Sicilia*, n° 2 et fig. 1.
Syracusae, 3	Sfameni Gasparro, *Sicilia*, n° 6 et fig. 3.
Syracusae, 4	Sfameni Gasparro, *Sicilia*, n° 4.
Syracusae, 5	Sfameni Gasparro, *Sicilia*, n° 8-11 et fig. 4-5.
Syracusae, 6	Sfameni Gasparro, *Sicilia*, n° 13 et fig. 7.
Syracusae, 7	Sfameni Gasparro, *Sicilia*, n° 12 et fig. 6; Kater-Sibbes, *Sarapis*, n° 584.
Syracusae, 8	Sfameni Gasparro, *Sicilia*, n° 17 et fig. 10-11.
Syracusae, 9	Sfameni Gasparro, *Sicilia*, n° 19.
Syracusae, 9 bis	Sfameni Gasparro, *Sicilia*, n° 43 et fig. 15.
Tauromenium, 1	Sfameni Gasparro, *Sicilia*, n° 193.
Tauromenium, 2	Sfameni Gasparro, *Sicilia*, n° 192.
Tauromenium, 3-7	Sfameni Gasparro, *Sicilia*, n° 194.
Tauromenium, 9	Sfameni Gasparro, *Sicilia*, n° 195 et fig. 44; Tran tam Tinh, *Campanie*, p. 31, n. 3.
Thermae Himeraeae, 1	Sfameni Gasparro, *Sicilia*, n° 211.
Tyndaris, 1	Sfameni Gasparro, *Sicilia*, n° 207 et fig. 60. Il s'agit d'une tête de l'Afrique plutôt que d'une tête d'Isis.

ADDENDUM

Pendant l'impression de cette étude, nous avons pris connaissance de nouveaux travaux qu'il n'est malheureusement pas possible d'intégrer ici. Nous nous bornerons à signaler deux d'entre eux essentiels pour notre sujet: M.-Ch. Budischovsky, *La diffusion des cultes isiaques autour de la mer Adriatique, I, Inscriptions et monuments*, Leyde, 1977 (= EPRO, 61) et J.-Cl. Grenier, *Anubis alexandrin et romain*, Leyde, 1977 (= EPRO, 57). Le volume de M.-Ch. Budischovsky est un inventaire regroupant les *isiaca* et les *aegyptiaca* du versant adriatique de l'Italie et de la Dalmatie. Les documents isiaques d'origine assurée qui s'ajoutent aux nôtres sont peu nombreux. Il s'agit d'*isiaca* mineurs [353], sauf deux dédicaces à Isis [354], deux inscriptions décorées d'un sistre [355], des sculptures égyptiennes mises au jour près du forum de Teate dans le Samnium, où selon la tradition se serait dressé un Iséum [356], et un chapiteau hathorique à Pola [357].

L'ouvrage de J.-Cl. Grenier comporte une étude sur Anubis et un recueil des monuments dans lequel figurent trois lampes ignorées de nous, deux provenant de Rome [358] et une de Capoue [359].

Nous reviendrons plus tard sur l'analyse de ces travaux récents.

---

[353] Cfr p. 45, VIII; p. 55, VII, 6; p. 59, VIII, 6; p. 81, XVIII, 5; p. 82, XX, 1; p. 102, IX, 1; p. 111, XVI, 2; p. 115, XIX, 4; p. 165, I, 9 et 12; p. 168, VI; p. 173, IX; p. 174, X, 2.
[354] Cfr p. 87, II, 1 (Lendinara) et p. 168, V (Parentium).
[355] Cfr p. 1-2, II (Tuturano); p. 20, XVI, 1 (Lucera).
[356] Cfr p. 26, I, 1; p. 27, I, 5 et 6.
[357] Cfr p. 173, VIII, 9.
[358] Cfr p. 160, n° 256 l et m.
[359] Cfr p. 160, n° 256 n.

LES CULTES ORIENTAUX À MICIA (*DACIA SVPERIOR*) *

LIVIU MĂRGHITAN ET CONSTANTIN C. PETOLESCU
(Bucarest)

Planches CXXXVI-CXLII

Les recherches archéologiques de ces trois dernières décennies ont mis au jour un grand nombre de données documentaires nouvelles concernant l'histoire de la Dacie romaine, données qui soulignent à nouveau ses multiples liens économiques, politiques, culturels et religieux avec d'autres provinces de l'empire.

L'un des plus importants de ces objectifs archéologiques est Micia — camp romain auxiliaire et établissement civil à caractère quasi urbain (*pagus Miciensis*), sis sur le cours moyen du Mureș (*Marisus*) [1] — qui a fait l'objet de recherches fort poussées.

Par l'entremise des soldats et des colons, les dieux de l'Orient sont arrivés eux aussi à Micia; il est significatif à cet égard que, dès le début de la domination romaine en Dacie, une unité de soldats orientaux, *cohors II Flavia Commagenorum*, y a tenu garnison [2].

Sans être trop nombreuses, les découvertes de Micia présentent, autant en ce qui concerne l'histoire des religions en Dacie que celle

---

* *Abréviations* (voir aussi la *Liste des principales abréviations*):
ArMo   Arheologia Moldovei, Iași.
AUI   Analele științifice ale Universității «Al. I. Cuza» Iași. Istorie, Iași.
Merlat, *Répertoire*   P. Merlat, *Répertoire des inscriptions et monuments figurés du culte de Jupiter Dolichenus* (Paris, 1951).
[1] Sur *Micia*, voir: C. Daicoviciu dans *ACMIT*, III (1930-1931 [1932]), p. 3 sqq.; Octavian Floca dans *Sargetia*, V (1968), p. 49-55; L. Mărghitan dans *SCIV*, 21 (1970), 4, p. 49-55; C. C. Petolescu dans *Actes du Xe Congrès international d'études sur les frontières romaines* (Xanten-Nijmegen, septembre 1974) (sous presse).
[2] Bibliographie concernant cette unité militaire: I. I. Russu dans *AMN*, VI (1969), p. 172. Voir aussi: L. Mărghitan dans *SCIVA*, 25 (1974), 1, p. 143-148; C. C. Petolescu - L. Mărghitan dans *Muzeul Național*, I (1974), p. 253-254; C. C. Petolescu dans *SCIVA*, 27 (1976), 3, p. 393-397; *idem* dans *Actes*.

des cultes orientaux en général, une importance particulière. C'est la raison qui nous a fait choisir ce sujet pour le volume publié en l'honneur du Prof. Dr. Maarten J. Vermaseren par les soins des collaborateurs des *Études préliminaires aux religions orientales dans l'Empire romain*.

I. *Divinités Syriennes*

Jupiter Optimus Maximus Heliopolitanus

Il s'agit du dieu Hadad de Baalbeck-Heliopolis, adoré dans l'Empire romain sous les traits de *Jupiter Optimus Maximus* [3].

En Dacie, ce dieu n'est connu que par trois dédicaces [4]: deux provenant de Micia (n°s 1-2), émises par deux centurions de la IVe légion *Flavia Felix* et de la XIIIe légion *Gemina*, et une autre d'Ulpia Traiana Sarmizegetusa, due à un autre centurion de la XIIIe légion *Gemina* [5].

Ainsi qu'il est connu, la IVe légion *Flavia* a stationné dans la partie sud-ouest de la Dacie (Banat) sous le règne de Trajan; c'est pourquoi on a affirmé à juste titre que ces inscriptions datent de cette même époque [6].

D'ailleurs, Macrobe nous informe que Trajan, partant en guerre contre les Parthes, a consulté l'oracle de Jupiter Heliopolitanus. Cet événement a été consigné dans les inscriptions du temps [7] et n'est certainement pas resté sans écho dans l'armée; ce qui explique la présence des deux dédicaces à Micia [8], où stationnaient sans doute à ce moment des détachements des légions susmentionnées.

Par analogie, on peut supposer que l'inscription d'Ulpia Traiana Sarmizegetusa est de la même époque [9].

---

[3] Macrobe, *Les Saturnales*, I, 23, 10. Voir *PWRE*, VIII, *col.* 50-57, *s.v.* (Dussaud).

[4] Voir l'étude de N. Gostar, *Sur Jupiter Héliopolitanus en Dacie*, dans *AUI*, XIX (1973), 2, p. 253 sqq.

[5] Oct. Floca dans *AISC*, I (1928-1932), 1, p. 102-103; N. Gostar, *op. cit.*, p. 254.

[6] D. Protase dans *AMN*, IV (1967), p. 61.

[7] *CIL*, X, 1634. Voir N. Gostar, *op. cit.*, p. 258-259.

[8] N. Gostar, *op. cit.*, p. 256 sqq.

[9] *Ibidem*, p. 254.

De toute façon, à l'instar de N. Gostar [10], on est en droit d'affirmer que «ce dieu reste quand même isolé en Dacie».

Dea Syria

La grande déesse syrienne (*Atargatis, Dea Syria*) [11] était adorée, à côté de son époux Hadad, à Bambyce (*Hierapolis*), où ces divinités avaient leur temple [12].

À Micia (n⁰ 3), Dea Syria est connue par la dédicace de *M. Ulpius Phoebus*, qui a reçu le droit de cité sous Trajan, à en juger par ses *nomen* et *praenomen*. Dans la localité qui nous occupe, la déesse était, pour sûr, parèdre de Jupiter Hierapolitanus, qui y avait son temple (voir plus bas). À Apulum, on la rencontre (sous le nom de *Dea Syria Magna Caelestis*) adorée à côté de Jupiter Dolichenus [13].

Dea Syria n'est connu en Dacie que par quelques autres inscriptions, provenant de Romula [14], de Napoca [15] et de Porolissum [16].

Jupiter Optimus Maximus Hierapolitanus

L'autel de Micia représente, jusqu'à ce jour, la seule dédicace épigraphique du dieu connue dans l'Empire romain (n⁰ 4). Son nom montre qu'il s'agit du grand dieu Hadad de Hiérapolis.

Au même endroit que l'autel, on a mis au jour, il y a une trentaine d'années, deux statues représentant Jupiter trônant [17] (n⁰ˢ 5-6); en l'espèce, assurément, c'est toujours de Jupiter Hierapolitanus qu'il s'agit, représenté sous les traits de la divinité suprême du panthéon romain. À cette occasion, sont apparus également deux autels (anépigraphes), des chapiteaux, un tambour de colonne, un seuil, des fragments de tuiles, ainsi que des traces du gravier des fondations d'un édifice: autant de témoignages de l'existence en ce lieu d'un temple [18].

---

[10] *Ibidem*, p. 259.

[11] *DS*, IV, 2, p. 1590-1596; *PWRE*, IV, *col.* 2236-2242 (F. Cumont), *s.v.*

[12] *PWRE*, III (1895), *col.* 2843-2844, s.v. *Bambyce* (Benzinger).

[13] I. Berciu - Al. Popa dans *Latomus*, XXIII (1964), 3, p. 473-482; *iidem* dans *Apulum*, V (1965), p. 173; *AE* (1965), n⁰ 30.

[14] S. Sanie dans *ArMo*, IV (1966), p. 355-358.

[15] I. I. Russu dans *MCA*, VI (1959), p. 876-877, n⁰ 8; *AE* (1960), n⁰ 226.

[16] C. Daicoviciu dans *Dacia*, VII-VIII (1937-1940), p. 325, n⁰ 6; *AE* (1944), n⁰ 50.

[17] Pour ce type en Dacie, voir Dan Isac dans *AMN*, XI (1974), p. 61-78.

[18] Oct. Floca dans *MCA*, I (1953), p. 778-779.

Jupiter Optimus Maximus Dolichenus

Ce Baal de Doliché (en Commagène), connu par un grand nombre de représentations et de dédicaces à travers tout l'Empire [19], n'est attesté à Micia que par deux dédicaces.

Dans l'une, due à *Iulius Trophimus* — un Oriental, pour sûr — la divinité apparaît sous le nom de *I(upiter) O(ptimus) M(aximus) C(ommagenus)* (nº 7). Jupiter Dolichenus est encore connu sous cette appellation géographique par trois inscriptions d'Ampelum : *I(ovi) O(ptimo) M(aximo) Commagenorum (a)eterno* [20], *I(ovi) O(ptimo) M(aximo) D(olicheno) et deo Comma[g]eno* [21], *Deo [aeter]n(o) Commac(eno) Dulc(eno)* [22]. L'attestation à Ampelum de ces éléments originaires de Commagène est sans doute en rapport avec la présence en cette région d'un détachement de la *cohors II Flavia Commagenorum*; C. Daicoviciu opinait, à juste titre selon nous, que les troupes tenant garnison au camp de Micia étaient chargées également de défendre le secteur minier situé plus à l'est [23].

Ces mêmes soldats de Commagène, sous le commandement de leur préfet, ont dédié deux autels à leurs dieux nationaux : Jupiter Dolichenus (nº 8) et Jupiter Turmasgadis (nº 10).

Turmasgadis

Jusqu'à ces derniers temps, cette divinité n'était connue, dans tout l'Empire romain, que par neuf monuments, dont quatre de Dacie [24].

La découverte récente d'un nouveau monument de Turmasgadis à Micia (nº 11) fournit de nouvelles précisions quant à la représentation iconographique de celui-ci. Il apparaît sous forme d'un

---

[19] F. Cumont, *Les religions orientales dans le paganisme romain*[4] (Paris, 1929), p. 104-105; P. Merlat, *Jupiter Dolichenus. Essai d'interprétation et de synthèse* (Paris, 1960), p. 9 sqq.

[20] *CIL*, III, 1301 *a* (7834) (= *ILS*, 4298; Merlat, *Répertoire*, nº 28).

[21] *CIL*, III, 1301 *b* (7835) (= *ILS*, 4299; Merlat, *Répertoire*, nº 29).

[22] *CIL*, III, 7832 (= Merlat, *Répertoire*, nº 27).

[23] C. Daicoviciu dans *ACMIT*, III, p. 43.

[24] F. Heichelheim, *Turmasgad*, dans *PWRE*, Suppl. (1948), col. 1392-1393; D. Tudor dans *Dacia*, XI-XII (1945-1947), p. 271-272; J. F. Gilliam dans *Actes du IXe Congrès international d'études sur les frontières romaines, Mamaia 1972* (Bucarest-Köln-Wien, 1974), p. 309-314.

aigle tenant dans ses serres une tête de cheval (à Rome) [25], une biche (à Romula) [26], un serpent (n° 11).

Deux autels dédiés à Turmasgadis, l'un par les soldats de la *cohors II Flavia Commagenorum*, l'autre par un gradé probablement de la même cohorte (n°s 9 et 10), étaient connus depuis longtemps à Micia.

La dédicace des soldats de Commagène est un indice clair quant à l'origine de la divinité. À noter qu'à Romula, dans la Dacie Inférieure (*Malvensis*), où sont apparus deux autres monuments dédiés à Turmasgadis [27], stationnait la *cohors I Flavia Commagenorum* [28]. Les découvertes tant épigraphiques que sculpturales montrent que les divinités syriennes sont attestées à Micia par 11 monuments. À l'exception de Jupiter Heliopolitanus, dont la présence en Dacie semble avoir été accidentelle, celle des autres divinités en question (Dea Syria, Jupiter Hierapolitanus, Jupiter Dolichenus, Turmasgadis) se rattache à l'unité militaire d'Orientaux qui tenait garnison dans cette localité.

La *cohors II Flavia Commagenorum* a d'abord stationné en Mésie Supérieure [29]; plus tard, en 144 et 157, elle apparaît dans les diplômes militaires de la Dacie Supérieure [30]; mais une inscription atteste sa présence à Micia dès le règne d'Hadrien [31].

Toutefois, on ne peut citer pour Micia qu'un petit nombre d'anthroponymes de facture orientale syrienne: *Mattavius et Matavia* [32], *Aurelius Surus* [33] et *M. Cocceius Themo* [34]. Il se pourrait que les auteurs des dédicaces à Dea Syria, Jupiter Hierapolitanus,

---

[25] H. Stuart Jones, *A Catalogue of the ancient sculptures preserved in the Municipal Collections of Rome. The sculptures of the Museo Capitolino* (Oxford, 1912), p. 60, n° 27.

[26] D. Tudor, *op. cit.*; I. Berciu - C. C. Petolescu, *Les cultes orientaux dans la Dacie méridionale* (= EPRO 54; Leiden, 1976), p. 39, n° 26-27.

[27] *Ibidem*.

[28] I. Berciu - C. C. Petolescu, *op. cit.*, p. 22-23.

[29] *CIL*, XVI, 46, 54.

[30] *CIL*, XVI, 90, 157.

[31] *CIL*, III, 1371.

[32] Lucia Țeposu - L. Mărghitan dans *AMN*, (1968), p. 131; cf. I. I. Russu dans *AMN*, VI (1969), p. 178.

[33] *CIL*, III, 6267; cf. I. I. Russu dans *AMN*, VI, p. 179.

[34] *CIL*, III, 1346; cf. I. I. Russu dans *AMN*, VI, p. 179.

Jupiter Dolichenus et Turmasgadis (*M. Ulpius Phoebus, Cassius Rufus, Iulius Trophimus* et *Aurelius Dionisius*) aient été des soldats (ou des vétérans) de la *cohors II Flavia Commagenorum* et qu'ils aient donc été recrutés en Syrie. C'est toujours d'Orient qu'est originaire *C. Licinius Ponticus*, vétéran de la *ala I Ituraeorum* [35].

II. *Divinités Égyptiennes*

Les cultes égyptiens se sont répandus largement dans le monde méditérranéen dès l'époque hellénistique; mais la période de diffusion maximum se situe au IIe et au IIIe siècles de notre ère [36].

Une série de trouvailles témoignent de l'adoration des dieux Isis et Sérapis en Dacie [37].

Bien que lacunaires, les informations dont on dispose sur les cultes égyptiens à Micia révèlent la place importante qu'ils occupaient dans le panthéon de cette localité. Ainsi, une inscription nous apprend que la déesse Isis avait à Micia son temple, érigé par une de ses adeptes (n⁰ 12), mais dont l'emplacement demeure inconnu. Sa dédicace est significative de la faveur dont cette déesse jouissait parmi les femmes.

À cette même Isis [38] est dédiée une inscription due aux cavaliers de la *ala I Hispanorum Campagonum* (encore une unité stationnée dans le camp de Micia) [39] (n⁰ 13).

Les recherches archéologiques de ces dernières années ont démontré, de même, la présence en Dacie d'un nombre important de monuments funéraires où est représenté le dieu Ammon [40]: neuf bases de monuments funéraires [41] provenant de Napoca, Apulum

---

[35] *CIL*, III, 1382; cf. I. I. Russu dans *AMN*, VI, p. 171.

[36] F. Cumont, *op. cit.*, p. 69-94; Françoise Dunand, *La diffusion des cultes égyptiens dans le bassin de la Méditerranée*, I-III (= EPRO 26; Leiden, 1973).

[37] Oct. Floca, *I culti orientali nella Dacia*, dans *EDR*, VI (1935), p. 219-220; I. Berciu - C. C. Petolescu, *op. cit.*, p. 5-7 (voir aussi les notes). Voir aussi, V. Christescu, *Viaţa economică a Daciei romane* (Piteşti, 1929), p. 74 et pl. VII/1 (moule pour figurines en terre cuite de la déesse Isis).

[38] I. I. Russu dans *AMN*, VI, p. 183, propose *Deae S[yriae] Reg(inae)*.

[39] Au sujet de cette unité, I. I. Russu dans *SCIV*, 21 (1970), 1, p. 157-164.

[40] *DS*, I (1877), p. 230-233, s.v. *Ammon* (K. Blondel).

[41] Al. Popa dans *Latomus*, XXIV (1965), 3, p. 551-564; *idem* dans *Apulum*, VI (1967), p. 145-162.

et Micia (n°ˢ 20-21), un fragment de chapiteau mis au jour à Ulpia Traiana Sarmizegetusa [42], ainsi que cinq couronnements de stèles funéraires trouvés à Micia (n°ˢ 22-25) et à Săcelu (dép. de Gorj) [43]. La pénétration de ce motif dans la plastique funéraire de la Dacie est peut-être due, elle aussi, aux influences orientales transmises par les colons et les militaires [44].

III. *Le Mithraïsme*

Cinq monuments mithriaques sont connus jusqu'à ce jour à Micia [45]: trois reliefs (n°ˢ 14-16), un fragment de groupe statuaire (n° 17) représentant la scène du sacrifice mithriaque et un fragment d'autel dédié à Cautès (n° 18).

Les dimensions considérables de l'un des reliefs (n° 14) montrent qu'il s'agit d'une image de culte (*Kultbild*), et non pas d'un simple *ex voto* [46]; l'absence de toute inscription confirme cette opinion. Un sanctuaire de Mithra pourrait bien avoir existé à Micia.

En outre, Micia a livré deux fragments d'un vase, probablement en forme de cratère, décoré de serpents. Or, la plupart des spécialistes rattachent ce genre de vases au culte de Mithra (n° 19) [47].

Le nombre réduit des trouvailles nous interdit des observations plus substantielles à ce sujet; de même, l'absence d'inscriptions (celles des n°ˢ 16 et 18 ne sont pas concluantes) ne nous permet pas de nous prononcer sur la condition ethnique et sociale des auteurs

---

[42] L. Mărghitan - I. Andrițoiu dans *SCIVA*, 27 (1976), 1, p. 49, n° 6.

[43] C. C. Petolescu dans *SCIV*, 23 (1972), 1, p. 79-80 (I. Berciu - C. C. Petolescu, *op. cit.*, p. 33-34, n° 18); cf. «Gazeta Gorjului», nr. 1222 (1976), p. 8 (pour les conditions de la découverte).

[44] Pour les monuments funéraires de Micia, voir L. Țeposu - L. Mărghitan dans *AMN*, V, p. 125-135, et dans *AMN*, VI, p. 159-164. Voir aussi Oct. Floca - Wanda Wolski dans *BulMI*, 42 (1973), p. 4-52; cf. Lucia Țeposu-Marinescu dans *SCIVA*, 25 (1974), 3, p. 417-425.

[45] Mentionnons que deux monuments considérés comme provenant de Micia sont, en fait, de provenance inconnue: *CIMRM*, II, 2022, cf. *Klio* (1910), p. 505, n° 6; *CIMRM*, II, 2024 (= 2025), cf. *Dolgozatok-Travaux* (Cluj), (1916), VII, 1, p. 87 (131), n° 12, fig. 26.

[46] Voir Ernest Will, *Le relief cultuel gréco-romain. Contribution à l'histoire de l'art de l'Empire romain* (Paris, 1955) (voir *introduction*).

[47] E. Swoboda dans *ÖJh*, 30 (1937), p. 1 sqq.; pour la Dacie, voir G. Popilian - Gh. Poenaru Bordea dans *SCIV*, 24 (1973), 2, p. 240-251.

des dédicaces. Il est fort probable que le culte de Mithra, tout comme les autres cultes orientaux attestés à Micia, y a été diffusé et entretenu par des soldats faisant partie de la garnison du camp et par des éléments de l'établissement civil né auprès de celui-ci.

RÉPERTOIRE ÉPIGRAPHIQUE ET SCULPTURAL

1.   Autel. Musée de Deva.

   CIL, III, 1353.

I(ovi) O(ptimo) M(aximo) Heliopolitan(o), Q. Licinius Macrinus, (centurio) leg(ionis) IIII F(laviae) F(elicis).

2.   Autel. Musée de Deva.

   CIL, III, 1354.

I(ovi) O(ptimo) M(aximo) Heliopolitano, L. Licinius Messalinus, (centurio) leg(ionis) XIII G(eminae).

3.   Autel. Musée de Cluj-Napoca.

   CIL, III, 7864.

Dea Syr..., M. Ulpius Phoebus l(ibens) p(osuit).

4.   Autel. Musée de Deva.

   Octavian Floca dans *MCA*, I, 1953, p. 774, n° 1.

Iovi Erapolitano, fecit Cassius Rufus, votum dedit.

5.   Monument de sculpture, à l'état fragmentaire, de 0,65 m de hauteur, en calcaire de la carrière d'Uroiu (dép. de Hunedoara). Musée de Deva. Pl. CXXXVI, 1.

   Oct. Floca dans *MCA*, I, 1953, p. 776-777, n° 2.

Représente une divinité trônante; la tête manque. C'est le type classique du Jupiter gréco-romain: dans sa main droite, qui s'appuie sur le bord du trône, il tient la patère; dans sa main gauche, élevée à la hauteur de l'épaule, il tenait probablement le sceptre. Le dieu est à demi nu; un coin de son vêtement retombe sur son épaule gauche. À droite, à ses pieds, se trouvait l'aigle.

6. Fragment de statue en pierre sabloneuse, 0,60 m de hauteur. Musée de Deva.

Oct. Floca dans *MCA*, I, 1953, p. 777-778, n° 3.

Représente une divinité dans une attitude semblable à celle décrite ci-dessus, mais en plus mauvais état, seule la partie inférieure du monument étant conservée. Le vêtement couvre la partie inférieure du corps de la divinité. A gauche, en bas, on distingue l'aigle.

7. Autel. Musée de Deva.

Oct. Floca dans *MCA*, I, 1953, p. 762-763.

I(ovi) O(ptimo) M(aximo) C(ommageno), Iul(ius) Trophim(us) vot(um).

8. Autel. Musée de Deva.

G. Téglás dans *Klio*, X, 1910, p. 498, n° 6; *AE*, 1911, n° 35; C. Daicoviciu dans *ACMIT*, III, 1930-1931 (1932), p. 36, n° 3; Merlat, *Répertoire*, n° 31.

I(ovi) O(ptimo) M(aximo) Dolicheno ara(m) Micia[e] M........ pra[ef(ectus)] coh(ortis) II Fl(aviae) Commag(e)norum bene m(erenti) posuit.

9. Autel. Musée de Deva.

CIL, III, 1338; *ILS*, 4074 a.

G(enio) T(ur)maz(gadae), Aurelius Dionisius, cur(ator), pos(uit).

10. Autel. Musée de Deva.

AE, 1903, n° 65; C. Daicoviciu dans *ACMIT*, III, p. 37, n° 6.

[I]ovi Turmasgadi, coh(ors) II Fl(avia) [Co]mmag(enorum) eq(uitata) s[ag(ittariorum) cui] pr(aeest) M. Arru[ntiu]s Agrippinu[s], v(otum) s(olvit) l(ibens) m(erito).

11. Monument de sculpture en marbre blanc, 0,41 m de hauteur. Se trouve à l'école de Vețel (dép. de Hunedoara). Pl. CXXXVI, 2.

C. C. Petolescu dans *StCl*, XVII, 1977, p. 159-160, n° 4.

Représente un aigle en position de repos, les ailes déployées. La tête (qui manque), faite séparément, était fixée au corps par un clou (dont l'orifice est visible dans le cou de l'oiseau). La partie latérale de l'aile droite est ébréchée, ainsi que la partie supérieure de l'aile gauche. Les serres, de même que toute la partie inférieure de la pièce, sont brisées.

Un serpent glisse de sous l'aile droite de l'aigle et passe sur la patte, vers les griffes du côté opposé; ses écailles ne sont pas marquées et les plumes de l'aigle non plus. La sculpture symbolise par conséquent la victoire de l'aigle sur un serpent; la partie postérieure du reptile était immobilisée entre l'aile droite et le corps de l'oiseau, qui en tenait probablement la tête dans les griffes de sa patte droite (qui manquent).

À la base de la sculpture se trouve un petit orifice rectangulaire qui servait à fixer la pièce sur un autel ou sur quelque autre monument.

12. Autel. Musée de Deva.

CIL, III, 1341.

Isidi ex voto, templ[um] fecit D[o]mitia … renii….

13. Autel. Musée de Deva.

CIL, III, 1342.

Deae [I]s[idi] reg(inae), ala I Hi[sp(anorum)] Campag[onum], sub cur[a] M. Pl[auti] Ru[fi] praef(ecti) al(ae) equo pub[lico], v(otum) s(olvit) l(ibens) [m(erito)].

14. Fragment de bas-relief cintré de pierre calcaire. 1,00 × 0,74 (0,87) × 0,11 m. Musée de Cluj-Napoca. Pl. CXXXVII, 1.

Cumont, *MMM*, II, 187; Vermaseren, *CIMRM*, II, 2018.

Au centre du relief est représenté Mithra sacrifiant le taureau; le scorpion et une partie du serpent sont encore visibles; à gauche, Cautopatès tenant la torche abaissée. Derrière celui-ci, sur le bord gauche du relief, sont représentés: Mithra chevauchant le taureau; Mithra portant sur son dos la bête, par les pattes de derrière. En haut, dans la partie arrondie du relief, on voit: le buste de Sol; le corbeau (près de celui-ci, un objet arrondi semblable à un globe); Mithra, assis sur un rocher, tirant de l'arc; devant lui, un homme boit dans ses mains l'eau qui a jailli du roc; derrière lui, un autre tend ses mains vers lui.

Sur la partie inférieure du relief est représenté, dans un compartiment en forme de grotte, Mithra avec Sol agenouillé devant lui; dans le compartiment suivant, la scène du banquet; dans un troisième compartiment, en majeure partie disparu, était sans doute représentée la scène de Mithra et de Sol montant sur le quadrige.

15.   Fragment de bas-relief en marbre. 0,16 × 0,22 × 0,03 m. Musée de Cluj-Napoca. Pl. CXXXVII, 2.

Cumont, *MMM*, II, 188; Vermaseren, *CIMRM*, II, 2023.

Seule la partie supérieure, arrondie, du relief est conservée. Au centre, on voit une portion de la scène de la tauroctonie et, à gauche, la tête d'un des dadophores. En haut, séparées par une ligne, sont rendues les scènes suivantes: le buste de Sol; Mithra tirant sur le rocher avec, devant lui, un personnage agenouillé; derrière le dieu, un autre personnage, debout, lui touche l'épaule de la main droite; le taureau dans la maisonette et un homme, torche en main, touchant le toit de celle-ci (un autre personnage, dont seul est visible le buste, avance la main vers cet homme); un personnage barbu, couché, avec un manteau enveloppant le bas de son corps.

16.   Fragment de bas-relief; disparu.

CIL, III, 1357; Cumont, *MMM*, II, 189, 291; Vermaseren, *CIMRM*, II, 2020-2021.

On conserve une petite partie de la scène du sacrifice mithriaque. À gauche, Cautopatès, la torche abaissée. Au dessous, l'inscription:

S(oli) I(nvicto) M(ithrae), Aur(elius)...

17.   Fragment de monument mithriaque en marbre blanc. 0,13 × 0,125 × 0,062 m. Musée national d'histoire, Bucarest; inv. 61722. Pl. CXXXVIII, 1-2.

C. C. Petolescu dans *StCl*, XVII, 1977, p. 155-156, n° 1.

La sculpture représente la partie antérieure (face et côté) d'un taureau écroulé; la pièce était destinée à être appuyée contre un mur, aussi sa partie postérieure est-elle plate. Le cou de l'animal est considérablement allongé (la tête manque); ses pattes antérieures sont brisées, on n'en voit plus que les articulations.

De l'image de Mithra il ne reste plus, vers la gauche, qu'une partie de la jambe gauche (d'après la conformation des muscles), avec le bas de la cuisse; la jambe est légèrement fléchie et portée en avant; le dieu est chaussé de bottes courtes un peu rabattues.

Sur le dos de la pièce sont esquissées la ligne du cou du taureau et la jambe de Mithra, à la manière du «relief négatif».

Le chien s'appuie sur la jambe de Mithra et sur le garrot du taureau.

Le sculpteur n'a rendu que la partie antérieure de celui-ci, contrairement à Mithra qui est représenté en entier, la jambe gauche légèrement fléchie et élevée s'appuyant sur le corps de la bête; un pli de sa tunique frôle ses oreilles, un autre pli a été marqué au moyen d'une vrille entre le cou du taureau et la tête du chien.

18. Fragment d'autel; 0,32 × 0,185 m. Musée de Cluj-Napoca.

CIL, III, 7863; Cumont, *MMM*, II, 290; Vermaseren, *CIMRM*, II, 2019.

Caute

19. Deux fragments de la partie supérieure d'un vase (cratère) en terre cuite, pourvu d'une double anse. Sous l'anse a été figuré un serpent rampant vers la lèvre du vase. Musée national d'histoire, Bucarest. Pl. CXXXIX, 1-2.

Inédit.

20. Base de monument funéraire en calcaire jaunâtre; 0,78 × 0,91 × 0,45 m. Musée de Deva; inv. 3544. Pl. CXL, 1.

Al. Popa dans *Apulum*, VI, 1967, p. 153.

La face principale du socle représente deux lions adossés, appuyés sur leurs pattes de derrière; ils tiennent dans leurs pattes de devant une tête de bélier. Au centre, entre les deux lions, est représenté le masque d'Ammon. Le mauvais état de conservation de la pièce fait que l'on ne distingue plus que les pointes des cornes de bélier qui encadrent la tête du dieu. Sur chaque partie latérale du monument est sculpté un dauphin, dans un cadre rectangulaire.

21. Base de monument funéraire en augite-andésite; 0,60 × 0,50 × 0,30 m. Musée de Deva; inv. 23439. Pl. CXL, 2.

C. C. Petolescu dans *Apulum*, XI, 1973, p. 733-741; L. Mărghitan -
I. Andrițoiu dans *SCIVA*, 27, 1976, 1, p. 46-47, nº 2.

La figure d'Ammon occupe un tiers de la surface de la partie
antérieure du monument. Sa face barbue est encadrée de cornes de
bélier. Le masque du dieu était encadré de deux têtes de lions,
aujourd'hui presque entièrement détruites. Sur la face postérieure
est représentée la méduse; sur chacune des faces latérales, en grande
partie détruites, était figuré un dauphin à la queue se terminant en
trident.

22.   Couronnement de monument funéraire en augit-andésite;
0,87 × 0,65 × 0,17 m. Musée de Deva; inv. 2464. Pl. CXLI, 1.

L. Mărghitan - I. Andrițoiu dans *SCIVA*, 27, 1976, 1, p. 48, nº 4.

La tête d'Ammon est représentée entre deux lions adossés; le
haut de l'image est détruit en partie. Sur la tempe droite du dieu
on distingue une corne de bélier à l'extrémité tordue. Chacun des
deux lions (celui de gauche est partiellement détruit) tient dans ses
griffes une tête de bélier.

23.   Couronnement de monument funéraire en augite-andésite;
0,90 × 0,60 × 0,25 m. Musée de Deva; inv. 23461. Pl. CXLI, 2.

L. Mărghitan - I. Andrițoiu dans *SCIVA*, 27, 1976, 1, p. 48-9, nº 5.

La tête d'Ammon, portant une pomme de pin, est flanquée de
deux lions adossés. Elle a une barbe touffue et, partant des tempes,
deux petites cornes légèrement tordues. Chacun des lions tient sous
ses pattes de devant une tête d'animal. À en juger par les traces de
couleurs, le monument était peint en blanc et rouge. La partie
inférieure du monument était pourvue d'un orifice de fixation.

24.   Couronnement de monument funéraire en augite-andésite;
0,90 × 0,60 × 0,22 m. Musée de Deva; inv. 23453. Pl. CXLII, 1.

L. Mărghitan - I. Andrițoiu dans *SCIVA*, 27, 1976, 1, p. 47-8, nº 3.

La tête d'Ammon, portant une pomme de pin, est flanquée des
lions adossés. Des tempes du dieu partent deux cornes fort tordues.
La barbe est touffue. Chacun des lions tient sous ses pattes de
devant une tête de bélier. Trouvé probablement à Micia ou aux
environs de cet établissement.

25. Couronnement de monument funéraire. Musée de Cluj-Napoca. Pl. CXLII, 2.

Grigore Florescu dans *EDR*, IV, 1930, p. 104-5, n° 48.

La tête d'Ammon, portant une pomme de pin bien conservée, est encadrée par deux lions adossés, chacun tenant dans ses pattes de devant une tête de bélier.

LE CULTE DE CYBÈLE DANS LA LIBURNIE ANTIQUE

JULIJAN MEDINI
(Zadar)

Planches CXLIII-CLVI

Ce n'est que depuis peu qu'on a connu le culte de Cybèle et de son parèdre Atys sur le sol de la Liburnie antique. Une inscription, provenant de Rab, conservée en transcription et très sujette à caution, une donnée incertaine sur la sculpture d'Atys de Nin et l'autel de Podgrađe, près de Benkovac, comptaient parmi les témoignages uniques de ce culte phrygien dans cette vaste region très urbanisée de la province de Dalmatie [1].

Après la guerre, au cours des fouilles des villes liburniennes, ont été mis au jour des restes d'architecture et des débris relevant de l'inventaire du sanctuaire de *Magna Mater*. Simultanément, grâce à des découvertes fortuites, le nombre de trouvailles était augmenté de fragments de sculptures et de reliefs, ce qui jette une lumière tout à fait nouvelle sur les caractéristiques de ce culte, sur les aspects de sa diffusion ainsi que sur la mesure dans laquelle les diverses catégories ethniques et sociales de Liburnie y prirent part. Voilà pourquoi ces monuments méritent d'être traités à part et intégralement.

La preuve la plus septentrionale du culte de Cybèle, excepté la donnée concernant Atys de *Tarsatica* (actuellement Rijeka) qui, de toute évidence, n'est pas de provenance liburnienne [2], est

---

[1] Sur la Liburnie dans l'Antiquité cf. M. Suić, *Granice Liburnije kroz stoljeća*, dans *Radovi Instituta JAZU u Zadru*, 2 (1955), p. 273 sq.; Idem, *Liburnia Tarsaticensis*, dans *Adriatica praehistorica et antiqua miscellanea Gregorio Novak dicata* (Zagreb, 1970), p. 705 sq.; J. J. Wilkes, *Dalmatia* (London, 1969), p. 129 sq.; J. Medini, *Provincia Liburnia*, dans *Diadora*, 9, (Zadar) (sous presse).

[2] H. Graillot, *Le culte de Cybèle mère des dieux à Rome et dans l'Empire romain* (Paris, 1912), p. 491, note 1 (Fiume) cite d'après *AEMO*, V (1881), p. 164, n° 18: «Statuette d'Attis funéraire, jambes croisées, en pierre; au château de Tersato». Comme la collection de comte de Nugent etait déposée au château de Trsat (rachetée plus tard presque toute entière pour le Musée

l'inscription d'*Arba* (Rab), insérée dans le code médiéval, reconstituée par Mommsen comme il suit:

Matri Deum | porticus imme/moriam sourum (?) | T(itus) Prusius T(iti) f(ilius) Ser(gia) Optatus | p(oni) iussit per Babriam T(iti) f(iliam) Tertullam | sororem heredemque | [3].

Au sujet de la construction du portique mentionné par ce texte, deux questions se posent. Il faut, d'abord, résoudre si ce portique a jamais fait partie du sanctuaire de *Magna Mater* qui aurait pu exister à *Arba*, et, ensuite dans le cas où la réponse serait positive, il reste à connaître l'endroit où ce sanctuaire a pu être situé. A la première question (savoir si le portique était un élément architectonique du sanctuaire) s'attache une opinion selon laquelle *T. Prusius Optatus* «voulut que sa sœur et héritière bâtît un portique sur le terrain sépulcral et le dédiât à la Mère des Dieux, en mémoire de lui» [4]. Cette hypothèse, quoique inspirée par les analogies de Phrygie où les monuments funéraires se dédiaient à Cybèle, vu les valeurs chtoniennes de sa nature divine, se trouve contestée par la pratique architecturale de Liburnie, car le terme «*porticus*» s'utilisait dans les inscriptions pour indiquer les portiques à côté des temples, des sanctuaires mineurs et des édifices à caractère public [5]. C'est pour cette raison qu'il est possible de considérer le portique mentionné comme une construction-annexe du sanctuaire de *Magna Mater* à *Arba*.

Les adorateurs de Cybèle, *T. Prusius Optatus* et *Babria T. f.*

---

archéologique de Zagreb), collection renfermant en majeure partie les monuments acquis en Italie, il est presque certain que cette sculpture, elle-aussi, appartenait à cette collection et, par conséquent, qu'elle n'a pas été trouvée à *Tarsatica*.

[3] *CIL* III, 3115. Cf. aussi la lecture de l'inscription chez H. Graillot, *loc. cit.*

[4] H. Graillot, *loc. cit.*

[5] J. Medini, *Epigrafički podaci o munificencijama i ostalim javnim gradnjama iz antičke Liburnije*, dans *Radovi Filozofskog fakulteta u Zadru*, s.v. 6, *Razdio historije, arheologije i historije umjetnosti* 3 (1964/65, 1966/67), (Zadar, 1969); p. 60 (*Asseria*) et pp. 61-62 (*Varvaria*). Il est des exemples où sont érigés (*in memoriam*) des monuments aux intentions tout à fait profanes, tel l'exemple de *Iader*: *emporium sterni, arcum fieri et statuas superponi* — *CIL* III, 2922 = 9987.

Tertulla étaient, le plus probablement, d'origine italique [6], bien que, à ce qu'il nous semble, l'opinion des auteurs de *CIL* III n'est pas à négliger, selon laquelle *T. Prusius* aurait été natif de *Prusa* en Bithynie, car ce gentilice n'a jamais été établi nulle part. A en juger d'après la formule onomastique, l'inscription et la construction du portique peuvent dater, au plus tard, du début du second siècle de n.è. Vu ce fait, il nous semble permis d'avancer que le culte de Cybèle était pratiqué à *Arba* déjà au premier siècle de notre ère où il est arrivé, d'abord avec les immigrés italiques, mais aussi avec les Orientaux [7].

Senia (Senj) était un centre parmi les plus considérables de la Liburnie antique. C'était un port important et un poste de douane (*publicum portorii Illyrici*), d'où partait une route en direction de l'intérieur de la province. Au temps de la campagne d'Octavien contre les *Iapodes* et autres tribus illyriennes (ans 35-34 av. n.è.) et les années suivantes, *Senia* était un point stratégique avec un pourcentage remarquable d'habitants immigrés.

A l'occasion des travaux de sauvegarde entrepris à deux reprises tout à côté de la cathédrale dédiée à la Sainte-Vierge, ont été découverts les fragments de deux sculptures de la Grande Mère, assise, utilisées secondairement pour la construction des murs du moyen âge. Ensuite, on a découvert d'autres vestiges archéologiques: débris en marbre rougeâtre, murs de provenance antique et une inscription portant le nom de la Déesse. Toutes ces données sont les témoignages de l'existence d'un sanctuaire bâti sur ce lieu, dédié à Cybèle, dont les dimensions restent impossibles à relever [8].

---

[6] G. Alföldy, *Die Personennamen in der römischen Provinz Dalmatia* (= Beiträge zu Namenforschung. Neue Folge, Beiheft 4; Heidelberg, 1969), *Prusius*, p. 112, *Babria*, p. 65 (ce nom est fréquent en Italie centrale et du Sud).

[7] *Arba* et les autres îles nord-ouest liburniennes étaient dès le premier siècle d'è. a. exposées à la colonisation successive des immigrés en provenance des régions septentrionales d'Italie et de la Gaule Cisapline. Ce fut la cause de la naissance de la structure ethnique mixte dans certains centres. Cf. G. Alföldy, *Bevölkerung und Gesellschaft der römischen Provinz Dalmatien* (Budapest, 1965), p. 72 sq., et J. Medini, *Etnička struktura stanovništva antičke Liburnije u svjetlu epigrafičkih izvora*, texte exposé au Xe Congrès des Archéologues de Yougoslavie, octobre 1976, Prilep (sous presse).

[8] I. Degmedžić, *Arheološka istraživanja u Senju*, dans *VAHD*, LIII (1950-1951), p. 252 sq.; A. Glavičić, *Arheološki nalazi iz Senja i okolice (II)*, dans *Senjski zbornik*, III (1967-1968), p. sq.

La trouvaille la plus importante est la sculpture de Cybèle assise, faite en marbre blanc finement granulé (Sculpture A). La statue fut trouvée brisée en trois fragments qu'on a récemment raccordés. Le plus gros fragment représente la partie inférieure du corps de la Déesse assise sur une haute chaise (hauteur 72 cm) à dossier, posée sur la base (épaisseur 7,5 cm). Les accoudoirs, inférieurs au dossier, sont arrondis (pl. CXLIII-CXLIV). Deux lions, serrés contre les jambes de la divinité, soutiennent les devants du trône. Le lion de droite est entièrement conservé, tandis que celui de gauche a la tête, ainsi que la majeure partie du corps, complètement martelée à la suite de son remploi dans un mur du moyen âge. Le lion est d'une expressivité très vivace: gueule ouverte, il lève sa tête vers la Déesse, la posant sur son genou. Les genoux sont légèrement écartés, la jambe gauche devançant de peu la droite, de manière que le genou droit soit un peu plus élevé. La Déesse est revêtue d'un chiton ceinturé haut, à manches courtes, semble-t-il, (ou, peut-être, sans manches) [9] — un himation par-dessus le chiton. Les plis de l'himation — dont le commencement n'est pas conservé, ou bien, faut-il les reconnaître sur les bords du fragment le plus gros à la hauteur des cuisses — descendent en sillons profonds, quoique peu nombreux, jusqu'au-dessus de la plante du pied gauche, c'est-à-dire jusqu'au milieu du mollet de la jambe droite. Le chiton, cependant, plis verticaux et obliques, touche le bas, recouvrant presque entièrement la plante des pieds. Cette sculpture, toute entière, était traitée de sa face postérieure.

---

[9] On le conclut suivant l'analyse du petit fragment appartenant à la partie de la structure autour et au-dessus de la ceinture (hauteur: 14.5; longueur: 17 cm): la draperie conservée seulement sur la partie plus petite de ce fragment, à savoir la partie sous le bras et sur le dos. Ce fragment rejoint celui de la partie gauche de la poitrine et le cou (haut. 20 cm, larg. 24 cm, le diamètre du cou à l'endroit de rupture, sur la ligne des épaules, 10 cm et, en moyenne 9 cm). Malheureusement, le fragment plus petit ne se raccorde pas avec avec la partie inférieure, la plus grosse, de la sculpture A. Vu les dimensions et le rapport entre les éléments particuliers de draperie, la lacune ne dépasse pas la largeure de 5 cm. Sur ce fragment plus petit, on entrevoit exactement l'endroit où le bras droit rejoint le corps, de là, la conclusion que le bras, plié au coude, tendu en avant, portait un attribut· La position de la poitrine, selon le fragment supérieur, confirme le maintien supposé de la statue. Hauteur de toute la sculpture A — 94 cm. au total.

Les détails du traitement de la draperie, la plasticité naturelle de son ensemble (bien que les plis obliques de l'himation entre les genoux soient quelque peu raides), le poli de la surface, y compris la face postérieure de la sculpture, le traitement de tête et de la crinière de lion, font montre d'un ouvrage artistique de qualité. Les proportions harmonieuses ainsi que l'attitude de la divinité (bien que l'on ne puisse que l'entrevoir) y contribuent. Ceci est aussi confirmé par la qualité du traitement de deux autres fragments dont on n'a que tout dernièrement su qu'ils avaient appartenu à la même statue (pl. CXLV-CXLVII) [10].

En conséquence de ces caractéristiques, la statue appartient indubitablement à la période Ier-IIe siècle. Mais pour le cas où l'on constaterait que la tête aux caractéristiques de style classique (cheveux richement bouclés avec la raie au milieu et tressés en *crobylos* sur le sinciput) faisait partie de cette sculpture, chose très possible vu le lieu de sa découverte et les autres indices [11], la datation pourrait aller du premier siècle à la première moitié du second (pl. CXLVIII, 1). Il est caractéristique que, au cas où la tête appartiendrait en effet à cette statue, la Déesse ne serait pas représentée tête couverte, ce qui est généralement le cas dans l'iconographie de Cybèle [12].

Non loin de l'endroit de découverte de la sculpture A, tout près

[10] Je remercie M. A. Glavičić, directeur du Musée de Senj de m'avoir permis un examen intégral du matériel du dépôt et du lapidaire. C'est ainsi que j'ai pu constaté l'appartenance de deux fragments plus petits à la sculpture A.

[11] I. Degmedžić (*op. cit.*, p. 254) dit que le cou est presque régulièrement détaché comme c'est le cas sur le fragment de torse de la sculpture A. En outre c'est la même espèce de matériau. Malheureusement, l'auteur n'offre pas de données sur les dimensions de la tête, sauf le fait qu'elle est sculptée à l'échelle 2/3 de tête humaine. Chez la même il n'y a ni description détaillée de la tête ni ses caractéristiques; il est impossible de déterminer la période de la création de la sculpture d'après la photographie. Certains détails de la photo (prunelles?) renvoient à une date ultérieure. D'autre part, pour les raisons techniques, il est impossible d'analyser la tête, déposée au Musée archéologique de Zagreb, et, la description détaillée faite, en comparer les dimensions avec celles de la sculpture A. Il est également impossible d'en prendre la photo.

[12] Sont relativement rares les exemples de telles statues de Cybèle. Cf. Reinach, *Rép.Stat.* I, pp. 182, 1; 183, 5.

donc du sanctuaire de la Cathédrale, il a été trouvé un bloc de pierre portant l'inscription suivante:

> *M(agnae) D(eorum) M(atri) Aug(ustae) sa[c(rum)...] / Verridia Psych[e....]d(e) s(ua) p(ecunia) f(ecit)* [13] (pl. CXLVIII, 2).

Selon ses caractéristiques épigraphiques, l'inscription appartient au jeune principat.

La troisième trouvaille est également une statue représantant une divinité féminine assise. On l'a découverte en creusant les fondations d'une maison du côté opposé au sanctuaire de la Cathédrale [14]. La forme de la chaise sur laquelle la divinité est assise (sculpture B; pl. CXLIX, 1) reste toujours impossible à définir, étant donné que les faces latérales sont «dissimulées» par des figures d'animaux divers. La face postérieure est insuffisamment traitée, non polie; toutefois, on entrevoit le dossier de chaise montant jusqu'au-dessus de la ceinture. Le corps de la Déesse, conservé jusqu'à la même hauteur, est drapé d'un chiton. Pardessus celui-ci un himation, recouvrant les genoux, descend jusqu'au bas des mollets en faisant un grand pli. L'attitude de la Déesse est presque identique à celle de la sculpture A, à l'exception des plis qui paraissent plus fins, plus élégants, sur la sculpture B, et, en particulier, les obliques allant du genou droit vers la jambe gauche. Il en est de même des plis du chiton. Ceux-ci recouvrent la partie supérieure de la statue à la manière des meilleures traditions classiques, de sorte que les contours de l'abdomen et l'ombilic se laissent pressentir, tandis qu'à la partie inférieure les plis, retombant verticalement, rejoignent les plantes des pieds en produisant une rangée de plis presque parallèle, quoique assez naturelle.

Toute la face droite latérale du trône est remplie de figures d'animaux en haut-relief, par endroits martelées et usées (pl. CLI,

---

[13] I. Degmedžić, *op. cit.*, p. 251 tient qu'il s'agit de deux inscriptions, c'est-à-dire que la fin de l'inscription (lettres D S P F) se réfère à une autre. Cependant, la grandeur des caractères et, en particulier, le traitement des bords du champ d'inscription et des *ansae* sur les deux fragments, sont identiques, si bien qu'on peut être certain qu'il s'agit de la même inscription.

[14] A. Glavičić, *op. cit.* La distance de la découverte des fragments de la sculpture A, de ceux de la B, ne dépasse pas une trentaine de mètres. La sculpture B est aussi trouvée dans le mur du moyen âge, secondairement utilisé, avec de nombreux débris d'architecture antique monumentale.

1-2). Au sommet domine la figure de taureau broutant un arbrisseau fourchu. Au-dessus il y a une surface arrondie, applatie en majeure partie, sur laquelle un autre animal aurait été représenté, mais, probablement, ce n'était que l'accoudoir du trône. Au-dessous du taureau, il y a une surface modelée en relief (rochers?) séparant cette réprésentation-ci de la figure de brebis (à gauche) et de lion couché (tout à droite), dont seulement la tête est représentée. Tous ces animaux regardent en avant.

La face gauche latérale est martelée à coups bruts et forts afin de placer ce débris de sculpture dans un mur du moyen âge — dégradation presque identique qu'avait subie la sculpture A. Au cours de ces recherches, ont été ramassés des morceaux de marbre appartenant exactement à cette face, parce qu'ils se raccordent parfaitement à des entailles produites à la suite du traitement de cette sculpture en vue de son nouvel usage (pl. CL, 1-2). La figure de taureau domine sur cette face aussi, mais il ne se tient pas si près du flanc de la Déesse. Entre lui et la Déesse se trouve une tête de bouc extraordinairement travaillée, à cornes énormes, barbue (pl. CXLIX, 2). Le corps du bouc n'était pas représenté (en analogie avec le corps du lion de la face opposée!); sous son long cou, gracieusement élancé — ressemblant plus au cou de capricorne qu'à celui d'un bouc — et sous les premières jambes du taureau était probablement dessinée la figure d'un autre animal. Cependant, le fragment qui fait suite aux deux précédents, vers la base de la face latérale, quoique conservé, est à ce point dégradé à coups de marteau qu'on ne réussit à y reconnaître la moindre trace du relief. Tout en bas, était peut-être représentée la figure de lion, certainement dans une position quelque peu différente de celle de la face opposée, car il est évident que la face gauche, bien qu'elle contînt certains attributs iconographiques identiques (le taureau), n'était pas néanmoins une simple copie de la face droite.

Même si la sculpture B, d'après ses attributs découverts jusqu'à présent, ne relève pas du type commun des statues des Mères des Dieux, pourtant, le fait que sa riche iconographie contient une figure de lion d'un côté et les rares analogies de l'autre, crée une base solide et favorable à la conclusion que c'est la statue de Cybèle qui est en question et non pas l'ensemble iconographique d'une autre divinité [15]. Le lieu et les circonstances de la découverte apportent une preuve importante dans ce sens. Ce lieu ne se trouve qu'à une trentaine de mètres de l'endroit où l'inscription, la sculpture A et des restes architecturaux d'un édifice considéré comme le sanctuaire de *Magna Mater* ont été découverts. Cependant, il ne faudrait pas, nous semble-t-il, refuter de manière radicale la possibilité de l'interprétation de certains attributs de la sculpture B comme apparentés aux mouvements syncrétiques qui auraient pu se produire, en premier ordre, en rapport avec des cultes orientaux pratiqués à *Senia* (*Mithras, Serapis*). Aussi longtemps que les nouvelles découvertes n'auront pas fourni des preuves plus sûres à ce sujet, je tiendrai pour fondée l'interprétation des figures de taureaux sur les faces latérales du trône ainsi que la tête de bouc, comme les éléments appropriés au plus haut degré respectivement aux rites de taurobolie et de criobolie [16]. Cette conclusion, associée aux résultats de l'analyse de style de la statue qui montrent qu'elle possède certaines qualités la rendant artistiquement supérieure à la sculpture A (en dépit de sa face postérieure insuffisamment élaborée), signale le deuxième siècle comme époque de la naissance de cet ouvrage.

Eu donc égard aux caractéristiques des sculptures A et B toutes les deux produites le plus probablement aux ateliers de l'Italie voisine, toujours non identifiés, même si d'autres données faisaient défaut, il serait plausible de conclure que, à *Senia*, on rendait le culte à Cybèle dès la fin du premier siècle. Ni les indices fournis par l'inscription ni l'inscription elle-même ne sauraient être un appui inébranlable de la datation si les traits épigraphiques (forme de caractères) ne trahissaient l'époque (I-II siècle) à laquelle ils ont été gravés. Par contre, quelques-unes de ces données inscrites se montrent très précieuses pour l'identification de la région et de la voie par lesquelles certains adorateurs et, avec eux peut-être,

---

[15] Cf. Reinach, *Rep.Stat.* I, p. 184, 2 (662 A) où se tiennent près de Cybèle, le taureau et le bélier d'un côté, le chien de l'autre. Le bouc fait partie de l'iconographie d'Atys, figurant sur quelques uns de ses reliefs. Cf. M. J. Vermaseren, *The Legend of Attis in Greek and Roman Art* (Leiden, 1966), p. 35, Table XXI, fig. 1 (Relief de l'*Attideum* d'Ostie).

[16] Sur les détails du rite cf. R. Duthoy, *The Taurobolium. Its Evolution and Terminology* (Leiden, 1969).

certaines caractéristiques du culte de la Grande Mère sont parvenus à *Senia*, car l'épithète *Augusta* accompagnant *Magna Deorum Mater* (l'inscription de *Verridia Psyche*) apparaît sur les inscriptions votives faits à cette déesse en Afrique exclusivement [17]. Aussi est-il certain que la personne qui avait fait ériger cette munificence votive était originaire de cette province, fait non inadmissible si l'on sait qu'à *Senia*, dès le début du second siècle (même plus tôt encore) vivaient beaucoup d'Orientaux [18]. On ne peut, pourtant, que supposer les conséquences réelles résultant du fait que *Verridia Psyche* était un immigré d'Afrique, surtout en ce qui concerne l'organisation du culte et les spécificités introduites dans les activités cultuelles. Son rôle semble très important sur ce point, en particulier à cause du terme *Augusta*, épithète désignant le caractère officiel du culte. Les recherches plus détaillées du terrain environnant la Cathédrale et le traitement comparatif du matériel découvert en Afrique apporteront probablement plus de lumière sur ce problème. Toutefois, les données actuellement accessibles (l'inscription du procurateur *Verridius Bassus*) suggèrent le milieu du deuxième siècle comme la période où s'établit le lien avec l'Afrique, ce qui correspond au temps de la création de la sculpture B. La munificence de *Verridia Psyche* est relative à l'édification ou bien à la construction à côté d'une partie du sanctuaire de *Magna Mater* et c'est à

---

[17] *PWRE*, XI, 2, *col.* 2294, s.v. *Kybele* «Afrikanischer Beiname» (Stein). Ce sont les inscriptions *CIL* VIII, 1776, 11797, 16440, 19125. Il est caractéristiques que parmi de nombreuses inscriptions dédiées à Cybèle à Salone ainsi qu'ailleurs, dans la province de Dalmatie et même en Italie, il n'y a pas trace de cette épithète. Cf. W. Kubitschek, *Il culto della Magna Mater in Salona*, dans *Bullettino di archeologia e storia dalmata*, XIX (1896), pp. 87-89.

[18] Jusqu'à présent on a considéré *Verridia Psyche* d'origine italique (Degmedžić, *l. cit.*; G. Alföldy, *Personennamen*, p. 135) opinion généralement fondée sur le fait que le gentilice *Verridus* est enregistré à *Mediolanum* (*CIL* V, 8116, 62), et *Virridius* à *Aquilea* (*CIL* V, 1780). Maintenant, il est évident que ce gentilice, peut-être aussi la personne de *Senia*, doit être mis en rapport avec le procurateur de l'Afrique (*Verridius Bassus procurator provinciae Africae tractus Karthaginiensis* — *CIL* VIII, 25943) qui accomplissait ce service dans la période entre 117 et 138. Cf. H. G. Pflaum, *Les carrières procuratoriennes équestres sous le Haut-Empire Romain*, III, 1093. Il est symptomatique que le gentilice *Verridius*, selon les découvertes connues, ne se trouve qu'en deux régions de l'Empire (Italie du Nord et l'Afrique) et à *Senia*.

cette occasion qu'elle aurait donné un autre votif (sculpture B ?). L'activité de *Verridia Psyche* étant fixée au milieu du second siècle, ce n'est pas encore avoir résolu le problème concernant la date de l'importation du culte de Cybèle à *Senia*. Pour moi, je suis enclin à croire que le culte était devenu une propriété spirituelle de la population de *Senia* sensiblement avant cette période. Mon opinion est suggérée fortement non seulement par les particularités caractéristiques de la sculpture A, mais aussi par l'endroit du sanctuaire à l'intérieur de la ville, situé sur un des points centraux, à proximité immédiate, probablement, du forum et du temple de la Triade Capitoline [19]. Que le culte de Cybèle était important et fut longuement honoré, témoigne le fait que, sur l'endroit de son sanctuaire ou bien dans son voisinage le plus étroit, après les dévastations de basse antiquité a été érigée, la cathédrale dédiée à la Sainte-Vierge.

A *Aenona* (actuellement Nin), centre côtier de commerce et d'industrie, au statut municipal à partir de l'époque d'Auguste, ne sont connues que les trouvailles relatives au culte d'Atys. La tête de la statue de cette divinité serait l'élément le plus significatif pour l'analyse. La sculpture en question faisait partie du corps de la collection Danielli-Pelegrini, comprenant presque exclusivement les monuments de Nin [20], mais aujourd'hui dispersée. Quant à l'attribution de cette tête à Atys, fondée uniquement sur la description figurant dans le catalogue de ladite collection, elle resterait toujours une hypothèse si l'on n'avait pas trouvé dans les jarres funéraires d'*Aenona* cinq appliques en forme de visage d'Atys [21] (pl. CLII, 1-5). En tenant compte des caractéristiques chtoniennes du culte de Cybèle et du fait que les appliques (datant approximativement du Ier au troisième siècle) relevaient de l'inventaire de

---

[19] Aucune trace de la dominante urbaniste de Senia n'est révélée jusqu'à présent, mais il est tout à fait plausible de considérer que le forum se trouvait un peu plus bas que la Cathédrale, en direction de la mer, vers le vieux port.

[20] Cf. G. Bankò - P. Sticotti, *Collezione di antichità nel Seminario archievescoville di Udine*, dans *Bullettino dalm.*, XIX (1896), pp. 151-152 (traduit de l'allem. des *AEMO* XVIII (1895), p. 75, n° 33). Cf. aussi H. Graillot, *op. cit.*, p. 491. Haut. de la tête 22 cm, ép. 18.5 cm, larg. 19 cm.

[21] J. Medini, *Rimska brončana plastika u Arheološkom muzeju u Zadru*, dans *Diadora* 4, 1968, pp. 155-158, n°s 11-15.

jarres funéraires, il est probable que ces appliques elles-aussi étaient des éléments de certains objets (des boîtes, à en juger d'après le creux sur la face postérieure) particulièrement disposés à l'intention de l'usage funéraire, évidemment en rapport avec la religion de ceux qu'on y enterrait. Ceci prouverait que les appliques aient été une sorte d'objet funéraire des adorateurs de culte phrygien vivant alors à *Aenona*, en présence des croyants des autres religions orientales.

Dans *Iader* (Zadar) un sanctuaire de *Magna Mater* a été découvert non loin du Forum. A la même occasion les restes d'une décoration très riche, executée *a fresco*, furent mis au jour [22]. Dans une rangée de personnages, la place centrale est réservée à une femme dont la figure malheureusement n'est pas entière. Ses cheveux sont coiffés en forme de *crobylos* (pl. CLIII, 1), une partie de draperie, lui appartenant sans doute, est «traitée linéairement en jaune et en noir» (Suić, p. 354). Les autres détails de fresques conservées indiquent de manière encore plus précise que tout l'ensemble appartenait au sanctuaire de *Magna Mater*. Ce sont les figures de lion (pl. CLIII, 2) et l'inscription (temporellement quelque peu ultérieure): *Magn* [*ae Deorum Matris*] (pl. CLIII, 3) ainsi que toute une série d'autres détails. Quelques éléments de la composition (le serpent sous les pieds d'homme, le cou de bœuf avec un jet de sang au-dessous, un soldat portant la cuirasse sous lequel se trouve un taureau, le cou et la tête de bouc) suggèrent, d'après certaines opinions, que le culte dominant de ce sanctuaire s'était amalgamé avec d'autres cultes orientaux et avec Dionysos-Liber [23]. En nous fondant sur les caractéristiques picturales de style, nous prétendons pouvoir dater ce sanctuaire à la fin du premier ou bien au commencement du second siècle, l'inscription nous signalant pour sa part les interventions de maçonnerie effectuées postérieurement sur cet ensemble [24].

---

[22] M. Suić, *Peintures romaines récemment trouvées à Zadar*, dans *Le rayonnement des civilisations grecque et romaine sur les cultures périphériques* (= VIII Congrès International d'archéologie classique, Paris, 1963; Paris 1965), p. 353 sq.

[23] M. Suić, *Orijentalni kultovi u antičkom Zadru*, dans *Diadora* 3, 1963, p. 116 sq.

[24] M. Suić, *Peintures*, p. 355.

Le syncrétisme, dont témoignent les fresques du sanctuaire détruit de Cybèle, s'était particulièrement répandu au troisième siècle à *Iader* sur l'ensemble du Forum qui reçut alors un aspect architectonique et décoratif différent ainsi que, dans une certaine mesure, un sens et un caractére religieux. Dans ce contexte on est amené à supposer l'existence d'un sanctuaire dans le souterrain. Un sanctuaire à caractère syncrétique, servant en même temps de *speleum*, de *serapeum* et de *metroon*, aurait été situé au-dessous du portique septentrionnal du Capitole. Cette hypothèse, aussi séduisante et plausible qu'elle puisse paraître dans la lumière des indices archéologiques actuels, demande à être fortifiée par de nouvelles découvertes [25].

Plus au sud, à Biograd, localité considérée comme l'emplacement de la *Blandona* antique, une applique a été trouvée dans une tombe. Sa forme rappelant la tête d'Atys (pl. CLII, 6) renvoie à un même usage funéraire que celle de *Aenona* [26].

A *Asseria*, ville liburno-romaine très importante, un autel votif dédié à Cybèle (pl. CLIV, 1) a été découvert. On voit sur sa face de devant la figure d'un prêtre recouvert de manteau, une corne d'abondance à la main gauche avec l'inscription: [*M(atri)*] *M(agnae)* / *Q(intus) Petronius* / *Philippus* (*CIL* III, 9935), tandis que sur la face droite sont représentés la tête d'un bélier et le couteau qui «semblent faire allusion au criobole» [27].

Cette trouvaille conduit aussi à supposer l'existence d'un sanctuaire de Cybèle à *Asseria*. Cependant l'autel de la Déesse fut trouvé hors du périmètre de la cité, en même temps et au même endroit que l'autel consacré à Janus [28]. Les deux cultes étaient probable-

---

[25] M. Suić, *Orijentalni kultovi*, p. 118 sq.

[26] L'objet est déposé au Musée de la ville de Šibenik (inv. nᵒ 134). Haut. 35 mm, larg. 29 mm. Trous sur la face postérieure, trace de plomb. D'après l'aspect et surtout les dimensions, cette applique est presque identique avec l'applique nᵒ 15 d'*Aenona* (J. Medini, *Rimska brončana plastika*, p. 156) bien que un peu plus conservée. C'est, en même temps, la trouvaille la plus sud en Liburnie. L'attribution de la statuette de divinité féminine assise (de Zablaće, près de Biograd) au culte de Cybèle (B. Ilakovac, *Vranska regija u rimsko doba*, dans *Radovi Instituta JAZU u Zadru*, XVIII (1971), p. 91) ne saurait être acceptée parce que cette statuette n'a pas d'éléments iconographiques qui rendraient une telle attribution vraisemblable.

[27] H. Graillot, *op. cit.*, p. 491, note 1.

[28] *CIL* III, 9932.

ment honorés au même endroit, peut-être dans le cadre d'un sanctuaire commun, ce qui n'était pas rare dans l'Antiquité. Pourtant, sans égard à la question de savoir si Cybèle avait son sanctuaire à part ou non à *Asseria*, la découverte des autels, consacrés à Cybèle et à Janus à la fois, confirme l'hypothèse que les deux cultes ont été pratiqués en commun au moins par une fraction de la population de cette ville antique et que, en conséquence, ils étaient, peut-être en certains points très proches l'un de l'autre.

Compte tenu des éléments de criobolie d'une part et des caractéristiques de la formule onomastique de l'autre, l'autel aurait vraisemblablement été créé dans la seconde moitié du second siècle. Les détails techniques semblent confirmer cette date supposée, notamment l'emploi de la vrille, quoique le traitement des fruits dans la corne d'abondance, effectué avec ce moyen pourrait renvoyer à une époque légèrement postérieure. Cependant, il faut constater que les caractéristiques des noms ne permettent pas l'identification de l'origine ethnique des fidèles au culte de Cybèle à *Asseria* [29].

La trouvaille de *Burnum* est également d'un intérêt particulier quant aux aspects cultuels concernant la Grande Mère. Burnum était un *castrum* établi à l'intérieur de Liburnie (actuellement Ivoševci, près de Kistanje), sur la rive droite de Krka (*Titius fl.*). A l'occasion des fouilles archéologiques, entreprises en 1912 et 1913, un local dégagé a montré une frise monumentale en relief — probablement un sanctuaire de Cybèle. Ce sanctuaire était situé dans la partie occidentale du soi-disant *«jeune pretorium»*, tandis que son pendant de la partie Est de l'édifice était aussi un sanctuaire consacré, prétend-on, à Venus ou bien à Roma, orné de séquences du mythe d'Adonis. On considère, à juste titre, que les deux sanctuaires étaient en rapport avec le culte impérial [30].

Toute cette frise ornant le sanctuaire de Cybèle représentait une

---

[29] Cf. G. Alföldy, *Personennamen*, p. 108. L'auteur date cette inscription du jeune principat (jusque vers l'an 160), mais, à cette époque les Italiques eux aussi portent ce gentilice. Celui-ci est aussi établi chez les affranchis italiques, ensuite, chez les Liburniens et les Orientaux également.

[30] E. Reisch, *Die Grabungen des oesterr. arch. Institutes während der Jahre 1912 und 1913. Das Standlager von Burnum*, dans *ÖJh* XVI (1913) *Bbl.*, 112 sq.

suite d'au moins quatre scènes particulières, séparées l'une de l'autre par une bande plastique. De la scène gauche, seulement la partie finale, à droite, est sauvegardée, dont la figure unique n'est pas reconnaissable. Dans le champ suivant, il y a la figure d'Atys se tenant debout, les jambes croisées, position typique des monuments sepulcraux. Dans la scène du champ droit, aux dimensions les plus étendues (dont une partie est conservée) Cybèle se tient à gauche, à demi tournée vers Atys couché sous un arbre, et appuyé contre celui-ci (pl. CLV, 1). Sur la partie droite, à l'extrêmité, on entrevoit une part de la tête d'Atys redressé, probablement une analogie avec la figure de la scène à gauche du champ représentant Cybèle et Atys [31]. Deux interprétations sont possibles de la scène du champ central: la première, Atys vient d'être surpris par la Mère des Dieux; la seconde: Atys est étendu sous l'arbre immédiatement après l'acte d'autocastration. La seconde interprétation est dans une large mesure confirmée par les figures affligées qui flanquent cette scène [32].

A en juger d'après les dimensions et les qualités de l'ornement conservé, il n'y a pas lieu de douter que ce sanctuaire fût des plus monumentaux de Liburnie. Malheureusement, à cause de l'état déplorable de la partie de cette frise, déposée actuellement au Musée archéologique de Zadar, l'analyse foncière, concernant le style ainsi que la provenance, semble irréalisable. Il est presque impossible, vu les caractéristiques de style, de dater ce sanctuaire, problème étroitement lié avec celui de la datation du *castrum* de *Burnum*, qu'il s'agisse de son ensemble ou bien de la partie déjà explorée. La seule chose qu'on puisse avancer avec plus ou moins de certitude, c'est que la frise n'est pas l'œuvre d'un atelier de province.

Quant au désaccord entre les données historiques et les données épigraphiques relatives aux activités des unités militaires à Burnum,

---

[31] E. Reisch, *op. cit.*, fig. 34. Un fragment bien petit de l'ensemble de débris de la frise alors découverte est déposé actuellement au Musée archéologique de Zadar. Avant la IIe guerre mondiale deux fragments se trouvaient au Musée des monuments paléocroates où le fragment plus gros a disparu pendant les dévastations de guerre.

[32] M. J. Vermaseren, *The Legend of Attis in Greek and Roman Art* (Leiden, 1966), p. 37, note 1. La littérature moins récente y est présentée.

la question de la datation de l'établissement du *castrum*, et de certaines de ses phases en particulier, restera ouverte tant que toutes les trouvailles et les restes archéologiques des fouilles depuis peu en cours, n'auront pas été systématisés [33]. Le sanctuaire de Cybèle est à situer dans ce même contexte, car l'interprétation des restes monumentaux, généralement architectoniques, découverts dans Burnum lors des recherches de 1912-1913, n'est pas, elle non plus, en accord avec les données mentionnées ci-dessus. L'existence d'un sanctuaire de Cybèle et de Vénus, servant en alternance à l'intérieur du «jeune pretorium», pourrait indiquer la période de la dynastie juli-claudienne comme l'époque de l'édification des sanctuaires lorsque les empereurs, pour des raisons dynastiques, élevèrent l'adoration de Cybèle au niveau officiel du culte d'état [34].

La trouvaille suivante provient de *Corinium* (Karin). Il s'agit d'une tête (haut. 18.5 cm, diamètre 9.5 cm, larg. 14 cm), fragment d'une statue tronquée (pl. CLV, 2). En dépit du fait que la divinité porte sur sa tête une sorte de tiare persane dont la partie est brisée, il n'est pas tout à fait certain qu'il s'agisse d'Atys, quoique ce soit admissible, ou de Mithra, ou bien du dadophore (porte-flambeau) comme c'est suggéré par le regard tourné vers le haut [35].

---

[33] E. Reisch, *op. cit.* Selon cet auteur la construction du «jeune prétoire» date du temps d'Antonin le Pieux, du temps, donc, où la province de Dalmatie était depuis assez longtemps *inermis*, sans unités militaires considérables, *Burnum* ayant déjà acquis le statut de municipe (cf. M. Zaninović, *Burnum, castellum-municipium*, dans *Diadora*, 4 (1968), p. 119 sq.). Le fait que *Burnum* n'était pas un centre militaire au deuxième siècle est prouvé par un nombre insignifiant d'inscriptions militaires de ce même siècle à côté des inscriptions très nombreuses de cette catégorie datant du premier siècle, particulièrement les inscriptions de militaires de la *XI leg. C. p. f.* qui séjourna à Burnum de l'an 10 à 69. C'est cette légion, le plus probablement, qui a construit la plupart des édifices à Burnum, peut-être cette partie même où le sanctuaire de Cybèle et de Vénus était édifié.

[34] F. Bömer, *Kybele in Rom, Die Geschichte ihres Kults als politisches Phänomen*, dans *RM*, 71 (1964), 130 sq., démontre que ce processus a commencé dès le temps d'Auguste et non pas, comme on le croyait jusque maintenant, sous Claude seulement. Cependant, le fait que les sanctuaires des divinités à l'intérieur des camps militaires ne commençaient à se construire qu'à partir du milieu du second siècle, parle en faveur de la datation postérieure (cf. E. Reisch, *op. cit.*, col. 131).

[35] La tête est propriété de Milenko Ivaniš de Donji Karin; mentionnée comme tête d'Atys en note, par M. B. Ilakovac, *Brončana svjetiljka iz Suhovara kod Zadra*, dans *Diadora*, 8 (1975), p. 36, note 25.

Mais la preuve la plus intéressante qui confirme le culte de Cybèle est trouvée à *Hadra* (Medviđa), municipe liburno-romain, à l'intérieur de la Liburnie. La tête est détachée de la statue executée en calcaire gris, de dimensions suivantes: haut. 20 cm, épaisseur 12 cm, larg. 11.5 cm [36] (pl. CLVI, 1-3). De grands yeux en amande ont les prunelles à peine indiquées, le nez est long et coupé droit, les lèvres sont très marquées, un trou dans chaque commissure (comme c'était le cas de certaines appliques trouvées à Nin!); son menton est pourtant bien arrondi. Tout cela prête au visage une expression très dure, inaccoutumée pour Atys. A l'endroit où la tête s'est détachée du corps, on aperçoit, à part de la rupture du cou, une surface découpée au-dessous du menton. De ce détail, nous induisons que le menton s'appuyait sur quelque chose, une main peut-être, aussi bien que de l'aspect et du maintien de toute la figure. Un attribut spécifique est son bonnet conique, donc pas de ce type habituellement vu sur la tête d'Atys, également conique, mais ici la pointe est reliée en avant à la manière du bonnet phrygien, ou plus précisément, de la tiare persane [37]. La tiare de l'Atys de *Hadra* est aussi conique, cependant légèrement aplatie des deux côtés, de sorte que, près du sommet, de face et de derrière, des arêtes obtuses sont formées. Le sommet de la tiare est donc presque pointu. Du fait de cette particularité, le bonnet appartient au type de la tiare pointue [38], et par conséquent, est inhabituel dans l'iconographie d'Atys [39]. De même, le traitement de la partie inférieure de la tiare n'est pas typique. Car, à la place des prolongements habituels du bas de la tiare, descendant jusqu'aux épaules et couvrant ainsi les oreilles [40], la tiare d'Atys de *Hadra* se

---

[36] Tête trouvée par Đuro Milanko en 1969, à l'occasion du creusement des fondations de maison, près de l'église dédiée à la Notre Dame. C'est dans ces circonstances que la tête a été mutilée, la face détachée et ajustée plus tard. Maintenant propriété de Monsieur le docteur Pavle Barbulović, médecin à Obrovac que je remercie vivement de m'avoir permis l'examen du monument.

[37] Cf. J. H. Young, *Commagenian Tiaras, Royal and Divine*, dans *AJA*, 68, 1 (1964), p. 29 sq. et M. J. Vermaseren, *op. cit.*, p. 14.

[38] Cf. J. H. Young, *op. cit.*, pp. 30-31 et pl. XI, fig. 1 «Pointed Tiara». Parmi les personnalités divines seul Artagnes Heracles Ares porte cette forme de la tiare lorsq'il est représenté comme Verathranga.

[39] M. J. Vermaseren, *op. cit.*, p. 20.

[40] Idem, *loc. cit.*

termine par trois courts prolongements quadrilatères de dimensions
à peu près égales : deux retombent au-dessus des oreilles, le troisième,
celui de derrière, couvre le cou.

Mais le détail le plus intéressant est l'éxecution de la surface
séparant la tiare du front, où repose ordinairement le bord de la
tiare ou bien le diadème. Cette surface, toutefois, ne fait pas partie
de la tiare comme c'est bien visible des côtés latéraux où les prolongements qui couvrent les oreilles remontent au-dessus de cette
surface. Sur tout cet espace en forme semi-circulaire, pareil au
diadème, il y a deux rangées de petits trous au nombre de quarante,
la plupart sont ronds, le diamètre variant entre 2 et 3.5 mm et la
profondeur de 4 et 8 mm. Les trous sont disposés linéairement en
deux rangées irrégulières, non rigoureusement parallèles : une
lignée longeant le bord de tiare, l'autre celui du front. Il y a tout
de même quelques petits trous percés entres ces deux rangées.
On a l'impression que le but principal de l'élaboration de cet
élément de la sculpture fût celui de disposer les trous sur toute la
surface, à intervalles approximativement réguliers.

L'analogie, mais seulement dans la conception iconographique
(et non pas dans la solution d'exécution) existe entre l'Atys de
Hadra et la statue d'Atys d'Ostie sur laquelle de nombreux attributs indiquent les rapports entre le culte phrygien et le culte de
Dionysos ainsi qu'avec celui de Men, y inclus le culte solaire et
lunaire [41]. Sur la tête de la statue d'Ostie, exactement entre la
tiare et le front, il y a une riche couronne de fleurs, d'épis de blé,
de pommes de pin, de fleurs de pavots, la couronne ayant donc,
sans aucun doute, fonction de diadème *sui generis*. Aussi peut-on
conclure que les nombreux trous sur la tête d'Atys de *Hadra*
étaient des formes à contenir des fleurs réelles (soit une seule fleur
dans un trou, soit de petites touffes, de petites branches de pin,
des tiges de blé — tout cela en correspondance avec les dimensions
différentes des trous) le jour des fêtes cultuelles [42]. Ce seraient tous

---

[41] M. J. Vermaseren, *op. cit.*, pp. 36, pl. XXI, fig. 3.

[42] Il faut exclure en entier l'hypothèse selon laquelle un diadème ou
bien une parure semblable en métal a été agrafé à cet endroit, car, pour
agrafer un ornement pareil, il aurait suffi de quelques petits trous seulement,
mais plus profonds ; quant à la surface, elle aussi serait différemment traitée.

les éléments d'analogie reliant ces deux monuments. Mais pas un des nombreux attributs syncrétiques dont la statue d'Ostie est munie ne se trouvent sur la tête de la sculpture d'Atys de Medviđa (à savoir les attributs du culte lunaire et solaire). Voilà pourquoi on peut supposer l'absence des éléments syncrétiques sur le reste de sculpture.

Eu égard aux détails ainsi qu'à l'ensemble du traitement (les yeux en amande, traits saillants du visage, particulièrement le nez et les lèvres), la statue de *Hadra* était, c'est évident, l'ouvrage d'un artiste local, destiné au besoins cultuels d'un des habitants ou bien d'un groupe d'habitants de *Hadra*. Quant à son style, la sculpture relève de la catégorie des œuvres d'art dites «art rustiques» et si dans son cas les attributs iconographiques faisaient défaut, il serait bien difficile de la situer dans le cadre temporel. Cependant, ses attributs pris en considération, nous pouvons supposer que la statue a été effectuée dans la deuxième partie du deuxième ou bien au cours du troisième siècle.

Aussi très intéressant pour l'analyse du culte de Cybèle, est un relief élaboré d'une façon très primitive (pl. CLIV, 2) qu'on a découvert à Mijovilovac, dans Pridraga (près de Novigrad), une localité du moyen âge qui a succédé au *pagus* antique et à une *villa rustica* [43]. Nonobstant l'existence des opinions qui s'excluent les unes les autres au sujet de la datation et de la provenance de ce relief, nul ne met en doute que le culte phrygien était pratiqué dans cette partie de Liburnie [44]. Les détails iconographiques de cette trouvaille (notamment son menton, aussi bien que la posture ithyphallique bien marquée) révèle que le culte d'Atys s'était

[43] S. Gunjača, *Izvještaj o iskopavanju u Dolcu,* dans *Starohrvatska prosvjeta,* NS 8-9 (1963), p. 40.

[44] N. Cambi, *Silvanus-Atis. Primjer kultnog sinkretizma,* dans *Diadora,* 4 (1968), p. 131, considère, fondé sur une analyse iconographique détaillée, ce relief comme antique, tandis que I. Petricioli, *Reljef konjanika iz Pridrage,* dans *Diadora,* 8 (1975), p. 113, Tab. II, fig. 2, y voit aussi Atys, le situent au Haut Moyen-Age (du IXe au XIe siècle) en le croyant créé d'après les modèles antiques qui existaient implicitement dans cette region au temps de la création du relief. Ce problème sera résolu définitivement et de manière très simple au moyen d'une analyse pétrographique des fragments que l'auteur croit être créés dans cette période et qui, selon le même auteur représentent l'inventaire de l'église du Haut Moyen-Age.

syncrétisé, mais pas avant le troisième siècle, avec *Silvanus*, divinité illyrienne aux caractéristiques monothéistes, de nom latin [45].

Vu le caractère et la disposition des monuments examinés, en tenant compte du temps de leur création, nous pouvons constater avec certitude que dans de nombreuses villes liburniennes, surtout dans celles de la côte, le culte de *Magna Mater*, dès la fin du premier et au commencement du second siècle, représentait une part considérable de la conscience religieuse de la population. Il n'y a pas, à l'heure actuelle, de preuve sûre concernant la pratique cultuelle antérieure à cette époque (*Arba*, *Senia*, *Iader*, *Aenona*, *Blandona*), bien qu'on puisse prétendre, et avec juste raison, que dans quelques uns de ces habitats, encore plus tôt vécurent un certain nombre d'adorateurs.

Des villes côtières, la religion s'est creusé une voie vers l'intérieur de la Liburnie (*Asseria*, *Corinium*, *Hadra* et Pridraga-Mijovilovac). La présence du *castrum* établi à *Burnum* plaide en faveur de l'affirmation et l'expansion du culte, surtout à partir du milieu du second siècle (même avant, peut-être) [46]. Le sanctuaire de *Magna Mater* de *Burnum* est la preuve la plus évidente qui renvoyant non seulement à la vie cultuelle, mais aussi au traitement et caractère officiel du culte phrygien. L'aspect officiel était, sans doute, présent dans les villes de la côte où cette religion avait d'abord pris pied. La position des sanctuaires de Cybèle parle aussi, à sa manière, de ce caractère officiel du culte, car les sanctuaires etaient érigés à proximité des points dominants de la ville, comme c'était le cas de *Iader* vers la fin du premier siècle (il en était probablement de même à *Senia*), points considérés en tant que parties d'un ensemble plus vaste des adjacences du forum et du Capitole. Au temps de la naissance du

---

[45] N. Cambi, *op. cit.*, p. 139.

[46] Le commencement de l'influence de *Burnum* sur la diffusion et le développement du culte était conditionné, comme c'est déjà mentionné, coïncide avec l'établissement de la partie du camp où est érigé le sanctuaire de Cybèle. Il faut tenir compte, quoique dans une mesure considérablement restreinte, du rôle des soldats de l'Asie Mineure (ou de ceux qui en étaient originaires) affectés même à la *leg. XI* (donc au Ie siècle), mais peu nombreux. Cf. A. Betz, *Untersuchungen zur Militärgeschichte der römischen Provinz Dalmatien* (Baden-Wien, 1938) — catalogue et J. Medini, *Etnička struktura* (Burnum).

metroon, *Iader* possédait la dominante urbaine déjà définie, dans laquelle, telle qu'elle était prévue au moment de la création du plan de la ville, il n'y avait pas de place pour insérer le sanctuaire de Cybèle. A cause de cela, et non seulement pour ces motifs, le sanctuaire était érigé à l'ouest du Forum relativement très proche du Capitole et du temple de la Triade Capitoline. D'après les connaissances acquises jusqu'ici, relatives à la disposition de constructions publiques, la situation à *Senia* était semblable quant à l'emplacement du *metroon*.

L'argument qui confirme, bien que dans une mesure limitée, le caractère officiel du culte, car il est d'une nature tout à fait autre et diffère beaucoup des précédents, c'est la découverte des autels votifs de Cybèle et de Janus (voués par deux personnes) à *Asseria*. La vénération de Janus, ancienne divinité romaine exceptionnellement populaire en Liburnie et chez les Liburniens, comprenait, à part la composante religieuse intime, aussi la composante officielle. Il s'ensuit que le lien entre Cybèle et Janus, rendu manifeste par les endroits communs de la vénération, était marqués des mêmes caractéristiques.

L'organisation du culte (les données authentiques en sont malheureusement peu nombreuses) était en rapport très étroit avec le statut du culte dans les villes liburniennes. Se basant sur l'inscription (*CIL* III, 2920) de *archigallus L. Barbunteius Demetrius* de Salone, mort à *Iader ... qui annis XVII ... integra sacra confecit*, il est probable que les organisations cultuelles des villes de Liburnie furent dans un certain rapport (peut-être même dans un rapport certain) avec leurs homologues de Salone et que, semble-t-il, il y eût un échange de prêtres. Il est clair, ensuite, qu'une hiérarchie sacerdotale existait à l'intérieur des villes en rapport avec le nombre de croyants et de sanctuaires. De même, il est incontestable que, parmi les prêtres, il y avait des Orientaux [47]. Ceci constaté, il est permis de supposer la présence de plusieurs similitudes: c'est d'abord l'organisation du culte qui aurait été identique ou semblable

---

[47] Il est possible de le conclure d'après les données de la même inscription, puisque L. *Barbunteius Demetrius* comme *archigallus confecit integra sacra* était évidemment à la tête du collège sacerdotal. Pour l'origine orientale cf. G. Alföldy, *Personennamen*, p. 66.

et, après, les similitudes manifestées quant à la participation de certaines catégories ethniques et sociales d'habitants au culte introduit dans les villes de la côte liburnienne, comme à l'intérieur de la région. A Salone, c'étaient les affranchis et des groupements sociaux généralement inférieurs dont la participation au culte était dominante [48]. Il est symptomatique que dans cette ville ainsi que sur son *ager* (les monuments étant dispersés de Trogir à Kućine et Podstrana), les croyants de Cybèle, ceux qui lui consacraient les *aedes*, étaient *Augustales* [49]. De là l'hypothèse que l'aspect officiel et, en majeur partie social, s'est réalisé au niveau de la couche sociale d'esclaves affranchis; c'est-à-dire, au niveau de ces formes d'associations et d'organisations cultuelles auxquelles les ressortissants de cette classe prirent le plus part. A cette classe sociale appartenaient donc la plupart des croyants, aussi bien que les prêtres de *Magna Mater* en Liburnie. La conclusion précédente est valable en premier lieu pour *Senia* et *Iader*; elle concerne aussi (fût-ce dans une mesure mineure) *Aenona*, où le groupe social des affranchis était, au point de vue économique, très fort, mais où, à la différence des autres localités en Liburnie, existaient des organisations augustales.

La conclusion tirée ci-dessus est suggérée aussi, en partie, par l'emplacement du sanctuaire de *Magna Mater* à *Iader* (et à *Senia*) dont il à été déjà question, bien qu'à partir d'un autre aspect. Quoique les sanctuaires se trouvent tout près du Capitole et du Forum, il sont néanmoins érigés sur la périphérie de ces dominantes publiques, ce qui signifie, dans l'ensemble des autres faits, que le culte phrygien s'effectuait de manière prépondérante à la périphérie de l'intérêt public dominant, même au temps où l'on bâtissait ces sanctuaires. Le *metroon* de Iader (et, probablement celui de *Senia*) fut creé au moment où le complexe des édifices publics était complété et défini (fin du premier et commencement du second) et, dans ceux-ci, leur parties les plus importantes — les temples des divinité romaines principales et les emplacements du culte impérial. Le culte phrygien, quoique officiel depuis Auguste (époque où

---

[48] W. Kubitschek, *op. cit.*
[49] *CIL* III, 2675=9707; *CIL* III, 8675.

Iader et *Senia* commençaient à se constituer en tant que les centres urbains antiques) n'était donc pas traité comme tel de la part des immigrés italiques qui constituaient la majorité de la population de *Iader*, ainsi qu'une bonne partie de celle de *Senia* [50]. Il a fallu un temps et, ce qui est particulièrement important, un accroissement de l'importance de la couche sociale des affranchis dans ces villes afin que le culte s'appropriât peu à peu un traitement officiel, bien qu'il ne parvînt ni à cet égard ni en ce temps (jusqu'au milieu du second siècle) à égaler les anciens dieux romains ou bien le culte impérial, symboles de l'état et de l'allegeance [51].

Ce problème est en rapport immédiat avec celui de l'origine ethnique des porteurs du culte et des adorateurs en général. Les conclusions précédentes ainsi que les hypothèses avancées ci-dessus renvoient à l'opinion que les propagateurs et les croyants principaux de *Magna Mater*, particulièrement au cours de la période allant jusqu'au milieu du IIᵉ siècle, étaient les Orientaux qui représentaient une partie considérable de la couche des affranchis et des esclaves, dans les villes côtière de Liburnie surtout. Cette hypothèse est soutenue par le fait que ledit *archigallus* de Salone agissant aussi à *Iader*, était d'origine orientale.

Mais l'argument le plus important pour discerner le rôle dominant des immigrés des pays et des régions sud de l'Empire dans la propagation du culte et de ses spécificités, c'est l'inscription de *Verridia Psyche*, qui prouve l'existence des rapports religieux entre la Liburnie et l'Afrique [52]. Il est certain que parmi de nombreux porteurs de noms grecs vivant dans les habitats de Liburnie où sont constatées les traces du culte — porteurs difficilement identifiables selon les critères onomastiques en tant qu'Orientaux — il y

---

[50] Sur la population de *Iader* et de *Senia* cf. G. Alföldy, *Bevölkerung und Gesellschaft der römischen Provinz Dalmatien* (Budapest, 1965) (*Iader* et *Senia*) et J. Medini, *Etnička struktura*.

[51] Il est caractéristique qu'en Liburnie il n'y a pas de traces de la participation de l'aristocratie municipale au culte (membres ordines decurionum) ce qui démontre le mieux le degré d'officialité, surtout tenant compte de l'aspect social que le culte avait à l'intérieur des communautés urbaines.

[52] Ne témoigne t il pas du lien avec l'Afrique le fait qu'on honorait sur un même lieu à *Asseria* Cybèle et Janus, car en Afrique aussi il y avait des autels votifs consacrés à deux divinités (cf. *CIL* VIII, 11797 — Mactaris).

avait un bon nombre d'habitants effectivement d'origine orientale, dont une fraction de croyants de Cybèle [53].

Cette conclusion néanmoins n'exclut pas le rôle des immigrés d'Italie dans l'expansion du culte. Il est presque sûr que dans les centres côtiers de Liburnie, les fidèles de ce culte aient compté parmi eux, quelques uns d'origine italique comme c'est suggéré, d'après certaines opinions, par l'origine de *T. Prusius Sedatus* d'*Arba*. Mais le caractère global des trouvailles connues jusqu'à maintenant porte à conclure que le nombre d'Italiques ainsi que leur contribution à la diffusion du culte, étaient des facteurs mineurs par rapport au rôle des Orientaux, grâce à qui le culte allait en s'épanouissant vers la fin du premier et au commencement du second siècle. D'autre part, le réseau de certaines trouvailles prouve que le culte s'était plus tard étendu dans l'arrière-pays de Liburnie en se maintenant aussi dans les milieux qui, selon les résultats des recherches faites jusqu'ici, étaient peuplés en majorité d'Italiques ou bien de descendants des immigrés italiques [54].

L'acceptation et le développement de cette religion d'Asie Mineure dans des milieux particuliers dépendait donc d'une série de facteurs dont le plus important est la présence des Orientaux, à savoir des membres de la couche sociale des affranchis et des esclaves. Le culte de Cybèle, pourtant, n'est pas resté isolé dans les milieux de cette couche; il ne s'est pas borné non plus à des habitats dont la population était en majeure partie composée d'immigrés italiques, de leurs descendants et d'Orientaux. Sa présence est aussi constatée dans les villes à composante ethnique et autochtone très forte: *Aenona, Corinium, Asseria*. Ces milieux-ci se sont pénétrés aussi de ce culte, généralement grâce à la médiation des artisans et commerçants orientaux, des esclaves et des affranchis dont le rôle concernant le processus religieux syncrétiste de caractère et d'expansion différents, était déjà confirmé.

Pour le moment nous manquons de données épigraphiques qui

---

[53] Sur le problème de la présence des Orientaux cf. J. Medini, *Etnička struktura*, et pour la province de Dalmatie en entier cf. G. Alföldy, *Bevölkerung* (*passim*).

[54] L'exemple typique et unique pour l'instant c'est *Hadra*. Cf. J. Medini, *Etnička struktura*, note 71.

confirmeraient l'acceptation du culte de la part des habitants indigènes. Il est, toutefois, probable que les Liburniens vivant dans ce cadre pouvaient successivement adhérer à la nouvelle religion, étant donné qu'en définitive, elle était bien proche des divinités féminines autochtones (*Latra, Anzotica, Sentona* etc.). C'est là, dans cette correlation peut-être, qu'il faut chercher le motif pour lequel une famille de Salone, peut-être originaire de la tribu liburnienne, a accepté le culte de Cybèle [55]. C'est, à l'heure actuelle, la preuve unique épigraphique, quoique assez incertaine, qu'un nombre de Liburniens aient été les fidèles de *Magna Mater* au milieu du second siècle. L'acceptation du culte phrygien ou, peut-être plus précisément, la parenté éventuelle avec les fondements de la religion autochtone, dans le contexte des mouvements de religions dans la société romaine des second et troisième siècles, a rendu possible le syncrétisme de deux divinités pastorales — Sylvain illyrien et de l'Atys phrygien — qui s'est produit à l'intérieur de la Liburnie. Même si la majeure partie de ce processus syncrétiste reste hors de notre connaissance, il est probable que cette symbiose (à Pridraga-Mijovilovac) en fût une des étapes finales. Eu égard aux trouvailles de *Iader* (partiellement à *Senia* aussi), le commencement de la fusion du culte de Cybèle avec certains traits des autres cultes et religions s'est produit considérablement plus tôt. Cela s'est passé tendant à la phase florissante du

---

[55] Il s'agit de la famille de *L. Turranius Cronius* (*CIL* III, 8675) qui était *sexvir Augustalis*, ce qui renvoie à son origine d'affranchi suggérée par le *cognomen* grec. Cependant, comme il y avait à Salone des porteurs de nom *Turranius* de Liburnie (p. ex. *CIL* III, 2085: *T. Turranius T. f. Verus aedilis Scardonae*), il est possible que la personne mentionnée, en dépit du nom grec, était un Liburnien. Cette inscription est caractéristique en tant que *votum Matri Magnae cognationis* ce qui signifie le rassemblement d'un groupe de fidèles liés par le sang, tout en étant en liaison avec les valeurs chtoniennes du culte. Cela s'explique par les influence d'Orient (cf. H. Graillot, *op. cit.*, p. 494). Le terme *cognatio* est rarement trouvable sur les inscriptions de la province, mais pourtant constaté récemment dans un texte votif dédié à *Mars* de la part d'un Liburnien (*Turus Longini f. pro suis et cognatione Nantania* — *Živa Antika*, 10 (1960), p. 110). Ce fait ne pourrait-il laisser entrevoir que la famille de *T. Turranius Cronius* (à parenté consanguine) était aussi de Liburnie et que, tout en se rensemblant autour du sanctuaire de *Magna Mater*, gardait peut-être dans un aspect considérablement modifié les traditions anciennes du sol d'où elle tirait son origine.

culte, vers la fin du premier, ou au début du second siècle pour ne prendre son plein essor que du deuxième siècle, notamment en rapport avec le rite de taurobolie et la fusion avec des divinités orientales et autres.

En conclusion nous pouvons constater que le culte de *Magna Mater* a été connu depuis le deuxième siècle sur le territoire de presque toute la Liburnie, qu'il concernait une partie de la population, qu'il pénétrait dans les centres moins importants, ayant comme point de départ les villes de la côte et que, en définitive, il est devenu propriété spirituelle des membres de toutes les catégories ethniques vivant en Liburnie. C'est dans cette période aussi, qu'au point de vue social, ce culte, c'est probable, se définit en premier lieu comme la religion des couches sociales inférieures, constituées dans une large mesure d'affranchis et d'esclaves. Cependant, le statut officiel de cette religion relativement au rite de taurobolie s'est élevé à un niveau plus haut en Liburnie aussi par rapport à la période antérieure, si bien que la participation de l'aristocratie municipale aux manifestations de culte est très probable.

Traduit par
Tomislav Skraůć.

VERTRAG UND OPFER IN DER RELIGION DES MITHRAS

R. MERKELBACH
(Köln)

Der Gott Mithras hat für uns recht verschiedenartige Gesichter; er ist ,,Vertrag", ist Sonne, ist Kriegsgott, ist ,,Mittler". In diesem Beitrag soll versucht werden zu zeigen, wie die verschiedenen Aspekte des Gottes miteinander zusammenhängen. Es ist nötig, zunächst einleitend den genannten vier Seiten des Gottes einige Worte zu widmen.

1) Mithras — Vertrag. Durch die Tontafel von Boghaz-Köy (*CIMRM* 16) aus dem 14. Jahrh. ist sicher, dass Mithras ein sehr alter Gott ist. Er wird dort als Garant eines Vertrages angerufen. Der Gott trägt einen redenden Namen; im Awesta bedeutet das Wort mithra- ,,Vertrag" [1]. Es handelt sich natürlich nicht um einen schriftlichen Vertrag im Sinne des französischen Wortes ,,traité", sondern um eine bindende mündliche Vereinbarung im Sinne von ,,contrat".

Verträge werden gültig durch den Eid, den zwei (oder mehrere) Partner schwören. Die Perser haben Mithras ganz allgemein als Eidesgott angerufen [2].

2) Mithras — Sonne. Strabon (XV 3, 13 p. 732) sagt, dass die Perser den Helios ehren, den sie Mithras nennen. Im späteren Persischen bedeutet das Wort *mihr* ,,Sonne". Der Zusammenhang des Gottes Mithras mit der Sonne geht, wie Lommel gezeigt hat [3], in sehr alte Zeit zurück, da schon ein Vers des Zarathustra die Identification der Sonne mit Mithras voraussetzt.

---

[1] Meillet, in *JAsiat*, (1907), II, 243ff.; Lommel, *Die Yäst's des Awesta*, 61ff.; Thieme, *Mitra and Aryaman* (New Haven, Conn., 1957); Gershevitch, *The Avestan hymn to Mithra* (Cambridge, 1959), 26ff.

[2] Xenophon, *Kyrupaideia* VII, 5, 53; *Oeconomica* IV, 24; Aelian, *var. hist.* I, 33.

[3] *Oriens* 15 (1962), 360ff. = B. Schlerath, *Zarathustra* (= Wege der Forschung 159; Darmstadt, 1970), 360ff.

Man hat sich den Zusammenhang von Mithras/Vertrag und Mithras/Sonne meist so erklärt, dass die Sonne — die alles sieht — Schwurzeuge der Verträge war. Diese Annahme wird durch eine Plutarchstelle bestätigt. Dort ermahnt der Perserkönig Dareios einen seiner Diener die Wahrheit zu sagen; er erinnert ihn daran, dass er durch Handschlag und Eid bei Mithras sich zur Treue verpflichtet habe: ,,Sag mir (die Wahrheit), in Ehrfurcht vor dem grossen Licht des Mithras (d.h. der Sonne) und der königlichen Rechten'' [4].

3) Mithras ist ein Gott der Krieger. Dies ergibt sich sowohl aus dem Mithras-Yäšt des Awesta als auch aus der militärähnlichen Organisation der römischen Mithrasmysterien.

4) Schliesslich sagt Plutarch, dass Mithras der ,,Mittler'' sei [5]. Diese Aussage geht wahrscheinlich auf den Historiker Theopomp zurück, der in der Mitte des 4. Jahrh. v. Chr. — noch vor Alexander — geschrieben hat. Diese Vorstellung ist schon alt; denn im altpersischen Kalender ist dem Gott Mithras sowohl bei den Monaten als bei den Tagen der mittlere Platz angewiesen: Von den 30 Monatstagen ist der 16., an welchem die zweite Monatshälfte beginnt, der des Mithras, und von den Monaten heisst wieder der mittlere, der siebente, nach dem Gott [6]. Man wird die Bezeichnung des Gottes als Mittler so verstehen dürfen, dass Mithras das ist, was die Menschen verbindet, wie denn im vedischen Indisch Mitra den ,,Freund'' bedeutet.

Die Kombination dieser Eigenschaften in einer einzigen göttlichen Person scheint uns überraschend und schwer verständlich. Wir werden den inneren Zusammenhang der scheinbar disparaten Seiten des Gottes erkennen können, wenn wir uns zunächst klar machen, dass der altiranische ,,Staat'' ganz anders organisiert war als moderne Staaten — so anders, dass man das Wort ,,Staat'' nur mit Vorbehalten verwenden darf.

---

[4] Plut. *Al.* 30, 8: εἰπέ μοι σεβόμενος Μίθρου τε φῶς μέγα καὶ δεξιὰν βασίλειον.

[5] *De Iside* 46, p. 369E (Teubner-Edition vol. II, fasc. 3, p. 46, 15) Μίθρην Πέρσαι τὸν μεσίτην ὀνομάζουσιν. — Das 47. Kap. von Plutarch, *De Iside* geht sicher auf Theopomp zurück (= *FGrH* 115F 64/5); wahrscheinlich gilt für Kap. 46 dasselbe.

[6] Denselben Sinn hat es, wenn Porphyrios (*De antro nympharum* 24, p. 73, 2 Nauck) sagt, Mithras habe im Tierkreis seinen Platz bei den Tag- und Nachtgleichen.

Es handelte sich nicht um einen Staat, in dem die Verpflichtungen jedes Menschen durch geschriebene Gesetze festgelegt waren, nicht um einen Staat mit durchorganisierter zentraler Bürokratie; vielmehr ist der Staat der Perser zusammengehalten worden durch die persönlichen Bindungen der Menschen: durch Treueverhältnisse vom König zum Satrapen, vom Satrapen zum Krieger und zu seinen Hörigen. Die Rechte und Pflichten jedes Einzelnen waren an bestimmte Personen gebunden, und zwar noch in viel stärkerem Mass als im „Feudalismus" des westeuropäischen Mittelalters, in dem ja schriftliche Urkunden immerhin eine gewisse Rolle spielten.

Diese Treueverhältnisse waren immer gegenseitig und müssen durch Zeremonien besiegelt worden sein, wie Handschlag, Niederknien, Eid und gemeinsame Mahlzeit.

Diese persönlichen Beziehungen zwischen den Menschen — Vertrag (contrat), Eid, Freundschaft — alles, was in der Mitte zwischen ihnen steht und sie verbindet, war Mithras. Wer die Bindungen verletzt, den straft der Gott. Vielfach heisst es im Mithras-Yäšt, dass Mithras den Vertragsbrüchigen (den „mithrabetrügenden" in Lommels Übersetzung) vernichtet. So hält der Gott die Gruppen, hält die Gesellschaft zusammen; man könnte sagen, Mithras ist der Gott des iranischen Feudalismus.

Er ist im besonderen der Gott der Krieger, jener Menschengruppe, welche das Rückgrat der iranischen (und aller frühen indoeuropäischen) Staaten gewesen ist. Die Kriegergruppe wird durch feste persönliche Bindungen konstituiert, jeder Mann ist an seinem Platz eingeordnet und hat unter Eid Treue gelobt.

Diese Rolle des Gottes ist auch in den späteren Zeugnissen noch ganz deutlich. Das bekannte Relief von Kommagene (*CIMRM* 30) zeigt Mithras und den König Antiochos im Handschlag verbunden. Der Gott übergibt dem Antiochos die Königsherrschaft, er belehnt ihn mit der Herrschaft über Kommagene; dafür ist dann Antiochos zur Treue gegen den Gott verpflichtet.

Auf den römischen Reliefs sieht man oft den Handschlag zwischen Mithras und Sol; vielleicht ist in der Figur des Sol auch der zweitoberste Mystengrad, der Heliodromus, dargestellt. So reichen sich auf einem Altar aus Poetovio (*CIMRM* 1584; hier Fig. 1) Mithras und Sol die Hand, während ihnen ein Rabe einen Stab mit Fleisch-

Stücken bringt. Oft geht dieser Szene eine andere voraus, in welcher
Sol vor Mithras niederkniet, wie auf einem Relief in Stockstadt
(*CIMRM* 1169) und auf dem Mithras-Stein von Nersae (*CIMRM*
650; hier Fig. 2) [7]. Sol (bzw. der Heliodromus) huldigt, so darf man
interpretieren, dem Mithras als seinem Lehnsherrn.

Diese personalistische Seite der Mithrasreligion, durch die alle
Bindungen zwischen Menschen als persönliche Treueverhältnisse
aufgefasst und religiös sanktioniert wurden, machte den Mithraskult

Fig. 1
Nach Vermaseren, *Mithras*, Abb. 33

für die Römer so anziehend, weil bei ihnen ebenfalls innerhalb des
Staatswesens ein ganz festes System persönlicher Treue- und
Abhängigkeitsverhältnisse bestanden hat.

Nun gehört zum Abschluss eines Vertrages mit gegenseitigen
Verpflichtungen nach den Vorstellungen der älteren Menschheit

---

[7] Für Mithras und Sol s. Vermaseren, *Mithras, The Secret God* (London,
1963), 95ff. = *Mithras, Geschichte eines Kultes* (Stuttgart, 1965), 75ff. —
Die Szenen des knienden Sol und des Handschlags kombiniert in *CIMRM*
1292 (Osterburken, rechtes Register), 1400 (Mauls, ebenfalls rechts), 1430
(Virunum), 1579 (Poetovio).

immer, dass man den Vertrag durch eine gemeinsame Mahlzeit sanktioniert. Entsprechend sieht man auf vielen Mithrasreliefs die gemeinsame Mahlzeit des Mithras und des Sol, entweder neben der Handschlags-Szene oder neben dem Niederknien des Sol vor Mithras; besonders aus dem Donaugebiet sind viele solche Darstellungen erhalten [8].

Für das Abschliessen eines Bündnisses sagte man im Lateinischen „foedus ferire", „ein Bündnis schlachten", und im Griechischen

Fig. 2

Nach Vermaseren, *Mithras*, Abb. 31

ὄρκια τέμνειν „einen Eid schneiden (= schlachten)"; denn um die gemeinsame Mahlzeit abzuhalten, musste das Opfertier ja erst geschlachtet werden.

Vertrag, Opfer und Mahl gehören also zusammen. Da nun (a) Mithras der Gott des Vertrages ist, und (b) die Grosstat des Mithras das Opfer des Stiers war, wird man ohne Bedenken folgern, dass der enge Zusammenhang von Vertrag, Opfer und Mahl auch für

---

[8] Für das gemeinsame Mahl s. Vermaseren, *Mithras, The Secret God,* 98ff. = Mithras, *Geschichte eines Kultes,* 78ff.

die Mithrasreligion gilt. Das Töten (= Opfern) des Stiers, der Vertrag, das gemeinsame Mahl stehen in ganz engem Zusammenhang, sind nur verschiedene Aspekte derselben religiös-politischen Zeremonie [9].

Dies sieht man noch an den römischen Mithrassteinen. Das Hauptbild zeigt das Stieropfer; aber die Nebenregister stellen fast immer das huldigende Niederknien des Sol vor Mithras, den Handschlag und das gemeinsame Mahl dar. Mehrfach ist das gemeinsame Mahl auch auf dem zentralen Relief dargestellt. Es handelt sich dann meist um Steine, die in ihrer Achse um 180 Grad gedreht werden konnten; auf der einen Seite sah man das Stieropfer, auf der anderen Mithras und Sol beim Mahl auf der Stierhaut liegend. Stieropfer und gemeinsames Mahl werden hier also als gleich bedeutend und zeitlich aufeinander folgend dargestellt. Es seien genannt die Steine von Fiano Romano (*CIMRM* 641), Heddernheim (*CIMRM* 1083, hier mit dem ganzen erlegten Stier), Rückingen (*CIMRM* 1137), Konjic (*CIMRM* 1896); grosse Reliefs mit dem gemeinsamen Mahl auch in Emerita (*CIMRM* 782), Caetobriga (*CIMRM* 798) und Ladenburg [10].

Man darf folgern, dass Stieropfer, gemeinsames Mahl und Gruppenbildung ein Komplex sind, der schon in die iranische Frühzeit zurückgeht. Der Urkönig der Iranier Yima hatte die Rinderopfer

---

[9] Dies ist wichtig für die oft diskutierte Frage, ob das Stieropfer der römischen Mithrasreligion aus der persischen Tradition stammt oder nicht. Im Awesta wird es nicht erwähnt, und in dem späteren Buch Bundahishn wird berichtet, dass nicht Mithras, sondern der Widersacher Ahriman den Stier tötet (Reitzenstein-Schaeder, *Studien zum antiken Synkretismus*, 214-221). Deshalb haben Cumont (*MMM* I, 186) und Gershevitch (*The Avestan Hymn to Mithra*, 62-67) angenommen, das Stieropfer sei erst später auf Mithras übertragen worden. Dagegen hat Lommel mehrfach geltend gemacht, dass Mithras auch im Veda den Stier (Soma) opfert, dass das Stieropfer also notwendig in die gemeinsame indo-iranische Frühzeit zurückgeführt werden müsse (*Paideuma* 3, 1949, 207-218; *Symbolon, Jahrbuch für Symbolforschung* 4, 1965, 159-161; *Oriens* 15, 1962, 36off.). Aus dem inneren Zusammenhang von Vertrag und Opfer ergibt sich mit Sicherheit, dass Lommel recht hatte.

[10] E. Schwertheim, *Die Denkmäler Orientalischer Gottheiten im Römischen Deutschland* (= EPRO 40; Leiden, 1974), 188f. no 144 mit Taf. 42; M. J. Vermaseren, *Der Kult des Mithras im römischen Germanien* (Stuttgart, 1974), 18f. mit Abb. 26; Ph. Filtzinger - D. Planck - B. Cämmerer, *Die Römer in Baden-Württemberg* (Stuttgart-Aalen, 1976), Taf. 67.

eingeführt und wird deshalb von Zarathustra verdammt. Die An-
hänger der traditionellen, polytheistischen Religion vernichten
unter Freudenrufen das Leben des Rindes und sagen: Das Rind
muss getötet werden [11]. Diese Rinderopfer waren das grosse Fest
der Gruppe, in denen sie sich recht eigentlich konstituierte [12]; es
war das Fest der kriegerischen Diener des Sonnengottes Mithras,
der den Eidbrüchigen strafte.

Man darf noch weiter gehen. Mithras ist nicht nur Gott der
Krieger, sondern auch der Jäger [13]. Noch die römischen Monumente
zeigen mehrfach Mithras auf der Jagd; so das Fresco von Dura
(*CIMRM* 52) und die Steine von Rückingen (*CIMRM* 1137) und
Dieburg (*CIMRM* 1247). Krieger und Jäger sind zwar dieselben
Personen; aber in der Geschichte der Menschheit sind die Jäger
älter als die Krieger. Die Jäger sind der älteste ,,Bund'', die älteste
organisierte Gruppe. Sie schliessen ihre Gemeinschaft zum Zweck
der Jagd; sie können diesen Zweck in der Gruppe viel besser er-
reichen als einzeln; in vielen Fällen wird der Erfolg überhaupt erst

---

[11] 5. Gatha (Yasna 32); s. Lommel in *Oriens* 15 (1962), 360ff. und *Die
Gathas des Zarathustra* (1971), 6off.

[12] Für diese Zusammenhänge s. Burkert, *Homo necans* (1972). — Es sei
erwähnt, dass Kyros ein grosses Opferfest veranstaltete, als er den Aufstand
der Perser gegen die Meder inszenierte (Herodot I, 125/6). Er befahl, dass
sich alle Perser bei ihm einfinden sollten, jeder mit einer Sichel, und liess
sie dann an einem Tag das Gestrüpp eines grossen Gebiets roden. Am
nächsten Tag schlachtete er viele Ziegen und Rinder und bewirtete die
Perser. Als sie satt gegessen waren, fragte er sie, ob der vorige oder der
heutige Tag der bessere gewesen sei; und als sie antworteten, der heutige, rief
er sie auf, sich gegen die Meder zu erheben und so für immer ein Leben in
Fülle zu gewinnen. Es ist bemerkenswert, dass auf den römischen Mithras-
monumenten der Weihegrad des ,,Persers'' durch die Sichel bezeichnet
wird (*CIMRM* 299, 9; p. 140 fig. 83, Ostia; 480, 3 p. 197 = Vermaseren-
van Essen, *The Excavations in the Mithraeum of the Church of S. Prisca in
Rome*, S. 168) und dass Cautopates dreimal die Sichel hält (*CIMRM* 532,
Rom; 994, Trier; 1247 Dieburg, Seite A, linkes Register, zweites Bild von
oben; vgl. *Numen* 6, 1959, 154/5). Wenn man also den Tag der Arbeit mit
der Sichel bei Herodot zu den Mysterien in Beziehung setzen darf, dann
wird man auch den Tag des Festmahls mit dem Ziegen- und Rinderopfer
bei Herodot in Beziehung setzen zu den Reliefs mit dem Stieropfer und dem
Festmahl in den Mysterien, und es ergibt sich eine hohe Wahrscheinlichkeit,
dass der Aufstand des Kyros gegen die Meder in den rituellen Formen eines
Mithras-Festes ausbrach.

[13] Vermaseren, *Mithras, The secret God*, 89ff. = Mithras, *Geschichte eines
Kultes*, 71ff.

in der Gruppe möglich. Wenn die Jagd erfolgreich ist, wird das Tier erlegt und gegessen. Das Essen ist der Zweck der ganzen Veranstaltung; zum Zweck des Jagens und Essens hatte sich die Gruppe gebildet. Aber erst der Erfolg — das Erlegen des Tieres und das gemeinsame Mahl — konstituiert die Gruppe definitiv. Wir greifen hier also einen Zusammenhang, der sehr alt ist: Gruppenbildung zum Zweck der Jagd — Jagd — Erlegen des Tieres — gemeinsames Mahl — definitive Konstituierung der Gruppe — Jagd — usw. im Kreis. Der Gott Mithras versetzt uns nicht nach seinem Namen, aber nach der Typologie und nach den besprochenen funktionalen Zusammenhängen zurück in sehr alte Zeiten der Menschheit.

AGDISTIS OU L'ANDROGYNIE MALSÉANTE

MICHEL MESLIN
(Paris)

On peut se demander si, dans l'expérience religieuse des cultes orientaux, certains mythes ont fonctionné non seulement pour justifier a posteriori des rituels, mais aussi comme moyens de résoudre des difficultés psycho-affectives. C'est dans cette perspective que je souhaiterais revenir sur l'interprétation du mythe d'Agdistis que j'esquissais naguère [1].

Le Mythe

Ce mythe nous est rapporté par Arnobe qui se fonde sur le témoignage de Timothée l'Eumolpide, appelé à Alexandrie sous Ptolémée Ier pour collaborer avec Manéthon à l'institution du culte alexandrin de Sarapis [2]. Le récit donne l'impression d'une création complexe, mêlant des strates d'époques sans doute différentes, dont certaines très archaïques, mais offrant néanmoins une assez remarquable unité de signification, comme si cette version était le résultat d'une recherche érudite et représentait en quelque sorte l'enseignement quasi officiel du clergé de Pessinonte.

On raconte que Zeus éprouva un désir irrésistible et incestueux pour la Magna Mater qu'il poursuivait sans parvenir à la posséder. Tant et si bien qu'il finit par répandre sa semence sur le rocher Agdos. Ainsi fécondée la pierre, après une grossesse de neuf mois, accoucha dans les cris et les gémissements d'un être monstrueux,

---

[1] M. Meslin, *Réalités psychiques et valeurs religieuses dans les cultes orientaux*, dans *RH*, 512 (oct. déc. 1974), p. 289-314. Je tiens à remercier les chercheurs de mon Séminaire dont les suggestions et les critiques m'ont aidé à préciser sur ce point ma pensée.

[2] Peut-être ce théologien s'inspirait-il d'Alexandre Polyhester ?, Arnobe, *Adversus Nationes*, V, 5-7, CSEL, tome II, p. 177-180; deux autres versions plus simples sont fournies par Pausanias, XVII, 7-9 & 10-12; cf. H. Hepding, *Attis, seine Mythen und sein Kult* (1903), p. 103 et s.

féroce, animé d'une libido folle et furieuse, Agdistis [3]. Sa violence,
son appétit de puissance démesuré, inquiètent les dieux qui décident
de le dompter et chargent de cette opération le dieu Liber. Celui-ci
répand du vin dans la source où Agdistis vient épancher une soif
rendue ardente par la chasse et les jeux de l'amour. Vaincu par
cette boisson inhabituelle Agdistis s'endort profondément. Le dieu
lui lie le sexe à des cordons qu'il attache d'autre part aux pieds du
dormeur; de sorte que, lorsque celui ci se réveille et détend ses
jambes pour se lever, il s'émascule [4]. Du sol rougi par son sang nait
un grenadier qui porte des fruits.

Or il advint que Nana, fille du roi Sangarios, admirant cet arbre,
cueille un fruit, le place sur sa poitrine et se trouve *ipso facto*
enceinte. Son père, indigné de ce qu'il croit être le résultat d'une
inconduite, enferme sa fille déshonorée et la condamne à mourir de
faim. Mais la Magna Mater nourrit elle-même Nana avec des
grenades et d'autres fruits. Le bébé vient au monde, mais le roi le
fait exposer. Sauvé et nourri par un bouc qui lui donne son lait,
Attis devient un bel adolescent que chérit la Mère des dieux et qui
inspire un violent amour à Agdistis. Ce dernier l'entraîne dans les
bois, le flatte en lui offrant le butin de sa chasse, lui fait connaitre
le vin. Une telle liaison fait jaser, au point que le roi de Pessinonte,
Midas, veut en arracher Attis en lui donnant sa propre fille en
mariage. Afin que nul *omen* fâcheux ne vienne troubler la joie des
noces, le roi fait fermer toutes les portes de la ville. Mais la Mère
des dieux connaissait le destin d'Attis et savait qu'il ne pourrait
vivre parmi les hommes qu'autant qu'il ne serait pas marié. Elle
entre donc dans la cité en soulevant de sa tête les murailles. Aussitôt
Agdistis fait irruption dans la salle du festin, fou de jalousie, pour
arracher Attis à sa jeune épouse. Son *furor* atterre l'assistance et
se communique à tous: la jeune mariée se coupe les seins, tandis
que, possédé par la transe, *perbacchatus*, Attis s'enfuit, avec sa
flûte de Pan et se châtre sous un pin en criant «Pour toi, Agdistis...».

---

[3] L'unique manuscrit, *Parisinus 1661*, ainsi que l'*editio princeps*, porte:
«*insana et furialis libido et ex utraque sexus*; les éditions suivantes ont adopté
« *et ex utroque sexu* ...

[4] Loisy avait raison de refuser l'explication d'Hepding: ce n'est pas à un
arbre que Liber attache les cordons mais aux pieds même du dormeur,
planta, ap. *Les mystères païens et le mystère chrétien* (1919), p. 96, note 3.

Des violettes naissent du sang répandu. Mêlant ses pleurs à celles
d'Agdistis l'épouse se tue. Quant à Agdistis, l'objet de son désir
étant mort, il obtient de Zeus que le corps d'Attis reste incor-
ruptible, que ses cheveux continuent de pousser et que son petit
doigt bouge [5].

Étrange récit!, bien différent des autres traditions mythiques,
puiqu'il interpose la figure primordiale d'Agdistis dans les rapports
amoureux entre Cybèle et Attis. Pour en saisir les raisons il convient
d'abord de définir les personnages et de préciser leurs relations.

Les personnages

On remarquera d'abord que la naissance d'Agdistis se rattache
au thème mythique de la *Petra genitrix*, bien attesté dans de nombreuses cultures: la pierre, source de vie, procrée des êtres sur-
humains, ainsi qu'elle même fut engendrée par la Terre-Mère [6].
Plus précisément le mythe d'Arnobe doit être rapproché d'un mythe
hurrite de Boghazköÿ qui raconte comment le Père des dieux,
Kumarbi, a suscité un rival au dieu de l'orage qui lui avait ravi la
royauté. *Le Chant d'Ullikumi* précise que ce fils est né de son union
avec une pierre: «Kumarbi s'en alla vers le... où se trouvait une
grande pierre. La pierre avait trois milles de longueur et... milles
de largeur. Ce qu'elle avait en bas... Son désir grandit et il dormit
avec la pierre. En elle... sa virilité. Il la prit cinq fois, il la prit
dix fois... et de nuit la pierre mit au monde le fils de Kumarbi» [7].
Ici, la *Petra genitrix* est personnalisée: c'est le rocher Agdos, dont le
nom certes rappelle le mont proche de Pessinonte; mais il apparait
aussi comme le substitut de la Grande Mère que Zeus ne parvient
pas à posséder. C'est avec cette pierre qu'il s'unit selon un rite très

---

[5] ... *ne corpus ejus putescat, crescant ut comae semper, digitorum ut minis-
simus vivat perpetuo solus agitetur et motu* ..., Arnobe, V, 7 qui ajoute que
l'on honorait à Pessinonte cette relique par des cérémonies annuelles.

[6] Mircea Eliade, *Traité d'Histoire des Religions*, p. 205; *Forgerons et
Alchimistes*, p. 45-56 et 191. R. Eisler, *Weltenmantel und Himmelszelt* (1910),
tome 2, p. 411, 727 et s., et *Kuba-Kybelè* dans *Philologus*, 68 (1909), p. 118-
151 et 161-209.

[7] Traduction fse de Maurice Vieyra, dans l'ouvrage collectif *Les Religions
du Proche-Orient antique* (Paris, 1970), p. 547-548.

archaïque d'accouplement avec la Terre-Mère [8], ou par simple masturbation. Or, par un processus fétichiste fort logique, cette pierre fécondée deviendra le symbole même de Cybèle, que les Romains vénéraient au Palatin, sous la forme d'un bétyle enchâssé dans la tête de la statue d'argent de la Magna Mater [9]. De cette union nait un monstre, pétrogène, auquel est donné le nom d'Agdistis.

Or ce nom n'est autre qu'une épithète topique de la Magna Mater, bien que le récit mythique présente celui qui le porte comme un personnage différent [10]. De fait, Strabon rapporte qu'à Pessinonte existait un temple d'Agdistis où l'on honorait la roche Agdos génératrice de la Magna Mater [11]. La relation Agdos-Mère des Dieux s'établissait donc au niveau d'une relation maternelle dans laquelle Agdistis devait représenter l'une des formes locales les plus archaïques de la Magna Mater.

Mais en quoi Agdistis est-il un monstre? Le mythe met l'accent sur son comportement psychique, parle de sauvagerie indomptable, de volonté de destruction, d'un désir furieux qui lui vient de l'un et de l'autre sexe, *et ex utroque sexu*, bref, d'une violence et d'une démesure qui dérangent l'ordre normal des choses et qui vont entraîner la décision des dieux gardiens de cet ordre. Or ces troubles caractériels sont le résultat d'une nature très particulière. Dans la seconde version qu'il donne du même mythe Pausanias dit que «de la pollution de Zeus sur la terre naquit un démon qui possédait à la fois les organes sexuels mâle et femelle» [12]. Agdistis est donc bisexué, ce qui pour les Anciens passait pour le type même de l'Androgyne où ils voyaient l'une des manifestations les plus étonnantes de l'ambivalence du sacré [13]. La décision des dieux, —

---

[8] Cf. les exemples réunis par R. Eisler dans *ARW*, XV (1912), p. 310-311 et Marie Delcourt, *Hermaphrodite* ... p. 50.

[9] Arnobe, VII, 49.

[10] Strabon, *Geogr*. X, 3, 12; *CIG*, 6837: Μητρὶ Θεῶν 'Αγγίστει; 3993; 3886, add. où Attis et Cybèle sont appelés Agdistis; voir Hepding, *op. cit.*, p. 102 note 2.

[11] Strabon, *Geogr*. XII, 5, 3.

[12] Pausanias, XVII, 10: ... δαίμονα διπλᾶ ἔχοντα αἰδοῖα, τὰ μὲν ἀνδρός, τὰ δὲ αὐτοῦ γυναικός.

[13] Pline, *H.N.* VII, 15-16; cf. Gruppe, *Die griech. Kulte und Mythen*, I, p. 513 et s. qui dresse un parallèle entre Agdistis et les divinités, chaldéenne Talath, et phénicienne Astoreth.

que le mythe nous présente comme le résultat de leur jalousie —,
est en réalité une régulation des instincts, une remise en ordre. En
effet, bisexuel, Agdistis a le pouvoir de créer par lui-même sans
recourir à l'Autre. Son autocastration a pour but de le fixer dans
un seul statut, féminin, ainsi que le précise le mythe: *ipse se viribus
eo quo vir erat privat sexu*. En se mutilant comme mâle le monstre
s'assumera comme femme; ayant fécondé la terre de son sang il
s'identifiera de plus en plus à la Magna Mater, au point de devenir,
comme elle, amoureux de son propre fruit, Attis. Il est clair que
si les dieux ne pratiquent pas eux-mêmes la castration d'Agdistis
c'est parce que la répression de son désir ne peut être obtenue que
par une automutilation. Le rôle joué ici par le dieu Liber me semble
purement étiologique. Sa présence ne s'explique pas par le fait
qu'Arnobe est africain, mais parce que l'ivresse qu'il provoque
chez Agdistis est le substitut mythique de la possession obtenue
par la transe, qui conduira les fidèles de Cybèle à une semblable
automutilation.

Le personnage de Nana qui intervient ensuite dans le récit n'est
pas si secondaire qu'il semblerait à première vue. Son nom rappelle
en effet l'une des épithètes donnée à Ishtar, «l'Immaculée-Mère» [14],
en même temps qu'il renvoie à cette figure prédominante dans le
mythe, celle de la Magna Mater. La grossesse de Nana est un
phénomène purement merveilleux exprimé par un mythème fort
courant [15]. La grenade dont le simple attouchement rend la jeune
fille enceinte est en effet un symbole de fécondité répandu dans
tout le bassin méditerranéen: ainsi dans le monde grec, où un
tabou interdit sa consommation aux initiés d'Éleusis [16], de même
que dans le rituel de continence des Thesmophories [17]. Mais nous

---

[14] Wagner, *Nana*, in Roscher, *Myth.Lex.*, s.v.

[15] Usener a dressé de nombreux parallèles, in *RheinMus*, 30, p. 214 et s.;
J. Frazer dans son commentaire sur Pausanias XVII, 11, tome IV, p. 138
multiplie des parallèles pas toujours très convaincants. H. Hepding, *op. cit.*,
p. 107 note 5.

[16] Porphyre, *De abstinentia*, IV, 16: la cause en est expliquée mythique-
ment dans l'*Hymne homérique à Déméter*, 371 et ss. et dans Servius, *Géorgiques*,
I, 69.

[17] Clément d'Alexandrie, *Protreptique* II, 19, ce que semble n'avoir pas
vu M. Détienne qui n'indique que l'usage antiaphrodisiaque du gattilier,
Les Jardins d'Adonis, p. 153 et s.

savons par contre que la statue de Polyclète représentant Hèra lui
donnait une grenade comme attribut, évident symbole de fécondité
pour la déesse présidant au mariage. La même valeur symbolique
se retrouve à Rome où la *flaminica dialis* portait sur son voile, la
rica, un rameau en forme de couronne d'un *felix arbor* qui n'est
autre qu'un grenadier [18]. Comme tout symbole la grenade est
ambivalente : sa couleur rouge évoque aussi le sang : les pépins de
la grenade ont germé du sang de Dionysos, explique Clément
d'Alexandrie, comme l'arbre a jailli du sol fécondé par le sang
d'Agdistis. Dès lors, rêver de grenade ne peut être que signe de
blessure, de souffrance, d'esclavage et de soumission [19]. Mais il faut
noter la rapide disparition, dans la suite du récit, de cette vierge-
mère qui ignorera les problèmes qui vont se poser à son fils. Elle ne
le nourrit même pas. Elle s'efface entièrement devant Cybèle et
Agdistis. En effet, de cette union du fruit de l'arbre issu du principe
mâle d'Agdistis l'androgyne et de la princesse royale nait Attis dont
les origines remontent au rocher Agdos substitut de la Magna Mater.
On comprend mieux le soin jaloux que celle-ci prend de Nana,
condamnée à mourir de faim par son père qui refuse de reconnaitre
ensuite pour son propre petit-fils ce fruit d'une si étrange union.
C'est de grenade que la Mère nourrit Nana car, comme l'explique
Arnobe, il convenait que le fruit qui avait rendu la vierge mère lui
permit de vivre et de mettre au monde son enfant [20]. Or Pausanias,
suivant en celà la tradition d'Hermesianax, affirme qu'Attis était
οὐ τεκνοποίος, qu'il ne faut pas entendre comme eunuque de naissance, mais bisexué, dans la mesure où la bisexualité est rapidement
devenue, chez les Anciens, synonyme d'asexualité [21]. On remarquera
enfin que le nom d'Attis peut signifier «Père» [22]. Ne pourrait-on,
dès lors, penser que dans certaines spéculations théologiques Attis
a été considéré comme le parèdre d'une déesse-mère et que leurs
noms rappeleraient un couple primordial ? Mais alors, pourquoi le

---

[18] Aulu-Gelle, X, 16 à compléter par Servius, *Aen*. IV, 137.
[19] Artémidore, *Onirocriticon*, I, 73.
[20] Arnobe, V, 13, *CSEL*, II, p. 185.
[21] Pausanias, XVII, 9 et Marie Delcourt, *Hermaphrodite* . . ., p. 49.
[22] En hittite, *Atta*; en hurrite, *Pappas*; les Naasènes nommaient Attis,
Pappas dans leur hymne, Hippolyte, *Philosophoumèna*, V, 9.

mythe situerait-il leurs relations au niveau d'une parenté? Le vrai
problème est ailleurs.

Cet Attis, nourri du lait d'un bouc qui lui tient lieu de père et
avec qui il n'a d'autre relation que nourricière, est dans le mythe
l'objet d'un double amour, celui de la Mère des dieux et celui
d'Agdistis [23]. Mais tandis que les autres mythes relatifs à Attis, —
que nous rapportent entre autres Catulle, Ovide —, développent
tous l'amour de Cybèle pour le jeune berger, le mythe d'Arnobe
insiste particulièrement sur les relations entre Agdistis et Attis, les
connotant d'un aspect sauvage, désordonné, non-civilisé. Les traits
abondent qui soulignent l'opposition entre une nature sauvage où le
bébé a été exposé, nourri, éduqué et au sein de laquelle se développent ses rapports avec Agdistis, et un ordre normal, celui de la Cité.
Né miraculeusement d'une vierge et d'un fruit jailli du sang de
l'androgyne, lui-même né d'une pierre, Attis a été exposé sur l'ordre
du roi. C'est un autre roi qui entend faire cesser ses relations jugées
a-normales avec Agdistis, en lui faisant contracter une union dans
les normes, c'est à dire un mariage avec sa propre fille. Ce mariage
sera célébré dans la Cité ceinte de remparts que l'on fermera pour
l'occasion. Or cette opposition nature sauvage/monde civilisé n'est
pas fortuite. Elle reproduit un mythème sur lequel G. S. Kirk a
justement attiré l'attention [24], dans l'évidente volonté d'exprimer
par cette opposition à la fois le caractère particulier de l'amour
d'Agdistis envers Attis et l'ambivalence du personnage de la
Grande Mère, comme nous le verrons.

Une lecture rapide de l'intervention du roi Midas pourrait laisser
croire que les relations entre Agdistis et Attis sont homosexuelles
et que c'est là l'*infamis conjunctio* que ce roi veut rompre en mariant
Attis à sa propre fille. Arnobe semble le croire lorsqu'il affirme,
assez naïvement, que la pureté de l'enfant ne devait pas craindre
grand chose de cet eunuque d'Agdistis! [25]. En réalité, depuis son
autocastration, c'est la part féminine de son être qui prédomine

---

[23] ... *hunc unice mater deum* ... *diligebat. Diligebat et Agdestis* ...
Arnobe, V, 6, p. 178.

[24] G. S. Kirk, *Myth, its Meaning and Functions in ancient and other Cultures*
(1970), p. 132 à 171.

[25] ... *ab semiviro quidem nullum esse poterat periculum castitatis* ..., V,
13, p. 186.

chez Agdistis. Il devient l'autre face de la Mère, également porté
vers le même objet d'un désir identique. L'amour qu'il porte à
Attis, toujours désigné comme *puer*, est un amour maternel, que
le mythe ne présente comme sauvage que pour en mieux souligner
l'excès. Dès lors l'intervention du roi Midas n'est que la représentation mythique d'un acte du Père, intervenant pour régulariser
l'attachement trop exclusif de la mère pour son fils et pour « civiliser »
ce dernier en le faisant sortir de la « sauvagerie » du monde de
l'instinct. Ce que le mythe expose, ce n'est pas le conflit entre des
pratiques homosexuelles et une hétérosexualité vécue dans le
mariage, mais l'opposition entre un amour d'homme devenu adulte
et les relations surévaluées qui lient une mère à son fils. A travers
le personnage d'Agdistis c'est donc la mère amoureuse de son
enfant, cette autre part d'elle-même, qui est décrite et jugée. On
comprend mieux ainsi que ce soit la Magna Mater elle-même qui
permette, en soulevant les murailles de la cité avec sa tête, à
Agdistis de faire irruption dans la salle des noces afin d'arracher
cet enfant qu'elle aime à sa jeune épouse, parce qu'elle entend se
réserver exclusivement son amour [26].

La fin du mythe est, comme il convient, d'abord étiologique et
entend justifier le rituel de castration dans le culte de Cybèle.
La contagion du *furor* d'Agdistis qui s'étend aux protagonistes du
récit exprime l'état de possession par la transe qui conduit les
fidèles de la Magna Mater à l'autocastration [27]. De même l'incor-
ruptibilité du corps d'Attis obtenue de Zeus par Agdistis, et le
maintien d'une parcelle de vie dans les cheveux et le petit doigt
justifient d'abord le culte rendu annuellement à Pessinonte [28].
Mais les dernières paroles d'Attis offrant à Agdistis le sacrifice de
sa vie avec son sexe, « cause de tant d'émotions forcenées », attestent

---

[26] Même si le détail d'une Cybèle à la tête couronnée de murailles est
purement étiologique.

[27] Le terme qui décrit l'état d'Attis est significatif: *perbacchatus*. De
même le mythe met ensuite en scène un roi Gallus (au lieu de Midas) qui
devient ainsi le prototype des Galles, cf. Arnobe, V, 13 et H. Hepding,
op. cit., p. 109 note 3. Quant à l'ablation des seins pratiquée par la jeune
épouse, nous ne savons pas si cela renvoie à un rite ancien, sur la continuité
duquel nous n'avons pas de témoignages.

[28] Arnobe, V, 8, p. 180.

que le sens profond du mythe est à rechercher au-delà d'une simple étiologie rituelle, dans un champ de significations psychologiques.

Le sens du mythe

Ce mythe s'inscrit tout entier, en effet, dans le contexte de *Schöpfungswonne* propre aux religions de la nature, je dirais plus volontiers aux religions de l'élan vital [29]. Il constitue une investigation du mystère de la génération et des pouvoirs de donner la vie. A partir d'une situation fondamentale Mère-Fils, il entend suggérer la possibilité d'une régulation des rapports affectifs et sexuels. Cependant, nous l'avons déjà indiqué, l'originalité de la version d'Arnobe est d'interposer le personnage primordial d'Agdistis dans les relations qui unissent la Magna Mater à Attis, et de centrer le récit sur sa conduite. Or tout indique qu'Agdistis et Cybèle ne sont qu'une seule et même personne. La duplication mythique n'intervient que pour faire mieux comprendre les deux aspects psychologiques contradictoires de la figure de la Mère. Protectrice et gardienne de l'avenir de son fils, mais aussi jalouse et captatrice lorsqu'il risque de lui échapper par le mariage; rassurante par son autorité apparente, mais déroutante dans ses pulsions les plus profondes qui transforment les relations de mère à fils en rapports d'amante à amant. Ce sont ces deux visages de la Mère qui se penchent vers Attis *puer*. C'est à cette Mère ambivalente qu'il est d'autant plus livré qu'il n'a pas de père et que c'est en lui que sa mère tente de retrouver l'homme qu'elle n'a pas connu. La parthénogenèse est certes l'attribut de sa divinité mais elle laisse en elle, d'après le mythe, une profonde blessure qui expliquera la conduite d'Agdistis. Car c'est bien lui qui est le personnage central du mythe. Il est né, on le sait, du rocher Agdos, mais le désir initial de son géniteur, Zeus, était en lui-même incestueux, puisqu'il se portait vers la Grande Mère [30]. L'impossibilité d'assouvir ce désir

---

[29] J'emprunte ce terme d'«extase génésiaque» à Walter Schubart, *Religion und Eros* (1966) dont je suis cependant loin de partager certaines analyses. J'ai proposé le terme de *religion de l'élan vital* dans mon étude, *RH*, 512 (1974), p. 313.

[30] ... *incestis Juppiter cupiditatibus adpetivit* ..., Arnobe, V, 5, p. 177; c'est bien ce que comprend Arnobe dans son commentaire polémique du mythe, V, 9, p. 182.

autrement que par la masturbation, et sur un substitut de la Mère, est un élément normalisant, rassurant, dans la mesure où il constitue la seule solution qui évite l'inceste, première étape, assez grossière, dans la régulation des pulsions. Le fruit de ce désir est un androgyne qui est jugé monstrueux. C'est dire qu'il est connoté aussi négativement que l'était le désir de Zeus pour la Mère. Or il y a là, apparemment, une contradiction. Car si la bisexualité de la Mère est signe de sa condition divine, pourquoi l'androgynie d'Agdistis serait-elle monstrueuse, alors qu'il est l'autre part d'elle-même? Là encore cette face obscure nous signale l'aspect négatif de la bisexualité, le danger, pour qui réunit en son être les puissances de l'un et l'autre sexe, d'une autosuffisance, d'un narcissisme et finalement de l'*ubris*. C'est bien celà que les dieux craignent et qu'ils entendent dompter chez Agdistis. La castration met fin à cet état ambivalent, donc dangereux. Elle instaure une privation des pouvoirs de l'autre qui pousse à rechercher la complémentarité et à désirer l'autre sexe jadis réuni dans un même être. Toute bisexualité doit donc entraîner une castration afin d'établir une situation normale. Les dieux interviennent pour rappeler la norme selon laquelle l'homme et la femme se définissent comme tels, chaque sexe étant le miroir de l'autre. Agdistis-Mère, mutilée, perd son androgynie primordiale et avec elle l'état propre à l'essence divine. Elle se différencie sexuellement et se subjectivise par rapport à l'objet de son désir qui n'est autre que son propre fils. Ainsi la castration apparait ici comme ce par quoi le sujet accède au désir de l'autre, même s'il doit ensuite admettre l'impossibilité d'y répondre totalement. Tout être doit trouver son identité par rapport à un autre être sexuellement différent: telle est la première leçon que nous fournit ce mythe.

Mais on remarquera que le mythe fait intervenir deux autorités castratrices, les dieux et la Mère-Agdistis. Dans le premier cas il s'agit, nous l'avons vu, d'une régulation imposée par les dieux-pères restaurateurs de l'ordre dans lequel doivent vivre tous les êtres. Tandis que dans le second cas, c'est la génitrix castratrice qui exige de son fils-amant le sacrifice de son sexe alors qu'elle est frustrée de son désir. On a, depuis près de quarante ans, clairement souligné combien cette exigence d'une divinité maternelle se retrouvait dans un grand nombre d'expériences religieuses [31]. Mais il faut remarquer que ce désir de l'autre est toujours vécu comme la nostalgie d'un état paradisiaque. C'est à dire qu'il est vécu, non seulement comme le désir de ce que l'on n'a pas, mais en même temps comme le regret de quelque chose que l'on aurait possédé jadis et qui demeure cependant objet d'un désir toujours inassouvi. Ainsi s'explique la conduite purement fétichiste de la Magna Mater à la fin du mythe, après la mort d'Attis qu'elle avait elle même provoquée. De ce cadavre d'un fils qu'elle aimait comme l'amant qu'elle n'avait jamais connu mais toujours désiré, seuls les cheveux continuent de vivre et le petit doigt de bouger. Faut-il penser que ceci suffise à combler en partie une blessure narcissique ? [32].

Tout mythe est langage d'hommes, et pour leur propre usage. Celui d'Agdistis explique que si l'androgynie est d'abord l'abolition de la différence sexuelle, elle ne doit caractériser que l'état divin. Anormale pour l'être humain, elle n'est pas bonne pour lui, mais monstrueuse et source de pulsions furieuses Certes la bisexualité, que la pensée antique a perçu souvent comme une asexualité, a pu paraitre l'état d'une vie paradisiaque à venir, d'une *bios angelikos* que seuls connaitraient les bienheureux [33]. Mais de celà le mythe ne souffle mot. En médiatisant des éléments d'ordre et de désordre dans les rapports affectifs, il souligne l'absolue nécessité d'une éducation «castratrice», qui seule peut normaliser les rapports Mère-Fils en provoquant un investissement normal qui tienne compte de la spécificité des sexes. Mais en même temps, ce mythe révèle la catastrophe que provoque la conduite d'une mère trop aimante et toute entière à son fils attachée. Dans le contexte particulier d'une religion fondée sur la puissance génératrice de la

---

[31] Le premier qui l'ait étudié de manière approfondie est E. Weigert-Vowinckel, *The Cult and Mythology of the Magna Mater from the Standpoint of Psychoanalysis*, dans *Psychiatry*, I (1938), p. 348 et s. J. Leuba a précisé l'analyse de ce complexe fondamental dans: *Mère phallique et mère castratrice*, dans *Revue française de Psychanalyse*, 12 (1968), p. 287-96.

[32] Si l'on admet la toute récente exégèse de Francis Pasche, lors du XXXVe Congrès des Psychanalystes de langue romane, *Le complexe d'Agdistis*, dans *Revue française de Psychanalyse*, 39 (sept.-déc. 1975), p. 990-991.

[33] Ainsi que l'expliqueront les Gnostiques Naasènes en particulier, *Philosophoumèna*, V, 7.

Mère, ce mythe exprime, peut-être avec une certaine maladresse grossière jugeront certains, mais exprime tout de même clairement une sagesse libératrice de fantasmes, puisqu'il invite chacun à se définir dans son être propre comme dans ses relations avec autrui [34].

---

[34] On relira avec profit les réflexions d'A. Green, *De la bisexualité au gynocentrisme*, in B. Bettelheim, *Les Blessures symboliques*, p. 213-234.

LE DIEU SOI-DISANT ANONYME À PALMYRE

ROBERT DU MESNIL DU BUISSON
(Paris)

C'est avec un très grand plaisir que je saisis l'occasion qui m'est offerte de rendre un juste hommage à l'œuvre magnifique du Professeur Vermaseren, puisque j'ai personnellement profité de l'impulsion qu'il a donnée et qu'il donne sans cesse à la recherche concernant les religions orientales. Ayant collaboré aux travaux sur le Mithraïsme en Orient, j'ai eu l'honneur de rendre compte trois fois [1] des publications de M. Vermaseren sur ce sujet, et en 1960 de présenter au public savant, son livre *Mithra, ce dieu mystérieux*. Depuis, il a été associé à mes fouilles à Palmyre, découverte d'une installation amorite de la fin du IIIᵉ millénaire avant J.-C., sous le temple de Bêl, d'inscriptions nouvelles et d'un temple de Bêl Ḥammon, sur la colline du Mountar [2], et j'ai publié dans sa Collection deux volumes de recherches sur les religions orientales [3]. J'espère en éditer un troisième. Tout mon désir est de continuer à travailler en liaison avec un savant de cette qualité.

Qu'il veuille donc bien accepter le modeste hommage que je lui offre ici.

Le site de Palmyre a livré de nombreux autels considérés jusqu'ici comme dédiés à un dieu innommé. Ils s'échelonnent entre 103 et 268 après J.-C. et leur nombre dépasse aujourd'hui largement deux cents. Les dédicaces qu'on y lit sont de deux types. Dans les unes, la formule dédicatoire proprement dite est précédée d'un en-tête ou d'une apostrophe qui ne fait que mentionner le dieu, sans du reste paraître le nommer, et qui est sans relation grammaticale avec la phrase qui suit. Dans les autres, la préposition L-, «pour», «à», suivi de la même désignation métaphorique du dieu, indique clairement la destination de la dédicace.

---

[1] *BiOr*, 9 (1952), p. 72-74; 14 (1957), p. 251-253; 20 (1963), p. 331-333.

[2] *CRAI*, (1966), p. 158-190.

[3] *Études sur les dieux phéniciens hérités par l'Empire Romain* (= EPRO 14; Leiden, 1970) et *Nouvelles études sur les dieux et les mythes de Canaan* (= EPRO 33; Leiden, 1973).

Voici deux exemples de la première formule:

1) BRYK ŠMH LʿLM' / ṬBʾ WRḤMNʾ ʿBD .... [4],
«Béni (est) son nom pour l'éternité, le Bon, le Miséricordieux!
A fait (cet autel un tel) ...»

La formule du début peut se réduire à BRYK ŠMH LʿLMʾ [5],
«Béni (est) son nom pour l'éternité».

2) BRYK ŠMH DY / RḤMNʾ WṬBʾ WTYRʾ ʿBD .... [6],
«Béni (est) son nom parce que [7] (il est) le Miséricordieux, et le
Bon, et le Compatissant! A fait (un tel) ...»

L'abbé Chabot traduit TYRʾ, «le Propice». Le dieu est parfois
qualifié en outre de SKRʾ, «le Rémunérateur» [8].

Voici quelques exemples de la seconde formule:

1) LBRYK ŠMH LʿLMʾ / ʿBD .... [9],
«Pour Béni (est) son nom pour l'éternité, a fait ....»

2) LBRYK ŠMH LʿLMʾ / RḤMNʾ ṬBʾ WTYRʾ ʿLT DNH
ʿBD .... [10],
«Pour Béni (est) son nom pour l'éternité, le Miséricordieux, le
Bon et le Compatissant, cet autel a fait ....»

3) ʿBDT MDYNTʾ LBRYK ŠMH LʿLMʾ ...... [11],
«Fait par la Ville pour Béni (est) son nom pour l'éternité ....»

Ces formules ne sont jamais traduites en grec. Les dédicaces à
ce dieu dans cette langue portent seulement: Διὶ ὑψίστῳ καὶ ἐπηκόῳ
«À Zeus très haut et qui exauce», ce qui confirme que ce dieu

---

[4] C. Dunant, *Le sanctuaire de Baalshamîn à Palmyre*, III, *Les inscriptions*,
p. 40, inscr. 27; J.-B. Chabot, *Choix d'inscr. de Palmyre*, pl. XXIV, 10;
J. Teixidor, *Inv. des inscr. de Palmyre*, XI, p. 20, inscr. 16.

[5] Teixidor, *op. cit.*, p. 9, inscr. 1.

[6] Chabot, *op. cit.*, pl. XXIV, 9.

[7] DY avec le sens de «parce que», cf. J. Cantineau, *Grammaire du palmyrénien épigraphique*, p. 140; Teixidor, *op. cit.*, p. 9.

[8] Chabot, *op. cit.*, p. 76.

[9] Teixidor, *op. cit.*, p. 10, inscr. 2 et 5-7.

[10] *Op. cit.*, p. 22, inscr. 20.

[11] Chabot, *op. cit.*, p. 78.

s'identifie à Baʿal Shamîm ou plutôt qu'il en est une variante à personnalité propre.

J'ai traduit aussi littéralement que possible. Comme on le voit, la première formule forme une petite phrase sans aucune difficulté grammaticale: BRYK est un participe passif masculin singulier du verbe BRK, «bénir», prédicat suivi du sujet, ŠMH, «son nom», et d'un complément circonstanciel de temps introduit par la préposition L-.

Le sens des deux premiers mots présente cependant une ambiguité. On peut comprendre: «le nom du dieu qu'on invoque est béni par ses fidèles à jamais parce qu'il est le dieu bon, compatissant, etc.». Le texte dit bien «pour l'éternité»; le mot 'LM' exprime l'incommensurable dans le temps et dans l'espace, mais les Palmyréniens avaient l'habitude de l'employer pour désigner seulement un avenir indéfini, spécialement dans l'expression BT 'LM', «maison d'éternité», désignant le tombeau. On peut donc traduire «à jamais», «pour toujours». C'est la façon traditionnelle de comprendre cette formule initiale. Les archéologues ont bien remarqué ici une sorte de contradiction: on dit que le nom du dieu est béni et en même temps on cache son nom. Ils ont vu là une manifestation d'une philosophie transcendante inspirée par le monothéïsme juif.

Il y a cependant une autre manière possible de comprendre: BRYK, Βαρυκ, «Béni», est le nom de ce dieu, «son nom», ŠMH, et il lui a été donné pour toujours parce qu'il est par excellence le dieu bon et compatissant. Cette interprétation comme la précédente ne force ni le vocabulaire, ni la grammaire.

C'est la seconde formule introduite par la préposition L-, «pour», «à», «destiné à», qui permettra de faire un choix. Avec la première interprétation, il faut de toute nécessité traduire: «Pour son nom est béni à jamais, le Bon, etc.», ce qui ne présente aucun sens. On pallie en ajoutant «Celui dont» après la préposition initiale, «Pour (celui dont) le nom . . . », mais le palmyrénien ne donne pas cette indication, et il faudrait pour justifier cette traduction invoquer des cas semblables.

Si l'on traduit au contraire: «Dédié à Béni ou à Baruk, (c'est) son nom pour toujours (parce qu'il est le dieu) bon, etc.», on obtient un sens satisfaisant. Cette traduction a en outre l'avantage de faire disparaître une anomalie sans exemple dans les religions sémitiques: «le dieu innommé» ou «dieu anonyme». En désignant ce dieu par un qualificatif, les Palmyréniens n'ont fait que se conformer à un usage général dans le milieu nord-sémitique et arabe. On y donne au dieu un surnom qui cache son nom véritable et qui lui confère une personnalité nouvelle. Le Créateur du monde, le Maître de l'univers ne porte lui même qu'un surnom: Él, 'L, qui ne veut rien dire d'autre que «le dieu (par excellence)», «Dieu»; puis on le nomme «le Très-Haut», ʿLYWN, «le Maître des cieux», BʿL ŠMYM. Sous chacun de ses noms, il prend une personnalité propre, au point qu'on pourra invoquer ensemble 'Él et ʿÉlyoun [12]. Baʿal Shamîm et Él recevront quantité de ces surnoms qui en feront des dieux distincts bien qu'il s'agisse toujours du même dieu. Dans Philon de Byblos, il est nommé Zeus Dêmarous, «le Zeus du secours du peuple», comme père de Melqart [13]. Il reçoit les noms de Samimroumos, «les Cieux-élevés», Hypsouranios, «le Haut-céleste», et Zeus Meilichios, «le Zeus doux», en qualité de constructeur de Tyr; de Ṣydyq, «Juste» (plus particulièrement appliqué à Él), comme père des Cabires phéniciens. A Soura sur l'Euphrate, Baʿal Shamîm était nommé Δικαίος (Δεικέος) qui traduit exactement Ṣydyq (Συδυκος). A Palmyre, Baʿal Shamîm apparaît sous sa forme originelle provenant sans doute de Sîâ, avec son nom de «Maître des cieux»; sous une autre forme le nom nabatéen de Ḏu-Raḥlun, «Celui de Raḥlé» [14], le désigne comme originaire de cette ville. Mais il porte aussi avec une personnalité propre le nom arabe de Raḥim, «le Miséricordieux»; il est appelé en outre le «Gad ou protecteur de Yedyabêl», apparemment le nom d'une tribu, et il reçoit enfin la désignation qui nous occupe, «Béni».

Si donc les Palmyréniens ont donné dans ce cas à Baʿal Shamîm un surnom et une personnalité nouvelle, ils n'ont fait que se conformer à l'usage. Un seul trait est exceptionel: ils nous apprennent que le surnom flatteur de dieu béni lui a été donné «pour toujours», mais on nous dit pourquoi: il est par excellence le dieu bon, compatissant, miséricordieux, rémunérateur. Sans doute d'autres

---

[12] *Nouvelles études*, p. 41, n. 1.
[13] *Mélanges K. Michalowski* (1966), p. 553-559; *BiOr*, 30 (1973), p. 262.
[14] *BiOr, loc. cit.*

divinités reçoivent-elles parfois ces titres, mais il faut croire que celui-ci les méritait plus que tout autre.

Il n'est du reste pas très difficile de découvrir où les Palmyré-niens ont pris l'idée qu'un surnom flatteur cachant le nom véritable d'un dieu puisse devenir «son nom pour toujours». On trouve en effet dans l'*Exode*, III, 14-15, un parallèle exact. Le dieu d'Israël se donne à lui-même le surnom de Yahwé, «l'Être par excellence», «je suis celui qui suis» [15], et il déclare que ce sera «son nom à jamais», «pour l'éternité», זֶה־שְּׁמִי לְעֹלָם ... יְהֹוָה, «Yahwé ... c'est mon nom pour l'éternité» correspond exactement au palmyrénien BRYK ŠMH L'LM', «Béni est son nom pour l'éternité».

On objectera peut-être que ce surnom divin a laissé peu de traces dans l'onomastique, mais ce n'est pas étonnant puisqu'il a été en usage seulement à une époque tardive et pendant une période assez courte, du Ier au IIIe siècles de notre ère. Il se pourrait cependant que le nom palmyrénien de BRYKY, Βαρειχεις, Βαριχαιος, Βου-ριχιος, signifie «(Celui) de Béni». On trouve aussi le nom de Εβιδβο-ρουχος, «Serviteur de Borouk» ou «Baruk», peut-être «de Béni», 'BD-BRYK [16].

Ma conclusion est donc que le Ba'al Shamîm de Palmyre à forme particulière surnommé Béni ou Baruk n'est pas un dieu anonyme puisqu'on nous dit que c'est là «son nom». Dans ces conditions il faut lui ôter l'auréole de mystère qui l'entoure. Il conserve son individualité bien marquée; il avait près de la Source 'Efqa à Palmyre, un temple particulier [17], différent du grand temple de Ba'al Shamîm situé dans la ville.

---

[15] R. de Vaux, *Histoire ancienne d'Israel des origines à l'installation en Canaan* (1971), p. 329-330.

[16] Wuthnow, *Die semit. Menschennamen*, p. 132.

[17] *CRAI*, (1966), p. 162-165.

UN MONUMENT ÉNIGMATIQUE «DUSARI SACRUM» À POUZZOLES

PAUL G. P. MEYBOOM
(Amsterdam)

Planches CLVII-CLXII

Nous savons très peu de choses de Dusarès, dieu des Nabatéens [1]. En Italie, la plupart des traces de ce dieu ont été retrouvées dans le port de Pouzzoles [2]. Ce n'est qu'en 1965 que des pêcheurs ont pris dans leurs filets un monument étrange avec l'inscription: DUSARI SACRUM (pl. CLVII, 1) [3]. Le monument se trouve actuellement près de l'amphithéâtre de la ville, à droite non loin de l'entrée des fouilles.

Il s'agit d'une base de marbre blanc de Carrare avec des veines bleuâtres; ht.: 0,61 m; lg.: 1,50 m; ép.: 0,38 m. Sur la face antérieure de la base est inscrit: DUSARI SACRUM, sur la face postérieure: SACRUM. La base est bordée sur les trois faces par des corniches constituées chacune d'une cyme entre deux listels. La face postérieure est lisse. Sur la surface, à 0,05 m environ du bord postérieur, sont alignées sept entailles de 0,155 m de long, 0,075 m de large et 0,045 m de profondeur. Elles sont espacées l'une de l'autre de 0,055 m environ, excepté les deux premières à gauche qui sont à 0,07 m l'une de l'autre et, de toute évidence leur destination était de recevoir des stèles ou tablettes rectangulaires dont la partie supérieure est taillée en demi cercle. Quatre de ces stèles ont été retrouvées avec la base. Elles sont en pierre calcaire grisâtre de 0,28 m de haut, 0,15 m de large, et 0,07 m d'épaisseur. Puisque les autres monuments dédiés à Dusarès qui ont été trouvés à Pouzzoles

---

[1] Pour la bibliographie sur Dusarès, voir V. Tran tam Tinh, *Le culte des divinités orientales en Campanie* (= EPRO 27; Leiden, 1972), p. 127, n. 1. M. A. C. Klugkist prepare une monographie sur le sujet qui va paraitre dans les EPRO.

[2] Voir Tran tam Tinh, *loc. cit.* et p. 128 sv.

[3] Voir A. de Franciscis, *Underwater Discoveries around the bay of Naples*, dans *Archeology*, 20 (1962), p. 212 sv.; Tran tam Tinh, p. 144, no. S. 3.

datent d'une période allant de la fin du Ier siècle av. J.-C. à la I^e moitié du Ier siècle ap. J.-C., il est vraisemblable que notre base appartient à cette même époque.

On a essayé d'expliquer ce monument de différentes manières. A. de Franciscis a supposé que les stèles portaient des inscriptions peintes, indiquant des noms de donateurs ou la nature de leurs offrandes [4]. Selon A. M. Bisi, elles seraient plutôt des bétyles, images aniconiques de Dusarès et des autres divinités nabatéennes, érigées sur ces bases qui seraient des *trapezai* de sacrifice [5]. Mais Tran tam Tinh a remarqué à juste titre que la forme rectangulaire, plate, de ces stèles ne ressemble point à celle des bétyles primitifs; tandis que le nombre des stèles révélerait un panthéon nabatéen assez considérable, dont rien ne nous est connu cependant [6]. Et c'est pourquoi Tran tam Tinh a proposé une autre solution, se fondant sur un passage d'Hérodote concernant les Arabes: quand deux hommes veulent s'engager dans une affaire, un troisième debout entre les deux, oint de leur sang sept pierres posées entre eux en invoquant Dionysos, c'est à dire Dusarès, et Ourania [7]. Notre base avec les sept stèles serait la table où les marchands signaient des contrats en invoquant Dusarès.

On pourrait cependant se demander pourquoi ces stèles devaient être détachables. Selon les trois explications énumérées, le monument qui fait l'objet de notre étude reste un document unique dans son genre. En outre, au même endroit, deux autres bases semblables ont été récupérées dans le passé, mais elles ne possèdent que trois entailles et leur fonction reste inexpliquée jusqu'à ce jour (pl. CLVII, 2) [8]. Voilà pourquoi nous voudrions essayer d'expliquer de nouveau l'objet en question, en hommage au rédacteur en chef de l'EPRO.

Notre monument, qui a l'aspect d'une base simple, a sept entailles

---

[4] Voir de Franciscis, p. 212.

[5] A. M. Bisi, *Su una base con dedica a Dusares nell'Antiquario di Pozzuoli*, dans *Annali dell'Istituto universitario orientale di Napoli* (1972), voir Tran tam Tinh, p. 128.

[6] Cf. Tran tam Tinh, p. 129.

[7] Voir Tran tam Tinh, p. 129, n. 3; Hérodote, III, 8. Pour l'identification de Dusarès avec Dionysos, cf. *PWRE* V, 2 (1905), s.v. *Dusarès*.

[8] Voir Tran tam Tinh, p. 145 sv., nos. S. 4 et S. 5. Maintenant au *Museo Nazionale* de Naples, nos. inv. 3249 et 3250.

faites pour recevoir autant de stèles, dont quatre exemplaires ont été conservés. Il est impossible, nous semble-t-il, d'attribuer à notre monument une autre fonction.

Or, il existe très peu d'objets ayant comme caractéristique une série de cavités destinées à recevoir quelque chose. Le seul document qui présente la même caractéristique, même s'il s'agit ici d'une pièce plus simple, est un objet en terre cuite trouvé à Eschenz en Suisse (pl. CLVIII, 1) [9]. Ce n'est pas sans raison que H. Urner-Anholtz a supposé que cet objet doit être un parapegme, c'est à dire un calendrier à chevilles, d'une forme très simple [10], notamment d'une genre que A. Rehm a definié comme impropre [11]. En mettant des chevilles, *bullae*, dans les trous on indiquait les jours de la semaine [12], comme le montre un fragment d'un relief de Pouzzoles sur lequel sont gravés les noms des jours de la semaine, au dessus des noms des nundines, chacun accompagné d'un petit trou où l'on pouvait mettre une cheville (pl. CLVIII, 2) [13].

On rencontre aussi sur ce genre de parapegmes à sept cavités les bustes des dieux qui président aux sept jours de la semaine, c'est à dire: Saturne au samedi, Sol au dimanche, Luna au lundi, Mars au mardi, Mercure au mercredi, Jupiter au jeudi, et Venus au vendredi [14]. Des fragments d'une frise de marbre à Ostie montrent les

---

[9] Maintenant au *Heimatmuseum* à Steckborn, Thürgau, Suisse. Voir H. Urner-Astholz, *Die römerzeitliche Keramik von Eschenz-Tasgetium*, dans *Thurgauer Beiträge*, 78 (1942), p. 90 sv.

[10] H. Urner-Astholz, *Der Wochensteckkalender von Eschenz-Tasgetium und die Verehrung der Wochengötter*, dans *Jahrbuch der schweizerische Gesellschaft für Urgeschichte*, 48 (1960-61), p. 44 sv.

[11] A. Rehm, *Parapegma* dans *PWRE* XVIII, 2 (1949), p. 1295 sv., spec. 1361 et 1365.

[12] Cf. Rehm, p. 1363; Pétrone, *Satyricon*, 30, 3-4.

[13] Naples, *Museo Nazionale*. Voir *NSc* (1891), p. 238; *CIL* I², 218; Rehm, p. 1363, no. 4. Pour un parapegme pareil voir *CIL* X, no. 1605; Rehm, no. 3. D'après Rehm, *loc. cit.* les points entre les mots seraient des trous. Pourtant ces points ne se trouvent pas sous les noms des jours mais entre les noms comme d'habitude dans des inscriptions. En conséquence une interprétation comme points normales nous semblerait plus vraisemblable. Or il ne s'agit peut-être pas d'un vrai parapegme. Seulement une examen de l'objet sur place confirmerait ou non l'une ou l'autre hypothèse.

[14] Pour les planètes comme présidents des jours de la semaine, voir F. Boll, *Hebdomas*, dans *PWRE* VII, spec. 2556 sv., et W. et H. Gundel, *Planeten*, dans *PWRE* XX, 2, spec. 2115 sv. et 2143 sv.

bustes incisés des dieux des planètes avec des trous correspondants (pl. CLVIII, 3) [15], comme le montrent aussi des fragments de reliefs en pierre calcaire ou commune à Épinal (pl. CLIX, 1) [16] et à Arlon (pl. CLIX, 2) [17], et un fragment d'un relief plus petit en terre cuite à Trêves (pl. CLX, 1) [18].

Des parapegmes plus complèts montrent à coté des jours de la semaine les douze signes du zodiaque ou des douze mois, et trente trous pour indiquer les jours du mois, comme par exemple des fragments d'un relief en terre cuite de Rottweil (pl. CLX, 2) [19] et

[15] Au Musée d'Ostie, no. inv. 625. Voir R. Calza, M. F. Squarciapino, *Museo Ostiense* (1962), p. 24, no. 24; G. Becatti, *I Mitrei, Scavi di Ostia*, II (Roma, 1954), p. 116-117. Mesures resp. ht.: 0,20 m; ép.: 0,06 m; lg.: 0,50 m; mesures originales ht.: 0,23 m et lg. 2,00 m environ. Les deux fragments montrent respectivement les bustes de Sol, de Luna et de Mars, et de Jupiter et de Venus. D'après des ouvertures faites dans le bas de la pièce il semble que la frise a été supportée par un genre de grille en fer. Becatti *loc. cit.* a émis l'hypothèse que la frise proviendrait du soi-disant *Sabazeo*, apparemment parce que les dieux des planètes se trouvent aussi ailleurs dans des Mithrées, cf. Becatti, pp. 50, 97 sv. et 108 sv. En plus il a supposé que les trous avaient été fait à l'occasion d'un réemploi de l'objet en une poutre avec des crochets en fer pour y pendre des marchandises, comme une poutre que l'on a trouvée à *thermopolium* d'Ostie. Les dieux des planètes cependant ont été rangés ici suivant l'ordre des jours de la semaine tandis que l'ordre des dieux des planètes dans des Mithrées est habituellement différent; cf. Cumont, *MMM* I, p. 114. Au reste la combinaison des dieux des planètes avec des trous est significative pour des parapegmes, cf. les exemples mentionnés ci dessus n. 16 et 17.

[16] Au Musée Luxembourgeois d'Épinal. Calcaire commun. Mesures: ht.: 0,16 m; ép.: 0,6 m; lg. actuelle: 0,27 m; lg. originale: 0,50 m environ. Conservés sont les bustes de Mars jusqu'à Venus. Voir E. Espérandieu, *Recueil général des bas-reliefs, statues et bustes de la Gaule Romaine*, VI (1915), no. 4857.

[17] Au Musée Départemental des Vosges, d'Arlon. Pierre commune. Mesures: ht.: 0,20 m; ép.: 0,12 m; lg. actuelle: 0,19 m; lg. originale: 0,70 m environ. Conservés sont les bustes de Saturne et de Sol. Voir Espérandieu, *Gaule Romaine*, V (1913), no. 4016.

[18] Trêves, *Rheinisches Landesmuseum*, S.T. 12014. Mesures: lg.: 0,14 m. Conservés sont les bustes de Saturne jusqu'a Mercure. Voir R. Schindler, *Führer durch das Landesmuseum Trier* (1977), p. 41; S. Loeschke dans *Trierer Zeitschrift*, VI (1931), p. 171 sv.; J. Dölger, *Die Planetenwoche der griechisch-römischen Antike und der christlichen Sonntag*, dans *Antike und Christentum*, VI (1941), pp. 202, 205 sv.; Rehm no. 14.

[19] Stuttgart, *Württembergisches Landesmuseum*. Mesures du fragment reproduit dans notre fig. 9: ht. et lg.: 0,12 m. Voir P. Goessler, *Ein gallo-römischer Steckkalender aus Rottweil*, dans *Germania*, XII (1928), 1 sv., fig. 1-2; Rehm, no. 7.

786 PAUL G. P. MEYBOOM

des graffitti de Rome [20] et de Dura [21], et un parapegme incisé dans un plaque de marbre à Naples [22]. Parfois on peut trouver sur de pareils parapegmes en plus les dieux des jours de la semaine, et les signes des mois et les trente jours, bien d'autres représentations. Par exemple à Trêves on voit sur un moule à parapegmes en terre cuite, à côté des dieux de la semaine et des trente jours, les bustes des quatre saisons (pl. CLXI, 2) [23]. Les parapegmes de ce genre se sont sans doute inspirés de calendriers plus grands comme l'exemplaire du *triclinium* de Trimalchion, dont Pétrone nous donne la description [24]. Un fragment de peinture de Naples, avec les bustes des dieux des sept planètes, et d'autres fragments, probablement de la même peinture, avec les bustes des personnifications des douze mois et des quatre saisons pourraient être la reproduction picturale d'un tel calendrier sans qu'il soit question dans ce cas d'un vrai parapegme (pl. CLXII) [25].

---

[20] Trouvé dans une maison dans les thermes de Trajan transformé plus tard en l'oratoire de Sainte Félicité. Maintenant disparu. Voir S. Piale dans G. A. Guattani, *Memorie enciclopediche di antichità e belle arti per l'anno 1816* (1817), p. 160 sv.; gravure après dessin representé *op. cit.*, pl. XXI, après lequel H. Stern, *Le calendrier de 354* (1953), pl. XXXII, fig. 5. La gravure publiée en A. de Romanis, *Le antiche camere esquiline* (1822), p. 12, reproduit par S. Eriksson, *Wochentagsgötter, Mond und Tierkreis* (1956), p. 18, fig. 1 à droite, n'est qu'une copie diminuée; cf. Stern, p. 177, n. 3. Une copie en terre cuite faite par un certain Ruspi, de la collection M. v. Wagner (voir notre pl. CLXI, 1), se trouve maintenant au Martin von Wagner-Museum der Universität Würzburg. Mesures: ht.: 0,252 m; lg. 0,297 m. Les bustes de Saturne et de Jupiter sont des restaurations par Ruspi; cf. Stern, p. 177, n. 3; Rehm, no. 6. Voir pour de plus amples informations Eriksson, *op. cit.*, p. 17 sv.

[21] Voir W. F. Snyder, *Quinto nundinas Pompeis*, dans *JRS*, XXVI (1936), p. 12 sv., fig. 2, pl. V; *The Excavations at Dura-Europos. Preliminary Report of the Sixth Season of Work, 1932-1933* (1936), p. 40 sv., no. 622, fig. 2; Rehm, no. 8.

[22] Naples, *Museo Nazionale*, num. inv. 6747. *CIL* I, 2, 218 = *CIL* VI, 4, 2, no. 32505; Rehm, no. 5.

[23] Trêves, *Rheinisches Landesmuseum*. Voir Dölger, p. 202 sv.; Rehm, no. 15; L. A. Campbell, *Mithraic Iconography and Ideology* (= EPRO 11; Leiden, 1968), p. 92.

[24] Pétrone, *Satyricon*, 30, 3-4; Rehm, no. 4. Voir plus récemment Eriksson, *op. cit.*, p. 40 sv.

[25] Naples, *Museo Nazionale*, num. inv. 9519. Voir W. Helbig, *Wandgemälde der vom Vesuv verschütteten Städte Campaniens* (1868), p. 200, no. 1005; S. Reinach, *Répertoire de Peintures Grecques et Romaines* (1922),

Alors, le monument de Pouzzoles ne montre de ressemblances qu'avec le type le plus simple de ces parapegmes, c'est à dire avec un calendrier indiquant seulement les jours de la semaine. On peut donc supposer à juste titre que notre monument ait servi de parapegme de cette sorte. On rencontre les dieux des sept planètes en général comme *cosmocratores* en compagnie des dieux venus de l'Orient hellenisé, comme Sérapis [26] et Jupiter Héliopolitain [27] et dans des cas pareils ils peuvent aussi prendre l'ordre spéciale des jours de la semaine, comme par exemple en compagnie de Mithra [28], Tychè ou Fortuna [29], et aussi de Victoria (pl. CLXI, 2) [30]. Par

---

p. 334, nos. 11, 12, 13, 14, 17, 18, 21, après H. Roux, L. Barré, *Herculaneum et Pompéi* (1839-41) VI, pp. 58-60. La distribution des bustes chez Reinach et Roux-Barré n'est pas conforme la réalité. En réalité les bustes des dieux des jours de la semaine forment une frise; cf. notre pl. CLXII, 1-2, cf. aussi les notes 29, 32 et 33.

[26] Voir W. Hornborstel, *Sarapis* (= EPRO 32; Leiden, 1973), p. 147, n. 1.299, pl. XLIV, fig. 78-79.

[27] Voir R. Dussaud, *Jupiter Héliopolitain*, dans *Syria*, I (1920), p. 3 sv., pl. I, et p. 7, fig. 1; F. Cumont, *Le Jupiter Héliopolitain et les divinités des planètes*, dans *Syria*, II (1921), p. 40 sv.

[28] Relief en bronze de Brigetio en Pannonie, maintenant au *Magyar Nemzeti Múzeum* à Budapest. Voir Vermaseren, *CIMRM* II, p. 225, no. 1727, fig. 448.

[29] Cippe octogonal en pierre de Fiki, Antiliban. Voir P. Ronzevalle, *Jupiter Héliopolitain, nova et vetera*, dans *MUSJ*, XXI (1938), p. 87 sv., pl. XXVI, 3, XXVII, XXVIII; Stern, *op. cit.*, p. 172 sv., pl. XXXII, fig. 3, d'après M. Dussaud, *Temples et cultes de la triade héliopolitaine à Baalbek*, dans *Syria*, XXXIII (1942-43), p. 45 sv. Bloc octogonal en pierre calcaire de Heddernheim au Musée de Wiesbaden. Voir E. Espérandieu, *Recueil général des bas-reliefs, statues et bustes de Germanie Romaine* (1931), no. 96. Statuette de Tychè en argent doré soutenant sur ses ailes le croissant de la lune avec les bustes des dieux des jours de la semaine. Voir H. B. Walters, *Catalogue of the silver plate in the British Museum* (1921), pl. V, no. 33; E. Maass, *Die Tagesgötter in Rom und den Provinzen* (1902), p. 242, fig. 28. Il ne s'agit pas ici d'un parapegme; cf. Rehm, p. 1366. Bracelet en or; voir J. de Witte, *Les divinités des sept jours de la semaine*, dans *Gazette archéologique*, III (1877), p. 50 sv., pl. 8, 5; Maass, pp. 240-241, fig. 27. Lampe en terre cuite; voir de Witte, dans *Gazette Archéologique*, V (1879), p. 5. Cf. aussi la figure avec une corne d'abondance et une patère sur le peinture de Pompéi; voir note 25; Helbig, *op. cit.*, no. 1010: le mois d'Auguste; Reinach, p. 334, fig. 22: Abondantia.

[30] Le moule de parapegme à Trêves. Cf. note 18. Campbell, *op. cit.*, p. 92, a émis l'hypothèse qu'il s'agit ici de Nemèse. Une femme ailée écrivant sur un écu représente habituellement une Victoire; cf. *EAA* V, s.v. *Nike*, p. 467 sv., fig. 605; Espérandieu, *Gaule Romaine*, nos. 3681, 4901 et 5127;

conséquent, il n'est pas étonnant qu'un parapegme soit dédié à Dusarès. On utilisait donc des stèles pour indiquer les jours de la semaine, cela veut dire qu'on ajoutait chaque jour la stèle correspondante jusqu'à ce que la semaine fût complète [31]. Aussi, ces stèles étaient-elles peut-être décorées de caractères ou de bustes peints représentant les dieux des jours de la semaine, quoique rien n'en soit conservé.

Bien que l'interprétation du monument de Pouzzoles comme calendrier de la semaine puisse paraître plus plausible que les autres interprétations puisqu'on peut signaler des analogies, les deux autres bases, chacune avec trois entailles, restent encore inexpliquées.

Un effort de résoudre ce problème s'impose. Nous avons vu que, sur des parapegmes plus compliqués, se trouvaient, à côté des sept jours de la semaine, les trente jours du mois et les signes des douze mois ou ceux du zodiaque. Or, nous ne savons pas si les deux bases représentent un ensemble complet ou non. C'est pourquoi nous devons examiner si le nombre de trois ne se retrouve pas d'une manière ou d'autre sur d'autres calendriers.

On pourrait penser aux trente jours du mois, mais alors il y aurait dû avoir dix de ces bases, ce qui est un assez grand nombre, tandis qu'une disposition de cinq bases à six entailles ou de six bases à cinq entailles paraît plus simple. Il est plus probable qu'elles ont été les bases pour les douze mois de l'année ou pour les douze signes du zodiaque, puisque les mois ou le zodiaque se rencontrent

---

Espérandieu, *Germanie Romaine*, no. 71. On peut trouver Victoria accompagnée des dieux des jours de la semaine non seulement au moule de Trêves mais aussi aux «colonnes au geants» voir Espérandieu, *Germanie Romaine*, no. 72; et Espérandieu, *Gaule Romaine*, V, p. 457 sv., no. 4425.

[31] Comme il résulte du fait que plus de stèles ont été conservées. Chez exemplaires avec beaucoup de trous on aura utilisé seulement une cheville pour chaque genre des jours on pouvait indiquer, c'est à dire une cheville pour indiquer le jour de la semaine, une autre pour indiquer le jour du mois, et encore une autre pour indiquer le mois ou le signe du zodiaque; cf. Eriksson, p. 29 sv. Dans le parapegme de Sainte Félicité une cheville d'os avait été conservée; cf. Stern, *op. cit.*, p. 177, n. 5.

Les chevilles du parapegme de Pouzzoles (pl. CLVIII, 2) ont été faites de bronze comme il résulte des traces d'oxyde de bronze, cf. *NSc* (1891), p. 238. Pour l'emploi de ces chevilles dans un sens astrologique, voir Pétrone, 30, 3-4; Rehm, p. 1363; Dölger, p. 205; Eriksson, p. 41 sv.

fréquemment à coté des jours de la semaine [32]. Pour indiquer les douze mois, quatre bases, chacune à trois entailles, auraient suffi, c'est à dire deux bases de plus que celles qui ont été trouvées. Et une telle disposition des douze mois en quatre groupes de trois, au lieu de deux groups de six par exemple, ne serait point fortuite, car il en résulte une division significative des douze mois selon les quatre saisons: printemps, été, automne, hiver. On avait déja constaté cette combinaison des saisons avec les jours de la semaine dans le cas du relief à Trêves (pl. CLXI, 2), et les quatre saisons se trouvent souvent ensemble avec les sept planètes et le zodiaque [33]. Si l'on accepte cette interprétation, il manque seulement les trente jours du mois pour faire un calendrier complet. Aussi est-il possible qu'ils aient été indiqués ailleurs d'une manière ou d'autre.

Comme la face postérieure est lisse nous serions portés à croire que les bases ont été placées contre un mur, si, dans les trois cas, il n'y avait pas eu sur cette face l'inscription: SACRUM. On doit donc avoir posé les bases à quelque distance d'un mur, peut-être entre les colonnes d'un portique [34]: au milieu la base avec les sept jours de la semaine, à gauche les bases avec les mois du printemps et de l'été, et à droite les bases avec les mois de l'automne et de l'hiver. Probablement les jours du mois étaient également indiqués quelque

---

[32] Quoique temporellement ceux-ci ne coincident pas exactement; cf. Rehm, p. 1364; Eriksson, p. 25, le graffite de Sainte Félicité (pl. CLXI, 1); et le calendrier des mois représentés en *EAA* VII, p. 1281, fig. 1412; dans des parapegmes simples les signes du zodiaque peuvent symboliser les mois, cf. l'exemplaire de Rottweil, Goessler, p. 4 sv., fig. 2. Sur des représentations des jours de la semaine qui ne sont pas des calendriers proprement dits ils se trouvent aussi souvent ensemble avec les signes du zodiaque; cf. la mosaïque de Bir-Chana au Musée de Bardo de Tunisie, voir: *Inventaire des mosaiques de la Gaule et de l'afrique*, II (1910), no. 447; Stern, p. 184, pl. XXXIV, 1. La peinture de Pompéi montrait peut-être aussi des personifications des douze mois; cf. Helbig, *op. cit.*, no. 1006; Reinach, p. 334, nos. 2, 3, 4, 10.

[33] Par example sur le relief à Budapest; cf. note 28. Et elles figurent aussi sur des représentations des jours de la semaine qui ne sont pas des calendriers proprement dits; cf. la mosaïque de Boscéaz près d'Orbe, Vaud; voir F. Staehlin, *Die Schweiz in römischer Zeit* (1948), p. 564 sv., fig. 173; M. Renard, *La mosaïque de Boscéaz*, dans *Mélanges Jérome Carcopino* (1966), p. 803 sv., fig. 1. Et pour les saisons sur la peinture de Pompéi: Helbig, *op. cit.*, 1007-1009; Reinach, p. 334, fig. 4, 3, 10.

[34] Cf. Tran tam Tinh, p. 128-129.

51

part [35]. Nous connaissons ce genre de grands calendriers de sources différentes. Les systèmes compliqués, comme ceux des calendriers de Trimalchion et de l'oratoire de Sainte Félicité révèlent que ces calendriers ont dû être copiés sur des modèles plus grands, qui se trouvaient dans des endroits publics [36].

Comme ces bases ont été trouvées au même endroit dans la mer ou l'on a trouvé tous les autres monuments qui se rattachent au culte de Dusarès à Pouzzoles, on est tenté de supposer que le temple de Dusarès se trouvait là avec notre calendrier [37]. Qu'un tel calendrier des jours de la semaine fût dedié à Dusarès n'est pas étonnant car les dieux des jours de la semaine et des planètes accompagnaient comme des *cosmocratores* souvent d'autres dieux [38]. Et dans ce contexte on pourrait interpréter aussi les sept pierres du passage cité d'Herodote comme des symboles des sept planètes [39]. Mais comme Dionysos nabatéen, c'est à dire comme dieu de la végétation qui préside aux saisons, Dusarès pourrait également avoir eu des connexions avec les quatre saisons [40].

---

[35] Ces trous peuvent être été rangés par exemple comme une frise comme sur le parapegme de Rottweil (pl. CLX, 2), ou distribués sur deux pilastres comme sur les exemplaires de Sainte Félicité (pl. CLXI, 1), de Dura (note 21), et de Trêves (pl. CLXI, 2), ou rangés dans une cercle comme sur l'exemplaire de Naples (note 22).

[36] Cf. les exemplaires à Milète et à Coligny, mentionnés par Rehm, pp. 1299, 1361. Dans ce context des grandes représentations astronomiques et astrologiques on peut penser aussi aux representations des planisphères comme à Stabies; voir O. Elia, *Pitture di Stabiae* (1957), p. 26 sv., pl. I; *EAA* VII, s.v. *Stabiae*, fig. 568; et à Solunto, voir M. de Vos, *Pitture e mosaico à Solunto*, dans *BABesch* L (1976), p. 195 sv., spec. p. 197 sv., fig. 11-12; cf. la mosaïque de Vienne représentant une planisphère entourée des dieux des planètes, voir *Inventaire des mosaïques de la Gaule*, I (1909), no. 203. Selon Th. Dombart dans *PWRE* s.v. *Septizonium*, p. 1582 sv., et par le même auteur, *Das Palatinische Septizonium zu Rom* (1922), p. 129 sv., le Septizonium de Sévère serait également un tel calendrier public. Dans une étude sur le Septizonium qui va paraître dans les EPRO nous espérons de démontrer qu'a toute vraisemblance ce n'était pas le cas.

[37] Tran tam Tinh, p. 130 sv.; cf. Pausanias VIII, 7, 3.

[38] Cf. les notes 26-29.

[39] Cf. note 7.

[40] Pour la relation de Dionysos avec les quatre saisons, voir G. M. A. Hanfmann, *The Season Sarcophagus in Dumbarton Oaks I* (1951), pp. 82, 109, 112 sv., pp. 137, 257 sv., et récemment F. L. Bastet, *Fabularum dispositas explicationes*, dans *BABesch*, XLIX (1974), p. 207 sv., spec. p. 228.

THE CULT OF ORIENTAL DIVINITIES IN CYPRUS

Archaic to Graeco-Roman Times *

INO MICHAELIDOU-NICOLAOU

(Nicosia)

Plates CLXIII-CLXVI

The dawn of the Archaic period found Cyprus under the Assyrians (c. 709-669 B.C.). Their political supremacy does not seem to have had any direct influence on the island's civilization,[1] which reached its peak during the following hundred years, when Cyprus enjoyed full independence. This independence was followed by the Egyptian domination [2] (c. 569-546/5 B.C.), but here the influences are undeniable, affecting every aspect of the Cypriot civilization of the time.[3] The contacts between Egypt and Cyprus were responsible in particular for the import into Cyprus of Egyptian cult objects and the introduction of Egyptian deities such as Bes, Ptah, Hathor, and others.

---

* *Abreviations*

Dikaios, *A Guide* = P. Dikaios, *A Guide to the Cyprus Museum*, 1963.

Hill, *HC* = G. F. Hill, *A History of Cyprus* I, 1940.

ICS = O. Masson, *Inscriptions Chypriotes Syllabiques*, Paris, 1961.

KBH = M. Ohnefalsch-Richter, *Kypros, die Bibel und Homer* I-II, Berlin 1893.

LBW = Ph. Le Bas - W. H. Waddington, *Voyage archéologique en Grèce et en Asie Mineure. Inscriptions grecques et latines recueillies en Grèce et en Asie Mineure* III, Paris 1870.

Masson, *Cultes* = O. Masson, *Cultes indigènes, cultes orientaux à Chypre*, in *Eléments orientaux dans la religion grecque ancienne*, 1960.

Masson-Sznycer, *Recherches* = O. Masson - M. Sznycer, *Recherches sur les Phéniciens à Chypre*, Genève-Paris 1972.

Nicolaou, *Topography* = K. Nicolaou, *A Historical Topography of Kition* (*SIMA* XLIII), Gothenburg 1976.

SCE = E. Gjerstadt et alii, *The Swedish Cyprus Expedition* I-III, Stockholm 1934-1937; IV, 2, 1948.

SIMA = *Studies in Mediterranean Archaeology*, ed. P. Åström.

Westholm, *The Temples* = A. Westholm, *The Temples of Soloi*.

See for other abreviations the *Liste des principales abréviations*.

[1] *SCE* IV, 2, pp. 451f.

[2] Diodorus I. 68, 6; Herodotus II, 182.

[3] *SCE* IV, 2, pp. 467ff.

The Egyptian god Bes,[4] known in Cyprus since the Late Bronze Age, is a figure frequently represented in Cypriot art of the Archaic and Classical period. The main characteristics of this god, the dwarf stature, the lion ears, the protruding tongue and the lion mask over the forehead are always emphasized. His representations, either in sculpture (Pl. CLXIII, 1) or in terracotta (Pl. CLXIII, 2), in glyptics or in faience pendants and amulets, have features similar to those of other apotropaic beings known to the Cypriot artist of the time.

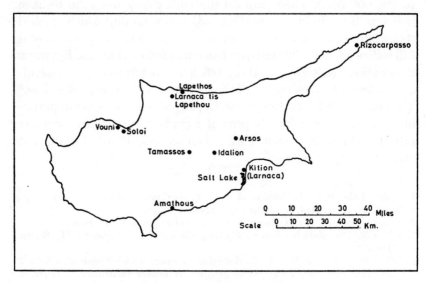

Map of the sites mentioned in the text.

Another Egyptian dwarf god, Ptah, is represented in Cypriot art, mainly in terracottas [5] and in faience amulets and pendants,[6] as a squat, pygmy human figure with hands folded over the chest.

[4] *Levant* VII, 1975, pp. 93-103. See also Dikaios, *A Guide*, p. 113 nos. 4-5; Fig. 1 below: Limassol Museum no. 120/1. See there no. 550/92 (paste pendant). For figure 2 below, see *Levant* II, p. 102f. no. 18.

[5] *Levant* VII, p. 94 and n. 159, Pls. XV A, XVI A; *KBH*, Pl. XCII, 3; *Chronique des Fouilles 1970*, in *BCH*, 95, p. 381 no. 87, certainly a Ptah not a "dea gravida". See also D. 116 in the Old Collection of the Cyprus Museum.

[6] *SCE* II, Pl. CCXLI, 2194 (Ayia Irini).

The head of the Egyptian goddess Hathor is found crowning some early Archaic capitals and votive stelae,[7] such as those in the temple of Astarte on the eastern acropolis of Idalion and at Golgoi,[8] or in the temple of Astarte on the acropolis of Kition.[9] These are Egyptianizing in style, in contrast with those from the acropolis of Amathous [10] which show Assyrian and Persian influence.[11]

Hathor's head adorns also a group of Cypro-Archaic II amphorae, from Amathous and Idalion,[12] as well as pendants (Pl. CLXIII, 3) or statues [13] and garments of statues [14] and other objects.[15]

The figure of other Egyptian deities such as Isis-Hathor,[16] (Pl. CLXIV, 1), Isis and Horus the Child,[17] Ptah-*Pataikos* or Ptah-as-Embryo,[18] the Nile god and the goddess Thoeris,[19] the Nefertum,[20] as well as Sakhmet and Thoth,[21] Shu [22] and Anubis [23] (Pl. CLXIV, 2) are found on faience pendants and amulets.

---

[7] *KBH*, pp. 186-194; *SCE* IV, 2, p. 467f.

[8] L. P. Cesnola, *Atlas* I, Pls. XVIII, 27, XXII, 51.

[9] *KBH*, Pl. CC, 1-3. See also A. Gaubet, *Héraclès ou Hathor orfèvrerie Chypriote*, in *La Revue du Louvre* (1973), p. 2, figs. 2-3.

[10] *KBH* Pl. CC, 4. Also a fragmentary one in Limassol Museum (L.M. 156/1) from Amathous and two of unknown provenance in the Cyprus Museum, inv. no. C. 223, B. 152.

[11] *KBH*, p. 188.

[12] Dikaios, *A Guide*, p. 67 no. 246 (Amathous); *BMC Vases* I, 2, C. 852-854; A. Gaubet, *op. cit.*, p. 5.

[13] *ARDAC* (1970), p. 19 no. 16, fig. 69. See also the goddess' statue in faience from Marion T. 50/16c in *SCE* II, p. 322 no. 16c, Pl. CLIX, 17.

[14] *KBH*, Pl. CXL, 5; L. P. Cesnola, *Atlas* I, Pl. XXII, 50 (Golgoi).

[15] See for instance, J. L. Myres, *Cesnola Handbook* (1914), p. 452, no. 4494. Also V. Karageorghis and others, *Excavations in the Necropolis of Salamis* III (1973), p. 112, fig. 28; *op. cit.*, Pls. LXXXIX, 155 + 162, CCLXXII, 152.

[16] Pl. CLXIV, 1 above CS 1641/14: *BCH* 92, 1968, p. 282 fig. 46.

[17] L. P. Cesnola, *Atlas* III, Pl. LXV, 2 (bronze statuette); limestone statuette of the early Classical period from Vouni, *SCE* III, p. 267, Pl. LXIV, 62.

[18] *SCE* II, p. 59, T. 9/66 (Amathous), Pl. CLIX, 23.

[19] *Op. cit.*, p. 322, T. 50/16d (Marion), Pl. CLIX, 19.

[20] *Op. cit.*, p. 322, T. 50/16e (Marion), Pl. CLIX, 14.

[21] *Op. cit.*, p. 57, T. 9/4, 11 resp. (Amathous), Pl. XIV, 4, 11.

[22] Cesnola, *Atlas* III, Pl. V, 4. For finds representing the above deities see also *Kition* II (1976), pp. 138-164 *passim*.

[23] Cf. *BCH*, 97 (1973), p. 664, fig. 97 (Soloi). Pl. CLXIV, 2 above from Larnaca "Mnemata".

The Egyptian solar deity Baàl-Hamman, with a ram's head or a human head with ram's horns (Pl. CLXIV, 3) is also found in Cypriot art [24] of the Archaic and Classical period. Often the Cypriot artist gives him the characteristics of Zeus, who then becomes Zeus Ammon.[25]

The fact that Egyptian demons and deities are found in Cyprus does not mean that these were generally worshipped by the Cypriots of the Archaic and Classical period. The demons appear in Cypriot art simply because of their apotropaic functions, their identity being as a rule confused with other apotropaic beings such as gorgons, satyrs, sphinxes etc.

The deities which are most often represented in the faience amulets and pendants of this period were used as charms and seem to have been imported from Egypt as ready-made goods, probably by Phoenician traders who settled in Cyprus in increasing numbers by the middle of the Archaic I period, as suggested by the evidence of pottery.[26] We cannot, however, exclude the possibility that all these objects may have been manufactured locally. So far as the Hathor capitals in Cyprus are concerned, they occur mainly in temples of Phoenician deities and most of them are Cypro-Phoenician imitations of Egyptian prototypes. This type survives also in the Cypro-Classical period in the Hathor-type capitals of the Palace of Vouni.[27]

The Egyptian domination in Cyprus was succeeded by that of the Persians (545-323 B.C.), whose influence on Cypriot art seems not to have amounted to much.[28] When in 499 B.C. the Ionian revolt broke out, the Persians, in reaction to the anti-Persian feelings of the Cypriot city-kingdoms (except Amathous), formed a coalition with the Phoenicians who had already settled at Kition.

---

[24] For Pl. CLXIV, 3 above see V. Karageorghis, *Cyprus* (Archaeologia Mundi, 1969), Pl. 103. See also *BMC Sculpture* I, p. 89f. and nos. C 222-223; *SCE* III, p. 251.

[25] See for instance *BMC Sculpture* I, p. 90 no. C. 224; *KBH*, p. 194f. fig. 169; *BCH*, 93 (1969), p. 458 fig. 38; see also Cyprus Museum: inv. nos. 1947/III-26/1, 1948/I-8/2, 1962/XI-8/1 and 1963/V-13/1.

[26] *SCE* IV, 2, p. 462.

[27] *SCE* III, p. 238 no. 290, Pl. LVII, 290.

[28] See for instance n. 11 above, also the silver bowls from Vouni, *SCE* III, p. 238 nos. 292c, d, Pl. XC, 292c and 292d.

The Phoenicians, with Persian support, succeeded in establishing a Phoenician dynasty at Kition early in the 5th century B.C. About the middle of that century Kition subdued the neighbouring kingdom of Idalion, and in the second half of the 4th century extended its rule over Tamassos as well. A Phoenician dynasty also reigned for some time at Lapethos on the northern coast of Cyprus. The Phoenician dynasties of Kition and Lapethos, however, met with the same fate as the rest of the Cypriot city-kingdoms when they were abolished by Ptolemy I Soter in 312 and 310/9 B.C.

Recent excavations at the northern end of the ancient city of Kition, at the "Kathari" site, showed that when the Phoenicians first arrived in Cyprus, towards the end of the 9th century, they chose the sacred precinct of an abandoned Mycenaean sanctuary to build on its ruins an imposing temple dedicated to Astarte, as attested both by archaeological and epigraphic evidence.[29] This temple remained in use until the 4th century B.C., having in the mean time undergone many changes.

Another temple of Astarte was located by Ohnefalsch-Richter [30] on the acropolis of Kition. Again, its existence was confirmed by votive offerings [31] and Phoenician inscriptions.[32] One of these inscriptions (*CIS* I, 86A) mentions also the existence at Kition of a temple of Mikal.[33] The goddess Astarte too is represented on gold ornaments.[34]

On the acropolis of Kition stood also the temple of Melkart the protector god of that city. Founded in the early Archaic period [35] on a late Geometric *temenos*, it continued to be in use until the early Hellenistic period when it was abandoned and destroyed. The identification of the temple was based on the evidence of

---

[29] Nicolaou, *Topography*, pp. 106ff. and n. 16 for an up to date bibliography. To this add, *Rivista di studi Fenici* IV, 1 (1976), pp. 11-21.

[30] *KBH*, p. 11 no. 9; see Nicolaou, *Topography*, p. 105f.

[31] Idem, *op. cit.*, p. 105 and n. 9.

[32] Masson-Sznycer, *Recherches*, pp. 21-68, Pls. IV-V; *CIS* I, no. 87; cf. R. W. Lane in *BASOR*, 164 (1961), pp. 21-23. For a temple of Aphrodite-Astarte recently found at Tamassos, see *BCH*, C (1976), p. 886f.

[33] Masson-Sznycer, *Recherches*, p. 27.

[34] *Rivista di Studi Fenici*, III, 1 (1975), pp. 31-35.

[35] *SCE* III, pp. 1-75; Nicolaou, *Topography*, p. 104f.

sculptures representing the Tyrian Melkart,[36] wearing the lion's
skin, with a club in his raised right hand (Pl. CLXIV, 4). The figure
of the Tyrian Melkart is also represented on the coinage of Kition,
inaugurated at the outset of the 5th century by the founder of the
Phoenician dynasty, King Baalmelek I.[37] The figure of this god is
also represented on Cypriot jewellery.[38]

The existence of a temple of the god Esmun-Melkart in Kition
on the Patsalos hill, on the south east side of the Larnaca Salt Lake,
was confirmed by archaeological remains [39] and fragmentary
inscriptions.[40] Also epigraphically attested at Kition is the worship
of Baal-Sanator [41] and of Reshef.[42]

The cult of the Phoenician gods is found also in all the depen-
dencies of Kition, not only Idalion and Tamassos, but also in
Larnaca tis Lapethou in northern Cyprus and in Amathous. In
Idalion the cult of Reshef Mikal is attested by Phoenician and
bilingual inscriptions (Pl. CLXV, 1) of the early 4th to mid-3rd
century [43] found in the temple of Apollo. The cult of Reshef is
epigraphically documented also at Tamassos.[44] From inscriptions
too we learn that Melkart [45] and Anat [46] were worshipped in Idalion
as well as in Larnaca tis Lapethou.[47]

---

[36] *Syria*, XXV (1946-1948), pp. 216-222. Pl. CLXIV, 4 above from
Kition, *SCE* III, p. 33 no. 141 etc., Pl. XVI, 141 etc.

[37] F. G. Hill, *BMC Cyprus*, Pl. II, 11.

[38] L. P. Cesnola, *Atlas* III, Pl. XXXIX, 21 (Curium); *ARDAC* 1970,
p. 19 fig. 67; cf. A. Gaubet, *op. cit.*, p. 6.

[39] Nicolaou, *Topography*, pp. 111ff.

[40] Idem, *op. cit.*, p. 112f.; *CIS* I, nos. 14-39.

[41] Nicolaou, *op. cit.*, p. 121f. See dedications to Baal of Lebanon on the
Moutti Sinoas bronze bowls (8th century B.C.) in *CIS* I, 5, cf. Masson-
Sznycer, *Recherches*, p. 77f.

[42] *CIS* I, 10; cf. *Syria*, XLV (1968), pp. 300ff. and p. 296f. (from Pyla).
I do not include here either the god Esmun-Adonis (*CIS* I, 42-44), for
apparently the inscriptions are funerary, or the goddess Ashera (*CIS* I,
13), for whom see Nicolaou, *Topography*, p. 120 no. 13 and p. 122 no. 15
and n. 102 respectively.

[43] *Syria*, XLV (1968), pp. 302ff.; *CIS* I, 89; *ICS*, no. 220.

[44] *RES* 1212, 1213; see also Masson, *Cultes*, p. 138 n. 1.

[45] *CIS* I, 88.

[46] See Masson, *Cultes*, p. 137 n. 6.

[47] *CIS* I, 95 (Anat); *RES* 1211 (Melkart-Poseidon); see Masson, *Cultes*,
pp. 137 n. 1, 138 n. 1.

Amathous, the stronghold of the Eteocypriot culture, has not so far yielded any Phoenician inscriptions. However, some cults regarded as Phoenician in origin have been attested here. Hesychius [48] refers to: Μαλίκα· τόν Ἡρακλέα οἱ Ἀμαθούσιοι. Malika is regarded as representing the Phoenician god Melkart.[49] Stephanos Byzantios [50] describes rites in Amathous of another Phoenician god, Adonis, who was associated with Aphrodite.

The Phoenician elements in the Cyprus population, as seen above, worshipped their own gods. But living among Cypriots who worshipped the gods of the Greek pantheon, they were influenced by the Greek cults. They assimilated for instance to Apollo Amyklaios [51] their Reshef Mikal, to Apollo Heleitas [52] their Reshef 'lyyt, to Apollo Alasiotas [53] their Reshef 'lhyts, to Athene [54] their Anat.

With the capture of Cyprus by Ptolemy I in 312 B.C. and the subsequent abolition by him of the Cypriot kingdoms, followed by Ptolemy's final victory over Demetrios Poliorcetes, Cyprus in 295/4 B.C. came under the Ptolemies. It was with the occupation of the island by the Ptolemies, mainly through their garrison troops, that the cults of Egyptian and oriental gods were introduced there. Their worship, promoted by the Romans when they succeeded the Ptolemies as rulers of Cyprus from 58 B.C. to 48/7 B.C. and from 30 B.C. to 396 A.D., continued well into the Graeco-Roman period, at least at Soloi, as the finds from the temples excavated there indicate. Among the cults of Egyptian deities introduced into Cyprus during the Ptolemaic period that of Sarapis seems to have been the earliest. The enquiry of king Nicocreon of Salamis (end of the 4th century B.C.) about the nature of this god [55] is possibly an echo of the early interest shown in the cult of Sarapis in Cyprus. Such interest, however, must have been a result of propaganda by

---

[48] s.v. Μαλίκα.
[49] Cf., however, Hill, *HC* I, p. 101.
[50] s.v. Ἀμαθοῦς.
[51] *ICS* 220; see Masson, *Cultes*, p. 139f.
[52] *ICS* 215; see Masson, *Cultes*, loc. cit.
[53] *ICS* 216; see Masson, *Cultes*, loc. cit.
[54] *CIS* I, 95.
[55] Macrobius, *Saturnalia*, I. 20, 16f.; Hill, *HC* I, p. 162.

Ptolemy I, since it was he, after all, who brought the cult of Sarapis
to Egypt from Sinope. Nevertheless, his cult in Cyprus is attested
epigraphically from the early 3rd century B.C. at Salamis [56] and
at Soloi.[57] An inscription of the 2nd century B.C. from Rizocar-
passo [58] is a dedication both to Sarapis and Isis, while another two
dedications from Arsos [59] attest the worship of the Egyptian
trinity Sarapis, Isis, Anubis in the Roman period. The excavations
of the Swedish Cyprus Expedition at Soloi showed that a temple [60]
(Temple C) of Isis existed there in the middle of the 1st century B.C.
and that a temple of Sarapis (Temple E) [61] existed there in the
Severan period. This same temple was shared with Canopus, whose
cult-statue [62] was found almost in its original position on the altar.
In the Cypriot art of the Ptolemaic and Graeco-Roman period
Sarapis and Isis are represented mostly in jewellery [63] (Pl. CLXV, 2)
and in sculpture [64] (Pl. CLXV, 3).

Cybele (Pl. CLXVI, 1), the Phrygian mother goddess, was worshipped in Cyprus as early as the late 3rd century B.C., as shown
by the excavations of the Swedish Cyprus expedition at Soloi.
Here she seems to have been identified with Aphrodite with whom
she shared the same temple (Temples A, B). An inscription of early

---

[56] OGIS 63.
[57] SCE III, p. 625f., no. 11 (SEG XXV, 1971, p. 311 no. 1122). For his
cult in Cyprus, see OpAth III, p. 47.
[58] Berytus XIV, 2, p. 132f. no. 5.
[59] LBW 2837 (OpAth III, p. 46 n. 4), 2838.
[60] Westholm, The Temples, p. 150. See Strabo, XIV, 683. 6, 3.
[61] Westholm, op. cit., p. 151. RDAC (1968), p. 55, Pl. XIV, 3 (Isis Ourania).
[62] Idem, op. cit., pp. 151, 212, Pl. XXIII, 329; C. Vermeule, Greek and
Roman Cyprus (1976), p. 122.
[63] See for instance, A. Pieridou, Jewellery in the Cyprus Museum, p. 49f.,
Pl. XXXIV (Sarapis); Pl. CLXV, 2 above gold pendant of Isis Fortuna
from Marion (T. 104/307) (Graeco-Roman period).
[64] Sarapis: A statue found at Salamis now in the Fitzwilliam Museum,
Cambridge (Graeco-Roman); Westholm, The Temples, p. 133, Pls. XVIII,
XIX, 318. Mourning Isis: op. cit., pp. 150, 200, Pl. XV, 427; Isis: op. cit.,
p. 132, Pls. XVI, XVII, 320; also a priestess (?) of Isis, op. cit., p. 133,
Pl. XXII, 319. Isis: V. Karageorghis - C. Vermeule, Sculptures from Salamis
I, pp. 25ff., Pl. 1-2, 3-4. Isis and Horus: SCE III, p. 233 no. 62, Pl. LXIV,
62 (Vouni). Pl. CLXV, 3 above: Isis Kourotrophos (Paphos, O.Δ. 2828),
cf. Tran tam Tinh, Les Cultes des divinités orientales à Herculanum (1971),
p. 19 n. 5; RDAC (1976), p. 223, Pl. XXXV, 3.

imperial date found there calls her Ἀφροδίτη Ὀρεία.[65] It is known that Cybele was called Μῆτερ Ὀρεία. In two inscriptions one from Tamassos and another from Akanthou she is called Μήτηρ Θεῶν[66].

Zeus Ammon may also have had a temple at Soloi, where a bronze head of the god (3rd century B.C.) has been found.[67] A sanctuary of Priapus existed in Soloi according to an inscription of the early 3rd century B.C. found there. This sanctuary was founded by a Rhodian at the instigation of Sarapis.[68]

A Phoenician inscription of the late fourth century B.C. in Larnaca tis Lapethou attests the worship of Osiris there together with the Phoenician deities Melkart, Astarte, and the gods of Byblus.[69] Bronze statues of Osiris, of Ptolemaic and Roman date, are also found in Cyprus (Pl. CLXVI, 2).[70]

Harpocrates, the Egyptian god of winter sun and vegetation (the god of silence for the Greeks), is represented in the Cypriot art of the Ptolemaic and Roman period in gold [71] (Pl. CLXVI, 3) and glass [72] pendants, in lamps [73] and bone objects [74] (Pl. CLXVI, 4).[75]

---

[65] Westholm, *The Temples*, p. 149, Pl. XII, 418 (Temple A) cf. C. Vermeule, *op. cit.*, p. 54. Westholm, *op. cit.*, p. 134, Pl. IX, 446. Pl. CLXVI, 1 above in Cyprus Museum inv. 1934/X-15/1; see also *KBH*, pp. 237, 287, Pl. CCVI, 6 (from Achna); in the Cyprus Museum: 1935/VII-27/4, 1952/III-6/1. Westholm, *op. cit.*, p. 149, Pl. XXIV, 465 (Temple B); *SCE* III, p. 626 no. 12.

[66] *KBH*, p. 10 no. 5; *RDAC*, 1964, p. 199f. no. 11, where the inscription must be attributed to Cybele and not to Hera.

[67] V. Karageorghis, Κύπρος (Μουσεῖα καί Μνημεῖα τῆς Ἑλλάδος), p. 189 no. 104.

[68] Westholm, *op. cit.*, p. 104 no. 409, Pl. XXV, 409; *SCE* III, p. 625 no. 10.

[69] Dikaios, *A Guide*, p. 215f. no. 3.

[70] Idem, *op. cit.*, p. 145 no. 5, inv. no. D. 3257. Another two in the same museum: D. 3258, 3259.

[71] Idem, *op. cit.*, p. 163f. no. 5, inv. no. 1938/XI-10/1 (Pl. CLXVI, 3).

[72] Idem, *op. cit.*, p. 151 no. 4, inv. no. M. 79.

[73] See for instance lamps in the Cyprus Museum: D. 2306, D. 2308.

[74] Pl. CLXVI, 4 above from Paphos, O.Δ. 755.

[75] Representations of bull-headed Hathor, of Isis Kourotrophos, of Zeus Ammon and of Harpocrates are to be found in the clay sealings of the Public Archives of Paphos.

In spite of the above evidence about the existence of the cult of Oriental divinities in Cyprus throughout the Archaic to Graeco-Roman periods and though sometimes there is an evident fusion of Greek and Oriental divinities I feel confident that generally speaking the worship of these deities did not make much headway against the Cypriot traditionalism and conservatism, and that the Cypriots on the whole persisted in their allegiance to their own ancestral gods.

MARKS, NAMES AND NUMBERS

Further Observations on Solar Symbolism and Ancient Numerology

WALTER O. MOELLER

(Philadelphia)

Since my monograph on the ROTAS-SATOR square (EPRO 38) went to press, further evidence has emerged and further analyses have been possible that support my contentions that, firstly, the numbers I descried in the formula actually were part of the paraphernalia of ancient thought and, secondly, there existed in the Roman empire a numerological system based on the number values of both the Greek and the Semitic alphabets, a system closely tied to Mithraism in particular and solar religion in general. This study, then, is intended to present these evidences and interpretations and at the same time to emend or change some of the opinions expressed in my work on the square. Additionally, I shall discuss the peculiar interconnections that the ancients made between linear symbols, names and numbers.

In my previous work on the square I pointed out that the sum of the four corner consonents, RSSR, is 600, the νῆρος of the Mesopotamian sexagesimal system (EPRO 38, p. 25). I did not indicate, however, that when used as 60 the letters yield the σόσσος of the sexagesimal system and that when used as 6 the letters represent the first perfect number. At the same time I was unaware that 60 was the number of the Sumerian high god An [1] and that we can get 60 by multiplying the values of the sides of the Most Beautiful Triangle: $3 \times 4 \times 5 = 60.$ [2] Therefore, 60 was from the earliest times a numinous number. I also failed to mention that the Greek letter used to write 600, χ, is itself a *crux decussata*. It should also not escape us that 60 is represented by the ξ, which in turn when transliterated into Latin becomes the "x". Thus the ROTAS-SATOR square contains a litero-numerical cross as well as a litero-numerical circle (EPRO 38, p. 25).

---

[1] T. B. Jones, *Ancient Civilization* (Chicago, 1969), p. 51.

[2] *The Republic of Plato*, tr. F. M. Cornford (New York, 1965), p. 269, n. 3.

This brings up the litero-numerical Celtic Cross that I detected in the square. One might well ask how such a cross, which I have surmised was programmed into the square (EPRO 38, p. 36), was connected with Mithraism, since it is associated mainly with Ireland, a part of the world foreign to the cult. The problem, however, becomes less difficult if one realizes that the so-called Celtic Cross is found in Armenia and may have actually been brought from there to Ireland in the seventh century by Armenian missionaries.[3] This, then, associates the Celtic Cross with a land where Mithraism undoubtedly had great influence.[4]

In my analysis of the charm from Verulamium I stressed the numerical significance of the residual letters P and Σ: they can be used to calculate the sides of the Most Beautiful Triangle (EPRO 38, pp. 42f.). I did not recognize that the PΣ/RS could well have had numinous qualities apart from their numerical values. The ancients were familiar with the linguistic phenomenon of rhotacism, the tendency for intervocalic "s" to become "r". And this phenomenon could have had special meaning for the followers of Iranian and solar religions, for there were the correspondences of *asa/ara* and *aša*, "altar" or "divine order" (EPRO 38, p. 16) and Auselius and Aurelius, two forms of an imperial name closely connected to the solar religion of the third century.[5] The PΣ/RS, like the MN/MN (EPRO 38, p. 30), have a linguistic and numerical ambivalence that probably endowed them with a special quality. And, like the AΩ/AO, they could be thought of as the beginning and the end, since the PΣ/RS are the first and last letters of the ROTAS-SATOR mandala and of the numinous words Sator and Σωτήρ. In addition, the Greek P, as well as the Latin P, is a stylized representation of the sun-axe,[6] and the S is a standard way of representing the snake, the animal associated with the leontocephalus Saturnus-Aion. The

---

[3] F. Henry, *Irish High Crosses* (Dublin, 1964), p. 14.

[4] The Armenian Church sanctioned *taurobolia* over graves in the seventh century (F. Cumont, *After Life in Roman Paganism* [New York, 1959], p. 52), and in the Caucasus Christians celebrated a tauroctony in the seventeenth century (Cumont in *JRS*, vol. 27 [1937], pp. 63f.).

[5] H. Lilliebjörn, *Über religiöse Signierung in der Antike* (Uppsala, 1933), pp. 33ff.

[6] H. R. Engler, *Die Sonne als Symbol* (Zurich, 1962), pp. 229-32.

large S drawn above the square from Pompeii not only could have been the initial of the high god Saturnus but also could have represented his animal. Likewise, the P by itself represented the initial of the sun god Pé. As symbols, then, the P and the Σ were more than just letter indications of the beginning and the end.

When we turn to the four residual letters of the PATER NOSTER anagram, we get a number that signified the extent of bounded time.

$$\begin{array}{ll} A = 1 & O = \quad 800 \\ A = 1 & O = \quad 800 \\ \hline 2/2,000,000\ + & 1,600/160,000 = 2,160,000 \end{array}$$

This is the number of years that Berossus gives as the Age of the World.[7] Consequently, AAOO both literally and numerically signify the limits of time. Significantly enough, 216, one-tenthousanth of 2,160,000, can be produced by adding the cubes of 3, 4, and 5 or by raising 6 to the third power: $216 = 3^3 + 4^3 + 5^3 = 6^3$.[8] From Berossus we know that 432,000 and 2,160,000 were familiar to the Hellenistic world and to the more ancient Mesopotamians. It is also of interest that the 432,000 had currency in Germanic thought [9] and that 4,320,000 years was the length of the Indian cosmic cycle.[10] It is probable that the two numbers were also known as early as the sixth century, for Heraclitus tells us that every 30 × 360 years the world is destroyed by a conflagration, that is, 10,800 years, essentially one-fourth 432,000 and one-half 2,160,000.[11] And Aristotle used the number for his schema of the organization of the Ionian polis.[12] A number associated with speculation on time became integral to the composition of the ideal state.

---

[7] *FGrH*, no. 680, pp. 375-77.

[8] *The Republic of Plato*, tr. F. M. Cornford, *loc. cit.*

[9] J. Campbell, *The Masks of the God: Oriental Mythology* (New York, 1970), p. 116.

[10] F. G. Gundel, *Handbuch der mathematischen und technischen Chronologie* (Leipzig, 1906), pp. 330f.

[11] H. Diehls, *Heraclitus*, in *Encyclopaedia of Religion and Ethics*, vol. 6, p. 394.

[12] R. E. A. Palmer, *The Archaic Community of the Romans* (Cambridge, 1970), pp. 15 and 34.

In the same way that these numbers must have had long and
wide use in the ancient world, the 144/144,000 of the *Apocalypse*
was employed by Christians and Jews over a long period, for the
Sibylline Oracles predicted that "the race of the Hebrews will come
forward ... for Rome's empire will be destroyed ... when thrice
three hundred and forty-eight years are fulfilled" [13]: $3 \times 348 =$
1,044, that is, the millennium plus 44 years or, more likely in this
Jewish numerology, 900 + 144. The importance of 9 in the Jewish
tradition is seen in the number of candles on the Hanukkah menorah.
I take this strange and hidden number, 1,044, as supporting my
contention that the combination of magical numbers was indeed
practiced in the Roman world.

When Mr Frajola, who was responsible for much of the numerological analysis in my previous work, found 2,520 in both the magic
square and the sum of the letters of the names of the seven Mithraic
grades, we had no direct evidence that the number was ever used in
antiquity, except of course that half the number is found in the
Apocalypse. Subsequently I have found one instance of the number
itself and another of a multiple of the number. In Herodotus I. 32
Solon tells Croesus that man's days, if fulfilled, are 25,200, not
counting intercalary days: 70×360. It is, then, not only in the
Bible that three score and ten years are allotted to man. Plato
(*Leg.* 737E) says that the ideal polis should have 5,040 citizens,
twice 2,520. Again a number connected with time speculation was
used by a Greek moral philosopher in his political science. The
three numbers—1,260, 2,520, 5,040—share a special characteristic
that must have intrigued the ancients: they can be divided evenly
by the numbers from one to ten. Given that 2,520 was definitely a
numinous number in the ancient world and that it can be gotten
easily from the letters of the square, my contention that the magic
square was designed as a number square receives even more support.

I have suggested that we reconsider H. V. Hilprecht's theory
that the ancients knew the exact reckoning of the Precession of the
Equinoxes (EPRO 38, p. 28, n. 1). What I did not stress at the time
was that 12,960,000, the number Hilprecht used to base his theory

---

[13] R. MacMullen, *Enemies of the Roman Order* (Cambridge, Mass., 1966),
p. 149.

upon, is the number of days in the Platonic Great Year: 360 × 36,000 = 12,960,000. If anything, the presence of the number in Assyrian mathematical texts would at first glance support the position that the Mesopotamians considered the Great Year as 36,000 years, not as 25,920. And 12,960,000 can easily be computed from the ROTAS-SATOR square, if we use the *teth* value, 9, for the T's.

$$
\begin{array}{ll}
T = 9 & P = 80 \\
T = 9 & R = 100 \\
T = 9 & R = 100 \\
T = 9 & P = 80 \\
\hline
36/36,000 \times & 360 = 12,960,000
\end{array}
$$

Thus both the Platonic Great Year and the scientifically correct Great Year can be computed from the square (EPRO 38, pp. 27f.). Like 60 and 216, 1,296,000 can be gotten from 3, 4, and 5: 1,296,000 = 60^4 = $(3 \times 4 \times 5)^4$.[14] In a very real sense these three numbers— 60, 216, and 1,296,000—are, like 666, triangle numbers, for they are related to the values of the sides of the Most Beautiful Triangle. But the number of years in the astronomically correct Great Year is essentially twice the number of days in the Platonic Great Year: 25,920 = 2 × 12,960. Could not both numbers have been known from early times? Joseph Campbell[15] makes this penetrating observation:

> And so we have now to ask, I suppose, whether one should marvel the more at the sexagesimal system or at the Sumerians who invented it. Their ancient calendric festival-year was reckoned in purely mathematical, not natural, terms of 72 five-day weeks, plus intercalated festival days, 5 × 72 = 360. But 360 × 72 = 25,920: yielding, thus, a mathematically found "great year" whose coincidence with the observable *astronomical* "great year" might indeed have been the result of a sheer (but then how really wonderful!) accident.

And I tend to agree with Alfred Jeremais[16] who wrote:

---

[14] *The Republic of Plato*, tr. F. M. Cornford, *loc. cit.*
[15] *Op. cit.*, pp. 118f.
[16] *Das Alter der babylonischen Astronomie* (Leipzig, 1909), pp. 71ff.

Es ist von vorherein unglaublich, dass der in Himmelsbeobach-
tungen geübte Babylonier aus der Discrepenz zwischen einst und
jetzt nicht auf eine Bewegung der Äquinoktialpunkte geschlossen
haben sollte. .... Dr. Gompertz ... hat mit Recht darauf hin-
gewiessen, dass Aristotles, der fremde Wissenschaft gewiss nicht
überschätzte, den Babyloniern vielhundertjährige Himmelsbeobachtung zuschreibt, und dass bei solchen Himmelsbeobachtung
der Präzession der Äquinoktien, die schon im Laufe länger Beobachtung doch wohl übersehen konnte. Die Kenntnis der Präzession
wenigsten in roher Form folgt schon aus der Tatsache, dass sie
den Frühlingspunkt der Sonne, ihren Stand in der Tagesgleiche
des Frühlings, als Ausgangspunkt für ihre Jahresrechnung angenommen haben .... Sobald aber diese Punkt Gegebstand der
Beobachtung war musste die Präzession bei fortgehenden Beob-
achtungen bemerkt werden.

So, again, Hilprecht may well be right. Both values for the Precession could have existed side-by-side much as the geocentric and
the heliocentric universe coexisted in the ancient mind. The concept
of two truths was floating about long before Averroës.

I should like to make three further observations about the
square before I leave it temporarily. Firstly, its twenty-five letters
not only equal the Apis period within which the phases of the moon
fell on the same day, but there is another and more obvious significance to the number 25: it is the day of the month of Saturn,
December, on which Mithra-Sol Invictus was born. Secondly, after
long consideration I have come to the conclusion that the suggestion of J. Vendryès [17] that AREPO was a Gaulish adverb
meaning "en avant, au bout, à l'extremité" is by far the best
solution for this *hapax legomenon*, if, that is, it ever had a meaning.
My reasons for this decision are twofold: (1) the word makes
complete sense: "the sower (creator) carefully guides the wheels
forward (to the end [of the furrow or of time])"; and (2) the authority
of a linguist of Vendryès' caliber causes me to give him an accepting
ear in the absence of a better solution. My third observation is that
there is another divine name in the ROTAS-SATOR square, for
Aša is one of the personified virtues, Ameša Spentas, who compose

---

[17] *CRAI* (1953), pp. 198ff.

the train of Ahura Mazda.[18] Consequently, the square contains the repeated sentence *Oro, Asa Petre*: "I pray, Aša and Petrus." If Mithraists sought anagrams in the square, this would have been at first the most striking and significant.

It is certain that the names ΜΙΘΡΑΣ and ΜΕΙΘΡΑΣ contain the numinous numbers 360 and 365 respectively (EPRO 38, pp. 21 and 23). I also have been successful in finding the significant numbers 666, 365, 616, and 315 in various renderings of the Persian god's name. ΜΕΘΙΡΑΣ besides equalling the number of days in the solar year, contains the TENET-SAUTRANE number 666, if we use the 50 value for μ and 300, the value of τ, for θ.

$$
\begin{aligned}
M &= 50 \\
E &= 5 \\
I &= 10 \\
\Theta &= 300 \\
P &= 100 \\
A &= 1 \\
\Sigma &= 200 \\
\hline
&\ \ 666
\end{aligned}
$$

The direct transliteration of ΜΙΘΡΑΣ into Latin, MITHRAS, also computes easily to 666, if we employ the 50 value for "m" and the ε value for "h".

$$
\begin{aligned}
M &= 50 \\
I &= 10 \\
T &= 300 \\
H &= 5 \\
R &= 100 \\
A &= 1 \\
S &= 200 \\
\hline
&\ \ 666
\end{aligned}
$$

And by changing the "m" to its 40 value and the "t" to its *teth* value, 9, MITHRAS becomes 365.

18 L. Campbell, *Mithraic Iconography and Ideology* (Leiden, 1968), *passim*.

$$
\begin{array}{rl}
M = & 40 \\
I = & 10 \\
T = & 9 \\
H = & 5 \\
R = & 100 \\
A = & 1 \\
S = & 200 \\
\hline
 & 365
\end{array}
$$

If we use the 50 value for "m", the *taw* value, 400, for "t", the 5 value for "h" and the *resh* value, 200, for "r", MITHRA comes to 666.

$$
\begin{array}{rl}
M = & 50 \\
I = & 10 \\
T = & 400 \\
H = & 5 \\
R = & 200 \\
A = & 1 \\
\hline
 & 666
\end{array}
$$

All the above letter-number combinations would certainly have impressed the ancients with the truth of the Mithraic faith. But there is another spelling of Mithra's name, a *hapax legomenon*, that must have arisen solely from the desire to obtain further numinous numbers. An amulet contains the Persian's name in Greek with the ς changed to ξ: MIΘPAΞ.[19] By using the 50 value for μ, the 5 value for ι, the τ value, 300, for θ and the *resh* value, 200, for ρ, we get the alternate number to 666: 616.

$$
\begin{array}{rl}
M = & 50 \\
I = & 5 \\
\Theta = & 300 \\
P = & 200 \\
A = & 1 \\
\Xi = & 60 \\
\hline
 & 616
\end{array}
$$

---

[19] Cumont, *MMM*, vol. 2, p. 451, fig. 404 and p. 452.

When we change the μ to 40 and the θ to 9, their recognized values, and even more remarkable number appears, one that is essentially as intrinsic to the circle as 360: 315.

$$
\begin{aligned}
M &= 40 \\
I &= 5 \\
\Theta &= 9 \\
P &= 200 \\
A &= 1 \\
\Xi &= 60 \\
\hline
&315
\end{aligned}
$$

Now, 3.15 is very close to pi, close enough in fact to be usable for many practical purposes. We know that the Egyptians used 3.16 as pi [20] and that in antiquity 3 was used as an approximation of pi.[21] In the case of the use of 3 as pi, a corrective factor must have existed, otherwise the ancient builder would always have been about 5% under in estimating materials needed. As a rule of thumb, then, he could have added 5% (one-twentieth) to his calculations, which would have given him enough material with a smidgeon over to compensate for breakage. Any builder will confirm that this is a desirable situation. When adding 5% to a calculation using 3 for pi, the result is the same as if one used 3.15 in the first place. I suspect that it was common knowledge that pi was closer to 3.15 than to 3 long before Archimedes fixed it at its exact value in the third century B.C.; certainly the Egyptians tried to get closer to pi's true value than 3.

But 315 is also a combination of two numinous numbers: 300 and 15. The first was associated with elite military units and human holocausts: the 300 men in the Spartan king's bodyguard, the 300 *celeres* in the Roman king's bodyguard, the 300 men in the Theban Sacred Band, the 300 Spartans at Thermopylae, the 300 Romans forced by Spartacus to fight to the death for the shades of Crixus, the 300 victims of the *arae perusinae* and the 300 nobles

---

[20] C. Aldred, *Tutankhamun's Egypt* (London, 1972), pl 65

[21] O. Neugebauer, *The Exact Sciences in Antiquity* (Providence, Rhode Island, 1957), p. 45.

that Herod the Great ordered to be put to death on the day of his
own death. The second number, 15, was not only associated with
Saturnus through the Saturn square (EPRO 38, pp. 23f.) [22] but was
also the age at which the Spartan and the Iranian male became an
effective warrior [23] and a number of Iranian deities, both male and
female, were considered at their prime.[24] The number is also found
as the length of the various stages of life of the Roman male according to Censorinus (*DN* 14). Therefore fifteen years in much of
the ancient world was thought of as marking off a period in the
career of the male, a period in which important and inevitable
changes took place. If, then, 315 had the special qualities postulated
above, it would have been analogous to the number 613 in the
Jewish tradition: the number of laws in the Torah by rabbinic
count. This number is a combination of the νῆρος and 13, a Jewish
lucky number and the age when the young Jew becomes a man.
It is perhaps not without significance that 600 was also a holocaust
number: Crassus executed 600 of Spartacus' men in revenge for
their leader's killing of 300 Romans.

We have seen the number of the beast from the land in the
name's of gods: SAUTRAN(e) (EPRO 38, p. 22) and the various
Greek and Latin spellings of Mithra. But 666/616 is also "the number
of the man", ἀριθμὸς γὰρ ἀνθρώπον ἐστίν (*Apoc.* 13. 18). What man?
It is rightly assumed that he is an emperor since his number is on
the coins without which none can buy and sell. A number of candi-
dates have been proposed, and it would appear that more than one
emperor could have been tagged with the number. Since the name
Aurelius is connected with the solar idea, I tried to get the number
from AURELIUS/AUSELIUS, but to no avail. Significantly
enough, however, 666 can be derived from AURELIANUS by

---

[22] For the interconnection between this square and the labyrinth, see
R. Christinger, *The Hidden Significance of the "Cretan" Labyrinth*, in *History
of Religions*, vol. 15 (1975), pp. 183-91.

[23] For a discussion of the age gradations of Iranian and other Indo-
European youths see G. Widengren, *Der Feudalismus im alten Iran* (Cologne,
1967), pp. 92-101.

[24] M. Schwartz, *Cautes and Cautopates, the Mithraic Torchbearers* in
*Mithraic Studies. Proceedings of the First International Congress of Mithraic
Studies* (Manchester, 1975), vol. 2, pp. 418f.

using the o value, 70, for one "u", the *resh* value, 200, for "r", the
8 value for "e", the 40 value for "n", 6 for the other "u" and the
shin value, 300, for the"s".

$$
\begin{aligned}
A &= 1 \\
U &= 70 \\
R &= 200 \\
E &= 8 \\
L &= 30 \\
I &= 10 \\
A &= 1 \\
N &= 40 \\
U &= 6 \\
S &= \underline{300} \\
& 666
\end{aligned}
$$

Did the purposes of isopsephia play a part in the change in the form
of standard imperial name Aurelius to Aurelianus? In any event,
Aurelian was indisputably a solar monarch.

Let us now turn to linear, that is, geometrical, symbols and their
relationships to both numbers and names. Like 360 and pi, the first

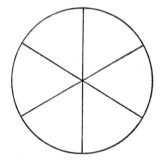 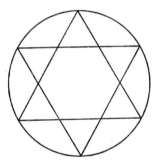

perfect number, 6, has a relationship to the circle, for the radius of
a circle marks off the circumference exactly six times. If one joins
these points through the diameter, a six-spoked wheel results, and
the spokes removed from the circle form the six-pointed asterisk;
if one joins every other one of the six points with straight lines,

two isocentric and equilateral triangles are formed, which are the hexagram or the Star of David.[25] When written in cuneiform the asterisk is the ideogram for "god"— ✳. It is, more significantly for this study, also the Iota-Chi monogram that represents Jesus Christ. The circle is used to construct another symbol, one connected with the number 3: the Chinese Yang-Yin is made from three circles by making the radius of a circle the diameter of two further circles within the larger circle and then dividing the larger circle in half along the perimeter of the two smaller circles.[26]

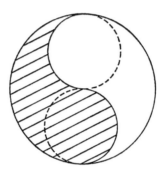

One notices that the line that divides the Yang-Yin in half is itself an S, the initial of Saturn, Sator and Soter and the stylized snake.[27] The so-called Iota-Chi monogram that seems to be tied to the six-pointed asterisk can be interpreted as a pagan monogram: a Chi-Iota representing ΧΡΟΝΩΙ, Χρόνος in the dative. It is also significant that both the Chi-Iota and the S are found on Roman coins as designations of their values: the six-pointed asterisk, usually with the bar parallel to the plane, on the denarius and the S designating the *semis* coin, often in conjunction with the head of Saturn. One is reminded of *Apoc.* 13. 17: ἵνα μήτις δύνηται ἀγοράσαι ἢ πωλῆσαι εἰ μὴ ὁ ἔχων τὸ χάραγμα τὸ ὄνομα τοῦ θηρίου ἢ τὸν ἀριθμὸν τοῦ ὀνόματος αὐτοῦ.

---

[25] G. Carey, *Elements of Sacred Architecture*, in *Catholic Art Quarterly* vol. 11 (1948).

[26] J. Campbell, *op. cit.*, p. 24.

[27] J. Meysing, *Introduction à la numérologie biblique. Le diagramme Sator Arepo*, in *RScRel*, vol. 40 (1966), p. 322.

On amphorae from Pompeii a number of markings appear that will throw further light on the ancient penchant for using linear symbols as monograms.[28] About thirty of these appear to be either the so-called christograms—  —or other monograms disturbingly reminiscent of the various christograms— 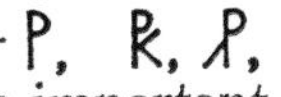 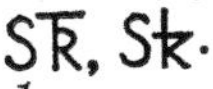 Yet, except for a few periods of interest, these important documents have been ignored, for it is difficult either to accept them as Christian or to assign them some other significance. First of all, the monograms have been found on amphorae and therefore must have had some function connected with the containers. Secondly, that most of the monograms are obviously not christograms casts doubt on the Christian nature of the others. Thirdly, a Chi-Rho appears on an amphora clearly marked as having once held Σέραπις δῶρα, the holy water of the Nile used in the rituals of the Isiacs. And, lastly, the use of Christian monograms as early as the first century does not square with the reports of their adoption in late antiquity. As a consequence of these problems, scholars have tended to split into four general groups: those who see the Chi-Rho as standing for the name Χρήσιμος; [29] those who see it as signifying the adjectives χρήσιμος or χρήστος, that is that the wine supposedly held in the jars was of the best quality; [30] those who hold that there was no Christian significance in the whole complex of amphora monograms; [31] and those who hold more or less firmly that the apparent christograms are indeed what they seem to be.[32] To my knowledge, however, no one has made a comprehensive study of these symbols, nor has anyone ventured to suggest, as I am about to do, that they could have somehow been connected to pagan cults. Certainly the presence of the Chi-Rho on an amphora containing "the gifts of Serapis" would lead one to suspect that at the very least the sign had some relationship to the cult of Isis.

[28] The magisterial work on ancient monograms is V. E. Gardthausen's *Das alte Monogramm* (Leipzig, 1924).

[29] R. Schoene in *CIL* IV, p. 265.

[30] G. B. De Rossi, *Bullettino di Archeologia Cristiana* (ser. 5), vol. 1 (1890), pp. 29ff.; M. Guarducci in *Il Tempo*, 5 Feb. 1953.

[31] E. Dinkler, *Kreuzzeichen und Kreuz*, in *JAC*, vol. 5 (1962), p. 96, n. 18.

[32] M. Della Corte in *Roma*, 8 Jan. 1953; *Mondo Cattolico* 1 (1953); A. Miauri in *Corriere della Sera*, 22 Jan. 1953; P. Ciprotti, *Num Christi signum amphorae pompeianae ferant*, in *Latinitas*, vol. 1 (1953), pp. 279-83.

The Chi-Rho monogram appears in its two forms no fewer than eight times: six monograms are plainly shown as ✸ [33] and two as ⸸ .[34] In my book on the magic square I have maintained that the Chi-Rho in origin was a combination of the solar cross and the stylized sun-axe and that as a monogram it stood for Χρόνος as well as Χριστός (EPRO 38, p. 8, n. 2). Therefore the Chi-Rho in both its forms could well have stood for both a well-established solar symbol and the name of Chronus-Saturnus. In the case of the Chi-Rho on the Isiac amphora it is especially significant that this solar sign also stood for Serapis, for he was most certainly syncretized to Chronus.[35] And, since the monogram appears as a ⸸ , which is essentially an *ankh* or *crux ansata*, its use in an Egyptian cult is all the more understandable. But the Chi-Rho in its *crux ansata* form is also a Tau-Rho and as such might additionally have represented Τριπτόλεμος, a deity associated with the products of the earth that were placed in amphorae. It may also be of significance that Triptolemus has as one of his attributes a chariot similar to that of the sun-god Apollo, that is, the primarily agricultural figure has the attribute of a solar deity.

Let us now consider the Iota-Chi monograms, which by my analysis could well have been Chi-Iotas signifying Χρόνος in the dative. Of particular interest is the following legend: PZOMOC✕.[36] Obviously the amphora on which it stood contained a sauce, ζωμός, and the word is framed by the simple sun-axe and the six-pointed asterisk. But, as I have shown above, the P is not only a solar symbol but also the initial of the sun-god Pé. The sauce was, perhaps, dedicated to Pé-Χρονος. The Iota-Chi appears on two other amphorae, once with the bar in its usual position, verticle to the plane,[37] and once with the bar horizontal to the plane,[38] but this would not have detracted from its role as a monogram, as we shall presently see.

---

[33] *CIL* IV, 2878, 2879, 2880, 6069, 6175, 10477.

[34] *CIL* IV, 2777, 9812.

[35] R. Pettazzoni, *Essays on the History of Religions*, ed. and tr. H. J. Rose (Leiden, 1954), pp. 269-314; D. Levi, *Aion*, in *Hesperia* vol. 12 (1944), pp. 269-315.

[36] *CIL* IV, 2778.

[37] *CIL* IV, 9091.

[38] *CIL* IV, 10497.

The ʁ [39] certainly represented a Kappa-Rho, which must have been the monogram of KP(ONOΣ). And the ʎ [40] represents a Lambda-Rho, which could have been the monogram for Λ(IBE)P, a god certainly connected to the contents of amphorae. But even more significant for my argument that these marks on Pompeian amphorae were pagan monogram-symbols is a series of monograms on amphorae that can be nothing other than representations of Saturnus-Sator-Soter: the STR's appearing as S̅R̅ [41] or as S̅k̅. [42] Additionally, the STR is the combination of the S initial and snake symbol and the TR monogram representing TR(IPTOLEMUS). The slanting line that is the right leg of the R, as we shall see, did not detract from the TR's symbolic qualities.

But such solar symbols cum monograms were not confined to Pompeii. There is a Chi-Iota/Iota-Chi with the left curve if an Ω or of a crescent moon scratched on a sherd from Dura Europos. [43]

If the curved line was indeed a moon symbol, the asterisk most certainly was a solar symbol. But I believe it is part of an Ω and therefore an A must have stood to the left of the Chi-Iota. On another sherd from Dura the Chi-Rho is graven with the A to its left; the Ω must have balanced it on the right. [44]

---

[39] *CIL* IV, 2867, 2868, 2869, 6338, 6340.

[40] *CIL* IV, 2872.

[41] *CIL* IV, 9439, 9440, 9445, 9446, 9450, 9451, 9452.

[42] *CIL* IV, 9447, 9448, 9449.

[43] R. N. Frye, J. F. Gilliam, H. Ingholt and C. B. Welles, *Inscriptions from Dura Europos*, in *YCS*, 14 (1955), p. 194, no. 217.

[44] *Ibid.*, p. 194, no. 216.

And on a third sherd from the city a Chi-Rho-Iota is painted with the I horizontal to the plane.[45]

This monogram must have stood for Χρόνος in the dative: ΧΡ(ΟΝΩ)Ι. And I take this as supporting my contention that the asterisk as a monogram represented the name of the time-god in that oblique case. One notices that at the bottom of the verticle stoke a little, slanted line, like a foot, extends to the right.

But of even more interest is a combination monogram and Chi painted on a fourth sherd.[46]

On each side of the verticle stroke are contiguous triangles that together look like a skirt, and extending down from the right arm of the horizontal stroke is a slanting line running to the right. One also sees a little leg or foot extending to the right from the bottom of the verticle stroke. I discern here a monogram as well as a solar symbol. The left triangle is the Δ, the crossbar with the forked right end the Y, the upright with the loop the P, and the right hand triangle with the lower part of the verticle stroke the A; with the exception of the O the monogram is the spelling of the name of the city where it was found: Δ(O)YPA. Could there have been in antiquity a practice that we could call, by analogy to

---

45 *Ibid.*, p. 192, no. 210.
46 *Ibid.*, p. 191, no. 206.

isopsphia, "isosemia" in which the monogram made from a linear symbol brought the possessor of the name close to the divine entity behind the symbol? And the presence of this monogram-symbol with the Chi suggests an equation of the city with Chronus-Saturnus or even with the numbers 600-60-6. The possible practice of "isosemia" is also suggested by the ⚹ on a coin of the Armenian king Tigranes.[47]

On one side is the face of the monarch; on the other the personified city of Tigranocerta; the monogram-symbol, then, must have represented both the king and the city for in it are the letters Tau-Iota-Gamma-Rho.

The Dura monogram is also a stick-man of sorts and is reminicent of a stick-man cum solar symbol complex from a neolithic passage-grave in Denmark.[48]

To the right of the stick-man is the four-spoked solar wheel and the six-pointed asterisk. The stick-man, which is also a Chi-Rho of sorts like the one from Dura, has fingers at the ends of both arms, a line slanting down through the upright and a leg extending down from the upright to the right. The slanting line has been correctly identified as a spear and the whole figure, therefore, as a representation of a savior-god.[49] But in this case the deity cannot

---

[47] H. Leclerq, *Chrisme* in *DACL*, vol. 3¹, p. 1482 and fig. 2824.

[48] Engler, *op. cit.*, p. 229, fig. 560.

[49] *Ibid.*

be the Christ but must be instead Odin-Wotan who hanged himself on a tree for nine days and nine nights with a spear in his side as a sacrifice to himself. The slanting line makes the stickman also a prototypal St Stephan's Cross. Somewhat similar to this neolithic symbol from northern Europe is a stick-man figure from predynastic Egypt.[50]

In this case, however, the leg is to the left of the upright stroke. M. Black[51] is, then, essentially correct in his recent suggestion that pre-Constantinian Chi-Rho's are "staurograms" instead of christograms. He fails to comprehend, however, the long and wide use of the symbol and its pagan nature.

In the late 1960's a sixth example of the ROTAS-SATOR square was found under the Church of Santa Maria Maggiore at Rome. This might seem to give some support to those who see the square as Christian, but not necessarily so. Firstly, the square is in the ROTAS-SATOR rather than the SATOR-ROTAS arrangement. In the latter form it appears in indisputably Christian contexts and times, and this is probably because it had to undergo, as a result of its pagan nature, an "Umkehrung", that is, a christianization by turning it around. Secondly, it is well known that Christians often built their churches on pagan holy foundations, and this was particularly the case at Rome which was a pagan center for almost a century after Constantine legitimized Christianity. Therefore, the ROTAS-SATOR square found under Santa Maria Maggiore need not have been Christian any more than the Chi-Rho's under the Vatican.

May I now be allowed a few Parthian shots as I depart from the field. The numerological system that so far has been developed

[50] *Ibid.*, p. 230, fig. 562.

[51] *The Chi-Rho Sign. Christogram and/or Monogram*, in *Apostolic History and the Gospel. Biblical and Historical Essays Presented to R. F. Bruce on his 60th Birthday*, eds. W. W. Gasque and R. P. Martin (Grand Rapids, Michigan, 1970), pp. 319-27.

in my previous work and in this study—a system that I now hold even more strongly existed—has yielded significant results when applied to names associated with solar religion. I would think that it also was used by other mystery cults besides Mithraism, existed long before the imperial period and was part of the general pagan thought-world. I am fully aware, however, that the possible permutations in practicing isopsphia with a system in which as many as three number values can be assigned to some of the letters makes it comparatively easy to get a numinous number from any one group of letters. But this would not have dissuaded the ancient *mathematici* from devising such a system. Like the medieval alchemist, the *mathematicus* had a different goal from that of his modern counterpart: his preoccupation was the divining of the cosmic plan, not the establishing of mathematical probabilities.

Be that as it may, there are two features about the square that I believe I have demonstrated beyond question. The first is that, by using the number values of the Greek alphabet *alone* and assigning them to the corresponding letters of the square through the process of transliteration,[52] we can compute many well-attested ancient numinous numbers. The second is that all twenty-five letters of the square individually are in one way or the other symbols of points in time, the sun or both. This can hardly be sheer coincidence. Ὧδε ἡ σοφία ἐστίν· ὁ ἔχων νοῦν ψηφισάτω τὸν ἀριθμὸν τοῦ θηρίου . . .

ADDENDUM

When one climbs out on a limb, it is a comfort to find that someone is already out there. Imagine this writer's delight to find that two distinguished scholars have within the decade previous to the writing of this article taken a stand similar to his own on the question of the discovery of the Precession of the Equinoxes. In their book *Hamlet's Mill* (Boston, 1969), Giorgio de Santillana and Hertha von Dechend have taken the position that the Precession

---

[52] This gives the "e" two values (ε and η), the "o" two values (o and ω) and the "t" possibly two values (τ and θ). For the possible equivalence of τ and θ in the ancient mind see my *Once More MATAVITATAU*, in *CP*, 71 (1976), p. 171.

was known at its scientifically accurate rate in the late neolithic period (ca 4,000 B.C.)—that is, the world did not have to wait for Hipparchus to discover the phenomenon and for Newton to determine the exact length of the Great Year. Although one cannot accept their claim that the Precession is the main source of world myth, it can be admitted that *some* myth may have developed from its knowledge. Without a doubt, however, the early knowledge of the accurate length of the Great Year largely explains the persistence of certain numbers in the ancient traditions. This is especially true of 2,160, which is the number of years needed for the equinox to pass through one constellation of the zodiac. That is, 2,160 years is one zodiacal age.

SOME NOTES ON THE NAME OF SARAPIS

GERARD MUSSIES
(Utrecht)

"In fact, Hellanicus seems to have heard Osiris pronounced YCIPIC by the priests, for in this way he always mentions the god . . ." says Plutarch.[1] Is it too bold to conclude from this one-word quotation, like a casual sherd embedded in foreign soil, that Hellanicus of Lesbos pronounced the ypsilon as in "book"? It might almost seem that here we have definite proof of what has hitherto been considered only probable,[2] for when the Egyptians themselves replaced their unvocalized writing systems by the Greek alphabet, when "Egyptian" in other words becomes "Coptic", they spelt the name of Isis' brother-husband, according to their dialect, either as ογcιρι (Lower Egypt) or as ογcιρε (Upper Egypt). However, the initial vowel must have been pronounced so much like a closed o-sound that two spellings became possible in Greek: the god's name was regularly written Ὄσῑρις, but on the other hand P(r)-Wśirj or "House of Osiris", the name of several Egyptian towns, always appears as Βουσῖρις, just as in Coptic: вογcιρι or πογcιρι, which has been preserved to this day in the modern names *Abûṣîr el-Malaq* and *Abû Ṣîr Banâ*.[3] In personal names derived from Osiris the spelling with -o- is also predominant, as for instance in the very frequent name Πετοσῖρις "The one given by Osiris". But -ου- does occur, e.g. Πατουσῖρις, a variant form of the same name, Ψενουσῖρις "The son of Osiris", and Τενουσῖρις "The daughter of Osiris". A similar uncertainty may be seen in trans-

---

[1] *De Is. et Os.* 364d, ed. F. C. Barbitt, Loeb Classical Library, vol. V (1962), p. 83 and 85.

[2] According to C. D. Buck, *The Greek Dialects* (Chicago, 1955), p. 28 this pronunciation is probable for most of the ancient dialects of Greek except Attic. Cf. E. Schwyzer, *Griechische Grammatik*, vol. I (München, 1968⁴), vol. I, p. 181.

[3] The Assyrian transcription Pušīru is ambiguous since "u" can also stand for "o"; cf. H. Ranke, *Keilschriftliches Material zur altagyptischen Vokalisation*, in *AbhBerlin* (1910), p. 49.

literations of the well-known compounds of the name of Osiris with
that of a deceased person or sacred animal, which indicated their
deification, but can according to context also be rendered more
profanely by "the late X". So we have Ὀσορομνεύις, "Osiris of
Mnevis" or "deceased Mnevis-bull"; Ὀσορβοῦχις (as part of the
personal name Πετοσορβοῦχις), "Osiris of Buchis"; and so likewise
Ὀσορᾶπις, "Osiris of Apis"; but also Οὐσορουῆρις, "Osiris the
Great", alongside Ὀσοροῆρις. For "House of Osorapis" one would
perhaps expect Βουσορᾶπις on the analogy of Βουσῖρις, but in the
only passage where it occurs it so happens that we have Ποσερᾶπι.[4]
When "Osorapis" in its turn becomes an element of compound
personal names we may also find -υσορᾶπις or -υσαρᾶπις, for instance
in Ταυσορᾶπις and Ταυσαρᾶπις beside Ταοσερᾶπις and even Τασορᾶπις. Following a vowel these forms could have arisen either from
Ταοσορᾶπις or from Ταουσορᾶπις, though we have not yet found the
latter, and mutatis mutandis the same would be true of -υσῖρις in
Παυσῖρις and Ταυσῖρις "The one (masc. or fem.) of Osiris". We
believe that these cases are different from vocalizations such as
Πετυσίριος "The one given by Osiris" (IVth cent.), Ψενύριος "The
son of Horus" (VIIIth cent.), Ψενατῦμις "The son of Atum"
(A.D. 192). According to Hess[5] and implicitly Ranke[6] these
variants would indicate that the ypsilon was still pronounced more
or less as in "book" in Imperial Egypt, but in view of what is
known about the phonetic development of this sound such a
pronunciation does not seem very likely, though it would have
been possible for such early transcriptions as YCIPIC above and,
for instance, Αἴγυπτος in Homer, which can be compared with the
Middle-babylonian transcription Ḫikuptaḫ.[7] Since in the Imperial
period ypsilon had two rather different phonetic correlates, [y] as
in French "tu" with a tendency towards [i:] on the one hand, and
[w] with a tendency towards [v] on the other, it seems more logical
to assume that in such names as Πετυσίριος we have a sound more

---

[4] *UPZ* I, nr. 1, 7 (*SB* 5103).

[5] J. J. Hess, *Zur Aussprache des Griechischen*, I. F. VI (1896), p. 123ss.,
especially p. 134 n. 1.

[6] Ranke, *op. cit.*, p. 73-74 and p. 74 n. 1.

[7] Ranke, *op. cit.*, p. 56.

like [w] than [u], and that it *may* have been preceded by a reduced vowel [ə] which could not normally be written in Greek. The syllable [əw] may be considered a pronunciation variant of [o] or [ou] as in Ψενύριος alongside Ψενῶρος, and of [u] as in Ψενατῦμις alongside Πατοῦμις. This use of the ypsilon could be some kind of forerunner of the Coptic use of **ογ** which indicated either the vowel [u] or the consonant [w], sounds that are closer to one another than [y] and [w]. Possibly this latter combination of values was felt as a still greater drawback of the letter ypsilon when [y] developed into [i:], as in the name Ἁρμύυσις, normally written Ἁρμίυσις. Are we then to see the transition from υ[w] to Coptic **ογ** [w] in such variations as Ἁρμίυσις-Ἁρμίουσις? [8] And is the variant Ἐσορ- which occurs in Ἐσορνωφρι (*P.Lond.* 46, 356; IVth cent.) side by side with Ὀσορνωφρι (line 353) an alternative rendering of [əw]? Starting from this variant [əw] which as it were stands between [o] and [u] we could even arrive at the pronunciation [o] where we should expect [u] e.g. Πατῶμις for Πατοῦμις, and also [u] where we should expect [o] e.g. Ψενοῦρις for Ψενῶρος. This latter example can also be regarded as [Psenəwris] with "Coptic" ου, but it does not prove that Ψενύριος should be read [Psenurios] as it is, implicitly, by Ranke, when he seeks to make a difference in dialect responsible for the alternation between ω and ου. [9] It is true that in the Achmimic dialect of Coptic **ογ** does indeed correspond to the ω of the other dialects, and this seems to be the explanation of a number of probably ancient Greek transcriptions with υ for ου, where the Copts wrote **ω**, as in the name of the goddess Νέφθυς (for Νέφθους), against Coptic **ΝΕΒΘω**. On the other hand we do find such uncertainty in the orthography of one and the same text that dialectical differences are certainly not the whole explanation. There were no doubt all sorts of personal pronunciation variants, and ο, ω and ου must have been so close to one another in general that Greeks and Romans could hear the same name pronounced as beginning now with an [o-], now with an [u-]. How else can we account for the fact that a scribe should waver to such an extent as in *P.Lond.* 121 from the 3rd cent.: ll. 443-445 ὁρκίζω σε δέσποτα

---

[8] Mentioned by Ranke, *op. cit.*, p. 51.

[9] Ranke, *op. cit.*, p. 74 n. 1.

’Οσ[ῐ]ρι κατὰ τῶν σῶν ἁγίων ὀνομάτων . . . οὐσιρει, . . . ὀσορνουφη, οὐσερμνευει?

From the above it will be clear that Osiri/Usiri as an element in compound words was always shortened by loss of the final vowel -i, and also that the second vowel -i- was usually modified. This phenomenon is well known from Coptic. Here every substantive has in principle two "states", a full one, the *status absolutus*, and an unaccented, shorter one, the *status constructus*. The latter was that used as the first part of a word in compounds while the accented "absolute" state was retained for the latter part. For instance, the absolute state of the word for "grass" is ⲥⲓⲙ, the construct state ⲥ̄ⲙ̄; of "pig": st. abs. ⲣⲓⲣ, st. cstr. ⲣ̄ⲣ̄, etc. The horizontal stroke indicates some kind of reduced vowel, which is sometimes written as ⲉ and must have been more or less like the second e in "seven". The infinitives, which are so important in Coptic because with the help of some twenty auxiliary verbs they form nearly all the verb tenses including the various indicatives, have variants of state like the substantive: an absolute state when no object follows, and a construct state which constitutes with the following object one compound word, or at any rate one word group. Instances from Bohairic offering close analogies with the name ⲟⲩⲥⲓⲣⲓ are ⲓⲛⲓ "to bring", ⲥⲓⲛⲓ "to pass", ⲓⲣⲓ "to do". They have the following construct states: ⲛ̄- (or ⲉⲛ-), ⲥ̄ⲛ̄- (or ⲥⲉⲛ-), ⲣ̄- (or ⲉⲣ-), hence "to do some work (= ϩⲱⲃ)" is not ⲓⲣⲓ ϩⲱⲃ but ⲣ̄-ϩⲱⲃ. Of the name ⲟⲩⲥⲓⲣⲓ the construct state would have been ⲟⲩⲥⲣ̄- i.e. [Usr̥-], and in my opinion the hesitant orthography which appears in the different forms ο(υ)σορ-, ο(υ)σαρ-, ο(υ)σερ- contained in Ταοσορᾶπις, Ταυσαρᾶπις, Ταοσερᾶπις, may very well be different attempts to write in Greek this reduced vowel of the second syllable for which the Copts later on invented the horizontal stroke. The rare variant ’Οσιρ- which Wilcken quotes in the name ’Οσιρχεντεχθα only has the shortening; it is a combination of Osiris and Chentechthai, the god of the town Athribis.[10] A form ’Οσίραπις is mentioned by Athenodorus of Tarsus/Clement of Alexandria (see below); its occurrence in the *Namenbuch* does not seem justified: the text

[10] U. Wilcken, *Sarapis und Osiris-Apis*, in *APF* III, p. 249 (*P.Lond.* 121, 257; IIIrd cent.).

quoted has ['O]σιράνις.[11] Finally, the form 'Οσορο- in 'Οσορομνεύις either has an inserted -ο- to prevent a cluster of three consonants in succession—but compare by contrast οὐσερμνευει above and ⲢⲘ̄ⲛ̄ⲕ ⲏ ⲙ ⲉ in Coptic—, or this -ο- is the adjective "great", the Egyptian 'ꜥ3; as a parallel I quote OGIS 97, 5 'Οσόρῳ τε καὶ Σαράπιδι, which as an indeclinable should not have an iota subscript.[12]

As it is sufficiently clear from some bilingual texts that Σαρᾶπις, later Σερᾶπις, which was much more frequent than 'Οσορᾶπις, is simply the Greek name of the god referred to by the Egyptians in hieroglyphic or demotic writing as Wśir-Ḥp, the question is, of course, why the initial vowel of his name was dropped when this god, whom Isidore of Sevilla calls the *omnium maximus Aegyptiorum deus*, came to be worshipped by Greeks as well.[13] There have been many attempts, ancient and modern, at explanations and etymologies of the name as a whole. But I know of only two to account specifically for this loss of 'O-. Champollion, followed among others by Sethe, explained it as an un-etymological *coupe*, some kind of metanalysis, carried through by the Greeks. He suggested that they might have analysed 'Οσαρᾶπις as ὁ Σαρᾶπις.[14] This theory presupposes a name already fully Grecized and complete with its other cases. This is not impossible in itself but could be established only by proving that the nominative was more frequent than the other cases in the spoken language so that in the latter the shortening might thus have occurred by analogy. Nothing, however, points in this direction. It is true that in later Greek comparable shortenings occur, such as μάτι from ὀμμάτι(ο)ν, σπίτι from ὀσπίτι(ο)ν, but these instances do not stand on their own and must be due to the same linguistic trend that caused ὁμιλῶ to become μιλῶ, εὑρίσκω to become βρίσκω, etc., etc. In antiquity, however, the phenomenon is extremely rare, σκορακίζω "to say ἐς κόρακας" is one of the very few truly Greek examples that Schwyzer can quote.[15] Clipped

---

[11] *NB*, col. 245 (*Stud.Pal.* XVII, p. 18, 201).

[12] A. Erman - H. Grapow, *Wörterbuch der Aegyptischen Sprache* (Berlin, 1971; repr.), vol. I, p. 161.

[13] *Etymologiae* VIII, 11, 85.

[14] K. Sethe, *Sarapis und die sogenannten κάτοχοι des Sarapis*, in *Abh. Kön.Ges.Wiss.Gött.Phil.-hist.Kl.* (N.F.), XIV, 5 (Berlin, 1913), p. 6.

[15] Schwyzer, *op. cit.*, I, p. 413.

expressions such as ὦ 'γαθέ, ἔφη, Κῦρε, probably in rapid speech, had no lasting effect on word forms.[16] The definite article theory, however, may hold for isolated cases, in the translation literature for instance. Suppose, by way of pure hypothesis, that a Roman had rendered 'Οσῖρις καὶ 'Οσαρᾶπις by *Siris et Sarapis*, well, in such a case the only reasonable explanation would be to assume that metanalysis had been at work.

Wilcken did not agree. In the introduction to his *Urkunden der Ptolemäerzeit* he gives a thorough discussion of the god Sarapis and the problems connected with him and also offers an alternative theory about his Greek name.[17] The sequence ὁ 'Οσαρᾶπις would have been unacceptable to Greeks for reasons of euphony and therefore they never added the article to the nominative, which was then shortened. He refers in support to the Artemisia papyrus where the one and only nominative of the name does indeed lack the article, whereas the oblique cases all have it.[18] But I myself think this solitary instance is insufficient to prove his point. Moreover, since it amounts to considering 'Οσαρᾶπις either as 'Οσαρᾶπις or as ὁ 'σαρᾶπις I cannot see that his theory would be all that different from Champollion's. It would have the same drawback, what is more, of not accounting for the oblique cases, the very point made explicitly by Wilcken himself in challenging the definite article theory. But there are further objections. Why was the sequence ὁ 'Οσῖρις not considered equally cacophonous and so changed to Σῖρις? There certainly was no objection here to the use of the article, for the combination ὁ 'Οσῖρις actually occurs, e.g. *SB* 3419 δοῖ σοι ὁ 'Οσεῖρις τὸ ψυχρὸν ὕδωρ. Nor was there any similar shortening of other masculine words beginning with ὁ-, such as ὀβελίσκος, ὀβολός, ὀρφανός. Moreover, it is very doubtful whether such principles of euphony were at all operative in spontaneous current speech. The avoidance of hiatus, for example, is a stylistic rule, rather consciously applied in written and recited language but not much regarded in ordinary everyday speech.

---

[16] Xenophon, *Cyrop.* III 1, 30.

[17] U. Wilcken, *Urkunden der Ptolemäerzeit* (Berlin-Leipzig, 1927), I; on Sarapis: pp. 18-37, 77-95; on the name: pp. 85-86. (According to Bonnet, *RÄRG*, p. 655A: "Die jüngste und beste Darstellung").

[18] *UPZ* I, nr. 1.

If neither Champollion's nor Wilcken's explanations are wholly convincing the reader may wonder whether it is all to remain an unsolved riddle or whether yet another solution can be offered. I believe that I have found a possible explanation, and must begin by asking two preliminary questions: What kind of people were they who formed this abbreviation? and: In what circumstances did they form it? First then, Sethe, Wilcken, and many others agree that they must have been Greek-speaking,[19] since personal names of Greek type, derived from the god's name and ending in -ίων, -όδωρος and the like, always contain the element Σαραπ- or Σεραπ-, and never 'Οσαραπ- etc., while the reverse holds true of purely Egyptians names beginning with Ψεν-, Πετ-, Τα- etc. Hence we find on the one hand Σαραπίων, Σαραπόδωρος, etc., and Ψενοσαρᾶπις, Ταυσορᾶπις, etc. on the other. A further significant point is the existence of the Alexandrian deme Σαραπίδειος and its counterpart 'Ισίδειος, while no other Egyptian deity gave his or her name to a deme, such a typically Greek institution. I did think I had found an exception to the above rule of distribution about Σαραπ- and 'Οσαραπ- in the name Ψενσέραπις mentioned by Pape-Benseler,[20] but when I checked the inscription in which it occurs the name turned out to have been supplied by the editor: "Fortasse [Ψενσ]έραπις ἔγραψα".[21]

Nor is the name Τασορᾶπις mentioned above evidence to the contrary, since its regular form is Ταοσορᾶπις, and if Τασορᾶπις is not a mere error, phonetic influences may be responsible. After a vowel the initial ο- of οσοραπ- is sometimes dropped; a similar case may be that of Πασῖρις alongside Παυσῖρις. The form Πετσῖρις for Πετοσῖρις shows, however, that there could also be syncope after a consonant. Thus all these instances are probably best explained as shortened "presto forms" or call names which attained more or less official status. Although they do not really shake the logic of the Sethe-Wilcken argument, I should none the less like to modify it somewhat. I suggest that the form Σαρᾶπις was *at first* not used

---

[19] Sethe, *op. cit.*, p. 9; *UPZ* I, pp. 86-87.

[20] W. Pape - G. Benseler, *Wörterbuch der griechischen Eigennamen* (Graz, 1959; repr.), p. 1698A.

[21] *CIG* III, 5109 nr. 36, a potsherd from the time of Severus or Caracalla.

by pure Egyptians because the compound Osar-Ḥapi was trans-
parent in meaning, while Sar-Ḥapi(s) was not and could even, if
it were interpreted as Egyptian, be thought to mean "distributor/
distribution of Apis" which would have made no sense to them at
all.[22] Only when it became well enough known that Σαρᾶπις was
the *Greek* name of Osar-Ḥapi may it have been used in Egyptian
names. In the one instance that we know of, this happens only in
an indirect way: Τασαραπίων (*P.Oxy.* VIII, 1149, 6) from the second
century, that is about half a millennium later than the first possible
evidence of the abbreviated form of the god's name in Σεραπίων,
the name of one of the friends of Alexander the Great who used
to play at ball with him.[23] On the other hand the actual use also
among Greeks of the god's full name is attested by Artemisia or
whoever wrote for her the famous curse against her husband:
ϓΩ δέσποτ' Ὀσερᾶπι . . . . . . Even if one reads here ἥδ' Ἀμάσιος
θυγάτηρ (with Wilcken) instead of ἡ Δαμάσιος θυγάτηρ (Petrenetti,
Blass, Preisigke), it does not make her an Egyptian. The name
Ἄμασις may have been popular among Greek mercenaries and their
descendants as that of a pharaoh who once recruited them for his
army.[24] Moreover, why should an Egyptian woman use a *foreign*
language in addressing an Egyptian god? In origin at any rate the
name Σαρᾶπις was typically Greek, though not necessarily trans-
parent in meaning to all Greeks, as witness Athenodorus of Tarsus
(c. 90 B.C.) and Clement of Alexandria. The former arrived at a
correct derivation of the name though by a rather strange line of
argument. Bryaxis, he says, would somehow have used a mixture
of the unguents left over from the funerals of Osiris and Apis in
order to make the statue of Sarapis, on which Clement who quotes
him remarks: οὗ καὶ τοὔνομα αἰνίττεται τὴν κοινωνίαν τῆς κηδείας
καὶ τὴν ἐκ τῆς ταφῆς δημιουργίαν, συνθετὸν ἀπό τε Ὀσίριδος καὶ Ἄπιος
γενόμενον Ὀσίραπις, and thus does not go into the correct explanation of the name.[25]

---

[22] W. Erichsen, *Demotisches Glossar* (Copenhagen, 1954), pp. 441-442;
W. E. Crum, *A Coptic Dictionary*, (Oxford, 1939), *col.* 353B.

[23] Plutarch, *Alexander* 39.

[24] Cf. *UPZ* I, p. 99.

[25] Clemens Alexandrinus, *Protr.* IV 48; this is somewhat surprising since
he may have been familiar with the parallel name *Osir*antinous of the
deified favourite of Hadrian (cf. *Protr.* V, 49).

Since it was undoubtedly Greeks who abbreviated the name of the Egyptian god, we also have to ask in what situation or under what circumstances this may probably have occurred. We have seen also that a shift from 'Οσαρᾶπις to Σαρᾶπις within the Greek language itself, though not impossible, cannot be considered very likely. On the contrary, the very scarcity of the longer form, which occurs as far as I know only in documents closely connected with the Serapeum, and once even still as an undeclinable: τοῦ 'Οσορᾶπι (*P.Lond*. 41, 7: 161 B.C.), rather suggests that the name in its truncated form was adopted by Greek worshippers right from the start, that is, together with the cult itself. The fact that the Greek name of the god's temple has come down to us only as Σαραπ(ι)εῖον, never as 'Οσαραπιεῖον or the like, would seem to bear this out. Can we be more precise? In what situation could the abbreviation have occurred? Well, nothing can be proved, but I should hazard a guess that it must have been one in which Greeks became emotionally involved and felt a need to worship after they had first made the acquaintance of the supreme Egyptian god, *rather* than one for instance in which Greek merchants, travellers or tourists admiring a particular temple from outside happened to ask who was worshipped there. Greek merchants and artisans had been living at Naucratis since about 650 B.C. It is known that in this originally Milesian colony there were also Egyptian temples. The Greeks may thus have participated in the cult of Osar-Ḥapi centuries before Ptolemy Soter. After arriving in their new fatherland the settlers might have entered a temple of the "Egyptian Zeus", either in Naucratis or elsewhere, and there distinguished in the babble of unintelligible foreign chant and prayer, one repeatedly recurring sequence: "Osarhapi . . . Osarhapi . . ." Is it not a very likely supposition that they might have interpreted this sequence, which, as we saw above, to their ears began with o-, as the more or less international exclamation "oh" followed by the name of the god invoked? A name, moreover, which in Lower Egypt, as it so happened, ended in -i, and could thus be interpreted as a vocative and easily transformed into a nominative or accusative by the addition of -s or -n? [26] Thus the Greek name Σαρᾶπις might have

---

[26] In Upper Egypt Osar-Ḥape would probably have resulted in a nominative Σαρᾶπος, backformed from ὦ Σαρᾶπε.

come about almost automatically from Egyptian invocations overheard by Greeks. The ease with which this could occur is attested by a parallel from Pseudo-Callisthenes' *Life of Alexander* I 33, 6-7. The author relates how the king first made the acquaintance of Sarapis when he asked the meaning of a hieroglyphic inscription on an obelisk. It ran: Βασιλεὺς Αἰγύπτου Σεσόγχωσις κοσμοκράτωρ τῷ προφανεῖ τοῦ κόσμου θεῷ Σαράπι ἀνέθηκεν.[27] In the manuscript representing the oldest recension A, however, it reads according to the critical apparatus: του προφανη τουτου κοσμου ο σηραπη, a line which made Roeder say in his *PWRE*-article on Sarapis: "das grammatisch und inhaltlich unverständliche ὁ Σεραπη (sic) ist zu streichen".[28] The editor Kroll remarks: "corr. ex Arm. *praesuli mundi totius Sarapi* Val., unde προστάτη Müll.", and then adds: "Forma Ὀσέραπις latere potest, item v. 18." Looking at this last passage we wonder why Kroll did not immediately adopt Ὀσιρᾶπι as the correct reading: I 3, 7 Εἶπεν οὖν ὁ Ἀλέξανδρος ἀποβλέψας εἰς τὸν θεόν· Μέγιστε ὦ Σάραπι, εἰ σὺ τυγχάνεις τοῦ κόσμου θεός, δήλωσόν μοι (crit. app.: σιραπι A), for it is clear that both the itacistic οσηραπη and this ωσιραπι should be read Ὀσιρᾶπι, the true name of the god restored as it were in reverse from "oh" plus vocative.[29] The word order μέγιστε ὦ Σάραπι might even indicate in this prose context that ὦ is here not "oh", for a sequence so typical of drama and epic seems in a biography like this somewhat out of place, though at home of course in the *Iliad*: K 43 Διοτρεφὲς ὦ Μενέλαε.[30]

This brings me to the second element of the originally compound name, to -ᾶπις. It is well known that this is the name of the sacred bull of Memphis, which must have become familiar to the Greeks first in Lower Egypt, to judge from the later difference in Coptic

---

[27] W. Kroll, *Historia Alexandri Magni (Pseudo-Callisthenes)*, (Berlin, 1926), p. 34. The passage is not contained in the new edition by H. van Thiel, *Leben und Taten Alexanders von Makedonien* (Darmstadt, 1974), because it is not found in recension β: see p. 49.

[28] *PWRE*, (1920), 2. Reihe, I. Band, *col.* 2402.

[29] Cf. L. Vidman, *Isis und Sarapis bei den Griechen und Römern* (Berlin, 1970), p. 24. His remark that the context contains the form Σαρᾶπις and that Kroll's comment puts more into the text than is really there, is in my opinion incorrect.

[30] Erman-Grapow, *op. cit.*, vol. III, p. 487; cf. Schwyzer, *op. cit.*, II, p. 61.

between Bohairic ϩⲁⲡⲓ and Sahidic ϩⲁⲡⲉ, both, however, containing an initial h-sound. That in Greek orthography the name is consistently written as Ἆπις without a *spiritus asper* may have something to do with the fact that Naucratis was originally an Ionian settlement, and more especially that Herodotus, who was the first to inform the world outside Egypt about this sacred animal, wrote in the Ionian dialect, of which *psilosis* was one of the main characteristics. The same explanation may hold for two other loan words from Egypt. One is the name of that other famous sacred animal, the "ibis", the other that of the precious wood that came by way of Egypt from the deep south, "ebony". The Egyptians called these *hbj* and *hbnj* respectively, but the Greeks ἶβις and ἔβενος.[31] There would therefore be some justification for writing Ὀσορ-Ἆπι, and perhaps also Σαρᾶπις, at least for the earliest period, for the breathing would soon have disappeared from the pronunciation of the word as a consequence of the iron rule that it was not allowed in the middle of a Greek non-compound word. An exception was ταῶς "peacock", either because it was a loan word, or, more likely, because birds' names often have an unusual phonological structure due to their onomatopoetic character.[32] Yet the initial ḥ-, which was voiceless as in Scottish "wheat" or "huge", was so sharp and clear that Semites simply transcribed it by ḫ: Neobabylonian Naḫtu-Ḫappiʾ "Apis is strong",[33] Aramaic אוסדי־חפי i.e. Usrj-Ḫpj/"Osiris-Apis"[34] and also ענח־חפי i.e. ʿnḫ-Ḫpj "Apis lives".[35] In this last name both ḫ of ʿanḫ and ḫ of Ḫapi are transcribed ח/ḫ; ʿanḫ is also thus spelt in the name given to Joseph as viceroy of Egypt in Genesis XLI 45 צָפְנַת־פַּעְנֵחַ/ Ṣāpᵊnaṯ-Paʿneaḫ i.e. probably De-pnute-ef-ʿanḫ or "The god speaks and he lives".[36] Apis' name itself does not occur in the

---

[31] See K. Sethe, *Zur Wiedergabe des ägyptischen h am Wortanfang durch die Griechen*, in *Nachr.Göttingen* (1925), p. 51-52; cf. Schwyzer, *op. cit.*, I, p. 155.

[32] See my *Morphology of Koine Greek* (Leyden, 1971), p. 62.

[33] Ranke, *op. cit.*, p. 53.

[34] *CIS* II, 1 nr. 123.

[35] A. Cowley, *Aramaic Papyri of the Fifth Century B.C.* (Oxford, 1923), p. 185, nr. 73, 4.

[36] According to G. Steindorff in *ZÄS*, XXVII, p. 41s., but other explanations have been given.

Hebrew Old Testament, but the animal as such may have been intended in Jeremiah XLVI 15, the prophecy against Egypt. After the mention of Noph in the preceding verse, i.e. (Men)-Nof(er-Pipi) alias Memphis, it says in our passage: "Why is thy mighty one (אבידך) prostrated (נסחף), did not he stand?" The Hebrew word for "mighty one" occurs elsewhere (Isaiah XXXIV 7; Jeremiah L 11) in enumerations of animals and in the Septuagint version of these passages is represented by ταῦροι. It is no surprise then to find the word from Jeremiah XLVI 15 similarly translated μόσχος in the Septuagint: Διὰ τί ἔφυγεν ὁ Ἄπις; ὁ μόσχος ὁ ἐκλεκτός σου οὐκ ἔμεινεν; (XXVI 15). But where does the Apis come from? The general opinion is that the verb נסחף was here read by the translator not as נִסְחַף "is prostrated", but as two words נָס חַף i.e. "Apis flew",[37] whereas ὁ ἐκλεκτός σου (with ὁ μόσχος) may be a double rendering of אבידך.[38] However this may be, ἐκλεκτός both in its qualitative and in its literal sense sounds ironical, the remark of an outsider on the Egyptian religion, just as Diodorus speaks somewhat neutrally and objectively about the *searching* and *finding* of a new Apis-bull: I 85 ζητοῦσιν οἱ περὶ ταῦτ' ὄντες ἱερεῖς μόσχον ἔχοντα κατὰ τὸ σῶμα παράσημα παραπλήσια τῷ προϋπάρξαντι· ὅταν δ'εὑρεθῇ . . . etc. Herodotus was undoubtedly closer to the religious feelings of the ancient Egyptians when in connection with Apis he chose the verb φαίνεσθαι: II 153 ὁ Ψαμμήτιχος ἐποίησε . . . αὐλήν . . . ἐν τῇ τρέφεται ἐπεὰν φανῇ ὁ Ἄπις, and also III 27 ἀπιγμένου δὲ Καμβύσεω ἐς Μέμφιν ἐφάνη Αἰγυπτίοισι ὁ Ἄπις . . . ἐπιφανέος δὲ τούτου γενομένου etc. His use of words more faithfully reflects the Egyptian belief in the finding of a bull-calf with the specific marks as a divine epiphany.

---

[37] For instance, R. Kittel, *Biblia Hebraica* (Stuttgart, 1954⁹), p. 790, *crit. app.*

[38] F. Giesebrecht - M. Löhr, *Das Buch Jeremia und die Klagelieder Jeremia* (= Göttinger Handkommentar zum Alten Testament; Göttingen, 1907), p. 229.

GEMMES, BAGUES ET AMULETTES MAGIQUES DU SUD DE L'URSS

O. YA. NÉVÉROV
(Leningrad)

Planches CLXVII-CLXXVI

Parmi les nombreux objets de glyptique provenant des fouilles au sud de l'URSS, un groupe particulier est constitué par les gemmes et amulettes des premiers siècles ap. J.-C., qui portent généralement en plus de l'image, des inscriptions et des symboles. Ces intailles dites «gréco-égyptiennes» sont largement représentées dans chaque collection plus ou moins importante de glyptique. L'origine de ces intailles, qu'on estime liées à la magie et à l'activité des sectes gnostiques de l'antiquité tardive, n'est que très rarement confirmée par des travaux archéologiques documentés[1]. Les problèmes essentiels — la propagation des monuments de ce type, le siège des ateliers, les particularités locales etc. — ne peuvent être posés et résolus qu'après la publication des découvertes régionales. Pour contribuer à ces recherches, nous nous proposons de donner dans le présent article le classement de toutes les gemmes connues de l'auteur, trouvées au sud de l'URSS.

Nous avons classé nos matériaux (plus de 50 pièces) suivant un principe dicté par le type de la représentation au droit: dieux et génies des magiciens et des gnostiques, divinités du panthéon égyptien, dieux du panthéon gréco-romain, images symboliques des animaux et inscriptions.

I. Les dieux des magiciens et des gnostiques
(Cat. Nos 1-16)

Neuf amulettes portent l'image d'un génie anguipède alectro-céphale. Ce dieu gerrier est revêtu d'une cuirasse et tient en mains

---

[1] A. Delatte - Ph. Derchain, *Les intailles magiques gréco-égyptiennes* (Paris, 1964), p. 15, 253. Cf. R. Ocheseanu, *O gema gnostica descoperita la Constanta*, dans *Pontica* (1971), 4, p. 303; Л. Цепосу-Давид, *Новый abraxas* [43]

ses attributs: un fouet et un bouclier. Cette figure est accompagnée par les noms des divinités: Iaô-Jahvé (Nᵒˢ 1, 2, 3, 5), Abrasax (Nᵒˢ 1, 2), Sabaoth (Nᵒ 4), par des formules magiques dans le genre de ἀβλαναθαναλβά («Père, viens à nous!») (Nᵒ 5), par des formules dites «babbling inscriptions» (Nᵒ 4) [2] et par des signes en forme de trois lettres $\chi\chi\chi$ (Nᵒ 3). L'inscription sur l'amulette trouvée à Kertch: στόμαχου (Nᵒ 3) permet de supposer que la représentation du génie anguipède alectrocéphale pouvait donner à l'amulette le pouvoir magique d'un phylactère contre les maladies de l'estomac.

On trouve sur quatre amulettes la figure d'un serpent léontocéphale nimbé de rayons. Les légendes donnent son nom — Chnoubis (Nᵒˢ 10, 12); sur une amulette, les noms Iaô, Gabriel et Michael accompagnent l'image de Chnoubis (Nᵒ 11). Les séries de voyelles qui symbolisent sept planetes (Nᵒ 11), les signes en forme de trois lettres $\mathcal{ZZZ}$ (Nᵒˢ 10-12) et les étoiles (Nᵒ 11) soulignent le caractère astral de cette divinité qui personnifiait le soleil.

Le génie tétraptère à tête d'oiseau, qui tient en mains un caducée et un scorpion, est aussi accompagné des noms des divinités principales du gnosticisme: Iaô et Abrasax (Nᵒ 13). Les lettres: ἰά, tracées à coté de l'image du génie tétraptère «Panthée» semblent être également une partie du nom Iaô (Nᵒ 14).

1. Amulette. Jaspe. A) Génie anguipède alectrocéphale vêtu d'une cuirasse, armé du fouet et du bouclier. Sur le bouclier, en deux lignes: ἰά/ω. R) Inscription en deux lignes: ἀβρα/σάξ. 1,4 × 1,1 cm. IIIᵉ s.

Moscou, Musée historique. Prov. de la coll. T. V. Kibaltschitch. Trouvée à Tira. Т. В. Кибальчич, *Южно-русские геммы*, Берлин 1910, № 316.

Amulettes analogues: Leningrad, Ermitage, Nᵒ d'inv. Ж 394; Musée de Chersonnèse, Nᵒ d'inv. 22611; Paris, Bibl. Nat.: A. Delatte-Ph. Derchain, *Les intailles magiques gréco-égyptiennes*, Paris 1964, Nᵒ 8. — Pl. CLXVII.

Porolissum, dans *SCIV*, X (1959), p. 463; А. А. Димитрова, *Геми-амулети с гностически изображения*, dans *Археология* (1968), 3, стр. 24; D. Zontschew, *Ein gnostisches Amulet* ἀβραξάς *aus Bulgarien*, dans *Klio*, 40 (1962), S. 297.

[2] C. Bonner, *Studies in magical Amulets* (Ann Arbor, 1950), p. 19.

2. Amulette. Jaspe dans une monture en fer. A) Génie anguipède alectrocéphale vêtu d'une cuirasse, armé du fouet et du bouclier. Sur le bouclier, en deux lignes: ἰά/ω. R) Inscription en quatre lignes: ἀ/βρα/σά/ξ. 1,6 × 1,1 cm. IIIᵉ s.

Musée de Chersonnèse, N° d'inv. 22611. Trouvée en 1907 dans la nécropole de Chersonnèse (tombeau N° 2158). *ИАК*, вып. 42, стр. 14; Э. И. Соломоник, *Из истории религиозной жизни в северопонтийских городах*, dans *ВДИ* 1973, № 1, стр. 59, рис. 1.

Amulettes analogues: Leningrad, Ermitage, N° d'inv. Ж 394; Moscou, Musée historique: Кибальчич, *op. cit.*, N° 316. — Pl. CLXVII.

3. Amulette. Hématite. A) Génie anguipède alectrocéphale vêtu d'une cuirasse, armé du fouet et du bouclier. Sur le bouclier, en trois lignes: ἰ/ά/ω. R) Inscription en trois lignes: στό/μα/χου. Signes magiques: ⌇⌇⌇ . 2,3 × 1,4 cm. IIIᵉ s.

Leningrad, Ermitage, N° d'inv. Ж 394. Prov. de la coll. A. A. Bobrinsky (Kertsch), 1931. О. Неверов, *Отражение восточных культов в глиптике Северного Причерноморья*, dans *СГЭ* 42, стр. 90, рис. 21..

Amulettes analogues: Moscou, Musée historique: Кибальчич, *op. cit.*, N° 316; Paris,. Bibl. Nat.: Delatte-Derchain, *op. cit.*, N° 32. — Pl. CLXVII.

4. Amulette. Jaspe rouge. A) Génie anguipède alectrocéphale vêtu d'une cuirasse, armé du fouet et du bouclier. Dans le champ — sept étoiles, en légende: κεντευ κονκευ καντευ καλυνδευ ἀτλωε. R) Horus-Harpocrate armé du fouet assis sur une fleur de lotus. Dans le champ- une étoile, en légende: κοδηρεα χουηρδα χραθου αθχαρευ. Sur le biseau: ἐας ἐλθεις ἐλβει Σαβαώθ. 2,3 × 1,8 cm. IIᵉ-IIIᵉ ss.

Leningrad, Ermitage, N° d'inv. Ж 6743. Prov. de la coll. O. Nouri-bey (1914).

Amulette analogue: Paris, Bibl. Nat.: Delatte-Derchain, *op. cit.*, N° 134. — Pl. CLXVII.

5. Amulette fragmentée. Jaspe verte. A) Génie anguipède alectrocéphale vêtu d'une cuirasse, armé du bouclier. En légende: ἰάω ἀβλα[ναθαναλβά]κ. R) Mars et Vénus, en légende: les signes du zodiaque. 2,3 × 2,0 cm. IIᵉ-IIIᵉ ss.

Leningrad, Ermitage, N° d'inv. X. 1908. 61. Trouvée en 1908 dans la nécropole de Chersonnèse (tombeau N° 2510). *CR Pétersbourg* 1908, p. 103, fig. 108; *Херсонесский сборник*, вып. II, 1927, стр. 183, рис. 46; Соломоник, *op. cit.*, p. 59; Неверов, *op. cit.*, p. 90, fig. 19.

Amulettes analogues: Leningrad, Ermitage, N° d'inv. Ж 6635; Paris, Bibl. Nat.: Delatte-Derchain, *op. cit.*, N° 330. — Pl. CLXVIII.

6. Bague en bronze avec un chaton circulaire. Génie anguipède alectrocéphale vêtu d'une cuirasse, armé du fouet et du bouclier. Diam. du chaton — 1,3 cm. IIIe-IVe ss.

Leningrad, Ermitage, N° d'inv. B 2123. Prov. de la coll. E. M. Kiriakoff (Kertsch), 1886. Неверов, *op. cit.*, p. 90, fig. 22. — Pl. CLXVIII.

7. Amulette. Bronze. A) Génie anguipède alectrocéphale vêtu d'une cuirasse, armé du fouet et du bouclier. Dans le champ — signes magiques et l'inscription: ευο ... ευο ... ἰηηνλο ... ἰηη ... ἀβιυν ... ἀιιμιυν. R) Serpent Chnoubis entouré par trois scarabées, trois oiseaux, trois serpents, trois chèvres et trois crocodiles. 3,8 × 3,0 cm. IIIe s.

Leningrad, Ermitage, N° d'inv. B 2728. Acquise en 1922. A. Procopé-Walter, *Iao und Set*, dans *ARW*, XXX, 1930, S. 45.

Amulettes analogues: Paris, Bibl. Nat.: Delatte-Derchain, *op. cit.*, N° 87; Paris, Louvre: A. De Ridder, *Catalogue sommaire des bijoux antiques*, Paris 1924, N° 1616. — Pl. CLXVIII.

8. Intaille fragmentée. Cornaline. Génie anguipède vêtu d'une cuirasse, armé du fouet et du bouclier. 0,9 × 0,7 cm. IIIe s.

Tbilisi, Musée de Georgie, N° d'inv. 636. М. Лордкипанидзе, *Геммы Гос. Музея Грузии*, IV, Тбилиси, 1967, № 85.

Intaille analogue: Angleterre, Coll. privée: E. Carnegie, *Catalogue of the Collection of antique Gems*, I, London 1908, pl. XIII. — Pl. CLXVIII.

9. Bague en bronze avec le chaton à huit angles. Génie anguipède vêtu d'une cuirasse. Diam. du chaton — 1,2 cm. IIIe-IVe ss.

Tbilisi, Musée de Georgie. Trouvée au village Laze (Osetie).

A. Zakharow, *Gemmen und Siegel des Museums Georgiens*, dans *Bulletin du Musée de Georgie*, V, 1928, N° 162. — Pl. CLXVIII.

10. Amulette. Calcédoine. A) Chnoubis, serpent à tête de lion radiée, lové sur un autel. Inscription: χνοῦβις ὡρ. Signe magique: ⨍⨍⨍. R) Inscription: ὀσορ 1,9 × 1,6 cm. IIe-IIIe ss.

Leningrad, Ermitage, N° d'inv. Ж 6988. Prov. de la coll. G. G. Lemlein (1964).

Amulettes analogues: Leningrad, Ermitage, N^{os} d'inv. Ж 4065, 6482; Paris, Bibl. Nat.: Delatte-Derchain, *op. cit.*, N° 79. — Pl. CLXIX.

11. Amulette. Jaspe verte. A) Chnoubis, serpent à tête de lion radiée. Dans le champ — quatre étoiles et signe magique: ⨍⨍⨍. Tout est entouré de serpent «ourobore», en légende: ἀβριήλ ἰάω. R) Inscription en six lignes: ἀαι/χννι/ἰάω μιχ/αήλ θυσι/ήλ ἔλ/ηηι 1,9 × 1,5 cm. IIIe s.

Moscou, Musée historique. Prov. de la coll. T. V. Kibaltschitch (Theodosia). Кибальчич, *op. cit.*, N° 324. — Pl. CLXIX.

12. Amulette. Cornaline. A) Chnoubis, serpent à tête de lion radiée. R) Inscription en deux lignes: χνοῦ/βισ. Signe magique: ⪉⪉⪉. 0,9 × 0,6 cm. IIIe s.

Moscou, Musée historique. Prov. de la coll. T. V. Kibaltschitch (Theodosia). Кибальчич, *op. cit.*, N° 335.

Amulettes analogues: Sofia, Musée archéologique Nat.: A. Димитрова, *Геми-амулети с гностически изображения*, dans *Археология*, 1968, № 3, стр. 24, рис. 2; Paris, Bibl. Nat.: Delatte-Derchain, *op. cit.*, N°s 52-55. — Pl. CLXIX.

13. Amulette. Jaspe verte. Génie tétraptère à tête de l'ibis; sous ses pieds — serpent «ourobore», en ses mains — un scorpion et un caducée. En légende: ἀβρασάξ ἀιισμινοιοσνιγο ἰάω. 2,4 × 2,0 cm. IIe-IIIe ss.

Prov. de la coll. T. V. Kibaltschitch (perdue en 1908). Кибальчич, *op. cit.*, N° 382.

Amulette analogue: Paris, Bibl. Nat.: Delatte-Derchain, *op. cit.*, N°s 39, 128. — Pl. CLXIX.

14. Amulette. Jaspe verte. Génie ithyphallique tétraptère à tête de Bes. Sous ses pieds — serpent «ourobore» encerclant un animal indistinct, à chaque main du génie — un bâton. Lettres: ἰά. 1,4 × 1,2 cm. IIIᵉ s.

Leningrad, Ermitage, Nᵒ d'inv. Ж 6710. Prov. de la coll. N. F. Romantschenko (1924).

Amulettes analogues: Leningrad, Ermitage, Nᵒ d'inv. Ж 6708; Paris, Bibl. Nat.: Delatte-Derchain, *op. cit.*, Nᵒ 166.— Pl. CLXIX.

15. Amulette hemispherique. Agate. Représentation schématique du génie à deux bâtons; sous ses pieds — un animal. Diam. — 3,4 cm. IIIᵉ-IVᵉ ss.

Tbilisi, Musée de Georgie, Nᵒ d'inv. 126. Лордкипанидзе, *op. cit.*, IV, Nᵒ 83. Prov. de la coll. Milkewitsch.

Amulettes analogues: Tbilisi, Musée de Georgie: Лордкипанидзе, *op. cit.*, Nᵒˢ 82, 84; Moscou, Musée historique: A. Захаров, *Геммы и перстни Гос. Исторического музея*, dans *ТСАРАНИОН*, I, 1928, № 15-17;; Paris, Louvre: L. Delaporte, *Catalogue des cylindres et des cachets orientaux*, I-II, Paris 1920/23, pl. 55, 108. — Pl. CLXX.

16. Amulette hémispherique. Agate. Représentation schematique du génie à deux bâtons; sous ses pieds — un animal. Diam. — 3,2 cm. IIIᵉ-IVᵉ ss.

Moscou, Musée historique. Захаров, *op. cit.*, Nᵒ 15 (De Caucase).

Amulettes analogues: Moscou, Musée historique: Захаров, *op. cit.*, Nᵒˢ 16-17; Tbilisi, Musée de Georgie: Лордкипанидзе, *op. cit.*, Nᵒˢ 82-84.

II. *Les divinités du panthéon égyptien*
(Cat. Nᵒˢ 17-29)

Les images d'Isis, d'Osiris, de Sarapis, d'Horus, d'Anubis sur les amulettes magiques des premiers siècles de notre ère prennent le valeur universelle inhérente aux dieux du gnosticisme. Les divinités de l'ancien panthéon égyptien deviennent la personnification des forces cosmiques et astrales. Horus-Harpocrates, assis sur un lotus, a pour légende: Σαβαώθ (Nᵒ 4), Sarapis — 'Αβρασάξ (Nᵒ 24), Isis est accompagnée par la formule gnostique ἀβλαναθαναλβά (Nᵒ 17), à l'image d'Osiris sont associés le nom d'Iaô et l'epithète du dieu solaire Chnoubis: σεμεσιλάμ («le soleil de l'univers») (N⁰ 20). Les séries de voyelles (N⁰ 23) et les signes magiques (Nᵒˢ 20, 21) devaient renforcer l'efficacité des amulettes.

Certaines images ont un rapport très étroit avec les croyances égyptiennes sur la résurrection après la mort et la vie future. Telles sont les figures d'Osiris en momie (Nᵒˢ 20, 21, 23), d'un lion piétinant un squelette (N⁰ 20), d'Osiris et Anubis avec les attributs d'Hermès-Psychopompe (Nᵒˢ 19, 22). Les symboles solaires et astraux soulignent le caractère cosmique des dieux anciens, tandis que leur fusion avec les dieux hellénique témoigne des recherches, à cette époque-là, sur les cultes universels et monothéistes. Une amulette provenant d'Olbia (N⁰ 24) porte l'effigie de Zeus assis sur un trône, avec en exergue, un aigle, un croissant et une étoile; au revers — le nom du dieu gnostique: ἀβρασάξ. Le calathos sur la tête du dieu indique que c'est une image syncrétique de Zeus-Sarapis. Les amulettes gnostiques portent souvent la légende: Εἷς Ζέυς Σάραπις.[3] Dans un discours de l'empereur Julien, on lit: Εἷς Ζεύς, εἷς Ἀΐδης, εἷς Ἥλιος, ἐστι Σαράπις[4]. La même fusion de deux cultes apparaît dans les effigies de Sarapis accompagnées de l'aigle de Zeus, du soleil et du croissant (Nᵒˢ 25-26). Dans un oracle en vers, conservé par Macrobe, Sarapis est représenté comme une divinité universelle et cosmique:

Εἰμὶ θεός τοίος δε μαθεῖν, οἷόν κ' ἐγὼ εἴπω·
Οὐράνιος κόσμος κεφαλή, γαστὴρ δὲ θάλασσα,
Γαῖα δέ μοι πόδες εἰσί, τὰ δ' οὐατ' ἐν αἰθέρι κεῖται,
Ὄμμα δὲ τηλαυγὲς λαμπρὸν φάος ἡλίοιο[5].

17. Amulette fragmentée. Obsidienne. A) Isis. En légende: ... οιγιωνγ ... Sur le biseau; en légende: [ἀβλαν]αθαναλ[βά]. R) Anubis. En légende: λελκαλυνασοειοι. 2,8 × 1,5 cm. IIIᵉ s.

Leningrad, Ermitage, N⁰ d'inv. X. 1905. 70. Trouvée en 1905 à

---

[3] Leningrad, Ermitage, Nᵒˢ d'inv. Ж 6721, 6730, 6762, 6763. Cf. E. Peterson, Εἷς Θεός (Stuttgart, 1926), p. 208; E. Le Blant, *750 inscriptions de pierres gravées* (Paris, 1896), p. 77.
[4] Julianus, *Oratio in Solem Regem*, 5.
[5] Macrobius, *Saturnalia*, I, 20.

Chersonnèse. *ИАК*, вып.. 25, стр. 147; Соломоник, *op. cit.*, p. 59; Неверов, *op. cit.*, p. 91, fig. 18.

Amulette analogue: Paris, Bibl. Nat.: Delatte-Derchain, *op. cit.*, Nos 33, 112. — Pl. CLXX.

18. Amulette-cylindre. Cornaline. A)-R) Isis tient un serpent à la main droite et le symbole de la vie «ankh» — à la main gauche. 1,7 × 1,2 cm. Ie-IIe ss.

Leningrad, Ermitage, N° d'inv. Ол. 2775. Trouvée dans la nécropole d'Olbia (1855).

Amulette analogue: Copenhague, Musée Thorvaldsen: P. Fossing, *Catalogue of the antique engraved Gems and Cameos*, Copenhagen 1929, N° 656. — Pl. CLXX.

19. Intaille en jaspe rouge avec le reste d'une monture en fer. Anubis tient le caducée et une palme. 1,0 × 0,6 cm. IIe-IIIe ss.

Leningrad, Ermitage, N° d'inv. Ол. 70. Trouvée dans la nécropole d'Olbia (1855). *Музей имп. Эрмитажа*, СПб 1861, стр. 280; Неверов, *op. cit.*, p. 90, fig. 2.

Intaille analogue: Kassel, Staatliche Kunstsammlung: P. Zazoff, *Antike Gemmen*, Kassel 1969, N° 48. — Pl. CLXX.

20. Amulette. Jaspe brun dans une monture en or. A) Osiris tient des fleurs de lotus. Dans le champ — six étoiles et deux signes magiques: ⊠ ⼞⼻. Sur le biseau, en légende: σεμεσιλάμ. R) Lion piétinant un squelette. Dans le champ — cinq étoiles et un croissant. Inscription: ἰάω. 2,0 × 1,7 cm. IIIe s.

Leningrad, Ermitage, N° d'inv. Ж 436. Prov. de la coll. Pekeroff (Kertsch), 1907. *CR Pétersbourg* 1907, p. 78; Неверов, *op. cit.*, p. 91, fig. 15.

Amulettes analogues: Leningrad, Ermitage, N° d'inv. Ж 1520, 6556; Paris, Bibl. Nat.: Delatte-Derchain, *op. cit.*, Nos 92, 161. — Pl. CLXXI.

21. Amulette. Cristal de roche. A) Osiris, debout sur un base cylindrique tient deux bâtons «nekhekh». Dans le champ — des hiéroglyphes et des signes magiques. R) Faucon de Horus, debout sur le signe ⚥. Dans le champ — des hiéroglyphes et des signes magiques. 2,2 × 1,7 cm. IIe s.

Leningrad, Ermitage, N° d'inv. Ж 6624. Prov. de la coll. Gamasoff (1868).

Amulette analogue: Paris, Bibl. Nat.: Delatte-Derchain, *op. cit.*, N°s 92-94. — Pl. CLXXI.

22. Intaille en cristal de roche. Osiris tient le caducée et une palme. 1,7 × 1,2 cm. IIe-IIIe ss.

Moscou, Musée historique. Prov. de la coll. T. V. Kibaltschitch (des environs de Sympheropol). Кибальчич, *op. cit.*, N° 102.

Intaille analogue: Paris, Bibl. Nat.: Delatte-Derchain, *op. cit.*, N° 99. — Pl. CLXXI.

23. Amulette. Calcédoine. A) Osiris tient deux bâtons. R) Inscription en trois lignes: ἀηωη/ωαωα/η. Diam. — 1,0 cm. IIIe s.

Moscou, Musée historique. Prov. de la coll. T. V. Kibaltschitch (Chersonnèse). Кибальчич, *op. cit.*, N° 173. — Pl. CLXXI.

24. Amulette. Calcédoine. A) Zeus-Sarapis assis sur un trône. Près du trône — un aigle, dans le champ — une étoile et un croissant. R) Inscription en deux lignes: ἀβρα/σάξ. 1,7 × 1,4 cm. IIIe s.

Kiev, Institut archéologique de l'Acad. des Sciences, N° d'inv. o. 59. 3335. Trouvée en 1959 à Olbia. *Ольвия. Теменос и агора*, I, M. 1964, стр. 25, рис. 23.

Amulettes analogues: Moscou, Musée historique: Кибальчич, *op. cit.*, N°s 89, 141; Sofia, Musée archéologique Nat., N° d'inv. 8072. — Pl. CLXXII.

25. Intaille en cornaline dans le reste d'une monture en fer. La tête de Sarapis, un aigle, une étoile et un croissant. 1,9 × 1,5 cm. IIe-IIIe ss.

Leningrad, Ermitage, N° d'inv. П. 1910. 70. Trouvée en 1910 dans la nécropole de Panticapaeum (tombeau N° 63). *CR Pétersbourg* 1909/10, p. 125; Неверов, *op. cit.*, p. 90, fig. 8.

Intailles analogues: Leningrad, Ermitage, N° d'inv. Ж 5888; New York, Musée Metropolitain: G. Richter, *Catalogue of engraved Gems*, Roma 1956, N° 258. — Pl. CLXXII.

26. Intaille en cornaline. La tête de Sarapis, une étoile et un croissant. 1,4 × 1,0 cm. IIe s.

Leningrad, Ermitage, N⁰ d'inv. Ол. 84. Trouvée à Olbia (1855).
Неверов, *op. cit.*, p. 90, fig. 9.

Intailles analogues: Leningrad, Ermitage, N⁰ d'inv. Ол. 73;
Moscou, Musée historique: Кибальчич, *op. cit.*, N⁰ 205.—Pl. CLXXII.

27.   Intaille en jaspe verte dans une monture en argent. Le buste
de Horus qui tient la corne d'abondance. Dans le champ — une
étoile. 1,9 × 1,5 cm. II⁰-III⁰ ss.

Leningrad, Ermitage, N⁰ d'inv. X. 1908. 204. Trouvée en 1908
dans la nécropole de Chersonnèse (tombeau N⁰ 2684). *CR Péters-*
bourg 1908, p. 103, fig. 108; *Херсонесский Сб*, II, стр. 183, p. 46;
Неверов, *op. cit.*, p. 90, fig. 10.

Intaille analogue: Leningrad, Ermitage, N⁰ d'inv. Ж 5826.
— Pl. CLXXII.

28.   Amulette-cylindre. Cornaline. A) Horus. R) Satyre. 1,6 ×
0,9 cm. I⁰-II⁰ ss.

Leningrad, Ermitage, N⁰ d'inv. O. 1905. 68. Trouvée en 1905 dans
la nécropole d'Olbia (tombeau N⁰ 16). — Pl. CLXXII.

29.   Amulette. Hématite. A) En haut — Sarapis, Horus, Isis,
Séléne, Persephone dans la barque du Soleil. En bas — Némésis (?)
assis sur un trône, près d'elle — un lion, un bœuf et un cheval.
Sur les pieds du trône — une figure étendue. R) Signes magiques
et des lettres en cinq lignes. Diam. — 2,5 cm. II⁰-III⁰ ss.

Leningrad, Ermitage, N⁰ d'inv. Ж 6728. Trouvée en 1909 en
Ukraine (région de Volynsk). — Pl. CLXXII.

III. *Les dieux du panthéon gréco-romain*
(Cat. N⁰ˢ 30-43)

On s'aperçoit que les recherches d'un culte universel apparaissent
parfois dans les effigies des dieux grecs. L'Artémis Éphésienne, en
présence du soleil et du croissant, devient une divinité cosmique
(N⁰ 30). La légende, commentant une image semblable sur l'amulette qui se trouve a Paris, confirme cette hypothèse. Cette légende
appelle la déesse φύσις παντὶ βίῳ ⁶. Hélios sur le quadrige est accom-

---

⁶ Delatte-Derchain, *op. cit.*, N⁰ 239.

pagné des noms des divinités gnostiques: Iaô, Abrasax, Chnoubis (N° 34). Macrobe affirme que «Iaô signifie le Soleil» [7], et l'inscription sur une gemme parisienne va jusqu'à déclarer Iaô le dieu unique: Εἷς θεός 'Ιάω [8].

Quelques-unes des amulettes portant des effigies de dieux grecs trahissent une parenté évidente avec la magie médicale. Ainsi, à côté d'Héraclès terrassant le lion de Némée, on voit trois lettres K (abréviation de κόλικη) qui transforment la gemme en phylactère contre la colique (N° 37). La gemme avec la figure de Kronos le moissonneur des blés est une amulette contre les maux de reins (N°s 39-40). Les représentations de ce genre sont souvent accompagnées par légende: σχίον [9]. Vénus et Mars, le Chatiment de Cupidon appartiennent au répertoir de la magie érotique (N°s 5, 31, 35, 41). Les inscriptions δικαίως, ἡ χάρις, gravées sur ces amulettes, témoignent de leur destination spéciale (N°s 33, 35).

30. Intaille en jaspe rouge. Artémis d'Éphèse, une étoile et un croissant. 1,4 × 1,1 cm. IIIe s.
Leningrad, Ermitage, N° d'inv. 6874. Prov. de la coll. G. G. Lemlein (1964).
Intaille analogue: Moscou, Musée historique: Кибальчич, *op. cit.*, N° 83. — Pl. CLXXIII.

31. Intaille en cornaline. Vénus tenant une colombe. Lettres: πα. 1,2 × 0,9 cm. IIe-IIIe ss.
Leningrad, Ermitage, N° d'inv. Ж 6880. Prov. de la coll. G. G. Lemlein (1964).
Intaille analogue: Leningrad, Ermitage, N° d'inv. Ж 2197. — Pl. CLXXIII.

32. Intaille en cornaline. Séléne, trois étoiles, lettres: συρ. 1,0 × 0,7 cm. IIe-IIIe ss.
Tbilisi, Musée de Georgie, N° d'inv. 882. Лордкипанидзе, *op. cit.*, IV, N° 39.

---

[7] Macrobius, *Saturnalia*, I, 18: Sol 'Ιάω significatur.
[8] Delatte-Derchain, *op. cit.*, N° 208.
[9] *Ibidem*, p. 197.

Intaille analogue: Londres, Musée Britanique: H. B. Walters, *BMC Gems*, N⁰ 1335. — Pl. CLXXIII.

33. Amulette. Pâte de verre. A) Victoire tenant une couronne et une palme. R) Inscription en trois lignes: ἡ χ/άρι/σι. 1,9 × 1,6 cm. IIᵉ-IIIᵉ ss.

Tbilisi, Musée de Georgie, N⁰ d'inv. 336. Trouvée en 1872 dans la nécropole de Samtavro. Zakharow, *op. cit.*, N⁰ 131; B. Brentjes, *Studien zur Glyptik Altkaukasiens und nordlichen Schwarzmeergebietes*, dans *Wiss. Z. Univ. Halle*, XVI, 1967, S. 250, Abb. 55.

Amulettes analogues: Moscou, Musée historique: Кибальчич, *op. cit.*, N⁰ 115; Paris, Bibl. Nat.: Delatte-Derchain, *op. cit.*, N⁰ 215. — Pl. CLXXIII.

34. Amulette. Jaspe rouge. A) Hélios sur le quadrige, devant les chevaux — une petite figure — Phosphoros. R) Inscription en trois lignes: ἰάω χθνοφι /νυθ ἀβρα/[σ]άξ βοήθι. 1,6 × 1,2 cm. IIIᵉ s.

Leningrad, Ermitage, N⁰ d'inv. Ж 6942. Prov. de la coll. G. G. Lemlein (1964).

Amulette analogue: Paris, Bibl. Nat.: Delatte-Derchain, *op. cit.*, N⁰ 297. — Pl. CLXXIII.

35. Amulette. Jaspe verte. A) Amour ligoté près d'une colonne, surmontée du griffon de Némesis. Dans le champ — une torche. Inscription: δικαίως. R) Une palme et l'inscription en quatre lignes: ἡ / χά/ρι/ς. 1,6 × 1,1 cm. IIIᵉ s.

Leningrad, Ermitage, N⁰ d'inv. Ж 6597. Prov. de la coll. Azarenkoff (1884). Trouvée à Tira.

Amulettes analogues: Leningrad, Ermitage, N⁰ d'inv. Ж 6633; Berlin, Staatliche Museen: A. Furtwängler, *Beschreibung der geschnittenen Steine im Antiquarium*, Berlin 1896, N⁰ 8674. — Pl. CLXXIV.

36. Amulette, Calcédoine. A) Mercure près d'une colonne, tenant un bâton et la tête du bélier. R) Un caducée, un serpent et l'inscription: πθιω. 1,1 × 0,8 cm. IIᵉ-IIIᵉ ss.

Leningrad, Ermitage, N⁰ d'inv. Ж 6905. Prov. de la coll. G. G. Lemlein (1964). — Pl. CLXXIV.

37. Amulette. Jaspe rouge. A) Hercule terrassant le lion de Némée. R) Lettres: ⟅⟆. 1,4 × 1,2 cm. IIIe s.

Leningrad, Ermitage, N^o d'inv. Ж 6910. Prov. de la coll. G. G. Lemlein (1964).

Amulettes analogues: Leningrad, Ermitage, N^o d'inv. Ж 6566; Paris, Bibl. Nat.: Delatte-Derchain, *op. cit.*, N°s 272-275. — Pl. CLXXIV.

38. Intaille en jaspe verte. Kronos ou Saturne tenant une faucille, un cep et des branches. Lettres: γσμ. 1,5 × 1,2 cm. IIIe s·

Leningrad, Ermitage, N^o d'inv. Ж 6969. Prov. de la coll. G. G. Lemlein (1964).

Intailles analogues: Leningrad, Ermitage, N^o d'inv. Ж 6904 (même provenance); Londres, Musée Britanique: Walters, *BMC Gems*, N° 1675. — Pl. CLXXIV.

39. Amulette. Hematite. Le moissonneur coiffé du chapeau pointu (Kronos?). 2,3 × 1,4 cm. IIIe-IVe ss.

Leningrad, Ermitage, N^o d'inv. Ж 6711. Prov. de la coll. O. Nouri-bey (1909).

Amulette analogue: Paris, Bibl. Nat.: Delatte-Derchain, *op. cit.*, N°s 261-269. — Pl. CLXXIV.

40. Bague en bronze avec un chaton circulaire. Le moissonneur (Kronos?). Diam. du chaton — 1,2 cm. IIIe-IVe ss.

Tbilisi, Musée de Georgie, N^o d'inv. 791. Trouvé en 1941 dans la nécropole d'Armasiskhevi (tombeau N° 23). Лордкипанидзе, *op. cit.*, II, 1958, N° 24; М. Лордкипанидзе, *Корпус памятников глиптики древней Грузии*, I, Тбилиси, 1969, № 134. — Pl. CLXXV.

41. Intaille en cornaline. Mars, lettres: ὁρι. 1,3 × 1,1 cm. IIIe s.

Tbilisi, Musée de Georgie, N^o d'inv. 907. Лордкипанидзе, *op. cit.*, IV, N° 40.

Intaille analogue: Londres, Musée Britanique: Walters, *BMC Gems*, N° 1426. — Pl. CLXXV.

42. Intaille en cornaline. Énée qui sauve son père Anchisos et son fils Ascanios de Troie; dans le champ — un coq et les lettres: μα. 1,4 × 0,6 cm. IIIe s.

Leningrad, Ermitage, N⁰ d'inv. Ж 7970. Prov. de la coll. G. G. Lemlein (1964).

Intaille analogue: Leningrad, Ermitage, N⁰ d'inv. Ж 1291, 2437. — Pl. CLXXV.

43. Amulette. Agate. Veillard, coiffé du chapeau pointu, tenant un dyptique. Inscription: ἀλιροι. 2,1 × 1,7 cm. IIIᵉ-IVᵉ ss.

Moscou, Musée historique. Prov. de la coll. T. V. Kibaltschitch (Sebastopol). Кибальчич, *op. cit.*, N⁰ 165.

Amulette analogue: Paris, Bibl. Nat.: Delatte-Derchain, *op. cit.*, N⁰ 427. — Pl. CLXXV.

IV. Les symboles et les inscriptions
(Cat. N°s 44-50)

Une des amulettes représente un griffon à côté de la roue de Némésis, combinés avec la légende qui contient le nom altéré — Adonai (N⁰ 45). Une très belle gemme trouvée en Georgie porte les signes de retouches ultérieures: l'image d'une bacchante ou d'Ariadne sur le droit de l'améthyste convexe, gravée au Iᵉ ou au IIᵉ siècle, n'est pas liée à la légende gnostique gravée plus tard, au IIIᵉ ou au IVᵉ siècle (N⁰ 47). Au milieu des appels aux dieux Iaô et Abrasax, des formules magiques telles que σεσε[γ]γεβαρφαραγγη[ς], ἀβλαναθαναλβά, ιαρβαθαγραμνη[φ]ιβαω, ou des séries de voyelles, on peut discerner un texte cohérent adressé à un dieu anonyme, probablement, au dieu chrétien: «O mon dieu, donne ta grâce et ta bénédiction a Ctorios, le porteur (de cette amulette)!»[10].

Il en est de même pour l'amulette-phylactère provenant de Gorgippia (N⁰ 50), où à côté des appels à l'ancien Damnameneus, l'un des Cabires, devenu un dieu gnostique, on lit une prière adressée à un dieu anonyme qui doit être aussi le dieu chrétien: «Je te prie, mon dieu, fais que cette cure soit favorable à ma santé!» ...[11] «Grand est le nom du dieu!» — on lit sur une amulette provenant de Chersonnèse (N⁰ 49). Cette forme d'acclamation, qui était très

---

[10] Т. Каухчишвили, *Греческая надпись найденной в Цилкани геммы,* dans *Материалы по археологии Грузии и Кавказа,* I (1955), стр. 218.

[11] Т. В. Блаватская, *Амулет из окрестностей Горгиппии,* dans *Изследования в чест на акад. Д. Дечев,* (София, 1958), стр. 237. („памятник ранне-христианской магии.").

fréquente au IIᵉ-IVᵉ ss., comme on le croit, était l'expression d'hommage rendu au dieu Sarapis [12]. Mais le témoignage de la croyance au dieu unique chez les chrétiens des premiers siècles de notre ère avait la même forme.

On peut dire que, d'une certaine façon, ces amulettes réunissent les éléments de la magie populaire la plus ancienne, des doctrines des sectes gnostiques de l'antiquité tardive, et le nouveau culte monothéiste de la religion chrétienne dont l'influence devenait croissante.

44. Intaille en jaspe rouge. Faucon de Horus, debout devant un loutherion. 1,1 × 0,9 cm. IIᵉ s.
Leningrad, Ermitage, N° d'inv. Ж 7021. Prov. de la coll. G. G. Lemlein (1964). — Pl. CLXXV.

45. Intaille en cornaline. Griffon de Némésis. Inscription: ἀδννει. 1,5 × 1,2 cm. IIIᵉ s.
Leningrad, Ermitage, N° d'inv. Ж 7040. Prov. de la coll. G. G. Lemlein (1964).
Intaille analogue: Leningrad, Ermitage, N° d'inv. Ж 6379-6384. — Pl. CLXXV.

46. Intaille en jaspe jaune. Lion, une tête de bœuf et une étoile. 1,2 × 1,0 cm. IIᵉ-IIIᵉ ss.
Leningrad, Ermitage, N° d'inv. Ж 7013. Prov. de la coll. G. G. Lemlein (1964).
Intaille analogue: Paris, Bibl. Nat.: Delatte-Derchain, *op. cit.*, N° 319. — Pl. CLXXV.

47. Amulette. Améthyste dans une monture en or. A) Tête d'une bacchante. R) Trois inscriptions: I) Inscription en cinq lignes: αιηωι ουαι ἀβλα/ναθαναλβά / χνητυωρ ἀηρ / ιαρβαθαγραμνη[φ]ι-βαω / χα βαρβαρθα ρουλοχαχ. 2) Inscription en six lignes: σεσε[γ]γε-βαρφαραγγη[ς] / ρω βαρραβαν κύριε ἐπαγαθῷ / καὶ εὐτυχῶς Κτωρίῳ τῷ / φοροῦντι / ἱλέῳ νυν νιαοιωεαχ / ιαρβαθ ιάω ὡηιοεη. 3) Inscription en vingt et un lignes: ἰάω / ἰεου / ἰαη/φρηιφ / ὡρομαζ / μουλαχ / ἰαει / ἰεω / ἀβρασάξ / ἰαεη / ἰαεωου / ἀεωουι / ἐωουια / ὡουαε / οὐιαεω / ὑιαεωω / ι / ὁωυο / ... κεβρι / ... ηι / ... ω. 2,8 × 2,2 cm. Iᵉ IIᵉ ss. (l'image); IIIᵉ-IVᵉ ss. (les inscriptions).

---

[12] E. Le Blant, *op. cit.*, p. 77.

Tbilisi, Musée de Georgie, N° d'inv. 863. Trouvée en 1950 au village Zilkani. Лордкипанидзе, *op. cit.*, III, N° 120. Brentjes, *op. cit.*, S. 249, Abb. 47. Т. Каухчишвили, *Греческая надпись найденной в Цилкани геммы* dans *Материалы по археологии Грузии и Кавказа*, I, 1955, стр. 218. — Pl. CLXXVI.

48. Intaille en cornaline avec le reste d'une monture en fer. Inscription en huit lignes dans le cercle formé par le serpent «ourobore» αἰανακαμφβα / σαλαμαζα / ἀμοραχθι / βαμαιαζα / βαψαμαζζα / κθεισπαλαπη / μομοναζα / θχεζχζεγτ. 1,9 × 1,4 cm. IIe-IIIe ss.

Leningrad, Ermitage, N° d'inv. Ж 6973. Prov. de la coll. G. G. Lemlein (1964). — Pl. CLXXVI.

49. Amulette-cylindre. Pâte de verre rouge. Les lettres qui se trouvent sur chaque côté du cylindre donnent l'inscription suivante: 1) μέ 2) γα 3) τὸ 4) ὄνο 5) μα τοῦ 6) θεοῦ. 2,2 × 0,8 cm. IIe-IIIe ss.

Leningrad, Ermitage, N° d'inv. X. 1906. 31. Trouvée en 1906 dans la nécropole de Chersonnèse (tombeau N° 2139). *CR Pétersbourg* 1906, p. 82. *ИАК*, вып. 33, стр. 61.

Amulette analogue: Leningrad, Ermitage, N° d'inv. Ж 6761, 6763: E. Le Blant, *750 inscriptions de pierres gravées*, Paris 1896, Nos 201-206. — Pl. CLXXVI.

50. Amulette-globule. Agate. A) Inscription en forme de **«ptèrigome», en** douze lignes: πρὸς φαρμάκων ἀποπομπάς / φραμφερεινλελαμε / Δαμναμενεύς / αμναμενευς / μναμενευς / ναμενευς / αμενευς / μενευς / ενευς / νευς / ευς / υς. R) Inscription en douze lignes κύριε δέομαι σου ποηισο[ν] / τὴμ μαθὴν ἀκὴν ὑγειῆ ȣ / περι τοῦ κορυφησεν κεφαλ[αίου] / ὤτων ΥΥaϽЭ⊤ 079ЄI / μήνινγος ΨəΗΦ / σταφύλη[ς] OOħ πρμηρυμα / τραχήλου λαχμαληλ / μετώπου λαροιμαια / μυκτῆρος κηρεα / πολύπον σαη ηι / ὀδόντων a / στόματος. Diam. — 3,5 cm. IIe-IIIe ss.

Anapa, Musée historique, N° d'inv. 835. Trouvée en 1950 aux environs de l'Anapa (Gorgippia). Т. В. Блаватская, *Амулет из окрестностей Горгиппии*, dans *Изследования в чест на акад. Д. Дечев*, София 1958, стр. 231; С. Я. Лурье, *Еще об амулете из Горгиппии* dans *CA* 1960, № 4, стр. 234; М. И. Максимова, *Амулет из Горгиппии*, dans *CA* 1962, № 2, стр. 226. — Pl. CLXXVI.

ORIENTAL DIVINITIES REPRESENTED ON THE CLAY SEALINGS OF PAPHOS, CYPRUS

K. NICOLAOU
(Nicosia)

Plates CLXXVII-CLXXVIII

The 1970 excavations [1] at the House of Dionysos with its beautiful pavement mosaics brought to light a large number of clay sealings dating from the Hellenistic and Graeco-Roman period. There are altogether 11,000 clay seal impressions not counting numerous fragments. [2]

Preliminary reports of the excavations of the mosaics have already appeared elsewhere [3] and therefore need not concern us here. However, it should be mentioned that the mosaics depict a number of mythological and other subjects and that a great quantity of pottery, coins, clay lamps, terracotta figurines, and other material came to light in the course of these excavations.

In the summer of 1970 an opportunity occurred for excavation under the mosaic floor of the room known as the Room of Hippolytus and Phaedra. A team of restorers from UNESCO, under Milorad Medic, were busy at the time with the cleaning, consolidation and restoration of the mosaics, and in the course of this work they took out the floor of the room with the mosaic of Hippolytus and Phaedra. It was below this floor that the sealings were discovered.

After the removal of the mosaic floor excavation revealed under this room an old quarry pit, 5.30 m deep, which had been filled

---

[1] These excavations were conducted by the writer of this paper on behalf of the Department of Antiquities of the Republic of Cyprus.

[2] K. Nicolaou, *11,000 Seal Impressions in Cyprus*, in *ILN* (May 1971), pp. 51-53; idem, *Archaeological News from Cyprus, 1970*, in *AJA*, 76 (1972), p. 315; V. Karageorghis, *Chronique des Fouilles et Découvertes Archéologiques à Chypre en 1970*, in *BCH*, XCV (1971), pp. 415-416.

[3] K. Nicolaou, *The Mosaics at Kato Paphos—The House of Dionysos*, in *RDAC* (1963), pp. 56-72; idem, *Excavations at Nea Paphos. The House of Dionysos. Outline of the Campaigns 1964-1965*, in *RDAC* (1967), pp. 100-125.

with rubble for levelling off.[4] Excavation recovered a number of objects from the filling, terracotta figurines, coins, lamps, and pottery. But the most exciting find was that in Level IV, which yielded all those thousands of clay sealings. A few more sealings were recovered also from Levels III and V, above and below Level IV.

Level IV lay at a depth of about 1 m below the mosaic floor. Its maximum thickness was 0.47 m but it was a compact layer of pure ash, dark and somewhat greasy, full of seal impressions. The soil was sifted with great care so that none should escape us. As a result 11,000 clay sealings were recovered, not counting the fragments already mentioned.

The impressions range over a great variety of subjects. Among them are: portraits of Ptolemies and of the Seleucids, gods and goddesses, philosophers, Hellenistic and Graeco-Roman male and female portraits, animals, birds, masks, stars, and others. Of goddesses, philosophers, Hellenistic and Graeco-Roman male and female portraits, animals, birds, masks, stars, and others. Of particular interest is also the temple of Aphrodite at Palaipaphos, in representations similar to those on coins of the Graeco-Roman period. It was also noted that some sealings had twin impressions from a twin bezel on the signet ring and that they were rarely inscribed.

The impressions were made by signet rings, on lumps of clay which were evidently used for sealing papyrus rolls. In almost all cases the clay at the back of the sealing shows traces of papyrus fibres and almost every sealed lump is longitudinally pierced. It must therefore be presumed that the impressions are the remains of a collection of papyrus rolls which were tied round and secured with lumps of raw clay pressed on to the binding and sealed with signets. The rolls must have been burnt, thereby baking the clay and preserving the sealings.

The sealed papyrus rolls must have been kept in an official place, the ἀρχεῖον, a kind of Public Record Office where documents of all kinds were kept. They would have contained written contracts of all sorts, business transactions, marriage contracts, dowries, wills, etc. and the seals would have been used in place of signatures of

---

[4] This pit was cleared by my wife, Mrs Ino Nicolaou, who at that time was assisting with the excavations.

the contracting parties and witnesses. It can be inferred from the great variety of impressions that various groups of people were concerned in the transactions covered by the documents.

We know that in Cyprus there was in Hellenistic and in Graeco-Roman times an institution called the Κοινὸν Κυπρίων (Federation of Cypriots), which was responsible for religious matters and for the bronze coinage; it is possible therefore that this institution was also responsible for the ἀρχεῖον.

For the purpose of this article we necessarily present only a few sealings. Those chosen seem to the present author representative of the group showing oriental divinities. The final classification into groups of all these thousands of sealings has not yet been completed owing to the time taken by cleaning and numbering. A further hindrance was due to the fact that all the sealings had to be removed for security reasons from the Cyprus Museum where they were kept at the time of the Turkish invasion of the island in the summer of 1974. At the time of writing these lines they are still away and not available for study.

Described below are only a few sealings with representations of oriental divinities the photographs of which are at present available for study. When the whole collection has been gone through there is no doubt that more will be identified as belonging to this group.

List of Sealings [5]

1-2. Head of Zeus-Ammon with ram's horns facing right in profile (Pl. CLXXVII, 1-2).

3. Isis Fortuna. Dressed in a long, short-sleeved robe, the goddess stands facing left, with the left foot advanced. Her head is crowned with the Isiac emblem. She holds a cornucopia in her left hand and steers a rudder with her right (Pl. CLXXVII, 3).

---

[5] The photographs printed in the plates were taken before the final numbering of the sealings, hence their present serial number does not correspond with the actual numbers written on them. For reasons stated above a check was not possible. However, when the whole of this extraordinary discovery is published reference will be made to those published here as well as to those in the *ILN* (see n. 2, above).

The size of the photographs published in the Plates is 1 : 2.

4. Isis Kourotrophos. The goddess in long dress, in profile, facing right, is seated on a throne with low back holding the child Horus (Harpocrates). He is suckled at her left breast while with his left hand he touches her right breast. On his head the pschent (Pl. CLXXVII, 4).

5. Isis with child Horus. She is seated in profile facing right with a long dress and long tresses. She holds on her lap the child Horus (Pl. CLXXVII, 5).

6. Bust of Isis facing right, with long tresses beribboned and crowned with the Isiac emblem (Pl. CLXXVII, 6).

7-8. Nude Harpocrates standing full face; on his head the pschent. His left hand, leaning on a tree trunk, holds a cornucopia. His right index finger on his lips (Pl. CLXXVIII, 7-8).

9. Bust of Harpocrates in profile facing right with the pschent on his head and right index finger on his lips (Pl. CLXXVIII, 9).

10. Bust of Harpocrates (three-quarters facing), the crowned head bearing the *pschent*; his right index finger on his lips (Pl. CLXXVIII, 10).

11. Uraeus (Agathodemon?), crowned with the pschent, coiled on an altar flanked by the caps of the Dioscuri (Pl. CLXXVIII, 11).

12. Hathor, bull-headed, full face, the head surmounted by the solar disc with two uraei. The whole flanked by plant stems [6] (Pl. CLXXVIII, 12).

13-14. Winged Bes, full face, striding right, right hand extended to the right, left hand folded at the side (Pl. CLXXVIII, 13-14).

15. The God Melkart (?) killing the lion, facing right. He wears a conical helmet and a short tunic with pleated skirt. In his right hand he wields a long-stemmed double axe (*bipennis*), while his left holds above the lion's head something resembling a bow(?). His left foot rests on the lion's hindquarters. At the right of the field a sun-disk with eight rays. At the god's back a shield (Pl. CLXXVIII, 15).

---

[6] Cf. *Archéologie Vivante, Carthage* (Déc. 1968-Févr. 1969), p. 98, no. 89.

The political fortunes of Cyprus were reflected in its religion as in all other aspects of Cypriot life. The occupation of the island by the Assyrians, the Egyptians, the Persians, the supremacy in at least one Cypriot city of the Phoenician element, and later the occupation of Cyprus by the Ptolemies and the Romans all left their traces on the Greek Cypriot Pantheon.[7]

Of the 15 sealings described above, Nos. 1-12 represent Egyptian deities. Although their cults were already known during the archaic period, they spread more widely under the Ptolemies. It is to the Ptolemaic period that these sealings are to be dated. No. 12 might indeed have been produced by a bezel of an earlier period, as is also the case with Nos. 13-15, the winged Bes, and the god Melkart (?) killing the lion. The winged Bes (Nos. 13-14) was something of a Cypro-Phoenician speciality. It is paralleled by the winged Bes and other winged daemons often figured on Cypriot silver bowls or other bronze work of the 7th and 6th cent. B.C.[8] Of particular interest is sealing No. 15, depicting a subject very popular in the 7th and 6th cent. B.C., of a king or god killing an enemy, as on king Akestor's bowl.[9] For an exact parallel to this sealing, however, we must refer to the design on the bezel of a gold ring found in the necropolis of Borj Jedid in Carthage.[10]

---

[7] See herein, pp. 791 ff., *The cult of Oriental divinities in Cyprus.*

[8] Cf. for instance the winged Bes of Amathous' bowl, *OpArch* IV, pl. VI and the winged daemons, *op. cit.*, pl. VII, IX. For other objects, see V. Karageorghis, *Chronique des Fouilles à Chypre en 1959*, in *BCH*, 84, p. 257 fig. 25; idem, *Excavations in the Necropolis of Salamis*, III (1974), pls. CXVIII, 192, CCLXIX, 192.

[9] See n. 8, above; cf. also *OpArch*, IV, pls. V, VII, IX, X.

[10] *Archéologie Vivante, Carthage* (Déc. 1968 - Févr. 1969), p. 74, pl. XIII. I owe this reference to the kindness of Mrs. E. Lagarce.

MITHRAIC LADDER SYMBOLS AND THE FRIEDBERG CRATER

HIDEO OGAWA
(Tokyo)

Plate CLXXIX

Introduction

The Roman mystery religion of Mithras was a religion of salvation. But the structure of Mithraic salvation is not clear. There is little evidence about it and no direct systematic exposition of their religion by Mithraists.

Generally, the structure of salvation in any religion consists of three elements: the act of salvation by the saviour god in Time,[1] the method of burial of believers at death,[2] and the fate of the soul. In this article I analyse this third element in the Mithraic mysteries, the fate of the soul. There are Mithraic evidences for the Mithraist idea of it, pictured indirectly:

(1) The Mithraic communion is similar to the feasts of Mithras and of Sol. The latter was celebrated immediately before the victorious ascent of both gods to heaven. The former was performed by believers as a sacred drama in the Mithraic temple, as depicted on the Conjica relief. The meaning of the *convivium* was that the participants like the gods themselves were preparing for the ascension by heavenly chariot. It is no surprise to find on a pottery vessel designed for this ritual a decorative account of this idea of salvation. On the interior of a large dish we have a scene of the Mithraic eschatological banquet. The outside of a crater represented in the scene is enfolded by coiled snakes.[3]

(2) The seven grades of initiation ranged from a lowest grade

---

[1] See my article, *The Idea of Time in Mithraic Mysteries*, in *Study of Time*, III (N.Y., 1978).

[2] See my article, *A Gable-Roofed Stone Grave at Tel Zeror*, in *Orient*, XII (1977).

[3] V. J. Walters, *The Cult of Mithras in the Roman Provinces of Gaul* (Leiden, 1974), p. 155; pl. XXXIX.

(*corax*) to a highest (*pater*). This ascending scale has been described as a "ladder".[4] There is no direct Mithraic evidence for such an identification, but the inscription in the Santa Prisca Mithraeum shows each grade as under the guardianship of a planet.[5] Mithraists seem to have believed in the existence of a heavenly ladder for the ascent of the soul.

(3) A Mithraic inscription from Rome,[6] dated A.D. 382, stated that Tamesius Augentius wished to share his own votive offerings with the living in heaven, while his grandfather Nonius Victor Olympius, a Mithraic *pater patrum*, was *caelo devotus et astris*. There was a Mithraic priest named M. Valerius Maximus, who was *studiosus astrologiae*.[7] Astrology was practised among the Mithraists of Santa Prisca.[8] These examples show that Mithraists were not only interested in contemporary astrological science but sought also to investigate the unknown upper world, where they believed they would ultimately live.

Mithraic belief in an ascension to a world beyond this was based on two essential presuppositions about this world: the act of the saviour god (the bull slaying) and the Stoic ethics of their daily life, as sung in the hymns of Santa Prisca.[9]

Mithraic Ladders in Ostia

The interest of Mithraists in the heavenly spheres, to which their souls would ascend, was considerable. But there is not much evidence of a literary or iconographic kind concerning the means of Mithraic salvation. One symbol which has been identified as

---

[4] For example, E. R. Goodenough, *Jewish symbols in the Greco-Roman Period* (N.Y., 1952-1968), VIII, p. 152; F. Cumont, *Études Syriennes* (Paris, 1917), p. 91.

[5] M. J. Vermaseren, *Mithras de Geheimzinnige God* (Amsterdam, 1959), pp. 133, 126-132; M. J. Vermaseren and C. C. van Essen, *The Excavations in the Mithraeum of the Church of Santa Prisca in Rome* (Leiden, 1965), pp. 155-169, 178-186.

[6] *CIMRM* I, no. 406.

[7] *CIMRM* I, no. 708 (Milano).

[8] Vermaseren and van Essen, *op. cit.*, pp. 118-126 (a horoscope inscription).

[9] Vermaseren, *Mithras*, pp. 142-146; Vermaseren and van Essen, *op. cit.*, pp. 204-206; 217.

representing Mithraic notions of the ascension is the ladder. For many ancient peoples ladders were a means of communication between earth and heaven. There are sources also for Mithraic ladder symbolism.

One of these is at Ostia, where two representations of the seven gates have been found on the mosaic floors of the Mithraea.[10] Interpretation has linked them with the seven grades of initiation and also with the *klimax heptapylos* of Celsus.[11] Celsus (apud Origenem, *Contra Celsum*, VI, 22) after a discussion of the psychology of Plato proceeded to give an account of the allegorical teachings of "certain Persian mysteries" about the soul. He seems to have been referring to the teachings of Persian and Mithraic mysteries. There are doubts, however, about identifying these with the Roman mystery religion of Mithras. First, Celsus spoke of the Mithraic cult as being practised in Persia or coming from Persia, but recent studies have shown that the differences between the Persian cult of Mithras and Roman Mithraism were considerable. Secondly, there is no evidence that Mithraists used the words *klimax heptapylos*. It is not known what the "grade" or "degree" of initiation was called in Mithraist terminology.

The date of Celsus' work the *Alethes Logos* was between A.D. 160 and 180 and it was during the same period that two Mithraea with the symbolical gates were established. This interest in the world of heaven continued right into the 4th century and the inscriptions quoted above are evidence of it. Apart from an isolated bull-slaying group by Livianus (beginning of 2nd century) [12] most of the archaeological and epigraphical evidences of Roman Mithraism date from the latter half of the second century.

---

[10] G. Becatti, *Scavi di Ostia*, II, *I mitrei* (Roma, 1954), pp. 47-51 and fig. 10; pl. VI, 1-2 ("*Mitreo delle setti sfere*", dating to the second half of the second century; pp. 93-99 and fig. 20; pl. XIX ("*Mitreo delle sette porte*", A.D. 160-170), cf. *CIMRM* I, nos 240; 288.

[11] The most recent interpretation is R. Turcan, *Mithras platonicus* (Leiden, 1975), pp. 45-50; H. Chadwick, *Origen: Contra Celsum* (Cambridge, 1965), p. 334; Goodenough, *op. cit.*, X, pp. 47f. Cf. F. Cumont, *The Mysteries of Mithra* (N.Y., 1956), pp. 143-146; Chadwick, *op. cit.*, p. 334, n. 2; W. Bousset, *Die Himmelsreise der Seele*, in *ARW* IV (1901; reprinted by Wissenschaftliche Buchgesellschaft Darmstadt in der Reihe *Libelli*, Bd. LXXI), pp. 24-58.

[12] *CIMRM* I, no. 594.

So far as can be determined, no grade name but *pater* is attested for the early period of Mithraism, before the age of Commodus. It does seem to have been Celsus' "ladder" psychology which the Ostia mosaics were designed to illustrate but the identification is not certain. In its early period then Mithraism may be presumed to have had *patres* and the symbolism of the heavenly gates. The idea of the seven grades must have imitated the ladder of heaven. As to the Persian teachings mentioned by Celsus, a similar symbolic idea already existed in the time of Herodotus (cf. I, 98).[13] The seven-step stair to the gable-roofed tomb of Cyrus the Great at Pasargadae is also significant in this respect. It is possible that the Mithraic Platonists in Syria, where Celsus is supposed to have met them,[14] combined Platonic psychology with Persian symbolism into a Mithraic soteriology of the seven gates.

The feature of Mithraic soteriology expounded by Celsus was the passage through the seven gates of heaven, identified with the seven "planets". The journey of the soul followed their apparent movements as if ascending and descending a ladder. This was the widely diffused idea of salvation by ascension current in the Mediterranean world at that time.[15] It may also have been the belief of the early Mithraic *patres* in Syria.

The psychologies of Celsus and Mithraism may be further compared. The number 7 was important to both.[16] The surviving

---

[13] Cf. Goodenough, *op. cit.*, X, pp. 46ff.

[14] Turcan, *op. cit.*, p. 46.

[15] Thus many studies of the funerary symbolism of that period quote this section of the *Contra Celsum* in interpretation of the ladder and gate symbols. Cf. H. Koller, *Die Jenseitsreise — Ein Pythagoreischer Ritus*, in *Symbolon*, VII (1971), p. 52, n. 21 (concerning Tarentine discs and *CIMRM* I, no. 299); M. Leglay, *Le symbolisme de l'échelle sur les stèles africaines dédiées à Saturne*, in *Latomus*, XXIII (1964), p. 236 (same); F. Cumont, *Disques ou miroirs magiques de Tarente*, in *RA*, I (1917), p. 101, n. 1; F. Cumont, *Afterlife in Roman Paganism* (London, 1922), p. 154.

[16] The occurrence in Mithraic monuments of seven Phrygian caps, seven daggers, seven cypress trees, and seven altars may be quoted. In the Dura Mithraeum there is the seven-step stair leading to the holy of holies of the temple and interpreted by the excavator as an example of the Number-7 symbolism. See M. I. Rostovtzeff *et al.*, *The Excavations at Dura-Europos* (New Haven, 1939), pp. 79; 82; F. Cumont, *The Dura Mithraeum*, in *Mithraic Studies* (ed. J. R. Hinnels) I, (1975), p. 163. However, there are

evidence, however, does not suggest that Mithraism had the
symbolism of seven metals and seven colours, while Celsus makes
no mention of seven grades. The reason may be that Celsus did not
know any Mithraic communities with the seven-grade organization.
The Mithraists on the other hand does not seem to have adopted
the metals or colours when they chose the seven symbolism as the
principle of organization of their community under *patres*. It is
obvious that grades of initiation, in Mithraism as in any religion,
have a soteriological significance.

The Friedberg Crater (Pl. CLXXIX)

From the Ostia material and the surviving work of Celsus it is
not known if the word "ladder" (whether the Greek word used is
klimax or an equivalent) was current among Mithraists. Students
have uncritically referred to the "Mithraic ladder" to denote the
grades of initiation or the gates as at Ostia. There has been no
detailed discussion of the ladder on the Friedberg crater as one of
the symbols of Mithraic salvation. Yet the symbol is described as
a "ladder" in the catalogues.[17] Its significance for the Mithraic
notion of salvation warrants detailed analysis.

Let us look at the basic facts about the crater. A Mithraic temple
was excavated in 1849, 1881, and 1894 at Friedberg (Roman
Taunum), in Bavaria. The ruins were unfortunately fragmentary,
but among the objects found were two pottery vessels. Both were
called *Schlangengefässe*. One is an offering dish with mouldings of
a snake and a frog on the rim. The other is a crater (0.32 m high by
0.36 m in diameter) with a moulded decoration of a scorpion and a
snake, facing right. Behind these creatures is a ladder-like object
with three horizontal bars resembling rungs. The bowl has two

---

other examples of stairs serving the same purpose which do not have seven
steps, as has been noted by the excavators of the Segontium Mithraeum in
northern Wales. Cf. G. C. Boon, *A Temple of Mithras at Caernarvon-Se-
gontium*, in *Archaeologia Cambrensis*, CIX (1961), p. 152. There is an example
of four steps in Ostia. Cf. *CIMRM* I, no. 250.

[17] F. Cumont, *MMM* II, p. 359, no. 248j; *CIMRM* II, no. 1061; E.
Schwertheim, *Die Denkmäler Orientalischer Gottheiten im Römischen Deutschland* (Leiden, 1974), p. 51, 1.

handles, each with a snake coiled round it. Its upper surface is smooth and polished. The overhanging rim has an incised decoration along its outer edge, as does also the border between body and base. The base has a small foot, like that of a chalice. But the whole seems likely to have been top-heavy owing to the smallness of the base-ring. From the typology of the crater and the history of the temple the bowl can be dated to late in the second or to the third century.

Iconography of the Friedberg Crater

In this section I examine the meaning of the ladder and its use [18] in combination with other symbols. The part played by wine and water in Mithraic cult is well known. Honey, however, was the liquid required for the initiation rite of the lion grade,[19] and I suggest that this may have been the use to which this crater was put, as a ceremonial offering by a *miles* to the next higher grade, *leo*. *Miles* was the highest of the Servant grades, *leo* the lowest of the Participants. The Servants did not participate in the Mysteries but waited on the Participants, from *leo* upwards, who did.[20]

Since honey was the liquid specially sacred to *leones*,[21] this crater must have been used for honey. The very wide flat mouth and the awkward, disproportionately small base and foot suggest

---

[18] There is a possible alternative explanation of the inverted ladder which I have rejected as unsatisfactory. Some Mithraic *Schlangengefässe* have a rugged mouth with moulded decorations, but some others a flat, smooth edge. The ladder seems to be inverted, because its bottom rung is clearly useless. Therefore this rung must in fact be the top of the ladder. Moreover the vessel on which it appears has a foot and base so narrow as to make the whole thing top-heavy. It could therefore be suggested that this crater was in fact ordinarily for use the other way up, not as a bowl but as the lid of another vessel, which itself was perhaps buried in the floor, in the unexcavated part of the temple. Such a system was found at Santa Prisca (Vermaseren and Van Essen, *op. cit.*, p. 142, pp. 146f.) and Dura Europus (*Dura-Report, op. cit.*, p. 79). In such a case the "inverted" ladder would in fact be the right way up. The parallelism, however, is not exact and I am inclined to believe that the inversion of the ladder has a simpler interpretation.

[19] Vermaseren, *Mithras*, p. 120.

[20] *Id.*, p. 114.

[21] *Id.*, p. 120.

that the vessel served some special purpose, like that of containing
only a small quantity of honey. This would have been diluted with
water in the crater as it was held up in a *miles'* hands. The liquid
would then have been poured over the lion's "paws". Porphyry
says (*De antro nymph.* 15) that the lions became purified in this
way. They were named *melichrysus*,[22] no doubt a cult name.

The next problem is the ladder itself, for it has only three rungs.
A further point of difficulty has already been mentioned. The
"bottom" rung is so close to the ground as to be useless and absurd.
So it is very probable that the ladder is shown inverted, with
intentional significance—unless it was the crater itself which was
for use upside down, in which case the ladder would have been the
right way up (a possibility I considered in footnote 18).

Concerning the means of passage between heaven and earth,
there were two tendencies of thought among the ancients, which
found expression in a ladder respectively of descent from heaven
and ascent from earth. Love, in the Judaeo-Christian tradition
(*agape*), represented the first pattern of belief, while the second,
of ascent to heaven, corresponded to the Greek tradition of love
(*eros*). There have been also, since the days of Philo the Alexandrian,
two different interpretations of how the ladder of Jacob's dream
(Genesis, XXVIII, 12) was placed, whether let down from heaven
or put up from earth.[23] Many commentaries on this passage have
been influenced by the common-sense notion of a Greek Dionysiac
ladder, according to which Jacob's ladder would have been put up
from earth (R.S.V.) or rested on the ground (N.E.B.).[24] Mr. N. Jin,
however, as well as Tur-Sinai, has asserted that the literal meaning
of the passage is that the ladder started in heaven and descended
to earth. In precise terms, the bottom of the ladder was in heaven
and the top came to earth.

In the New Testament the ladder symbolism is entirely confined
to heaven. In John I:51 it only links heaven and Jesus and has

---

[22] *CIMRM* II, no. 2269.

[23] · · · · וַיַּתְלֹם וְהִנֵּה סֻלָּם מֻצָּב אַרְצָה (R. Kittel, *Biblia Hebraica*, p. 41); cf. *en*
tē gē (*LXX*).

[24] For such an interpretation, the text must be: עַל אָרֶץ.

nothing to do with earth. The case is similar with the vine which represents Christ in the New Testament (John XV:1ff.). This vine too is in heaven, where God the Father works at it like a vine-dresser or husbandman. In Hellenistic and later Judaism, hower, the transcendental ladder was given a Platonic interpretation, as Goodenough's study shows.[25]

There is no proof, of course, that the Friedberg crater was indeed Semitic rather than Platonic. The combination of scorpion and snake with another symbol is almost but not quite unique. It occurs on a Babylonian boundary stone (kudurru) from the Cassite period (1200 B.C.).[26] In that case the two creatures are thought to have represented the chthonian deities. On the crater by comparison they have changed places, and this is possibly for the same reason that the Friedberg ladder is resting on Heaven. There are no other examples of this combination of a scorpion and a snake in exactly the same relative positions, with the possible exception of a fragmentary Mithraic cult vessel from Mainz (2nd century), which has a scorpion on its rim, and a snake,[27] with possibly a ladder as well, meaning the same as on the Friedberg crater.

Snakes and scorpions in other arrangements are usually found in the bull-slaying group, and here both were originally chthonian. They were the bringers of earthly fertility. Honey, which it has been suggested the Friedberg crater was designed to contain, was also used in the cult of the African Saturn. This cult too was chthonian,[28] had the ladder symbolism, and the snake and scorpion.

The presence of these creatures in the cult was intimately related with the fate of the soul in the next world. They were regarded as kindly bringers of death because the ascent to Heaven by means

---

[25] Goodenough, op. cit., I, p. 250; pp. 153-155; XXI, pp. 150f.

[26] L. Woolley, Mesopotamia and the Middle East (London, 1961), pl. 171. This is owned by the Louvre.

On the names of the gods, represented by scorpion and snake of the kudurrus, see K. Frank, Bilder und Symbole Babylonisch-Assyrischer Götter, in Leipziger Semitische Studien II, 2 (1968), p. 22; H. Zimmern, Die Göttersymbole des Nazimaruttaš-Kudurru, ibid., p. 43.

[27] Schwertheim, op. cit., p. 116, no. 94.

[28] M. Leglay, Saturne africain (Paris, 1966), III, pp. 150f. Evidence of honey offerings was discovered also in a gable-roofed subterranean stone building for the cult of Persephone in Paestum. See my article, n. 2 above.

of the ladder could happen only after a mystical death.[29] It was
therefore natural for the honey offered by the *miles* to be protected
by a snake and a scorpion. The *leo* to whom he offered it must have
been required to shun water lest it should "put out" the eschatological fire,[30] the final means of salvation. The *miles* for his part
had to be a courageous soldier [31] in order to conquer the earthly
shadow of death.

Why did the ladder have three rungs? The symbolism of the
heavenly *klimax* of Platonic psychology presupposed seven rungs.
In Mithraism too the number 7 is found in the seven gates of the
Ostia mosaics and the seven grades of initiation. The number 7
symbolism was required only in the world of advanced astral
theology, while in the iconographic world of the Dionysiac mysteries
the number of rungs in the ladder of heaven, though always uneven,
could vary from three to eleven. The number chosen for representation would have had its own special meaning in every case, though
the general meaning common to all cases was always the ascent to
heaven after *apotheosis*.

Why did the Mithraists of Friedberg choose to illustrate three
rungs although there was plenty of room for more on the side of
the crater? Because the number 3 designated the third Mithraic
grade, the *miles*, who in the dramatic salvation ritualized it for his
offering of honey to the initiate of the fourth grade, *leo*.

In ancient times soldiers used ladders to climb the high city
walls of the enemy. Such scenes often figured in reliefs or paintings,
as for example in Assyrian reliefs from Nineveh or in Egyptian
wall paintings from Beni Hasan. In the Roman period, ladders

---

[29] The apotheosis of Semele occurred after she had been killed by Zeus's
thunderbolt. This is what was depicted by the Brindisi disc with its ladder
symbolism. See P. Boyancé, *Le disque de Brindisi et l'apothéose de Sémélé*,
in *REA*, XLIII (1941), p. 203-215. There is a record of a man who had
been killed by lightning being deified in the Hauran districts of Syria,
where Mithraism was known. Cf. D. Sourdel, *Les cultes du Hauran à l'époque
romaine* (Paris, 1952), p. 28 (A.D. 225). Scorpion and snake in a Hatrean
sculpture represented the similar ambiguous idea of fertility and destruction
(cf. H. Ingholt, *Parthian Sculptures from Hatra* (New Haven, 1954), p. 34).
On the other examples of diobletos and euthanasia, see A. B. Cook, *Zeus* II
(1925), pp. 22-36.
[30] Vermaseren, *Mithras*, p. 120.
[31] *Id.*, p. 118.

appear in the relief on Trajan's column of the Roman assault on Dacia.[32] So the "soldiers of Mithras" were expected to use the ladder on the eschatological battlefield to conquer death and help souls ascend to heaven.

The Friedberg crater has only five symbols, of which three are snakes. The nature of this symbolism, however, was quite different from that of the Platonic symbolism of the seven gates of Heaven. The former was based on traditions of a more direct intercommunication between heaven and earth. The Platonic ladder symbolism owed a good deal perhaps to Near Eastern influences as for instance to the number-7 symbolism of Persian belief or the Mesopotamian story of Ishtar's descent to the underworld. But the fundamental meaning of the ladder on the Friedberg crater must be sought in the polysymbolic traditions of Near Eastern and Greek Dionysiac mysteries. A mere three symbols cannot be called polysymbolic, but some Mithraic ornamental pottery of this same genre, also from Germany, had lion, crow, boar, duck, bird, and lizard as well as scorpion and snake. Many of these were of 2nd century date, contemporary with the Friedberg crater. Each of them must have had some special use in Mithraic ritual and the reason for each combination of symbols calls for individual study.

It seems quite likely that there was a number-3 symbolism connected with the *miles* grade, expressed in such triple repetitions as Harris has brought together,[33] three swords, three eggs, three cypresses, and a tree with three branches ending in heads. All these appear on Mithraic monuments. Harris speculated that they might refer to the trinity of Mithras, Cautes, and Cautopates. It is not certain, however, that the idea of a trinity did exist in Roman Mithraism. Two other interpretations are possible. One is, that these symbols in triplicate were a reference to the three-headed Cerberus dog of time,[34] the other that they were connected with the third grade *miles*. The last seems preferable and would explain the three rungs of the ladder on the Friedberg crater.

---

[32] K. Lehmann-Hartleben, *Die Trajanssäule* (Berlin, 1926), Tafel 54; CXIII; F. B. Florescu, *Die Traianssäule* (Bonn, 1969), Tafel XCV.

[33] F. and J. R. Harris, *The Oriental Cults in Roman Britain* (Leiden, 1965), p. 23 and n. 3.

[34] See my article, n. 1 above.

Ancient Near East Parallels

The earliest representations of ladders are found among the designs on Mesopotamian cylinder seals of the protoliterate period.[35] These are the least realistic and it is not even certain that they really represent ladders and not just geometric designs. One thing, however, is quite certain from other figures in association with them, that "ladders" or not, they were religious. One example contains a large number of symbols such as ram, bull, goad, fish, ladder, and other filling-in motifs. This is a typical example of polysymbolism. Some seal impressions and a pottery painting show shrine entrances,[36] which seem to be associated with stairs or ladders. This expression of the sacred portal is similar to those which were found in the graffito pictures of the Dura-Synagogue and in the Isle of Wight.[37] A beautiful representation of a ladder on the famous stele of Urnammu should also be noted. This was possibly a sacred ladder used for building a temple.

In an orthostat relief on the Sphinx gateway found at Alaça Hüyük a ladder with two ascending persons has been described. They are said to have been jugglers or acrobats,[38] but the meaning of the whole scene may have been religious. It is very similar to the scenes of the Dionysiac ascent and Jacob's dream in Jewish and Christian art works.

There are many instances of an incised "ladder" design on Cypriot artifacts.[39] In many cases designs seem merely geometric or else

---

[35] H. Frankfort, *Stratified Cylinder Seals from Diyala Region*, in *Oriental Institute Publications*, LXXII (Chicago, 1955), pl. 16, nos 151 *et passim*, 153; 155; pl. 18, nos 177, 179; pl. 19, fig. 199; pl. 21, n. 221; pl. 61, 643; B. L. Goff, *Symbols of Prehistoric Mesopotamia* (New Haven, 1963), pp. 25, 67, 100.

[36] Goff, *op. cit.*, p. 95; fig. 270, 614, 701.

[37] See below p. 872.

[38] Woolley, *op. cit.*, p. 144, fig. 46 (owned by the Ankara Archaeological Museum); E. Akurgal, *The Arts of the Hittites* (London, 1962), pl. 93; O. Gurney, *The Hittites* (Penguin, 1966), p. 202.

[39] See T. Spiteris, *Arts of Cyprus* (London, 1970), *passim*. Cf. from Enkomi, Cyprus, a Mesopotamian design combining the ladder and the "Tree of Life" (Late Minoan funerary object). Cf. A. S. Murray *et al.*, *Excavations in Cyprus* (London, 1900), pl. IV, 53; pp. 35-37; A. W. Persson, *The Religion of Greece in Prehistoric Times* (Berkeley, 1942), p. 54, fig. 13. The incised cross-hatching among the decorative motifs on some Syro-Palestinian steatite bowls may have belonged to this category. Cf. my article on the *Steatite Bowl from Tel Zeror*, in *Orient*, VII (1971), pp. 25-48.

much simplified. These cases, along with the Anatolian acrobats, were later than the age of Jacob but earlier than the Biblical passage which describes Jacob's dream.

Leglay asserted that the heavenly ladder in Roman iconography originated in Mesopotamia.[40] There is a definite similarity in the sculptured representations, but we have no definite proof that the Near Eastern ladders led to heaven and thus represented the *anodos* of the soul's ascension.

From Egypt there is a considerable amount of material concering the symbolism of stairs and ladders.[41] The Pyramid texts mention ladders of Set, Nut, Thot and Horus and "... that which mounts to heaven". Coffin Texts and the Book of the Dead also mention ladders. Sacred stairs are described in the grave of Thutmosis IV and the cenotaph of Seti I. Osiris believers, especially Pharaohs, thought that they were carried to heaven by ladders, which were therefore provided in their graves. The Egyptians obviously believed that the dead mounted to heaven by means of divine ladders.

Recently Professor K. Kawamura, Waseda University, Tokyo, discovered at Malkata, in Egypt, an actual stairway of twenty steps in all, with painted decoration.[42] At the top there were traces of a rectangular building, perhaps a monument to the memory of Amenophis III of the New Kingdom. The painted design showed a series of bows and a ritualistic procession of foreign prisoners of war. The meaning of the whole structure with its decoration may have been victory and ascent, just as the *dischi sacri* of southern Italy included ladders with many other symbols as tokens of salvation.

It was natural that Cumont should look to Egypt for the original home of the ladder symbolism of the Tarentine discs.[43] Morphological similarity, however, does not always prove an actual historical relationship. The Egyptian ladders were not a symbol of the soul's salvation but of bodily resurrection after death.

---

[40] Leglay, *Le symbolisme*, p. 232.

[41] Cf. Goodenough, *op. cit.*, VIII, p. 149-151; Leglay, *Le symbolisme*, pp. 230f.; Cumont, *After Life*, p. 153; Cook, *op. cit.*, pp. 127f.

[42] See the preliminary report in *Orient*, XIII (to be published in 1978).

[43] Cumont in *RA*, I (1917), p. 101; Cumont, *Études syriennes*, p. 91, n. 2.

The Jewish tradition of ladder symbolism has two aspects, Jacob's ladder and its ideological development. The origins of the story are not easy to determine.[44]

As stated earlier,[45] this ladder rested on heaven and was therefore transcendental. It must be emphasized that it was not originally a symbol of the soul's salvation. After the Hellenistic age it was interpreted as the means of Platonic ascent to heaven. The ladder depicted on the wall of the Dura Synagogue was influenced by the notion of Dionysiac ascent, as Goodenough's study demonstrates.[46] It is possible that the Dura wall paintings of Jacob's ladder and the seven-step stairway of the Torah shrine, as also the ladder depicted on the Sheikh Ibreiq tomb,[47] shared the same ideology of Hellenistic Judaism.[48] The iconography of Jacob's ladder at Dura-Europus illustrates a similar ideology. The sort of facade on the Torah shrine, with a stair or flight of steps, resembles those found in ancient Mesopotamia. When the steps were seven in number, the representation may have been influenced by the *klimax heptapylos* theology. The ladders on Mesopotamian cylinder seals, the simplified ladder-like pattern on Jewish and Christian lamps, in Jewish sacrophagus reliefs, on tombstones and gilded glass vessels [49] may have had the same symbolic meaning. It is not always clear that they symbolized salvation. They cannot be included in the list of signs of the polysymbolism current in the Roman Empire.

---

[44] Cf. K. Galling, *Die Beleuchtungsgeräte im Israelitisch-Jüdischen Kultur-gebiet*, in *Zeitschrift des Deutschen Palästina-Vereins*, XLVI (1923), pp. 17; 21; M. Leglay, *Le symbolisme*, pp. 232f. On the interpretation of Jacob's ladder in later Judaism, see Goodenough, *op. cit.*, IV, pp. 174f.; cf. VIII, p. 148, 155, pp. 18f.

[45] See above p. 860.

[46] For the report of the Dura Synagogue, see M. I. Rostovtzeff, ed., *The Excavations at Dura-Europos, Preliminary Report of the Sixth Season of Work* (New Haven, 1936), pp. 309-396; esp. 334 and pl. VII-IX; C. H. Kraeling, *The Synagogue (Final Report*, VIII-1; New Haven, 1956); Cf. Goodenough, *op. cit.*, I, p. 93f.; X, pp. 42-70; VIII, pp. 148ff.; XI, fig. 345; pl. XIX; XI, figs. 290, 294, 295, 299, 345, 351; X, pp. 166-171.

[47] Goodenough, *op. cit.*, I, pp. 93f.; III, fig. 53; cf. VIII, p. 149.

[48] *Ibid.*, II, p. 6, pp. 110-113, figs. 967, 968, 974, 978.

[49] *Ibid.*, I, p. 162, figs. 353, 355, 360-362, 339, p. 149; III, figs. 160-162, 165f., 170, 710, 967, 974, 978; VIII, p. 148.

European and African Parallels

In the Greek world ladder symbolism was known in Dionysiac belief from an early period. It has been suggested that it was of Thracian origin and that Thracian kings used this symbol for their ritualistic ascent to heaven.[50]

In Greece, apart from the Platonic theory of the ladder of love (*Symp.*, 211c), the Dionysiac ascent was first described in the paintings on Eros-kalos vases,[51] where Aphrodite ascended the ladder to give incense to Eros. This scene is partly derived from Dionysiac fertility rites. Secondly, in a scene on a black-figure vase the ladder is described as part of the Dionysiac group.[52]

This Dionysiac ladder was widely diffused over the Roman world. Dionysiac motifs appeared on various objects, as for instance on mosaics,[53] sarcophagi,[54] murals, and vase paintings.[55] A ladder on which an *eros* or *erotes* were shown picking grapes was discovered on wall paintings at Pompeii and Cologne.[56] This harvest scene symbolized the way up to the divine world, with the grapes representing the saviour god.

The Dionysiac group was adapted by Mithraists at Aï-Todor [57]

---

[50] Cf. Leglay, *Le symbolisme*, p. 233-235; Cumont, *After Life*, pp. 153f.; Cook, *op. cit.*, pp. 121f.; fig. 79.

[51] A. Furtwängler and K. Reichhold, *Griechische Vasenmalerei* (München, 1904), pl. 78, 1 (Text II, pp. 98f.); Cf. Goodenough, *op. cit.*, VI, pp. 32ff.; Cook, *op. cit.*, pp. 123f.; pls. VI; VII (the fifth to fourth century B.C.).

[52] Cf. Goodenough, *op. cit.*, VIII, pp. 151f.

[53] For example, J. Lassus, ed., *L'archéologie algérienne, fouilles du Tennis-Club à la sortie est de Cherchel*, in *Libyca*, VII (1959), pp. 257-269; figs. 28-36.

[54] For example see R. Turcan, *Les sacrophages romaines à représentations dionysiaques* (Paris, 1966).

[55] For example see A. Merlin et L. Poinssot, *Cratères et candélables de marble trouvés en mer près de Mahdia* (Paris, 1930).

[56] O. Doppelfeld *et al.*, *Rom am Dom, Ausgrabungen des Römisch-Germanischen Museums Köln* (Köln, n.d.), Farbtafel 1; p. 26; A. Linfert, *Römische Wandmalerei der Nordwestlichen Provinzen* (Köln, 1975), Taf. 16; Concerning Pompei, see Abb. 13; Taf. 34. The painting of Pompei itself was perhaps not religious (cf. M. I. Rostovtzeff, *The Social and Economic History of the Roman Empire* I (1957), pl. XV).

[57] W. Blawatsky et G. Kochelenko, *Le culte de Mithra sur la côte septentrionale de la Mer Noire* (Leiden, 1966), pp. 24-27.

and in London.[58] If the inscription on the pedestal of the London Dionysiac group (*hominibus bagisvitam*) [59] refers to the notion of the soul's salvation from the miserable and unstable conditions of this world, the lack of a ladder representation in these Mithraic-Dionysiac groups could only have been accidental.

I now turn to the ladder symbolism of the Tarentine discs and its variants in northern Italy and northern Africa. Among funerary objects in the graves around Tarentum more than fifty pottery discs (approximately 11 cm to 34 cm in diameter) have been found, dating from the Early Hellenistic period.[60] These discs have many symbols in relief. For example, snake, signs of the Zodiac, *quadriga*, torchbearer, *luna*, *sol*, dog, amphora enfolded by snake, patera, boat, key, crow, stars, sacrificial knife, and bull were some of the symbols found. All of these were also included among the Mithraic symbols. Almost half of the discs had the symbol of a ladder with a certain number of rungs.

These symbols seem to have originated with the subterranean rites of the Pythagoraean sect, whose centre of diffusion was southern Italy.[61] It is unnecessary to suppose that they were oriental in origin.[62] They belonged to the theology of astral im-

---

[58] *CIMRM* II, no. 822; W. F. Grimes, *The Excavation of Roman and Mediaeval London* (London, 1968), p. 109; pl. 51.

[59] *CIMRM* II, no. 823; Grimes, *op. cit.*, p. 110; M. J. Vermaseren, *The New Mithraic Temple in London*, in *Numen*, II (1955), p. 142; E. and J. R. Harris, *The Oriental Cults in Roman Britain* (Leiden, 1965), pp. 14f.; J. M. C. Toynbee, *Art in Roman Britain* (London, 1963), p. 130; R. G. Collingwood and R. P. Wright, *The Roman Inscriptions of Britain* (Oxford, 1965), no. 1.

[60] Cf. P. Wuilleumier, *Les disques de Tarente*, in *RA*, 35/36 (1932), pp. 26-64, esp. 55ff.; P. Wuilleumier, *Tarente des origines à la conquête romaine* (Paris, 1939), pp. 542-548; F. Cumont, in *RA*, I (1917), pp. 87-107; The popularity of the ladder symbolism probably with the same meaning is illustrated by material of another type, Apulian (Lucanian) pottery, which was frequently decorated with designs of ladders. Cf. Wuilleumier, Tarente, p. 544; Cumont in *RA*, I (1917), p. 102; K. Kerényi, ΑΝΟΔΟΣ-*Darstellung in Brindisi*, in ARW, XXX (1933), p. 281.

[61] For the ideological background to the discs of Tarentum and Brindisi, see Boyancé, *op. cit.*, pp. 191-216; Cumont, *Tarente, cité grecque*, in *Journal des savants* (1941), pp. 102-106; Koller, *op. cit.*, pp. 33-52; Kerényi, *op. cit.*, pp. 271-307.

[62] Cumont (in *RA* I, 1917, p. 017), Wuilleumier (*Tarente*, pp. 546f.) and other scholars have conceded that they are quite independent of the Oriental mystery cults which were to spread so widely in the Roman world.

mortality, representing the notion of the soul's ascent to heaven after death. Ideologically, this order of ideas was quite current in the system of Celsus and that of the Ostia mosaics.

The discs seem to have been produced in quantity in Pythagorean workshops in the agora of Tarentum, where Dionysus was worshipped by ordinary citizens. The cult of *sacri dischi* was more popular than the theology of the seven heavenly gates. It was the initiation ritual in those underground sanctuaries which, so people believed, laid open the ascent to heaven, culminating in a mystical salvation. The ritual death must be heroic, and must result from mystical accidents. The ascension of Semele to heaven after being struck by Zeus's thunderbolt was an example of such a mystical death.[63]

Thus the message of the discs is in general agreement with that of the Friedberg crater as used by the *miles* in the subterranean ritual of Mithraic initiation. The ladder symbolism must have originated elsewhere than in the Dionysiac harvest ritual. The Friedberg crater clearly demonstrated the polysymbolistic tendencies of the faith which it served and shows how much more ritualistic Mithraist practice was than that of the Pythagoreans.

In the Roman Imperial period both sources came together, as their ideological similarity attests. A polysymbolic pottery flask of the second century has recently been discovered among material from the necropolis of Salò in northern Italy.[64] Among the symbols on this vessel, there are scenes of the grape harvest with the help of a ladder.

---

[63] Boyancé, *op. cit.*, p. 214.

[64] M. J. Vermaseren, *Liber in deum* (Leiden, 1976), pls. V and VIII; pp. 24; cf. 25, n. 17; 49. This flask was found in a *tomba cappuccina*. It was the conclusion of my article (*op. cit.*, n. 2 above) that this type of grave in the Roman period was ideologically connected with a belief in the soul's survival after death. Roman mystery believers liked to choose gable-roofed graves as their eternal resting places. The survival especially of small children after death was believed by their parents to be ensured by a *tomba cappuccina*. Kerényi suggested that the *dischi sacri* were funerary objects particularly intended for the graves of small girls (*op. cit.*, pp. 242; 302).

Egg-shells, which were found from some *tomba cappuccina* (Rome, Antioch and Etruria), are possibly related to the symbolism of ladders (cf. Goodenough, *op. cit.* VIII, pp. 101; 152; fig. 85).

By unknown routes the ladder symbolism spread northward. Along the Rhineland *limes* graves of the Roman period have been found containing small bronze ladders.[65] It was believed that these ladders would help the deceased ascend to heaven.

The polysymbolism of the Tarentine discs was acceptable to other religions which shared the aim of assisting the soul to attain salvation by means of the *anodos* ladder. This is illustrated by the fact that the ladder of the Tarentine discs was adopted by the cult of Saturn, the supreme cosmic god of northern Africa.[66] This cult also had an array of symbols and expressions so large as to overlap those of Mithraism. Apart from Saturn himself there was a lion-headed female deity, the *Schlangengefässe*, the pine cone, the epithets of the deity (*saeculus, deus invictus, augustus, dominus, genitor* and *pater*), *dextrarum iunctio* (joining of right hands), and last but not least the ladder.

According to Leglay's study of Saturn,[67] the ladder concept was imported into Africa in 46 B.C. from southern Italy by a group of Roman military colonists and confined at first to a restricted region around Cirta. It was then adopted by the native cult of the Semitic Baal-Hammon, which gradually developed and became the reformed cult of Saturn. The newly imported symbol was used to represent the native idea of the *anodos* of souls (3rd-2nd century B.C.). On some *stelae* of Saturn, ladders were carved in relief, always in the lower register given over to the dedicant and his doings, whereas the upper register was reserved for the world of heaven itself.

---

[65] Cumont, *MMM* II, p. 526; no. 223 bis, fig. 492; Leglay, *Le symbolisme*, p. 232; Cumont in *RA* I, 1917, p. 102; Cumont, *After Life*, p. 154; Chadwick, *op. cit.*, p. 334, n. 2; Cook, *op. cit.*, p. 125; fig. 77.

[66] Almost all the material concerning the African Saturn was collected and studied by M. Leglay, *Saturne africain*, I-III (Paris, 1966). They date to the 1st-3rd centuries. Cf. A. Berthier et M. Leglay, *Le sanctuaire du sommet et les stèles à Baal-Saturne de Tiddis*, in *Libyca*, VI-I (1958), p. 46; pl. VIII, 21-23; pl. IX, 25; 26. Leglay compared the Saturn ladder of six to nine rungs with the Mithraic *klimax* (as described by Celsus and seen on Ostia mosaics). He doubted whether there was any relation between the two cults (*Le symbolisme*, p. 299). But he based himself on the number 7, and as I have shown, this number was not an absolute requirement of polysymbolism.

[67] Leglay, *Le symbolisme*, pp. 240-246; Berthier et Leglay, *op. cit.*, p. 50; Leglay, *Saturne africain*, III, pp. 397-399.

In one case the dedicant is given heroic treatment and set on a pedestal with the steps leading up to it [68]—a veritable picture of the soul's ascension.

It is difficult if not impossible in the present state of our knowledge to determine whether the polysymbolic Mithras cult adopted the ladder symbolism from southern Italy. Turcan recently suggested the possibility that Vergil's old man of Tarentum (*Geog.* IV, 125ff.), born in Cilicia, one of the supposed birth places of Roman Mithraism, was simply the earliest European convert to the Mithraic mystery religion.[69] What is more, he was a beekeeper—an important point in view of my suggestion that the Friedberg crater was intended to contain honey to be served by a *miles*. The bees, which represented chthonian deities and were associated with the ladder symbolism, were also dangerous to handle and could thus stand for the act of courage required of the *miles*. Thus Vergil's old man must have known the significance of honey for the soul's ritualistic ascent to heaven. It may well be that the tradition of the Tarentine discs and their cultic meaning had been absorbed by just such an old orientalized "wise man" in southern Italy and disseminated from there to other places in the West, perhaps even to Germany as well. As Wuilleumier stated,[70] Tarentum was actually a clearing house of ancient thought processes, although it cannot be proved that the ladders of Tarentum were an import from the ancient Near East.[71] Tarentum was not the goal but the starting point of the symbolism of *anodos* ladders.

Other examples of this ladder symbolism provide additional parallels. Christianity in this respect was the off-spring of Hellenized Judaism. There are many ladders and stairs in the decorative art of tombstones, *stelae*, lamps, and illustrated manuscripts.[72] These

---

[68] Berthier et Leglay, *op. cit.*, pl. IX, 26.

[69] Turcan, *Mithras platonicus*, pp. 8f.

[70] Wuilleumier, *Tarente*, p. 63.

[71] Leglay, *Le symbolisme*, p. 236-238. There was a cult of a diobletos at Tarentum, which is supposed to have come from Crete (cf. Cook, *op. cit.*, pp. 29-32; 131).

[72] Goodenough, *op. cit.*, I, fig. 375; III, fig. 785; VIII, pp. 152f.; fig. 142; 145; XI, fig. 351; Leglay, *Le symbolisme*, pp. 239f. n. 2; Cumont, *After Life*, p. 154; Cook, *op. cit.*, pp. 133-135.

examples may have been influenced by the pagan ladder symbolism and the Old Testament picture of Jacob's dream. Christian ladders were used especially to illustrate the heroism, martyrdom, and apotheosis after death of the martyrs and such figures as Daniel or Lazarus.[73] This matched the Mithraic use of ladders as the symbol of apotheosis for the *miles* grade. Pictorial representations of Daniel and Lazarus involve a sacred building of special type with its own peculiar façade and a ladder or stair. An example with ladder has been found on a mosaic floor in the Isle of Wight, in Britain.[74] A ladder of five rungs leads to a house on a hill. The house has a gabled roof of earthenware tiles. The picture may be compared with that on the flask or with the *tomba cappuccina* at Salò and aptly demonstrates the mutual relationship of roofs of this kind and ladders.[75] (Ginza, the Mandaean holy scripture, also describes a ladder that leads to heaven.[76])

Conclusion

The Friedberg crater was used in the Mithraic ritual as a honey container. It was presented by a *miles* to a *leo* in the course of the initiation ritual of fire. The decorative patterns consisting of three kinds of symbols (ladder, scorpion, and snake) represented the way of salvation of the *miles* in the eschatological battlefield. The scorpion and the snakes were representatives of the earth (chthonian) and functioned as the givers of a glorious death, after which the *miles* was deified and joined the company of the other adepts. The three-rung ladder was intimately connected with the symbolism of seven grades and seven heavenly gates. The means of expression used by this crater originated in the polysymbolic iconography of Dionysiac ascent, which developed originally in southern Italy and

[73] E. Dassmann, *Sündenvergegnung durch Taufe, Busse und Martyrerfürbitte in den Zeugnissen Frühchristlicher Frömmigkeit und Kunst* (Münster, 1973), Tafel 51, a; b; 20, b; 21; pp. 426; 429.

[74] J. M. C. Toynbee, *Art in Roman Britain* (London, 1962), 202 no. 197 with pl. 231; Goodenough, *op. cit.*, VII, fig. 38.

[75] See my article in footnote 2.

[76] F. Cumont, *Recherches sur le symbolisme funéraire des romains* (N.Y., 1975), p. 108; Cook, *op. cit.*, p. 128.

then spread to various parts of the Roman Empire. The symbolism of the seven gates may have been influenced by the Oriental Number-7 symbolism, but that of southern Italy was less Oriental. The acceptance of the Dionysiac iconography by Mithraists who were interested in astral immortality is not surprising. As shown by a study of the Roman *tomba cappuccina*,[77] the Mithraists may have adopted the time-honoured gable shape for the superstructure of their graves. The ladder was not specifically Mithraic, but the Mithraists willingly accepted it as a symbol of their salvation.

Acknowledgements

This study was commenced in 1974 while I was attending the State University of Utrecht, under the instruction of Professor M. J. Vermaseren. I was assisted in the bibliographical researches by Miss M. B. de Boer and Mr. J. J. V. M. Derksen of the same university. I was assisted by Mr. J. Reahm, Tokyo, in writing this article in English.

I am solely responsible for all opinions expressed in this article.

---

[77] See my article in footnote 2.

ÉLÉMENTS POUR UNE ANALYSE DE PRIAPE CHEZ JUSTIN LE GNOSTIQUE

MAURICE OLENDER

(Bruxelles)

> «De loin, j'entendais dire: l'inintelligible n'est que
> la conséquence de l'inintelligence, celle-ci ne
> recherchant que ce qu'elle possède déjà, ce qui
> l'empêche de faire de nouvelles découvertes».
>
> NOVALIS.

Préliminaires

Dans le livre V de la *Réfutation de toutes les hérésies*, le polémiste chrétien [1], après avoir décrit d'autres systèmes gnostiques [2], rapporte une sotériologie qu'il attribue à Justin, faisant connaître ainsi le contenu du *Livre de Baruch* [3], l'œuvre la plus importante de ce maître gnostique que l'on situe dans la seconde moitié du IIe siècle après J.-C. Dans le mythe à organisation ternaire qui est décrit dans ce texte, formant système avec Édem-Israël et Élohim, l'être suprême, «c'est-à-dire l'être Bon qui est au-dessus de tout, l'être le plus élevé de tous» [4], s'avère, dans la phase finale de l'initiation, «n'être autre que Priape, celui qui a créé alors que rien n'existait auparavant» [5]. Ici, presque tous les exégètes de textes gnostiques sont d'avis que ce dernier passage, où le bon est identifié à Priape,

---

[1] Hippolyte de Rome, *Refutatio omnium haeresium*, éd. P. Wendland (Leipzig, 1916). Cité dans la suite *Elenchos*. La personnalité de l'auteur de l'*Elenchos* est l'objet d'une controverse depuis les travaux de P. Nautin, cf., entre autres, *Hippolyte et Josipe* (Paris, 1947).

[2] Cf. *infra*, notes 60-62.

[3] *Elenchos*, V 24, 2-27, 5; p. 126, 2-133, 20. Ce texte a été publié depuis par W. Völker, *Quellen zur Geschichte der christlichen Gnosis* (Tübingen, 1932), p. 27-33. Nous citerons toujours l'édition de P. Wendland mentionnée *supra*, note 1.

[4] *Elenchos*, V 24, I; p. 125, 27.

[5] *Elenchos*, V 26, 33; p. 132, 3-8.

est soit une interpolation et un ajout tardif [6], voire même une «erreur» due à la «distraction d'Hippolyte» [7].

Encouragé par le Professeur M. J. Vermaseren à publier dans les *Études Préliminaires aux Religions Orientales dans l'Empire romain*, qu'il dirige, des *Études sur Priape* [8], nous nous proposons, afin de nous joindre à tous ceux qui lui rendent hommage aujourd'hui, d'exhumer quelques textes où Priape apparaît dans des fonctions qui pourraient éclairer le rôle de ce dieu dans le mythe de Justin. Ces documents devraient permettre, aux spécialistes d'études gnostiques, de ne plus nier systématiquement la présence de Priape dans ce texte [9] et d'envisager, ainsi, une lecture nouvelle de la gnose de Justin.

Le système de Justin le Gnostique

Après avoir rappelé que Justin, avant de révéler à ses disciples «ce que l'œil n'a point vu, ce que l'oreille n'a point entendu, ce que le cœur de l'homme n'a jamais conçu» [10], obligeait ses auditeurs au silence en les liant par un serment [11], le polémiste chrétien nous livre le contenu d'un ouvrage qui a pour nom *Baruch* [12] et qui présente le système (σύστασιν) de Justin de la manière suivante [13].

---

[6] Cf. *infra*, note 28.

[7] A. Siouville (éd.), Hippolyte de Rome, *Philosophumena ou Réfutation de toutes les hérésies*, I (Paris, 1928), p. 205 note 2.

[8] Volume en cours de rédaction.

[9] Du moins, de ne plus affirmer sans plus qu' «il ne faut pas mentionner Priape, qui ne fait rien dans cette histoire», comme le fait R. M. Grant dans *Les êtres intermédiaires dans le judaïsme tardif*, communication au colloque de Messine publié par U. Bianchi, *Le origini dello gnosticismo* (Leiden, 1967), p. 151.

[10] Epîtres de Paul aux *Corinthiens*, I, 2, 9 citée en *Elenchos*, V, 24, I; p. 125, 26 ainsi qu'en V, 26, 16; p. 129, 13-14. Cf. *infra*, note 77. Nous utiliserons souvent dans cet article, en la transformant quelquefois légèrement, la traduction française de l'*Elenchos* faite par A. Siouville (citée, *supra*, note 7) sans plus la mentionner.

[11] *Elenchos*, V 24, I; p. 125, 29. Il est encore question de serment plus loin en V 27, 1-2; p. 132-133.

[12] Pour une plus large information, cf. H. Schmidt & W. Speyer, *Baruch* (*Nachträge zum Reallexikon für Antike und Christentum*), dans *JAC*, 17 (1974), p. 177-190 où il est question du *Baruch* de Justin le Gnostique p. 190.

[13] Pour la description du système de Justin cf. *Elenchos*, V 24-26; p. 125-132. Les textes grecs des points particuliers retenus seront cités, en cours d'analyse, dans les notes.

Tout s'organise autour de trois principes (ἀρχαί) incréés (ἀγέννητοι) qui gèrent l'univers [14]. En haut, l'être masculin qui s'appelle Bon (ἀγαθός) et est doué de prescience (προγνωστικός). Il est identifié à Priape. Au milieu, «le second principe masculin est le père de tous les êtres». Il n'est pas doué de prescience et est identifié à l'Élohim hébreu. Enfin, en bas, l'unique principe féminin de la triade, un être irascible à l'intelligence et au corps doubles, mi-fille mi-serpent, a pour noms Édem et Israël [15]. Ainsi posés les trois principes, les racines (ῥίζαι) et les sources (πηγαί) qui dominent l'univers, Justin entreprend le récit de la «chute» du souffle (πνεῦμα) du Père-Élohim. Tout commence par le désir amoureux qui porte le second principe, le Père ou Élohim, vers la jeune fille Édem [16]. Epris l'un de l'autre, ils s'unissent et engendrent chacun, respectivement, douze anges. Et le texte précise que les deux arbres du paradis désignent, par allégorie, les deux anges nés en troisième lieu du Père et d'Édem: Baruch, le troisième ange paternel, est l'arbre de vie; Naas (le serpent), le troisième ange né d'Édem, est l'arbre de science du bien et du mal. Prend place alors une anthropogonie qui se déroule en deux temps. D'abord, les anges d'Élohim et d'Édem, en guise du «sceau et du mémorial de leur amour», font de l'homme (τὸν ἄνθρωπον) «le symbole éternel de leur union» [17]. Pour ce faire, Édem donne à l'humain une âme (ψυχή) et Élohim un souffle (πνεῦμα). Ainsi naquit le couple primordial, Adam et Eve, et, à

---

[14] Pour une présentation analytique de la gnose de Justin, il faut se reporter à présent à l'article (s.v.) *Justin le Gnostique* de M. Tardieu, à paraître en 1978 dans le *Dictionnaire des mythologies et des religions polythéistes* sous la direction de Y. Bonnefoy, à Paris (Flammarion). Nous nous sommes largement inspiré de cet article que M. Tardieu, Professeur à l'École Pratique des Hautes Études (Vème section), a généreusement mis à notre disposition. Nous sommes également reconnaissant à M. Tardieu de nous avoir à plusieurs reprises éclairé par sa science des textes gnostiques. C'est dire que nous lui devons beaucoup dans la conception de cet article tout en assumant seul la responsabilité de son contenu.

[15] *Elenchos*, V 26, 37; p. 132, 19-20. R. van den Broek, *The Shape of Edem According to Justin the Gnostic*, dans *VigChrist*, 27 (1973), p. 35-45, émet l'hypothèse d'une influence du culte de l'Égypte hellénistique d'Isis-Thermouthis sur la figure hybride de l'Édem de Justin. M. Tardieu, *loc. cit.*, mentionne cette hypothèse sans la suivre.

[16] Ce récit se trouve dans l'*Elenchos*, V 24, 2ss.; p. 127, 5ss.

[17] *Elenchos*, V 26, 8; p. 128, 4.

l'image de l'hiérogamie originelle (Élohim-Édem), le premier mariage.

Le mythe de la chute, due à l'union du Père-Élohim, ignorant de l'avenir (ἀπρόγνωστος) [18], avec Édem-Israël, s'achève par la séparation des époux. En effet, après avoir construit et ordonné le monde, Élohim voulut voir, en s'élevant vers les hautes régions du ciel, si sa création était parfaite. En démiurge ignorant, il se croit encore le dieu unique [19]. Mais, arrivé à l'extrémité supérieure du ciel, il aperçut une lumière «plus parfaite que celle qu'il avait lui-même créée» [20], et, en son sein, il découvre le Bon (ἀγαθός) qui l'invite à siéger à sa droite. Dès lors, Élohim restera auprès du Bon et ne pourra plus récupérer son souffle (πνεῦμα) enchaîné dans les hommes. Édem, jalouse et abandonnée, se vengera en frappant le souffle d'Élohim qui réside dans les hommes. Elle le fait en envoyant aux humains le premier de ses anges, Babel-Aphrodite, qui fera naître dans les cœurs la tristesse de la séparation, les chagrins d'amour, adultères et divorces. Finalement, elle enjoint à Naas (le serpent), son troisième démon, de s'unir à Adam et Eve, frappant ainsi l'esprit d'Élohim, en l'humain, du désir de lubricité et de la pédérastie [21]. Comme le souligne bien M. Tardieu [22], le corollaire de ce mythe de la chute, comme dans les autres systèmes de l'époque, est la recherche d'un salut qui consistera à libérer, des dégradations qu'il a subies, l'esprit-souffle d'Élohim qui habite les hommes. Dans ce but, Élohim leur enverra, pour les éclairer, Baruch, son troisième ange. Celui-ci, à deux reprises, échouera dans sa mission salvatrice à cause de Naas, le serpent. Ensuite, Élohim choisit Héraclès afin qu'il combatte les anges d'Édem en accomplissant ses douze travaux. Mais le héros, séduit par Omphale, qui n'est autre que Babel-Aphrodite (le premier ange d'Édem), échoue également.

---

[18] *Elenchos*, V 26, 2; p. 127, 6.

[19] *Elenchos*, V 26, 15; p. 129, 9.

[20] *Elenchos*, V 26, 15; p. 129, 5-7.

[21] *Elenchos*, V 26, 23; p. 130, 13-16. Au sujet des tensions et des ambivalences sexuelles dans la gnose, cf. K. Horn, *Geschlechtsfeindlichkeit in der Gnosis*, dans *Melemata. Festschrift für Werner Leibbrand zum Siebzigsten Geburtstag*, herausgegeben von J. Schumacher, M. Schrenk und J. Henning Wolf (Mannheim, 1967), p. 41-48 et, en particulier, p. 42-44.

[22] *Loc. cit.*, s.v. *Justin le Gnostique.*

Enfin, Élohim renvoie une troisième fois Baruch vers les hommes. C'était aux temps du roi Hérode et Baruch, arrivant à Nazareth, y rencontra Jésus, fils de Joseph et de Marie, jeune garçon âgé de douze ans occupé à la garde des brebis. C'est alors que Baruch lui révéla le mystère des origines — l'union d'Élohim et d'Édem — et lui prédit l'avenir. Furieux de la fidélité de Jésus à la révélation de Baruch, Naas (le serpent), n'ayant pu séduire Jésus, le fait crucifier. Mais Jésus, abandonnant sur le bois le corps d'Édem, remit l'esprit (πνεῦμα) entre les mains du Père-Élohim et s'éleva vers le Bon (ἀγαθός) [23].

Et c'est ici que prend place le texte qui est au centre de notre enquête. Après avoir «remis l'esprit entre les mains d'Élohim, Jésus s'élève vers le Bon. Or, celui-ci n'est autre que Priape, celui qui a créé avant que quelque chose fût. On l'appelle Priape parce qu'il a créé l'univers alors que rien n'existait encore [24]. Voilà pourquoi, affirme Justin, nous le voyons se dresser dans tous les temples, recevoir les hommages de toute créature et porter suspendus, sur les routes, les fruits de l'automne, c'est-à-dire les fruits de la création dont il est l'auteur. Car c'est lui qui a fait la création, alors que rien n'existait auparavant» [25]. Ce texte s'achève par l'anathème que jette le polémiste chrétien sur le *Livre de Baruch*, finale où il précise à ses lecteurs qu'il suffit de lire la gnose de Justin pour «comprendre entièrement l'organisation de ce mythe fantaisiste» [26]. Et le polémiste de conclure qu'il a connu de nombreuses hérésies mais que celle de Justin était la pire de toutes [27].

Plutôt que de suivre ceux qui écartent d'office Priape de ce

---

[23] *Elenchos*, V 26, 32; p. 132, 1-2.

[24] *Elenchos*, V 26, 33; p. 132, 4. L'unique occurrence du verbe πριοποιεῖν, jeu de mots sur πρίν (pour Πρίαπος) et ποιεῖν, qui apparaît à deux reprises dans ce même passage (p. 132, 4 et 7). Les gnostiques affectionnaient ce genre du jeu de mots étymologique.

[25] *Elenchos*, V 26, 33; p. 132, 3-8: ὁ δὲ ἀγαθός ἐστι Πρίαπος, ὁ πρίν τι εἶναι ποιήσας· διὰ τοῦτο καλεῖται Πρίαπος, ὅτι ἐπριοποίησε τὰ πάντα. διὰ τοῦτο, φησίν, εἰς πάντα ναὸν ἵσταται, ὑπὸ πάσης τῆς κτίσεως τιμώμενος καὶ ἐν ταῖς ὁδοῖς βαστάζων τὰς ὀπώρας ἐπάνω αὐτοῦ, τουτέστι τοὺς καρποὺς τῆς κτίσεως, ὧν αἴτιος ἐγένετο, πριοποιήσας τὴν κτίσιν πρότερον οὐκ οὖσαν.

[26] *Elenchos*, V 26, 5; p. 133, 19-20: ἐν ᾧ ὅλην τὴν τοῦ μύθου αὐτῶν διαγωγὴν ὁ ἐντυχὼν γνώσεται.

[27] *Elenchos*, V 26, 5; p. 133, 20-21.

texte [28] et afin qu'il soit possible de procéder à l'analyse de la position et de la fonction de Priape dans ce mythe, nous examinerons quelques documents où ce dieu véhicule une signification qui peut paraître proche de celle qu'il incarne dans la gnose de Justin et, en tout cas, soutenir la comparaison historique.

Quelques documents où Priape est «pris au sérieux»

Nombreux sont les textes qui ont permis de dégager un Priape parodié [29], un dieu dont on se moque et qui se venge quelquefois [30]. D'autre part, le rire est souvent associé à Priape, soit comme élément fonctionnel de la scène rituelle à laquelle il participe [31], ou,

[28] H. Jonas, *Gnosis und spätantiker Geist*, Teil I: *Die Mythologische Gnosis* (Göttingen, 1964; Ière éd. 1934), p. 335-340 décrit le *Livre de Baruch* sans jamais mentionner Priape, l'être Bon étant «sans nom» (p. 340). E. Haenchen, *Das Buch Baruch. Ein Beitrag zum Problem der christlichen Gnosis*, dans *Zeitschrift für Theologie und Kirche*, 50 (1953), p. 123-158. Ce texte à été repris dans E. Haenchen, *Gott und Mensch: Gesammelte Aufsätze* (Tübingen, 1965), p. 299-334 et sera désormais cité dans cette dernière publication sous l'abréviation E. Haenchen. Dans cette étude, l'auteur considère le passage de l'*Elenchos*, V 26, 33, où intervient Priape, comme une interpolation. A ce sujet, cf. *infra*, notes 66-67, 82. M. Simonetti, *Note sul Libro di Baruch dello gnostico Giustino*, dans *Vetera Christianorum*, 6 (1969), p. 74 n. 12, suit E. Haenchen. Pour la position déjà mentionnée de R. M. Grant, cf. *supra*, note 9. Dans le colloque de Messine (cf. *supra*, note 9), Y. Janssens, dans sa communication sur *Le thème de la fornication des anges*, mentionne Priape sans plus dans ce *Livre de Baruch* qui est «un texte fantasque et érotique» (p. 493). M. Tardieu, *loc. cit.*, situe Priape à l'intérieur du système gnostique de Justin. Les hellénistes ont généralement admis que Priape se trouvait inscrit dans la gnose de Justin. Ainsi, Jessen dans Roscher, *Myth.Lex.*, 3 (1908), *col.* 2980 (s.v. *Priapos*); H. Herter, *De Priapo* (Giessen, 1932), p. 308-309; Id. dans *PWRE* 22 (1954), *col.* 1937 (s.v. *Priapos*); U. Bianchi, *The Greek Mysteries* (Leiden, 1976), p. 14.

[29] Plusieurs exemples dans le *Corpus Priapeorum*. A ce sujet, cf. V. Buchheit, *Studien zum Corpus Priapeorum* (München, 1962). Voir encore H. Kleinknecht, *Die Gebetsparodie in der Antike* (Stuttgart-Berlin, 1937), p. 5 n. 2, 139, 191; J. P. Cèbe, *La caricature et la parodie dans le monde antique des origines à Juvénal* (Paris, 1966), p. 279.

[30] Ainsi dans le *Satiricon* de Pétrone, 133, 3, vers 10-11. Pour les différentes hypothèses émises à ce sujet, cf. M. Olender, *Études sur Priape*, à paraître dans les EPRO. Ce travail en cours sera cité dans la suite *Études sur Priape*.

[31] Diodore de Sicile, IV, 6, 4, après avoir précisé que Priape était présent dans de nombreux mystères, nous apprend que ce dieu «est donc amené dans les sacrifices avec rires et (jeux de mots) moqueries.» Le texte dit . . ., μετὰ γέλωτος καὶ παιδιᾶς παρεισαγόμενος ἐν ταῖς θυσίαις.

plus simplement, parce que l'obscénité du dieu fait rire [32]. Si l'on
ajoute à cette proximité de l'univers du rire et de la plaisanterie le
fait que Priape ait souvent été considéré comme un personnage
littéraire, comme un dieu dont l'unique existence serait la priapée,
on comprend aisément que l'on ait tendance à ne jamais prendre
Priape au sérieux. Ainsi, l'on a cru longtemps que les textes de
l'*Anthologie palatine* [33], où Priape était dit protecteur de la pêche
et de la navigation, n'étaient que des topiques littéraires [34]. Or, il
existe des documents épigraphiques [35] et iconographiques [36] attestant la présence de Priape dans un contexte marin et l'on a donc
aucune raison d'exclure, a priori, une fonction maritime pour ce
dieu [37]. La même divinité a pu également jouer quelquefois un rôle
dans l'espace funéraire romain [38].

Mais il y a plus. En ces premiers siècles de l'ère chrétienne où
l'on situe la gnose de Justin (seconde moitié du IIe siècle après J.-C.),
les syncrétismes religieux faisaient fortune dans l'univers culturel
romain. Aussi est-ce dans un tel contexte historique qu'il faut
replacer les documents qui attestent un Priape dont la sexualité
débordante finira par véhiculer des concepts explicitement cos-

---

[32] Parmi les nombreux exemples, voir *Corpus Priapeorum* 10. Pour les
rapports entre Priape et le rire, cf. *Études sur Priape*, à l'index, s.v. *Rire,
Apotropaïsme*, etc.

[33] *Anthologie Palatine* VI, 33, 89, 192, 193 et X, 1, 2, 4-6, 14-16. Pour
les épigrammes du *Livre VI*, cf. L. Demoule-Lyotard, *L'analyse formelle
des textes antiques: une étude préliminaire*, dans *Annales, E.S.C.* 26 (1971),
p. 705-722.

[34] Ainsi C. Schneider, *Kulturgeschichte des Hellenismus* II (München,
1969), p. 164.

[35] L. Robert, *Inscriptions de l'Hellespont et de la Propontide*, dans *Hellenica*,
9 (1950), p. 80-97.

[36] L. Robert, *loc. cit.*, p. 82 et Pl. 19; K. Rubi, *Ein neuer Silberbecher aus
Avenches*, dans *Bulletin de l'Association Pro Aventico*, 20 (1969), p. 37-44,
Pl. 3-6.

[37] Il ne faut pas oublier que Priape vient de Lampsaque, sur les bords de
l'Hellespont. Pour ceci, cf. *Études sur Priape*, le chapitre consacré à *Priape,
dieu de Lampsaque*.

[38] Cf. *CIL* V, I (1872), 3634 et *CIL* VI, 4 (1876), 3708. Voir encore J.
Carcopino, *La basilique pythagoricienne de la Porte Majeure* (Paris, 1943),
p. 212. Pour Priape dans la même basilique, cf. U. Bianchi, *The Greek
Mysteries* (Leiden, 1976), p. 14 Pl. 94-95. A Naples, Musée National, un
relief funéraire en marbre, dans J. Marcadé, *Roma amor* (Genève, 1961),
p. 54.

miques [39]. C'est ainsi que Cornutus, un compilateur stoïcien du
Ier siècle après J.-C.[40], identifie Éros, Atlas, Pan, l'*Agathos Daimôn*
et Priape [41]. Il précise même que ce dieu hypersexué a pu être un
signe allégorique décrivant la nature de l'univers [42]. Une telle
lecture «physique» de la mythologie grecque correspond bien aux
pratiques de l'herméneutique stoïcienne [43]. Priape fut également
identifié à *Hélios*, le soleil, en raison, dit un texte d'Arrien, de sa
fécondité [44]. Ailleurs, dans le sixième hymne orphique, on identifie
Priape à *Phanès-Prôtogonos* [45]. Enfin, deux inscriptions désignent
Priape, l'une comme *Pantheos* [46], l'autre, comme «créateur du
monde ou ... Nature en personne et Pan» [47]. La première, de la
colonie d'Apulum en Dacie, est datée de l'année 235 après J.-C.

---

[39] Certains rapprochements que nous allons opérer entre le texte attribué
à Justin le Gnostique et les autres écrits où Priape est «pris au sérieux»
avaient déjà été indiqués, rapidement, par Jessen dans Roscher, *Myth.Lex.*, 3
(1908), *col.* 2979-2980 (s.v. *Priapos*); H. Herter, *De Priapo* (Giessen, 1932),
p. 236-239; Id. dans *PWRE*, 22 (1954), *col.* 1929-30, 1937, 1941 (s.v. *Priapos*).
[40] G. Rocca-Serra, *Pour une édition de Cornutus*, dans *Bulletin de l'Association Guillaume Budé* (1963), p. 348-350.
[41] Cornutus, 25-27 (éd. C. Lang, Lipsiae, 1881), p. 47-52.
[42] Cornutus, 27, p. 50, 15-20: Ἴσως δ' ἂν οὗτος καὶ ὁ Πρίαπος εἴη, καθ' ὃν
πρόεισιν εἰς φῶς πάντα, τῶν ἀρχαίων δεισιδαιμόνως καὶ ἀδρῶς διὰ τούτων ἃ
ἐφρόνουν περὶ τῆς τοῦ κόσμου φύσεως παριστάντων. ἐμφαίνει γοῦν τὸ μέγεθος
τῶν αἰδοίων τὴν πλεονάζουσαν ἐν τῷ θεῷ σπερματικὴν δύναμιν, . . .
[43] F. Buffière, *Les mythes d'Homère et la pensée grecque* (Paris, 1956),
p. 71-72.
[44] Arrianos dans *FGrH* II, B, 156, p. 857 Nr. 23 (éd., Leiden, 1962):
εἰς ἥλιον ἀλληγορεῖται ὁ Πρίεπος διὰ τὸ γόνιμον. Cf. H. Herter, *op. cit.*, p. 306.
Arrien, disciple d'Épictète, a vécu au II[ème] siècle après J.C.
[45] O. Kern (éd.), *Orphicorum Fragmenta* (Berolini, 1963; I[ère] éd. en 1922),
Nr. 87, p. 160, 9.
[46] *CIL* III, I (1873), 1139: Priepo Pantheo P(ublii) Aelii Ursio et Antonia-
nus aediles col(oniae) Apul(i) dicaverunt Severo et [Q]uin[t]iano co(n)-
s[ulibus]. J. F. Neigebaur, *Dacien aus den Ueberresten des klassischen Alter-
thums* (Kronstadt, 1851), p. 227, Nr. 27, décrit une figure de Priape debout,
dans la position d'*anasyrma*, portant des fruits dans son vêtement relevé.
A ses côtés, un aigle, une massue et les foudres. H. Herter, *op. cit.*, p. 106
Nr. 12, le nomme «Pantheos». L. Bertacchi, *Priapo Pantheos*, dans *Studi
Triestini di Antichità in onore di Luigia Achillea Stella* (Trieste, 1975),
p. 403-417, propose de voir, dans des fragments de bas-reliefs (reconstitués)
d'Aquilée, un Priape *Pantheos* ailé et nimbé. Une telle représentation
hybride de Priape n'est pas évidente et fait problème. Au sujet de ce bas-
relief important, voir les *Études sur Priape*.
[47] *CIL* XIV (1887), 3565, *d*, 2-3.

La seconde inscription, trouvée à Tivoli, peut être située par son style à la fin du Ier ou au IIe siècle après J.-C. Vu l'importance de ce dernier document, nous en reproduisons intégralement le texte accompagné de sa traduction :

CIL XIV, 3565 (Tivoli).

a   in fronte:

GENIO NVMINiS PRIApi
POTENtis POLLEntis inuiCTI
IVL · AGATHEMERVS · AVG · LIB · A
CVRA AMICORVM
5   SOMNO MONITVS

b   in parte postica:

SALVE · SANCTE · PATER · PRIAPE · RERVM
SALVE · DA · MIHI · FLORIDAM · IVVENTAM
DA · MIHI · VT · PVERIS · ET · VT · PVELLIS
FASCINO · PLACEAM · BONIS · PROCACI
5 LVSIBVSQVE · FREQVENTIBVS · IOCISQVE
DISSIPEM · CVRAS · ANIMO · NOCENTES
NEC · GRAVEM · TIMEAM · NIMIS · SENECTAM
ANGAR · HAVD · miserAE · PAVORE · MORTIS
QVAE · AD · DOMVs · TRAHET · INVIDAs auerNi
10 FABVLAS · MANES · VBI · REX · COERCET
VNDE · FATA · NEGANT · REDIRE · QVEMQVAM
SALVE · SANCTE · PATER · PRIAPE · SALuE

c   in latere:

CONVENITE · SIMVL · QVOT · ESTis · omNES
QVAE · SACRVM · COLITIS · nemVS · puELLAE
QVAE · SACRAS · COLITIS · AqVAS · PVELLAE
CONVENITE · QVOT · ESTIS · ATQVE · beLLO
5 VOCE · DICITE · BLANDVLA · priaPO
SALVE · SANCTE · PATER · PRIAPE · RERVM
inGVINI · OSCVLA · FIGITE · INDE · MILLE
fasciNVM · BENE · OLENTIBVS · corONIS
cingITE · ILLI · ITERVMQVE · DICITE · OMNES
10 salue sanCTE · PATER · PRIAPE · RERVM
NAM · MALOS · ARCENS · HOMINES · crVENTOS
IRE · PER · SILVAS · DAT · ILLE · vObIS
PERQVE · OPACA · SILENTIA · INCRVENTA
ILLE · FONTIBVS · ARCET · ET · SCELESTOS
15 INPROBO · PEDE · QVI · SACROS · LIQVORES

TRANSEVNT · FACIVNTQVE · TVRBVLENTOS
QVI · LAV*an*TQVE · MANVS · NEC · ANTE · MVLTA
INVOCANT · PRECE · VOS · DEAE · PV*ellae*
O · PRIAPE · FAVE · ALME · DICITE *omnes*
20   SALVE SANCTE PATER PRIAPE *salue*

d   in altero latere:

O · PRIAPE · POTENS · AMI*ce salue*
SEV · CVPIS · GENITOR · VO*cari* · ET · AVCTOR
ORBIS · AVT · PHYSIS · IPSA · PANQVE · SALVE
NAMQVE · CONCIPITVR · TVO · VIGORE
5   QVOD · SOLVM *repl*ET · AETHERA · ATQVE · PONTVM
ERGO · SALVE · PRIAPE · SALVE · SANCTE
SAEVA · *iupiter* · IPSE · TE · VOLENTE
VLTRO · FVLMINA · PONIT · ATQVE · *se*DES
LVCIDAS · CVPIDVS · SVAS · RELIN*quit*
10   TE · VENVS · BONA · FERVIDVS · CVPIDO
GRATIA · ET · GE*minae* · COLVNT · *sor*ORES
ATQVE · LAETI*tiae da*TOR · LYAEVS
NAMQVE · TE · SI*ne* · *n*EC · VENVS · PROBA*tur*
GRATIAE · ILLEPIDAE · CVPI*do* · *ba*CCHVS
15   O · PRIAPE · POTENS · AMICE · SALVE
TE · VOCANT · PRECE · VIRGI*nes* · *pudi*CAE
ZONVLAM · VT · SOLVAS · DIV · LIGATAM
TEQVE · NVPTA · VOCAT · SIT · VT · MAR*ito*
NERVVS · SAEPE · RIGENS · POTENSQVE · SEM*per*
20   SALVE · SANCTE · PATER · PRIAPE · S*alue*

a.   Sur l'inscription frontale: «Au Génie de la divinité de Priape qui est puissant, efficace et invaincu. Julius Agathemerus, affranchi impérial, a fait édifier ce monument avec la collaboration de ses amis, parce qu'il avait été averti en songe.»

b.   Sur la face postérieure: «Salut, saint père de la Nature, ô Priape, Salut, accorde-moi une jeunesse florissante, accorde-moi que je plaise, tant aux garçons qu'aux belles jeunes filles, par mon phallus provocant, et que je chasse, par des jeux fréquents et des propos badins, les soucis qui accablent l'esprit. Que je ne craigne pas trop la vieillesse pénible et que je ne sois point du tout angoissé par l'effroi d'une mort misérable, mort qui m'entraînera vers les demeures odieuses de l'Averne où le roi maintient les mânes qui ne sont que fables, lieu d'où les destins affirment qu'on ne peut revenir. Salut, ô saint père Priape, Salut.»

c.   Sur un côté: «Rassemblez-vous, toutes, tant que vous êtes, jeunes filles qui vénérez le bois sacré, et vous, jeunes filles qui vénérez les eaux sacrées, rassemblez-vous toutes, tant que vous êtes et dites au charmant Priape d'une voix flatteuse, Salut, ô saint père de la

Nature, Priape. Embrassez le phallus de Priape, ensuite entourez ce membre de mille couronnes qui sentent bon et de nouveau dites-lui toutes ensemble: Salut, ô saint père de la Nature, Priape. En effet, il tient à l'écart les hommes méchants et cruels, il vous permet d'aller par les forêts, à travers le silence de l'ombre paisible; ce dieu éloigne des sources également les criminels qui, par leur marche, souillent, en les franchissant, les ruisseaux sacrés et les rendent troubles en s'y lavant les mains et qui ne vous invoquent pas d'abord dans une longue prière, vous, les déesses Nymphes. Dites toutes, ô Priape, protège-nous, père nourricier, Salut, saint père Priape, Salut. »

d. L'autre côté: «O Priape, ami puissant, Salut. Soit que tu désires être invoqué comme créateur et auteur du monde ou que tu préfères être appelé Nature en personne et Pan, Salut. En effet, c'est grâce à ta vigueur que sont conçues les choses qui remplissent la terre, le ciel et la mer. Donc, Salut, saint Priape, Salut. Jupiter en personne, toi le voulant, dépose spontanément ses foudres cruels et, de désir, il abandonne son séjour lumineux. C'est toi que vénèrent la bonne Vénus, l'ardent Cupidon, la Grâce et ses deux Sœurs, ainsi que Bacchus dispensateur de la joie. En effet, sans toi il n'y a plus de Vénus, et les Grâces se font disgracieuses, il n'y a plus ni Cupidon ni Bacchus, ô Priape, ami puissant, Salut. C'est toi qu'invoquent les vierges pudiques dans leurs prières afin que tu dénoues leur ceinture attachée depuis longtemps, et c'est toi qu'invoque l'épouse afin que son mari ait la verge souvent raide et toujours puissante. Salut, saint père, ô Priape, Salut. »

Contrairement à certains lecteurs de cette inscription, nous ne croyons pas devoir reconnaître ici un texte parodique [48]. Priape, attesté à plusieurs reprises très «sérieusement» dans le champ épigraphique [49], peut parfaitement avoir eu les fonctions protectrices et apotropaïques que ce document lui confère [50]. Ici, c'est

---

[48] Parmi les auteurs qui ont considéré cette inscription comme une parodie de l'hymne à Vénus de Lucrèce, *De la Nature* I, vers I-44: H. Kleinknecht, *Die Gebetsparodie in der Antike* (Stuttgart-Berlin, 1937), p. 5 n. 2; V. Buchheit, *Studien zum Corpus Priapeorum* (München, 1962), p. 69-72; J. C. Classen dans le *Lexikon der Alten Welt* (Zürich-Stuttgart, 1965), *col.* 2430 (s.v. *Priapos*). Pour H. Herter dans *PWRE*, 22 (1954), *col.* 1928 (s.v. *Priapos*), cette inscription pourrait être une parodie. Encore étudiant, nous avions bénéficié, pour la traduction de cette inscription, des précieux conseils de Jean Préaux, Professeur à l'Université Libre de Bruxelles.

[49] Cf. *supra*, notes 35 et 38 et les inscriptions de Théra (*IG* XII, 3 (1898), 421) et de Gortyne (A. Majuri, *Un «Θίασος» a Creta. Contributo allo studio delle corporazioni cretesi*, dans *Ausonia*, 4 (1909), p. 242-245).

[50] Matériel comparatif dans les *Études sur Priape*.

la face *d* de la pierre qui retient particulièrement notre attention. Priape, après avoir été déjà à plusieurs reprises salué du nom de «saint père de la Nature», [51] est dit «créateur et auteur du monde ... et des choses qui remplissent la terre, le ciel et la mer [52], ... Nature en personne et Pan» [53]. C'est de Priape également que dépendent les grands dieux Bacchus, Vénus et Jupiter. Priape, dans cette dernière section de l'inscription, est le principe créateur universel et les dieux les plus importants puisent en ce «père de la Nature» le pouvoir même de leur fonction [54]. Ailleurs, dans un fragment du περὶ ἀγαλμάτων, conservé par Eusèbe [55], Porphyre dit de la force terrestre que «la raison séminale qui descend en elle a pris la forme de Priape» [56]. Ainsi, ce dieu devient, pour le jeune Porphyre [57] imprégné des influences qui circulaient dans sa ville natale, Tyr [58], le *Logos Spermatikos* [59].

---

[51] Cette expression ou une autre salutation à Priape en *b* I, 12; *c* 6, 10, 20; *d* 6, 15, 20. D'autres formules semblables dans H. Herter, *op. cit.*, p. 201.

[52] *d* 2 et 4.

[53] *d* 3.

[54] *d* 7-15.

[55] Eusèbe de Césarée, *Préparation évangélique*, III, II, 15, texte dans J. Bidez, *Vie de Porphyre* (Gand-Leipzig, 1913), p. 10*-11*.

[56] τοῦ εἰς αὐτὴν κατιόντος σπερματικοῦ λόγου εἰς τὸν Πρίηπον ἐκτετυπωμένου· Traduction de E. des Places, Eusèbe de Césarée, *La préparation évangélique* II-III (Paris, 1976), p. 217.

[57] J. Bidez, *op. cit.*, p. 25. Lors de la composition de son traité *Sur les images*, Porphyre n'avait probablement pas encore rencontré Plotin.

[58] J. Bidez, *op. cit.*, p. 8-10.

[59] Ailleurs, dans le même traité, Porphyre (Eusèbe de Césarée, *op. cit.*, III, 11, 42 = J. Bidez, *op. cit.*, p. 17*, 15-18) précise que «l'Hermès en érection signifie la tension, il désigne aussi la raison séminale qui pénètre tout»: Τοῦ δὲ λόγου τοῦ πάντων ποιητικοῦ τε καὶ ἑρμηνευτικοῦ ὁ Ἑρμῆς παραστατικός. Ὁ δὲ ἐντεταμένος Ἑρμῆς δηλοῖ τὴν εὐτονίαν, δείκνυσιν δὲ καὶ τὸν σπερματικὸν λόγον τὸν διήκοντα διὰ πάντων. Traduction dans E. des Places, *op. cit.*, p. 227. Cornutus, lui, nous apprend que les Hermès plus âgés sont figurés barbus et en érection, contrairement aux Hermès plus jeunes qui le sont imberbes et flaccides, pour montrer que les gens d'âge mûr ont l'esprit fécond et dans sa perfection. Ceci, dans Cornutus (éd. Lang), 17, p. 23, 16-20: οἱ δ' ἀρχαῖοι τοὺς μὲν πρεσβυτέρους καὶ γενειῶντας Ἑρμᾶς ὀρθὰ ἐποίουν τὰ αἰδοῖα ἔχοντας, τοὺς δὲ νεωτέρους καὶ λείους παρειμένα, παριστάντες ὅτι ἐν τοῖς προβεβηκόσι ταῖς ἡλικίαις γόνιμος ὁ λόγος καὶ τέλειός ἐστιν, Voir encore, récemment, H. Herter dans *RAC*, 10 (1976), col. 9 (s.v. *Genitalien*) et du même auteur *Hermes*, dans *RheinMus* 119 (1976), p. 193-241.

L'être Bon des Naassènes et l'Éros gnostique de l'Écrit sans Titre

Afin d'élargir le réseau comparatif tissé autour du Priape inscrit dans la gnose de Justin, voyons s'il existe d'autres documents gnostiques où des figures du paganisme grec véhiculent des modèles conceptuels propres au système de la gnose qui les organise. Pour ce faire, prenons deux exemples distincts. D'abord, la gnose des Naassènes, ensuite l'Éros gnostique de l'*Écrit sans Titre* de Nag Hammadi.

Le livre V de l'*Elenchos* présente les enseignements gnostiques des Pérates [60] et des Séthiens [61], le système de *Baruch* de Justin et la doctrine des Naassènes [62]. Celle-ci n'est d'ailleurs connue, tout comme la gnose de Justin, que par l'unique source indirecte contenue dans le livre V de l'*Elenchos* [63]; les deux systèmes s'organisent par série de triades et se donnent à lire, pour une grande partie, en terminologie grecque [64].

Avant d'établir des relations, bien déterminées, entre certains dits du *Livre de Baruch* et d'autres, inscrits dans la gnose naassène, il faut rendre compte de la controverse engagée par E. Haenchen. Cet auteur, dans l'importante étude qu'il avait consacrée au *Livre de Baruch* en 1953 [65], n'hésite pas à affirmer que le passage de l'*Elenchos* (VI, 26, 33), où le Bon est identifié à Priape, est une interpolation tardive qui ne peut, en aucun cas, faire partie de la gnose de Justin [66]. E. Haenchen explique sa position en faisant

---

[60] M. Tardieu dans le *Dictionnaire des mythologies et des religions polythéistes* (dir. Y. Bonnefoy), Paris, à paraître, s.v. *Pérates*.

[61] A propos des Séthiens, en dernier lieu, cf. M. Tardieu, *Les trois stèles de Seth. Un écrit gnostique retrouvé à Nag Hammadi*, dans *Revue des Sciences Philosophiques et Théologiques*, 57 (1973), p. 545-575; Id., *Les livres mis sous le nom de Seth et les séthiens de l'hérésiologie*, à paraître dans les *Nag Hammadi Studies*, 8 (1977), p. 204-210.

[62] M. Tardieu, dans le *Dictionnaire* à paraître, s.v. *Naassènes*. Les Naassènes n'ont jamais existé sous ce nom qui a été fabriqué par le polémiste chrétien pour faire croire à ses lecteurs qu'ils étaient adorateurs du serpent (naḥaš en hébreu).

[63] *Elenchos*, V 6, 1-10, 2; p. 77-104.

[64] M. Tardieu, *loc. cit.*, s.v. *Naassènes*.

[65] E. Haenchen (cf. *supra*, note 28), p. 299-334.

[66] E. Haenchen, p. 319-320: «Zu diesem Bild des Guten, das der Hauptteil des Buches Baruch andeutet, passt nun freilich der Abschnitt 26, 33f. ganz und gar nicht». Pour Priape dans cet article, cf. p. 305, 308, 319-321, 329

valoir que l'identification du Bon avec Priape contredirait tout le *Livre de Baruch*.

En effet, affirme cet auteur, le Bon qui ignore le monde du mal serait connu de tous et honoré par toutes les créatures; lui qui est incréé serait identifié à Priape qui représente le monde de la création et de la fertilité. Tout ceci serait donc incompréhensible et absurde. Non, affirme E. Haenchen, le Bon est un principe «extra-mondain», mieux, un dieu hostile au monde et il n'a pu être identifié avec la fertilité naturelle de Priape [67]. Et E. Haenchen, pour clore son argumentation, ajoute un dernier point: «Auch der Vater Jesu Christi lässt sich freilich nich mit Priapos gleichsetzen» [68].

Quittons pour l'instant cette controverse et lisons quelques dits des Naassènes qui pourraient éclairer notre enquête. Pour l'auteur naassène, la nature est «à la fois cachée et manifestée» [69] et il se la représente comme «la génération changeante et la création transformée par l'être inexprimable, sans forme, qu'on ne peut représenter, ni concevoir par l'entendement» [70]. Il dit encore: «je deviens ce que je veux et je suis ce que je suis; c'est pourquoi, je le déclare, l'être qui meut tout est lui-même immobile. En créant tout ce qui existe, il reste ce qu'il est, et il ne devient lui-même rien des choses produites». Ceci, précise l'auteur naassène, est l'unique être Bon (ἀγαθὸν μόνον) [71]. Et c'est ce Bon qui devient, dans les mystères

---

n. 1. E. Haenchen, *Das Buch Baruch*, dans *Die Gnosis I. Zeugnisse der Kirchenväter* (dir. C. Andresen), (Zürich-Stuttgart, 1969), p. 71, réaffirme sa lecture de 1953.

[67] E. Haenchen, p. 320-321 et n. 1: «Damit wird allem widersprochen, was wir sonst im Baruchbuch über den Guten hören. Er, der doch als der Gute der bösen Welt ganz unbekannt ist, soll überall bekannt und von der ganzen Schöpfung geehrt sein!». Et Haenchen poursuit: «Diese Ineinssetzung des Guten gerade mit Priapos, mit der Welt in ihrer Fruchtbarkeit, mit der als göttliche Güte verstandenen Fruchtbarkeit ist also eine verständnislose spätere Zutat.» Enfin, l'auteur conclut (p. 321): «Nein, es muss dabei bleiben: der Gute ist ein ausserweltlicher, mehr: ein gegenweltlicher Gott.»

[68] E. Haenchen, p. 321.

[69] *Elenchos*, V 7, 20; p. 83, 11-12.

[70] *Elenchos*, V 7, 23; p. 84, 8-10: ἡ μεταβλητὴ γένεσις, ὑπὸ τοῦ ἀρρήτου καὶ ἀνεξεικονίστου καὶ ἀνεννοήτου καὶ ἀμόρφου μεταμορφουμένη κτίσις ἀναδείκνυται·

[71] *Elenchos*, V 7, 25-26; p. 84, 16-19: «γίνομαι ὃ θέλω καὶ εἰμὶ ὃ εἰμί». διὰ τοῦτό φησι ἀκίνητον εἶναι τὸ πάντα κινοῦν· μένει γὰρ ὅ ἐστι ποιοῦν τὰ πάντα καὶ οὐδὲν τῶν | γινομένων γίνεται. τοῦτον εἶναί φησιν ἀγαθὸν μόνον. Cf., à titre comparatif, le texte de l'*Écrit* (II, 5), *infra*, note 104.

voilés et dévoilés des temples d'Isis et d'Osiris en Égypte, «l'organe qui d'ordinaire reste caché et se dresse nu, en érection, couronné de tous les fruits qu'il produit par génération». Cet emblème, dit le texte, se dresse non seulement dans les sanctuaires mais, afin d'être exposé à tous les regards, «sur toutes les routes, dans toutes les rues, et le long des maisons elles-mêmes», comme une borne et une limite: et «c'est lui qui est appelé Bon (τὸ ἀγαθόν) par tous. Ils le dénomment protecteur des biens» (ἀγαθηφόρον) [72]. Enfin, les Grecs ont emprunté cet emblème mystique (μυστικόν) devenu la caractéristique des Hermès, ces statues au membre viril en érection [73].

Notre intention n'est pas ici d'établir la moindre filiation entre cette gnose des Naassènes et le système de Justin, pas plus que de supposer des influences qu'une «chapelle» aurait pu exercer sur l'autre [74]. Cela dit, on ne peut pas ne pas mentionner quelques faits textuels parallèles inscrits dans ces deux gnoses [75], même si les conclusions que l'on dégage de ce rapprochement peuvent être divergentes [76]. Voici les passages qui nous intéressent: dans le mythe de Justin, le Bon (ἀγαθός) est associé à la sentence de la première épître de Paul aux *Corinthiens* (II, 9) et lorsque Élohim entra chez le

---

[72] *Elenchos*, V 7, 27-28; p. 85, 4-15: καὶ τοῦτ' εἶναι τὸ μέγα καὶ κρύφιον τῶν ὅλων ἄγνωστον μυστήριον παρὰ τοῖς Αἰγυπτίοις κεκαλυμμένον καὶ ἀνακεκαλυμμένον. οὐδεὶς γάρ, φησίν, ἐστὶ ναὸς ἐν ᾧ πρὸ τῆς εἰσόδου οὐχ ἕστηκε γυμνὸν τὸ κεκρυμμένον, κάτωθεν ἄνω βλέπον καὶ πάντας αὐτοῦ τοὺς καρποὺς τῶν γινομένων στεφανούμενον· ἑστάναι δὲ οὐ μόνον ἐν τοῖς ἁγιωτάτοις πρὸ τῶν ἀγαλμάτων ναοῖς λέγουσι τὸ τοιοῦτον, ἀλλὰ γὰρ καὶ εἰς τὴν ἁπάντων ἐπίγνωσιν, οἱονεὶ φῶς <οὐχ> ὑπὸ τὸν μόδιον, ἀλλ' ἐπὶ τὴν λυχνίαν ἐπικείμενον, κήρυγμα κηρυσσόμενον ἐπὶ τῶν δωμάτων, ἐν πάσαις ὁδοῖς καὶ πάσαις ἀγυιαῖς καὶ παρ' αὐταῖς ταῖς οἰκίαις, ὅρον τινὰ καὶ τέρμα τῆς οἰκίας προτεταγμένον, καὶ τοῦτο εἶναι τὸ ἀγαθὸν ὑπὸ πάντων λεγόμενον· ἀγαθηφόρον γὰρ αὐτὸ καλοῦσιν. Dans une inscription de Théra, *IG* XII, 3 (1898), 421, Priape n'est pas ἀγαθηφόρον mais apporte «une inépuisable richesse» (Πρίαπος ... πλοῦτον ἄφθιτομ φέρων).

[73] *Elenchos*, V 7, 29-31; p. 85, 19-22: Ἑρμῆς ἐστι λόγος. <ὃς> ἑρμηνεὺς ὢν καὶ δημιουργὸς τῶν γεγονότῶν ὁμοῦ καὶ γινομένων καὶ ἐσομένων | παρ' αὐτοῖς τιμώμενος ἕστηκε τοιούτῳ τινὶ κεχαρακτηρισμένος σχήματι, ὅπερ ἐστὶν αἰσχύνη ἀνθρώπου, ἀπὸ τῶν κάτω ἐπὶ τὰ ἄνω ὁρμὴν ἔχων.

[74] C'est contre une telle erreur que met en garde, à juste titre, E. Haenchen, p. 320 n. 1.

[75] Rappelons que ces deux gnoses sont connues par une seule et même source: l'*Elenchos* V; que les deux systèmes s'organisent autour d'une triade.

[76] E. Haenchen, p. 320 n. 1, propose à la comparaison les mêmes textes en les signalant rapidement. Pour ses conclusions, cf. *infra*, notes 81-82.

Bon «il vit des choses que l'œil n'a pas vues, que l'oreille n'a pas entendues et que le cœur de l'homme n'a jamais conçues»[77]. A cet aspect invisible, ineffable et non conceptuel, s'ajoute le fait que le Bon est incréé et siège à «l'extrémité supérieure du ciel»[78] et au sommet de la hiérarchie de Justin. Or, disait le texte, «le Bon n'est autre que Priape, celui qui a créé avant que quelque chose fût», et l'auteur précise également qu'on le voit dans tous les temples, sur les routes, qu'il porte les fruits de la création et qu'il reçoit des hommages de toute créature[79]. On trouve donc chez l'auteur du *Livre de Baruch* et dans la gnose naassène, un principe supérieur identifié à l'être Bon qui est associé, dans les deux textes, au concept d'un être sans forme et non représenté[80]. Ce Bon s'incarne chez les Naassènes dans le phallus des mystères égyptiens, et, dans le *Livre de Baruch*, il est identifié au dieu ithyphallique Priape; dans les deux cas, et bien que «non concevable» à un moment du texte, on trouve donc le signe de la fertilité — dit explicitement comme tel — honoré par tous dans les temples, sur les routes, et associé aux fruits de la création.

Comme le souligne E. Haenchen, ni Priape, ni l'*hapax* πριοποιεῖν ne figurent dans la doctrine naassène. Mais est-ce pour cela qu'il faut conclure, comme le propose cet auteur, que le signe phallique en Priape représente «véritablement la nature conçue comme fertile»[81], et donc, pour E. Haenchen, inconciliable avec l'être du Bon, tandis que le culte phallique de la gnose naassène véhiculerait une image de naissance spirituelle en l'Homme parfait[82]? Et

---

[77] *Elenchos*, V 26, 16; p. 129, 12-14.

[78] *Elenchos*, V 26, 15; p. 129, 6-7.

[79] Cf. *supra*, note 25.

[80] Le rapport à l'univers hermétique est explicite chez l'auteur naassène (*supra*, notes 72-73) et, par le biais du *Logos spermatikos* de Porphyre (*supra*, notes 56 et 59), avec Priape.

[81] E. Haenchen, p. 320 n. 1: «In ihm (Baruchbuch) ist mit Priapos wirklich die Natur in ihrer Fruchtbarkeit gemeint, und deren Lobpreis in aller Welt ist innerhalb der sonst streng durchgeführten Weltfeindlichkeit des Baruchbuches ein Fremdkörper.»

[82] E. Haenchen, p. 320 n. 1: «Die Gnostiker der «Naassenerpredigt» dagegen, die sich für die allein wahren Christen hielten (V 9, 22), deuteten auch den Phalloskult als den (von der Menge freilich nicht verstandenen) Lobpreis der wahren Schöpfung des Menschen in der Geistgeburt des vollkommenen Menschen.»

faut-il ainsi admettre, avec E. Haenchen, que dans ce dernier cas (les Naassènes), un principe absolu, ineffable et inconcevable, peut s'incarner dans un phallus «spirituel» alors que dans l'autre (le *Livre de Baruch*), l'image de la fertilité, représentée par Priape, ne serait qu'une interpolation tardive rendant le système de Justin «incompréhensible»? Nous ne pensons pas, comme nous l'avons déjà souligné, qu'il faille identifier le phallus des Naassènes au Priape de Justin, mais, en tant qu'élément d'un culte païen, ils peuvent, chacun dans sa gnose respective, être devenus le signe d'un système qui peut nous paraître contradictoire. Comme l'explique très bien M. Tardieu, «l'impression d'incohérence, que donne un texte gnostique, vient de ce qu'on cherche à comprendre une pensée qui est mythique à travers les schémas de la rationalité». En fait, «chaque forme de gnose a sa logique propre» [83] et ce n'est pas à nous d'affirmer, ou de dénier, ce qui peut faire signe dans un système gnostique. Si l'on admet, comme E. Haenchen le fait lui-même, qu'un mythe antique peut être utilisé, dans un système gnostique donné, comme un simple «contenant» [84], pourquoi exclure de cette proposition, comme il le fait également, le cas du signifiant Priape dans le *Livre de Baruch* de Justin? Si ce n'est en raison d'idées préétablies relatives à ce que peut être, ou n'être pas, un mythe gnostique, nous ne pouvons pas comprendre une telle démarche.

Une autre lecture de la gnose de Justin peut encore éclairer notre propos. Si l'on suit M. Tardieu lorsqu'il écrit [85] que le système trithéiste de Justin n'est qu'un «dualisme camouflé» où, en haut, l'univers mâle du bien est représenté par le pôle Priape-Élohim et, en bas, l'univers femelle du mal, par Édem-Israël, l'argument posant l'impossibilité «logique» d'identifier Priape au Bon, car celui-ci ne peut être assimilé à un principe créateur — qu'est explicitement Élohim —, n'a plus de raison d'être.

---

[83] M. Tardieu, *Trois mythes gnostiques. Adam, Éros et les animaux d'Égypte dans un écrit de Nag Hammadi* (*II, 5*) (Paris, 1974), p. 47. Ce livre sera cité dans la suite: M. Tardieu, *II, 5*.

[84] E. Haenchen, p. 308: «Er benutzt diese Sagen ganz frei als Gefässe für einen Inhalt, ... ».

[85] M. Tardieu dans le *Dictionnaire* à paraître (cf. *supra*, note 60), s.v. *Justin le Gnostique*.

Venons en à présent au second exemple annoncé, l'Éros gnostique de l'*Écrit sans Titre* (II, 5). Dans le cinquième traité du second des treize codices (contenant cinquante-quatre écrits en tout) découverts près de Nag Hammadi [86], Eros occupe, à côté d'Adam, une place prépondérante [87]. Dans cet *Écrit*, le mythe d'Éros jouxte et fait même partie intégrante du mythe d'Adam [88]. Les deux cycles récitent l'origine de l'homme et de son environnement dans une anthropologie syncrétique [89] où Éros occupe une position centrale «au milieu (μεσότης) des anges et des hommes» [90]. De la même manière, être intermédiaire de conjonction et de médiation [91], Éros y est placé en ce «milieu du nombril de la terre» [92] qu'est le paradis. A la structure trifonctionnelle (pneumatique, psychique, terrestre) de l'*Écrit sans Titre* [93] correspond le trithéisme (Bon-Priape/Élohim/Édem-Israël) de la gnose de Justin où, en raison du «dualisme camouflé» qu'on y lit de fait [94], le pneumatique se trouve du côté d'Élohim-Priape (en haut) et le psychique-terrestre y est assigné à Édem-Israël (en bas) [95]; à l'Éros «au milieu» des êtres et en ce centre cosmique [96] qu'est le paradis de l'*Écrit sans Titre*, à cet Éros principe d'une terre, correspond, dans le *Baruch* de Justin, un Priape, être Bon, principe de la triade qui organise le système.

Mais la comparaison ici est peu banale. En effet, venant tous deux d'une mythologie grecque imprégnée de la culture hellénistique d'Égypte [97], Éros et Priape participent à un même univers de représentations sexuelles explicites ou sous-jacentes; ils ont donc

---

[86] M. Tardieu, *II, 5*, p. 22-27.
[87] M. Tardieu, *II, 5*, p. 141-214.
[88] M. Tardieu, *II, 5*, p. 71.
[89] Pour tout ceci, cf. M. Tardieu, *II, 5*, p. 71.
[90] M. Tardieu, *II, 5*, pl. 157, 18-19 (p. 312) et p. 163.
[91] M. Tardieu, *II, 5*, p. 150-165.
[92] M. Tardieu, *II, 5*, pl. 162, 28-29 (p. 319) et p. 157.
[93] M. Tardieu, *II, 5*, p. 278.
[94] Cf. *supra*, note 85.
[95] *Elenchos*, V 26, 8; p. 128, 3.
[96] Le paradis «milieu du nombril de la terre», cf. *supra*, note 92.
[97] Pour Éros, cf. M. Tardieu, *II, 5*, p. 35-39, 214. Parmi les documents qui attestent l'importance du dieu Priape dans l'Égypte hellénistique, le fragment de Callixène de Rhodes rapporté par Athénée (V, 201, c-d) où Priape figure dans la grande *pompè* de Ptolémée II Philadelphe. Voir aussi la présence de Priape dans la poésie alexandrine dans les *Études sur Priape*.

au moins en commun les espaces sémantiques et culturels dans lesquels ils s'inscrivent [98]. Outre qu'ils sont tous deux issus de cette même province du monde païen, ils occupent chacun, dans ce code respectif où les situe la gnose dans laquelle ils figurent, une position centrale. D'autres éléments encore, inscrits dans ces deux systèmes gnostiques, pourraient être proposés, à titre d'hypothèses, à la comparaison et éclairer ainsi notre propos.

Nous avons vu que la raison la plus importante qui avait été énoncée, par certains auteurs, pour décréter «interpolation tardive»[99] le passage de la gnose de Justin où le Bon était identifié à Priape [100], était le fait que cet être Bon, principe incréé et absolu, être unitaire et invisible [101], ne pouvait s'incarner dans une épiphanie offerte au multiple et visible partout, se dressant dans tous les temples et sur les routes, recevant les hommages de tous [102]. Si l'on suit les analyses pertinentes de M. Tardieu, Éros, dieu païen devenu pièce centrale d'un système gnostique savant, peut, tout en étant le même et l'un «devenir autre et multiple, tout en restant même et un»[103]. Cette image d'une source unique qui s'hypostasie en du multiple sans se dégrader et tout en demeurant identique à l'être Un se retrouve dans l'*Écrit sans Titre*. Là, cette source primordiale est associée à «la surabondance lumineuse d'Éros (qui) constitue une unité originelle, source du multiple, mais elle-même transcendante par rapport au multiple»[104]. Or, chez cet Éros gnostique illuminant, on

---

[98] Ce n'est pas le lieu ici de tracer le tableau complet des relations qui ont dû exister entre Priape et Éros. Notons cependant, à propos de notre enquête, que tous deux ont été rapprochés de *Prôtogonos*. Pour Priape, cf. *supra*, note 45. Pour l'Éros androgyne *Prôtogonos*, cf. M. Tardieu, *II, 5*, p. 151, 164. A ce propos, voir également M. Detienne et J.-P. Vernant, *Les ruses de l'intelligence. La mètis des grecs* (Paris, 1974), p. 140-142.

[99] Cf. *supra*, note 67. M. Simonetti, *Note sul Libro di Baruch dello gnostico Giustino*, dans *Vetera Christianorum*, 6 (1969), p. 74 n. 12, est du même avis.

[100] Cf. *supra*, note 25.

[101] Cf. *supra*, notes 77-78.

[102] Cf. *supra*, note 25. Est de cet avis également M. Simonetti, *loc. cit.*, p. 74 n. 12 où on peut lire «...il Bene viene identificato con Priapo. Tale identificazione non quadra bene con l'inconoscibilità che è attributo fondamentale del Dio supremo».

[103] M. Tardieu, *II, 5*, p. 163.

[104] M. Tardieu, *II, 5*, p. 162. Cf. le texte pl. 157, 10-16 (p. 311); pour les rapports avec Plotin, cf. p. 162-163.

trouve une contrepartie négative: la fonction sexuelle de ce dieu [105]. Et ceci pourrait être mis en relation avec ce que nous apprenait la gnose de Justin au sujet de l'être Bon, Priape.

On se souvient que lorsque Élohim s'éleva vers les cieux il fut ébloui par «une lumière plus parfaite que celle qu'il avait lui-même créée» et qu'au sein de cette clarté suprême siégeait le Bon [106]. Or, affirmait le texte, «le Bon n'est autre que Priape» [107], ce dieu ithyphallique que l'on pouvait voir dans tous les temples et sur les routes. On reconnaît donc ici, traçant la configuration d'Éros et de Priape, deux pôles: l'être lumineux et illuminant, d'une part, et, de l'autre, la sexualité; dans les deux cas, la lumière, à laquelle est associée l'antique divinité, a pour contrepartie, à l'intérieur de son système gnostique, la sexualité que doit nécessairement assumer ce dieu. L'Éros cosmogonique de l'*Écrit sans Titre*, tout en transcendant ses épiphanies, est «l'agent de la fécondité universelle» [108]. De la même manière, Priape, qui reçoit les hommages de toute créature et présente les fruits de la création [109], a pu être identifié, dans la gnose de Justin, à l'être Bon incréé sans qu'il faille exclure, pour cela, l'image allégorique de créativité cosmique que ce dieu a pu véhiculer [110].

En émettant ces hypothèses nous avons tenté, en tissant un réseau de relations entre le Priape du *Livre de Baruch* et l'Éros de l'*Écrit sans Titre*, de dégager quelques éléments devant permettre de fonder la cohérence de l'inscription de Priape dans la gnose de Justin. Que l'on retienne ou non cette lecture des faits, l'*Écrit sans Titre* de Nag Hammadi permet au moins d'affirmer qu'un dieu

---

[105] M. Tardieu, *II*, *5*, p. 165-166.

[106] Cf. *supra*, note 20.

[107] *Elenchos* V 26, 33; p. 132, 3.

[108] M. Tardieu, *II*, *5*, p. 166.

[109] Cf. *supra*, note 25.

[110] Voir ici le texte du *CIL* XIV, 3565 (Tivoli) et, explicitement chez Cornutus, cf. *supra*, note 42. On se souvient que dans l'inscription de Tivoli Priape est «créateur et auteur du monde» et que de lui dépend «Jupiter en personne» qui, Priape le voulant, «dépose spontanément ses foudres cruels et ... abandonne son séjour lumineux» (face *d*). Pour une image comparable d'Éros, maître universel, cf. Chariton d'Aphrodise, *Chéréas et Callirhoé*, VI, 3 où il est dit «maître de tous les dieux et de Zeus lui-même». Pour cette référence et son contexte, cf. M. Tardieu, *II*, *5*, p. 160 et 213.

païen, Éros, étroitement associé à l'univers sexuel antique, a pu, dans un écrit gnostique situé dans la même seconde moitié du IIe siècle après J.-C.[111] que le *Livre de Baruch*, jouer un rôle essentiel et avoir les fonctions, à la fois transcendantes, fécondantes et sexuelles que ce texte lui confère.

Faits et méthode

Les faits intéressant notre enquête étaient les suivants: dans le paragraphe V, 26, 33 de l'*Elenchos* Priape est identifié à l'être Bon; ce texte est ignoré par certains parce qu'incompréhensible et provoquant, à leurs yeux, l'incohérence de l'ensemble du système de Justin le Gnostique[112]. Ainsi, ce passage, qui ne peut pas être écarté par des arguments de critique textuelle, l'a été suite à un «sentiment logique» et l'idée d'interpolation tardive, ne pouvant être étayée autrement, doit donc être considérée comme une pure hypothèse. Il est vrai que le texte qui permet de connaître la gnose de Justin, l'*Elenchos*, est une source indirecte[113] et que les textes coptes de Nag Hammadi, publiés à ce jour, ne l'attestent pas. Reste le fait, bien établi aujourd'hui, que les Pères de l'Église constituent une source importante d'informations relatives aux cultes païens qu'ils réfutaient[114]. Ainsi on a pu vérifier qu'Épiphane était un hérésiologue très bien informé[115] et on a toutes les raisons de croire que l'auteur de l'*Elenchos* l'était également. Cela dit, ces hérésiologues ne nous livrent sans doute que des fragments de documents qui étaient à leur portée. L'auteur de l'*Elenchos*, en tant que polémiste chrétien, était partial et avait toutes les raisons de l'être. Aussi choisit-il dans ses sources celles qui lui paraissaient rendre le plus ridicule et odieux possible ceux qu'il dénonçait. En

---

[111] M. Tardieu, *II, 5*, p. 38.

[112] E. Haenchen, p. 320, parlait de «verständnislose spätere Zutat», cf. *supra*, note 67.

[113] Mais c'est l'unique source que nous ayons et qui est la même pour la gnose naassène.

[114] Récemment encore, voir H. Le Bonniec, «*Tradition de la culture classique*». *Arnobe témoin et juge des cultes païens*, dans *Bulletin de l'Association Guillaume Budé* (1974), p. 201-222.

[115] M. Tardieu, *Les livres mis sous le nom de Seth et les Séthiens de l'hérésiologie*, à paraître dans les *Nag Hammadi Studies*, 8 (1977), p. 205 n. 7.

cela, le fait qu'il ait retenu, dans le *Livre de Baruch*, comme finale, le passage où Priape est identifié au Bon, vient mettre comme un point d'orgue à la série d'invraisemblances survenues suite à la «scène de ménage métaphysique»[116] qu'il avait soigneusement décrite.

Cela dit, le problème apparaît en deux temps: d'abord Priape se trouve inscrit clairement dans un document historique dont la qualité, bien qu'étant une source indirecte, n'a aucune raison d'être mise en doute; ensuite se pose la question d'une compréhension du texte et de sa cohérence. Il faut donc admettre au préalable la construction d'un texte même si on ne peut en saisir toute la portée. Nous avons pensé, avec M. Tardieu, que la meilleure manière d'y travailler était de recueillir des sources parallèles au texte à décrypter[117]. Pour ce faire, nous avons limité l'enquête à quelques exemples qui s'inscrivent tous, historiquement, entre le premier et le troisième siècle de l'ère chrétienne[118] mais aussi bien à l'intérieur de la tradition gnostique que dans le *corpus* priapique. En étudiant ainsi l'environnement que constituent ces mythes grecs qui ont pu être assimilés par le syncrétisme gnostique, on découvre l'arrière-plan culturel et les conventions intellectuelles et mentales qu'offraient à ces sectes, à côté des mythes juifs hellénisés, chrétiens et d'éléments d'astrologie chaldéenne[119], la matière première de leur spéculation. En corollaire, l'intérêt d'une telle recherche est d'apporter des éléments neufs devant permettre de mieux comprendre comment, dans un contexte historiquement bien défini, les récits

---

[116] Expression de E. Bréhier, *Histoire de la Philosophie* I, 2, *Période hellénistique et romaine* (Paris, 1948), p. 505 où, après avoir précisé que le *Livre de Baruch* est une «élucubration qui fait dépendre le sort de l'homme d'une scène de ménage métaphysique», l'auteur conclut que le «gnosticisme aboutit d'une part à des contes bleus où il s'agit d'introduire toutes les formes religieuses qui hantent le cerveau d'un oriental, d'autre part à des pratiques superstitieuses». Pour d'autres exemples de tels jugements de valeur sur la gnose, cf. M. Tardieu, *II, 5*, p. 46.

[117] Pour ces points de méthode voir, M. Tardieu, *II, 5*, entre autres, p. 30, 46-48, 214, 277-78.

[118] Les mentions les plus tardives étant l'inscription *CIL* III, I, 1139 (cf. *supra*, note 46) et la référence au *Logos spermatikos* de Porphyre qui est né en 232/3 et dont le traité *Sur les images* serait une «œuvre de jeunesse» (cf. *supra*, notes 56-57).

[119] M. Tardieu, *II, 5*, p. 33-34, 214, 277-78.

grecs pouvaient être lus, assimilés et transformés par un groupe culturellement contingent.

Que le processus d'élaboration syncrétique des sectes gnostiques ait permis, à l'une d'elles, d'assimiler, à un concept qui leur était propre, un Priape qui, dans le même contexte religieux et culturel, était devenu *pantheos* [120], «créateur et auteur du monde» [121] ou encore identifié au soleil [122] ou au *Prôtogonos* orphique [123], ne doit pas nous surprendre; pas plus que lorsque Cornutus dit explicitement que Priape peut être le signe allégorique de la nature de l'univers [124]. Il ne faut pourtant pas généraliser ces Priape qui, chaque fois dans un contexte particulier, ont pu, à une époque donnée, incarner de tels concepts cosmiques. Ainsi, le fait que Priape, l'être Bon, ait pu, dans le *Livre de Baruch*, être associé étroitement à la lumière «parfaite», ne doit pas autoriser, une fois sorti du système de Justin, qu'on l'y assimile automatiquement [125]. Pris dans un contexte précis, ce dieu peut véhiculer une signification que lui confère l'ensemble auquel il participe [126].

L'auteur de la gnose du *Livre de Baruch* a pu être un juif hellénisé [127] et apparaît, en tout cas, comme «une personnalité restée profondément orientale» [128]. Pour ce maître gnostique, Priape,

---

[120] Cf. *supra*, note 46.

[121] *CIL* XIV, 3565 (Tivoli), *d* 2.

[122] Cf. *supra*, note 44.

[123] Cf. *supra*, note 45.

[124] Cf. *supra*, note 42.

[125] On ne doit pas, par exemple, faire de Priape «un dieu Lumière» en général.

[126] Notre intention ici était de livrer un certain nombre de documents devant permettre de mieux articuler Priape à l'intérieur du système gnostique de Justin. Ce travail d'une lecture d'ensemble de ce système, où Priape aura sa position et sa fonction, sera pris en charge par Michel Tardieu dans son livre en cours sur les *Mythes et dieux des grecs chez les gnostiques*.

[127] H. Jonas, *Delimitation of the Gnostic Phenomenon*, dans le *Colloque de Messine* (*op. cit.*, *supra*, note 9), p. 102 n. 1. Pour les rapports entre le Livre de Baruch et la «gnose juive», cf. R. Reitzenstein, *Iranischer Erlösungsglaube*, dans *Gnosis und Gnostizismus* (dir. K. Rudolph), (Darmstadt, 1975), p. 283; K. Rudolph, *Randerscheinungen des Judentums und des Gnostizismus*, dans le même ouvrage collectif, p. 787.

[128] M. Tardieu dans le *Dictionnaire* à paraître (cf. *supra*, note 60), s.v. *Justin le Gnostique*. Cf. aussi E. Haenchen, p. 305 n. 6. Pour le milieu judéo-hellénisé d'Égypte d'où serait issu l'*Écrit sans Titre* de Nag Hammadi, cf. M. Tardieu, *II, 5*, p. 34, 38-39.

divinité venue de Lampsaque [129] et bien attestée dans l'Égypte hellénistique [130], a pu devenir, au-delà du jeu de mot qui l'exprime[131], «celui qui a fait la création, alors que rien n'existait auparavant»[132].

---

[129] Cf. *supra*, note 37.

[130] Cf. *supra*, note 97.

[131] Pour des réfléxions anthropologiques sur l'étymologie et le jeu de mots comme pratique mystique, voir G. Groddeck, *La maladie, l'art et le symbole* (Traduction et préface de R. Lewinter), (Paris, 1969), p. 291-94, 297-301, 305-306. Voir encore du même auteur, *Der Mensch als Symbol. Unmassgebliche Meinungen über Sprache und Kunst* (Wiesbaden, 1973), p. 18ss. et dans les *Psychoanalytische Schriften zur Psychosomatik* (Wiesbaden, 1966), p. 288-292; 295-307, 309-320.

[132] *Elenchos*, V 26, 33; p. 132, 7-8.

BETRACHTUNGEN
ZUM KULT DES THRAKISCHEN REITERS AUF DEM
TERRITORIUM DER VR BULGARIEN *

M. OPPERMANN

(Halle, D.D.R.)

Seit über einem Jahrhundert sind die in den thrakischen Gebieten gefundenen Reliefs mit der Darstellung eines Reiters sowie der damit verbundene Kult Gegenstand wissenschaftlicher Betrachtungen [1]. Dementsprechend ist die bis heute zu diesem Problem erschienene Literatur bereits so umfangreich, daß es schon allein Schwierigkeiten macht, sie zu erfassen, geschweige denn sie auch nur annähernd vollständig in einer knappen Studie wie dieser zu zitieren.

Besonders die beiden bulgarischen Altertumswissenschaftler G. I. Kacarov und D. Dečev haben sich um die Klärung des Phänomens dieser eigenartigen Gottheit bleibende Verdienste erworben.

---

* *Abkürzungsverzeichnis:*

AB   Archäologisches Beiblatt.
GNM   Godišnik na narodnija arheologičeski muzej, Sofia.
GPNBM   Godišnik na Plovdivskata narodna biblioteka i muzej.
GPlNM   Godišnik na Plovdivskija arheologičeski muzej.
IAD   Izvestija na Bălgarskoto arheologičesko družestvo.
IAI   Izvestija na Bălgarskija arheologičeski institut.
INMV   Izvestija na narodnija muzej Varna.
IVAD   Izvestija na Varnenskoto arheologičesko družestvo.
Kaz., Thr.R. G. I. Kazarow, *Die Denkmäler des Thrakischen Reitergottes in Bulgarien*, Budapest 1938.
MSb   Sbornik na narodni umotvorenija, nauka i knižnina, izdava Ministerstvoto na narodnoto prosveštenie, Sofia.

Siehe für die anderen Akkürzungen die *Liste des principales abréviations*. Für die bulgarischen Orte sind durchgängig die modernen Namen benutzt worden; zu ihrer Identifizierung mit den älteren Bezeichnungen, wie sie z.B. noch G. I. Kazarow benutzt, vgl. S. Georgieva, V. Velkov, *Bibliografija na Bălgarskata arheologija 1879-1966* (Sofia, 1974), p. 433sqq. (Ortsnamenindex).

[1] Wohl die früheste Auseinandersetzung mit diesem Problem ist die von A. Dumont aus dem Jahre 1869, in *Mélanges d'archéologie et d'épigraphie*, par A. Dumont, réunis par Th. Homolle (Paris, 1892), p. 218sqq.

Dabei spielten neben der Untersuchung ikonographischer Anhalts-
punkte wie Attribute und Symbole hauptsächlich die griechischen
und lateinischen Weihinschriften eine bedeutende Rolle. In einer
während des Jahres 1945 erschienenen Arbeit, die außerhalb
Bulgariens leider immer noch nicht die gebührende Beachtung
gefunden hat, hatte es D. Dečev gleichsam in synthetischer Schau
versucht, wesentliche Aspekte und Funktionen des Thrakischen
Heros herauszustellen. Das so entworfene Bild reicht von einer
katachthonischen und chthonischen Gottheit bis zu einer solchen
mit ausgeprägt uranischen Zügen und umfaßt auch die Funktionen
bzw. Merkmale eines σωτήρ, προπύλαιος, ἰατρός wie die eines κυνηγός [2].
So ist es nicht überraschend, daß auf diese Weise vor unseren
Augen schließlich das Bild eines πάνθεος entsteht [3], zumal da auch
Ikonographie und Inschriften der römerzeitlichen Weihreliefs
(2.-3. Jh.) die Verbindung mit Apollon, Asklepios, Silvanus,
Dionysos und anderen Gottheiten belegen. Ausgehend von dieser
Sachlage ist daher besonders in jüngster Zeit gerade der Thrakische
Reiter als Kronzeuge für die Existenz eines, wenn auch primitiven,
Monotheismus [4] bei den Thrakern angesehen worden. Allein aber
diese These, die wir bei dem heutigen Stand der Erkenntnis zumindest in der bisher gebotenen Form nicht akzeptieren, macht
deutlich, daß eine perspektivreiche Erforschung des Wesens dieser
thrakischen Gottheit in Zukunft nur dann möglich ist, wenn dies
im Zusammenhang und besonders vor dem Hintergrund der
übrigen Kulte in Thrakien sich vollzieht. Allerdings muß dabei
stärker der jeweilige, mehr oder weniger doch lokal gebundene
Aspekt dieses Kultes zum Ausdruck kommen. Es ist unserer An-

[2] D. Dečev in *Spisanie na Bălgarskata akademija na naukite i izkustva,
kniga 70, klon istoriko- filologičen,* 33 (Sofia, 1945), p. 185sqq.
[3] So z.B. schon bei D. Dečev, *Očerk na religijata na drevnite Traki* (=
Bălgarska istoričeska biblioteka, 1; Sofia, 1928), p. 9.
[4] Zuletzt Iv. Venedikov in *Acta Antiqua Philippopolitana, Studia
Archaeologica* (Sofia, 1963), p. 165sq.; *idem* in *Vekove (Bălgarsko istoričesko
družestvo),* 1 (1972), 4, p. 10 und p. 14. Über die Vermutung, daß Zeus Ke-
raunios der größte oder selbst der einzigste Gott der Thraker gewesen sei,
dem andere Götter assimiliert wurden, vgl. G. Seure in *REG,* 26 (1913),
p. 260. Gegen eine monotheistische Auffassung des getischen Zalmoxis-
kultes wendet sich unserer Ansicht nach zu Recht R. Pettazzoni in *Izsled-
vanija v čest na D. Dečev* (Sofia, 1958), p. 649sqq.; vgl. auch G. I. Kacarov
in *Spisanie na Bălgarskata akademija* (1945), *op. cit.,* p. 178.

sicht nach nicht methodisch gerechtfertigt, örtliche Besonderheiten, die eben nur in diesem oder jenem Gebiet stark ausgeprägt sind, sofort auf das ganze Thrakerland, das ja selbst in der Kaiserzeit keine sozialökonomische und politische Einheit bildete, beziehen zu wollen. Gewiß trägt der Thrakische Heros auf den Weihplatten des 2. und 3. Jh. gewisse einheitliche Züge, die meist recht schnell aufgezählt werden können. Bedeutend schwieriger ist es jedoch, die lokalen Charakteristika zu erkennen. Wenn wir im folgenden gerade diesen Weg als eine perspektivreiche Möglichkeit zur weiteren Aufhellung des Wesens dieser Gottheit beschreiten wollen, so sind wir uns über die Bedingtheit vieler Aussagen völlig im klaren, weil manche Neufunde bzw. Publikationen unveröffentlichter Denkmäler gewisse Korrekturen bringen können. Außerdem beschränken wir uns hier bei dem Vergleich mit anderen Göttern hauptsächlich auf Weihreliefs, da gerade sie das adäquate Material bilden und am ehesten in interpretatione graeca vel romana das religiöse Leben der einheimischen Bevölkerung widerspiegeln.

Relativ häufig ist nun in römischer Zeit die Gleichsetzung des Heros mit Asklepios zu beobachten. Sie zeigt sich besonders stark ausgeprägt im westlichen Teil des Territoriums von Philippopolis, wo zwar das Heiligtum von Batkun der bisher bedeutendste [5], aber nicht der einzigste Kultplatz dieser Art [6] ist. Dementsprechend sind auch aus dieser Gegend zahlreiche Weihplatten mit der Darstellung des Asklepios, der Hygieia und manchmal auch des Telesphoros überliefert [7], die meist zusammen mit Herosreliefs in

---

[5] *IGB*, III, $_1$, 1115sqq.; D. Zontchev, *Le sanctuaire thrace près du village de Batkoun* (Sofia, 1941), *passim*.

[6] So die Heiligtümer in *Varvara*: *IGB*, III, $_1$, 1101, 1103 (trotz der Inschrift *IGB*, III, $_1$, 1106 scheint hier die Gleichsetzung mit Asklepios vorherrschend zu sein!), D. Končev in *GPNBM* (1940/1), p. 61sqq.; *Ruženov Văbel bei Ljahovo*: *IGB*, III, $_1$, 1307-1309, da hier der Zymydrenus bezeugt ist (Kaz., *Thr.R.*, No. 736-746 mit Weihplatten des Heros); *Novosel*: *IGB*, III, $_1$, 1407, 1408 (Weihplattenfunde von hier: Kaz., *Thr.R.*, No. 681-707); ferner der Zymydrenus von *Bessapara*: *IGB*, III, $_1$, 1335 (von dort auch Kaz., *Thr.R.*, No. 869, 870 stammend). Der Heros als Asklepios fernerhin: *Malko Belovo*: *IGB*, III, $_1$, 1096; *Patalenica*: *IGB*, III, $_1$, 1304.

[7] Außer den Reliefs in Batkun z.B. in *Vetren dol*: *IAI*, 11 (1937), p. 310, fig. 243 (von dort übrigens auch Herosreliefs Kaz., *Thr.R.*, No. 270-273); *Semčinovo*: D. Zontschew in *AB*, 35 (1943), p. 18. fig. 6; *Malo Konare*: G. I. Kacarov in *IAI*, 14 (1940/1942), p. 54, fig. 120 (von dort auch Heros-

ein und demselben Heiligtum gefunden wurden. Schon allein aus dem bekannten Material wird deutlich, daß besonders in diesem Gebiet ein altthrakischer Heilgötterkult verbreitet war, der dann in interpretatio graeca unter dem Bilde des Asklepios mit oder ohne Begleitung erscheint, sich aber auch im Reiterbild und somit in der Figur des Heros manifestiert. Ausgehend von dieser Tatsache scheint es mir am wahrscheinlichsten zu sein, daß auch im Nymphenheiligtum zu Burdapa der Thrakische Reiter mit Asklepios identifiziert worden ist[8], wofür die Weihplatte eines bärtigen Reiters sprechen würde[9], in der wir nicht so sehr ein Zeugnis für die Gleichsetzung mit Zeus erkennen möchten[10], wenngleich die Nymphen sonst eng mit Zeus und Hera verbunden sind. Natürlich ist in diesen Gebieten auch der Apollonkult nachgewiesen, hat aber bisher kaum Weihplatten mit der Darstellung dieses Gottes in griechischer Ikonographie hinterlassen[11]. Dementsprechend ist die Identifizierung des Heros mit Apollon hier nur sehr sporadisch[12] und tritt weit hinter der des Asklepios zurück. Selbst der Heros mit Lyra auf einem Relief aus Batkun trägt die Widmung an Asklepios[13]. Die Trennung zwischen Asklepios und Apollon scheint außerdem nicht immer sehr scharf gewesen zu sein, da sich Apollonweihungen eben in Batkun und dem benachbarten Varvara finden[14].

---

reliefs Kaz., *Thr.R.*, No. 243-246 und *IAI*, 14 (1940/2), p. 54sq., No. 2, aber auch andere Götter, die jedoch hier mit dem Heros offenbar keine Bindung eingegangen sind); *Pastuša: Godišnik na narodnata biblioteka Plovdiv* (1921), p. 136, fig. 2; *Izvor*: V. Dobruski in *Arheologičeski izvestija na narodnija muzej v Sofija*, 1 (Sofia, 1907), p. 92 (Herosreliefs von dort: Kaz., *Thr.R.*, No. 424-426), einen anderen Aspekt vertritt natürlich hier der Heros bei Kaz., *Thr.R.*, No. 427 = *IGB*, III, 1, 1404. Ein Hygieiarelief, bei dem ursprünglich auch eine Darstellung des Asklepios geplant war, stammt aus dem Heraheiligtum zu *Djulevo*: G. I. Kazarow in *AA*, 44 (1929), p. 314, fig. 22.

[8] Kaz., *Thr.R.*, No. 844-847 = *IGB*, III, 1, 1366-1368.
[9] Kaz., *Thr.R.*, No. 844 = *IGB*, III, 1, 1368.
[10] So allerdings Iv. Venedikov in *Acta Antiqua, op. cit.*, p. 164sq., fig. 17.
[11] Eine Ausnahme bildet *IGB*, III, 1, 1340, wo der Gott mit den Nymphen dieses Heiligtums erscheint.
[12] So Pastuša *IGB*, III, 1, 1397, wo Ἀπόλλωνι durchaus nicht eindeutig überliefert ist, sich anderseits aber ein Asklepiosrelief fand (vgl. Anm. 7).
[13] *IGB*, III, 1, 1224.
[14] Beiseite gelassen sei hier das vorrömische Zeugnis *IGB*, III, 1, 1114; sonst: *IGB*, III, 1, 1115, 1106, 1284 (nicht sicher aus diesem Heiligtum!); Vetren dol *IGB*, III, 1, 1113.

Schon in Philippopolis selbst zeigt sich ein verändertes Bild. Zwar läßt sich auch hier durch ein heute in Belgrad befindliches Relief die Identifizierung des Heros mit Asklepios nachweisen [15], aber die Verbindung mit Apollon herrscht vor. Der Hauptgott Kendrisos erscheint in interpretatio graeca als Apollon und wird — da es sich um eine alte thrakische Gottheit handelt — nicht nur auf Weihplatten als Thrakischer Reiter dargestellt [16], sondern offenbar auch im Tempel auf dem Džendemtepe, wie das eine Münzdarstellung nahelegt [17].

Im östlichen Teil des Territoriums von Philippopolis, im Gebiet von Augusta Traiana und darüberhinaus in den heute zu Südostbulgarien gehörenden Gegenden war die enge Verbindung zwischen Heros und Apollon vorherrschend. In allen größeren und bedeutenderen Heiligtümern wie Trud [18] und Brezovo [19] im philippopolitianischen Territorium, Krăn [20], Viden [21], Ezerovo [22] und Kirilmetodievo [23] im Territorium von Augusta Traiana sowie in den weiter östlich gelegenen Gebieten wie zum Beispiel an der großen Kultstätte von Lozen [24], überall haben wir direkte oder indirekte Zeugnisse für die Identifizierung des Heros mit Apollon. Hinzu kommen noch zahlreiche Einzelfunde, wo auf den Reiterreliefs die Widmung an Apollon zu lesen ist [25] oder wo in der Ikonographie

[15] *IGB*, III, ₁, 967.

[16] *IGB*, III, ₁, 921-923; wohl ebenfalls Kendrisos *IGB*, III, ₁, 926, 927, 976. Kendrisos als Heros außerhalb von Philippopolis durch Soldaten verbreitet: *Novae*: T. Gerasimov in *IAI*, 13 (1939), p. 330sqq., fig. 363; *Intercisa* (Pannonia Inferior): J. Hampel in *ArchErt*, 31 (1911), p. 410sqq., fig. 1.

[17] T. Gerasimov in *GPNBM* (1937/9), p. 163sqq., fig. 1.

[18] L. Botušarova in *GPlNM*, 3 (1959), p. 145sqq.; *IGB*, III, ₁, 1457-1470.

[19] Kaz., *Thr.R.*, No. 121-138; *IGB*, III, ₁, 1499-1505.

[20] G. Tabakova in *IAI*, 22 (1959), p. 97sqq.; *IGB*, III, ₂, 1742-1755.

[21] G. Tabakova-Canova in *IAI*, 24 (1961), p. 203sqq.; *IGB*, III, ₂, 1733-1740.

[22] Kaz., *Thr.R.*, No. 234-238; *IGB*, III, ₂, 1711, 1712.

[23] Kaz., *Thr.R.*, No. 922-932; *IGB*, III, ₂, 1643-1646, allerdings hier auch Kult anderer Götter belegt.

[24] Kaz., *Thr.R.*, No. 180-232; *IGB*, III, ₂, 1807-1823.

[25] *Klokotnica*: *IGB*, III, ₂, 1717; *bei Sliven*: *IGB*, III, ₂, 1767 und als Apollon wohl auch der προπύλαιος in *IGB*, III, ₂, 1768; *Zornica (Bez. Haskovo)*: *IGB*, III, ₂, 1723; *Razdel*: *IGB*, III, ₂, 1804; *Zornica (Bez. Jambol)*: *IGB*, III, ₂, 1845; *Čokoba*: *IGB*, III, ₂, 1772.

des Reiterbildes die Lyra auf eine derartige Verschmelzung [26] Bezug nimmt. Dabei werden diese Denkmäler wiederum Heiligtümern zuzuweisen sein, wenngleich wir von ihnen bisher nicht viel wissen. Besonders interessant ist ein Relief aus Novo selo bei Sliven, auf dem ein nach links reitender Apollon dargestellt ist [27]. Die geäußerte Vermutung, daß die linke Plattenseite Artemis abgebildet hätte, ist durchaus möglich, jedoch nicht bündig zu beweisen. Aus einem Heiligtum von Karanovo bei Nova Zagora kennen wir neben Herosreliefs [28] auch ein Weihrelief für Asklepios, Hygieia und Telesphoros [29], so daß man annehmen könnte, daß hier der Thrakische Reiter mit Asklepios identifiziert worden wäre. Aber gerade aus diesem Fundort ist uns nun das Bruchstück einer Reliefplatte des Reiters bekannt, die eine Widmung an Apollon trägt [30]. Eine Angleichung des Heros an Asklepios bzw. eine Verbindung mit diesem läßt sich in den südostbulgarischen Gebieten nur vereinzelt nachweisen und ist meist dort gegeben, wo an Quellen ein Heilgötterkult existierte [31]. Dementsprechend kennen wir aus diesen Gegenden nicht sehr viel Weihreliefs, die Asklepios und Hygieia darstellen [32]. Offenbar wurde hier der Heilaspekt zu einem großen

---

[26] *Asenovgrad*: Kaz., *Thr.R.*, No. 904, fig. 444; *Javorovo*: Hr. Bujukliev, M. Dimitrov, D. N. Nikolov, *Okrăžen naroden muzej Stara Zagora (Biblioteka našite muzei)*, (Sofia, 1965), No. 56, fig. 56; *bei Haskovo*: Kaz., *Thr.R.*, No. 401, fig. 221; *Bojanovo bei Elhovo*: *IAI*, 14 (1940/2), p. 278, fig. 383.

[27] Kaz., *Thr.R.*, No. 680, fig. 344; obwohl auf der anderen Plattenseite Zeus, Hera und die Nymphen dargestellt sind, ist der Heros hier bezeichnenderweise nicht dem Zeus, sondern dem Apollon angeglichen worden.

[28] Kaz., *Thr.R.*, No. 494-497.

[29] *IGB*, III, $_2$, 1669.

[30] Museum Nova Zagora, Inv. No. 3143. Herrn K. Kăndčev spreche ich hier meinen Dank aus, daß ich die Herosreliefs dieser Sammlung studieren konnte.

[31] So wohl für das Heiligtum von *Vinarovo* bei Čirpan: Kaz., *Thr.R.*, No. 567-586, da dort *IGB*, III, $_2$, 1641 gefunden wurde; ebenfalls auch für das benachbarte *Izvorovo*, wo aber bezeichnenderweise auf dem Relief Kaz., *Thr.R.*, No. 428, fig. 238 Asklepios-Hygieia und der Heros getrennt dargestellt sind. Allerdings braucht der Heros in einem Heiligtum in der Gegend Gradište bei Izvorovo (Kaz., *Thr.R.*, No. 431-436) nicht unbedingt Beziehungen zu Asklepios gehabt zu haben; Verbindung mit Asklepios wohl auch in *Carasura*, falls Kaz., *Thr.R.*, No. 831-834 und *IGB*, III, $_2$, 1826 und 1827 zu einem Heiligtum gehören sollten, was nicht sicher ist.

[32] So *Karanovo*: *IGB*, III, $_2$, 1669; *Bjalopoljane*: *IGB*, III, $_2$, 1831.

Teil durch Verbindung mit Apollon ausgedrückt. Für die engen Beziehungen zwischen Heros und Apollon sprechen besonders häufig hier gefundene Bronzefigürchen von Reitern, die oftmals zusammen mit solchen des Apollon gefunden wurden und von denen auch einige deutliche Apollonattribute tragen [33]. So war es anhand der Bronzestatuetten möglich, im Heiligtum von Ručej in den Ostrhodopen, wo uns nur einige rohe Steinreliefs, keine Inschriften, aber Bronzefigürchen überliefert sind, eine Identifizierung des Heros mit Apollon zu erkennen [34].

Zusammenfassend darf man schon auf der Grundlage des heute verfügbaren Materials die Schlußfolgerung ziehen, daß im westlichen Territorium von Philippopolis und vor allem in Bezirk Pazardžik die Gleichsetzung des Thrakischen Reiters mit Asklepios überwiegt, während im östlichen Teil und im ganzen Südostbulgarien die Verbindung des Heros mit Apollon vorherrscht. Die Ursache dafür liegt zweifellos in lokal unterschiedlichen Kultkonstellationen begründet, die natürlich auf vorrömische Zeit zurückgehen, in der Kaiserzeit nicht nivelliert werden konnten und uns auf dem Umwege über die interpretatio graeca thrakischer Götter und Kulte in gleichsam verschlüsselter Form faßbar sind.

Im Bereich der südbulgarischen Pontusküste ist die Verbindung des Thrakischen Reiters mit Apollon offenbar vorherrschend. Das legen zumindest die Heiligtümer von Bata [35] und Brestovec [36] nahe, obwohl auch in letzterem einige Bruchstücke von Asklepiosreliefs [37] gefunden wurden. Daher dürfte in Brestovec der Heros-Apollon gleichfalls den Aspekt einer Heilgottheit gehabt haben. Dementsprechend ist es durchaus möglich, daß in diesen Gegenden auch eine Identifizierung des Heros mit Asklepios relativ stark verbreitet war, wenngleich bisher dafür nur das Weihrelief aus Gorica [38] einen eindeutigen Beweis liefert.

Auch aus dem Gebiet von Odessos haben wir sowohl Zeugnisse

---

[33] Vgl. hierzu z.B. L. Ognenova-Marinova, *Statuettes en bronze du musée archéologique à Sofia* (Sofia, 1975), p. 41sqq.

[34] T. Gerasimov in *IAI*, 13 (1939), p. 323sqq., fig. 356-359.

[35] Direktes Zeugnis von dort: *IGB*, I², 357.

[36] *IGB*, I², 366.

[37] Kaz., *Thr.R.*, p. 94.

[38] *IGB*, I², 354 quater.

für die interpretatio des Thrakischen Reiters als Apollon [39] wie auch für die als Asklepios [40]. Wie hier das Verhältnis war, läßt sich zur Zeit noch nicht eindeutig erkennen, obwohl es aufgrund des vorliegenden Materials den Anschein hat, daß dort die Verbindung mit Apollon überwog bzw. populärer war. Aber abgesehen davon hat hier der Heros durch seine Erscheinung als Darzalas noch einen spezifischen Aspekt, auf den wir weiter unten zurückkommen werden.

Klarer liegen die Sachverhalte im westlich anschließenden Hinterland und in den heutigen Bezirken Šumen und Tărgovište. Von hier haben wir mehrere Hinweise, daß infolge der relativ starken Verbreitung des Apollonkultes [41] auch die Gleichsetzung bzw. Verbindung des Heros mit diesem Gott eindeutig dominierte [42]. Dagegen sind wenigstens zur Zeit die Denkmäler, auf denen zum Reiterbild eine Dedikation an Asklepios erscheint [43]

---

[39] Ein sicheres Zeugnis ist die Platte aus *Ignatievo*: *IGB*, I², 279, ferner Darstellung einer Lyra auf einem Reiterrelief aus *Kamenar* (Mus. Varna, Inv. No. II 931). Ob der σωτήρ eines Herosreliefs aus *Vinica*: *IGB*, I², 268 als Beweis für die Gleichsetzung des Heros mit Apollon angesehen werden kann, ist möglich, aber nicht eindeutig. Außerdem noch *IGB*, I², 79, obwohl stark ergänzt!

[40] Kičevo *IGB*, I², 266 bis.

[41] Über Apollonkult in Marcianopolis und seinem Territorium vgl. zuletzt Zl. Gočeva in *Vekove* (*Bălgarsko istoričesko družestvo*), 3 (1974), 1, p. 68sqq. Ich verweise hier gleichzeitig darauf, daß von Zl. Gočeva eine umfangreiche Dissertation über den Apollonkult auf bulgarischem Territorium existiert, Maschinenschrift, Sofia, 1976.

[42] Einwandfreie inschriftliche Zeugnisse: *Marcianopolis*: *IGB*, II, 803; *Provadija*: *IGB*, II, 829; *Suvorovo*: *IGB*, II, 838; *Momino*: *IGB*, II, 859, hier auch belegte Heiligtümer des Heros: 1. Kaz., *Thr.R.*, No. 71-80 und 2. Kaz., *Thr.R.*, No. 755-760; zur Topographie vgl. K. Škorpil, *Opis na starinite v černomorskata oblast*, 2. čast, *Svetilišta i pametnici na konnici* (Sofia, 1927), p. 48sqq. *Omurtag*: *IGB*, II, 769; *Vărbak*: Kaz., *Thr.R.*, No. 437. *Marcianopolis*: M. Mirčev in *INMV*, 7 (1971), p. 157, fig. 4; *Čerkovna*: M. Mirčev in *INMV*, 6 (1970), p. 162sq., fig. 8; *Suvorovo*: M. Mirčev in *INMV*, 7 (1971), p. 153sq., fig. 1; Heros mit Lyra: *Manastir*: K. Škorpil in *IAI*, 13 (1939), p. 140sq., No. 31, fig. 153 (dort auch Heiligtum mit weiteren Herosreliefs); *Plăstina*: Kaz., *Thr.R.*, No. 665, fig. 337; *Štipsko*: Kaz., *Thr.R.*, No. 403, fig. 227 (zu einem Heiligtum gehörig, vgl. auch *IGB*, II, 841); *Černevo*: Kaz., *Thr.R.*, No. 482, fig. 251 (ebenfalls mit anderen Platten in einem Heiligtum gefunden).

[43] *Medovina*: *IGB*, II, 763; *Isperih*: *IGB*, II, 779; *Kălnovo*: *IGB*, II, 774 (zum Heiligtum dort Kaz., *Thr.R.*, No. 442-450).

verhältnismäßig sporadisch vertreten. Damit stimmt die Tatsache überein, daß aus diesen Gegenden nicht sehr viel Weihreliefs mit der Darstellung des Asklepios und der Hygieia überliefert sind[44]. Dieses hier gezeichnete Bild hat sich durch die Entdeckung eines thrakischen Heiligtums im südöstlichen Teil des heutigen Bezirkes Tărgovište nahe beim Dorfe Draganovec bestätigt. Hier wurden zahlreiche Herosreliefs gefunden, von denen einige bezeichnenderweise die Widmung an Apollon tragen.

Aus der Gegend von Nicopolis ad Istrum und den unmittelbar anschließenden Gebieten haben wir zwar Weihplatten des Thrakischen Reiters, aber keine direkten Hinweise auf eine Identifizierung mit Apollon oder Asklepios, was unserer Meinung nach gewiß nicht eine Fundlücke sein kann. Der Kendrisos in Novae scheidet hier aus, da er dorthin durch philippopolitanische Soldaten gelangt ist.

Anders ist nun die Situation zwischen Oberlauf des Vit und Mittellauf des Iskăr, wo das Heiligtum von Glava Panega eine bedeutende Rolle spielte und überregionale Bedeutung hatte[45]. Auf den ersten Blick scheint Übereinstimmung zu existieren mit Batkun, da hier ebenfalls der Thrakische Reiter laut einiger Inschriften mit Asklepios gleichgesetzt wird und auch Asklepios und Hygieia auf den Weihplatteninschriften ein thrakisches Lokalepitheton tragen. Aber anderseits lassen sich an diesem Kultplatz epigraphisch und ikonographisch noch Silvanus, Artemis-Diana, Apollon, die Nymphen und sogar Aphrodite nachweisen. Darüber hinaus macht sich eine eigenartige Vermischung bemerkbar, für die wir in Batkun keinerlei Parallelen haben. So kennen wir Reliefs mit der Weihung an Silvanus und Diana oder nur an Silvanus, die im Bildfeld Asklepios, Hygieia und Telesphoros zeigen[46]. Innerhalb der Gruppe, die nur das Reiterbild hat, werden in den entsprechenden Inschriften[47] nicht nur Asklepios mit und ohne Lokalepitheton, sondern auch Hygieia, die überhaupt keinerlei bildlichen Ausdruck findet, genannt. Eine Analyse der Denkmäler macht im

---

[44] So Kovačevec D. Ovčarov in *Muzei i pametnici na kulturata*, 10 (1970), I, p. 12, fig. 10; Marcianopolis G. Tončeva in *IVAD*, 11 (1960), p. 76, fig. 33.
[45] Dobruski in *Arheologičeski izvestija, op. cit.*, p. 3sqq.; Kaz., *Thr.R.*, No. 304-368; *IGB*, II, 510-586.
[46] Dobruski in *Arheologičeski izvestija, op. cit.*, p. 55sqq., No. 33sqq.
[47] *IGB*, II, 529sqq.

ganzen deutlich, wie wenig es eigentliche Entsprechungen zwischen den in Inschriften erwähnten Gottheiten und ihrer Darstellung auf den Reliefs gibt. Schon V. Dobruski bemerkte das natürlich und suchte die Erklärung in dem zu dieser Zeit (2.-3. Jh.) allgemein verbreiteten Synkretismus [48]. Nach Iv. Venedikov sind diese Götter als Hypostasen des Heros im Verlaufe des 2. und 3. Jh. hier eingedrungen, so daß der ursprüngliche Kult dem Thrakischen Reiter galt und wir hier ein Heroon und kein Asklepeion vor uns haben [49]. Man kann nun feststellen, daß in Glava Panega die Verbindung, Identifizierung und Vermischung von Gottheiten nicht wahllos und zufällig geschieht. Das ist nicht nur durch die Lage an der Karstquelle und dem darauf Bezug nehmenden Aspekt des Kultes bestimmt, sondern wird allgemein bedingt durch den Charakter der auf dem Territorium des heutigen Nordwestbulgarien vorherrschenden antiken bzw. thrakischen Kulte. Daß an der Quelle die Nymphen neben dem Thrakischen Reiter verehrt wurden, ist nicht überraschend und läßt sich im thrakischen Raum mehrfach belegen. Dadurch erklärt sich auch das Erscheinen der Aphrodite, die zum Beispiel im Nymphenheiligtum von Kasnakovo bei Haskovo in Südbulgarien ebenfalls belegt ist [50]. Anders verhält sich das nun mit Silvanus. Man kann nämlich feststellen, daß sich sein Kult innerhalb der heutigen bulgarischen Landesgrenzen in erster Linie im nordwestbulgarischen Bereich findet [51]. Obwohl er dort verbunden

---

[48] Dobruski in *Arheologičeski izvestija, op. cit.,* p. 14sqq.

[49] Venedikov in *Acta Antiqua, op. cit.,* p. 159sq.

[50] *IGB,* III, ₂, 1714.

[51] *Selanovci bei Orjahovo: IAI,* 14 (1940/2), p. 274sq., fig. 376; *Lehčevo bei Mihajlovgrad:* B. Djakovič in *MSb,* 20 (1904), p. 30, fig. 10; *Lopuštene bei Berkovica: idem* in *MSb,* 20 (1904), p. 12; *Berkovica:* V. Dobruski in *MSb,* 16/7 (1900), p. 69sq., fig. 37; *Novae:* G. I. Kazarow in *AB,* 27 (1932), p. 122sq., No. 9, fig. 61; *Koinare bei Beloslatina:* G. I. Kacarov in *IAD,* 2 (1911), p. 176sqq., fig. 2; *Montana* (Mihajlovgrad): *IAI,* 14 (1940/2), p. 269sq., fig. 367; über Silvanus im Heiligtum von Apollo und Diana in Montana vgl. zuletzt Zl. Gočeva in *Arheologija,* 17 (1975), 2, p. 50; *Liljače* (Bez. Vraca): Iv. Venedikov in *IAI,* 18 (1952), p. 201, fig. 184 (dort auch der Heros als Silvanus); Altar aus *Tǎrnovo: CIL,* III, 12341 (= 6143); Bronzestatuette in *Oescus* S. Reinach in *RA,* 31 (1897), p. 234, fig. 37; dagegen scheint mir die Verbindung des Reliefs aus Sinitovo (Bez. Pazardžik) Hr. Danov in *IAI,* 11 (1937), p. 202, fig. 182 mit Silvanus durchaus nicht eindeutig zu sein; auch auf der Platte D. Končev in *GPlNM,* 1 (1948), p. 39, fig. 7 aus Branipole bei Plovdiv vermag ich nicht Silvanus zu erkennen — es handelt sich hier vielmehr um Dionysos.

erscheint mit dem römischen Einfluß, so glauben wir, daß es sich
hierbei doch nur um eine interpretatio romana einer alten thrakischen Gottheit mit möglicherweise lokal begrenzter Verbreitung
handelt [52]. Im Heiligtum von Liljače (Bezirk Vraca) kommt das
darin zum Ausdruck, daß dort der Thrakische Reiter als Silvanus
aufgefaßt wird, was nicht nur Inschriften, sondern auch Relief-
bilder dokumentieren [53]. In diesem geographischen Raum ist ebenfalls die sonst kaum belegbare Verbindung von Apollo und Diana
sehr populär gewesen. Jüngst hat meine Kollegin, Frau Zl. Gočeva,
das entsprechende Material gesammelt und gesichtet und konnte
nachweisen, daß die Kultverbindung Apollo-Diana eng mit dem
römischen Einfluß gekoppelt ist [54]. Aber auch Silvanus kann hier
mit Partnerin auftreten [55]. Unserer Ansicht nach ist es äußerst
wahrscheinlich, daß hinter den einzelnen Göttern ein altes ein-
heimisches Götterpaar steht, das für uns in interpretatio romana
als Apollo-Diana oder Silvanus-Silvestris faßbar wird. Glava
Panega liegt sozusagen an der südlichen Peripherie dieses Gebietes,
so daß auch hier jene Kultkonstellationen wirksam sind, aber
anderseits die interpretatio der Götter als Asklepios-Hygieia
dominiert. Politisch-administrativ gehörte dieses Heiligtum schon
zu Thracia, so daß der griechische Einfluß vorherrschend war. Die
Identifizierung des Heros mit Asklepios ist hier bestimmend. Will
man Glava Panega charakterisieren, so wäre es am besten, von
einem alten thrakischen Heiligtum an einer Karstquelle zu sprechen,
wo die verehrten Gottheiten — meist mit dem Lokalepitheton

---

[52] Vgl. hierzu auch J. Toutain, *Les cultes païens dans l'Empire Romain*,
I (Paris, 1907), p. 269sq.

[53] Iv. Venedikov in *IAI*, 18 (1952), p. 195sqq. und bes. fig. 179 und
190.

[54] Zl. Gočeva in *Arheologija*, 17 (1975), 2, p. 50sqq.; vgl. außerdem:
B. Djakovič in *MSb*, 20 (1904), p. 13 (in Čiprovci); V. Dobruski in *MSb*,
16/7 (1900), p. 34 (in Oescus), G. I. Kacarov in *IAI*, 4 (1926/1927), p. 113,
No. 32, fig. 52 (in Brestovec).

[55] Besonders deutlich auf der Platte aus *Berkovica*: V. Dobruski in *MSb*,
16/7 (1900), p. 69sq., fig. 37; eine Silvestris zeigt wohl auch das Relief aus
Kotenovci bei Lom: B. Filov in *IAD*, 3 (1912/3), p. 49, fig. 44; ferner dann
Silvanae in *Oescus*, die aber Nymphen sind und hier schwer als Partnerin
des Silvanus aufgefaßt werden können: G. I. Kazarow in *AA*, 42 (1927),
p. 339, No. 20, fig. 21.

Σαλδοβυσσηνοι bezeichnet [56] und darunter wohl auch ein Götterpaar — in erster Linie den Charakter von Heil-, Wald- und Quell-
göttern hatten. Ein Solaraspekt ist jedenfalls nicht nachzuweisen.
Natürlich bietet Glava Panega eine Vielzahl von Problemen, auf
die hier aus Raumgründen nicht eingegangen werden kann, aber
aus dieser gedrängten Ausführung sollte zumindest deutlich werden,
daß das Auftreten verschiedener Götter und ihre teilweise Gleichsetzung mit dem Heros keineswegs zufällig ist, sondern von der
Spezifik der in diesem Gebiet bestimmenden thrakischen Kultkonstellationen, die in ihrer interpretatio graeca oder romana auf
vorrömische Zustände weisen, abhängt. Daher darf auch die hier
vorgefundene konkrete Situation nicht einfach auf Gesamtthrakien
bezogen werden.

Was nun das Verhältnis von Asklepios und Apollon zum Thrakischen Reiter in den westthrakischen Gebieten — also in den
Territorien von Serdica und Pautalia — betrifft, so haben wir für
beide Identifizierungsmöglichkeiten Belege [57]. Vor der Aufdeckung
des an Weihplatten sehr reichen Heiligtums von Daskalovo bei
Pernik im Winter 1971/2 [58] hatte es den Anschein, als ob in diesen
Gegenden die Gleichsetzung von Apollon und Asklepios mit dem
Heros sich die Waage halten würden. Jetzt ist das Verhältnis
zumindest für die Gebiete südlich von Serdica zugunsten des
Asklepios verschoben worden. Aber Apollon selbst besitzt in Serdica
einen ausgesprochenen Heilaspekt, der für uns — unbahängig von
der Tatsache, ob das keltischem Einfluß zu verdanken ist [59] oder
nicht — schon allein in seiner Existenz wichtig ist. In der mutatio
Scretisca im Territorium von Serdica werden in einer Altarweihung
sowohl Apollon als auch Asklepios, die man hier beide als Heilgötter
auffassen darf, zusammen genannt [60]. Im Hinblick auf den Kult des

---

[56] Zu den verschiedenen Varianten des Epitheton vgl. D. Detschew,
Die thrakischen Sprachreste (Wien, 1957), p. 412sq.

[57] Apollon: *Serdica: IGB*, IV, 1930; *Opicvet: IGB*, IV, 2025; *Kopilovci:
IGB*, IV, 2172; *Vukovo: IGB*, IV, 2223; Asklepios: *Pautalia: IGB*, IV,
2100; *Slivnica: IGB*, IV, 2029; *Pernik: IGB*, IV, 2128; *Dolna Dikanja:
IGB*, IV, 2134; *Germania* (Separeva Banja): *IGB*, IV, 2206.

[58] V. Ljubenova in *Thracia*, 3 (Sofia, 1974), p. 369sqq.

[59] B. Gerov in *Godišnik na Sofijskija universitet*, 61, 1 (1967) (*West-
thrakien*, Teil II), p. 44 und p. 55 *separatim*!

[60] *IGB*, IV, 2018.

Thrakischen Reiters wäre diese Dedikation ohne weiteres Interesse,
wenn nicht ein Relief aus dem nahen Krupac bei Pirot in Jugo-
slawien bekannt wäre, wo zwei Reiter dargestellt sind, die durch
die Inschrift als Apollon und Asklepios bezeichnet werden [61]. Wir
haben hier die gleiche, offenbar lokal gebundene Kultkonstellation
vor uns, und daß sie auf einheimische bzw. vorrömische Wurzeln
zurückgeht, bezeugt sowohl die Verbindung mit dem Reiterbild als
auch das Lokalepitheton.

Aber nicht nur hinsichtlich der Beziehungen des Heros zu
Asklepios, Apollon und Silvanus lassen sich interessante, lokal
geprägte Kultverbindungen nachweisen. Sieht man von der westlichen Pontusküste einmal ab, so ist im thrako-niedermösischen
Binnenland der Dioskurenkult recht spärlich vertreten. Besonders
sporadisch sind Weihreliefs. Ein interessantes Exemplar findet
sich in Durostorum [62], wohin aber der Kult durch die römische
Kolonisation gelangt sein könnte. Besondere Beachtung verdienen
jedoch die Funde aus Bessapara, weil sie hier gehäuft auftreten und
auf die Existenz eines Heiligtums schließen lassen [63]. Außerdem
gibt sich der Σεβαζιανὸς Βειθυος der Platte *IGB*, III, 1, 1332 deutlich
als Thraker zu erkennen. Ferner kennen wir ein weiteres Dioskuren-
relief aus dem benachbarten Glavinica [64]. Es handelt sich hier also
durchaus nicht um einzelne Funde, sondern um einen festver-
wurzelten Kult, der uns in interpretatio graeca als Dioskurenkult
entgegentritt. Unter diesem Aspekt betrachtet, ist nun interessant,
daß gerade aus dem nahen Peštera ein Weihrelief mit der Darstellung des Thrakischen Reiters in konventioneller Ikonographie
bezeugt ist, das von einem Thraker den θεοῖς Διοσκόροις geweiht
worden ist [65]. Aber auch hier bei der Beziehung zwischen Heros
und Dioskuren scheint mir eben eine Verallgemeinerung dieses
konkreten Tatbestandes auf Gesamtthrakien unzulässig zu sein [66].

---

[61] P. S. Petrović in *Starinar*, 15/6 (1964/5), p. 250, No. 6, fig. 6.
[62] *GNM*, 5 (1926/31), p. 150, fig. 65.
[63] *IGB*, III, 1, 1330, 1332, 1333.
[64] *IGB*, III, 1, 1311.
[65] Kaz., *Thr.R.*, No. 754, fig. 378 = *IGB*, III, 1, 1319.
[66] Der Nachweis der Dioskuren im niedermösischen Herosheiligtum bei
Ljublen ist nicht ganz eindeutig bei dem Statuettenbruchstück Kaz.,
Thr.R., No. 617, fig. 310. Ich würde das Denkmal eher zu den Donaulän-

In einem Heiligtum zwischen Ognjanovo und Sinitovo — also gleichfalls auf dem Boden des antiken Bessapara — wurde zusammen mit ca. 40 Weihreliefs des Thrakischen Reiters eine Weihplatte des Ares gefunden [67]. Unter den Herosplatten gibt es nun dort ein Stück, das aufgrund seiner ikonographischen Gestaltung als Zeugnis für die Identifizierung des Thrakischen Heros mit Ares angesehen werden darf, worauf übrigens auch schon Iv. Venedikov hingewiesen hatte [68]. Daß der Reiter hier eine Verbindung mit Ares eingegangen ist, überrascht nicht, wenn man berücksichtigt, daß gerade aus dieser Gegend weitere Zeugnisse für den Areskult vorliegen [69]. Wir haben es also mit einer alten thrakischen Gottheit von ausgeprägt kriegerischem Aspekt zu tun, die sicherlich nicht ohne Grund gerade im bessischen Stammesgebiet deutlich und klar hervortritt. Wir glauben, daß in diesem Zusammenhang auch die Ikonographie des Reiters auf einem Weihrelief aus Spas, östlich von Peruštica [70], und der Besiegte auf dem Denkmal aus Hadžievo an der Marica [71] einzuordnen sind. Damit sei natürlich nicht im geringsten behauptet, daß der ausgesprochen kriegerische Aspekt des Heros sich nur in dieser Gegend finden würde. Die Denkmäler zum Beispiel des Dominus Rincaleus aus Philippi und seiner Umgebung [72] sind ein deutlicher Beweis für seine Existenz auch in anderen Gebieten. Nur scheint mir der spezifisch kriegerische Charakter des Thrakischen Reiters nicht in allen Bereichen Thrakiens in gleicher Weise ausgeprägt zu sein, wenngleich der Heros

---

dischen Reitern rechnen, die hier durch das Relief D. Tudor, *Corpus Monumentorum Religionis Equitum Danuvinorum*, I (= EPRO 13; Leiden, 1969), No. 85 nachgewiesen sind. Auch Kaz., *Thr.R.*, No. 611, fig. 307 halte ich nicht für Dioskuren, sondern denke mir hier die Doppelung des Thrakischen Reiters unter dem Einfluß der Donauländischen.

[67] *IGB*, III₁, 1369; zu dem Heiligtum: Kaz., *Thr.R.*, p. 150 und No. 862-867.

[68] Kaz., *Thr.R.*, No. 862, fig. 426; Venedikov in *Acta Antiqua, op. cit.*, p. 162sq.

[69] *IGB*, III, ₁, 1316, 1395; unbekannter Fundort bei den Reliefs *GNM*, 6 (1932/4), fig. 124 und *IGB*, III, ₂, 1883.

[70] *IGB*, III, ₁, 1403.

[71] *IGB*, III, ₁, 1371.

[72] P. Collart, *Philippes — ville de Macédoine depuis ses origines jusqu'à la fin de l'époque Romaine* (Paris, 1937), p. 426sqq. und pl.; idem in *IAI*, 16 1950), p. 12, No. 7, fig. 5.

auch im allgemeinen mit Recht als Übelabwehrer und vielfältiger Beschützer seiner Gläubigen gilt.

Es ist uns hier aus Raumgründen nicht möglich, auf alle Verbindungen des Thrakischen Reiters mit gräco-römischen Göttern bzw. auf die bisher bekannten interpretationes graecae et romanae dieses thrakischen Gottes einzugehen. So würde eine Untersuchung zur Verbindung des Heros mit Dionysos besonders die Einbeziehung von Materialien aus der rumänischen Dobrudža und von der nördlichen Ägäisküste notwendig machen; denn die berühmte Weihplatte aus Melnik [73] ist in erster Linie mit weiter im Süden (auf griechischem Boden) anzutreffenden Kultkonstellationen zu verbinden.

Aber nicht nur die Identifizierung und Verbindung mit einer gräco-römischen Gottheit bringt Aufschlüsse über Wesen und Kult des Heros.

Im religiösen Leben der Polis Odessos spielte der Μέγας θεὸς 'Οδησιτῶν, der auch den thrakischen Beinamen Darzalas trug, eine bedeutende Rolle [74]. Er erscheint nicht nur als übliche chthonische Gottheit mit Bart, Kranz und Füllhorn, sondern wird auch als Reiter dargestellt [75]. Daß es sich hier um einen einheimischen und nicht um einen griechischen Gott handelt, beweist schon das Epitheton Darzalas. Dieser Kult ist jedoch keineswegs auf die Stadt allein beschränkt [76], da wir auch im Hinterland von Odessos und in den westlich anschließenden Gebieten bis in die Gegend des heutigen Tărgovište in einigen ländlichen Heiligtümern deutlich diesen Kult nachweisen können. Aber sieht man von dem Weih-

---

[73] *IGB*, IV, 2319.

[74] *IGB*, I², 47, 47 bis, 48, 67, 150, 186 ter, 230 bis, p. 90sqq.; G. I. Kazarow in *PWRE*, Bd. 15, 1 (Stuttgart, 1931), *col.* 226sqq.; B. Pick in *JdI*, 13 (1898), p. 155sqq.; B. Pick, K. Regling, *Die antiken Münzen von Dacien und Moesien*, zweiter Halbband, 1. Abteilung (Berlin, 1910), No. 2214-2215, 2177-2199; T. Gerasimov in *IVAD*, 11 (1960), p. 60; G. Tončeva in *IAI*, 18 (1952), p. 83sqq.; T. Gerasimov in *IVAD*, 8 (1951), p. 65sqq.

[75] Pick in *JdI*, p. 161sqq.; Pick-Regling, *Die antiken Münzen*, No. 2200-2213.

[76] Auf die Existenz eines chthonisch-katachthonischen Gottes in den Küstenstädten nördlich von Odessos kann hier nicht eingegangen werden; vgl. z.B. dazu G. Bordenache in *StCl*, 4 (1962), p. 281sqq. und D. M. Pippidi in *StCl*, 4 (1962), p. 137sqq.

relief aus der Nähe von Tărgovište ab [77], so erscheint hier hauptsächlich das Reiterbild. Schon eine aus der Umgebung von Odessos stammende Bronze zeigt den bärtigen Gott mit Füllhorn als Reiter[78]. In ähnlicher Ikonographie läßt er sich nun weiter im Landesinneren auf einer anepigraphischen Weihstele aus der Gegend von Kaspičan[79] und nur als bärtiger Reiter auf einer Platte aus Metodievo, südwestlich von Preslav, nachweisen [80]. Daß es sich hier um den Thrakischen Heros als Darzalas handelt, beweist ein Denkmal aus dem benachbarten Heiligtum von Plăstina, wo dieser Name ausdrücklich in der Inschrift einer Herosstatuette zu lesen ist [81]. Wenn wir oben feststellten, daß in diesem Gebiet die Identifizierung des Heros mit Apollon relativ stark verbreitet war, wofür ja gerade Plăstina ein Beispiel lieferte [82], steht das keineswegs mit der Existenz des Darzalaskultes in Widerspruch. Selbst in ein und demselben Heiligtum wird der Gott unter verschiedenen und variierenden Aspekten verehrt worden sein, was trotzdem nicht bedeuten muß, daß wir es hier an den einzelnen Kultplätzen mit einem lokal gefärbten Monotheismus zu tun hätten.

Es ist an dieser Stelle nicht möglich, auf alle Erscheinungsformen des Thrakischen Heros einzugehen, die sich in Attributen und überhaupt durch eine spezifisch ikonographische Gestaltung des Reiterbildes erschließen lassen. Auch das Problem des zwei- und dreiköpfigen Heros kann hier nicht berührt werden. Aber in diesem

---

[77] *IGB*, II, 768.

[78] G. Tončeva in *IAI*, 18 (1952), p. 87sq., fig. 47.

[79] Kaz., *Thr.R.*, No. 518, fig. 265.

[80] Kaz., *Thr.R.*, No. 144, fig. 62; hier Heiligtum, in dem der Heros jedoch nicht durchgängig diesen Aspekt trägt; vgl. Kaz., *Thr.R.*, No. 142, fig. 60.

[81] *IGB*, II, 770. Den Reiter mit Rhyton auf der Razgrader Platte mit dem Theos Megas in Beziehung zu setzen, wie das E. Will, *Le relief cultuel gréco-romain. Contribution à l'histoire de l'art de l'empire Romain* (Paris, 1955), p. 90sqq. vorschlägt, ist sehr wahrscheinlich, aber nicht ganz zu beweisen. Einen Rhyton hält außerdem der Heros Ordianos auf einer Weihplatte aus Ezerovo bei Varna *IGB*, I², 281 und der Reiter auf einem Plattenbruchstück aus Varna (K. Škorpil in *IAI*, 13 (1939), 132, No. 6, Abb. 135 — hier von Škorpil als „Füllhorn" interpretiert). Interessant ist außerdem, daß auf dem Zeus-Hera-Relief in Ovčarovo (Cv. Dremsizova in *Izvestija na narodnija muzej Kolarovgrad (Šumen)*, 3 (1965), p. 15, No. 20, pl. IV, 2) der Zeus einen Kalathos trägt; aus diesem Fundort kennen wir übrigens auch einen Thrakischen Reiter (*op. cit.*, p. 13, No. 10, pl. II, 4).

[82] Kaz., *Thr.R.*, No. 665, fig. 337.

Zusammenhang ist besonders die schon von G. I. Kacarov gemachte Bemerkung von Interesse, daß die meisten Exemplare dieses Reiters aus Plovdiv und seiner näheren Umgebung kommen [83].

Natürlich läßt sich im Kult des Thrakischen Reiters auch ein ausgesprochener Solaraspekt nachweisen, auf den hier ebenfalls nicht Bezug genommen werden kann. Wir glauben, daß er gleichfalls in lokaler Variation und mit unterschiedlicher Intensität auftrat. Dabei muß man jedoch unterscheiden zwischen alten, vorrömischen Solarvorstellungen in Thrakien und solchen, die erst im späten 2. und im 3. Jh., als Solarkulte im Imperium Romanum sehr populär wurden, sich mit einheimischen Kultvorstellungen verbanden. Ein allzu sorgloses Vorgehen kann in der Sache mehr Verwirrung als Klärung bringen.

Das Ziel der vorliegenden Studie wäre erfüllt, wenn es mir damit gelungen ist, auf die Notwendigkeit hinzuweisen, daß bei der Erforschung des Kultes des Thrakischen Reiters mehr als bisher die lokalen Kultkonstellationen und die davon abhängenden, örtlich gebundenen Spezifika dieser Gottheit Berücksichtigung finden müssen. Wir glauben, daß das in dem Maße immer besser gelingen wird, je mehr Corpora und Sammelwerke für die einzelnen Kulte und insbesondere für den des Heros zur Verfügung stehen werden.

---

[83] G. I. Kacarov in *IAI*, 17 (1950), p. 3sq.

MONUMENTS RELATIFS AUX CULTES ÉGYPTIENS
À L'ÉPOQUE ROMAINE
DU MUSÉE ARCHÉOLOGIQUE DE BARCELONE

J. PADRÓ I PARCERISA ET E. SANMARTÍ-GREGO

(Barcelona)

Planches CLXXX-CXC

Au Musée Archéologique de Barcelone sont conservés quelques monuments apparentés aux cultes égyptiens d'époque romaine. Malheureusement, on ignore leur lieu de provenance ainsi que les circonstances de leur découverte, mais, malgré ces inconvénients, ils ne constituent pas moins des témoins, numériquement assez importants de la diffusion des cultes égyptiens sous l'Empire Romain. D'autre part, presque tous ces objets demeuraient absolument inédits, ce qui rend très necéssaire la tâche de les faire connaître, et rien ne nous a semblé plus convenable que de les présenter dans cet hommage dédié au Professeur M. J. Vermaseren, dans l'espérance qu'ils mériteront son intérêt.

Image en Pierre

1. Statue du dieu Bès (inventaire du Musée n⁰ 16009), pls. CLXXX-CLXXXIII.

Matière: Pierre sédimentaire très tendre contenant du calcaire et pourvue d'un haut contenu d'oxyde de fer d'où sa couleur rougeâtre [1].

Mesures: 33 cm de hauteur; 12,5 de largeur et 9 cm de profondeur maxime.

Provenance: Inconnue, quoiqu'elle fut exposée, à un moment donné, dans la salle du Musée consacrée à la *Barcino* romaine. Aucune documentation écrite n'est conservée de ce monument,

---

[1] Nous remercions M. E. Porta Ferrés, chef du Laboratoire du Musée Archéologique de Barcelone, pour ses indications.

dont nous savons qu'il était déjà au Musée en 1941 [2]. Le fait qu'il
n'ait pas un numéro d'inventaire de l'ancien Musée de Santa
Àgueda — précurseur de l'actuel Musée Archéologique —, nous
amène à penser qu'il entra dans ce dernier avec des lots d'œuvres
d'art récupérées à la fin de la Guerre Civile, l'an 1939.

> Bibl.: M. Almagro et al., Museo Arqueológico de Barcelona (Guías de
> los Museos de España, II; Madrid, 1955), p. 128. M. Tarradell, Pre-
> història i Antiguitat, dans Història dels Catalans dirigida per Ferran
> Soldevila, vol. I (Barcelona, 1961), p. 235.

Description: Statue du dieu Bès située sur un socle rond. Dans
son état actuel de conservation, la statue est composée de trois
parties unies par une sorte de laque, technique de restauration usée
jusqu'au XIXe siècle. La partie centrale et plus ancienne va du bas
de la tête — sous le nez — jusqu'à la hauteur des cuisses. Elle nous
offre la figure nue d'un nain avec une longue barbe et cheveux
longs aussi. Il tient la bouche ouverte et tire la langue. Ce personnage est d'une obésité très remarquable, avec un ventre proéminent,
et il pose ses mains sur ses hanches. Le travail de sculpture est de
très bonne qualité. La partie supérieure de la tête et les jambes
sont, sans doute, le travail d'un autre artiste, ce qui est évident du
point de vue du style, du fini. Le type de pierre est très semblable,
mais la couleur est légèrement différente. Les deux parties, en tous
cas, complètent à la perfection l'image du dieu nain égyptien. Nous
sommes, donc, en face d'une statue qui a été restaurée à une époque
incertaine mais moderne. La statue pose, pourtant, d'autres problèmes: la surface de la pierre, très tendre, est trop bien conservée,
aussi bien la partie que nous considérons relativement plus ancienne.
La conclusion qui s'impose d'après ceci est que la statue n'a jamais
été enterrée [3]. De toutes façons elle représente bien le dieu Bès,
dieu dont la découverte est relativement récente, et l'on s'est donné
la peine de la restaurer. Finalement on doit en conclure que, s'il est
difficile d'accepter l'ancienneté de cet objet il ne faut pas moins
se pencher à y voir la copie d'un original authentique réalisée
peut-être à la Renaissance.

[2] Indication fournie par M. le Prof. E. Ripoll Perelló, directeur du Musée
Archéologique, que nous remercions aussi pour nous avoir permis l'étude
des pièces dont fait l'objet ce travail.
[3] D'après l'étude de la pierre réalisée par M. E. Porta.

Objets en Bronze

2. Tête de Sérapis (inventaire du Musée n⁰ 5.505), pl. CLXXXIV, 1.

Matière: Bronze plein ayant une patine verte claire uniforme.

Mesure: 3,6 cm de hauteur.

Provenance: Inconnue. Il appartenait à l'ancienne Collection Mateu, n⁰ 1.933.

Description: Tête masculine assimilable à Sérapis, tournée du côté droit. Traits très effacés, épaisse chevelure qui couvre la tête et continue par la barbe. Sur la tête un objet assimilable au *modius*.

3. Tête de Sérapis (inventaire du Musée n⁰ 5.575), pl. CLXXXIV, 2.

Matière: Bronze plein avec patine verte foncée.

Mesures: 4 cm de hauteur.

Provenance: Inconnue. Cet objet vient du Musée de Santa Àgueda, n⁰ 615 (?).

Description: Tête masculine que l'on peut assimiler à Sérapis, légèrement tournée vers la droite; les traits sont assez effacés. Il est couvert d'une épaisse barbe et chevelure. Sur la tête il porte un objet dont l'aspect est celui du *modius*.

4. Isis Fortune (inventaire du Musée n⁰ 5.759), pl. CLXXXV, 1-2.

Matière: Bronze plein avec patine de couleur vert uniforme.

Mesures: 9 cm de hauteur.

Provenance: Inconnue. Auparavant conservée au Musée de Santa Àgueda avec le n⁰ d'inventaire 183.

Description: Image d'Isis Fortune debout, la tête légèrement tournée vers la gauche. Elle a, contre le *modius* placé sur la tête, ses attributs actuellement assez indistincts, parmi lesquels on peut quand même entrevoir le croissant lunaire et le disque solaire. Le modélé général de la figure est assez réussi, bien que les traits du visage soient un peu effacés. La figure a de longs cheveux qui tombent sur les épaules sous forme de petits boucles. Elle est couverte d'un long chiton noué entre les seins, et de l'himation placé sur l'épaule gauche. Sous les habits on devine la jambe gauche légèrement doublée en arrière. Ainsi qu'il est habituel dans ce genre

de représentations d'Isis, elle tient la corne de l'abondance de sa
main gauche, et elle devait aussi tenir le gouvernail de la droite,
aujourd'hui disparue.

5. Isis (inventaire du Musée nº 5.415), pl. CLXXXVI, 1.

Matière: Plomb recouvert de bronze, avec une patine de couleur
verte.

Mesures: 9,6 cm de hauteur.

Provenance: Inconnue. Objet acheté chez un antiquaire après
1939.

Description: Isis debout, en position hiératique, d'acord avec
l'iconographie classique égyptienne. Le style est pourtant très
évolué et laisse entrevoir l'influence de l'art gréco-romain. La figure
a la tête couverte d'une coiffure rappelant plus ou moins le *nemès*,
laquelle supporte le croissant lunaire. Les bras ornés de bracelets
restent collés le long du corps, avec les creux des mains unis aux
jambes. Elle est habillée d'une longue robe et la partie avant de
son corps est ornée d'un long cartouche, qui descend depuis les
seins jusqu'aux jambes; l'intérieur du cartouche est inscrit de signes
impossibles à distinguer dans l'état actuel de la pièce, très probablement des signes hiéroglyphiques à l'origine ou de simples imitations
d'hiéroglyphes. L'image repose sur un socle circulaire. A propos de
cet objet, on doit remarquer sa technique spéciale; il est fait en
plomb et revêtu de bronze, ce qui ne nous permet pas, *à priori*,
d'écarter la possibilité qu'il s'agisse d'un faux [4].

6. Harpocrate (inventaire du Musée nº 5.602), pl. CLXXXVI, 2.

Matière: Bronze plein, ayant patine de couleur verte.

Mesures: 2,6 cm de hauteur.

Provenance: Inconnue.

Description: Figure d'Harpocrate debout et nu, appuyé sur un
support dont la nature est difficile à distinguer, probablement un
arbuste, que le jeune dieu entoure de son bras gauche. Parmi ses
cheveux on distingue la tresse typique de l'enfance dans l'icono-

---

[4] M. Porta a examiné cet objet au microscope et il est arrivé à la conclusion que la patine est tout à fait superficielle et, en conséquence, artifi-
cielle. Mais nous avons voulu faire paraître cette statuette dans notre
inventaire en vue d'éviter des confusions dans l'avenir.

graphie égyptienne. Le dieu s'appuye sur la jambe droite tout en avançant la gauche doublée et porte sa main droite à la bouche, attitude également classique chez Horus enfant. L'image est pourvue d'un anneau fixé à son épaule.

7. Figure masculine égyptienne (inventaire du Musée n° 5.608), pls. CLXXXVII et CLXXXVIII, 1.

Matière: Bronze plein avec patine verte uniforme.

Mesures: 9,2 cm de hauteur.

Provenance: Inconnue. Cet objet formait partie très probablement de l'ancienne Collection Massot.

Description: Image masculine égyptienne debout, pouvant être une représentation d'Antinoos ou bien d'un adepte des cultes isiaques. La figure est représentée en position frontale, d'acord avec les règles de l'art égyptien. L'individu, torse nu, est habillé d'un pagne plissé enroulé autour de la ceinture, et couvre sa tête d'un *nemès* strié. Cette figure est en très bon état de conservation et elle est d'un modelé très soigné, ce qui lui rend une élégance très remarquable.

8. Anse décorée avec une tête humaine (inventaire du Musée n° 5.323), pl. CLXXXVIII, 2.

Matière: Bronze plein, avec patine de couleur verte foncée alternant avec des zones blanchâtres.

Mesures: 7,9 cm de hauteur.

Provenance: Inconnue, mais nous savons qu'autrefois elle était conservée au Musée de Santa Àgueda avec le n° d'inventaire 1.834.

Description: Tête masculine placée au sommet de l'anse d'un vase en bronze. Elle est cassée juste aux deux points de contact avec le vase. La tête est celle d'un prêtre isiaque ayant le crâne rasé à l'exception d'une mèche de cheveux occipitale, le *cirrus*. Les traits du visage sont très effacés et de très grandes oreilles se détachent nettement de la tête.

Lampe en Terre Cuite

9. Lampe à huile (inventaire du Musée n° 15.129), pls. CLXXXIX et CXC.

Matière: Terre cuite avec des restes de vernis ocre.

Mesures: 13,9 cm de longueur totale; 10,2 cm de diamètre; 5,1 cm de hauteur.

Provenance: Inconnue. Elle appartenait autrefois à la Collection Massot, nº 87.

Description: Lampe du type Dressel 26, du type «à disque», ayant l'anse de préhension cassée et deux autres petites anses latérales décoratives. Sur la base elle présente estampillée l'inscription C V I C A C A. Son disque est décoré de la typique décoration isiaque que l'on peut ainsi décrire: la déesse Isis au centre portant un systre *sekhem* dans la main droite, Anubis à tête de chacal à sa gauche avec une palme dans la main gauche, et, finalement, Harpocrate à sa droite, nu et portant la main droite à la bouche.

Date: IIIe siècle après J.-C.

Même en ignorant la provenance exacte de ces objets, nous pouvons en tout cas supposer qu'ils doivent venir de la Péninsule Ibérique [5]. Il y a aussi d'autres objets au Musée Archéologique de Barcelone — statuettes et d'autres objets en bronze, lampes — qui peuvent être attribués à d'autres cultes orientaux. Ils ne sont, pourtant, assez clairs [6], et nous voyons de cette façon se détacher nettement l'importance relative des cultes égyptiens, par la présence de Sérapis, Isis, Harpocrate, Anubis, peut-être d'Antinoos, et aussi de Bès avec l'étrange monument que nous venons de commenter. Ces divinités égyptiennes connurent déjà une large diffusion pendant les temps pré-romains [7] et cela contribua sans doute à favoriser leur pénétration aux temps romains. Mais nous voudrions, encore, insister à propos de l'importance exceptionnelle atteinte par Bès en

---

[5] Sur les cultes orientaux dans la Péninsule Ibérique, voir A. García y Bellido, *Les Religions Orientales dans l'Espagne Romaine* (= EPRO 5; Leiden, 1967).

[6] On portera une attention particulière aux deux anses en bronze avec représentation métroaque provenant de Sasamón (Burgos); voir Enrique Sanmartí Grego, *Dos asas con representación metróaca del Museo Arqueológico de Barcelona*, dans *Ampurias*, 31-32 (1969-70), pp. 285-289.

[7] Voir, en particulier, J. Padró i Parcerisa, *Egyptian-type Materials from the Mediterranean littoral of the Iberian Peninsula, before the Roman Conquest* (EPRO 65, Leiden) (sous presse).

Occident, importance due à la faveur que ce dieu eut de la part des populations phéniciennes et puniques et qui se concrétisa dans la consécration de l'Ile d'Eivissa (cast. Ibiza) au dieu, *Aybusim*, l'«Ile de Bès»[8].

---

[8] Miquel Tarradell et Matilde Font de Tarradell, *Eivissa cartaginesa* (Biblioteca de Cultura Catalana, 13; Barcelona, 1975), pp. 233-235; Josep Padró i Parcerisa, *El déu Bes*, dans *Fonaments*, 1 (1976) (sous presse).

LE CULTE MÉTROAQUE CHEZ LES ALLOBROGES

ANDRÉ PELLETIER
(Lyon)

Planches CXCI-CXCIV

Entre le Rhône et les Alpes, le territoire allobroge s'étendait sur environ 13.000 km². A la fin du IIème siècle av. J.-C., ce territoire fut conquis par Rome et constitua la partie la plus septentrionale de la nouvelle province. C'est alors que, les uns après les autres, au témoignage de Strabon (IV, 1, 11), les chefs allobroges choisirent de résider à Vienne qui, de simple village, devint d'abord une ville puis la capitale de la nouvelle *civitas*, regroupant dès le début de l'empire les principaux services, administratifs, financiers, commerciaux.

Cette concentration s'est aussi marquée dans le domaine qui nous intéresse ici, celui de la religion métroaque. Elle s'explique facilement par la situation géographique de Vienne, à un carrefour de routes qui se dirigent vers le Nord et le centre de la Gaule, vers les Alpes et l'Italie et vers le midi méditerranéen [1]. Ce carrefour fut un peu éclipsé par celui de Lyon à partir du règne d'Auguste [2], mais la branche méridionale conserva toute son importance. Or c'est par elle qu'arrivent les hommes, les marchandises, les idées. Ces hommes, ce sont surtout des Orientaux, esclaves, affranchis, fonctionnaires, marchands qui s'arrêtent à Vienne pour leurs affaires ou y résident plus longuement comme ce Kratès, originaire de Tralles en Lydie. C'est par le Rhône et par l'intermédiaire des Orientaux que s'est diffusé le culte métroaque, dont les principaux centres en Gaule sont: Marseille, Arles, Glanum, Orange, Valence, Vienne et Lyon.

---

[1] Cf. G. Chapotat, *La croisée de Vienne* (Bourgoin, 1959).

[2] N'oublions pas que, jusqu'à cette date, toutes les routes d'Italie arrivent à Vienne, le Rhône n'étant pas franchissable à Lyon. C'est d'ailleurs tantôt à Vienne, tantôt à Genève que César traverse le fleuve, pendant la guerre des Gaules.

Vienne a donc bénéficié, pour le développement du culte métro-aque, d'une situation géographique exceptionnelle; et c'est ici que, dès le Ier siècle sans doute, a été construit un important sanc-tuaire.

Notre connaissance du culte métroaque à Vienne s'est notable-ment enrichie depuis quelques décennies. Jusqu'à la veille de la seconde guerre mondiale, on ne disposait que de quelques té-moignages de ce culte: quatre inscriptions et une sculpture re-présentant la déesse assise sur un trône. A cette époque fut alors décidée la destruction de l'ancien hôpital de Vienne, situé au cœur de la cité, en contrebas du théâtre, devenu inutile depuis la con-struction d'un nouvel ensemble sur le Mont Salomon. Au cours des travaux apparurent alors des substructions antiques que l'on eut la sagesse de conserver. Après l'arrêt consécutif à la guerre, le dégagement reprit et fut poursuivi de 1945 à 1968, d'abord sous la direction de J. Formigé jusqu'en 1960, puis sous ma direction à partir de 1963.

La découverte, au pied du portique voisin des thermes, d'un bas-relief montrant un sacrifice à Cybèle, celle d'un fragment d'inscrip-tion mentionnant un dendrophore conduisirent Ch. Picard à émettre l'hypothèse que le monument qui s'étendait au Sud des thermes dits du Palais des Canaux était un théâtre des Mystères [3]. Enfin, tout près de celui-ci, fut mis au jour un temple attribué, aussi, à Cybèle.

Le quartier cultuel métroaque est situé sur l'ancien cône de déjection de la Gère. Il s'étendait au Sud jusqu'au ruisseau de Saint-Marcel dont le cours antique était plus méridional. Sur ses ruines fut construit, au XIème siècle, l'hôpital de Vienne et c'est la destruction de cet hôpital qui fit surgir de nouveau, dans le présent, celles-ci. Tel que les fouilles l'ont dégagé, le quartier cultuel est composé d'un ensemble de constructions s'étendant sur une super-ficie de 3600 m² où l'on reconnaît un temple, un théâtre et une certain nombre de salles d'une maison.

---

[3] Ch. Picard, *Le théâtre de Cybèle-Attis à Vienne (Isère) et les théâtres pour représentations sacrées à travers le monde méditerranéen*, dans *CRAI* (1955), pp. 229-248 et *Vestiges d'un décor sculptural au théâtre de Cybèle et Attis de Vienne*, dans *RA* (1955), pp. 59-62.

Le Temple

Le premier monument identifié fut le temple. Il n'en subsiste que les substructions jusqu'au niveau du podium et l'attribution à Cybèle est encore conjecturale. Le temple est de plan rectangulaire (15,90 m × 10,60 m) et de type *in antis*. Sa façade est tournée vers l'Ouest. Au centre de celle-ci est construit un escalier large de 4 m, formé de sept degrés et qu'encadrent deux niches. L'escalier donnait accès au *podium*. Toutes les superstructures du temple ont disparu : murs, *cella*, colonnade (quelques fragments de colonne en granit

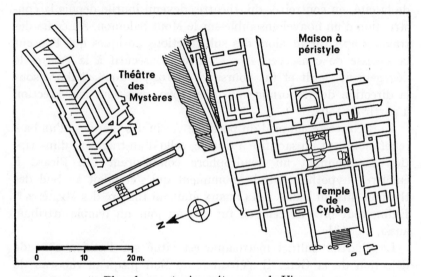

Plan du sanctuaire métroaque de Vienne.

découverts à proximité ont pu appartenir à celle-ci). En avant de la façade s'élevait, semble-t-il, un portique dont une partie du stylobate affleure à 2,60 m du degré inférieur de l'escalier.

Plusieurs sondages effectués sous le podium ont permis, d'une part de découvrir un égout construit dans le grand axe du temple et épousant la forme de celui-ci, c'est-à-dire s'enfonçant sous l'escalier, d'autre part de préciser par l'établissement d'une stratigraphie, la date de construction du temple et ses modifications postérieures. Le temple, que précéda une construction du Ier siècle

av. J.-C., fut bâti dans la première moitié du Ier siècle après J.-C.
Le podium s'orne alors d'une mosaïque uniformément blanche,
entourée d'une bande noire. Un peu plus tard, le temple fait l'objet
d'une transformation : son podium est exhaussé par la pose, sur un
massif de blocage recouvrant la mosaïque, d'un nouveau pavement
aujourd'hui disparu. L'abandon paraît dater du IVème siècle.

Le temple de Cybèle se révèle être un édifice important, aux
dimensions supérieures à celles que A. Audin a pu reconnaître pour
le temple de Lyon (13 × 8,80 m) mais peu luxueux et surtout se
dégageant mal des constructions voisines qui l'enserrent sur trois
côtés.

Le Théâtre des Mystères (pl. CXCI)

Le théâtre des Mystères que, jusqu'à l'identification de Ch.
Picard, l'on avait pris pour un escalier monumental faisant com-
muniquer la partie haute de la ville et la partie moyenne, est situé
au Nord du temple et des salles voisines et séparé de celles-ci par
un égout sur lequel son mur méridional s'appuie en partie. L'orien-
tation du théâtre diffère de celle du temple. Elle est exactement
orthogonale, conforme, en cela, au quadrillage augustéen.

Le théâtre des Mystères ayant subi d'importantes destructions, il
est difficile d'en cerner, avec précision, les contours. Il se présente
comme un édifice de forme rectangulaire, de 48 m environ de
longueur dans le sens Est-Ouest et de 38 m environ de largeur dans
le sens méridien. Ce plan est sa première particularité. Des quatre
murs, un se dresse intact, deux subsistent en fondation, le dernier
a pratiquement disparu. Le mur septentrional est le seul conservé.
Il a une longueur de 36 m et repose sur un imposant massif de
blocage. Il est construit en pierres de taille que surmonte une
corniche à large doucine dont le niveau augmente d'Ouest en Est, en
fonction de la pente naturelle de l'ancien cône de déjection. Surtout,
ce mur présente une structure particulière, marquée par cinq
décrochements situés à des espaces réguliers (6 m sur le côté interne,
4,80 m sur le côté externe). A l'Est, le mur s'infléchit légèrement
vers le Nord. La même structure devait se retrouver dans le mur
méridional, mais celui-ci a disparu. Le massif de blocage qui le
supportait, épais de 4,50 m, témoigne de son emplacement.

Le mur occidental n'a conservé que ses fondations que nous avons dégagées en 1968 : profondes de 4,70 m, ces fondations sont formées, à la base, d'un mur en petits moellons réguliers, haut de 3,50 m et réposant peut-être sur un lit de madriers ; au sommet, de deux rangées de pierres épaisses, chacune, de 0,60 m. Le dégagement de ce mur a permis de reconnaître la tranchée de fondation creusée lors de la construction et de constater l'existence d'un niveau d'habitat datant du début du Ier siècle après J.-C. Quant au mur oriental, nous ignorons son emplacement. Toutefois, la découverte d'un court tronçon mural, orienté Nord-Sud et légèrement courbe, au droit de l'extrémité orientale du grand mur septentrional, pourrait se rapporter à ce mur.

La plus grande partie de la superficie délimitée par les quatre murs périphériques était occupée par les gradins d'une *cavea*. De ceux-ci ne subsistent que les substructions dont le plan est original : elles sont formées d'une série de murs curvilignes concentriques, s'appuyant sur les deux grands murs latéraux à leur extrémité et réunis deux à deux par des murs de refend espacés en moyenne de 2,40 m. L'espacement irrégulier des murs courbes montre le partage de la *cavea* en trois *maeniana* superposés, séparés par deux passages larges de 2 m environ (la trace de l'arrachement des gradins est très visible sur le grand mur Nord). Le *maenianum* moyen est le mieux conservé. Il a une largeur, en plan, de 7,60 m et les gradins étaient supportés par sept murs de refend (trois subsistent). On accédait à la *cavea* par deux escaliers latéraux.

Au pied des gradins s'étendait un espace vide, qui s'apparente plus à un *orchestra* qu'à une scène (l'égout qui partage cet espace en deux est postérieur).

L'originalité du théâtre des Mystères de Vienne, dont la construction remonte au Ier siècle, est qu'il est unique dans le monde romain bien que l'on n'ignore pas la pratique de représentations sacrées dans les mystères phrygiens. Son caractère de théâtre sacré ne peut être mis en doute, l'architecture témoignant, par la construction de grands murs, du souci de réserver les spectacles aux seuls initiés. C'est donc parmi les autres théâtres sacrés qu'il faut chercher des points de comparaison, parce que de nombreux sanctuaires en ont possédé un, principalement en Orient : Delphes, Olympie, l'Isthme

avaient leur théâtre cultuel. On peut aussi citer le Théâtre dionysiaque d'Athènes. Cependant, c'est au théâtre sacré d'Apollonie, en
Albanie, que ressemble le plus le théâtre des Mystères de Vienne
(à Apollonie, comme à Vienne, on retrouve les grands murs latéraux
s'évasant vers le fond de la *cavea* et la forme courbe des gradins),
ainsi qu'au théâtre des Mystères bachiques de Dougga en Tunisie.

Les Autres Salles

Le quartier cultuel comprend aussi un certain nombre de salles
disposées surtout à l'Est du temple et dont il est difficile de discerner
l'usage, tant les constructions se chevauchent et se recoupent,
attestant plusieurs stades d'occupation. Cependant, on peut
reconnaître une maison, du type *domus*, dont la partie la mieux
conservée est le bassin en U qui décorait, comme à Saint-Romain-
en-Gal, le péristyle central et à l'intérieur duquel on creusa, plus
tard, un petit bassin dont la margelle porte encore la trace du
chancel qui l'entourait. C'est aussi dans cette maison, qui était
peut-être habitée par les prêtres de Cybèle et servait à certaines
cérémonies cultuelles (réunions d'initiés, repas liturgiques) que
l'on découvrit une cuve rectangulaire (1,38 × 1,14 m), au fond
dallé de marbre, que l'on pouvait atteindre en gravissant, sur l'un
ou l'autre des quatre côtés, deux degrés extérieurs et en descendant
un degré intérieur. Par sa forme, ce bassin n'est pas sans évoquer
les cuves baptismales chrétiennes. Aucun vestige de christianisme
n'ayant été découvert sur le chantier de l'ancien hôpital, il n'est
pas interdit de penser que ce bassin avait une destination cultuelle
et qu'il servait, en particulier, aux rites de purification, véritable
baptême par l'eau, que l'on rencontre dans les religions orientales.
Au culte métroaque était peut-être affectée aussi, au sud du temple,
une salle souterraine, dans laquelle on découvrit un petit bassin
double.

Ainsi, Vienne a possédé, dès le milieu du Ier siècle de notre ère,
semble-t-il, un sanctuaire de Cybèle, ce qui ferait de la cité le plus
ancien centre métroaque de la Gaule. En fait, cette ancienneté peut
aussi résulter de la difficulté que l'on a à dater les vestiges métroaques, hormis les tauroboles. R. Turcan ne rapporte, pour la

vallée du Rhône, qu'un seul monument contemporain de celui de Vienne: il s'agit de l'arc de Glanum, sur lequel l'auteur à cru relever quelques éléments d'une imagerie métroaque [4]. S'il est impossible de repousser dans le temps la date des tauroboles, il paraît cependant curieux que, malgré les réformes de Claude, il n'y ait pas eu de fidèles de la déesse phrygienne avant la fin du IIème siècle, alors que tous les historiens ont remarqué que le développement du culte métroaque, en Gaule, avait bénéficié de la faveur dont jouissaient, auprès des habitants, les déesses-mères (la mère des dieux n'est-elle pas associée aux *Numina* impériaux et aux *Matrones Salvennae* sur un ex-voto de Moutiers? — *I.L.G.N.*, 17). C'est, en particulier, le cas de Lyon où il serait étonnant que, antérieurement au sanctuaire de Fourvière dont l'inauguration a du coïncider avec la cérémonie taurobolique de 160, n'ait pas existé un autre monument cultuel, ce qui permettrait de résoudre cet inexplicable hiatus d'un siècle entre le sanctuaire de Vienne et celui de Lyon (pls. CXCII-CXCIV).

Hors de Vienne

Le culte de Cybèle a rencontré peu de faveur chez les Allobroges. Si l'on élimine l'autel taurobolique trouvé à Tain (*CIL*, XII, 1782) et dont on peut penser qu'il a été transporté ici depuis Lyon, il ne reste qu'un seul témoignage, «l'autel» anépigraphe découvert en 1945 dans la chapelle de Conjux, au-dessus du lac du Bourget [5].

Ce monument (hauteur: 0,88 m; largeur: 0,57 m; épaisseur: 0,38 m) se présente sous la forme d'un bloc rectangulaire, mouluré en haut et en bas, avec deux volutes sur le sommet. Trois de ses faces sont décorées en relief d'objets variés qui tous se rapportent au culte métroaque.

Sur la face principale, sont représentés au centre un tympanon entouré de deux pommes de pin au-dessus et de deux cymbales suspendues par un lien au-dessous; le côté gauche porte deux torches croisées dont les flammes sont figurées par des stries; enfin,

---

[4] *Les religions de l'Asie dans la vallée du Rhône* (= EPRO 30; Leiden, 1972), p. 61.

[5] P. Wuilleumier, *En territoire viennois*, dans *REA*, 48 (1946), p. 92-93; Espérandieu-Lantier, *Recueil Général des Bas-Reliefs ...*, XV (1966), n° 8783.

le côté droit montre, en position inclinée, une patère à ombilic et manche rond que surmonte une aiguière à une anse.

Ce qui étonne, c'est un tel rassemblement d'objets que l'on rencontre généralement séparés sur des monuments métroaques de Gaule. Ainsi les autels tauroboliques de Die portent-ils une patère et des cymbales [6], ceux de Valence et de Narbonne, une patère et une aiguière [7], celui de Lectoure, une patère [8], celui de Flavignac (Haute-Vienne), des cymbales [9], celui de Riez, une pomme de pin [10], enfin celui de Périgueux, une aiguière, une patère et des cymbales [11].

La destination du monument de Conjux est énigmatique. Ce n'est pas un autel taurobolique puisqu'il n'y a pas d'inscription; il n'a pu servir au culte car la surface entre les deux coussins est plate. R. Turcan pense qu'il a pu faire office de piédestal [12] mais il n'y a pas de trace de fixation. Sa localisation dans une région fortement peuplée, la dépression du Bourget, mais à prédominance rurale (l'agglomération la plus proche, Aix-les-Bains, est à l'autre extrémité du lac) témoigne que le culte de Cybèle a pénétré aussi dans les campagnes. La découverte de Conjux n'est d'ailleurs pas isolée. D'autres témoignages métroaques ont été trouvés à quelques kilomètres de là, à Belley [13] et à Vieu [14] qui font partie de la cité des Ambarres. En outre, plus près encore de Conjux, à Lucey, un certain Severianus a consacré un autel à Mithra [15]. Il y a donc dans cette région du Rhône supérieur, sur les deux rives, un petit noyau de fidèles des religions orientales.

Pour montrer cette pénétration des campagnes, on peut aussi prendre en considération les noms religieux, dont J. J. Hatt a, le premier, souligné que leur vogue était liée à la diffusion des cultes orientaux et plus particulièrement à celle du culte métroaque. Pour l'ensemble de la cité des Allobroges, on en dénombre 109.

[6] Espérandieu, 313, 315, 317, 320.
[7] *Idem*, 335, 576.
[8] *Idem*, 1058.
[9] *Idem*, 1582.
[10] *Idem*, 28.
[11] *Idem*, 1267.
[12] *Ouv. cité.*, p. 129.
[13] *CIL*, XIII, 2499 et 2500.
[14] *CIL*, XIII, 2529 et 2543.
[15] *CIL*, XII, 2241.

Sur ce total, il y en a 72 pour la seule ville de Vienne. Les 37 autres se répartissent inégalement. Les plus nombreux se rencontrent dans deux régions: autour du *vicus* d'Aoste et sur les plateaux du Bas-Dauphiné, dans le triangle Grenoble, Vienne, Tain [16]. Mais plus on s'éloigne du Rhône vers l'Est, plus la proportion de ces noms diminue, ce qui prouve une fois encore que la grande route de propagation du culte phrygien a été le Rhône.

Il est indiscutable que la situation géographique de Vienne a été déterminante pour l'implantation du culte de Cybèle chez les Allobroges. Vienne est le seul grand port allobroge. C'est là que s'effectue le mouvement des affaires, que les commerçants orientaux rencontrent leurs homologues gaulois. C'est aux grandes familles viennoises qu'appartiennent les esclaves (il n'y a aucune trace épigraphique d'esclave rural). C'est donc dans ce milieu cosmopolite et très marqué d'orientalisme que se sont développées les religions orientales, celle de Cybèle, mais aussi celle de Mithra et le christianisme. Hors de Vienne, la pénétration, si elle n'est pas totalement nulle, est diffuse et se raréfie lorsqu'on approche des Alpes [17].

---

[16] Cf. B. Rémy. *Les Allobroges, Population et Religion* (Thèse de 3ème cycle soutenue à l'Université de Lyon en 1972. Ex. dactylographié), p. 83 et s.; carte n° 10.

[17] En préparation: M. Leglay et A. Pelletier, *Le Sanctuaire métroaque de Vienne-France*, à paraître dans les *EPRO*.

THE NYMPHS AT POSEIDON'S SANCTUARY

JEANNE MARTY PEPPERS
(Athens)

Plates CXCV-CXCVI

Excavations in the early seventies at the Sanctuary of Poseidon on the Isthmus of Corinth uncovered an establishment of several periods of Late Roman houses in an area to the east of the temenos and south of the theater (Fig. 1). Amid a jumble of low rubble walls the fill yielded a great number of small finds, the remnants of daily life: pottery, lamps, coins, fragmentary inscriptions, terracotta roof-tiles (some with stamps), re-used architectural material from the Sanctuary, and a vast assortment of other miscellanea, dating especially to the third and fourth centuries after Christ. Of particular interest was the discovery of a hoard of 97 Roman bronze coins from the fill just above the lowest hard-packed earth floor level in the south corner formed by the junction of two walls.[1] With the hoard were five small marble sculptures [2] (Pl. CXCV). I would like to present here a relief from this group of

---

[1] Preliminary reports of the excavation of the area called the "East Field" are as follows: Paul A. Clement, *Isthmia Excavations 1970*, in *AD*, 26 (1971) *Chronika*, pp. 105-108, pls. 80-92; *Isthmia Excavations 1971*, in *AD*, 27 (1972) *Chronika*, pp. 224-231, pls. 155-170; *Isthmia Excavations 1972*, in *AD*, 28 (1973, in press). Summarized from the preceding: *Chronique des fouilles et découvertes archéologiques en Grèce en 1970, Isthmia*, in *BCH*, 95 (1971), p. 848, figs. 93-105 (Jean-Pierre Michaud); *Chronique des fouilles ... en 1971, Isthmia*, in *BCH*, 96 (1972), pp. 628-636, figs. 94-121 (Jean-Pierre Michaud); *Chronique des fouilles ... en 1972, Isthmia*, in *BCH*, 97 (1973), p. 276, figs. 46-49, 61 (Jean-Pierre Michaud).

[2] Paul A. Clement, *Isthmia Excavations 1970*, in *AD*, 27 (1972), plan 2 shows the location of the coin hoard and sculpture at S : 17 of the East Field grid. For the sculpture, see also pls. 164-165; for the coin hoard, pl. 160a. The marble sculpture includes a bearded head (perhaps Poseidon), an unidentified female head, a double *naiskos* with two Cybeles, and an unfinished group of two adults and a child (probably Hygeia, Telesphoros, and Asklepios). The small Hermes head was found nearby with many terracotta mouldmade lamps (some with multiple nozzles) and evidence of cult pottery.

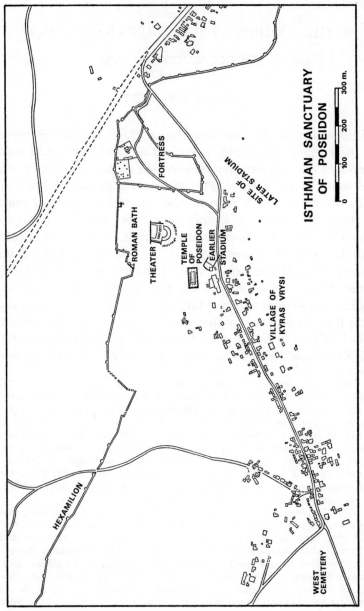

Fig. 1. Ancient Isthmia, General Plan.

sculptures for the consideration of Professor Vermaseren, his colleagues, and students.[3]

The shallow-carved relief (IS 71-6) represents three figures of equal height (ca. 0.098 m) and same general appearance, standing on the threshold of a *naiskos* frame; the group is flanked by what appear to be two torches, rather than columns,[4] each set on a rectangular base (Pl. CXCVI). Triangular acroterial projections are the only pedimental decoration. Crowded close together, the three female figures face forward with arms at their sides. Their round faces are only roughly sketched; hands and feet are not clearly depicted. Short vertical strokes suggest a "Julia Domna" coiffure;[5] a schematic himation and chiton are effected with irregular hatched incisions. Such cursory figural representation and rough workmanship allow for little stylistic analysis except to mark the work as "provincial"; specific dating, based on artistic merit, would be presumptuous.

The relief bears no inscription; nor do any of the group hold an object or make a gesture that would readily identify the triad. A trinity of young maidens without distinguishing characteristics could be the Charites or the Horai;[6] the torches have even led to

---

[3] It is with the kind permission of Paul A. Clement, Director of Isthmia Excavations, and Steven Lattimore, Professor of Classics and Classical Archaeology, University of California, Los Angeles, who is studying the sculpture from Professor Clement's excavations at the Sanctuary, that I am able to publish the relief, IS 71-6. I am especially grateful to Prof. Vermaseren for his interest in my work on other aspects of Eastern Religions at Isthmia Excavations.

[4] Though one cannot exclude the possibility, it does not seem likely that columns were the intention of the artist. The increase in width from bottom to top, the lack of fluting, and the highly unconventional "capitals" (Aeolic ?, Corinthian ?), suggest that the interpretation as "torches" is more feasible. On the other hand, the horizontal binding elements often shown on torches are not present here.

[5] Julia Domna, second wife of the Emperor Septimius Severus, died 217, is depicted with a distinctive hairstyle of waves emanating from a central part, which, if schematically carved, would look much like the coiffure of our young women. See *Coins of the Roman Empire in the British Museum*, V (London, 2d ed., 1975), pl. 73, nos. 13-16, pl. 74, nos. 4-6.

[6] Jane E. Harrison, *Prolegomena to the Study of Greek Religion*, (Cambridge, 1903), *The Maiden Trinities*, pp. 286-292. See also L. W. Farnell, *The Cults of the Greek States* (Oxford, 1909), pp. 424-431.

the suggestion of a triple Hecate.[7] However, it would seem likely on evidence which I will present forthwith that in this instance the group is the Nymphs, the female lesser deities of purely human form, who served as adjuncts to the greater gods, as here perhaps to Poseidon. It is not surprising to find on the Isthmus a cult, whose presence has a long history in Greek sanctuaries,[8] and which extended over the Roman provinces under the Empire, when there is already ample proof of the existence of other divinities worshipped at Poseidon's Isthmian Sanctuary, especially during the Roman era.[9]

The block on which the relief was executed is a portion of a marble roof-tile, like that from the fifth century B.C. Temple of Poseidon at the site; a few complete examples of this type cover-tile were found re-used, but uncut, for a water channel within the temenos near the Temple.[10] For the votive the tile was shortened to 0.194 m, about one-fourth its original length, and the upper pointed crest flattened to receive the decorative carving. The

---

[7] For representations of Hecate, see Kazimierz Majewski, *Kultura rzymska w Bulgarii* (Warsaw, 1969), p. 177, nos. 143, 144; Reinach, *Rép.Rel.*, II, p. 150 (in Vienna), p. 174 (from Phrygia). Cf. Bordenache (note 14), cat. nos. 95, 96, 99, and 100, pls. xliv and xlv.

[8] A. Milchhöfer, *Nymphenrelief aus Athen*, in *AM*, 5 (1880), pp. 206-223, pl. vii: E. Pottier, *Bas-reliefs des nymphes trouvés à Eleusis*, in *BCH*, 5 (1881), pp. 349-357, pl. vii; Ida Carlton Thallon, *The Cave at Vari: Marble Reliefs*, in *AJA*, 7 (1903), pp. 301-319, pls. iii-iv; Ph. D. Stavropoulos, *Neo-Attic Reliefs of the Nymphs in the Museum of Piraeus* (in Greek), in *Archaiologiki Ephemeris* (1950-51), pp. 106-117; E. Paribeni, *Ninfe, charites, e muse su rilievi Neoattici*, in *Bd'A*, 36 (1951), pp. 105-111; John Travlos, *Pictorial Dictionary of Ancient Athens* (London, 1971), figs. 63, 192-193, 382, and 538.

[9] Oscar Broneer, *Isthmia II: Topography and Architecture* (Princeton, N.J., 1973), a report on the earlier excavations at the Sanctuary, gives ample evidence for the presence of other cults in the area: 1) The Cult Caves, perhaps used by the priests of Dionysos, pp. 33-46; 2) The Temple of Palaimon-Melikertes, pp. 99-112; and 3) In the Sacred Glen to the west of the temenos, the cults of Demeter and Kore, Dionysos, Euteria (Good Seasons), Artemis, and Kore, pp. 113-116. See note 2 for the identification of other deities whose sculpture was found with IS 71-6.

[10] Oscar Broneer, *Isthmia I: The Temple of Poseidon* (Princeton, N.J., 1971), pp. 90-93, pl. 23b; for a cover-tile of the sort re-used for the water channel, see in the Architecture Inventory, RT 13, p. 162, pl. 24e, fig. 138; also RT 14, p. 162, fig. 140.

actual sculpted face is 0.165 m wide with bevelled sides; the rough, curved underside (seen in Pl. CXCV) remains as the original roof-tile without additional working of the surface. To judge from the tile, the work was apparently executed either at or near the Sanctuary; however, the artist himself, considering the international nature of the Isthmus, need not have been a native.

The archaeological context of the sculpture, based on evidence of the coin hoard, indicates a *terminus ante quem* of A.D. 395.[11] The cache of marbles and coins appears to have been abandoned when Alaric led a devastating raid through Greece and across the Isthmus in the last years of the fourth century.[12] A Late Roman date is further supported by the quantity of pottery and lamps from the fill.

Investigation so far has revealed no close local comparenda, but similarities of style are sufficient to associate the relief with work of the Roman Imperial provinces, especially from Anatolia and Thrace.[13] A votive *naiskos* of unknown provenance, now in Bucharest, provides the best parallel, although the number of maidens is nine; in her catalogue Bordenache understandably gives them the

---

[11] Paul A. Clement, *The Date of the Hexamilion*, in *Essays in Memory of Basil Laourdas* (Thessaloniki, 1975), pp. 159-169; also, Paul A. Clement and Ann E. Beaton, *The Date of the Destruction of the Sanctuary of Poseidon on the Isthmus*, in *Hesperia*, 45 (1976), pp. 267-279, for the coin hoard.

[12] Paul A. Clement, *Alaric and the Fortifications of Greece*, in *Ancient Macedonia* (Second International Conference, August 19-24, 1973: Thessaloniki, Institute for Balkan Studies, 1977), pp. 135-137, and the literature cited there; see also *PWRE*, s.v. *Alaricus*.

[13] A representative selection of standing female triads from the Empire may be seen in the following references: Miranda J. Green, *A Corpus of Religious Materials from the Civilian Areas of Roman Britain* (= British Archaeological Reports, no. 24; Oxford, 1976), pl. xv, c and e, the Matres; Émile Espérandieu, *Recueil général des bas-reliefs, statues et bustes de la Germanie romaine* (Paris, 1931), p. 131, no. 199, the Matrones; Reinach, *Rép.Rel.*, III, p. 53, the Maenads (from Mantua, Italy); Hans Norling-Christensen, *Beiträge zur Frage der Datierung und Provenienz des grossen Silberkessels von Gundestrup*, in *Analecta Archeologia, Festschrift Fritz Fremersdorf* (Köln, 1960), pp. 247-254, pl. 63b, Sylvanus and the Nymphs; Jean-Jacques Hatt, *Celts and Gallo-Romans* (London, 1970), pl. 120, three Gallic gods; Emile Thevenot, *Divinités et sanctuaires de la Gaule* (Paris, 1968), fig. on p. 172, Mother godesses; Ph. M. Petsas, *Chronika Archaiologika 1968-1970* (in Greek), in *Makedonia*, 15 (1975), pp. 306-307, no. 193, pl. 224a, a triad called "arryphorous."

tentative identification of the Muses.[14] Although she does not propose an Anatolian origin for the Bucharest work, she does point out the notable similarity to reliefs from that area and suggests indirect stylistic influence.[15]

The greatest number of Late Roman dedications to Nymph triads are to be found in Thrace; inscriptions leave no doubt about the identification of the three standing maidens, as they join hands to form a solemn procession, a quiet dance, perhaps led by Zeus and Hera, Zeus alone, or accompanied by the Thracian Rider god.[16] However, the setting is most frequently the cave-like form of the early Greek reliefs, and never shows a *naiskos* as defined as even the simple architectural frame of the Isthmia group. Furthermore, although the figures may lack vitality, in no case are the human forms as rigid and abstracted as those on both the Bucharest and Isthmia reliefs.

From Eastern Lycia, especially Adalia, come a large number of votives, depicting groups of three, or nine, young women, usually within a *naiskos* frame.[17] Here, too, inscriptions verify the identification of the groups, both triad and ennead, as the Nymphs. The figural design is simple, at times almost primitive; and, as such, is stylistically closer to the Isthmia (and Bucharest) sculpture.

There is not sufficient evidence to state with certainty that the three-figure relief from the Isthmian Sanctuary was the product of an itinerant artist who came to the Isthmus by sea from his coastal home in Southern Anatolia at some time during the fourth century

---

[14] Gabriella Bordenache, *Sculture greche e romane del Museo Nazionale di Antichità di Bucarest* I (Bucharest, 1969), cat. no. 81, pl. xxxvi; see also, no. 84, pl. xxxviii, nos. 86 and 87, pl. xxxix.

[15] *Ibid.*, p. 50.

[16] V. Dobrusky, *Inscriptions et monuments figurés de la Thrace*, in *BCH*, 21 (1897), pp. 119-140; Idem, *L'Asklépieion thrace aux sources de Glava Panéga*, in *Iswestija Staatliche Museum, Sofia*, I (1907), no. 125, p. 84, fig. 64. S. Reinach, *Rép.Rel.*, II, pp. 154-156.

[17] Louis Robert, *Reliefs et votifs et cultes d'Anatolie*, in *Anatolia*, III (1958), pp. 103-108, pl. xx; Gustave Mendel, *Catalogue des sculptures grecques, romaines et byzantines* III (Constantinople, 1914), no. 1311, pp. 520-521; Henri Metzger, *Catalogue des monuments votifs du Musée d'Adalia* (Paris, 1952), cat. nos. 19, 20, 36-41, pls. vi-vii; A. S. Hall, *Notes and Inscriptions from Eastern Pisidia*, in *Anatolian Studies*, 18 (1968), p. 66, pl. iii, Nymphs (?) from Çonya.

after Christ, although it is possible. As Bordenache points out, the influence may not have been so direct.[18] Even the identification of the three maidens as Nymphs must remain tentative; but the prominence of the cult and the apparent likeness to representations which are certain to have been dedicated to them strongly suggest the presence of the Nymphs at Poseidon's Sanctuary on the Isthmus of Corinth.

---

[18] See note 15.

NEUE JUPITER-DOLICHENUS WEIHUNGEN
AUS VIRUNUM

GERNOT PICCOTTINI
(Klagenfurt)

Tafeln CXCVII-CXCVIII

Im Jahre 1954 hat H. Dolenz sämtliche bis damals in Kärnten gefundene Denkmäler und Hinweise für den Kult des Jupiter Dolichenus gesammelt und in seiner Studie *Zur Verehrung des Jupiter Dolichenus in Kärnten* gedruckt vorgelegt [1]. Inzwischen sind, vornehmlich in den letzten Jahren, zwei weitere Belege für die Verehrung dieser Gottheit in Kärnten gefunden worden, welche im folgenden vorgestellt werden sollen [2].

1. Votivara für Jupiter Dolichenus.
Im Jahre 1974 wurde auf einem Acker südlich des sogen. Prunnerkreuzes auf dem Zollfeld, im nördlichen Stadtbereich des *municipium Claudium Virunum*, eine kleine Votivara für Jupiter Dolichenus gefunden (Taf. CXCVII).

Die Maße der Ara betragen: H: 43,5 cm, B: 26 cm, D: 20 cm; Höhe des Schaftes 17,5 cm, Breite des Schaftes 19,5 cm; die Buchstabenhöhe reicht von Zeile 1 mit 2,8 cm bis zu 1,8 cm in Zeile 6; das Material ist weißer, grobkörniger, einheimischer Marmor. Aufsatz und Basis des Altares sind reich profiliert, die Seitenflächen glatt zugearbeitet. Der auf der Vorderseite des Schaftes ohne Profilrahmung eingemeißelte, sechszeilige Text lautet (Abb. 1):

I(ovi) o(ptimo) m(aximo) D(olicheno) / Egronius (N + I ligiert) / Primianus / et (E + T ligiert) Elia (sic!) Vale/⁵ria ex voto / posuit (sic!); zwischen den einzelnen Worten bezw. Abkürzungen sind Dreieckpunkte eingemeißelt; In Zeile 6 ist fehlerhaft posuit statt posuerunt verschrieben.

---

[1] H. Dolenz, *Zur Verehrung des Jupiter Dolichenus in Kärnten*, in *Car. I*, 144 (1954), S. 139ff.
[2] G. Piccottini in *PAR*, 25 (1975), S. 4 und S. 15.

Als Dedikanten weist die Inschrift somit zwei Personen, Egronius Primianus und (A)elia Valeria aus; beide sind mit *nomen gentile* und *cognomen* genannt. Das Gentile Egronius ist in Kärnten bislang durch die Inschrift *CIL* III, 4841 (Zollfeld-Prunnerkreuz) und in der Form Ecronius durch die Inschrift Gerstl Nr. 80 [3] (St. Ulrich/ Feldkirchen) bezeugt; aus der Steiermark, jedoch innerhalb des Stadtgebietes von Virunum, ist der Name durch die Inschrift *CIL* III, 6516 = 11624 (Unzmarkt) belegt. Unsicher ist die Ergänzung der Inschrift Gerstl Nr. 51 (Zollfeld-Schloß Töltschach)

Fig. 1

Pompeia /[E]cronia, wodurch zwar die feminine Form des Gentile nachgewiesen wäre, doch ist ebensogut auch die Ergänzung durch [Ma]cronia möglich, der hier auch der Vorzug gegeben sei. Welche Verbindung zwischen den Dedikanten (A)elia Valeria und Egronius Primianus bestand, ist durch die Inschrift nicht erklärt. Das Gentile (A)elia in der vereinfachten Bildung Elia ist in der maskulinen Form (A)elius in Norikum nicht selten [4], tritt hier jedoch in

---

[3] A. Gerstl, *Supplementum epigraphicum zu CIL III für Kärnten und Osttirol, 1902-1961*, ungedr. Diss. Wien 1961.

[4] G. Piccottini in *Car. I*, 158 (1968), S. 474.

der Femininform erstmals auf. Der Gentilnamen Valeria ist hier als *cognomen* aufzufassen [5].

Datierende Hinweise sind weder auf der Inschrift noch aus der äußeren Gestaltung der Ara zu gewinnen, doch wird man als zeitlichen Rahmen etwa die Mitte des 2. Jahrhunderts n. Chr. festhalten können.

2.   Bruchstücke einer Votivara für Jupiter Dolichenus.

Ebenfalls im Jahre 1974 wurde in einer Klaubsteinablagerung auf einem Acker des Zollfeldes das Bruchstück einer Votivara entdeckt. Der Altar wurde in zweiter Verwendung ungefähr in der Mitte seiner Vorderseite in zwei ungleiche Hälften geteilt und die vorkragenden Profile der Basis und des Aufsatzes abgemeißelt; erhalten ist somit etwas weniger als die rechte Hälfte der ursprünglichen Ara (Taf. CXCVIII, 1).

Die Maße betragen: H: 1,05 m, B (Basis): 0,32 m, D: 0,30 m; das Material ist weißer, feinkörniger, einheimischer Marmor. Das dreifach profilierte Schriftfeld ist 0,40 m hoch und, bedingt durch die Abmeißelung an der linken Seite, maximal 0,175 m breit erhalten. Darauf sind die Wortenden einer sechszeiligen Inschrift in regelmäßigen Buchstaben und mit zahlreichen Ligaturen versehen, noch gut lesbar:

> [..] m D / [....] alute (A + L und T + E ligiert) / [....?]
> aug (A + V ligiert) / [.....] monet (E + T ligiert) /[5] [......]
> ortu / [......] ik (sic!) fecit (I + T ligiert).

Zwischen den Worten bezw. Abkürzungen stehen Dreieckpunkte.

An der rechten Schmalseite ist im zweifach profiliert gerahmten Feld das etwas beschädigte Relief eines sich nach seiner rechten Seite hin mit leicht ausgestellten Flügeln wendenden Adlers sichtbar (Taf. CXCVIII, 2).

Die Ergänzung der somit nur fragmentarisch erhaltenen Inschrift ist sowohl hinsichtlich der Ausmaße des ursprünglichen

---

[5] Die Mitglieder der *gens Valeria* in Kärnten bei G. Piccottini in *Car. I*, 163 (1973), S. 70; nachzutragen ist hier außer dem vorliegenden Beleg die Inschrift H. Dolenz in *Jahrbuch Villach*, 8 (1971), S. 19f. (C. Val. Tertullinus, C. Val. Tertullus) u. Anm. 27.

Fig. 2

Schriftfeldes, als auch hinsichtlich des Textes durch einige im gegebenen Formular glücklicherweise erhalten gebliebene Hinweise möglich (Abb. 2).

Zeile 1 und Zeile 2 sind wohl ohne Zweifel zu [I(ovi) o(ptimo)] m(aximo) D(olicheno) bezw. [pro s]alute zu ergänzen; dadurch läßt sich bei maßstabgerechter Zeichnung die ursprüngliche Breite des Schriftfeldes, — eine Voraussetzung für die weitere Ergänzung —, mit rund 0,38 m errechnen. Durch die gegebene Höhe mit 0,40 m ergibt sich somit ein nahezu quadratisches Schriftfeld mit 0,40 × 0,38 m Seitenlänge.

Die Überlegungen hinsichtlich der Ergänzung des übrigen Textes gehen von zwei Wortresten in Zeile 4 bezw. in Zeile 6 aus:]monet und .]ik; beide Wortreste können wohl kaum irgendwelchen Namensformen zugerechnet werden, sondern entstammen eher Begriffen der Amtssprache bezw. bezeichnen Begriffe, die der Beamtensphäre entnommen sind. Dadurch wird offenbar, daß die in Zeile 3 ursprünglich genannte Person, für deren Heil die Ara gestiftet wurde, kein Kaiser gewesen sein konnte, sondern ein Mann mit amtlicher Funktion; das am Zeilenende stehende]aug weist aber darauf hin, daß er im Kreise kaiserlicher Sklaven zu suchen ist, welche eine amtliche Stellung bekleidet hatten, weshalb die Kürzung aug somit sicher mit aug(usti) / [n(ostri) ....] aufzulösen bezw. zu ergänzen sein wird, wobei das in Zeile 4 erhaltene]monet als zusätzlicher Hinweis auf die Tätigkeit verstanden werden muß. Kaiserliche Sklaven in amtlicher Funktion sowie in Verbindung mit dem erhaltenen Wortrest]monet sind im Bereiche der kaiserlichen Münzprägung, der Moneta Augusti [6] tätig gewesen. Seit traianischer Zeit sind als Leiter der kaiserlichen Münze *procuratores monetae Aug(usti)* bezeugt [7]; es handelte sich hiebei um ein Ritteramt, bedeutete jedoch keine hohe Prokuratur [8]. Diesen *procuratores monetae* waren als niedere Kassenbeamte kaiserliche Sklaven zugeteilt, welche die Abrechnungen über das für die Prägung ver-

---

[6] Th. Mommsen, *Römisches Münzwesen*, S. 750ff.

[7] *CIL* VIII, 9990; *CIL* VI, 1607; *CIL* VI, 1625a, b; *CIL* XIII, 1810; *CIL* II, 4206; *CIL* VII, 822; *CIL* VI, 1647; *NSc* (1903), S. 602.

[8] O. Hirschfeld, *Untersuchungen auf dem Gebiete der römischen Verwaltungsgeschichte*, S. 92f.; ders., *Die kaiserlichen Verwaltungsbeamten bis auf Diocletian*[2] (1905), S. 182ff., bes. Anm. 2.

wendete Edelmetall durchzuführen hatten und die Bezeichnung *dispensatores monetae* trugen [9]. Solchen Dispensatores wiederum waren vielfach Bürogehilfen ebenfalls aus dem Sklavenstande mit der Bezeichnung *vicarii* (auch *vikarii*) zugeteilt [10], eine Funktion, welche auf der vorliegenden Inschrift in Zeile 6 teilweise und abgekürzt als]ik erhalten und somit angedeutet ist. Durch die bisherigen Überlegungen ist also festzuhalten, daß die Person, für deren Heil die Ara gestiftet wurde, kaiserlicher Sklave, aller Wahrscheinlichkeit nach der kaiserlichen Münze zugeteilt war und dort als *dispensator monetae Augusti* seinen Dienst versah; sein Name bleibt unbekannt, da vor der Abkürzung]aug(usti) in Zeile 3, der der Name vorausgegangen war, kein Wort- oder Buchstabenrest erhalten ist. Als Stifter der Ara ist der *vicarius* des Dispensators genannt; sein Name ist durch den Wortrest .]ọrtu in Zeile 5 wohl ohne Zweifel als häufiger Sklavenname F]ortu/[natus zu erschließen.

Der Ergänzungsversuch der Inschrift des Altarfragmentes mit Hilfe des Erarbeiteten kann, wie Fig. 2 zeigt, bei Beachtung der durch die Beispiele gegebenen Abkürzungsformen der Amtsbezeichnungen bezw. bei voller Berücksichtigung der vorhin erschlossenen Maßverhältnisse als zielführend angesehen und folgend vorgeschlagen werden:

> [I(ovi) o(ptimo)] ṃ(aximo) D(olicheno) / [pro s]ạlute / [. . . . . ?]
> Aug(usti)/[n(ostri) disp(ensatoris)] ṃonet/[5][ae Aug(usti) F]ọr-
> tu/[natus v]ik(arius) fecit.

Verständlicherweise tritt im Anschluß daran die Frage auf, warum in Virunum einem *dispensator monetae* von seinem *vicarius* ein Votivaltar gesetzt wird, wo doch der Dienstort der Münzbeamten Rom gewesen war, bis in der 2. Hälfte des 3. Jahrhunderts die kaiserliche Münzprägung außerdem in Gallien und auch im übrigen Reichsgebiet wieder aufgenommen wurde, wobei Diokletian für jede Diözese mit Ausnahme von Vienna eine Reichsmünzstätte

---

[9] O. Hirschfeld, *a.a.O.*; z.B.: *CIL* VI, 239 = *ILS* 1633: Genio familiae monetal(is) Demetrius Caesaris n(ostri) ser(vus) Epaphroditianus disp(ensator); *CIL* VI, 8454: Domitius Aug(usti) n(ostri) disp(ensator) rationis mon(e)t(a)e.

[10] *ILS* III/1, p. 419 s.v. *dispensatores*; O. Hirschfeld, *Verwaltungsbeamte*, S. 463, Anm. 2.

unter einem eigenen *procurator monetae* eingerichtet hat [11]. In
Virunum jedoch hat es nie eine kaiserliche Münzstätte gegeben,
wenn auch früher, während der Zeit des freien *regnum Noricum*,
im Vorort der Noriker auf dem Magdalensberg eine einheimische
Münzstätte für keltisches Kleinsilber bestanden hatte [12]. Unter
diesen Aspekten scheint demnach eine beruflich bedingte Anwesen-
heit der beiden Personen in Virunum ausgeschlossen. Vielleicht
vermag jedoch nachstehende Überlegung weiterzuhelfen. In den
letzten Jahren wurden von einem Landwirt die auf seinen Äckern
auf dem Zollfeld im Rahmen der Feldbestellung gefundenen
römischen Münzen für die wissenschaftliche Bestimmung zur Verfügung gestellt [13]. Im Zuge der Bearbeitung des Münzmaterials
konnte überraschend festgestellt werden, daß sich darunter zahlreiche Sesterzen mit Eisenkern und nur dünnem Bronzeübersud
befanden [14]. Diese Eisensesterzen, vorwiegend während der Re-
gierungszeit des Septimius Severus geprägt, stellen somit typisches
Notgeld dar. Sollte eine metallurgische Untersuchung der Eisensesterzen nachweisen, daß die Herkunft des Metalles im Bereiche
der norischen Eisenbergwerke zu suchen ist, könnte daraus der
Schluß gezogen werden, daß in Virunum vielleicht während der
Jahre zwischen 197 und 207 eine Notgeldmünze bestanden hatte,
da während dieser Zeit die Aesprägung in Rom anscheinend aus-
setzte. In dieser provisorischen, von der Reichsmünze in Rom aber
unabhängigen Münzstätte könnten der vicarius Fortunatus und
sein ihm vorgesetzter Dispensator zur Überwachung eingesetzt
gewesen sein. Wenn ansonsten vornehmlich nur die Edelmetall-
prägung dem Kaiser vorbehalten und die Aesprägung dem Senate

---

[11] O. Hirschfeld, *Verwaltungsbeamte*, S. 188f.
[12] H. Bannert - G. Piccottini, *Die Fundmünzen vom Magdalensberg*, in
Arch. Forsch. z. d. Grabungen a. d. Magdalensberg, 2 (1972), S. 16; R. Göbl,
Typologie und Chronologie der keltischen Münzprägung in Noricum (1973),
S. 57.
[13] Die Bearbeitung hat über Vermittlung des Landesmuseums für Kärnten
Frau Dr. F. Dick vom Institut für Antike Numismatik der Universität
Wien übernommen. Die Ergebnisse sollen in einem weiteren Band *Die
Fundmünzen der römischen Zeit in Oesterreich - Kärnten* vorgelegt werden.
[14] Für diesbezügliche Mitteilungen danke ich Herrn Univ. Prof. Dr.
R. Göbl, Vorstand des Institutes für Antike Numismatik und vorislamische
Geschichte Mittelasiens der Universität Wien, verbindlichst.

überlassen war, so ist verständlich, daß in Notzeiten Maßnahmen, wie die Prägung von Notgeld, wohl zweifellos unter kaiserlicher Verwaltung durchgeführt worden waren. Außerdem bezeugt die Inschrift *CIL* XIV, 3642 (Tivoli) aus nachtraianischer Zeit, die einen kaiserlichen Freigelassenen als [man]ceps (a)erariae mo[ne]tae nennt, daß die Aesbereitung für die Münzstätte zu dieser Zeit bereits unter kaiserlicher Aufsicht gestanden hatte [15].

Selbstverständlich bleibt auch noch die andere Möglichkeit offen, daß es sich bei den beiden genannten Personen um Angestellte der stadtrömischen Münze gehandelt haben könnte, von welchen der vicarius Fortunatus aus nicht näher genannter Ursache für seinen dispensator in Virunum einen Votivaltar an Jupiter-Dolichenus geweiht hatte.

---

[15] O. Hirschfeld, *Verwaltungsbeamte*, S. 185f.

KORREKTURZUSATZ

Bereits nach Drucklegung der Arbeit wurde dem Autor von Univ. Prof. Dr. Erwin Plöckinger das metallurgische Untersuchungsergebnis eines Eisensesterzes übermittelt. Wie die Bearbeiter, Ing. Schablauer und Dr. Blöch, vom Forschungsinstitut der Vereinigten Edelstahlwerke Kapfenberg in Ihrem Bericht ausführen, ergab die Mikrosondenanalyse, daß es sich bei der vorliegenden Probe um weitgehend unlegiertes Material handelt, in dem 0.28 ± 0,02 % Mn ermittelt und Si in Spuren nachgewiesen wurde; aus dem Gefügebild war zu entnehmen, daß der Kohlenstoffgehalt rund 0,1 % beträgt. Ferner handelt es sich nicht um Gußeisen, sondern um geschmiedetes Material.

Der überaus hohe Mangangehalt aber ist kennzeichnend für Erz aus dem Kärntner Erzgebiet, dem Herkunftsbereich des norischen Eisens.

Durch diese Analyse, für welche Prof. Plöckinger und seinen Mitarbeitern herzlich gedankt sei, gewinnt die vordem geäußerte Annahme einer Notgeldmünze in Virunum mehr Gewicht.

Können die hiedurch bestärkten Überlegungen in die engere Wahl gezogen werden, so muß die Abfassung der Inschrift noch vor 198 erfolgt sein, da ab diesem Jahr Septimius Severus mit Caracalla die Samtherrschaft beginnt, in Zeile 3 der Inschrift daher AVGG stehen müßte.

LISTE DES PLANCHES

WILHELM HORNBOSTEL

XCVII-XCVIII

Sarapiskopf (Kalkstein). München, Staatliche Sammlung ägyptischer Kunst. Photos H. Herzer.

XCIX

1-2. Sarapisbüste (Bronze). Bern, Kunsthandel. Photo E. Bloch-Diener.

C-CIII

Sarapisbüste auf Globus (Marmor). Hamburg, Museum für Kunst und Gewerbe. Photos H.-J. Heyden.

CIV

Lampengriff mit Sarapisbüste auf Globus (Terrakotta). Hamburg, Slg. P. Pamminger. Photo B. Frehn.

CV

1. Sarapisbüste (Bronze). Bremen, Kunsthandel. Photo W. Kobe von Koppenfels.
2. Sarapisbüste (Gold). Privatbesitz. Photo des Besitzers.

CVI

Sarapisbüste im Blätterkelch (Bronze). Eutin, Slg. B. v. Kalckreuth. Photo B. Frehn.

CVII

Sarapisbüste im Blätterkelch (Bronze). Ehemals Privatsammlung Hamburg. Photo Simonian.

CVIII

Sarapiskopf (Kalkstein). Privatbesitz. Photo des Besitzers.

CIX

Sarapisstatuette (Marmor). Malibu, J. Paul Getty Museum. Photo J. Frel.

CX-CXI

Sarapisstatue (Alabaster). Antalya, Museum. Photos J. J. V. M. Derksen.

CXII

Sarapisbüste (Alabaster). Ehemals Kunsthandel München. Photo G. Arand.

CXIII

Sarapisbüste (Alabaster). Luzern, Slg. H. Vogel. Photo des Besitzers.

CXIV-CXV

Statuette eines Kaisers mit hockendem Barbaren (Marmor). Liverpool, Merseyside County Museums. Photo D. Downes.

MARIE-ODILE JENTEL
CXVI

1. Cat. 2. Alexandrie 7873.
2. Cat. 4. Le Caire 26901.
3. Cat. 5. Goluchow 44.

CXVII

1. Cat. 6. Kabul 57.153.
2. Cat. 7. Munich A.2045.
3. *BMC Alexandria* 1198.

CXVIII

Cat. 8. Turin 7148.

CXIX

1. Cat. 9. Alexandrie 18530.
2. Cat. 10. Scheufelen 251.
3. Cat. 12. Cades.

CXX

1. Cat. 11. Espagne.
2. Catt. 11. Détail de la pl. CXX, 1

CXXI

1. Trajan an 17.
2. Trajan an 19.
3. Hadrien an 2.
4. Hadrien an 16.
5. Hadrien an 20.
6. Hadrien an 20.

CXXII

1. Antonin le Pieux an 2.
2. Antonin le Pieux an 15.
3. Marc-Aurèle an 8.
4. Sévère-Alexandre an 1.
5. Sévère-Alexandre an 4.
6. Gordien III an 7.

CXXIII

Gallien an 14.

CXXIV

Claude II an 1.

CXXV

1.   Cat. V. 1. Southesk K7.
2-3. Cat. V. 2. Kassel 80.

CXXVI

1. Cat. V. 3. Alexandrie 7918.
2. Cat. V. 4. Andriake.

CXXVII

1. Gravure de Cartari.
2. Gordien III, Éphèse.

JEAN LECLANT

CXXVIII

1-2. Bol en bronze de Hawilé-Assaraw (district de Sénafé, Éthiopie),
orné de lotus et d'une frise de dix-neuf grenouilles. Photos
communiquées par F. Anfray.

CXXIX

Bol en terre cuite émaillée de Tell er Retābeh (Égypte, Delta
Oriental) orné de grenouilles en ronde-bosse. D'après W. M. Flinders
Petrie, *Hyksos and Israelite Cities*, Londres 1906, pl. XXXII.

MARCEL LE GLAY

CXXX

1-2. Le pied de Timgad vu de face et vu de côté.
3. Pied de Sarapis. Florence, Galerie des Offices. D'après W.
Hornbostel, *Sarapis (EPRO* 32), Leiden, 1973, Taf. XXIV, 36.

CXXXI

Statuette de Sarapis. Ostie, Musée. D'après Hornbostel, *Sarapis*,
Taf. VIII, 11.

CXXXII

Statue de Sarapis. Alexandrie, Musée d'Alexandrie. D'après
Hornbostel, *Sarapis*, Taf. XL, 60.

WOLFGANG LENTZ und WOLFHARD SCHLOSSER

CXXXIII

1. Mon. 987.
2. Mon. 1163.

CXXXIV

Mon. 1231/2 Mit Genehmigung des Städt. Museums Wiesbaden.

CXXXV

1. Mon. 299, 9.
2. Mon. 1115: 2 Schlüssel.
3. Mon. 288.

Liviu Mărghitan et Constantin C. Petolescu

CXXXVI

1. Divinité trônante. Musée de Deva.
2. Aigle en position de repos. L'école de Vețel (dép. de Hunedoara).

CXXXVII

1. Relief mithriaque. Musée de Cluj-Napoca.
2. Fragment de bas-relief mithriaque. Musée de Cluj-Napoca.

CXXXVIII

1-2. Fragment de monument mithriaque. Bucarest, Musée national d'histoire, inv. 61722.

CXXXIX

1-2. Deux fragments de la partie supérieure d'un vase. Bucarest, Musée national d'histoire.

CXL

1. Base de monument funéraire. Musée de Deva, inv. 3544.
2. Base de monument funéraire. Musée de Deva, inv. 23439.

CXLI

1. Couronnement de monument funéraire. Musée de Deva, inv. 2464.
2. Couronnement de monument funéraire. Musée de Deva, inv. 23461.

CXLII

1. Couronnement de monument funéraire. Musée de Deva, inv. 23453.
2. Couronnement de monument funéraire. Musée de Cluj-Napoca.

Julijan Medini

CXLIII

1-2. *Senia*. Sculpture A — fragment le plus grand.

CXLIV

Senia. Sculpture A. Fig. 1: détail. Fig. 2: vue sur la face latérale droite.

CXLV

Senia. Sculpture A. Fragment de la partie supérieure de corps: face de devant (fig. 1) et face postérieure (fig. 2).

CXLVI

Senia. Sculpture A. Vue sur la partie supérieure avec les endroits de connexion des trois fragments.

CXLVII

Senia. Sculpture A. Vue sur la statue après la connexion des fragments au Musée de Senj.

CXLVIII

Senia. Fig. 1. Tête de Cybèle? Peut-être partie de la sculpture A (d'après I. Degmedžić). Fig. 2. Inscription de *Verridia Psyche*.

CXLIX

Senia. Sculpture B. Fig. 1. vue sur la face antérieure. Fig. 2. Partie tronquée de la face latérale gauche avec les têtes de bouc et taureau.

CL

Senia. Sculpture B. Vue sur la face latérale gauche avant (fig. fig. 1) et après (fig. 2) ajustement non fixé des fragments avec la tête de bouc et la figure de taureau lui appartenants.

CLI

1-2. *Senia.* Sculpture B. Face latérale droite.

CLII

Fig. 1-5. *Aenona.* Fig. 6. Biograd. Appliques en forme de la face d'Atys.

CLIII

Iader. Tête de Cybèle (fig. 1), tête et partie du corps du lion (fig. 2) et fragment d'inscription du *metroon* (fig. 3).

CLIV

1. *Asseria.* L'autel votif dedié à *Magna Mater.*
2. Pridraga-Mijovilovac. Fragment de relief avec la figure d'Atys.

CLV

1. *Burnum.* Partie de frise monumentale provenant du sanctuaire de Cybèle du *castrum.*
2. *Corinium.* Tête d'Atys?

CLVI

1-3. *Hadra.* Tête d'Atys.

Paul G. P. Meyboom

CLVII

1. Base de marbre de Pouzzoles (Pouzzoles, amphithéâtre).
2. Base de marbre de Pouzzoles (Naples, *Museo Nazionale*).

CLVIII

1. Parapegme en terre cuite (Steckborn, *Heimatmuseum*).
2. Parapegme en marbre de Pouzzoles (Naples, *Museo Nazionale*).
3. Parapegme en marbre d'Ostie (*Museo Ostiense*).

CLIX

1. Parapegme en pierre (Épinal, Musée Départemental des Vosges).
2. Parapegme en pierre (Arlon, Musée Luxembourgeois).

CLX

1. Parapegme en terre cuite de Trêves (Trêves, *Rheinisches Landesmuseum*).
2. Parapegme en terre cuite de Rottweil (Stuttgart, Württembergisches Landesmuseum).

CLXI

1. Copie en terre cuite du parapegme graffitte de l'oratoire de Sainte Félicité (Würzburg, *Martin von Wagner-Museum der Universität*).
2. et du moule à parapegmes en terre cuite de Trêves (Trêves, *Rheinisches Landesmuseum*).

CLXII

1-2. Peinture murale de Pompéi représentant les bustes des dieux des planètes et des sept jours de la semaine (Naples, *Museo Nazionale*).

INO MICHAELIDOU-NICOLAOU

CLXIII

1. Representation of Bes in sculpture.
2. Representation of Bes in terracotta.
3. Pendant: Hathor's head.

CLXIV

1. Figurine of Isis-Hathor.
2. Figurine of Anubis.
3. Representation of Baàl-Hamman.
4. Figurine of the Tyrian Melkart.

CLXV

1. Bilingual inscription from Idalion. Photo: British Museum.
2. Gold pendant of Isis Fortuna.
3. Representation in sculpture of Isis Kourotrophos.

CLXVI

1. Figurine of Cybele.
2. Bronze statue of Osiris.
3. Golden representation of Harpocrates.
4. Bone representation of Harpocrates.

O. YA. NÉVÉROV

CLXVII

1. a) Amulette. Génie anguipède alectrocéphale.
   b) Inscription en deux lignes.
2. a) Amulette. Génie anguipède alectrocéphale.
   b) Inscription en quatre lignes.
3. a) Amulette. Génie anguipède alectrocéphale.
   b) Inscription en trois lignes.
4. a) Amulette. Génie anguipède alectrocéphale.
   b) Horus-Harpocrate.

CLXVIII

5. a) Amulette. Génie anguipède alectrocéphale.
   b) Mars et Vénus.
6. Bague en bronze. Génie anguipède alectrocéphale.
7. a) Amulette. Génie anguipède alectrocéphale.
   b) Serpent Chnoubis.
8. Intaille fragmentée. Génie anguipède.
9. Bague en bronze. Génie anguipède.

CLXIX

10. a) Amulette. Chnoubis.
    b) Inscription.
11. a) Amulette. Chnoubis.
    b) Inscription en six lignes.
12. a) Amulette. Chnoubis.
    b) Inscription en deux lignes.
13. Amulette. Génie tétraptère.
14. Amulette. Génie ithyphallique.

CLXX

15. Amulette. Représentation schématique du génie à deux bâtons.
17. a) Amulette. Isis.
    b) Anubis.
18. a) Amulette. Isis.
    b) Isis.
19. Intaille. Anubis.

CLXXI

20. a) Amulette. Osiris.
    b) Lion piétinant un squelette.
21. a) Amulette. Osiris.
    b) Faucon de Horus.
22. Intaille. Osiris.
23. a) Amulette. Osiris.
    b) Inscription en trois lignes.

43. Amulette. Veillard, coiffé du chapeau pointu.
44. Intaille. Faucon de Horus, debout devant un loutherion.
45. Intaille. Griffon de Némésis et inscription.
46. Intaille. Lion, une tête de bœuf et une étoile.

CLXXVI

47. a) Amulette. Tête d'une bacchante.
    b) Trois inscriptions.
48. Intaille. Inscription en huit lignes dans le cercle formé par le serpent «ourobore».
49. Amulette-cylindre.
50. a) Amulette. Inscription en forme de «ptèrigome», en douze lignes.
    b) Inscription en douze lignes.

K. Nicolaou

CLXXVII

1. Head of Zeus-Ammon with ram's horns.
2. Head of Zeus-Ammon with ram's horns.
3. Isis-Fortuna.
4. Isis Kourotrophos.
5. Isis with child Horus.
6. Bust of Isis.

CLXXVIII

7. Nude Harpocrates standing full face.
8. Nude Harpocrates standing full face.
9. Bust of Harpocrates.
10. Bust of Harpocrates.
11. Uraeus (Agathodemon?).
12. Hathor, bull-headed, full face.
13. Winged Bes, full face.
14. Winged Bes, full face.
15. The God Melkart (?) killing the lion.

HIDEO OGAWA

CLXXIX

The Friedberg Krater. After E. Schwertheim, *Die Denkmäler Orientalischer Gottheiten im Römischen Deutschland* (*EPRO* 40), Leiden 1974, Taf. 10 (471).

J. PADRÓ I PARCERISA et E. SANMARTÍ-GREGO

CLXXX

Statue du dieu Bès, vue frontale (N° 1) (photo O. Clavell).

CLXXXI

Statue du dieu Bès, vue latérale droite (N° 1) (photo O. Clavell).

CLXXXII

Statue du dieu Bès, vue latérale gauche (N° 1) (photo O. Clavell).

CLXXXIII

Statue du dieu Bès, vue postérieure (N° 1) (photo O. Clavell).

CLXXXIV

1. Tête de Sérapis (N° 2) (photo J. Rovira).
2. Tête de Sérapis (N° 3) (photo J. Rovira).

CLXXXV

1. Isis Fortune (N° 4) (photo J. Rovira).
2. Isis Fortune, vue postérieure (N° 4) (photo J. Rovira).

CLXXXVI

1. Isis (N° 5) (photo J. Rovira).
2. Harpocrate (N° 6) (photo J. Rovira).

CLXXXVII

Figure masculine égyptienne, vue frontale (N° 7) (photo J. Rovira).

CLXXXVIII

1. Figure masculine égyptienne, vue postérieure (N° 7) (photo J. Rovira).

2. Anse décorée avec la tête d'un prêtre isiaque (Nº 8) (photo J. Rovira).

CLXXXIX

Lampe à huile avec décoration isiaque (Nº 9) (photo J. Rovira).

CXC

Disque de lampe à huile avec représentation d'Isis, Harpocrate et Anubis (Nº 9) (photo J. Rovira).

ANDRÉ PELLETIER

CXCI

Le théâtre des Mystères de Vienne, État actuel. Photo Corinne Poirieux.

CXCII

Bas-relief du sacrifice à Cybèle. Vienne, Musée Lapidaire. Photo Corinne Poirieux.

CXCIII

Buste d'Attis funéraire. Vienne, Musée Lapidaire. Photo Corinne Poirieux.

CXCIV

Autel anépigraphe de Conjux. Photo Jean Prieur.

JEANNE MARTY PEPPERS

CXCV

IS 71-6 *in situ* amidst coins of hoard.

CXCVI

Votive relief, IS 71-6.

GERNOT PICCOTTINI

CXCVII

Votivara für Jupiter Dolichenus.

CXCVIII

1. Votivara für Jupiter Dolichenus, rechte Hälfte.
2. Votivara für Jupiter Dolichenus, rechte Schmalseite.

PLANCHES

PLANCHES

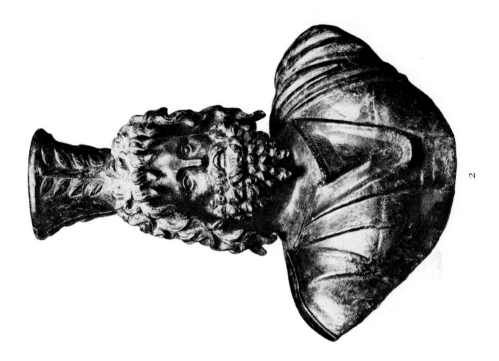

2

1

I

2

3

I

2

3

I

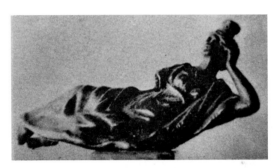

2

3

I

2

1

2

3

4

5

6

1

2

3

4

5

6

I

2

3

I

2

I

2

I

2

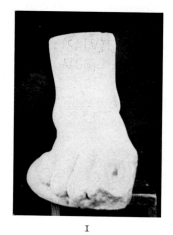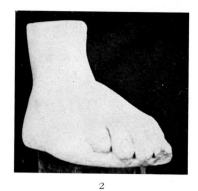

1   2

3

I   2

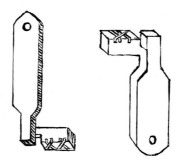

I 2

3

2

1

I

2

I

2

I

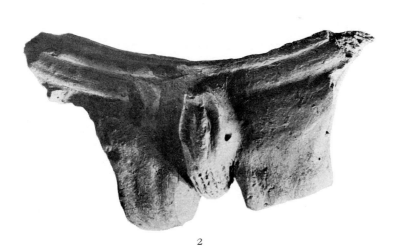

2

I

2

I

2

I

2

2

1

2

1

I

2

1

2

I

2

I

2

2

1

1

2

3

4

5

6

I

2

3

1

2

I

2

3

2

1

I

2

1

SÁTVR, SÓLIS LV̄NAE, MARTIS,

RÓMAE CAPVAE, CALATIAE, BENEV

2

3

I

2

I

2

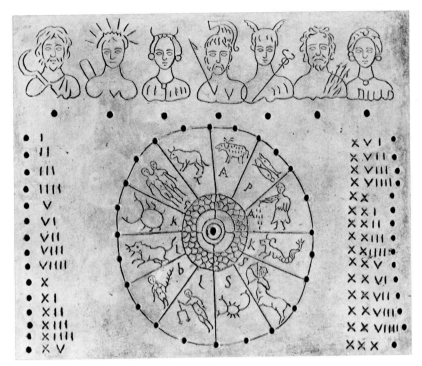

I

2

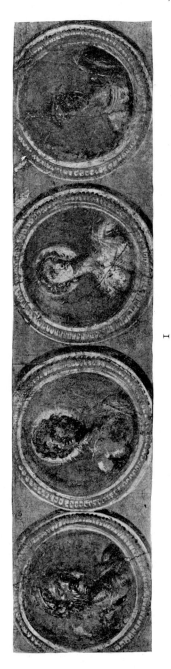

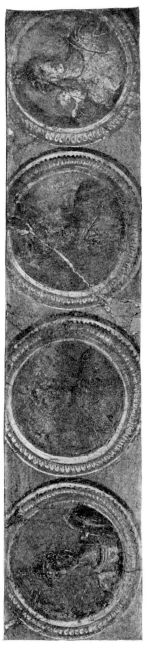

I

2

I

2

3

1

2

3

4

I

2

3

1

2

3

4

1a   1b   2a   2b

3a   3b

4a   4b

5a   5b

6

7a   7b   8   9

10a   10b

11a   11b

12a   12b   13   14

15

17a

17b

18a

18b

19

20a   20b

21a   21b

22   23a   23b

24a   24b

25   26   27   28

29a   29b

30

31

32

33a

33b

34a

34b

35a   35b   36a   36b

37a   37b

38   39

40

41

42

43

44

45

46

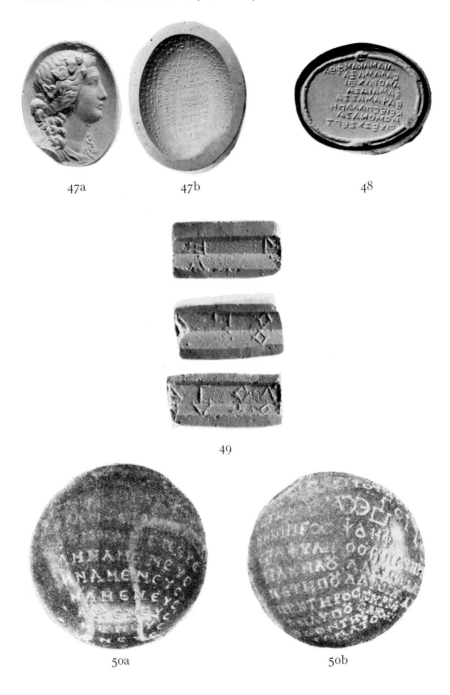

47a   47b   48

49

50a   50b

7 8 9

10 11 12

13 14 15

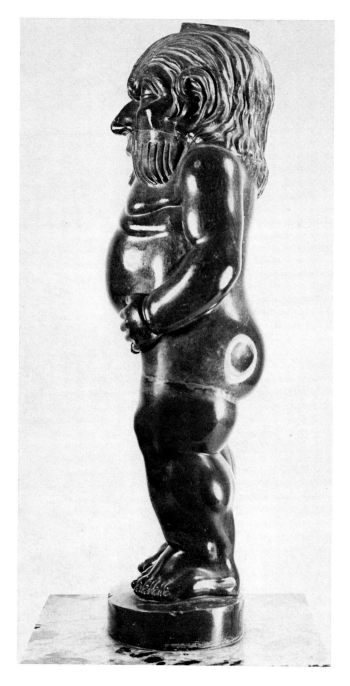

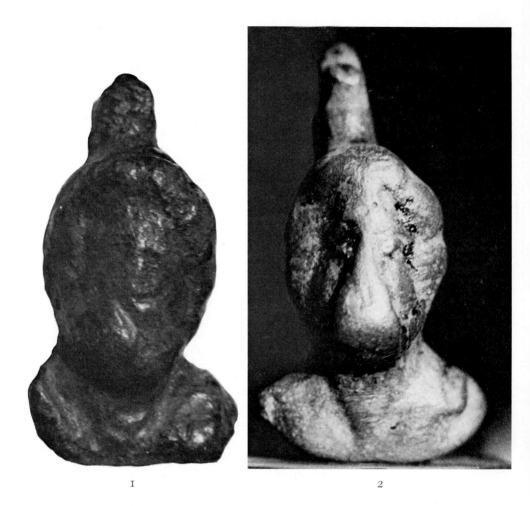

1   2

1   2

1

2

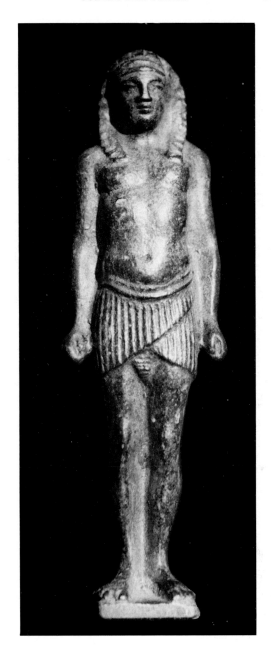

I   2

1

2